de Gruyter Lehrbuch

Erbrecht

von

Dirk Olzen

2., neu bearbeitete Auflage

WDE G RECHT

De Gruyter Recht · Berlin

Dr. *Dirk Olzen*, Universitätsprofessor an der Heinrich-Heine-Universität Düsseldorf.

∞ Gedruckt auf säurefreiem Papier, das die US-ANSI-Norm über Haltbarkeit erfüllt.

ISBN 3-89949-239-0

Bibliografische Information Der Deutschen Bibliothek

Die Deutsche Bibliothek verzeichnet diese Publikation in der Deutschen Nationalbibliografie; detaillierte bibliografische Daten sind im Internet über http://dnb.ddb.de abrufbar.

Printed in Germany

Datenkonvertierung/Satz: WERKSATZ Schmidt & Schulz GmbH, Gräfenhainichen
Druck und Bindearbeiten: Druckhaus „Thomas Müntzer“, Bad Langensalza
Umschlaggestaltung: Hansbernd Lindemann, Berlin

Vorwort zur 2. Auflage

Dem Vorwort zur ersten Auflage ist wenig hinzuzufügen. Die praktische Bedeutung des Erbrechts wächst, gegenwärtig beginnt die Fachanwaltsausbildung in diesem Bereich. Die meisten Universitäten dürften es auch in ihre neuen Schwerpunktbereiche aufgenommen haben, so dass es Gegenstand dieses Teils des Staatsexamens werden wird.

Neuerungen sind weniger durch Gesetzesänderungen verursacht worden, sondern vielmehr durch zahlreiche Entscheidungen, die wir nach Ausbildungsrelevanz nachgetragen haben. Eine neue Passage findet sich zum sog. „Patiententestament“, das im Zusammenhang mit der Sterbehilfe überall diskutiert wird, aber meist noch keine Aufnahme in die Lehrbücher gefunden hat.

Anregungen und Kritik nehme ich weiterhin gerne unter der Adresse Heinrich-Heine-Universität Düsseldorf, Lehrstuhl für Bürgerliches Recht und Zivilprozessrecht, Universitätsstraße 1, 40225 Düsseldorf, entgegen.

Bedanken möchte ich mich bei meiner Sekretärin, Carmen Prazeus, ferner bei meiner wissenschaftlichen Mitarbeiterin Alexandra Dany.

Düsseldorf, im Mai 2005 *Dirk Olzen*

Vorwort zur 1. Auflage

Das Erbrecht gehört zu den Bereichen, in denen mancher Student den „Mut zur Lücke“ einsetzt. Die Reduzierung auf „Grundzüge“ in den meisten Ausbildungsordnungen der Länder wurde oft genug beklagt und trägt auch der praktischen Bedeutung der Materie ganz gewiss keine Rechnung. Kaum einer kann widersprechen, wenn man das Erbrecht darüber hinaus als inhaltlich und dogmatisch interessantes Rechtsgebiet bezeichnet, das manchem Anwalt Mandate eintragen wird, spricht man doch schon von einer „Generation der Erben“. Aber auch in der Ausbildung wird es mit Sicherheit immer häufiger anzutreffen sein, weil die Zahl der Aufgaben aus den Nebengebieten ansteigen muss. Man kann nicht nur Examensklausuren aus dem Schuld- und Sachenrecht bilden. Schon jetzt findet man das Erbrecht nicht selten in Examensklausuren und relativ häufig in Examenshausarbeiten.

Dennoch könnte man die Notwendigkeit eines weiteren Erbrechtslehrbuchs bezweifeln, weil es hervorragende in nahezu jedem Format gibt. Es stellt wohl keine ausreichende Erklärung dar, dass sich der Autor gerne in Forschung und Lehre mit diesem Gebiet befasst. Andererseits haben sich meine Mitarbeiter und ich bemüht, den Spaß, den uns die Arbeit gemacht hat, an die Leser weiter zu geben. Das dabei entstandene „etwas andere Lehrbuch“ wurde (möglichst) kurz gehalten und aufgelockert durch Wiederholungseinheiten am Ende eines jeden Kapitels. Dort finden Sie Übersichten, Fragen und Fälle sowie Muster in einer Häufigkeit, die nicht alle vergleichbaren Bücher aufweisen.

Wer meint, das Buch sei immer noch zu lang, kann die kleingedruckten Absätze überlesen, die Einleitung beiseite lassen und vielleicht das Kapitel am Ende über die Rechtsnachfolge in Unternehmen. Die entsprechenden Passagen richten sich insbesondere an Studenten mit entsprechender Wahlfachgruppe oder Referendare. Für die anderen bleibt dann eine Grundzügedarstellung. Ich hoffe, dass nicht allzu viele Leser von diesem Vorschlag Gebrauch machen.

Die 1. Auflage eines Buches ist trotz aller Mühe verbesserungsbedürftig. Anregungen und Kritik sowie Hinweise auf Fehler nehme ich gerne unter meiner Adresse, Heinrich-Heine-Universität Düsseldorf, Lehrstuhl für Bürgerliches Recht und Zivilprozessrecht, Universitätsstr. 1, 40225 Düsseldorf entgegen.

Sollte Ihnen das Buch gefallen, gebührt der Dank zum wesentlichen Teil meinen Mitarbeitern, während ich die Verantwortung für Fehler wohl selbst übernehmen muss. Ich kann nicht alle nennen, die mir geholfen haben. Dies bedeutet jedoch nicht, dass meine Dankbarkeit für den Einsatz meines Lehrstuhls deshalb geringer wäre.

Düsseldorf, im Mai 2001

Gliederungsübersicht

Inhaltsverzeichnis

1. Kapitel. Einleitung

§ 1. Praktische Bedeutung des Erbrechts

Angesichts der untergeordneten Rolle, die die Prüfungsordnungen der Länder für das erste Staatsexamen dem Erbrecht zuweisen, wird schnell die Frage aufgeworfen, ob diesem nennenswerte praktische Bedeutung zukommt. Von der Reduzierung des Prüfungsstoffs auf seine verminderte Wichtigkeit zu schließen, wäre voreilig. Zwar gibt es Stimmen, die einen Funktionsverlust der Materie beklagen.[1] Darin liegt aber kein Angriff auf die Existenzberechtigung des Erbrechts, sondern vielmehr der Wunsch nach seiner Erneuerung und Anpassung an sich wandelnde soziale Verhältnisse.[2] 1

Ein Blick auf die **Vermögenssituation der Bundesrepublik** genügt, um sich über die Notwendigkeit und Relevanz erbrechtlicher Regelungen klar zu werden. Denn der Wert der potentiellen gesamtdeutschen Erbmasse wächst zunehmend. Betrug das gesamte Vermögen der Privathaushalte in der Bundesrepublik 1991 noch knapp 8 Billionen DM,[3] waren es nur zwei Jahre später bereits über 8,28 Billionen DM in den alten Bundesländern und rund 5,56 Billionen DM in den neuen Bundesländern.[4] 1994 lagen die Erbschaftsteuereinnahmen bei fast 3,5 Milliarden DM, ein Betrag, der sich im Vergleich zu 1970 mehr als versechsfacht hat (bei einer gleichzeitigen Verfünffachung des Gesamtsteueraufkommens).[5] In den folgenden 5 Jahren haben sich die Erb- 2

---

[1] Vgl. bei *Schiemann*, ZEV 1995, 197f.

[2] Soergel/*Stein*, Einl. Erbrecht, Rdn. 58ff. Zu Reformbestrebungen vgl. C. sowie etwa die Gutachten von *Coing* und *Dieckmann* zum 49. Deutschen Juristentag, Verhandlungen des 49. DJT (1972), Bd. I, A 1 bzw. Bd. II K 6.

[3] *Ebenroth*, Erbrecht, Rdn. 1; die Zahlen stammen wohl aus Erhebungen in den alten Bundesländern.

[4] Zahlen aus: Statistisches Jahrbuch für die Bundesrepublik Deutschland 1995, S. 555. Danach hat das Statistische Bundesamt keine Vermögenserhebungen mehr veröffentlicht.

[5] Zahlen aus: Statistisches Jahrbuch für die Bundesrepublik Deutschland 1995, S. 516; Institut „Finanzen und Steuern", Die zunehmende Belastung der mittelständischen Unternehmen mit Erbschaftsteuer – Vorschläge zur Änderung des Erbschaftsteuergesetzes (1990), S. 3. Auch wenn in die Zahl von 1994 die neuen Bundesländer mit eingeflossen sind, fällt ihr Anteil von 1,1 % am gesamtem Erbschaftsteueraufkommen nicht wesentlich ins Gewicht.

schaftsteuereinahmen auf fast 6 Milliarden erhöht.[6] Der Umstand, dass knapp die Hälfte der Gesamtsumme Privatpersonen ab 55 Jahren gehört, also einer Gruppe, die nur 20% der Bevölkerung ausmacht,[7] rechtfertigt die Annahme, dass es in der Zukunft zu einer Vervielfachung erbfallbedingter Vermögensbewegungen kommen wird. Bedenkt man ferner, dass solche Vorgänge u. a. komplizierte familien- und gesellschaftsrechtliche Fragen berühren, so zeigt sich, dass der Stellenwert der Rechtsnachfolge von Todes wegen nur in diesem Gesamtzusammenhang vollständig erfasst werden kann.

3 Die wirtschaftliche Bedeutung derartiger Zusammenhänge findet sich nicht in gleichem Ausmaß in erbrechtlichen Rechtsinstituten wieder. Dies folgt daraus, dass in der Privatrechtsordnung der Bundesrepublik der verfassungsrechtlich garantierte Grundsatz der Testierfreiheit gilt, der dem Erblasser die Möglichkeit eröffnet, grundsätzlich nach Belieben über sein Vermögen von Todes wegen zu verfügen.[8] Diese Freizügigkeit setzt rechtlichen Gestaltungsformen, die man angesichts der wirtschaftlichen und gesellschaftspolitischen Tragweite von Erbfällen für angebracht halten könnte, Grenzen. Denn die Verantwortung für die Erbmasse liegt prinzipiell beim einzelnen Erblasser.

4 Die Praxis zeigt allerdings, dass eine geordnete Hinterlassenschaft nicht allzu häufig ist, eine Ursache für unzählige Erbstreitigkeiten, die wesentliche Nachlasswerte nicht selten auf die Anwaltschaft bzw. Justiz transferieren.[9] Ein Grund liegt darin, dass selten eine angemessene Form für die letzten Anordnungen gewählt wird; überhaupt liegt die Zahl gewillkürter Erbfolgen weit unter der Hälfte aller Erbfälle. Einzelne Studien verdeutlichen, dass im Schnitt nur etwa 1/3 aller Erblasser überhaupt eine Verfügung von Todes wegen verfassen.[10] Häufig findet sich dabei eine Verbindung von Ehe- und Erbvertrag.

5 Die Bedeutung des Testamentes differiert nach seinen verschiedenen Formen.[11] Das mit hohem Fehlerrisiko behaftete privatschriftliche Ein-

---

[6] Zahlen aus: Statistisches Jahrbuch für die Bundesrepublik Deutschland 1995, S. 510.

[7] Zahlen aus: Statistisches Jahrbuch für die Bundesrepublik Deutschland 1995, S. 61 u. S. 555.

[8] Vgl. dazu Soergel/*Stein*, Einl. Erbrecht, Rdn. 5 u. Einl. § 2064 Rdn. 4f.

[9] Anschaulich dazu *Langenfeld*, NJW 1996, 2601.

[10] *Leipold*, AcP 180 (1980), 160 (193); zu einem sogar deutlich geringeren Ergebnis kommt *Schulte*, Art und Inhalt eröffneter Verfügungen von Todes wegen, Diss. Münster 1982, S. 21, der von 20% ausgeht.

[11] Vgl. hierzu die Zahlen bei *Schulte*, aaO., S. 33.

zel- oder Ehegattentestament überwiegt zahlenmäßig deutlich, etwa im Verhältnis 3:1, das notarielle Testament.[12] Man beobachtet immer wieder, dass die Kosten notarieller Verfügungen gespart werden, vielleicht aus der Überlegung, dass man dafür keinen unmittelbaren Gegenwert erhält.

Insgesamt zeigt sich, dass das Volumen der zur Disposition stehen- 6
den Erbmasse einerseits und die Vielfalt der verschiedenen Formen der Erbfolge andererseits dem Erbfall Komplexität und damit rechtliche und wirtschaftliche Brisanz verleihen. Erbfälle beschäftigen den beratenden Juristen, führen aber auch zu einer Vielzahl gerichtlicher Streitigkeiten, so dass sich dem interessierten und informierten Anwalt ein weites Betätigungsfeld bietet.

§ 2. Erbschaftsteuerrecht

Für die praktische Anwendung des Erbrechtes, insbesondere die Ge- 7
staltung letztwilliger Verfügungen, müssen die Folgen aus dem Erbschaftsteuerrecht beachtet werden.[13] Die Beteiligung des Staates am Nachlass in der Form des Noterben gem. § 1936 hat wenig Bedeutung und dient auch nicht der Einnahmenerzielung, sondern der geordneten Nachlassabwicklung, wenn weder ein Ehegatte noch Verwandtschaft vorhanden ist.[14] Demgegenüber kann die wirtschaftliche Beteiligung des Staates am Erbgang durch die Erbschaftsteuer erheblich sein. Sie beschränkt sich allerdings auf einen zahlenmäßig eher geringen Anteil wertvoller Nachlässe.[15]

---

[12] Vgl. *Schulte*, aaO., S. 33.

[13] Letzteres als Bestandteil des öffentlichen Rechtes und dort als Teil des besonderen Steuerrechtes wird in der Ausbildung kaum gelehrt, erst recht nicht gemeinsam mit dem Erbrecht des BGB. Eine Synthese in der Literatur ist das Lehrbuch des Erbrechtes von *Ebenroth* aus dem Jahr 1992.

[14] Vgl. Rdn. 200 ff.

[15] Einzelheiten bei *Leipold*, AcP 180 (1980), 160 (164 ff.); der Umfang der Erbschaftsteuer betrug im Jahre 1994 DM 3,47 Mrd., im Jahre 1997 DM 4,06 Mrd.; vgl. zum Zahlenmaterial auch *Meincke*, Erbschaftsteuer- und Schenkungsteuergesetz, 12. Aufl. 1999, Einf. Rdn. 14.

8 Die Verfasser des BGB haben für die uneingeschränkte Verwandtenerbfolge und gegen eine staatliche Erbenstellung mit aller Macht gekämpft, nachdem letztere aus dem sozialistischen Lager vehement gefordert worden war, und zwar bis hin zur völligen Abschaffung des privaten Erbrechtes.[16] Wohl aber aus diesem Grund wurde der **Erbschaftsteuer** wenig Widerstand entgegengesetzt, die in Abhängigkeit von den Steuersätzen sozusagen eine öffentlich-rechtliche Alternative zur Abschaffung des Erbrechtes darstellt, obwohl sie niemals diese Folge herbeiführte. Die grundsätzliche Akzeptanz der Erbschaftsteuer seitens der Gesetzesverfasser mag auch damit zusammenhängen, dass sie auf Länderebene – wenngleich in geringerem Umfang – im 18. und 19. Jahrhundert nahezu überall verbreitet war.[17] Eine einheitliche Kodifikation erfolgte im **Reichserbschaftsteuergesetz** von 1906,[18] das – bei mehrfacher Änderung – bis zum Jahre 1974 in Kraft blieb.[19] Die Reform 1974 verfolgte verschiedene Ziele: Vorrangig sollte – wie auch in der aktuellen Diskussion – die Steuergerechtigkeit gefördert und die Besteuerung vereinfacht werden.[20] Das erstgenannte Ziel wollte man durch eine geringere Besteuerung des engsten Familienkreises bei höherer Besteuerung anderer Erbberechtigter verwirklichen.[21] Zu diesem Zweck wurde die Verwandtschaft in § 15 ErbStG 1974[22] in vier Klassen eingeteilt.

---

[16] *Leipold*, AcP 180 (1980), 160 (163, 172); vgl. auch *Hattenhauer*, Grundbegriffe des Bürgerlichen Rechts, 2. Aufl. 2000, S. 221 ff.

[17] Zur Geschichte der Erbschaftsteuer *Kipp/Coing* Erbrecht, § 132 I (S. 725), u. Hinw. auf das preußische Erbschaftsteuergesetz von 1873; ferner *Leipold*, AcP 180 (1980), 160 (166); *Meincke*, aaO., Einf. Rdn. 9.

[18] RGBl. 1906, 654.

[19] Soergel/*Stein*, Einl. Erbrecht, Rdn. 26; *Leipold*, AcP 180 (1980), 160, 166f.; *Meincke*, aaO., Einf. Rdn. 9.

[20] *Meincke*, aaO., Einf. Rdn. 11, auch zu weiteren Zielsetzungen.

[21] *Meincke*, aaO., Einf. Rdn. 11.

[22] BGBl. I 1974, S. 933; zu den Gesetzesnovellen vgl. *Meincke*, aaO., Einf. Rdn. 10.

Steuerklasse I	Steuerklasse II	Steuerklasse III	Steuerklasse IV
1. Der Ehegatte, 1a. Der Lebenspartner, 2. die Kinder. Als solche gelten a) die ehelichen und die nichtehelichen Kinder, b) die Adoptivkinder u. sonstige Personen, denen die rechtliche Stellung ehelicher Kinder zukommt, c) die Stiefkinder, 3. die Kinder verstorbener Kinder, jedoch die Kinder der Adoptivkinder nur dann, wenn sich die Wirkungen der Adoption auf sie erstrecken.	Die Abkömmlinge der in Steuerklasse I Nr. 2 Genannten, soweit sie nicht zur Steuerklasse I Nr. 3 gehören, jedoch die Abkömmlinge der Adoptivkinder nur dann, wenn sich die Wirkungen der Adoption auch auf die Abkömmlinge erstrecken, ferner die Eltern und Voreltern.	1. die Adoptiveltern, 2. die Geschwister, 3. die Abkömmlinge ersten Grades von Geschwistern, 4. die Stiefeltern, 5. die Schwiegerkinder, 6. die Schwiegereltern, 7. der geschiedene Ehegatte, 7a. der Lebenspartner einer aufgehobenen Lebenspartnerschaft	Alle übrigen Erwerber und die Zweckzuwendungen.

Erwähnenswert ist ferner, dass das Erbschaftsteuergesetz in vielen Vorschriften[23] auf das BGB verweist, so dass man von dem Prinzip der Maßgeblichkeit des Zivilrechts spricht. Weiterhin erscheint bedeutsam, dass das Erbschaftsteuergesetz nicht nur den Erwerb von Todes wegen, sondern auch die lebzeitige Schenkung erfasst, Erbschaftsteuer- und Schenkungsteuer also prinzipiell gleich laufen.[24]

Die Steuersätze im **Erbschaftsteuergesetz 1974** betrugen zwischen 3 und 70%, bezogen auf den Wert des steuerpflichtigen Erwerbs. Die genaue Höhe der Besteuerung hing von der Steuerklasse des Erben ab, ferner vom Nachlasswert, wobei der Gesetzgeber in § 10 ErbStG 1974 25 Wertstufen vorgab. 9

[23] Vgl. nur § 3 Abs. 1 Nr. 1, 2 ErbStG und die Auflistung bei *Meincke*, aaO., Einf. Rdn. 7.

[24] Vgl. im Einzelnen § 1 ErbStG, etwa auch zur Besteuerung von Familienstiftungen und Familienvereinen, die alle 30 Jahre veranlagt werden.

Wert des steuerpflichtigen Erwerbs (§ 10) bis einschl. DM	Vonhundertsatz in der Steuerklasse I	II	III	IV
50 000	3	6	11	20
75 000	3,5	7	12,5	22
100 000	4	8	14	24
125 000	4,5	9	15,5	26
150 000	5	10	17	28
200 000	5,5	11	18,5	30
250 000	6	12	20	32
300 000	6,5	13	21,5	34
400 000	7	14	23	36
500 000	7,5	15	24,5	38
600 000	8	16	26	40
700 000	8,5	17	27,5	42
800 000	9	18	29	44
900 000	9,5	19	30,5	46
1 000 000	10	20	32	48
2 000 000	11	22	34	50
3 000 000	12	24	36	52
4 000 000	13	26	38	54
6 000 000	14	28	40	56
8 000 000	16	30	43	58
10 000 000	18	33	46	60
25 000 000	21	36	50	62
50 000 000	25	40	55	64
100 000 000	30	45	60	67
über 100 000 000	35	50	65	70

Um den steuerrechtlich relevanten Nachlasswert zu erfassen – grundsätzlich zum Zeitpunkt des Todes des Erblassers, § 9 Abs. 1 Nr. 1 ErbStG, musste festgelegt werden, inwieweit der Erbe im Sinne des § 10 Abs. 1 S. 1 ErbStG bereichert war. Zum einen fanden sich im Erbschaftsteuergesetz 1974 Steuerbefreiungen, z. B. für Hausrat, § 13 Abs. 1 ErbStG, zum anderen Freibeträge, deren Höhe von der Nähe der personenrechtlichen Beziehung zwischen Erwerber und Erblasser abhing. Ferner waren gem. § 12 ErbStG die Nachlassgegenstände zu bewerten, und zwar mit Hilfe der Vorschriften des Bewertungsgesetzes, auf das § 12 Abs. 1 ErbStG Bezug nahm. Die §§ 9 ff. BewG knüpften grundsätzlich an den Verkehrswert der Nachlassgegenstände an, allerdings mit einer wesentlichen Abweichung: Die Bewertung von Grundstücken erfolgte gem. § 12 Abs. 2 ErbStG i.V.m. dem BewG nicht nach dem Verkehrswert, sondern nach dem sog. Einheitswert. Dieser Einheitswert wurde 1935 festgesetzt und zuletzt 1964 an die Wertveränderungen angepasst. Das Erbschaftsteuergesetz 1974 wählte als Anknüpfungspunkt für die Wertbestimmung eines Grundstückes gem. § 12 Abs. 2 ErbStG 140% des Einheitswertes 1964, ein Ansatz, der deutlich unter dem Verkehrswert lag. Diese sog. **Einheitsbewertung** war schon Ende der 60er Jahre in die Diskussion geraten[25] und Gegenstand mehrerer Entscheidungen des Bundesverfassungsgerichts, ohne dass der Gesetzgeber dessen Bedenken Rechnung getragen hatte.[26]

Im Beschluss vom 22.06.1995[27] erachtete das **Bundesverfassungsgericht** die Einheitsbewertung wegen Verstoßes gegen Art. 3 Abs. 1 GG endgültig für verfassungswidrig. Die Begründung richtete sich nicht grundsätzlich gegen die unterschiedliche Bewertung von Vermögensmassen, sondern dagegen, dass der Gesetzgeber die Einheitsbewertung nicht realitätsgerecht fortgeschrieben hatte.[28] Wichtig ist an dieser Entscheidung die Aufforderung an den Gesetzgeber, bis zum 31.12.1996 eine Neuregelung zu schaffen. Dafür gab das Bundesverfassungsgericht Maßstäbe vor, die für die Diskussion um die Verfassungsmäßigkeit der Erbschaftsteuer wichtige Akzente setzten. Ausgehend von der unstreitigen Verfassungsmäßigkeit der Erbschaftsteuer berücksichtigte das Gericht nicht den Streit darüber, ob bereits die Sozialpflichtigkeit des Eigentums gem. Art. 14 GG eine besondere Bindung beim Vermögensübergang auf den Erben begründet.[29] Es befasste sich aber mit der Kontroverse, welche Höhe eine Belastung annehmen darf, wenn sie nicht als konfiskatorische Steuer dem Grundgesetz widersprechen soll. Insoweit wurden die oben geschilderten Spitzensteuersätze des Steuergesetzes 1974 in Höhe von 70% von vielen als bedenklich angesehen,[30] aber dennoch regelmäßig deshalb toleriert, weil eben der Bewertungsmaßstab für Grundstücke deutlich unter dem Verkehrswert lag. 10

Die jetzt vom Bundesverfassungsgericht aufgestellten Kriterien betonen einerseits den großen Spielraum des Gesetzgebers,[31] setzen andererseits aber auch Grenzen. Hierzu führt das Bundesverfassungsgericht 11

[25] Eine eingehende Darstellung findet sich bei *Leisner*, NJW 1995, 2591 (2593).
[26] *Leisner*, aaO.
[27] BVerfG, NJW 1995, 2624.
[28] BVerfG, NJW 1995, 2624 (2625).
[29] Vgl. die Nachw. bei Staudinger/*Otte*, Einl. zu §§ 1922ff. Rdn. 73.
[30] *Leipold*, Erbrecht, Rdn. 75; ferner *Meincke*, aaO., Einf. Rdn. 5; weitere Nachw. bei Staudinger/*Otte*, Einl. zu §§ 1922 ff., Rdn. 73 ff.
[31] BVerfG, NJW 1995, 2624 (2625).

aus: „Die Steuerbelastung darf das Vererben vom Standpunkt eines wirtschaftlich denkenden Eigentümers nicht als ökonomisch sinnlos erscheinen lassen".[32] Ferner sollten das Familienerbrecht ebenso wie die Existenz von Unternehmen, vor allem des Mittelstandes, gewährleistet bleiben.[33]

12 Auf der Grundlage dieser Entscheidung hat die Bundesregierung am 22.05.1996 einen Gesetzesentwurf vorgelegt,[34] der nach langer und kontroverser Auseinandersetzung mit dem Bundesrat zu einem neuen Erbschaftsteuergesetz führte, das als Teil des sog. **Jahressteuergesetzes 1997** am 20.12.1996 verkündet wurde und rückwirkend zum 1.01.1996 in Kraft trat.[35]

13 Als zentrale Änderungen sind hier zu erwähnen:
Entsprechend den Vorgaben des Bundesverfassungsgerichts orientiert sich die Ermittlung des Wertes der steuerpflichtigen Bereicherung nicht mehr an den veralteten Einheitswerten, aber auch nicht am Verkehrswert. Es wird vielmehr ein sog. **Ertragswertverfahren** eingeführt, das bei bebauten Grundstücken eine Bewertung auf der Grundlage der erzielten oder üblichen Jahresmiete abzüglich einer altersbedingten Wertminderung vorschreibt, § 146 BewG. Der Wert unbebauter Grundstücke ist einerseits aus ihrer Fläche, andererseits aus den um 20% ermäßigten Bodenrichtwerten zu ermitteln, die von unabhängigen Gutachterausschüssen der Kreise und Gemeinden festgelegt werden, § 145 BewG.

14 Über diese Annäherung an den Verkehrswert soll eine Angleichung des Wertniveaus der Vermögensarten angestrebt werden. Das Reformziel wird jedoch nur unvollkommen verwirklicht, da der ermittelte Steuerwert für Grundvermögen auch künftig immer noch deutlich den Verkehrswert unterschreiten wird.[36] Als Konsequenz daraus bleiben die in der Praxis entwickelten Steuersparstrategien weiterhin interessant, soweit sie auf der erbschaftsteuerlichen Begünstigung des Grundbesitzes gegenüber sonstigem Vermögen beruhen.[37]

---

32 BVerfG, NJW 1995, 2624 (2625).
33 *Leisner*, NJW 1995, 2591 (2596).
34 Dazu *Weinmann*, ZEV 1996, 173ff.
35 BGBl. I 1996, S. 2049, zuletzt geändert 31.03.1999 (BGBl. I 1999, S. 492); vgl. dazu *Breitenöder/Söffing*, NJW 1997, 686.
36 *Meincke*, ZEV 1997, 52 (58); *Mönch/Höll*, Einf. Rdn. 8; *Thiel*, DB 1997, 64 (66).
37 *Söffing/Breitenöder*, NJW 1997, 686 (687).

Der Vereinfachung des Erbschaftsteuerrechts dient die Zusammenfassung der I. und II. Steuerklasse und damit verbunden die Reduzierung von vier auf drei Klassen, § 15 Abs. 1 ErbStG. Vorteilhaft ist, dass so die frühere Schlechterstellung von Kindern noch lebender Kinder (alt: Steuerklasse II) gegenüber Kindern verstorbener Kinder (alt: Steuerklasse I) beseitigt wird (neu: alle Steuerklasse I).[38] 15

Gleichzeitig verringerte der Gesetzgeber die innerhalb einer Steuerklasse vorhandenen Wertstufen von bislang 25 auf sieben, § 19 Abs. 1 ErbStG. 16

Wert des steuerpflichtigen Erwerbs (§ 10 ErbStG) bis einschließlich Euro	Vonhundertsatz in der Steuerklasse I Ehegatten, Kinder, Stiefkinder, Abkömmlinge ders., Eltern u. Voreltern bei Erwerb von Todes wegen	II Eltern u. Voreltern (soweit nicht in I), Geschwister u. Abkömmlinge (1. Grades) ders., Stiefeltern, Schwiegerkind, -eltern, geschiedener Ehegatte	III alle übrigen Erwerber
52 000	7	12	17
256 000	11	17	23
512 000	15	22	29
5 113 000	19	27	35
12 783 000	23	32	41
25 565 000	27	37	47
über 25 565 000	30	40	50

Dies hat allerdings eine erhebliche Erhöhung der Steuersatzdifferenz zwischen den einzelnen Stufen zur Folge, so dass der Härteausgleich gemäß § 19 Abs. 3 ErbStG in Zukunft an Bedeutung gewinnen wird.[39]

Aufgrund der Entscheidung des Bundesverfassungsgerichts ist das **Familiengebrauchsvermögen** wegen Art. 6 GG von der Besteuerung freizustellen. Diese Privilegierung des engen Familienkreises hat man durch eine deutliche Anhebung der Freibeträge in der Steuerklasse I verwirklicht, die zum Teil aber auch Folge der höheren Veranlagung des Immobiliarvermögens sind und sich entsprechend den Vorgaben im Be- 17

---

[38] *Weinmann*, ZEV 1996, 173 (178); kritisch aber *Mönch/Höll*, § 15 ErbStG, Rdn. 6.

[39] *Söffing/Breitenöder*, NJW 1997, 686 (692).

schluss vom 22.06.1995 am Wert eines durchschnittlichen Einfamilienhauses orientieren. So wurden die **Freibeträge** für Ehegatten von 250 000 DM auf 600 000 DM (d.h. 307 000 Euro) und für Kinder von bisher 90 000 DM auf 400 000 DM (d.h. 205 000 Euro) erhöht. Sonstige Personen der Steuerklasse I – wie z. B. Großeltern und Enkel – erhalten als entferntere Verwandte einen Steuerfreibetrag von 52 000 Euro. Die mit der Erweiterung der Steuerklasse I verbundenen Vorteile werden durch die stark differierenden Freibeträge – gestaffelt nach dem jeweiligen Verwandtschaftsgrad – teilweise wieder aufgehoben.

18 Zugleich ist eine durch die Rechtsprechung des Bundesverfassungsgerichts[40] veranlasste Herabsetzung der **Spitzensteuersätze** auf nunmehr höchstens 50 % erfolgt.[41]

Dies führt jedoch keineswegs zu einer grundlegenden und allgemeinen Herabsenkung der Steuerlast, sondern wirkt sich insbesondere für die Erwerber, die bereits nach altem Recht der Steuerklasse I angehörten, in Verbindung mit der verringerten Anzahl der Wertstufen nachteilig aus, sobald die aufgestockten Freibeträge überschritten werden.[42] So ergibt sich z.B. für Ehegatten bzw. Kinder bei einem steuerpflichtigen Erwerb bis zu 52 000 Euro nunmehr ein einheitlicher Steuersatz von 7 %, während dieser früher lediglich 3 % (bis DM 50 000), 3,5 % (bis DM 75 000) oder 4 % (bis DM 100 000) betrug. Insbesondere bei einem steuerpflichtigen Betrag bis zu DM 50 000 hat sich der Steuersatz damit mehr als verdoppelt.

Die insgesamt mit der Reform angestrebte Erhöhung des Erbschaftsteueraufkommens begründet sich mit dem Wegfall der für verfassungswidrig erklärten Vermögensteuer. Die dadurch entstandene Finanzierungslücke soll u. a. durch die Erbschaftsteuer ausgeglichen werden.[43]

19 Als letzte wesentliche Neuerung des Erbschaftsteuergesetzes ist die **Privilegierung der Unternehmen** ausgeweitet worden. Grund dafür ist ihre besondere Pflichtenbindung, die im Zusammenhang mit der Schaf-

---

40 BVerfG, NJW 1995, 2624 (2625) i.V.m. NJW 1995, 2615 (2617), wo von einer „hälftigen Teilung zwischen privater und öffentlicher Hand" die Rede ist.

41 *Mattern/Strohner*, Die neue Erbschaft- u. Schenkungsteuer, S. 22f.; *Meincke*, ZEV 1997, 52 (58); gegen die Bindungswirkung des Urteils zur Vermögensteuer (BVerfG, NJW 1995, 2615ff.), aber i. E. ebenfalls für eine Obergrenze der Besteuerung von 50 % bei der Erbschaftsteuer: *Mönch/Höll*, Einf. Rdn. 3.

42 Siehe auch *Meincke*, ZEV 1997, 52 (58f.).

43 *Felix*, ZEV 1996, 410 (412f.); *Thiel*, DB 1997, 64.

fung von Arbeitsplätzen und der Gemeinwohlverbundenheit steht und eine Minderung der steuerpflichtigen Bereicherung nach sich zieht.[44] Im Rahmen der Erbschaftsteuerreform wurde dies wie folgt berücksichtigt:

- Für Betriebsvermögen und wesentliche Beteiligungen gilt allgemein ein Freibetrag von 225 000 Euro, § 13a Abs. 1 ErbStG.
- Auf das nach Abzug des Freibetrages verbleibende Vermögen ist ein Bewertungsabschlag in Höhe von nunmehr 35 % vorzunehmen, § 13a Abs. 2 ErbStG.
- Soweit es sich um derart begünstigtes Vermögen handelt, gewährt schließlich § 19a ErbStG ein Steuerklassenprivileg dergestalt, dass unabhängig vom Verwandtschaftsgrad ausschließlich die Steuerklasse I Berechnungsgrundlage ist.
- Weitgehend identische Vergünstigungen gelten auch für land- und forstwirtschaftliches Vermögen, § 13a Abs. 4 Nr. 2 ErbStG.[45]

Besonders deutlich wirken sich die geschilderten Vergünstigungen 20
bei **Betriebsgrundstücken** aus, die durch die unterhalb der Verkehrswerte liegenden Bewertungsgrundlagen in Verbindung mit den betrieblichen Steuererleichterungen doppelt begünstigt werden. Dies kann zu einer steuerlichen Bewertung der Betriebsgrundstücke nahe den in ihrer Höhe für verfassungswidrig erklärten Einheitswerten von 1964 führen.[46] Jedoch rechtfertigt man eine derartige Ungleichbehandlung mit Blick auf die aus der Allgemeinwohlverbundenheit folgende Pflichtenbindung der Betriebe.

Um die steuerlichen Vorteile aber auch mit dem Grund ihrer Ge- 21
währung zu verknüpfen und nicht Umgehungsmöglichkeiten zu eröffnen, wurde das Prinzip der Nachversteuerung eingeführt. Danach fallen die betriebsspezifischen steuerlichen Vergünstigungen für die Vergangenheit weg, soweit fünf Jahre nach dem Erwerb einer der in den §§ 13a Abs. 5, 19a Abs. 5 ErbStG aufgezählten Missbrauchstatbestände erfüllt wird.

Insgesamt gesehen hat die Reform des Erbschaftsteuergesetzes als 22
Bestandteil des Jahressteuergesetzes 1997 keine grundlegenden Veränderungen mit sich gebracht. Dies war insbesondere infolge der engen zeitlichen Vorgaben des Bundesverfassungsgerichts aber auch nicht zu

---

44 BVerfG, NJW 1995, 2624 (2625).
45 Im Einzelnen zu den Neuerungen *Piltz*, ZEV 1997, 61 ff.
46 Zur Kritik auch *Thiel*, DB 1997, 64 (68).

erwarten.[47] Die „Erbschaftssteuerwelt" wäre damit in Ordnung, gäbe es nicht den BFH-Vorlagebeschluss vom 22.05.2002 – II R 61/99 (BStBl. 2002 II S. 598) an das BVerfG (Az. 1 BvL 10/02), der das gesamte Erbschaftssteuerrecht einschließlich der Bewertung als möglicherweise verfassungswidrig in Frage stellt[48]. So aber können die Erbschaftssteuer-Veranlagungen auch auf der Basis des neuen Erbschaftssteuerrechts nur vorläufig gem. § 165 Abs. 1 S. 2 Nr. 3 AO durchgeführt werden (gleich lautende Ländererlasse v. 6.12.2001 – S 0338, BStBl. I 2001 S. 985). Sie dürfen allerdings im Falle einer für die Steuerpflichtigen ungünstigen Rechtsprechung nicht zum Nachteil geändert werden (§ 176 Abs. 1 AO). Einsprüche (wegen der Vorläufigkeit) gegen solche Bescheide wären deshalb mangels Beschwer (es fehlt am Rechtschutzbedürfnis, § 350 AO) unzulässig.

§ 3. Die geschichtliche Entwicklung des Erbrechts

23 Als die „1. Kommission für den Entwurf eines BGB" 1874 zusammentrat, wurde der bayerische Ministerialbeamte von Schmitt[49] zuständiger Sachbearbeiter (Redaktor) für das Erbrecht. Sein Teilentwurf griff auf eine Fülle von Material zurück, nicht nur auf das ausländische Erbrecht, sondern orientierte sich vor allem am sog. „gemeinen Recht", d.h. an dem zwischen dem 12. und 15. Jahrhundert in Deutschland übernommenen (rezipierten) römischen Recht. Letzteres war von deutschen Rechtsstudenten der oberitalienischen Fakultäten mit nach Deutschland zurückgebracht worden, unterlag allerdings der Anpassung an bereits vorhandene lokale Rechtsquellen. Sofern solche bestehen blieben, gingen sie dem gemeinen Recht vor; dieses war also subsidiäres Recht. Von Schmitt verwertete mehr als 100 entsprechender

---

[47] S. a. *Mönch/Höll*, Einf. Rdn. 18.

[48] Ausführlich hierzu *Nachreiner*, ZEV 2005, 1ff.

[49] Er war der spätere Präsident des bayrischen obersten Landesgerichtes und maßgeblich an der CPO (ZPO) beteiligt, die 1877 in Kraft trat, vgl. dazu Staudinger/*Otte*, Einl. zu §§ 1922ff., Rdn. 28; ferner Staudinger/*Coing/Honsell*, Einl. zum BGB Rdn. 78; instruktiv zur geschichtlichen Entwicklung des Erbrechts auch: *Hattenhauer*, Grundbegriffe des Bürgerlichen Rechts, 2. Aufl. 2000, S. 204ff. m.w.N.

erbrechtlicher Statuten, die er sämtlich in seinem Teilentwurf auflistete.[50] Er und die 1. Kommission sahen ihre Aufgabe weniger in einer Reform des Erbrechtes, sondern vielmehr in seiner Vereinheitlichung.[51] Kennzeichnend für das 5. Buch des BGB ist daher der Kompromiss zwischen den beiden großen historischen Entwicklungslinien des Erbrechtes.

A. Das germanische Recht

Das germanische Recht kannte zunächst nur ein Erbrecht für bewegliche Sachen, die der lebzeitigen und letztwilligen Verfügungsmacht des Eigentümers unterlagen. 24

Grundstücke hingegen wurden allein nach familienrechtlichen Prinzipien behandelt, sie unterlagen also keinem Erbrecht.[52] Das germanische Recht ordnete Grund und Boden dem Familienverband zu, mithin keinem individuellen Rechtsträger. Demzufolge änderte ein Personenwechsel durch Tod auch nicht die Rechtsinhaberschaft, so dass nicht einmal eine gesetzliche Erbfolge im heutigen Sinne notwendig war.[53] In zeitgenössischer juristischer Terminologie könnte man am ehesten von einer Gesamthandsgemeinschaft sprechen, deren Bindungswirkung sowohl eine lebzeitige als auch eine letztwillige Verfügung des Hausvaters ausschloss.[54] Erst die Missionierung der Germanen änderte diese Betrachtungsweise, als nämlich die Kirche in dem Wunsch, zu Grundeigentum zu gelangen, auf eine Verfügungsbefugnis des den Hof be- 25

[50] *v. Schmitt*, Entwurf des Rechtes der Erbfolge, Vorlage des Redaktors, Berlin 1879, S. 2; dazu *Kipp/Coing*, Erbrecht, Einl. § 1 IV 2. (S. 10), Diese Sisyphusarbeit ist heute noch eine unentbehrliche Quelle für eine vertiefte wissenschaftliche Arbeit im Erbrecht. Die Entstehungsgeschichte des BGB ist ausführlich dargestellt bei Staudinger/*Coing/Honsell*, Einl. zum BGB Rdn. 74ff.; in Rdn. 20ff. findet sich auch eine interessante Darstellung allgemein zur Rechtszersplitterung in Deutschland vor der Reichsgründung.

[51] *Kipp/Coing*, Erbrecht, § 1 IV 3 (S. 10).

[52] *Olzen*, JuS 1984, 328 (332) für das entsprechende Problem des Eigentums. Das preußische ALR von 1794 ordnete die gesetzliche Erbfolge dem Familienrecht zu. Heute finden sich im Familienrecht erbrechtliche Regelungen in § 1371, ferner enthält das BGB erbrechtliche Regelungen zur Gütergemeinschaft in § 1482 und in §§ 1483ff.

[53] *Olzen*, Vorweggenommene Erbfolge in historischer Sicht, S. 49 m.w.N.

[54] *Olzen*, JuS 1984, 328 (332).

wirtschaftenden Bauers drängte.[55] Als Folge der Grundstücksübertragung versprach man dem „Schenker" das Seelenheil. Dadurch wurde die Verfügungsfreiheit im 12. und 13. Jahrhundert schließlich allgemein anerkannt und deshalb auch an Grundeigentum eine Erbfolge möglich. Es blieb aber dabei, dass als Erben nur Familienmitglieder in Betracht kamen, und zwar aufgrund gesetzlicher Berufung, während Testamente kaum eine Rolle spielten. So behandelte der um 1220 entstandene Sachsenspiegel, der für Norddeutschland und die östlichen Reichskolonien zentrale Bedeutung hatte, das Erbrecht immer noch als Teil des Familienrechtes und schloss Testamente sogar völlig aus. Er ließ nur ein Rechtsgeschäft für die Weitergabe von Grundeigentum zu, die Übertragung von Grundeigentum unter Lebenden vor Gericht.[56]

B. Das römische Recht

26 Die Verfügung von Todes wegen gewann ihre Bedeutung erst mit Übernahme des römischen Rechtes, das die meisten Grundsätze des geltenden Erbrechtes bereits entwickelt hatte. Es kannte z. B. das Prinzip der **Gesamtrechtsnachfolge**, vgl. § 1922 Abs. 1: Allein durch den Erbfall ging nach römischem Recht das gesamte Vermögen des Hausvaters auf den oder die Erben über. Die dogmatische Erklärung des „Vonselbsterwerbes" bereitete den Juristen viel Mühe, da sie mit dem rechtsgeschäftlichen Erwerb nicht in Einklang stand. Kehrseite der Gesamtrechtsnachfolge war die unbeschränkte Erbenhaftung für die Schulden des Erblassers, und zwar nicht nur mit dem Nachlass, sondern auch mit dem sonstigen Vermögen.[57]

27 Ebenfalls aus dem römischen Recht stammt der Grundsatz der **Testierfreiheit** als Freiheit des Erblassers, nach dem Tode den Verbleib seines Vermögens durch letztwillige Verfügung zu bestimmen. Das römische Recht sah darin die notwendige Verlängerung der Eigentümer-

[55] *Olzen*, Vorweggenommene Erbfolge in historischer Sicht, S. 51 (sog. „Seelteil" oder „Seelgerät").

[56] Sachsenspiegel II 30: „Swer so ime erbe toseget nicht von sibbe halven, wan von gelovedes halven, dat hebbe men vor unrecht, men ne moge getugen, dat dat gelovede vor gerichte gestedeget si"; vgl. *Olzen*, Vorweggenommene Erbfolge in historischer Sicht.

[57] Die heutige dogmatische Betrachtungsweise geht auf *von Savigny* zurück, vgl. System Band 1, S. 282f.

freiheit, die nach dem Verständnis der Römer nicht mit dem Tod des Erblassers enden konnte. Dieser Gedanke fand im Liberalismus des ausgehenden 19. Jahrhunderts viel Anklang. Die Entscheidung des Erblassers sollte nach römischem Recht ihre Grenze nur an der Versorgung nächster Angehöriger, d. h. im **Pflichtteilsrecht**, finden. Das Pflichtteilsrecht bestand in einer anteiligen Nachlassberechtigung. Das Mittelalter ergänzte die römisch-rechtlichen Grundlagen um die heute wichtigen Rechtsinstitute des Ehegattentestamentes sowie des Erbvertrages.

C. Die Entstehungsgeschichte des 5. Buches im BGB

Die **Verfasser des BGB** mussten ferner die Folgen der **Aufklärung** verarbeiten, die vor allem den Gedanken von Freiheit und Gleichheit der Bürger hervorgebracht hatte. Als Konsequenz setzte sich etwa die Auffassung durch, dass der testamentarischen Erbfolge Vorrang vor der gesetzlichen einzuräumen sei.[58] **28**

Der Gesetzgeber übernahm aus all diesen Grundlagen zunächst das Prinzip der **Gesamtrechtsnachfolge** einschließlich der **unbeschränkten Erbenhaftung**. Sie ermöglichten aber dem Erben, Maßnahmen zur **Haftungsbeschränkung** auf den Nachlass zu treffen, §§ 1975 ff.[59] Das System der Erbenhaftung des BGB schützte damit die Nachlassgläubiger stärker als bisher, ließ aber andererseits die Interessen des/der Erben nicht unberücksichtigt. **29**

Abweichend vom römischen Recht wählte man eine schuldrechtliche Ausgestaltung des Pflichtteilsrechtes, so dass ein Kreis enger Angehöriger im Falle der Enterbung Geldzahlungsansprüche gegen den Erblasser in Höhe der halben gesetzlichen Erbquote erhält, §§ 2303 ff.[60] Entgegen sozialistischen und marxistischen Forderungen wurde das Erbrecht also weder abgeschafft noch der Staat als gesetzlicher Erbe eingesetzt.[61] Er beteiligt sich allerdings durch Erhebung der Erbschaftsteuer mittelbar am Nachlass.[62] **30**

---

[58] *Lange/Kuchinke*, Lehrbuch des Erbrechts, § 1 (S. 1).

[59] Vgl. Rdn. 867 ff.

[60] Vgl. Rdn. 1024 ff.

[61] Dies ist zu unterscheiden von dem heutigen Noterbrecht des Staates in § 1936, das später angesprochen wird.

[62] *Lange/Kuchinke*, Lehrbuch des Erbrechts, § 1 V 6 (S. 9); vgl. oben Rdn. 7.

31 Die sorgfältige Bearbeitung sowie die Kompromissfreudigkeit des Erbrechtsentwurfes waren Gründe dafür, dass die ansonsten außerordentlich heftige Kritik am 1. Entwurf des BGB von 1888 das Erbrecht kaum betraf.[63] Sozialistische Einwände richteten sich nur gegen den landesrechtlichen Vorbehalt in den Art. 59, 64 EGBGB, der die nach Reichsrecht unzulässigen Bindungen des Grundeigentums, z. B. durch das bäuerliche Anerbenrecht, weiterhin zuließ.[64] Landesrechtlich konnte dadurch immer noch geregelt werden, dass ein Hof etwa stets auf den ältesten Sohn übergeht. Otto v. Gierke, der berühmte Vertreter der germanischen Schule, der kaum ein zustimmendes Wort für den ersten Entwurf gefunden hat,[65] bemängelte im Erbrecht nur einzelne Regelungen, nicht das Gesamtkonzept. Hierin liegt u. U. eine Erklärung dafür, dass das Erbrecht wie kein anderes Buch des BGB von größeren Reformen bis heute verschont geblieben ist.

§ 4. Erbrechtsreformen

A. Die Notwendigkeit von Erbrechtsreformen

32 Dieser Umstand scheint die Ansicht zu bestätigen, das Erbrecht sei „gesellschaftspolitisch neutrales Recht".[66] Nun bedarf es zwar dort, wo rechtliche Regelungen ihre Wirkungen über einen langen Zeitraum entfalten, einer beständigen Ordnung, wie auch das Bekenntnis des Art. 14 GG zum Erbrecht zeigt.[67] Man darf aber andererseits nicht verkennen, dass das Erbrecht wegen seiner Regulierungswirkung im Hinblick auf gesellschaftliche Vermögensstrukturen den Wandel der sozialen Realität beachten muss, wenn es wirkungsvoll bleiben will.[68] So stellen etwa die Entwicklung im familiären Bereich hin zur Kleinfamilie sowie der Ausbau staatlicher Sozialleistungen Begründungen in Frage, wonach

[63] Staudinger/*Otte*, Einl. zu §§ 1922ff., Rdn. 29.
[64] Vgl. den Hinw. von Staudinger/*Otte*, Einl. zu §§ 1922ff., Rdn. 29 auf *Menger*.
[65] Zur Kritik allg. Staudinger/*Coing*/*Honsell*, Einl. zum BGB, Rdn. 80.
[66] Staudinger/*Otte*, Einl zu §§ 1922ff., Rdn. 119.
[67] Vgl. dazu näher Soergel/*Stein*, Einl. Erbrecht, Rdn. 58.
[68] Ebenso *Leipold*, Erbrecht, Rdn. 84.

das Erbrecht den Hinterbliebenen eine Existenz sichern soll.[69] Rechtstatsächliche und soziologische Erkenntnisse, die solche Faktoren verdeutlichen, müssen also herangezogen werden, wenn man über Notwendigkeit und Ausgestaltung von Erbrechtsreformen nachdenkt. Zuvor sollen jedoch an dieser Stelle die wichtigsten durchgeführten Novellierungen des Erbrechts seit Inkrafttreten des BGB kurz dargestellt werden.[70]

B. Die wichtigsten Reformen seit Inkrafttreten des BGB

I. Testamentsgesetz (1938)

Die erste größere Erbrechtsreform wurde von den Nationalsozialisten vorgenommen.[71] Das **Testamentsgesetz** vom 31.07.1938 bestimmte, dass die Errichtung bzw. Aufhebung letztwilliger Verfügungen bei Erbfällen nach dem 4.08.1938 nicht mehr den bis dahin geltenden Vorschriften des BGB unterstand, sondern zahlreiche Formerleichterungen eintraten. Dieses Gesetz wurde nach Ende des Zweiten Weltkrieges überwiegend durch das Gesetz zur Wiederherstellung der Gesetzeseinheit auf dem Gebiete des Bürgerlichen Rechtes vom 5.03.1953[72] mit Wirkung zum 1.04.1953 in das BGB übernommen, weil man die ursprüngliche Formstrenge des BGB als übertrieben empfand.[73] 33

69 Weitere Beispiele zum Wandel der sozialen Realität bei Soergel/*Stein*, Einl. Erbrecht, Rdn. 63; *Olzen*, Vorweggenommene Erbfolge in historischer Sicht, S. 7ff.

70 Ebenso MünchKomm/*Leipold*, Einl. Erbrecht, Rdn. 40ff.; Erman/*Schlüter*, Einl. § 1922, Rdn. 27f.; a.A. Staudinger/*Otte*, Einl. zu §§ 1922ff., Rdn. 119; *Stöcker*, WM 1979, 214 (217); siehe dazu auch die Erläuterungen bei Soergel/*Stein*, Einl. Erbrecht, Rdn. 58ff.

71 Die Nationalsozialisten hatten zunächst am 5.11.1937 ein „Gesetz über erbrechtliche Beschränkungen wegen gemeinschaftswidrigen Verhaltens" erlassen. Danach waren Personen von der Erbfolge ausgeschlossen, denen man wegen politischer Emigration die Staatsangehörigkeit aberkannt hatte. Außerdem konnte ein Erblasser seinen Nachkommen dann den Pflichtteil entziehen, wenn sie eine Ehe mit einem Juden oder mit einem jüdischen Mischling eingegangen waren.

72 BGBl. I 1953, S. 33; das Gesetz trat am 1.04.1953 in Kraft.

73 Vgl. Palandt/*Edenhofer*, Einf. v. § 2229, Rdn. 2; eine Liste der übernommenen Vorschriften findet sich bei MünchKomm/*Leipold*, Einl. Erbrecht, Rdn. 57; vgl. ferner zu dieser Gesetzesreform Staudinger/*Otte*, Einl. zu §§ 1922ff.,

II. Gleichberechtigungsgesetz (1957)

34 Art. 117 Abs. 1 GG bestimmte, dass das gesamte, dem Gleichberechtigungsgrundsatz des Art. 3 Abs. 2 GG widersprechende Recht spätestens bis zum 31.03.1953 aufzuheben sei bzw. mit diesem Datum außer Kraft trete. Die damit verbundene Aufforderung an den Gesetzgeber, im Familien- und Erbrecht neue Vorschriften zu schaffen, wurde aber erst durch das Gleichberechtigungsgesetz mit Wirkung zum 1.07.1957 erfüllt.[74] Die Einführung des Güterstandes der **Zugewinngemeinschaft** löste bedeutende Änderungen des Ehegattenerbrechtes aus.[75] Der Zugewinnausgleich bei Auflösung der Ehe durch Tod eines Ehegatten führt zu einer Erhöhung der gesetzlichen Erbquote des § 1931 Abs. 1 um 1/4 gemäß § 1371 Abs. 1, vgl. § 1931 Abs. 3. Die Zugewinngemeinschaft als gesetzlicher Güterstand brachte daneben wichtige Änderungen im **Pflichtteilsrecht** mit sich[76] und verstärkte insgesamt das Ehegattenerbrecht zu Lasten der Verwandten des Erblassers.[77]

III. Nichtehelichengesetz (1969)

35 Gem. § 1589 Abs. 2 a.F. galt das **nichteheliche Kind** als nicht verwandt mit seinem Vater. Dementsprechend bestand keine gesetzliche Erbberechtigung zwischen beiden. Obwohl Art. 6 Abs. 5 GG seit 1949 verlangt, dass nichtehelichen und ehelichen Kindern die gleichen Bedingungen zu schaffen seien, erfüllte der Gesetzgeber diese Verpflichtung erst 1969. Anders als bei Art. 3 Abs. 2 GG hatten die Verfasser des Grundgesetzes den Gleichstellungsauftrag nicht mit einer Frist verbunden. Erst als das Bundesverfassungsgericht das damals geltende Recht

---

Rdn. 114. Erwähnenswert ist die Streichung des § 48 Abs. 2 TestG durch den Alliierten Kontrollrat unmittelbar nach Ende des 2. Weltkrieges. Er sah vor, eine Verfügung von Todes wegen sei nichtig, „soweit sie in einer gesundem Volksempfinden gröblich widersprechenden Weise gegen die Rücksichten verstößt, die ein verantwortungsbewußter Erblasser gegen Familie und Volksgemeinschaft zu nehmen hat", vgl. *Brox*, Erbrecht, Rdn. 25.

[74] Soergel/*Stein*, Einl. Erbrecht, Rdn. 45.

[75] *Leipold*, Erbrecht, Rdn. 84.

[76] Vgl. dazu Rdn. 1056 ff.

[77] Vgl. zu den sonstigen Einzelheiten Soergel/*Stein*, Einl. Erbrecht, Rdn. 45; MünchKomm/*Leipold*, Einl. Erbrecht, Rdn. 58.

als z. T. verfassungswidrig beurteilte und den Gesetzgeber unter Fristsetzung zur Tätigkeit aufforderte, änderten sich die Verhältnisse.[78] Das **Nichtehelichengesetz** vom 19. 08. 1969[79] trat am 1. 07. 1970 in Kraft und ordnete für alle danach eintretenden Erbfälle den Wegfall des § 1589 Abs. 2 a. F. an.[80] Durch die Gesetzesreform wurde also erstmals eine Beteiligung nichtehelicher Kinder am Nachlass ihres Vaters gewährleistet,[81] umgekehrt können seitdem auch nichteheliche Väter oder ihre Verwandten das nichteheliche Kind beerben. Im Verhältnis des nichtehelichen Kindes zu seiner Mutter bestanden und bestehen hingegen keine Besonderheiten.

Das Nichtehelichengesetz erweiterte ferner die Vorschriften des BGB **36** um die §§ 1934a–e. Der Gesetzgeber konnte sich indessen nicht zu einer völligen Gleichstellung entschließen, gewährte dem nichtehelichen Kind also keine Erbenstellung am Nachlass des Vaters, sofern daraus eine Miterbengemeinschaft mit dem Ehepartner und/oder ehelichen Kindern des Erblassers entstehen würde. In diesem Fall erhielt das nichteheliche Kind vielmehr einen sog. **Erbersatzanspruch**, d. h. einen Geldzahlungsanspruch gegen den oder die Erben, der allerdings in seiner Höhe der Erbquote entsprach, die dem nichtehelichen Kind im Falle seiner Ehelichkeit zustehen würde.[82]

Außerdem führte das Gesetz den sog. **vorzeitigen Erbausgleich** ein: **37** Gem. § 1934 d konnte ein nichteheliches Kind zwischen dem 21. und 27. Lebensjahr von seinem Vater vorzeitigen Erbausgleich in Geld verlangen, war dann allerdings mitsamt seinen Nachkommen von einer späteren Erbfolge ausgeschlossen.

Die **Wiedervereinigung** Deutschlands im Jahre 1990 hat das Erbrecht **38** des nichtehelichen Kindes deshalb erneut in die Diskussion gebracht, weil das Zivilgesetzbuch der ehemaligen DDR vom 1. 01. 1976 erbrechtlich nicht zwischen ehelichen und nichtehelichen Kindern unter-

---

78 BVerfGE 25, 167 (188).

79 BGBl. I 1969, S. 1243.

80 Art. 12 § 10 Abs. 1 NEhelG; selbst diese Erbfälle werden jedoch nach altem Recht behandelt, sofern das nichteheliche Kind vor dem 1. 07. 1949 geboren wurde, Art. 12 §10 Abs. 2 NEhelG, so dass es bei diesen Personen beim völligen Ausschluss des Erbrechtes bleibt.

81 Zur geschichtlichen Entwicklung vgl. *Lange/Kuchinke*, Lehrbuch des Erbrechts, § 14 III 2a (S. 302).

82 Vgl. zur Verfassungsgemäßheit des Ersatzanspruches vgl. BVerfGE 44, 1 (17 ff.); *Stöcker*, NJW 1970, S. 2003 ff.

schied.[83] Aufgrund des Einigungsvertrages[84] wurde dem EGBGB in den Art. 230–236 ein sechster Teil angefügt, und gem. Art. 230 Abs. 2 EGBGB a. F. trat das BGB in den neuen Bundesländern am 3. 10. 1990, also am Beitrittstag, in Kraft. Für das Erbrecht legte Art. 235 EGBGB Übergangsregelungen fest.[85] So ordnete Art. 235 § 1 S. 2 EGBGB im Beitrittsgebiet die Fortdauer der bisherigen Gleichstellung ehelicher und nichtehelicher Kinder an, so dass in der alten und neuen Bundesrepublik unterschiedliche Regelungen bestanden.[86] Deshalb setzte das Bundesjustizministerium im November 1991 eine Kommission ein, die die Reform des Nichtehelichenrechtes vorbereiten sollte.[87] Ein Gesetzesentwurf der Bundesregierung[88] sah vor, sowohl den Erbersatzanspruch als auch das Recht auf vorzeitigen Erbausgleich zu beseitigen, allerdings mit Übergangsregelungen für Erbfälle vor Inkrafttreten des Gesetzes. Er wurde vom 12. Bundestag nicht mehr verabschiedet und deshalb in des 13. Legislaturperiode erneut eingebracht.[89]

IV. Erbrechtsgleichstellungsgesetz (1997)

39 Die geschilderte unterschiedliche Behandlung nichtehelicher und ehelicher Kinder war jedenfalls nach Inkrafttreten des Grundgesetzes ein wenig überzeugendes Kapitel jüngerer deutscher Rechtsgeschichte. Sowohl der Bewusstseinswandel als auch die Veränderung der tatsächlichen Gegebenheiten, gerade durch den Beitritt der ehemaligen DDR, ließen eine vollständige Angleichung unausweichlich erscheinen. Hinzu kam, dass die Verfassungsmäßigkeit des Erbersatzanspruchs, § 1934a, in Hinblick auf Art. 3 Abs. 1, 6 Abs. 5 GG zunehmend angezweifelt

---

[83] Dazu *Werner*, Angleichung des Erbrechts, in: Koch (Hrsg.), 10 Jahre deutsche Rechtseinheit, S. 111 (113 u. 116), Jena 2001.

[84] I.V.m. Anlage 1 Kap. III, Sachgebiet B: Bürgerliches Recht, Abschnitt II Nr. 1.

[85] Vgl. dazu insgesamt Soergel/*Stein*, Einl. Erbrecht, Rdn. 77.

[86] Im Einzelnen ist vieles str., vgl. Staudinger/*Werner*, § 1934a, Rdn. 38; *Lück*, JR 1994, 45.

[87] Vgl. die Begründung des Regierungsentwurfes BT-DruckS. 12/7819, S. 7.

[88] BR-DruckS. 891/95.

[89] Vgl. BT-DruckS. 13/4183; dazu insgesamt *Hess*, FamRZ 1996, 781; *Bosch*, FamRZ 1996, 1 ff.; *Ebenroth/Franck*, ZEV 1996, 169 und allgemein *Schuhmann*, JuS 1996, 506 ff.

wurde.[90] Auch das Institut des vorzeitigen Erbausgleichs in § 1934d war angesichts der Testierfreiheit des Vaters gem. Art. 14 Abs. 1 GG nicht frei von Bedenken.[91]

Durch das **Erbrechtsgleichstellungsgesetz**[92] sind die Sonderregelungen für nichteheliche Kinder und ihre Abkömmlinge daher ersatzlos gestrichen worden, was uneingeschränkt zu begrüßen ist. Denn es obliegt nicht dem Gesetzgeber, nichteheliche und eheliche Kinder verschieden zu behandeln, sondern allenfalls dem testierenden Erblasser.[93] Insoweit bestand im Gesetzgebungsverfahren auch Konsens. **40**

Kontrovers wurden demgegenüber die Übergangsvorschriften diskutiert, was schließlich auch zur Anrufung des Vermittlungsausschusses geführt hat.[94] Gegen den Widerstand des Bundesrates gilt Art. 12 § 10 Abs. 2 NEG in seiner ursprünglichen Fassung mit der Folge fort, dass weiterhin zwischen nichtehelichen Kindern, die vor dem 1.07.1949 geboren sind, und dem Vater kraft Gesetzes keine erbrechtliche Beziehung besteht. Das mag man kritisieren,[95] diese Entscheidung des Gesetzgebers ist jedoch hinzunehmen und wurde im Jahre 2003 durch verfassungsgerichtlichen Beschluss erneut bestätigt[96]. Hiernach stellt es einen sachlichen Grund für die aus der Stichtagsregelung resultierende Ungleichbehandlung dar, dass das Vertrauen auf die Weitergeltung des alten Rechtszustands aus Sicht des Vaters und seiner Familien umso eher verständlich erscheint, je älter die nichtehelichenKinder und die Väter zur Zeit des In-Kraft-Tretens des Nichtehelichengesetzes waren. **41**

Privilegiert sind demgegenüber vor dem 1.07.1949 geborene nichteheliche Kinder, sofern ihr Vater zum Zeitpunkt des Beitritts seinen Wohnsitz im Beitrittsgebiet hatte.[97] Sie werden den ehelichen gleichgestellt. **42**

---

[90] *Roth*, FamRZ 1991, 139 (146f.).

[91] Das BVerfG hat die Regelung freilich passieren lassen, BVerfGE 58, 377ff.; vgl. auch noch jüngst BVerfG (Kammerbeschluss), NJW 1996, 1884.

[92] Vom 16.12.1997, BGBl. I 1997, S. 2968; in Kraft getreten am 1.04.1998.

[93] So zutreffend *Rauscher*, ZEV 1998, 41 (43).

[94] Ausführlich zum Gesetzgebungsverfahren *Rauscher*, ZEV 1998, 41 (42).

[95] So *Hess*, FamRZ 1996, 781 (783f.); anders *Radziwill/Steiger*, FamRZ 1997, 268ff. (ausf.); *Rauscher*, ZEV 1998, 41 (44).

[96] BVerfG, FPR 2004, 140f.; das Gericht bezog sich in dieser Entscheidung auf die nach seiner Ansicht immer noch tragfähige Begründung der bundesverfassungsgerichtlichen Entscheidung aus dem Jahre 1976 zur Verfassungsmäßigkeit der betreffenden Norm, vgl. BVerfG, NJW 1977, 1677ff.

[97] Vgl. dazu die Klarstellung in Art. 235 § 1 Abs. 2 EGBGB durch das ErbGleichG; sowie mit weiteren Einzelheiten *Radziwill/Steiger*, FamRZ 1997, 268 (269); *Rauscher*, ZEV 1998, 41 (45).

43 Voraussetzung für das gesetzliche Erbrecht nichtehelicher Kinder bleibt weiterhin die förmliche Feststellung der Vaterschaft. Dafür stehen nach der Neufassung durch das Kindschaftsrechtsreformgesetz[98] zwei Möglichkeiten zur Verfügung: Das Anerkenntnis des Vaters gem. § 1592 Nr. 2 oder die gerichtliche Feststellung gem. § 1592 Nr. 3.

V. Gesetz über die Anerkennung gleichgeschlechtlicher Lebenspartner

44 Nach langen Diskussionen wurde schließlich das Gesetz über die **eingetragene Lebenspartnerschaft** (LPartG) verabschiedet.[99] Ein überlebender Lebenspartner ist damit seit dem Inkrafttreten dieses Gesetzes am 1. August 2001 neben Verwandten des Erblassers dessen gesetzlicher Erbe. Darüber hinaus gehört er zum pflichtteilsberechtigten Personenkreis. Ferner besteht nunmehr für **Lebenspartner** die Möglichkeit, ein gemeinschaftliches Testament zu errichten. Das Gesetz war zunächst verfassungsrechtlich umstritten.[100] Durch Urteil vom 17. Juli 2002 hat das BVerfG jedoch die Verfassungsmäßigkeit der neuen Regelungen bestätigt und insbesondere die Vereinbarkeit der erbrechtlichen Normen mit den Artt. 6 Abs. 1, 14 Abs. 1 GG bekräftigt.[101]

C. Die Zukunft des Erbrechts

45 Abgesehen von der geschilderten Gleichstellung ehelicher und nichtehelicher Kinder und anderen, eher kleineren Änderungen[102] ist eine grundsätzliche Neugestaltung des Erbrechts offenbar als nicht notwendig angesehen worden. Wohl gibt es die allgemeine Forderung nach Klarheit und Kürze, jedoch ergebnislos.[103]

46 Einzelne Themenbereiche wurden allerdings Gegenstand der Diskussion. Dabei sind Absichten ohne Erfolg geblieben, die ein gesetz-

---

[98] Vom 16. 12. 1997, BGBl. I 1997, S. 2942; in Kraft getreten am 1. 07. 1998.

[99] BGBl. I 2001, S. 266ff.

[100] Vgl. *Krings*, ZRP 2000, S. 409ff.; *Leipold*, ZEV 2001, 218ff.; *Sachs*, JR 2001, S. 45ff.

[101] BVerfG, ZEV 2002, 318 (318f.).

[102] Vgl. im Einzelnen Soergel/*Stein*, Einl. Erbrecht, Rdn. 37ff.

[103] Vgl. dazu auch MünchKomm/*Leipold*, Einl. Erbrecht, Rdn. 38; Soergel/*Stein*, Einl. Erbrecht, Rdn. 66.

liches Erbrecht des nichtehelichen Lebenspartners einführen wollten.[104] Wichtiges Thema war auch immer wieder die Rechtsnachfolge in Personengesellschaften, für die klare gesetzliche Regelungen fehlen.[105] Außerdem gab es Änderungsvorschläge für das Pflichtteils- und das Ehegattenerbrecht, ferner das Verwandten- und Staatserbrecht.[106]

Beim Pflichtteilsrecht, das zunehmend als nicht mehr zeitgemäß an- **47**
gesehen wird,[107] fordert die Entwicklung an sich eine Überarbeitung sowohl der Art und des Umfangs der Beteiligung am Erbe als auch der Berechnungsgrundlagen.[108] Die Gründe, warum es bisher nicht dazu gekommen ist,[109] sind vielfältig und zum Teil gegenläufig: Stellt man die Unterhaltung und Versorgung des Ehegatten und der Kinder in den Vordergrund, entfällt die Berechtigung eines Elternpflichtteils, der angesichts der unsicheren und sehr teuren Altersversorgung wiederum angebracht erscheint.[110] Beachtenswert ist ferner der Einwand, ein starkes Pflichtteilsrecht vermindere den erbrechtlichen Spielraum des Erblassers für letztwillige Verfügungen. Insofern wäre es z. B. denkbar, einen Anspruch von der Bedürftigkeit des Berechtigten abhängig zu machen sowie die Höhe des Anteils zu regulieren.[111] Aktuell hinzugetreten ist eine Diskussion über die negativen Folgen des Pflichtteilsrechts für die Vererbung von Unternehmen, die durch die Geltendmachung entsprechender Ansprüche oft gefährdet oder zerschlagen werden, worauf später noch eingegangen wird.

Viele befürworten eine Stärkung des Ehegattenerbrechts. Ausgehend **48**
von dem Gedanken einer gemeinsamen Lebensleistung, aber auch von dem Umstand, dass heutzutage die Kinder eines Erblassers beim Erbfall in der Regel selbst bereits zwischen 40 und 50 Jahre alt[112] und damit

---

[104] Vgl. Vhdl. des 57. DJT 1988, Bd. II S. 1235.

[105] Vgl. MünchKomm/*Leipold*, Einl. Erbrecht, Rdn. 37; dazu im Einzelnen unten Rdn. 1245ff.

[106] So bezüglich des gesetzlichen und des Ehegattenerbrechts *Lange/Kuchinke*, Lehrbuch des Erbrechts, § 2 V 1; S. 31. Zu weiteren, nicht so wichtigen Reformdiskussionen vgl. Staudinger/*Otte*, Einl. zu §§ 1922ff., Rdn. 120ff.

[107] *Leipold*, Erbrecht, Rdn. 85.

[108] *Lange/Kuchinke*, Lehrbuch des Erbrechts, § 2 V 2; S. 33.

[109] Dabei wird dieses Thema bereits seit mehreren Jahrzehnten diskutiert; vgl. die Nachweise bei Staudinger/*Otte*, Einl. zu §§ 1922ff., Rdn. 92.

[110] Soergel/*Stein*, Einl. Erbrecht, Rdn. 75.

[111] *Lange/Kuchinke*, Lehrbuch des Erbrechts, § 2 V 2 (S. 33); zu ausländischen Modellen vgl. *Ebenroth*, Erbrecht, Rdn. 997ff.

[112] *Olzen*, Vorweggenommene Erbfolge in historischer Sicht, S. 18ff.

wirtschaftlich abgesichert sind, wachsen nationale und internationale Forderungen nach einer Verbesserung der erbrechtlichen Stellung des Ehegatten, insbesondere gegenüber entfernten Verwandten.[113] Dies bedeutete auch eine Entlastung der Sozialversicherung.[114]

49 Manchmal wurde Kritik an der unbegrenzten Verwandtenerbfolge laut, die u. a. durch eine Verbesserung des Staatserbrechts ersetzt werden soll. Vorschläge gehen dahin, die gesetzliche Erbfolge bereits nach der zweiten Ordnung enden zu lassen, um auch die Kosten der Erbenfeststellung und die unwirtschaftliche Teilung der Erbmasse zu vermeiden. Berücksichtigt man den Verwaltungsaufwand, wäre allerdings mit zusätzlichen Einnahmen des Staates kaum zu rechnen.[115]

50 Festzuhalten bleibt die Erkenntnis, dass die Stabilität des Erbrechts grundsätzlichen Änderungen entgegensteht, der soziale Wandel aber einzelne Reformen veranlasst.[116] Diese sind im Zusammenhang zu sehen: So ist mit einer Änderung des Ehegattenerbrechts automatisch eine Modifizierung des Pflichtteilsrechts sowie des Güterrechts verbunden.[117] Ein derartig tiefgreifender Einschnitt dürfte in naher Zukunft kaum zu erwarten sein.

§ 5. Rechtsquellen

A. Verfassungsrecht

51 Das Erbrecht als Recht zu erben und zu vererben hat gem. Art. 14 Abs. 1 S. 1, 2. Var. GG Verfassungsrang. Wegen seiner elementaren Funktion für eine auf Privatautonomie gegründete Vermögens- und

---

[113] Soergel/*Stein*, Einl. Erbrecht, Rdn. 68f. m.w.N.

[114] Staudinger/*Otte*, Einl. zu §§ 1922ff., Rdn. 120.

[115] Soergel/*Stein*, Einl. Erbrecht, Rdn. 73; vgl. allgemein die Verhandlungen des 49. Juristentages, Bd. I (1972), A 38f.

[116] S. auch *Leipold*, Erbrecht, Rdn. 85.

[117] Näher zu der güterrechtlichen Relevanz: Soergel/*Stein*, Einl. Erbrecht, Rdn. 68. Andererseits mehren sich aber auch die Forderungen nach einer güterstandsunabhängigen Erhöhung des Erbteils gem. § 1931 Abs. 1; vgl. dazu Staudinger/*Otte*, Einl. zu §§ 1922ff., Rdn. 120; weitere Nachw. bei *Lange/Kuchinke*, Lehrbuch des Erbrechts, § 2 V 1a (S. 31).

Gesellschaftsordnung[118] erscheint dies unerlässlich. Die **Erbrechtsgarantie** ergänzt die Eigentumsgarantie, die nach ständiger Rechtsprechung des Bundesverfassungsgerichts dem Einzelnen einen vermögensrechtlichen Freiraum sichert und ihn dadurch in die Lage versetzt, sein Leben eigenverantwortlich zu gestalten.[119] Denn zum einen verlängert das Erbrecht die Eigentumswirkung durch die Möglichkeit privater Rechtsnachfolge[120] über den Tod des Berechtigten hinaus, zum anderen verwirklicht es aber auch die persönliche Gestaltungsfreiheit des Eigentümers[121] für die Zeit nach seinem Tod. Art. 14 Abs. 1 S. 1, 2. Var. GG enthält also eine Garantie des **Privaterbrechtes.**[122] Die Norm schützt das Erbrecht danach in zweifacher Hinsicht:

I. Institutsgarantie

Zunächst wird es als privates Rechtsinstitut garantiert. Daraus folgt der **52**
Auftrag an den Gesetzgeber, einen Mindestbestand an Normen zu seiner Wahrung bereitzustellen. Wie weit dieser Auftrag und damit die **Institutsgarantie** reichen, ergibt sich aus den wesentlichen Prinzipien, die unter Berücksichtigung der historischen Entwicklung des Erbrechts[123] als konstitutiv angesehen werden.[124] Zu dem gem. Art. 19 Abs. 2 GG unantastbaren Kernbereich des Erbrechts zählt zunächst die Freiheit des Erblassers, über sein Vermögen erbrechtlich zu verfügen, die sog. **Testierfreiheit,**[125] als Ausschnitt der umfassenden Verfügungsfreiheit des Eigentümers.[126] Ferner gehört hierher das Recht der gesetzlichen Erbfolge auf der Grundlage der **Familienerbfolge** (Verwandtenerbrecht), deren institutioneller Schutz zwar auch, aber nicht allein aus

---

118 Vgl. BVerfGE 93, 165 (173f.) = NJW 1995, 2624 (2625).

119 Vgl. BVerfGE 24, 367 (389); 50, 290 (339); 68, 193 (222); neuerdings BVerfGE 83, 201 (208); BVerfG, JZ 1991, 774ff. m. Anm. *Schwabe*.

120 Vgl. auch *Kipp/Coing*, Erbrecht, § 1 I.

121 Soergel/*Stein*, Einl. Erbrecht, Rdn. 4; *Brox*, Erbrecht, Rdn. 24; *Strothmann*, Jura 1982, 349.

122 BVerfGE 93, 165 (172, 173f.) = NJW 1995, 2624 (2625); vgl. auch Staudinger/*Otte*, Einl. zu §§ 1922ff., Rdn. 61.

123 Vgl. Rdn. 23ff.

124 Vgl. Staudinger/*Otte*, Einl. zu §§ 1922ff., Rdn. 60 m.w.N.

125 Vgl. etwa BVerfGE 67, 329 (341) m.w.N.

126 Vgl. Maunz/Dürig-*Papier*, Stand Mai 1994, Art. 14, Rdn. 293.

Art. 6 GG folgt.[127] Seine Notwendigkeit und allgemeine Anerkennung ergeben sich letztlich aus der geschichtlichen Anknüpfung an die Wurzeln des Erbrechts im germanischen Recht.[128] Im Zusammenhang damit steht ein weiterer Regelungskomplex, der im Grundgehalt – nicht in seiner konkreten Ausgestaltung – ebenfalls als wesentlicher Bestandteil des Privaterbrechts anzusehen ist. Es handelt sich um das **Pflichtteilsrecht naher Angehöriger**, das – in Ergänzung des Schutzes gem. Art. 6 GG – den nächsten Familienmitgliedern einen angemessenen Anteil am Nachlass des Verstorbenen garantiert.[129] Als verfassungsimmanente Beschränkung der Erbrechtsgarantie löst das Pflichtteilsrecht den Konflikt aus dem Nebeneinander von Testierfreiheit und Familiengebundenheit des Vermögens.[130]

II. Individualgrundrecht

53 Darüber hinaus gewährleistet Art. 14 Abs. 1 S. 1 GG das subjektive Erbrecht als **Individualgrundrecht** der am Erbgang Beteiligten, das zunächst die Testierfreiheit schützt.[131] Testierfreiheit meint demnach nicht nur den schon aus der Institutsgarantie folgenden objektiven Aspekt, dass es gesetzliche Möglichkeiten geben muss, über Vermögen erbrechtlich verfügen zu können, sondern das subjektive Recht des Erblassers, seine Erben zu bestimmen, gesetzliche Erben von der Nachlassbeteiligung auszuschließen oder sonstige letztwillige Verfügungen[132] zu treffen.

54 Während sich die Testierfreiheit bereits aus der Eigentumsgarantie folgern ließe,[133] ist als separates Schutzgut der Erbrechtsgarantie des

[127] Vgl. Staudinger/*Otte*, Einl. zu §§ 1922ff., Rdn. 60 (68f.) m.w.N., insbesondere auch zu Gegenstimmen, die den Grundsatz ausschließlich aus Art. 6 GG ableiten. Offen BVerfGE 67, 329 (341).

[128] Vgl. Rdn. 24f.

[129] Vgl. BGHZ 98, 226 (233); v. Münch/Kunig-*Bryde*, GG4, Art. 14, Rdn. 48 m.w.N.; Sachs-*Wendt*, Art. 14, Rdn. 200; Staudinger/*Otte*, Einl. zu §§ 1922ff., Rdn. 71. A.A. Soergel/*Stein*, Einl. Erbrecht, Rdn. 5f. Offen BVerfGE 67, 329 (341); BVerfGE 91, 346 (359) = ZEV 1995, 184 (186).

[130] Vgl. Maunz/Dürig-*Papier*, Art. 14, Rdn. 295.

[131] BVerfGE 67, 329 (341) m.w.N.; BVerfG, NJW 1995, 2624 (2625).

[132] Zu den einzelnen testamentarischen Verfügungen unter Rdn. 294; zu den Sonderformen letztwilliger Verfügungen Rdn. 409ff., 488ff.

[133] Vgl. Staudinger/*Otte*, Einl. zu §§ 1922ff., Rdn. 63f. m.w.N., auch zu Gegenstimmen in der Lit.

Art. 14 Abs. 1 S. 1 GG jedenfalls die **Erbaussicht** des Erben anzusehen.[134] Sie wird verfassungsrechtlich gegen staatliche Maßnahmen gesichert, die seine Nachlassteilhabe vereiteln könnten.[135] Nach dem Erbfall folgt der Vermögensschutz des Erben aus der Eigentumsgarantie. Reflexartig ergibt sich aus Art. 14 Abs. 1 S. 1, 2. Var. GG das Grundrecht der Erben auf **erbrechtlichen Erwerb** im Wege der Erbfolge,[136] sei es aufgrund gesetzlicher Erbfolge oder aufgrund letztwilliger Verfügung.[137] Letztlich erfasst der Schutzbereich der Erbrechtsgarantie wiederum auch das **Pflichtteilsrecht der nahen Angehörigen**.[138]

III. Grenze für den inhalts- und schrankenbestimmenden Gesetzgeber

Die praktische Bedeutung der Erbrechtsgewährleistung liegt vor allem darin, dass sie die Grenzen[139] für den inhalts- und schrankenbestimmenden Gesetzgeber aufzeigt:[140] Er ist frei in der Ausgestaltung des Erbrechts, solange und soweit er die Institutsgarantie und den wesentlichen Inhalt der subjektiven Erbrechtsgarantie beachtet. Innerhalb dieser Grenzen kann das Regelungssystem im BGB und auch in anderen Gesetzen geändert werden, allerdings unter Berücksichtigung der übrigen **allgemeinen Rechtsgrundsätze**, etwa des Grundsatzes der **Verhältnismäßigkeit**, des **Gleichheitsgebotes** sowie der gesamten **verfassungsmäßigen Ordnung**.[141] **55**

Verfassungsrechtlich unbedenklich ist danach das gesetzliche Noterbrecht des Staates gem. § 1936. Dagegen würde ein Gesetz, das ein alleiniges Erbrecht des Staates einführte, in Widerspruch zum grundgesetzlich geschützten Privaterbrecht und seinen tragenden Grundsätzen stehen. **56**

Weiterhin ist der staatliche Zugriff auf das Erblasservermögen im Wege der Erhebung einer Erbschaftsteuer grundsätzlich zulässig, wie **57**

134 Vgl. v. Münch/Kunig-*Bryde*, Art. 14, Rdn. 45.
135 Soergel/*Stein*, Einl. Erbrecht, Rdn. 5.
136 Vgl. BVerfG, NJW 1995, 2624 (2625).
137 Vgl. Maunz/Dürig-*Papier*, Art. 14, Rdn. 290; Sachs-*Wendt*, Art. 14, Rdn. 194.
138 Vgl. entspr. die Nachw. bei Rdn. 1022.
139 Schranken-Schranke.
140 Vgl. v. Münch/Kunig-*Bryde*, Art. 14, Rdn. 46.
141 Vgl. zu alledem etwa Erman/*Schlüter*, Einl. zu §§ 1922, Rdn. 12 a. E.

auch Art. 106 Abs. 2 Nr. 2 GG zeigt.[142] Dagegen läge eine sog. konfiskatorische Steuer (Erdrosselungssteuer) nicht mehr im Rahmen verfassungsrechtlich zulässiger Erbrechtsgestaltung, da sie die Garantie des Art. 14 Abs. 1 S. 1, 2. Alt. GG durch übermäßige Belastung des erbrechtlichen Vermögenserwerbs aushöhlen und das Erbrecht damit wirtschaftlich sinnlos machen würde.[143]

B. Sonstige Rechtsquellen

I. Vorschriften des BGB außerhalb des fünften Buches

58 Die meisten wichtigen Vorschriften sind mit den §§ 1922ff. unter dem Titel „Erbrecht“ zusammengefasst. Die Menge der Vorschriften sowie eine nicht ganz einfach zu überschauende Systematik sind ein Grund für die teilweise mangelnde Beliebtheit dieses Rechtsgebietes im Studium. Der Kreis der Rechtsquellen erstreckt sich darüber hinaus auch auf die übrigen Bücher des BGB sowie andere Gesetze.[144]

59 Vor allem finden sich im **Familienrecht** erbrechtliche Verbindungen. Hervorzuheben ist dabei der durch das Gleichberechtigungsgesetz[145] eingeführte § 1371 Abs. 1. Bei Gütergemeinschaft fällt gem. § 1482 der Anteil des Verstorbenen am Gesamtgut in den Nachlass. Weitere erbrechtliche Bezüge im Güterrecht finden sich in den §§ 1418 Abs. 2 Nr. 2 (Vorbehaltsgut), 1432, 1455 Nr. 1 (angefallene Erbschaft), 1483ff. (fortgesetzte Gütergemeinschaft). Der Güterstand der Gütertrennung erlangt nur insofern erbrechtliche Bedeutung, als gem. § 1931 Abs. 4 der überlebende Ehegatte neben einem oder zwei Abkömmlingen zu gleichen Teilen erbt.

60 Außerhalb der güterrechtlichen Regelungen kennt das Familienrecht noch einzelne Normen mit erbrechtlichem Bezug im Vormundschaftsrecht, so z. B. den § 1777 Abs. 3, demzufolge der Vormund durch letztwillige Verfügung der Eltern benannt werden kann. Ferner sind die §§ 1803, 1822, 1643 (für die Eltern) zu nennen.

---

142 Siehe oben Rdn. 10f.

143 BVerfGE 63, 312 (327); 67, 70 (88); BVerfG, NJW 1995, 2624.

144 Zum Erbschaftsteuergesetz vgl. oben Rdn. 8ff.; zum Verfassungsrecht vgl. Rdn. 51f.; Hinweise zu Länderverfassungen in *Ebenroth*, Erbrecht, Rdn. 59, Fn. 136.

145 Vgl. oben Rdn. 34.

Durch § 857, der den Besitzübergang auf den Erben normiert, gehört ebenso das **Sachenrecht** in den Kreis erbrechtlicher Rechtsquellen, allerdings nur in kleinem Umfang; lediglich § 1089 lässt sich hier noch anführen. 61

Auch im **Schuldrecht** finden sich nur einige Vorschriften mit erbrechtlichem Bezug. So sind gem. § 311 b Abs. 3 Verträge über den Nachlass eines noch lebenden Dritten nichtig, während solche unter künftigen gesetzlichen Erben nach notarieller Beurkundung wirksam sind, § 311 b Abs. 5. Im Mietrecht betrifft § 564 die Rechtsfolgen, die nach dem Tod des Mieters eintreten. Daneben erlangen die §§ 241–432 aber dadurch Bedeutung, dass das Vermächtnis, §§ 2147 ff., als Schuldverhältnis ebenso seinen Regelungen unterliegt wie der Anspruch aus §§ 2303 ff. Außerdem können im Rahmen eines Erbvertrages Leistungsstörungen auftreten. 62

Das **erste Buch** des BGB schließlich knüpft mit § 185 Abs. 2 erbrechtliche Bedingungen an die Wirksamkeit einer Verfügung durch einen Nichtberechtigten. 63

Weniger das Erbrecht im engeren Sinne als vielmehr allgemein den Fall einer (vermögens-)rechtlichen Regelung im Todesfall beinhalten zum einen die §§ 130, 153 (Wirksamkeit von Willenserklärungen, Zustandekommen eines Vertrages), zum anderen § 331[146] (Leistung an den Dritten bei Tod des Versprechensempfängers), schließlich § 672 (Fortbestehen des Auftrags im Todesfall des Auftraggebers) sowie das Erlöschen der BGB Gesellschaft beim Tode eines Gesellschafters gem. § 727. 64

II. Normen des HGB mit erbrechtlichem Regelungsinhalt

Auch außerhalb des BGB finden sich wichtige erbrechtliche Vorschriften. § 22 Abs. 1 HGB gestattet die Fortführung der Firma eines von Todes wegen erlangten Handelsgeschäfts, während §§ 27, 25 HGB die Haftung des Erben für Nachlassverbindlichkeiten bei der Fortführung des Handelsgeschäfts abändern. Ansonsten enthalten noch die §§ 131 Abs. 3 Nr. 1, 139 ff. HGB für die oHG sowie § 177 HGB für die KG spezielle Regelungen bezüglich der Rechtsnachfolge in Personengesellschaftsanteile von Todes wegen,[147] unabhängig von den allgemeinen 65

[146] Vgl. zu dieser wichtigen Vorschrift unten Rdn. 1215 ff.
[147] Vgl. unten Rdn. 1245 ff.

Vorschriften, die für jeden neu in eine oHG oder KG eintretenden Gesellschafter gelten, z. B. §§ 130, 171, 173 HGB.

III. Die Anerbengesetze

66 Die erbrechtlichen Folgen eines Todesfalls haben besonders dort einschneidende Wirkung, wo das Vermögen in einem wirtschaftlichen Zusammenhang steht. Das allgemeine Interesse, insbesondere des historischen Gesetzgebers, konzentrierte sich dabei auf den Bereich der Landwirtschaft. Dort sollte eine sinnlose Aufsplitterung der Bauernhöfe vermieden werden, die die ökonomische Kraft und damit das Potential eines Wirtschaftszweiges geschwächt hätten. Die Folge solcher Überlegungen waren landesrechtliche Anerbengesetze, nach denen nur einer den ganzen Hof erben kann; die Miterben muss dieser Erbe allerdings abfinden.[148] Aktuell wären entsprechende Regelungen für Unternehmen wahrscheinlich wichtiger. Die Rechtsnachfolge nach dem Tod des Inhabers bzw. eines Gesellschafters bereitet den betroffenen Personenkreisen und den sie beratenden Juristen erheblich mehr Probleme als die Vererbung landwirtschaftlicher Höfe.[149]

IV. Verfahrensgesetze mit erbrechtlichem Bezug

67 Nicht nur das materielle Recht, sondern auch die Verfahrensordnungen kennen erbrechtliche Bestimmungen.

Verschiedentlich werden dem **Nachlassgericht** im **BGB** Aufgabenbereiche zugewiesen, wie z. B. die Nachlassverwaltung, § 1981, oder die Erteilung eines Erbscheins, §§ 2353 ff. Gem. §§ 72 ff. FGG unterliegen derartige „Verrichtungen“ der freiwilligen Gerichtsbarkeit, wobei das Amtsgericht die Aufgaben des Nachlassgerichts wahrnimmt, § 72 FGG.

68 Des Weiteren ordnet das BGB für das formwirksame Zustandekommen eines Erbvertrages bzw. des Testaments gem. §§ 2231 Nr. 1, 2276 die notarielle Beurkundung an, die sich nach den §§ 1–35 **BeurkG** richtet.

69 Wichtig ist unter den Verfahrensrechten vor allem die **ZPO**. Dort erklären §§ 27, 28 ZPO den allgemeinen Gerichtsstand des Erblassers für

[148] Vgl. die Nachweise bei Palandt/*Edenhofer*, EGBGB, Art. 64, Rdn. 6 f.
[149] Vgl. dazu unten Rdn. 1238 ff.

zuständig bei Erbschaftsklagen und Klagen wegen Nachlassverbindlichkeiten. §§ 325ff. ZPO regeln die Rechtskraft eines Urteils bei einer Erbfolge während des Verfahrens, ferner bei der Nacherbfolge bzw. der Testamentsvollstreckung.

In der Zwangsvollstreckung sind einige erbrechtliche Besonderheiten zu beachten, wie im Falle des Nießbrauchs an einer Erbschaft, §§ 737 Abs. 2, 738 Abs.2 ZPO, bei einem ungeteilten Nachlass, § 747 ZPO, sowie der Testamentsvollstreckung, § 748 ZPO. Ferner ist auf die §§ 780ff. ZPO hinzuweisen, die die beschränkte Erbenhaftung zum Gegenstand haben. Neben Normen wie §§ 305, 727f. ZPO (Titelumschreibung bei Eintritt der Erbfolge nach Urteilserlass), 778f. ZPO (Zwangsvollstreckung nach dem Tode des Schuldners), aber auch 863 ZPO (Pfändungsbeschränkungen bei Erbschaftsnutzungen) sind schließlich noch die §§ 989ff. ZPO zu erwähnen, die das Aufgebot der Nachlassgläubiger regeln.

Sofern infolge einer Auseinandersetzung der Erbengemeinschaft, **70**
§§ 2042ff., ein Grundstück zwangsversteigert werden muss, kommen die §§ 180ff. **ZVG** zur Anwendung.

In diesem Zusammenhang ist noch auf die **§§ 315–331 InsO** (Nachlassinsolvenzverfahren) hinzuweisen.

V. Die Vorschriften des EGBGB

Abschließend sind die Art. 25, 26 EGBGB zu berücksichtigen, die **71**
grundlegende Regelungen zum Geltungsbereich des Erbrechts beinhalten,[150] sowie der Art. 235 EGBGB, der Sonderregelungen für das Beitrittsgebiet der ehemaligen DDR bereitstellt. Diese Normen erhalten durch eine immer größere Anzahl ausländischer Mitbürger zunehmend Bedeutung und sind zu kompliziert, um sie hier im Einzelnen darstellen zu können. In groben Zügen gilt folgendes:

Die Erbfolge knüpft in Art. 25 Abs. 1 EGBGB prinzipiell an die **Staatsangehörigkeit des Erblassers** im Zeitpunkt des Erbfalles an. Damit unterliegt die Beerbung eines Ausländers grundsätzlich seinem **Heimatrecht**, ein Umstand, der die Praxis vor größere Probleme stellen kann. Nun ist es aber möglich, dass das Heimatrecht des Ausländers

[150] Näheres zum Geltungsbereich des Erbrechts: MünchKomm/*Leipold*, Einl. § 1922, Rdn. 78ff.

vom Prinzip des Aufenthaltsortes ausgeht und damit auf das deutsche Erbrecht rückverweist, vgl. Art. 4 Abs. 1 S. 1 EGBGB, das diese Rückverweisung auch in Art. 4 Abs. 1 S. 2 EGBGB annimmt.

72 Problematisch ist allerdings, dass Art. 25 Abs. 2 EGBGB den Grundsatz einheitlicher erbrechtlicher Behandlung des Nachlasses nach Heimatrecht für in Deutschland belegene Grundstücke des Erblassers durchbrochen hat. Dadurch kommt es unter Umständen zu einer sog. **Nachlassspaltung**. Dem Erblasser wird (ausnahmsweise) erlaubt, für Inlandsgrundstücke die Anwendung des deutschen Erbrechtes zu wählen.

73 Der gleiche Effekt kann eintreten, wenn das Heimatrecht des Erblassers für Grundstücke im Ausland auf das dort geltende Recht verweist. Auch dies führt unter Umständen zu unterschiedlichen erbrechtlichen Behandlungen verschiedener Nachlassgegenstände.

74 Davon zu unterscheiden ist der Fall, dass ein deutscher Erblasser Grundstücke im Ausland hinterlässt, für die das dortige Recht Sonderregelungen enthält. In diesem Fall tritt auch für einen deutschen Erblasser eventuell Nachlassspaltung ein.

75 Art. 26 EGBGB regelt im Einzelnen die **Formanforderungen** an eine letztwillige Verfügung bei **Auslandsbezug**. Hier wird durch Anknüpfung an die dort genannten Formvorschriften versucht, der letztwilligen Verfügung Geltung zu verschaffen, d. h. sie möglichst nicht an Förmlichkeiten scheitern zu lassen.

76 Der Beitritt der ehemaligen DDR zum 3. 10. 1990 hat zwar grundsätzlich im **Einigungsvertrag** die Geltung des BGB für das geeinte Deutschland angeordnet. Dennoch gibt es in Art. 235 EGBGB Sonderregelungen, etwa für damals bereits nach ehemaligen DDR-Recht errichtete Verfügungen von Todes wegen. Auf diese schwierigen Fragen und Übergangsregelungen kann hier nicht im Einzelnen eingegangen werden.[151]

[151] Siehe hierzu ausführlich *Werner*, Angleichung des Erbrechts, in: 10 Jahre deutsche Rechtseinheit, S. 111 (118 ff.), hrsg. v. Koch, Jena 2001.

§ 6. Grundbegriffe und Grundprinzipien

A. Grundbegriffe

I. Erbfall und Erblasser

Nach der Legaldefinition des § 1922 Abs. 1 tritt mit dem Tod eines Menschen der **Erbfall** ein.[152] Die verstorbene Person, um deren Vermögen es geht, wird als **Erblasser** bezeichnet. Nur eine **natürliche Person** kann Erblasser sein. Juristische Personen hingegen sterben nicht, sie erlöschen vielmehr. Was nach der Auflösung mit ihren Rechten, insbesondere mit dem Vermögen geschieht, ist nicht Gegenstand des Erbrechts, sondern des Vereins- und Gesellschaftsrechts.[153] 77

II. Erbe und Erbfähigkeit

Erbe ist derjenige, auf den mit dem Tode des Erblassers dessen Vermögen in seiner Gesamtheit übergeht, § 1922 Abs. 1. Davon zu unterscheiden sind Personen, denen durch den Erbfall **nur Ansprüche** erwachsen, die aber selbst nicht Gesamtrechtsnachfolger des Erblassers und somit keine Erben werden, wie z. B. der Vermächtnisnehmer oder der Pflichtteilsberechtigte.[154] 78

Erbfähigkeit besitzt jeder Rechtsfähige. Auf die Geschäftsfähigkeit kommt es nicht an, da sich der Erwerb der Erbschaft kraft Gesetzes, d. h. ohne Rechtsgeschäft vollzieht.[155] Somit sind alle **natürlichen** und **juristischen Personen** erbfähig. 79

Voraussetzung ist dafür gem. § 1923 Abs. 1, dass der **Erbe** zur Zeit des Erbfalls (noch) **lebt**, wobei es genügt, dass er den Erblasser auch nur um den Bruchteil einer Sekunde überlebt.[156] 80

---

[152] Das Gesetz hat den Todeszeitpunkt nicht näher bestimmt. Teilweise wird auf den Herz- und Kreislaufstillstand, teilweise auf den Hirntod abgestellt, vgl. zum Streitstand insgesamt MünchKomm/*Leipold*, §1922, Rdn. 12ff. m.w. N.

[153] Vgl. z. B. die §§ 45ff. im Fall der Auflösung eines rechtsfähigen Vereins oder die §§ 264ff. AktG für die Abwicklung einer Aktiengesellschaft.

[154] Vgl. dazu Rdn. 350f., 1031.

[155] Vgl. dazu auch Rdn. 87.

[156] OLG Hamm, NJW-RR 1996, 70.

Wer vor oder **gleichzeitig** mit dem Erblasser stirbt, kann nicht dessen Erbe sein. Ist die Reihenfolge mehrerer Todesfälle nicht feststellbar, wird nach § 11 VerschG vermutet, dass die gestorbenen oder für tot erklärten Personen gleichzeitig verstorben sind (sog. Kommorientenvermutung). Sie können sich nicht gegenseitig beerben.

81 Nach § 1923 Abs. 2 ist auch derjenige erbfähig, der zwar noch nicht geboren, aber zur Zeit des Erbfalls **bereits erzeugt** ist (nasciturus).[157] Personen, die im Zeitpunkt des Ablebens noch nicht einmal erzeugt waren, können nur gem. § 2101 Abs. 1 S. 1 als Nacherben eingesetzt werden, ansonsten aber nicht erben.

82 **Bei juristischen Personen** ist für die Erbfähigkeit entscheidend, dass sie zur Zeit des Erbfalls noch bestehen. § 84 verlegt – ebenso wie § 1923 Abs. 2 – die Rechtsfähigkeit der Stiftung vor, wenn diese erst nach dem Tod des Erblassers genehmigt wird. Sie gilt gem. § 84 als vor dessen Tod entstanden.

83 Erbe kann außerdem nur derjenige werden, der durch den Erblasser (sog. **gewillkürte Erbfolge**, vgl. §§ 1937, 1941)[158] oder durch das Gesetz (sog. **gesetzliche Erbfolge**, vgl. §§ 1924 ff.)[159] zum Erben berufen ist. Hierunter fallen nicht die Pflichtteilsberechtigten, ein enger Personenkreis naher Angehöriger des Erblassers, die einen **Geldanspruch** gegen den oder die Erben erhalten, §§ 2303 ff.[160]

III. Erbschaft und Nachlass

84 Als **Erbschaft** wird das Vermögen des Erblassers bezeichnet, das auf den oder die Erben übergeht (vgl. § 1922 Abs. 1). Zum Vermögen zählen alle geldwerten Güter und Rechte, soweit sie **nicht höchstpersönlich** sind, wie z. B. die Leibrente gemäß § 759 oder der Nießbrauch gem. § 1061. Solche Rechte erlöschen mit dem Tod des Rechtsinhabers.[161]

---

[157] Zu der Anwendbarkeit des § 1923 Abs. 2 im Falle extrakorporaler bzw. postmortaler Befruchtung ausf. Staudinger/*Otte*, § 1923, Rdn. 25 ff.; MünchKomm/*Leipold*, § 1923, Rdn. 15 ff.; *Brox*, Erbrecht, Rdn. 9.

[158] Vgl. Rdn. 207 ff.

[159] Vgl. Rdn. 91 ff.

[160] Vgl. Rdn. 1022 ff.

[161] Zur Abgrenzung von vererblichen und unvererblichen Rechtsbeziehungen vgl. Staudinger/*Marotzke*, § 1922, Rdn. 115 f.; MünchKomm/*Leipold*, § 1922, Rdn. 19 ff.

Zur Erbschaft gehört nicht nur das **Aktivvermögen** des Erblassers. 85
Schulden, die noch aus den Lebzeiten des Erblassers herrühren, mit dem Erbfall entstehen oder durch die Erben begründet werden, fallen ebenfalls unter den Begriff der Erbschaft. Solche Passiva sind **Nachlassverbindlichkeiten**, die der Erbe gem. §1967 Abs. 1 zu berichtigen hat.[162]

Das Gesetz verwendet für das Erblasservermögen teilweise den Ausdruck **Nachlass**, z. B. in den §§ 1960, 1967, 1975. Ein inhaltlicher Unterschied ist damit nicht verbunden. Der Begriff Erbschaft wird häufig dann benutzt, wenn die Beziehung des Erblasservermögens zum Erben in Rede steht, während das Wort Nachlass zumeist das Vermögen als solches, namentlich das Aktivvermögen, bezeichnet.[163] 86

B. Grundprinzipien[164]

Der Grundsatz der **Gesamtrechtsnachfolge**[165] (Universalsukzession) besagt, dass das Vermögen als Einheit auf den oder die Erben übergeht, §1922 Abs. 1. Der Erbe tritt ohne Übertragungsakt in die Rechtsposition des Erwerbers ein, wird z. B. Eigentümer oder Forderungsinhaber.[166] 87

Sind mehrere Personen zu Erben berufen, geht das Erblasservermögen **ungeteilt** auf alle Miterben **über**; sie bilden eine Gesamthandsgemeinschaft, §§2032ff.[167] Das bedeutet, dass der einzelne Miterbe keine Teilrechte an den Nachlassgegenständen, sondern einen **Anteil am Gesamtnachlass** erlangt. 88

Eine **Sondernachfolge** (Singularsukzession) kennt das Gesetz nur ausnahmsweise, so z. B. im Höferecht. Sind hier mehrere Miterben vor- 89

162 Der Streit, ob auch Verbindlichkeiten oder nur die Aktiva unter den Vermögensbegriff des § 1922 fallen, hat demzufolge keine praktischen Konsequenzen, vgl. dazu MünchKomm/*Leipold*, § 1922, Rdn. 16 m.w.N.; zur Erbenhaftung vgl. Rdn. 861ff.

163 *Brox*, Erbrecht, Rdn. 10.

164 Eine Reihe von Grundprinzipien werden an den Stellen mitbehandelt, zu denen sie sachlich gehören: vgl. zur Familienerbfolge Rdn. 116ff., zur Testierfreiheit Rdn. 52, 208; schließlich zum Typen- und Formzwang Rdn. 207; siehe zum Ganzen aber auch *Muscheler*, JA 2004, 494 ff.

165 Zum Vonselbsterwerb vgl. auch Rdn. 788; ferner *Bamberger/Roth*, § 1922 Rn. 18.

166 Ausf. zur Universalsukzession *Muscheler*, Jura 1999, 234 (289).

167 Vgl. Rdn. 950ff.

handen, fällt der Hof gem. §§ 4 S. 1, 5ff. HöfeO im Wege der Sondererbfolge nur einem von diesen zu.

90 Der Erblasser kann über die gesetzlich vorgesehenen Fälle hinaus keine Sondernachfolge[168] anordnen, weil das Prinzip der Universalsukzession des § 1922 Abs. 1 zwingendes Recht darstellt.[169]

[168] Vgl. zum Sonderfall der Unternehmensnachfolge Rdn. 1238ff.

[169] Er hat jedoch die Möglichkeit, z. B. durch eine Teilungsanordnung im Fall der Auseinandersetzung einer Miterbengemeinschaft gem. § 2048 oder durch ein Vermächtnis gem. § 1939 einzelnen Personen bestimmte Gegenstände aus dem Nachlass zuzuwenden. Solche Bestimmungen des Erblassers haben aber keine dingliche Wirkung, sondern müssen erst durch Rechtsgeschäfte erfüllt werden. Zur Rechtsnachfolge in Unternehmen als Sonderproblem vgl. Rdn. 1238ff.

Übersicht: Rechtsquellen und Grundbegriffe des Erbrechts

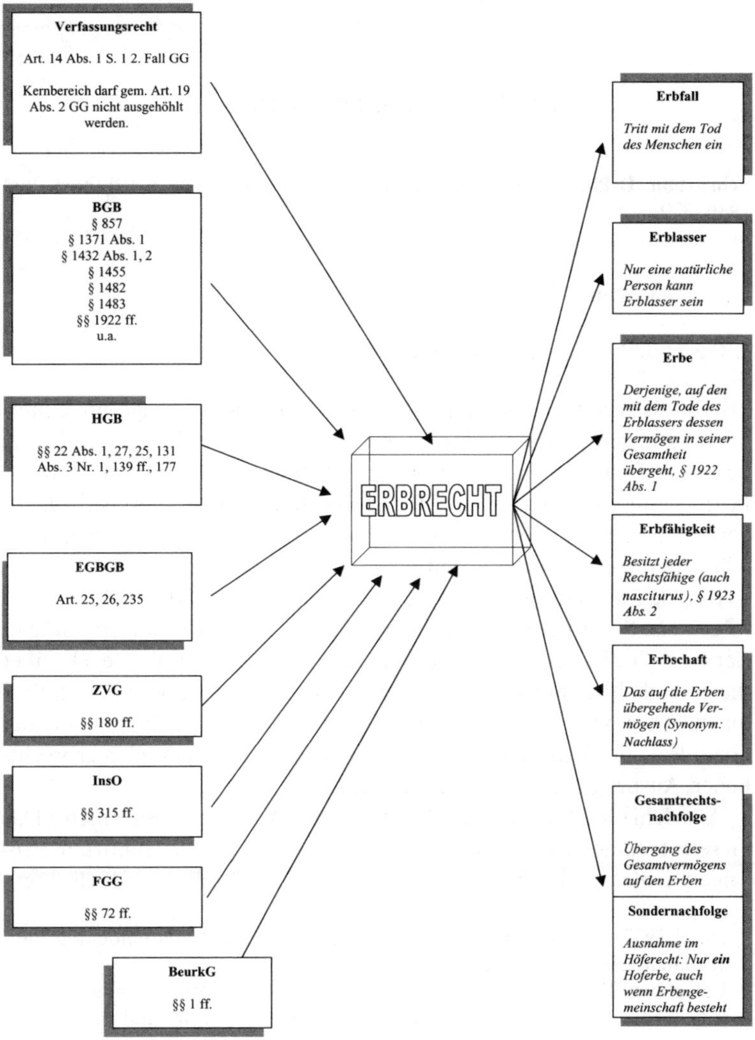

2. Kapitel. Gesetzliche Erbfolge

§ 1. Das Verwandtenerbrecht

Schrifttum: Belling, Einführung in das Recht der gesetzlichen Erbfolge, Jura 1986, 579.

A. Grundlagen

I. Gesetzliche und gewillkürte Erbfolge

91 Das BGB regelt in den §§ 1924ff. die **gesetzliche Erbfolge** im Unterschied zur **gewillkürten Erbfolge**, die auf einer letztwilligen Verfügung beruht, d.h. auf einem **Testament** oder **Erbvertrag**, vgl. §§ 1937ff. Beide Formen sind mögliche erbrechtliche **Berufungsgründe**, d.h. bei Eintritt eines Erbfalles ergibt sich die Erbberechtigung entweder aus einer letztwilligen Verfügung oder unmittelbar aus dem Gesetz.

92 Für das Verhältnis von gesetzlicher und gewillkürter Erbfolge gilt folgendes: Sofern eine wirksame Verfügung von Todes wegen vorliegt, richtet sich die Vermögensnachfolge danach, so dass die Regeln über die gesetzliche Erbfolge grundsätzlich keine Anwendung finden (Subsidiarität der gesetzlichen Erbfolge).[1] Denn auch im Erbrecht gilt der Grundsatz der **Privatautonomie**, und zwar in seiner speziellen erbrechtlichen Ausprägung als sog. **Testierfreiheit**.[2]

93 Aus dem Gesetzesaufbau folgt ein solcher Vorrang freilich nicht: Das Gesetz behandelt die gesetzliche vielmehr vor der gewillkürten Erbfolge.[3] Trotz möglicherweise berechtigter Kritik[4] gibt es jedoch Argu-

---

1 Die §§ 1937–1941 deuten diesen Vorrang an, ohne jedoch eine eindeutige, programmatische Aussage zu formulieren.

2 Vgl. zudem Damrau/*Tanck*, Erbrecht, § 1922, Rdn. 7; MünchKomm/*Leipold*, Einl. Erbrecht, Rdn. 15; vgl. Einl., Rdn. 52; zur Geschichte und zum Verfassungsrecht vgl. Einl., Rdn. 23ff., 51ff.

3 Anders noch im ersten Entwurf des BGB: Dort war die gewillkürte vor der gesetzlichen Erbfolge geregelt. Vgl. die Inhaltsübersicht zum 1. Entwurf des 5. Buches bei *Mugdan*, Die gesamten Materialien zum BGB für das deutsche Reich, Berlin 1899, Bd. 5, Vor. I.

4 *Lange/Kuchinke*, Lehrbuch des Erbrechts, § 9 II 1b (S. 228) bezeichnet die Voranstellung der Regeln über die gesetzliche Erbfolge als dogmatisch unrichtig.

mente, die diese Reihenfolge plausibel erscheinen lassen.[5] Die Voranstellung der Regeln über die gesetzliche Erbfolge entspricht deren rechtstatsächlicher Bedeutung, da sich die weitaus meisten Erbfälle mangels letztwilliger Verfügung danach richten.

Weiterhin gehört es zu den Strukturprinzipien des BGB, die einfachere und klarere Regelung der schwierigeren und komplexeren voranzustellen: Auch gesetzliche und gewillkürte Erbfolge stehen in einem solchen Verhältnis zueinander, vergleicht man die wenigen Normen der §§ 1924ff. mit den zahlreichen, die die Verfügungen von Todes wegen betreffen, etwa über deren Errichtung, Aufhebung, Inhalt, die möglichen Formen etc. **94**

Schließlich lässt sich die Regelung der gesetzlichen Erbfolge als Modellösung eines „durchschnittlichen" Erbfalles begreifen. Die §§ 1924ff. stellen dafür im Zweifel einen angemessenen und gerechten Verteilungsschlüssel zur Verfügung, der als Vorbild auch für die gewillkürte Erbfolge gelten kann. Dieser Vor- oder Leitbildcharakter zeigt sich deutlich dort, wo die Vorschriften über die gewillkürte Erbfolge inhaltlich auf die gesetzliche Bezug nehmen, z.B. in den §§ 2066ff. **95**

Zusammenfassend ist festzuhalten: Die gesetzliche Erbfolge bildet die vom Gesetz bereitgestellte, bei Fehlen oder Unwirksamkeit einer letztwilligen Verfügung eingreifende Erbfolgeordnung. Bei der rechtlichen Beurteilung eines Erbfalles ist dagegen zunächst zu fragen, ob eine wirksame letztwillige Verfügung als Grundlage der Erbfolge vorhanden ist und welchen Inhalt sie hat. **96**

II. Grundgedanken der gesetzlichen Erbfolge

Gesetzliche Erben sind in erster Linie die **Verwandten**, §§ 1924–1930, und der **Ehegatte**, § 1931, also die Personen, die dem Erblasser regelmäßig am nächsten gestanden haben. Das Prinzip der **Familienerbfolge**[6] wird nur durchbrochen, wenn keine noch so entfernten Verwandten des Erblassers vorhanden sind. Dann ist der **Staat** gesetzlicher **(Not-)Erbe**, § 1936, um eine ordnungsgemäße Nachlassabwicklung zu garantieren. **97**

---

5 *Lange/Kuchinke*, Lehrbuch des Erbrechts, § 9 II 1b (S. 228); vgl. auch *Brox*, Erbrecht, Rdn. 44.

6 AnwK-BGB/*Kroiß*, § 1924, Rdn. 1; *Harder*, Grundzüge des Erbrechts, Rdn. 14; *Ebenroth*, Erbrecht, Rdn. 88; vgl. Rdn. 116 f.

98 Die gesetzliche Regelung trägt damit dem Gedanken der gegenseitigen Versorgung Rechnung, der im Unterhaltsrecht seine Entsprechung findet, vgl. §§ 1601 ff., ferner den engen persönlichen und wirtschaftlichen Beziehungen innerhalb der Familien. Das Vermögen als Gegenstand der Vererbung gem. § 1922 Abs. 1 steht bereits zu Lebzeiten des Erblassers im Zusammenhang mit dem Familienverband: Es wird vielfach durch gegenseitige Beiträge oder sonstige Unterstützung gefördert, ferner die Verwendung des Vermögens durch familiäre Belange motiviert oder jedenfalls mitbestimmt. Die **Familiengebundenheit des Vermögens**,[7] zum Zeitpunkt der Abfassung des BGB ein noch wichtigerer Aspekt als gegenwärtig,[8] beeinflusst daher die Regeln über die gesetzliche Erbfolge. Diese Konzeption ist wohl auch heute noch Ausdruck einer allgemeinen erbrechtlichen Grundüberzeugung.[9]

III. Anwendungsbereich im Rahmen der gewillkürten Erbfolge

99 Aus dem Vorrang der gewillkürten Erbfolge ergibt sich nicht, dass den Normen über die gesetzliche Erbfolge bei vorhandener letztwilliger Verfügung keine Bedeutung zukommt.

100 Die Regeln über die gesetzliche Erbfolge finden zunächst Anwendung, wenn eine Verfügung von Todes wegen **unwirksam** ist, z. B. wegen fehlender Testierfähigkeit des Erblassers, wegen Formnichtigkeit, vgl. §§ 2229, 2247 i.V.m. § 125 S. 1,[10] oder Sittenwidrigkeit, § 138.[11]

101 Die §§ 1924 ff. gelten darüber hinaus, wenn eine wirksame Verfügung von Todes wegen durch Ausschlagung gem. §§ 1944 ff.[12] oder Anfechtung, §§ 1954 ff.,[13] ihre Wirkung verloren hat. Gleiches gilt, wenn der eingesetzte Erbe für erbunwürdig erklärt wird, § 2344.[14]

---

7 Staudinger/*Otte*, Einl. zu §§ 1922 ff., Rdn. 50; kritisch *Leipold*, AcP 180 (1980), 160 (175 f.).

8 Zur neueren Diskussion zur Funktion des Erbrechts vgl. Einl., Rdn. 46 ff.

9 MünchKomm/*Leipold*, Einl Erbrecht, Rdn. 11; *Ebenroth*, Erbrecht, Rdn. 88; *Belling*, Jura 1986, 579 (580); BGH, NJW 1983, 674 (675) spricht von einem „der gesetzlichen Erbfolge zugrundeliegenden sittlichen Prinzip". A. A. Staudinger/*Werner*, Vorbem. zu §§ 1924–1936, Rdn. 1: „Die gesetzliche Erbfolge orientiert sich am mutmaßlichen Erblasserwillen."; zur verfassungsrechtlichen Garantie des Erbrechts vgl. Rdn. 51 ff.

10 Vgl. Rdn. 267 ff.

11 Vgl. Rdn. 252 ff.

12 Vgl. Rdn. 790 ff.

13 Vgl. Rdn. 648 ff.

14 Vgl. Rdn. 761 ff.

Hat der Erblasser einen oder mehrere Erben lediglich auf einen Bruchteil eingesetzt, so gilt für den übrigen Teil der Erbschaft die gesetzliche Erbfolge, § 2088. Hier finden also die Regeln über die gewillkürte und die gesetzliche Erbfolge **nebeneinander** Anwendung. 102

Hat der Erblasser in einer letztwilligen Verfügung seine gesetzlichen Erben ohne nähere Bestimmung des Personenkreises oder der Höhe der Erbteile bedacht,[15] so präzisiert § 2066 als gesetzliche Auslegungsregel die lückenhafte Erblasserverfügung i. S. d. gesetzlichen Erbfolge, so dass die Nachlassbeteiligung sich nach den §§ 1924ff. bestimmt. Ebenso nehmen die Auslegungsregeln in den §§ 2067–2069 auf die gesetzliche Erbfolge Bezug.[16] 103

Gem. §§ 2104, 2105 gelten die Regeln der gesetzlichen Erbfolge auch im Rahmen von Vor- und Nacherbschaft, §§ 2100ff.[17] Wenn der Erblasser einen Vorerben bis zum Eintritt eines Ereignisses einsetzt, ohne den oder die Nacherben zu bestimmen, vermutet § 2104 die Identität von gesetzlichen Erben und Nacherben. Gleiches nimmt auch § 2105 an, sofern der Erblasser zwar den Nacherben, nicht aber den oder die Vorerben bezeichnet hat. 104

Die §§ 1924ff. sind schließlich insbesondere für die Berechnung des Pflichtteilsanspruchs von Bedeutung. Dieser beläuft sich gem. § 2303 Abs. 1 S. 2 auf die Hälfte des Wertes, die der gesetzliche Erbteil hat. 105

Diese Beispiele zeigen, dass ungeachtet des prinzipiellen Vorranges der gewillkürten Erbfolge zwischen beiden kein Verhältnis strenger Exklusivität besteht.[18] Die gesetzliche Erbfolge greift also (nur) dann ein, wenn und soweit eine wirksame Verfügung von Todes wegen nicht etwas anderes regelt. 106

B. Die Verwandten als Erbberechtigte

Gesetzliche Erben sind die **Verwandten** des Erblassers, daneben der **Ehegatte**, §§ 1931–1934. Das gesetzliche Erbrecht des **Fiskus** gem. § 1936 ist demgegenüber **subsidiär**; es besteht nur, wenn weder ein Verwandter des Erblassers noch ein Ehegatte vorhanden sind.[19] 107

---

[15] Mit Begriffen wie „meine Erben", „meine rechtmäßigen Erben"; vgl. MünchKomm/*Leipold*, § 2066, Rdn. 3.

[16] Vgl. Rdn. 558ff.

[17] Vgl. Rdn. 321ff.

[18] *Lange/Kuchinke*, Lehrbuch des Erbrechts, § 9 I 2 (S. 227).

[19] Vgl. Rdn. 200ff.

I. Der Begriff der Verwandtschaft

108 Die gesetzliche Erbfolge setzt ein zur Zeit des Erbfalles zwischen Erben und Erblasser bestehendes Verwandtschaftsverhältnis voraus, das durch Rückgriff auf die Normen des Familienrechts zu bestimmen ist.

II. Verwandtschaft kraft Abstammung

109 Das Familienrecht versteht im § 1589 unter Verwandtschaft grundsätzlich die auf **Abstammung** beruhende, biologische Verwandtschaft, d. h. die Blutsverwandtschaft. Danach sind Personen miteinander verwandt, wenn entweder eine von der anderen abstammt (Verwandtschaft in gerader Linie) oder beide von derselben dritten Person abstammen (Verwandtschaft in der Seitenlinie). Dementsprechend sind Großvater, Vater und Sohn Verwandte in gerader Linie, Geschwister, Cousin und Cousine, Onkel und Neffe in der Seitenlinie miteinander verwandt. Der **Grad der Verwandtschaft** bestimmt sich nach der Zahl der sie vermittelnden Geburten, § 1589 S. 3.

110 **Heirat** begründet **kein Verwandtschaftsverhältnis**. Der Ehegatte wird dadurch kein Verwandter des Erblassers,[20] ebenso wenig die mit dem Erblasser verschwägerten Personen, vgl. § 1590. Soweit ein Ehegatte mit dem anderen verwandt ist, vgl. § 1307, erbt er aus zwei gesetzlichen Berufungsgründen, § 1934.[21]

III. Verwandtschaft ohne Abstammung

111 Darüber hinaus kennt das Familienrecht Fälle **rechtlicher Verwandtschaft**, die also nicht auf biologischer Abstammung beruhen. Sie sind auch für das Erbrecht bindend.[22] Die gesetzliche Erbfolge gem. §§ 1924ff. erfasst also **alle** Fälle rechtlich anerkannter Verwandtschaft.

---

[20] Dem Ehegatten steht aber ein *eigenes* gesetzliches Erbrecht neben den Verwandten nach Maßgabe der §§ 1931ff. zu. Vgl. dazu unten Rdn. 153ff.

[21] Vgl. dazu im Einzelnen Rdn. 177.

[22] So *Leipold*, Erbrecht, Rdn. 89.

a) Die Minderjährigenadoption (Annahme als Kind) gem. §§ 1741ff.

Die **Adoption** begründet ein umfassendes Verwandtschaftsverhältnis zwischen dem Kind und dem Annehmenden sowie zu dessen Familie.[23] Gem. § 1754 Abs. 2 erlangt das adoptierte Kind die rechtliche Stellung eines ehelichen Kindes des Annehmenden, in den Fällen des Abs. 1 diejenige eines gemeinschaftlichen Kindes beider Ehegatten. Durch die **Minderjährigenadoption** werden das angenommene Kind und dessen Abkömmlinge also zu gesetzlichen Erben der neuen Eltern und deren Verwandten, so wie es umgekehrt auch von diesen nach den Regeln über die gesetzliche Erbfolge beerbt werden kann. Das Verwandtschaftsverhältnis und damit die gesetzliche Erbberechtigung zu der bisherigen Blutsverwandtschaft erlöschen hingegen gem. § 1755 Abs. 1 S. 1, soweit nicht die Ausnahmen des § 1755 Abs. 2 und des § 1756 eingreifen. 112

b) Die Volljährigenadoption

Bei der **Volljährigenadoption** ist es anders: Da das Verwandtschaftsverhältnis des Angenommenen zu seinen leiblichen Verwandten gem. § 1770 Abs. 2 nicht erlischt, beschränkt sich die Adoptionswirkung darauf, dass ein Verwandtschaftsverhältnis zwischen dem Adoptierten sowie dessen Abkömmlingen und dem Annehmenden begründet wird, nicht aber auch mit dessen Verwandten, § 1770 Abs. 1.[24] Soweit rechtlich kein Verwandtschaftsverhältnis entsteht, gibt es auch kein gesetzliches Erbrecht. 113

c) Die Vaterschaft kraft Ehe gem. § 1592 Nr. 1

Unabhängig von der Abstammung führt die Ehe dazu, dass ein Kind als Verwandter des Ehemannes angesehen wird, sofern es während der Ehe geboren wurde. Das gleiche gilt gem. § 1593 Abs. 1, wenn die Ehe durch Tod des Ehemannes aufgelöst wird, und das Kind innerhalb von 300 Tagen nach Eheauflösung zur Welt kommt. Dieser unter Umständen nur rechtlichen Vaterschaft kann der Ehemann sich allein durch Anfechtung der Vaterschaft gem. § 1599ff. entziehen. 114

---

[23] Nach § 1755 erlöschen die bisherigen Verwandtschaftsbeziehungen (Grundsatz der Volladoption).

[24] Mögliche Erweiterungen der Adoptionswirkungen können sich aus § 1772 ergeben.

C. Grundprinzipien

115 Die §§ 1924ff. berufen nicht sämtliche Verwandte des Erblassers zu gesetzlichen Erben, sondern treffen eine Auswahl.

Zu unterscheiden sind dabei das **Parentelsystem**, das **Stammes- und Liniensystem** mit dem dazugehörigen **Repräsentationsprinzip** sowie das **Gradsystem**. Aus dem Zusammenspiel aller Grundsätze ergibt sich das System der gesetzlichen Erbfolge im BGB.[25]

I. Das Parentelsystem

1. Die Einteilung der Verwandten in Ordnungen

116 Das Erbrecht unterteilt die Verwandten des Erblassers in **Ordnungen** oder **Parentelen,**[26] §§ 1924–1929. Auf diese Weise werden aus dem großen Kreis der Verwandten des Erblassers jeweils in sich geschlossene Gruppen möglicher Erben gebildet. Der Verwandtschaftsgrad ist für diese Einteilung nicht ausschlaggebend, anders als im Familienrecht gem. § 1589 S. 2.

117 Die Ordnungen setzen sich wie folgt zusammen:

Erben der ersten Ordnung sind gem. § 1924 Abs. 1 die Abkömmlinge des Erblassers, d. h. seine Kinder sowie deren Abkömmlinge, also Kindeskinder, die Enkel und Urenkel.

118 Zur **zweiten Ordnung** zählen gem. § 1925 Abs. 1 die Eltern des Erblassers und deren Abkömmlinge. Dies sind die Geschwister, Neffen und Nichten des Erblassers.

119 Die **dritte Ordnung** wird gem. § 1926 aus den Großeltern des Erblassers sowie deren Abkömmlingen gebildet, mithin den Onkeln, Tanten, Cousins und Cousinen des Erblassers.

120 Zur **vierten Ordnung** gehören gem. § 1928 Abs. 1 die Urgroßeltern des Erblassers und deren Abkömmlinge.

121 Die **fünfte Ordnung** sowie alle weiteren Ordnungen, die man theoretisch unendlich bilden kann, setzen sich schließlich gem. § 1929 aus den Ururgroßeltern des Erblassers und deren Abkömmlingen zusammen. Dies sind die Großonkeln, Großtanten u. s. w.

---

[25] Vgl. auch *Bamberger/Roth*, § 1924 Rn. 1; *Brox*, Erbrecht, Rdn. 52 ff.

[26] parentes = Eltern.

Die Zugehörigkeit zur ersten Ordnung beruht auf der **Abstammung** des Erben **vom Erblasser**, bei allen weiteren Ordnungen ist die **Abstammung** von gemeinsamen **Voreltern** maßgebend, also z. B. von gemeinsamen Eltern, Großeltern, Urgroßeltern u. s. w. In die jeweilige Parentel fallen nicht nur die unmittelbaren Abkömmlinge solcher (Vor-)Elternpaare, sondern auch deren gesamte Nachkommenschaft, so dass sich – als Stammbaum vorgestellt – ein nach unten breiter werdender Stufenbau ergibt. 122

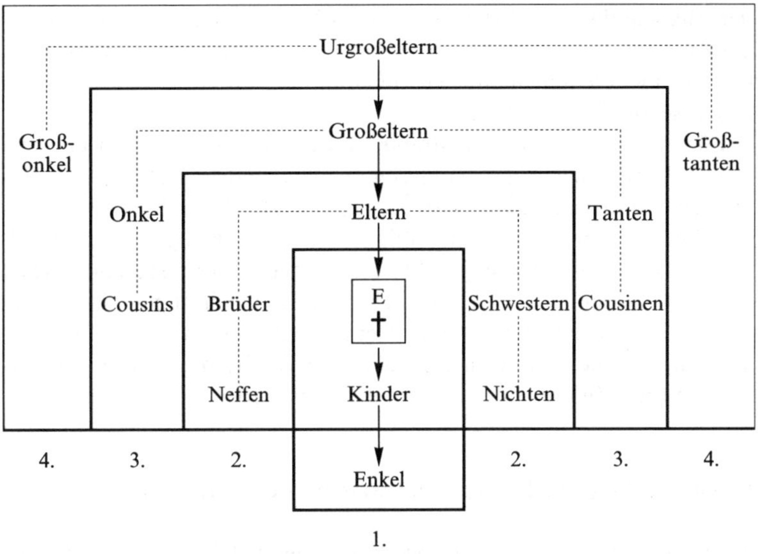

Abb. 1 Erbfolgeordnungen 1–4

2. Die Rangfolge zwischen den Ordnungen

Zur weiteren Systematisierung der Verwandten als gesetzliche Erben stellt das Gesetz in § 1930 eine **Rangfolge** zwischen den verschiedenen Ordnungen her. Danach ist ein Verwandter nicht zur Erbfolge berufen, solange ein Verwandter einer vorhergehenden Ordnung vorhanden ist. Daraus folgt, dass Verwandte einer höheren Ordnung stets diejenigen einer niedrigeren Ordnung von der Erbfolge verdrängen. Damit kommt für die gesetzliche Erbfolge nur immer **eine** Ordnung zum Zuge, niemals ist auf verschiedene Ordnungen nebeneinander zurückzugreifen. 123

Hinterlässt also der Erblasser Eltern und ein (Enkel-)Kind, so erbt letzteres allein, §§ 1924 Abs. 1, 3; 1925 Abs. 1, 1930. Genauso schließen 124 zur Zeit des Erbfalles lebende Eltern als Erben zweiter Ordnung die Erben der dritten Ordnung gänzlich von der Erbfolge aus, §§ 1925 Abs. 1, 1926 Abs. 1, 1930. Erben der höheren Ordnungen kommen also nur zum Zuge, wenn vorrangige Verwandte **nicht vorhanden** sind. Zu beachten ist, dass der Begriff des **Nichtvorhandenseins** i. S. d. § 1930 auch den Fall meint, dass ein lebender Verwandter nicht Erbe geworden ist, z. B. infolge Enterbung, § 1938,[27] Ausschlagung, § 1953 Abs. 1,[28] oder Erbverzicht, § 2346 ff.[29]

125 Das geschilderte Parentelsystem führt zu einer starken Privilegierung der **Abkömmlinge** des Erblassers, die als Erben erster Ordnung vorrangig zur Erbfolge gelangen. Diese Bevorzugung der „jüngeren Generation" ist nicht lediglich unbewusste Folge des Parentelsystems, sondern eine gesetzliche Zielvorstellung.[30]

126 Für die vom Gesetz angestrebte „Förderung der jüngeren Generation"[31] lassen sich trotz geänderter sozialer und tatsächlicher Bedingungen[32] immer noch gute Gründe nennen: Der Erwerb der Erbschaft gewährt den Abkömmlingen häufig eine Unterstützung bei der Gestaltung des eigenen Lebensweges. Die Existenz- und Vermögensbildung ist in dieser Generation vielfach noch nicht gänzlich abgeschlossen, so dass die Erbschaft nutzbringend eingesetzt werden kann. Die Abkömmlinge haben somit ein gegenüber den Voreltern grundsätzlich vorzugswürdiges Interesse am Erwerb der Erbschaft.

II. Die Erbfolge nach Stämmen (Stammes- und Liniensystem)

127 Zum Parentelsystem gehört das Prinzip der Erbfolge nach **Stämmen** und **Linien**. Es gilt innerhalb der ersten drei Ordnungen gem. §§ 1924–1926[33] und wird ergänzt durch das sog. **Repräsentationsprinzip** und das **Eintrittsrecht**.

[27] Vgl. Rdn. 295 ff.

[28] Vgl. Rdn. 788 ff.

[29] Vgl. Rdn. 779 ff.

[30] Vgl. insoweit bereits die Motive, S. 357, bei *Mugdan*, Die gesamten Materialien zum BGB für das Deutsche Reich, Berlin 1899, Bd. 5, S. 189.

[31] *Lange/Kuchinke*, Lehrbuch des Erbrechts, § 10 III 3 (S. 236).

[32] Vgl. *Olzen*, Vorweggenommene Erbfolge in historischer Sicht 1988, S. 7 ff.

[33] Ab der vierten Ordnung wird es durch das sog. Gradualsystem abgelöst. Vgl. dazu unten Rdn. 139.

Diese Grundsätze dienen der näheren Auswahl gesetzlicher Erben **innerhalb** einer Erbfolgeordnung. Auch dort können mehrere Verwandte als mögliche Erben in Betracht kommen. Eine Erbfolge nach Kopfteilen führt u. U. zur Zersplitterung des Nachlasses. Dem wirkt das Stammessystem mit dem Repräsentationsprinzip entgegen, indem es den Kreis der zur Erbfolge berufenen Personen innerhalb einer Ordnung einengt und präzisiert. 128

1. Die Unterscheidung von Stämmen und Linien

Das Stammes- und Liniensystem führt also zur Bildung neuer **Untergruppen** innerhalb einer Parentel. Diese Untergruppen bezeichnet man als **Stämme** oder **Linien**. Hierbei werden diejenigen Personen zu einem Stamm zusammengefasst, die durch dieselbe Person („Stammvater" oder „Stammmutter") mit dem Erblasser verwandt sind[34]. In der ersten Ordnung bilden demnach die Abkömmlinge des Erblassers mit ihren 129

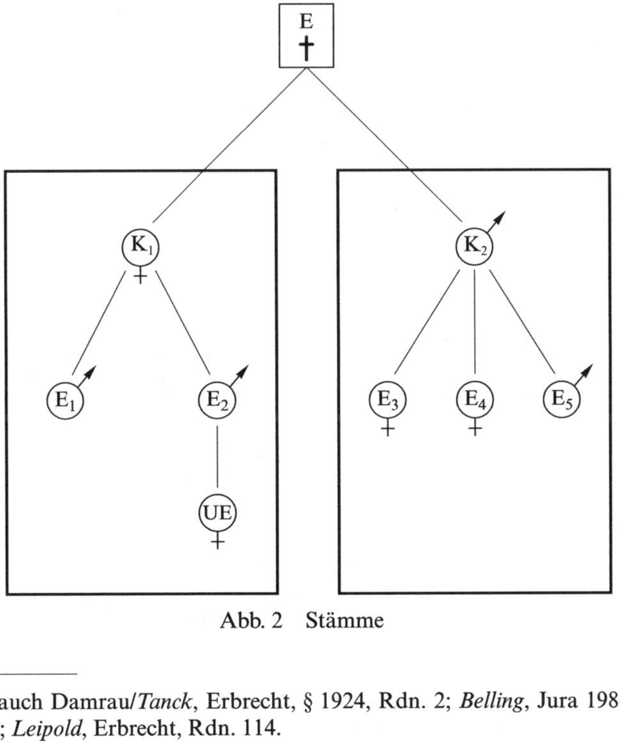

Abb. 2 Stämme

[34] Vgl. auch Damrau/*Tanck*, Erbrecht, § 1924, Rdn. 2; *Belling*, Jura 1986, 579 (582); *Leipold*, Erbrecht, Rdn. 114.

eigenen Nachkommen je einen Stamm. Enkel und Urenkel bilden Unterstämme. Gem. § 1924 Abs. 4 erben Stämme zu gleichen Teilen.

130 Innerhalb der **zweiten** und **dritten Ordnung** treten an die Stelle der Stämme **Linien**. In der zweiten Ordnung bilden Vater und Mutter des Erblassers mit ihren Abkömmlingen jeweils eine, d. h. die **väterliche** und **mütterliche Linie**. Die **Geschwister** des Erblassers gehören sowohl der väterlichen als auch der mütterlichen Linie an, wenn sie von beiden Elternteilen abstammen. Daneben teilen sog. **Halbgeschwister**, die einen gemeinsamen Elternteil haben, auch nur die Zugehörigkeit zu einer gemeinsamen Linie. Im Hinblick auf die Linie, zu der die Verwandtschaft fehlt, besteht demzufolge auch kein gesetzliches Erbrecht. Schließlich kann es sein, dass es sich bei Geschwistern um **Stiefgeschwister** handelt, die überhaupt keinen gemeinsamen Elternteil haben, sondern etwa aus früheren Ehen beider Elternteile stammen bzw. außerhalb einer Ehe geboren wurden; sie erben gesetzlich ebenfalls nur in ihrer Linie. Auch in

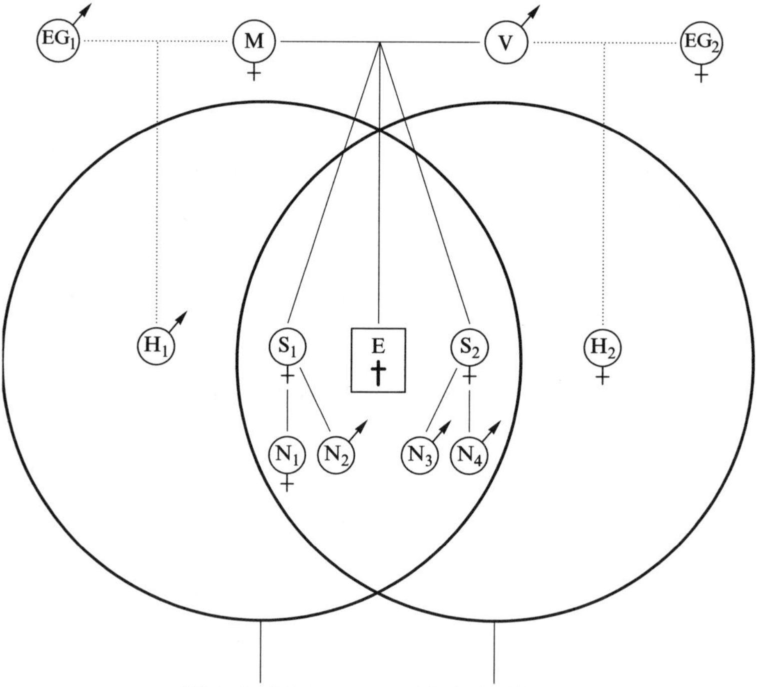

Abb. 3 Linien (hier nur für die 2. Ordnung)

der dritten Ordnung wird eine väterliche und eine mütterliche Linie unterschieden, § 1926. Wie in der ersten Ordnung, § 1924 Abs. 4, erben auch in der zweiten und dritten Ordnung mehrere Linien zu gleichen Teilen, § 1925 Abs. 2 u. 3; 1926 Abs. 2 u. 3.

2. Das Repräsentationsprinzip

Das Stammessystem führt zu einer Aufteilung der Erbschaft auf die 131
verschiedenen Stämme innerhalb der nach § 1930 zur Erbfolge berufenen Ordnung, gilt also auch in den Seitenlinien der ersten und dritten Ordnung. Daneben tritt das sog. **Repräsentationsprinzip**. Es besagt zweierlei:

Innerhalb jedes Stammes erbt nach § 1924 Abs. 2 **ausschließlich** dessen 132
„Repräsentant", d.h. der mit dem Erblasser jeweils am **nächsten verwandte Angehörige**. Die übrigen durch diesen Repräsentanten mit dem Erblasser verwandten Mitglieder des Stammes werden durch ihn von der Erbfolge ausgeschlossen. Hinterlässt z.B. der Erblasser lediglich einen Sohn, der seinerseits Abkömmlinge hat (Enkelkinder des Erblassers), so erbt der Sohn nach dem Repräsentationsprinzip allein, weil er den von ihm aus gesehen abwärts reichenden Stamm repräsentiert und deshalb als Stammvater seine Abkömmlinge gem. § 1924 Abs. 2 von der Erbfolge ausschließt.

Entsprechende Regelungen finden sich für die zweite und dritte Ord- 133
nung in den §§ 1925 Abs. 2, 1926 Abs. 2: Leben die Eltern des Erblassers, so kommen seine Geschwister nicht zum Zuge. Dabei ist es unerheblich, ob die Ehe zum Zeitpunkt des Erbfalles noch besteht. Leben die Großeltern, werden Onkel und Tanten ebenfalls nicht berücksichtigt. Erst ab der vierten Ordnung wird diese Rangfolge zugunsten des sog. Gradsystems aufgegeben, vgl. §§ 1928 Abs. 3, 1929 Abs. 2.[35] Durch das Repräsentationsprinzip wird also innerhalb der nach § 1930 zur Erbschaft berufenen Ordnung die **ältere Generation** bevorzugt, während das Parentelsystem die jüngeren Verwandten privilegiert.

Die zweite Folge des Repräsentationsprinzips besteht darin, dass an 134
die Stelle eines nicht mehr lebenden Stammesrepräsentanten der **gradmäßig** mit diesem am **nächsten Verwandte** des Stammes tritt, § 1924 Abs. 3. Wäre also im gerade vorgestellten Beispiel der Sohn des Erblassers vorverstorben, so träte der Enkel gem. § 1924 Abs. 3 kraft Repräsentation an dessen Stelle. Mehrere Enkel als Abkömmlinge des

[35] Vgl. unten Rdn. 139.

Stammvaters erben gemeinsam und zu gleichen Teilen (arg. e §1924 Abs. 4). Dieses Nachrücken der entfernteren Abkömmlinge bezeichnet man als das **Eintrittsrecht**. Damit verbleibt der Nachlass innerhalb des jeweiligen Stammes. Dabei repräsentieren die nachrückenden Stammesmitglieder ihrerseits den Stamm und schließen die ihnen nachfolgenden Unterstämme wiederum kraft Repräsentation von der Erbfolge aus. Die Folge dieser Regelung besteht darin, dass die Erbschaft nie in die zweite Ordnung gelangt, solange Abkömmlinge eines Stammes der ersten Ordnung vorhanden sind.

135 Das Eintrittsrecht besteht entgegen dem engen Wortlaut des § 1924 Abs. 3 auch dann, wenn der jeweilige Repräsentant nicht vorverstorben ist, sondern wegen Ausschlagung, Erbunwürdigkeit, Erbverzichts oder Enterbung nicht zur Erbfolge gelangt.[36] Die Gleichbehandlung all dieser Fälle ist durch die gesetzliche Anordnung gerechtfertigt, dass der Weggefallene so zu behandeln ist, als ob er zur Zeit des Erbfalles nicht gelebt hätte.[37]

136 Die gem. § 1924 Abs. 3 nachrückenden Abkömmlinge gelangen **zur Erbfolge kraft eigenen Rechts**:[38] Das Erbrecht besteht also unabhängig davon, ob sie selbst Erben des Stammvaters geworden sind.[39] Es stellt keine von diesem abgeleitete Vermögensposition dar.

137 Alle genannten Grundsätze gelten gem. § 1925 Abs. 3 S. 1 auch in der zweiten Ordnung. Hier regelt §1925 Abs. 3 S. 2, dass der ohne Abkömmlinge überlebende Elternteil allein erbt.

138 Die entsprechende Regelung der dritten Ordnung enthält § 1926 Abs. 3 S. 1. Gem. § 1926 Abs. 3 S. 2 bleibt der Nachlass so lange in der jeweiligen väterlichen oder mütterlichen Linie, wie dort Großeltern oder Abkömmlinge vorhanden sind.

---

[36] *Bamberger/Roth*, § 1924 Rn. 17; Staudinger/*Werner*, § 1924 Rdn. 11, 14; Palandt/*Edenhofer*, § 1924 Rdn. 4; *Bamberger/Roth*, § 1924 Rn. 7.

[37] Vgl. die gesetzlichen Fiktionen in §§ 1953 Abs. 2, 2344, 2346 Abs. 1 S. 2, 1938. Für den Erbverzicht ist freilich § 2349 zu beachten. Zum Umfang des Erbverzichts vgl. zuletzt OLG Frankfurt a. M., NJW-RR 1996, 838.

[38] Staudinger/*Werner*, § 1924 Rdn. 17; Palandt/*Edenhofer*, § 1924 Rdn. 5.

[39] RGZ 61, 14 (16).

III. Das Gradsystem

Ab der vierten Ordnung wird die geschilderte Regelung zugunsten des sog. **Gradsystems** (Gradualsystems) aufgegeben. Danach ist entscheidendes Kriterium für die Bestimmung des Erben nicht mehr die Zugehörigkeit zu einem bestimmten Stamm, sondern der **Verwandtschaftsgrad** zum Erblasser, §§ 1928 Abs. 3, 1929 Abs. 2. Er ergibt sich gem. § 1589 S. 3 aus der **Zahl** der die Verwandtschaft zwischen Erbanwärter und Erblasser **vermittelnden Geburten**. Derjenige mit dem Erblasser dem Grade nach am nächsten Verwandte erhält gem. § 1928 Abs. 3 bzw. § 1929 Abs. 2 den Vorrang. Mehrere gradmäßig gleich nahe Verwandte erben zusammen und zu gleichen Teilen, §§ 1928 Abs. 3, letzter HS.; 1929 Abs. 2. Der Zweck dieser Regelung besteht darin, einer zu großen Zersplitterung des Nachlasses in den höheren Ordnungen entgegenzuwirken.[40] 139

D. Beispiele zur Beerbung in der 1.–3. Ordnung

I. Gesetzliche Erbfolge in der ersten Ordnung

1. Beispiel

Als der geschiedene Erblasser E ohne letztwillige Verfügung stirbt, hinterlässt er seinen Sohn S sowie die Enkelkinder E_1 und E_2, Kinder des S. Ferner existieren die Enkelkinder E_3 und E_4, die von seiner bereits verstorbenen Tochter T stammen. Außerdem leben noch die Mutter sowie zwei Schwestern des Erblassers. Wer beerbt den E und zu welchen Anteilen? 140

2. Lösung

Da eine Verfügung von Todes wegen fehlt, beurteilt sich die Erbfolge nach E anhand der §§ 1924ff. Weil E geschieden ist, kommen allein seine Verwandten als gesetzliche Erben in Betracht, vgl. § 1933.[41] 141

Die Mutter sowie die Schwestern des E gehören zu den Erben der zweiten Ordnung, § 1925 Abs. 1, die wegen § 1930 nicht zur Erbfolge gelangen, da E Erben der ersten Ordnung hinterlassen hat, § 1924 Abs. 1.

S schließt als Abkömmling des E seine eigenen Kinder gem. § 1924 Abs. 2 von der Erbfolge aus; er repräsentiert den Stamm.

---

40 Staudinger/*Werner*, Vorbem. zu §§ 1924–1936, Rdn. 18.

41 Vgl. Rdn. 138ff.

An die Stelle der vorverstorbenen T treten deren Abkömmlinge E_3 und E_4, § 1924 Abs. 3 (Eintrittsrecht). Es sind also innerhalb der ersten Ordnung S sowie E_3 und E_4 zur Erbfolge berufen. Für die Höhe der Erbteile gilt § 1924 Abs. 4: Stämme erben zu gleichen Teilen. Daher erhält S 1/2 des Nachlasses, die übrige Hälfte gelangt in den anderen Stamm zu E_3 und E_4. Sie erben also jeweils 1/4. Alle zusammen bilden eine Miterbengemeinschaft.[42]

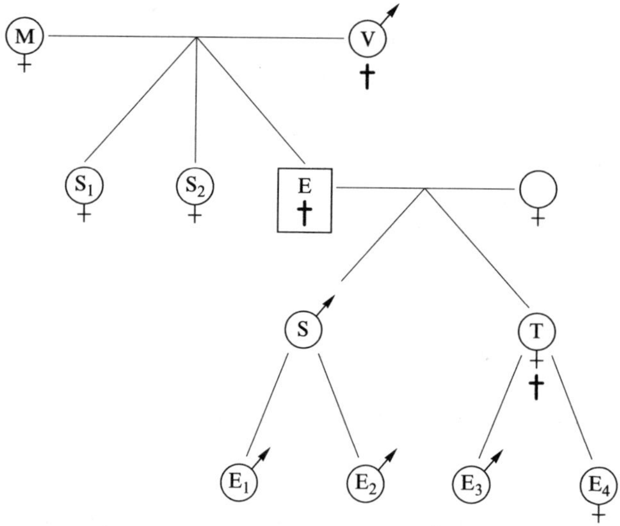

Abb. 4

II. Gesetzliche Erbfolge in der zweiten Ordnung

1. Beispiel

142 Erblasser E stirbt verwitwet und kinderlos. Er hinterlässt seine Mutter M sowie zwei Geschwister, B und S, die jeweils zwei eigene Kinder, N_1–N_4, haben (Neffen und Nichten des Erblassers). Außerdem lebt eine Halbschwester H aus einer früheren Ehe des vorverstorbenen Vaters V des E. Wie gestaltet sich die gesetzliche Erbfolge nach E?

[42] Zur Miterbengemeinschaft vgl. unten Rdn. 950 ff.

2. Lösung

Da E kinderlos geblieben ist, sind die Angehörigen der zweiten Ordnung zur Erbfolge berufen. Erben sind gem. § 1925 Abs. 1 die Eltern des Erblassers und deren Abkömmlinge, also Brüder und Schwestern, Neffen und Nichten des Erblassers. 143

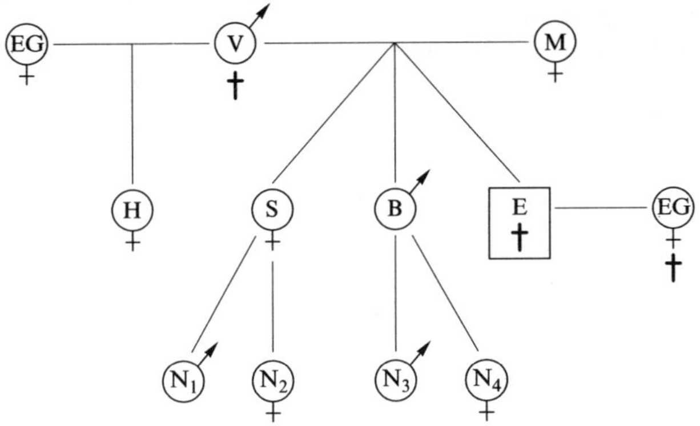

Abb. 5

Zur Zeit des Erbfalls lebende Eltern erben gem. § 1925 Abs. 2 allein und zu gleichen Teilen. Da der Vater des E vorverstorben ist, erbt also hier zunächst die Mutter des Erblassers M 1/2. An die Stelle des Vaters treten nach § 1925 Abs. 3 dessen Abkömmlinge nach den für die Beerbung in der ersten Ordnung geltenden Vorschriften, also nach §§ 1924 Abs. 2–4. Daher gelangt die an sich dem V zustehende Hälfte der Erbschaft in „seine“, d. h. in die väterliche Linie zu seinen Nachkommen B, S und H. Hierbei schließen B und S nach dem Repräsentationsprinzip ihre eigenen Kinder N_1–N_4 von der Erbfolge aus, § 1925 Abs. 3 S. 1 i.V.m. § 1924 Abs. 2.

Die Halbschwester H erbt gem. § 1925 Abs. 3 neben den vollgebürtigen Geschwistern des E gleichberechtigt und in derselben Höhe. § 1925 Abs. 3 erfasst auch die Fälle nichtehelicher und adoptierter Kinder sowie Kinder aus früheren Ehen. Zu beachten ist jedoch, dass Halbgeschwister als Geschwister mit einem gemeinsamen Elternteil nur in dessen Linie erben. Wären im Beispielfall also beide Elternteile vorverstorben, so würden B und S sowohl in der väterlichen als auch in der mütterlichen Linie Erben ihrer Eltern, wogegen H stets nur in der väterlichen Linie nach § 1925 Abs. 3 erben kann. 144

Kinder des vorverstorbenen Elternteiles erben nach §§ 1925 Abs. 3 S. 1 i.V.m. 1924 Abs. 4 zu gleichen Teilen. Demnach entfallen auf B, S und H jeweils 1/6 des Nachlasses, also jeweils 1/3 der väterlichen Hälfte. 145

III. Gesetzliche Erbfolge in der dritten Ordnung

1. Beispiel

146 Als Erblasser E verstirbt, hinterlässt er beide Großeltern väterlicherseits sowie seine Großmutter mütterlicherseits. Außerdem leben noch zwei Cousinen mütterlicherseits, die von dem vorverstorbenen Onkel des Erblassers O, einem Bruder der Mutter des E, stammen.

Wie sieht die gesetzliche Erbfolge nach E aus ?

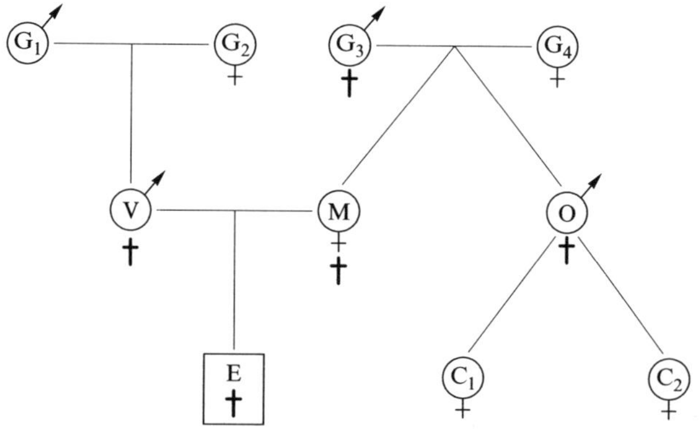

Abb. 6

2. Lösung

147 Da weder Erben der ersten noch der zweiten Ordnung vorhanden sind, gelangen die Verwandten der dritten Ordnung zur Erbfolge. Gesetzliche Erben sind gem. § 1926 Abs. 1 also die Großeltern des Erblassers und deren Abkömmlinge, d. h. Tanten und Onkel, Cousins und Cousinen des Erblassers.[43] Nicht hierher gehören die Eltern. Obwohl sie auch Abkömmlinge der Großeltern sind, fallen sie bereits in die zweite Ordnung, vgl. § 1925 Abs. 1.

148 Die dritte Ordnung weist den Nachlass jeweils zur Hälfte der großelterlichen Linie mütterlicherseits sowie der großelterlichen Linie väterlicherseits zu. Leben zur Zeit des Erbfalles alle Großeltern, so erben sie gem. § 1926 Abs. 2 allein und zu gleichen Teilen, also zu je 1/4. An die Stelle eines vorverstorbenen Großelternteils treten dessen Abkömmlinge, und zwar ebenso wie in der ersten Ordnung nach Stämmen, § 1926 Abs. 3 S. 1, Abs. 5 i.V.m. § 1924 Abs. 3 u. 4. Auch hier gilt das Repräsentationsprinzip mit dem dazugehörigen Eintrittsrecht, § 1926 Abs. 3 S. 1, Abs. 5 i.V.m. § 1924 Abs. 2 u. 3.

149 Hat ein vorverstorbener Großelternteil keine erbberechtigten Abkömmlinge, so fällt gem. §1926 Abs. 3 S. 2 dessen Viertel an den anderen Großelternteil,

[43] Sowie deren Kinder und Kindeskinder.

bleibt also in dieser Linie. Erst wenn in einer Linie weder Großeltern noch Abkömmlinge vorhanden sind, fließt das Erbe in die andere Linie, § 1926 Abs. 4.

Im Beispielfall gelangt die eine Hälfte der Erbschaft an die Großeltern väterlicherseits: Diese erben mit einem Anteil von je 1/4. In der großelterlichen Linie erbt die noch lebende Großmutter des E 1/4. Da der andere Großelternteil dieser Linie vorverstorben ist, fällt dessen Viertel gem. § 1926 Abs. 3 an seine Abkömmlinge. Anstelle des vorverstorbenen O sind seine beiden Kinder, also die Cousinen C_1 und C_2 des E, zu Erben berufen, § 1926 Abs. 3, Abs. 5 i.V.m. § 1924 Abs. 3, 4. Sie teilen sich das an sich dem verstorbenen Großvater des E zustehende Viertel, erben also jeweils zu 1/8. 150

Im Ergebnis wird E also von G_1, G_2 und G_3 zu je 1/4 sowie von C_1 und C_2 zu je 1/8 beerbt.

E. Sonderfall: Gesetzliches Erbrecht bei mehrfacher Verwandtschaft

§ 1927 enthält eine Regelung für den Sonderfall **mehrfacher Verwandtschaft**. Sie kann zum einen bei Abkömmlingen aus einer Ehe unter Verwandten entstehen,[44] zum andern auch im Falle der Adoption eines Verwandten, vgl. §§ 1756, 1770 Abs. 2.[45] 151

Gem. § 1927 S. 1 erhält der Erbe, der in der ersten, zweiten oder dritten Ordnung mehreren Stämmen angehört, **sämtliche** sich daraus ergebenden **Erbteile**. 152

Nach § 1927 S. 2 gilt jeder dieser Anteile **als besonderer Erbteil**. Daraus folgt, dass die sich auf die Erbschaft beziehenden Vorschriften – vgl. § 1922 Abs. 2 –, etwa in Bezug auf Ausschlagung, Verpfändung oder Pfändung des Erbteils, Haftung für Nachlassverbindlichkeiten etc., auf jeden dieser Erbteile gesondert anzuwenden sind.[46]

---

44 Vgl. zu Eheverboten § 1307.

45 Vgl. näher MünchKomm/*Leipold*, § 1927, Rdn. 2f.

46 Weitere Bsp. bei Staudinger/*Werner*, § 1927, Rdn. 8f.

§ 2. Das gesetzliche Ehegattenerbrecht

A. Allgemeine Voraussetzungen

I. Bestehen der Ehe im Zeitpunkt des Erbfalls

153 Ein gesetzliches Erbrecht des Ehegatten nach § 1931 erfordert neben der Erbfähigkei[47] zunächst, dass zum Zeitpunkt des Erbfalls eine **gültige Ehe** mit dem Erblasser bestanden hat.[48] Daran fehlt es in den Fällen der Nichtehe, vgl. § 1310, der aufgehobenen Ehe gem. §§ 1313ff., der geschiedenen Ehe gem. §§ 1564ff. und schließlich, wenn ein zwar noch lebender, aber verschollener Ehegatte für tot erklärt wird, § 1319.

II. Kein Ausschluss des Ehegattenerbrechts

154 Trotz einer im Zeitpunkt des Erbfalls noch bestehenden Ehe kann das gesetzliche Ehegattenerbrecht **ausgeschlossen** sein.

1. Der Ausschluss nach § 1933

155 Dies ist im (mutmaßlichen) Interesse des Erblassers gem. § 1933 bereits dann der Fall, wenn bestimmte formelle und materielle Anhaltspunkte deutlich auf eine nicht (mehr) intakte Ehe hinweisen.

a) Voraussetzungen des § 1933

156 § 1933 S. 1 betrifft den Fall einer **gescheiterten**, aber noch **nicht geschiedenen** Ehe, § 1933 S. 2 behandelt die nach § 1313 aufhebbare Ehe.

---

47 Vgl. BayOLG, NJW-RR 1999, 1309; dazu auch oben Rdn. 79ff. Lässt sich die Reihenfolge des Versterbens nicht feststellen, gilt die sogenannte Kommorientenvermutung gem. § 11 Verschollenheitsgesetz. Beide Ehepartner gelten als gleichzeitig verstorben.

48 Für den Fall einer letztwilligen Verfügung zugunsten eines Ehegatten ohne gültige Ehe vgl. § 2077. Diese gesetzliche Auslegungsregel ist allerdings als Ausnahmeregelung weder im Hinblick auf die Erbeinsetzung von Schwiegerkindern (vgl. hierzu *Olzen*, Anm. zu BGH, Beschluss v. 2. 4. 2003 Az.: IV ZB 28/02, JZ 2004, 99ff.), noch hinsichtlich nichtehelicher Lebensgemeinschaften (vgl. OLG Celle, FamRZ 2004, 310 f.) analog anwendbar.

aa) In **formeller** Hinsicht muss der Erblasser im Zeitpunkt seines Todes entweder bereits die Scheidung oder Eheaufhebung **beantragt** oder dem **Scheidungsbegehren** des überlebenden Ehegatten **zugestimmt** haben. 157

(1) Ein **Scheidungsantrag** muss nach h. M.[49] im Todeszeitpunkt **rechtshängig** sein, §§ 608, 622 Abs. 2 S. 2, 253 Abs. 1, 261 Abs. 1 ZPO.[50] Auf seine Zulässigkeit kommt es hingegen nicht an.[51] Dasselbe gilt für den Antrag auf Aufhebung der Ehe. 158

(2) Die **Zustimmung** des Erblassers zur Scheidung muss sich auf einen (zugestellten)[52] Scheidungsantrag des anderen Ehegatten beziehen. Sie hat als (jedenfalls auch) **Prozesshandlung**[53] bestimmten formellen Anforderungen zu entsprechen. Bei einverständlicher Scheidung i. S. d. §§ 1566 Abs. 1 BGB, 630 ZPO kann die Zustimmung nur zu Protokoll der Geschäftsstelle und in der mündlichen Verhandlung zur Niederschrift des Gerichts erklärt werden.[54] 159

---

[49] Vgl. etwa BGHZ 111, 329 (330ff.); BGH, NJW 1995, 51f.; AnwK-BGB/*Kroiß*, § 1933, Rdn. 2; Damrau/*Seiler*, Erbrecht, § 1933, Rdn. 5; Staudinger/*Werner*, § 1933, Rdn. 5; MünchKomm/*Leipold*, § 1933, Rdn. 5; Palandt/*Edenhofer*, § 1933, Rdn. 3.

[50] Nach a. A. soll hingegen die Einreichung der Antragsschrift beim Familiengericht, §§ 622 Abs. 1, § 606 Abs. 1 ZPO, analog § 270 Abs. 3 ZPO bei demnächst erfolgender Zustellung genügen, da der Erblasser auf die Zustellung ohnehin keinen Einfluss habe; *Brox*, Erbrecht, Rdn. 66; Soergel/*Stein*, § 1933, Rdn. 3. Dieser Auffassung stehen der Wortlaut, die Entstehungsgeschichte und der Zweck des § 1933 entgegen. Insbesondere ist auch für eine analoge Anwendung des § 270 Abs. 3 ZPO kein Raum, da § 262 S. 2 ZPO die materiell-rechtlichen Wirkungen einer Prozesshandlung – unter Anknüpfung an die Erhebung der Klage – regelt und es infolgedessen keine Regelungslücke gibt; BGHZ 111, 329 (330ff.).

[51] Damrau/*Seiler*, Erbrecht, § 1933, Rdn. 6.

[52] BGHZ 111, 329 (330); MünchKomm/*Leipold*, § 1933, Rdn. 7.

[53] OLGZ 1983, 160 (161); *Lange/Kuchinke*, Lehrbuch des Erbrechts, § 12 II 2 (S. 257); Soergel/*Stein*, § 1933, Rdn. 6; Palandt/*Edenhofer*, § 1933, Rdn. 4, str., nach a. A. rechtsgeschäftliche Willenserklärung, *Damrau*, NJW 1977, 1169 (1170).

[54] Nach h. M. genügt zudem auch die Abgabe der Zustimmungserklärung in einem Schriftsatz des bevollmächtigten Rechtsanwaltes; vgl. BayObLG, FamRZ 1983, 964; OLG Frankfurt, FamRZ 1990, 210; OLG Köln, ZEV 2003, 326f., wonach das Wort „Zustimmung" darüber hinaus nicht ausdrücklich benutzt werden muss, solange deutlich wird, dass der Erblasser sich dem Scheidungsbegehren nicht widersetzen will; Soergel/*Stein*, § 1933, Rdn. 6; MünchKomm/*Leipold*, § 1933, Rdn. 7. 1933 findet auch dann Anwendung, wenn der Erblasser einem Scheidungsantrag nach § 1566 Abs. 2 zugestimmt

160 bb) In **materieller** Hinsicht müssen gem. § 1933 S. 1 im Zeitpunkt des Todes des Erblassers die **Voraussetzungen** für eine **Scheidung** gegeben sein. Insoweit verlangt § 1565 Abs. 1 S. 1 das Scheitern der Ehe. Das Vorliegen der entsprechenden Tatsachen muss im Erbscheinsverfahren oder im Zivilprozess von demjenigen dargelegt und bewiesen werden, der sich auf den Ausschluss des Ehegattenerbrechts nach § 1933 beruft.[55]

161 Im Falle der **einvernehmlichen Scheidung** gem. § 1566 Abs. 1 ist die in § 630 Abs. 1 Nr. 2, 3 ZPO verlangte Einigung der Ehegatten über die Scheidungsfolgesachen keine materiell-rechtliche Scheidungsvoraussetzung,[56] da die unwiderlegliche Vermutung des Scheiterns der Ehe aufgrund des eindeutigen Wortlautes des § 1566 Abs. 2 allein auf dem Ablauf der Trennungsfrist und dem Scheidungskonsens der Ehegatten beruht.[57] § 1933 S. 2 setzt voraus, dass der Erblasser berechtigt war, die Eheaufhebung zu beantragen. Dies ist der Fall, wenn ein Eheaufhebungsgrund i. S. d. § 1314 bestanden hat.

b) Rechtsfolgen

aa) Ausschluss des Ehegattenerbrechts

162 Sind die Voraussetzungen des § 1933 S. 1 oder S. 2 im Zeitpunkt des Erbfalls erfüllt, **entfällt** das in § 1931 geregelte **gesetzliche Erbrecht** des überlebenden Ehegatten.[58]

---

hatte oder die Zustimmung zu einem Scheidungsantrag nach § 1565 Abs. 1 erfolgt ist; auch die Zustimmung muss den vorgenannten formalen Anforderungen entsprechen, vgl. OLGZ 1983, 160 (161); MünchKomm/*Leipold*, § 1933, Rdn. 7; Lange/*Kuchinke*, Lehrbuch des Erbrechts, § 12 II 2 (S. 257).

[55] *Bamberger/Roth,* § 1933 Rn. 7; Hk-BGB/*Hoeren*, § 1933, Rdn. 6; MünchKomm/*Leipold*, § 1933, Rdn. 9; Soergel/*Stein*, § 1933, Rdn. 9.

[56] Anders *Brehm*, JZ 1977, 596f.; *Schlosser*, FamRZ 1978, 319 (323); die h. M. sieht in der Aufnahme der Einigung in den Scheidungsantrag lediglich eine Zulässigkeitsvoraussetzung, vgl. Baumbach/Lauterbach/Hartmann/*Albers*, § 630 Rdn. 4 m.w.N.

[57] *Lange/Kuchinke*, Lehrbuch des Erbrechts, § 12 II 2 (S. 257); vgl. ferner OLG Frankfurt, FamRZ 1990, 210 (211); *Dieckmann*, FamRZ 1979, 389 (396); MünchKomm/*Leipold*, § 1933, Rdn. 10; Soergel/*Loritz*, § 2077 Rdn. 9; A. A. OLG Schleswig, NJW 1992, 1082f.; Soergel/*Stein*, § 1933, Rdn. 8.

[58] Zu den Rechtsproblemen, die dann auftreten, wenn der Erblasser während des Scheidungsverfahrens stirbt, vgl. Staudinger/*Werner*, §1933, Rdn. 5f.; MünchKomm/*Leipold*, § 1933, Rdn. 18; *Brox*, Erbrecht, Rdn. 66.

In dem Fall, dass ein Ehegatte Scheidungsantrag gestellt und der andere Ehegatte diesem zugestimmt hat, verlieren beide wechselseitig das Ehegattenerbrecht, so dass unerheblich ist, ob der antragstellende oder der zustimmende Teil verstirbt. Dieser wechselseitige Verlust wirft keine verfassungsrechtlichen Bedenken auf.[59] Im Hinblick auf Art. 3, 6 und 14 Abs. 1 GG erscheint allerdings problematisch, dass bei einseitigem Scheidungsbegehren eines Ehegatten zwar der Antragsgegner sein gesetzliches Ehegattenerbrecht verliert, nicht aber der Antragsteller,[60] obwohl gerade er durch sein Verhalten den Willen zur Auflösung der Ehe gezeigt hat. Damit wird von dem Prinzip der Gegenseitigkeit der Erbberechtigung abgewichen, dem nur ein beiderseitiger Verlust entsprechen würde.[61] 163

bb) Sonstige Folgen

Der überlebende Ehegatte verliert zudem seinen Anspruch auf den **Voraus** gem. § 1932[62] und seinen Pflichtteilanspruch gem. § 2303 Abs. 2. Im gesetzlichen Güterstand der Zugewinngemeinschaft[63] richtet sich der Zugewinnausgleich nicht nach § 1371 Abs. 1, sondern es erfolgt gem. § 1371 Abs. 2 ein **güterrechtlicher Ausgleich**.[64] 164

2. Die aufhebbare Ehe gem. § 1318 Abs. 5

Darüber hinaus ist das gesetzliche Ehegattenerbrecht gem. § 1318 Abs. 5 ausgeschlossen, wenn der überlebende Ehegatte bei Verstoß gegen die §§ 1304, 1306, 1307, 1311 oder im Fall des § 1314 Abs. 2 Nr. 1 die **Aufhebbarkeit** der Ehe bei der Eheschließung **gekannt** hat. Die Regelung wurde durch das Eheschließungsrechtsgesetz von 1998 eingefügt und bezweckt, dass der Überlebende nicht besser gestellt wird, als er stünde, wenn noch zu Lebzeiten des Erblassers die Aufhebung gem. § 1933 S. 2 beantragt worden wäre.[65] 165

---

59 BVerfG, FamRZ 1995, 536f.

60 MünchKomm/*Leipold*, § 1933, Rdn. 2; *Leipold*, Erbrecht, Rdn. 155; Verfassungswidrigkeit bejahend etwa *Zopfs*, ZEV 1995, 309ff.; offengelassen von BVerfG, FamRZ 1995, 536; BGHZ 111, 329 (332f.) und BGHZ 128, 125 (135).

61 *Battes*, FamRZ 1977, 433 (437f.); MünchKomm/*Leipold*, § 1933, Rdn. 2.

62 Vgl. dazu Rdn. 198.

63 Dazu ausf. Rdn. 182ff.

64 BGHZ 46, 343 (350).

65 Palandt/*Edenhofer*, § 1931, Rdn. 4.

B. Der Erbteil des Ehegatten nach § 1931 Abs. 1 u. 2 (ohne Berücksichtigung des Güterstandes)

166 Dem Ehegatten wird gem. § 1931 Abs. 1, 2 eine feste Erbquote zugewiesen, deren Höhe davon abhängt, ob neben ihm ein **Verwandter des Erblassers** zur gesetzlichen Erbfolge berufen ist und – wenn ja – zu welcher Ordnung er gehört. Sie erhöht sich mit Abnahme der verwandtschaftlichen Nähe der übrigen Erben zum Erblasser,[66] so dass der Gesetzgeber das Spannungsverhältnis zwischen Verwandten- und Ehegattenerbrecht wegen der engen persönlichen Beziehung aus der Ehe zugunsten des überlebenden Ehegatten gelöst hat.[67] Die nach den vorgenannten Kriterien bestimmte Erbquote kann aber noch durch den jeweiligen **Güterstand** der Eheleute verändert werden.[68]

I. Erbteil neben Verwandten der 1. Ordnung

167 Neben **Abkömmlingen** des Erblassers erbt der Ehegatte einen Anteil am Nachlass von 1/4, § 1931 Abs. 1 S. 1, 1. Var. Die übrigen 3/4 fallen an die Kinder des Verstorbenen und sind nach Maßgabe des § 1924 Abs. 2–4 auf diese zu verteilen. Die Anzahl der Abkömmlinge hat auf die Erbquote des Ehegatten grundsätzlich keinen Einfluss. Eine Ausnahme macht § 1931 Abs. 4 jedoch für den Fall der **Gütertrennung**.[69]

II. Erbteil neben Verwandten der 2. Ordnung

168 Sind lediglich **Verwandte der 2. Ordnung** (Eltern des Erblassers und deren Abkömmlinge, also Geschwister, Nichten und Neffen usw.) zur Erbfolge berufen, so erhält der Ehegatte einen Erbteil von 1/2, § 1931 Abs. 1 S. 1, 2. Var. Die Verteilung der anderen Hälfte richtet sich nach § 1925 Abs. 2 u. 3.

---

[66] *Leipold*, Erbrecht, Rdn. 158.

[67] Näher dazu *Lange/Kuchinke*, Lehrbuch des Erbrechts, § 11 VI 2 (S. 245) und § 12 III (S. 260).

[68] Vgl. Rdn. 182ff., 191ff.

[69] Im Einzelnen Rdn. 191ff.

III. Erbteil neben Verwandten der 3. Ordnung

Kommen als gesetzliche Erben nur **Verwandte** der **3. Ordnung** in Betracht, so ist zur Bestimmung der auf den Ehegatten entfallenden Erbquote zu unterscheiden: 169

Sofern noch alle **Großeltern** des Erblassers (sowohl väterlicher- als auch mütterlicherseits) leben, beträgt der Ehegattenerbteil neben diesen 1/2, § 1931 Abs. 1 S. 1, 3. Var. Die andere Hälfte fällt gem. § 1926 Abs. 2 zu gleichen Teilen (je 1/8) an die Großeltern. 170

Leben dagegen **keine Großeltern mehr**, erbt der Ehegatte allein, § 1931 Abs. 2, und zwar auch dann, wenn Abkömmlinge der Großeltern existieren. 171

Problematisch gestaltet sich die Erbsituation, wenn nur noch **einige Großeltern** leben, vor allem dann, wenn die vorverstorbenen Großeltern Abkömmlinge hinterlassen haben. In diesem Fall erbt der Ehegatte gem. § 1931 Abs. 1 S. 2 auch den an sich nach § 1926 Abs. 3 o. 4 auf die Abkömmlinge entfallenden Anteil.

Insoweit sind mehrere Fallkonstellationen denkbar: 172

1. Leben im Zeitpunkt des Erbfalls noch **beide** Großeltern einer Linie sowie ein Großelternteil der anderen Linie und hatte dieser Abkömmlinge, so erhält der Ehegatte neben seiner Erbquote von 1/2, § 1931 Abs.1 S. 1, 3. Var., den Erbteil des verstorbenen Großelternteils von 1/8, der eigentlich dessen Abkömmlingen zugestanden hätte, also insgesamt 5/8.
2. Hat der vorverstorbene Großelternteil **keine** Abkömmlinge hinterlassen, fällt sein Erbteil von 1/8 an den noch lebenden Teil des Großelternpaares, § 1926 Abs. 3 S. 2. Dieser erbt insgesamt 2/8 (1/4). Für den Ehegatten bleibt es bei der Erbquote von 1/2 aus § 1931 Abs. 1 S. 1, 3. Var.
3. Sind **beide** Großelternteile der **einen Linie** im Zeitpunkt des Erbfalls ohne Abkömmlinge bereits verstorben, erhält das **andere Großelternpaar** gem. § 1926 Abs. 4 auch den Anteil der verstorbenen Großeltern. Auf das noch lebende Großelternpaar entfallen dann insgesamt 4/8 (1/2), also je 2/8 (1/4) der Erbschaft.
4. Ist auch von diesem Großelternpaar **ein Teil vorverstorben**, geht bei vorhandenen Nachkommen der gem. § 1926 Abs. 3 S. 1 an sich auf diese entfallende Anteil in Höhe von 2/8 gem. § 1931 Abs. 1 S. 2 auf den Ehegatten über. Dieser erbt damit 6/8 (3/4) des Nachlasses.
5. Hat der vorverstorbene Großelternteil **keine Abkömmlinge** hinterlassen, fällt sein Anteil von 2/8 an den noch lebenden Großelternteil, § 1926 Abs. 3 S. 2, so dass sich dessen Erbteil auf insgesamt 4/8 (1/2) beläuft.

Diese Zuordnung und Berechnung der Erbteile entspricht der eindeutigen und zwingenden gesetzlichen Regelung in §§ 1931 Abs. 1, 1926 Abs. 2, 3, 4. Das Gesetz berücksichtigt die engere Verwandtschaft der Großeltern, indem der 173

Ehegatte des Erblassers immer nur den Abkömmlingen der Großeltern vorgeht, nicht aber den Großeltern selbst, und zwar auch dann nicht, wenn ein Großelternteil oder -paar ohne Nachkommen vorverstorben ist.

174 Diese Regelung wird zu Recht als nicht folgerichtig kritisiert.[70] Denn da die Abkömmlinge vorverstorbener Großeltern den noch lebenden Großeltern vorgehen, § 1926 Abs. 3, und der Ehegatte wiederum den Abkömmlingen der Großeltern vorgeht, § 1931 Abs. 1 S. 2, müsste aus Gründen der Logik der Ehegatte auch Vorrang vor den noch lebenden Großeltern haben. Richtiger wäre es daher, wenn der Erbteil eines weggefallenen Großelternteils in jedem Fall dem Ehegatten zufallen würde. Dazu wäre jedoch eine Gesetzesänderung erforderlich.

175 Umstritten ist die Berechnung des Ehegattenerbteils nach § 1931 Abs. 1 S. 1 u. 2 im Zusammenhang mit § 1371 Abs. 1, also im Falle einer Zugewinngemeinschaft.[71]

IV. Erbteil neben Verwandten entfernterer Ordnungen

176 Sind im Zeitpunkt des Erbfalls neben dem Ehegatten lediglich Verwandte der **4.** oder einer noch entfernteren **Ordnung** vorhanden, so ist der **Ehegatte Alleinerbe**, § 1931 Abs. 2.

V. Erbrecht des verwandten Ehegatten

177 Ein überlebender Ehegatte, der gleichzeitig erbberechtigter Verwandter des verstorbenen Ehegatten ist, erhält neben dem Ehegattenerbteil auch den Verwandtenerbteil, § 1934 Abs. 1 S. 1. Praktisch kommt ein solches Mehrfacherbrecht des Ehegatten nur in Betracht, wenn er zugleich als Verwandter der 2. Ordnung, § 1925, erbt. Das ist etwa der Fall, wenn es sich bei dem überlebenden Ehegatten um die Nichte bzw. den Neffen oder die Großnichte bzw. den Großneffen des Erblassers/der Erblasserin handelt und keine Abkömmlinge vorhanden sind, die als Erben der 1. Ordnung das Erbrecht der Verwandten der 2. Ordnung ausschließen würden. Dass der Ehegatte der 1. Ordnung angehört, scheidet wegen § 1307 (keine Eheschließung zwischen Verwandten in gerader Linie) aus. Würde er der 3. oder einer noch entfernteren Ordnung zugehören, so wäre sein Erbrecht als Verwandter durch sein Erbrecht als Ehegatte gem. § 1931 Abs. 2 ausgeschlossen. Der Ehegattenerbteil und der Verwandtenerbteil gelten gem. § 1934 Abs. 1 S. 2 jeweils als gesonderte, also voneinander getrennte Erbteile.[72]

---

[70] Krit. auch *Lange/Kuchinke*, Lehrbuch des Erbrechts, § 12 III 4 (S. 262); *Kipp/Coing*, Erbrecht, § 5, Fn. 14 (S. 42); Staudinger/*Werner*, § 1931, Rdn. 26.

[71] Näher dazu Rdn. 183ff.

[72] Folglich kann der Ehegatte etwa den einen Erbteil ausschlagen, ohne auch den anderen ausschlagen zu müssen, vgl. *Brox*, Erbrecht, Rdn. 72.

VI. Nichteheliche Lebensgemeinschaft

Ein Erbrecht des überlebenden Teils einer nichtehelichen Lebensgemeinschaft ist im Gesetz nicht vorgesehen.[73] Auch eine entsprechende Anwendung des §1931 kommt nicht in Betracht, da die nichteheliche Lebensgemeinschaft sich von der Ehe auf Grund ihrer besonderen gesetzlichen Ausgestaltung wesentlich unterscheidet, so dass die für eine Analogie erforderliche Vergleichbarkeit[74] fehlt.[75] Hinzu kommt, dass die Partner einer nichtehelichen Lebensgemeinschaft mit der Wahl dieser Form des Zusammenlebens zeigen, dass sie die Rechtswirkungen einer Ehe gerade nicht wollen.[76] 178

VII. Eingetragene Partnerschaft

Der überlebende Lebenspartner des Erblassers ist neben Verwandten der ersten Ordnung zu einem Viertel, neben Verwandten der zweiten Ordnung oder neben Großeltern zur Hälfte der Erbschaft gesetzlicher Erbe.[77] Sind weder Verwandte der ersten noch der zweiten Ordnung noch Großeltern vorhanden, erhält der überlebende Lebenspartner die ganze Erbschaft. Zusätzlich stehen ihm die zum lebenspartnerschaftlichen Haushalt gehörenden Gegenstände, soweit sie nicht Zubehör eines Grundstückes sind, und die Geschenke zur Begründung der Lebenspartnerschaft gem. § 10 LPartG[78] als Voraus zu. 179

VIII. Prüfungsreihenfolge

Für Ihre Prüfung in der **Klausur** oder **Hausarbeit** ist folgendes wichtig: Um die Erbquote des überlebenden Ehegatten zu ermitteln, muss man zunächst feststellen, welche Verwandten außerdem als Erben in Betracht kommen. Danach ist der Erbteil des Ehegatten gem. § 1931 Abs. 1 S. 1 zu bemessen. Der verbleibende Teil des Nachlasses wird sodann nach den – §§ 1924ff. – auf die Verwandten verteilt. Eventuell ist der Ehegattenerbteil noch nach § 1931 Abs. 1 S. 2 zu erhöhen. 180

---

[73] Vgl. aber Rdn. 46.
[74] BGHZ 105, 140 (143); Palandt/*Heinrichs*, Einl. vor § 1 Rdn. 48.
[75] OLG Saarbrücken, NJW 1979, 2050f.; OLG Frankfurt, NJW 1982, 1885; *Leipold*, Erbrecht, Rdn. 157.
[76] *Leipold*, AcP 180 (1980), 160 (180).
[77] § 10 LPartG, BGBl. I, 2001, S. 266, 267.
[78] BGBl. I, 2001, S. 266, 267.

C. Umfang des Ehegattenerbrechts unter Berücksichtigung des jeweiligen Güterstandes

181 Das **gesetzliche Erbrecht** des Ehegatten wird durch den jeweiligen **Güterstand** modifiziert.

I. Einfluss der Zugewinngemeinschaft auf das Ehegattenerbrecht

182 Im gesetzlichen Güterstand der **Zugewinngemeinschaft** leben die Ehegatten gem. § 1363 Abs. 1 immer dann, wenn sie nicht durch Ehevertrag einen anderen Güterstand vereinbart haben. Hiervon ist also mangels anderweitiger Angaben in einem Sachverhalt auszugehen.

1. Bedeutung der Zugewinngemeinschaft und güterrechtlicher Zugewinnausgleich (güterrechtliche Lösung)

183 Die Zugewinngemeinschaft beruht auf dem Gedanken, dass das während der Ehe erwirtschaftete Vermögen nicht nur auf der Leistung des berufstätigen, sondern auch auf derjenigen des den Haushalt führenden Ehegatten beruht. Dementsprechend sollen beide Ehegatten gleichermaßen an diesem Vermögen beteiligt werden.[79] Diese Beteiligung an dem während der Ehe Erworbenen wird allerdings erst nach **Auflösung der Ehe** realisiert, indem derjenige Ehegatte, dessen Zugewinn geringer ist, einen schuldrechtlichen Ausgleichsanspruch gegen den anderen Ehegatten erhält, §§ 1363 Abs. 2 S. 2, 1378.

2. Erbrechtlicher Zugewinnausgleich (erbrechtliche Lösung) nach § 1371 Abs. 1

184 Da die Berechnung des Zugewinns bei Beendigung der Zugewinngemeinschaft durch **Tod** eines Ehegatten unter Umständen Schwierigkeiten bereitet, findet in einem solchen Fall der **Zugewinnausgleich** i. d. R. nicht nach güterrechtlichen Grundsätzen statt, sondern **pauschaliert** gem. § 1371 Abs. 1.[80] Danach erhöht sich der gesetzliche Erbteil des überlebenden Ehegatten[81] um **1/4** der Erbschaft, vorausgesetzt, dass dem überlebenden Ehegatten ein gesetzliches Erbrecht nach § 1931 zu-

---

[79] *Schwab*, Familienrecht, Rdn. 183.
[80] Zu diesem Gesetzeszweck vgl. BGHZ 37, 58 (64); 42, 182 (187).
[81] Vgl. Rdn. 153.

steht. Dabei spielt es keine Rolle, ob während der Ehe Zugewinn erzielt wurde, § 1371 Abs. 1 a. E., oder welcher der Ehegatten den höheren Zugewinn zu verzeichnen hat. Daher ist die – in § 1371 Abs. 1 selbst verwendete – Bezeichnung der Regelung als Verwirklichung des Zugewinnausgleichs kaum zu rechtfertigen.[82] Allerdings sprechen die Einfachheit und Klarheit der erbrechtlichen Lösung im Vergleich zu der güterrechtlichen für § 1371 Abs. 1.[83] Zudem sind die Schwächen der Norm deshalb hinnehmbar, weil sowohl der Erblasser als auch der Ehegatte die Anwendung des § 1371 Abs. 1 verhindern und den güterrechtlichen Ausgleich herbeiführen können.[84]

Erbt der Ehegatte neben **Abkömmlingen** des Erblassers, so erhält er **185**
zusätzlich zu dem 1/4 aus § 1931 Abs. 1 S. 1, 1. Var. ein weiteres Viertel gem. §§ 1931 Abs. 3, 1371 Abs. 1, so dass sich sein Erbteil auf 1/2 beläuft. Der gesetzliche Erbteil der Abkömmlinge[85] wird entsprechend um 1/4 verkürzt.

Bei gemeinsamen Abkömmlingen wird diese Schmälerung in Kauf genommen, da ihnen beim Tod des zunächst begünstigten Ehegatten diese Werte i. d. R. als gesetzliche (oder testamentarische) Erben letztlich doch zufließen.[86] Einseitige Abkömmlinge des Erblassers hingegen werden durch § 1371 Abs. 1 endgültig benachteiligt, da sie nach dem Tod des auf ihre Kosten begünstigten Ehegatten mangels Abstammung nicht zur gesetzlichen Erbfolge nach ihm berufen sind. Daher gewährt § 1371 Abs. 4 ihnen bei Bedürftigkeit einen schuldrechtlichen Anspruch gegen den überlebenden Ehegatten auf Geldmittel[87] zu einer angemessenen Ausbildung aus dem nach § 1371 Abs. 1 zusätzlich gewährten Viertel.

Erbt der Ehegatte **neben Verwandten der 2. Ordnung**, erhöht sich der **186**
nach § 1931 Abs. 1 S. 1, 2. Var. bestehende gesetzliche Erbteil von 1/2 gem. §§ 1931 Abs. 3, 1371 Abs. 1 um 1/4 auf insgesamt 3/4.

Erbt der Ehegatte **neben sämtlichen Großeltern,** erhält er zusätzlich **187**
zu seinem gesetzlichen Erbteil nach § 1931 Abs. 1 S. 1, 3. Var. i. H. der Hälfte des Nachlasses gem. § 1371 Abs. 1 ebenfalls 1/4.

Umstritten ist die Berechnungsweise, wenn ein Teil der Großeltern unter Hin- **188**
terlassung von Abkömmlingen bereits verstorben war, § 1931 Abs. 1 S. 2. Eine

[82] *Leipold*, Erbrecht, Rdn. 166.
[83] Zur Erträglichkeit dieser Regelung auch aus dem Aspekt des Zugewinnausgleichs vgl. *Leipold*, Erbrecht, Rdn. 167.
[84] Siehe Rdn. 183.
[85] Vgl. dazu Rdn. 117, 140f.
[86] MünchKomm/*Gernhuber*, § 1371, Rdn. 53; *Leipold*, Erbrecht, Rdn. 165, Fn. 12.
[87] MünchKomm/*Gernhuber*, § 1371, Rdn. 63.

Ansicht[88] berechnet zunächst den Erbteil nach § 1931 Abs. 1 S. 1, 3. Var. und S. 2 und erhöht diesen dann gem. § 1371 Abs. 1 um 1/4. Danach wird der überlebende Ehegatte schon dann Alleinerbe, wenn ein Großelternpaar unter Hinterlassung von Abkömmlingen vorverstorben ist, das andere Großelternpaar aber noch lebt. Denn dann würde der Ehegatte 1/2 aus § 1931 Abs. 1 S. 1, 3. Var. erhalten, die zweite Hälfte wäre an sich auf beide Großelternpaare zu verteilen (je 1/4), das Viertel des vorverstorbenen Großelternpaares würde aber gem. § 1931 Abs. 1 S. 2 auf den Ehegatten übergehen. Damit stünde dem Ehegatten bereits ein Erbteil von 3/4 zu, der sich gem. § 1371 Abs. 1 um ein weiteres Viertel erhöhen würde, so dass das noch lebende Großelternpaar leer ausginge. Diese Auffassung verkennt jedoch, dass der Ehegatte über § 1931 Abs. 1 S. 2 allein den Anteil erhält, den ansonsten der weggefallene Großelternteil bekommen hätte. Die Vorschrift will das Erbrecht noch lebender Großelternteile nicht ausschließen.[89] Deshalb ist bei der Berechnung so zu verfahren, dass allein von § 1931 Abs. 1 S. 1, 3. Var. auszugehen ist, und der aus dieser Norm folgende Ehegattenerbteil von 1/2 sich nach § 1371 Abs. 1 um ein weiteres Viertel erhöht. Das verbleibende Viertel ist auf alle Großeltern zu verteilen (je 1/16). Erst dann findet § 1931 Abs. 1 S. 2 Anwendung mit der Folge, dass in dem vorgenannten Fall der überlebende Ehegatte nicht Alleinerbe wird, sondern lediglich 14/16 (= 7/8) der Erbschaft erhält.[90]

3. Verhinderung der Anwendung des § 1371 Abs. 1

189 Die Anwendung des § 1371 Abs. 1 kann durch den Erblasser verhindert werden, indem er den anderen Ehegatten **enterbt**, dieser kann der erbrechtlichen Lösung dadurch entgehen, dass er **ausschlägt**.[91]

190 In beiden Fällen hat der überlebende Ehegatte gegen die Erben des verstorbenen Ehegatten einen Anspruch auf **güterrechtlichen Zugewinnausgleich**, § 1371 Abs. 2 und den sog. **kleinen**, d. h. nicht über § 1371 Abs. 1 erhöhten **Pflichtteil**.[92] Das ergibt sich für den Fall der Ausschlagung aus §§ 2303 Abs. 2 S. 2, 1371 Abs. 3, für den Fall der Enterbung aus §§ 2303 Abs. 2 S. 1, 1371 Abs. 2.

---

[88] *Belling*, Jura 1986, 579 (586).

[89] *Lange/Kuchinke*, Lehrbuch des Erbrechts, § 12 III 4 (S. 262); Staudinger/*Werner*, § 1931, Rdn. 37.

[90] *v. Olshausen*, FamRZ, 1981, 633ff.; Staudinger/*Werner*, § 1931, Rdn. 37.

[91] Zur Ausschlagung vgl. Rdn. 788ff.

[92] Zum Pflichtteilsrecht vgl. Rdn. 1022ff.

II. Einfluss der Gütertrennung auf das Ehegattenerbrecht

1. Bedeutung der Gütertrennung

Leben die Ehegatten im vertraglichen Güterstand der **Gütertrennung**,[93] § 1414, bleibt jeder Ehegatte alleiniger Inhaber des mit in die Ehe gebrachten Vermögens und auch des während der Ehe Erworbenen.[94] 191

2. Erbrechtliche Auswirkung

Die **gesetzliche Erbquote** des überlebenden Ehegatten bemisst sich grundsätzlich allein nach § 1931 Abs. 1, 2.[95] Abweichendes gilt gem. § 1931 Abs. 4 insoweit jedoch dann, wenn ein oder zwei Kinder zur gesetzlichen Erbfolge berufen sind. Dann erben der Ehegatte und jedes Kind zu gleichen Teilen. Diese Regelung findet auch dann Anwendung, wenn vorverstorbene Kinder Abkömmlinge hinterlassen haben, § 1931 Abs. 4 a. E. i.V.m. § 1924 Abs. 3. 192

Der Zweck dieser seit dem 1. 7. 1970 geltenden Vorschrift[96] liegt darin, die erbrechtliche Position des Ehegatten zu verbessern. Der Gesetzgeber wollte auch bei der Gütertrennung berücksichtigen, dass im Regelfall die unentgeltliche Mitarbeit des anderen Ehegatten zum Vermögenserwerb des Erblassers beigetragen hat.[97] Bei drei oder mehr erbberechtigten Kindern des Erblassers greift wieder die allgemeine Regelung des § 1931 Abs. 1 ein. 193

III. Einfluss der Gütergemeinschaft auf das Ehegattenerbrecht

1. Bedeutung der Gütergemeinschaft

Haben die Ehegatten durch Ehevertrag Gütergemeinschaft vereinbart, werden die zuvor jedem getrennt zugeordneten Vermögensmassen zum gemeinschaftlichen Vermögen beider Ehegatten (Gesamtgut), § 1416 Abs. 1 S. 1. Sie bilden eine **Gesamthandsgemeinschaft**, § 1416 Abs. 2.[98] Dies gilt auch für das während der Ehe erworbene Vermögen, § 1416 Abs. 1 S. 2. Vom Gesamtgut ausgenommen sind die zum Sondergut, § 1417, oder die zum Vorbehaltsgut, § 1418, gehörenden Gegenstände. 194

---

93 Vgl. aber auch § 1388.
94 *Schwab*, Familienrecht, Rdn. 191.
95 Vgl. Rdn. 166ff.
96 Art. 1 Nr. 87 NEhelG v. 19. 8. 1969, BGBl. I 1969, S. 1243.
97 *Bamberger/Roth*, § 1931 Rn. 19; MünchKomm/*Leipold*, § 1931, Rdn. 28.
98 *Schwab*, Familienrecht, Rdn. 194.

2. Erbrechtliche Auswirkungen

a) Normalfall der Gütergemeinschaft

195 Mit **dem Tod eines Ehegatten** und der dadurch eintretenden Auflösung der Ehe **endet** normalerweise die **Gütergemeinschaft**. Der Anteil des verstorbenen Ehegatten am Gesamtgut (also „seine Hälfte") fällt in den Nachlass, § 1482 S. 1. Gleiches gilt für sein (vererbliches) Sonder- und Vorbehaltsgut. Über das Gesamtgut hat eine Auseinandersetzung zu erfolgen, § 1471 Abs. 1. Das Gesamtgut steht während dieser Zeit einer Gesamthandsgemeinschaft aus dem überlebenden Ehegatten und den sonstigen Erben des Erblassers zu, §§ 1471 Abs. 2, 1419. Der noch lebende Ehegatte ist sowohl mit seinem hälftigen Anteil als auch – sofern er Erbe geworden ist – mit dem von der Hälfte des Erblassers ererbten Anteil am Gesamtgut beteiligt. Nach der Auseinandersetzung wird der verbliebene Überschuss verteilt. Der Ehegatte erhält gem. § 1476 Abs. 1 „seine" Hälfte, die andere Hälfte wird entsprechend der nach Erbrecht errechneten Erbquote auf die Erben verteilt.

b) Fortgesetzte Gütergemeinschaft

196 Gem. § 1483 Abs. 1 S. 1 u. 2 kann im **Ehevertrag** vereinbart werden, dass die Gütergemeinschaft zwischen dem überlebenden Ehegatten und den gemeinschaftlichen, zur gesetzlichen Erbfolge berufenen **Abkömmlingen** fortgesetzt wird. Dann gehört der Anteil des Erblassers am Gesamtgut nicht zum Nachlass, § 1483 Abs. 1 S. 3. Dieser besteht also lediglich aus dem gegebenenfalls vorhandenen Sonder- und Vorbehaltsgut des Erblassers. Die diesbezügliche Beerbung erfolgt gem. § 1483 Abs. 1 S. 3 a. E. wiederum nach den allgemeinen Vorschriften.

197 Der überlebende Ehegatte hat die Möglichkeit, die Fortsetzung der Gütergemeinschaft abzulehnen, § 1484 Abs. 1. Dann tritt gem. § 1484 Abs. 3 dieselbe Rechtslage ein, wie bei einer Gütergemeinschaft ohne Fortsetzungsvereinbarung, s. o. a).

D. Der Voraus des Ehegatten

198 Ist der überlebende Ehegatte als gesetzlicher Erbe[99] zur Erbfolge berufen, steht ihm – unabhängig vom Güterstand – gem. § 1932 Abs. 1 zusätzlich zu seinem Erbteil als **Vorausvermächtnis**,[100] d. h. ohne Anrechnung auf seinen Erbteil, ein Anspruch auf den sog. Voraus gegen die

[99] Insoweit müssen insbesondere die allgemeinen Voraussetzungen wie das Bestehen der Ehe, Rdn. 153, und das Fehlen eines Erbrechtsausschlusses nach § 1933, vgl. Rdn. 155ff., gegeben sein.

[100] MünchKomm/*Leipold*, § 1932, Rdn. 15, 16.

Miterbengemeinschaft oder den Alleinerben zu. Dabei handelt es sich zum einen um die Hochzeitsgeschenke und zum anderen um die zum ehelichen **Haushalt** gehörenden Gegenstände, sofern sie nicht Grundstückszubehör, §§ 97, 98, sind. Haushaltsgegenstände sind solche, die dem gemeinsamen häuslichen Leben der Ehegatten dienten (z. B. Möbel, Geschirr, Waschmaschine aber auch Luxusgegenstände wie wertvolle Bilder),[101] nicht die für den persönlichen oder beruflichen Gebrauch des Erblassers bestimmten Gegenstände.[102] Der Umfang des Anspruchs auf den Voraus hängt davon ab, welcher Ordnung die neben dem Ehegatten zur Erbfolge berufenen Verwandten des Erblassers angehören, vgl. § 1932 Abs. 1.

E. Der Dreißigste

Gem. § 1969 haben die Familienangehörigen[103] des Erblassers, die zur Zeit seines Todes zu seinem Hausstand gehört und von ihm Unterhalt bezogen haben, einen gegen die Erben gerichteten **Anspruch auf Unterhalt** und **Wohnungsnutzung** für einen Zeitraum von dreißig Tagen, gerechnet ab dem Zeitpunkt des Erbfalls. Auch hierbei handelt es sich um ein gesetzliches Vermächtnis, § 1969 Abs. 2. **199**

F. Wiederholung und Vertiefung*

Sachverhalt

1. Ausgangsfall

Der Erblasser E hinterlässt bei seinem Tod seine Ehefrau F, den gemeinsamen Sohn S und seine Mutter M. Die gemeinsame Tochter T war bereits verstorben, hinterlässt aber ihrerseits zwei Kinder. Die Eheleute hatten keine Regelung hinsichtlich des Güterstandes getroffen.

Wer ist mit welcher Quote gesetzlicher Erbe geworden?

---

[101] AnwK-BGB/*Kroiß*, § 1932, Rdn. 6; Damrau/*Seiler*, Erbrecht, § 1932, Rdn. 13, 16; MünchKomm/*Leipold*, § 1932, Rdn. 9; *Leipold*, Erbrecht, Rdn. 194.

[102] Damrau/*Seiler*, Erbrecht, § 1932, Rdn. 16; Palandt/*Edenhofer*, § 1932, Rdn. 4.

[103] Nach OLG Düsseldorf, NJW 1983, 1566 auch der Partner einer nichtehelichen Lebensgemeinschaft.

* Lösungen im Anhang, siehe S. 451.

2. Erste Abwandlung

Wie der Ausgangsfall, die Eheleute lebten aber im Güterstand der Gütertrennung. Wie ist die Rechtslage?

3. Zweite Abwandlung

Wie der Ausgangsfall, E und F lebten jedoch im Güterstand der Gütergemeinschaft.

§ 3. Erbrecht des Staates

Schrifttum: Bungert, Ausländisches Fiskuserbrecht vor deutschen Gerichten, MDR 1991, 712; **Firsching**, Das Erbrecht des Fiskus im deutschen und internationalen Privatrecht, Festschrift für Kralik, 1986, 371.

A. Normzweck

200 In § 1936 ist der Fiskus als **letztrangiger gesetzlicher Erbe** vorgesehen. Der Zweck der Norm besteht darin, jeden Nachlass einem Rechtsträger zuzuordnen, so dass eine geordnete Abwicklung im Interesse der Nachlassgläubiger in jedem Falle gewährleistet ist.[104]

B. Voraussetzungen des Staatserbrechts

201 Durch § 1936 Abs. 1 S. 1 ist das Erbrecht des Staates in zweifacher Weise subsidiär ausgestaltet: Zum einen kommt es als **gesetzliches Erbrecht** bereits nur dann in Betracht, wenn niemand wirksam durch Verfügung von Todes wegen zum Erben berufen wurde. Zum zweiten darf zum Zeitpunkt des Erbfalles weder ein Verwandter noch ein Ehegatte des Erblassers vorhanden sein. Weil die Norm herrenlose Nachlässe verhindern will, greift sie auch im Falle einer Erbschaftsausschlagung, § 1953 Abs. 1, eines Erbschaftsverzichts, § 2346 Abs. 1, einer Enterbung, § 1938, oder der Erbunwürdigkeit, § 2344 Abs. 1, ein. Im Rahmen des

[104] Soergel/*Stein*, § 1936, Rdn. 1; *Lange/Kuchinke*, Lehrbuch des Erbrechts, § 13 I 1 (S. 281); *Belling*, Jura 1986, 579 (587).

§ 1936 Abs. 1 S. 1 ist daher nicht maßgeblich, ob Verwandte oder der Ehegatte des Erblassers überhaupt als Personen vorhandenen sind, sondern ob sie im konkreten Fall auch tatsächlich erben.[105]

Träger des Erbrechts ist nach dem Wortlaut der Norm der **Fiskus des Bundesstaats**, dem der (deutsche)[106] Erblasser zur Zeit des Todes angehört hat. Bereits seit 1934 gibt es jedoch keine Staatsangehörigkeit in den Ländern mehr, sondern nur noch eine unmittelbare deutsche Staatsangehörigkeit. Die ab diesem Zeitpunkt geltende VO über die deutsche Staatsangehörigkeit stellte ersatzweise auf den Ort der Niederlassung in einem Bundesland ab.[107] Obwohl die Verordnung im Zuge der Reform des deutschen Staatsangehörigkeitsrechts im Jahre 1999 ersatzlos gestrichen wurde, bleibt die Niederlassung im Rahmen von § 1936 Abs. 1 jedoch weiterhin der sinnvollste Anknüpfungspunkt.[108] 202

Der Begriff der Niederlassung ist abweichend von dem **des Wohnsitzes** i. S. d. § 7 als Ort zu verstehen, an dem der Erblasser ein Unterkommen zu nicht nur vorübergehendem Aufenthalt hat.[109]

C. Rechtsfolgen

Mit Eintritt des Erbfalles wird der Fiskus unter den Voraussetzungen des § 1936 Abs. 1 S. 1 grundsätzlich gesetzlicher Erbe wie jeder andere. Um jedoch dem Zweck des Staatserbrechts gerecht zu werden, hat der Gesetzgeber die gesetzliche Erbenstellung des Fiskus in einigen Punkten abweichend geregelt.[110] So kann der Fiskus die Erbschaft nicht ausschlagen, § 1942, oder auf sie verzichten, § 2346. Dies gilt nicht, falls der Fiskus als **gewillkürter** Erbe eingesetzt wurde. 203

Da der Staat in § 2346 Abs. 1 S. 1 nicht erwähnt ist, kann er nicht auf die Erbschaft verzichten oder sie ausschlagen, § 1942 Abs. 2. Auch eine Enterbung des Fiskus ohne Einsetzung eines anderen Erben ist nicht möglich (arg. e. § 1938), 204

[105] *Brox*, Erbrecht, Rdn. 79; *Schlüter*, Erbrecht, Rdn. 117.

[106] Zu ausländischen oder staatenlosen Erblassern MünchKomm/*Leipold*, § 1936, Rdn. 15.

[107] So § 4 VO über die deutsche Staatsangehörigkeit vom 5.02.1934, RGBl. I, S. 85.

[108] Vgl. zum Ganzen MünchKomm/*Leipold*, § 1936, Rdn. 8 f.

[109] Staudinger/*Werner*, § 1936, Rdn. 5; *Brox*, Erbrecht, Rdn. 79.

[110] Hk-BGB/*Hoeren*, § 1936, Rdn. 3; Staudinger/*Werner*, § 1936, Rdn. 12; *Kipp/Coing*, Erbrecht, § 6 II (S. 48).

Erbunwürdigkeit schon deshalb ausgeschlossen, weil niemand sie geltend machen könnte.[111]

205 Zur **Erbenhaftung** trifft das Gesetz an zwei Stellen abweichende Regelungen. So ist in § 2011 S. 1 bestimmt, dass dem Fiskus keine Inventarfrist gesetzt werden kann. Folglich kommt eine Haftung wegen Fristversäumung gem. § 1994 Abs. 1 S. 2 nicht in Betracht.[112] Eine weitere Erleichterung bringt § 780 Abs. 2 ZPO: Der Fiskus braucht sich die Beschränkung der Erbenhaftung nicht im Urteil vorbehalten zu lassen. Darüber hinaus kann auch er die Haftungsbeschränkung auf den Nachlass nur durch die üblichen Maßnahmen herbeiführen (Nachlassverwaltung, -insolvenzverfahren, §§ 1975 ff. oder die Dürftigkeitseinrede gem. § 1990).

D. Verfahren

206 Rechte von Nachlassgläubigern gegen den Fiskus als gesetzlichen Erben sowie Rechte des Staates aus der Erbschaft können erst nach dem Beschluss des Nachlassgerichts geltend gemacht werden, dass keine anderen Erben vorhanden sind, § 1966. Dieser Feststellung gem. § 1965 Abs. 1 geht ein Ermittlungsverfahren voraus, zu dem das Nachlassgericht von Amts wegen verpflichtet ist.[113] Bleibt es erfolglos, so hat das Gericht gem. § 1965 Abs. 1 zur Anmeldung von Erbrechten öffentlich aufzufordern, vgl. dazu § 1965 Abs. 1, 2. HS. auf die §§ 948 ff. ZPO[114]. Sofern im Verfahren keine Erben ermittelt werden, kann der Beschluss des Nachlassgerichts ergehen, wonach eine widerlegliche gesetzliche Vermutung i. S. d. § 292 ZPO für die Erbenstellung des Fiskus spricht, § 1964 Abs. 2.

---

[111] *Lange/Kuchinke*, Lehrbuch des Erbrechts, § 13 IV 2d (S. 291); *Schlüter*, Erbrecht, Rdn. 117.

[112] Nicht ausgeschlossen ist dagegen eine Haftung wegen pflichtwidriger Verwaltung des Nachlasses gem. §§ 1978 ff.

[113] *Lange/Kuchinke*, Lehrbuch des Erbrechts, § 38 V 1 (S. 997); *Ebenroth*, Erbrecht, Rdn. 162; vgl. zur Tätigkeit sog. Erbenermittler *Gutbrod*, ZEV 1994, 337.

[114] Hierzu sowie ausf. zum gesamten Verfahren *Frohn*, Rpfleger 1986, 37.

3. Kapitel. Die gewillkürte Erbfolge

Schrifttum: Schreiber, Verfügungen von Todes wegen, Jura 1996, 360 u. 409.

§ 1. Begriff und Arten der Verfügung von Todes wegen

Verfügungen von Todes wegen sind Rechtsgeschäfte, durch welche der Erblasser Anordnungen über das Schicksal seines Vermögens für die Zeit nach seinem Tode trifft.[1] Das Erbrecht kennt das **Testament**, § 1937,[2] und den **Erbvertrag**, § 1941. Die Bezeichnung „Verfügung von Todes wegen" ist der Oberbegriff für diese unterschiedlich ausgestalteten (letztwilligen) Rechtsgeschäfte,[3] über deren mögliche Inhalte zunächst die §§ 1937–1941 einen Überblick geben.[4] Die genannten Formen sind abschließend **(Typenzwang)**. **207**

In der Möglichkeit, durch Testament oder Erbvertrag die Nachfolge in das Vermögen nach eigenen Vorstellungen regeln zu können, kommt der Grundsatz der **Testierfreiheit** zum Ausdruck. Die Testierfreiheit ist die erbrechtliche Ausprägung des für das gesamte Privatrecht geltenden Prinzips der Privatautonomie[5] und die logische Fortsetzung der Eigentümerfreiheit des § 903. Sie kann gem. § 2302 vertraglich nicht beschränkt werden. **208**

Man muss zwischen **einseitigen** und **zweiseitigen** Verfügungen von Todes wegen unterscheiden: Während das Testament, §§ 1937, 2229ff., ein einseitiges Rechtsgeschäft darstellt, handelt es sich beim Erbvertrag, **209**

---

1 Staudinger/*Otte*, Vorbem. zu §§ 1937–1941 Rdn. 2. Ähnlich: MünchKomm/*Leipold*, § 1937 Rdn. 4.

2 Für Ehegatten und Partner einer gleichgeschlechtlichen Lebensgemeinschaft, § 10 Abs. 4 LPartG, existiert noch die Sonderform des gemeinschaftlichen Testaments, §§ 2265ff., vgl. dazu Rdn. 409ff.

3 BGH, DRiZ 1971, 26 (27).

4 Zu den möglichen Anordnungen in Verfügungen von Todes wegen vgl. unten Rdn. 211.

5 Staudinger/*Otte*, Vorbem. zu §§ 1937–1941 Rdn.14. Zum Grundsatz der Testierfreiheit und dessen verfassungsrechtlicher Gewährleistung vgl. oben Rdn. 52.

§§ 1941, 2274ff., um ein zweiseitiges Rechtsgeschäft zwischen Erblasser und Vertragserben. Eine Zwischenstellung nimmt das in den §§ 2265ff. geregelte gemeinschaftliche Testament ein, bei dem Ehegatten gemeinsam verfügen.[6]

210 Verfügungen von Todes wegen unterscheiden sich ferner nach dem Grad ihrer Bindungswirkung:[7] Während das Testament bis zum Tode **frei widerruflich** ist, § 2253 Abs. 1, lässt § 2271 Abs. 2 S. 1 beim gemeinschaftlichen Testament den Widerruf wechselbezüglicher Verfügungen nur bis zum Tod des anderen Ehegatten und unter Einhaltung der Form des § 2296 zu, § 2271 Abs. 1, S. 1. Im Falle eines Erbvertrages schließlich kann sich der Erblasser von vertragsmäßigen Verfügungen nur durch **Rücktritt**, § 2293–2297, oder im Wege der Anfechtung, §§ 2281–2285, lösen.

211 Den Begriff „Verfügung von Todes wegen" gebraucht das Gesetz zum einen als Bezeichnung für die einzelnen, in Testament oder Erbvertrag getroffenen **inhaltlichen Anordnungen** (wie z. B. Erbeinsetzung, Enterbung), §§ 2085, 2253, 2270.[8] Zum anderen unterscheidet er sich vom allgemeinen zivilrechtlichen Verfügungsbegriff: Während dort der **unmittelbare Eintritt einer Rechtsänderung** ausschlaggebend ist,[9] treten die Rechtswirkungen letztwilliger Verfügungen erst mit dem Tod des Verfügenden ein.[10] Zudem können sich aus Verfügungen von Todes wegen auch lediglich schuldrechtlich wirkende Rechtsfolgen ergeben, z. B. bei der Anordnung von Vermächtnissen, § 2174.

212 Schließlich sind die Verfügungen von Todes wegen von **Rechtsgeschäften unter Lebenden auf den Todesfall** zu trennen.[11] Obwohl der Zweck übereinstimmt – Ordnung der Vermögensnachfolge für die Zeit nach dem Tode – will sich der letztwillig Verfügende zu Lebzeiten (noch) nicht der Verfügungsfreiheit über sein Vermögen begeben. Dagegen erzeugen lebzeitige Rechtsgeschäfte auf den Todesfall bereits vor dem Erbfall Berechtigungen an Vermögensbestandteilen des Erblassers.[12] Ein weiterer Unterschied besteht darin, dass das Gesetz für

---

[6] *Lange/Kuchinke*, Lehrbuch des Erbrechts, § 16 V 1. c) (S. 338); *Belling*, Jura 1986, 625.
[7] *Brox*, Erbrecht, Rdn. 88.
[8] *Schreiber*, Jura 1996, 360.
[9] Grundlegend BGHZ 1, 294 (304); Palandt/*Heinrichs*, § 185 Rdn. 2.
[10] *Schreiber*, Jura 1996, 360 mit Bsp. zu weiteren Abweichungen.
[11] Vgl. dazu Rdn. 1146ff.
[12] *Harder*, Grundzüge des Erbrechts, Rdn. 115.

Testament und Erbvertrag die Einhaltung besonderer erbrechtlicher Formvorschriften verlangt,[13] während lebzeitige Zuwendungen auf den Todesfall regelmäßig nach den allgemeinen rechtsgeschäftlichen Figuren des Schuldrechts (etwa Schenkung oder Vertrag zugunsten Dritter) vorgenommen werden (können).[14] Die Abgrenzung kann im Einzelfall schwierig sein.[15]

§ 2. Das Testament

A. Begriff und Arten

Das Gesetz definiert in § 1937 als erste Verfügung von Todes wegen das **Testament** als **einseitiges** (nicht empfangsbedürftiges) **Rechtsgeschäft**. Wegen der Widerruflichkeit gem. § 2253 und weil das Testament erst mit dem Tod des Verfügenden Wirksamkeit entfaltet, erhalten die Bedachten zu Lebzeiten keine gesicherte, vermögenswerte Rechtsstellung, also **keine Anwartschaft**.[16] 213

Unter Berücksichtigung von Art und Anlass der Errichtung lassen sich **ordentliche und außerordentliche Testamente** unterscheiden. Zu den ordentlichen Testamentsformen zählen das in § 2232 geregelte **(notarielle) Testament**, sowie das in § 2247 geregelte **eigenhändige Testament**. Außerordentliche Testamente ermöglichen dem Erblasser in besonderen, meist Notsituationen zu verfügen, in denen die Errichtung eines ordentlichen Testaments nicht (mehr) in Betracht kommt. Außerordentliche Testamente sind die sog. **Nottestamente**, §§ 2249, 2250[17] und das **Seetestament**, § 2251, deren praktische Bedeutung jedoch gering ist.[18] 214

Kein Testament im Rechtssinne ist das sog. **Patiententestament**. Als solches bezeichnet man die vorweggenommene Anweisung an einen zu- 215

[13] Zu den Formerfordernissen vgl. Rdn. 267ff., 506ff.
[14] Vgl. *Brox*, Erbrecht, Rdn. 740.
[15] Vgl. BGH, NJW 1984, 46 (47); ausführlich zum Ganzen Rdn. 1151ff.
[16] BGHZ 12, 115 (118): lediglich eine tatsächliche Aussicht; so auch Damrau/*Seiler*, Erbrecht, § 1937, Rdn. 6.
[17] Vgl. ausführl. *Kappeßer*, Die Nottestamente des BGB, Diss. Berlin 1995.
[18] *Leipold*, Erbrecht, Rdn. 291; *Belling*, Jura 1986, 625 (626).

ständigen Arzt, bei aussichtsloser Lage (infauster Prognose) lebensverlängernde Maßnahmen zu unterlassen[19]. Der Begriff des Patiententestaments ist deshalb missverständlich, weil gerade keine Regelung für die Zeit nach dem Tod der betreffenden Person, sondern für die Sterbephase an sich getroffen werden soll. Zudem geht es nicht um die Gestaltung der Vermögenslage der Erben, sondern um Vorkehrungen im Bereich der Gesundheitssorge. Aus diesem Grunde spricht man auch von sog. „Patientenverfügungen“[20] oder „Patientenbriefen“[21].

Mit zunehmender Verbesserung der Intensivmedizin steigt die Angst der Bevölkerung vor einer aufgedrängten Lebens- und möglicherweise Leidensverlängerung[22]. Da das Institut der Patientenverfügung deshalb in letzter Zeit stark an Bedeutung gewonnen hat und bereits Gegenstand höchstrichterlicher Entscheidungen wurde, sollen seine Voraussetzungen und Rechtsfolgen an dieser Stelle kurz dargestellt werden.

Entgegen lange bestehender Forderungen[23] hat die Patientenverfügung bislang **noch keine gesetzliche Verankerung** gefunden[24]. Tatsächlich handelt es sich um die im gesunden Zustand getroffene Vorsorge für die Zeit einer möglichen krankeits- oder unfallbedingten Einwilligungsunfähigkeit. Sie dient der Verwirklichung des Rechts auf Selbstbestimung über den eigenen Körper, das unbestritten zum Kernbereich der grundgesetzlich geschützten Menschenwürde gehört. Es verlangt in der Regel für jede ärztliche Behandlung, also auch lebensverlängernde Maßnahmen, eine wirksame Einwilligung des Patienten[25]. Die Patientenverfügung soll dem tatsächlichen Willen der betroffenen Person, evtl. durch einen Betreuer oder einen Bevollmächtigten für die Gesundheitsfürsorge, Geltung verschaffen[26]. Die **Rechtsnatur** einer solchen Äußerung ist noch nicht geklärt. Es könnte sich um eine bloße Willens-

---

19 *Olzen*, ArztR 2001, 116ff.; Einf. *Lange/Kuchinke*, Erbrecht, § 35 IV 7 (S. 834).

20 *Berger*, JZ 2000, 797.

21 *Uhlenbruck*, NJW 1978, 566 (568).

22 *Sternberg-Lieben*, NJW 1985, 2734.

23 Siehe hierzu bereits die Beschlüsse des 63. DJT aus dem Jahre 2000, ArztR 2001, 124.

24 Zum nunmehr vorliegenden Referentenentwurf des Bundesministeriums der Jusitz sogleich.

25 So auch *Vossler*, ZRP 2002, 295.

26 In der Praxis wird die Patientenverfügung häufig mit einer Betreuungsverfügung i. S. v. § 1897 Abs. 4 BGB oder einer Vorsorgevollmacht in Gesundheitsangelegenheiten verbunden.

bekundung[27] oder sogar eine Willenserklärung handeln. Der BGH hat den Rechtsgedanken des § 130 Abs. 2 BGB auf ein Patiententestament angewendet[28]. Dies lässt auf eine Einordnung als zumindest rechtsgeschäftsähnlicher Handlung schließen. Dafür spricht, dass die Einwilligung in eine medizinische Behandlung sowie deren Verweigerung ebenfalls als rechtsgeschäftsähnliche Handlungen angesehen werden[29]. Erforderlich für die Wirksamkeit einer Patientenverfügung ist demnach zwar nicht notwendig die bürgerlich-rechtliche Geschäftsfähigkeit[30], in jedem Falle aber die natürliche Einsichts- und Urteilsfähigkeit.

Mangels gesetzlicher **Formerfordernisse** kann die Patientenverfügung abweichend vom Testament im eigentlichen Sinne nicht nur schriftlich, sondern sogar mündlich errichtet werden. Aus Beweisgründen empfiehlt sich jedoch unbedingt eine schriftliche Niederlegung[31]. Zudem sollte der Patientenbrief wie jedes wichtige Dokument mit einem Datum versehen und eigenhändig mit Vor- und Zunamen unterschrieben werden[32]. Sinnvoll ist darüber hinaus die vorherige Beratung durch einen Arzt, um genaue Kenntnis über mögliche Krankheitsbilder und die in diesem Falle üblichen ärztlichen Maßnahmen zu erhalten. Auf diese Weise werden Unsicherheiten in der Formulierung und Zweifel an der späteren Auslegung der Verfügung weitgehend vermieden und somit die Einhaltung des eigentlichen Patientenwillens am ehesten gewährleistet[33]. Auch eine notarielle Beurkundung ist empfehlenswert, da der Notar sich von der Einwilligungsfähigkeit des Verfügenden im Zeitpunkt der Errichtung überzeugt[34]. Die Beachtung der genannten Formalitäten führt zu höherer Rechtssicherheit für den Patienten selbst, aber auch für die Person (Arzt, Betreuer, Bevollmächtigter), die im konkreten Fall zur Durchsetzung des Willens berufen ist.

---

27 So *Roth*, JZ 2004, 494 (496f.).

28 BGH, NJW 2003, 1588 (1589), kritisch hierzu die Anmerkung von *Spickhoff*, JZ 2003, 739 (740).

29 BGHZ 29, 33 (36); 105, 45 (48); eine Gleichstellung mit der Einwilligung befürworten auch *Berger*, JZ 2000, 797 (800); *Lipp*, FamRZ 2004, 317 (320).

30 So aber u. a. *Eisenbart*, Patiententestament und Stellvertretung in Gesundheitsangelegenheiten, 2. Aufl., 2000, S. 131 f.

31 *Spickhoff*, NJW 2000, 2297 (2301).

32 *Olzen*, ArztR 2001, 117 (123).

33 Die deutsche Hospizstiftung forderte bereits im DÄBl. 97, Heft 36 v. 8.9. 2000, S. A-2268 eine solche Beratung einmal jährlich durch die Krankenkassen zu vergüten.

34 *Uhlenbruck/Ulsenheimer*, in: Laufs/Uhlenbruck, Handbuch des Arztrechts, 3. Aufl., 2002, § 132 Rdn. 36.

Inhaltlich kann sich der Verfasser eines Patiententestaments darauf beschränken, bei Vorliegen einer bestimmten Diagnose oder Prognose, zum Beispiel „apallisches Syndrom", eine das Leben verlängernde Intensivbehandlung, Reanimation oder künstliche Ernährung abzulehnen. Umgekehrt besteht ferner die Möglichkeit, gerade um den Einsatz ärztlicher Maßnahmen „bis zuletzt" zu bitten[35]. Die Grenzen inhaltlicher Gestaltung liegen im ärztlichen Standesrecht und der übrigen Rechtsordnung. Beispielsweise kann nicht wirksam verfügt werden, dass der behandelnde Arzt aktive Sterbehilfe durchführt und im Falle einer unheilbaren Erkrankung und großer Schmerzen tötet[36].

Die **Bindungswirkung** eines Patiententestamentes war lange Zeit umstritten. Neben der strikten Verbindlichkeit[37] sowie der grundsätzlichen Unbeachtlichkeit[38] wurde vor allem die Auffassung vertreten, die Patientenverfügung sei lediglich Hilfsmittel zur Ermittlung des **mutmaßlichen Willens** des Betroffenen[39]. Die Indizwirkung des Dokuments sollte dabei umso stärker sein, je detaillierter und zeitnaher dessen Inhalt verfasst wurde.

Inzwischen wurde diese Problematik höchstrichterlich entschieden: Der **BGH** hat im **März 2003** die Verbindlichkeit einer Patientenverfügung bestätigt[40]. Der mutmaßliche Wille eines Patienten solle erst dann maßgeblich werden, wenn ein in einer Patientenverfügung erklärter Wille nicht vorliege oder nicht festgestellt werden könne. Darüber hinaus unterliegt die Bindungswirkung nach Meinung des BGH keiner zeitlichen Beschränkung[41]. Die Verbindlichkeit einer derartigen Äuße-

---

35 *Olzen*, ArztR 2001, 117 (122).

36 *Uhlenbruck/Ulsenheimer*, in: Laufs/Uhlenbruck, Handbuch des Arztrechts, 3. Aufl., 2002, § 132 Rdn. 37.

37 *Berger*, JZ 2000, 797 (800); *Sternberg-Lieben*, NJW 1985, 2734 (2735); *Uhlenbruck*, NJW 1978, 566 (569).

38 *Möllering*, Schutz des Lebens – Recht auf Sterben, 1977, S. 52 f.; *Opderbecke*, MedR 1985, 23 (36).

39 *Laufs*, NJW 1998, 3999 (3400); *Olzen*, ArztR 2001, 117 (121); *Spickhoff*, NJW 2000, 2297 (2301).

40 BGH, NJW 2003, 1588 (1591). Gegenstand des Rechtsstreits war zudem die Frage der Erforderlichkeit einer vormundschaftlichen Genehmigung für den Fall des Behandlungsabbruchs. Der BGH hat diese trotz Vorliegens einer konkreten Patientenverfügung wegen des Konflikts zwischen Arzt und Betreuer bejaht (NJW 2003, 1588 (1589 f.). Kritisch hierzu die Anm. von *Lipp*, FamRZ 2003, 756.

41 Zur Entbehrlichkeit einer ständigen Erneuerung der Verfügung ausführlich *Milzer*, NJW 2004, 2277 ff.

rung endet folglich nicht durch bloßen Ablauf einer gewissen Zeitspanne, sondern dann, wenn der Verfasser sich von ihr mit erkennbarem Widerrufswillen distanziert oder die Situtation sich nachträglich so erheblich geändert hat, dass die frühere selbstverantwortlich getroffenen Entscheidung die aktuelle Sachlage nicht umfasst[42]. Ein solcher **Widerruf** im untechnischen Sinne unterliegt, genau wie die Abfassung einer Patientenverfügung selbst, prinzipiell keinen Formerfordernissen und kann auch durch ein Zeichen mit den Augen oder ein Kopfnicken auf eine entsprechende Frage des Arztes erklärt werden[43]. Er bedarf keiner Begründung.

In absehbarer Zeit ist mit einer **Normierung von Patientenverfügungen** zu rechnen. Das Bundesministerium der Justiz hat im November 2004 einen Referentenentwurf vorgelegt[44]. Geplant ist die Einbeziehung des Rechtsinstituts in die Vorschriften des Betreuungsrechts. Im Hinblick auf die Verbindlichkeit der Verfügung schließt sich der Entwurf der eben geschilderten Auffassung des BGH an. Kritik hat aber vor allem der Verzicht auf die Einführung eines gesetzlichen Formerfordernisses hervorgerufen. Der Referentenentwurf dehnt zudem die Reichweite von Patientenverfügungen auf sämtliche Krankheitsstadien aus. Eine Heilbehandlung soll demnach auch abgelehnt werden können, wenn sie eine zum Tode führende Krankheit besiegen oder den Eintrittt des Todes weit hinausschieben könnte. Ein solcher Anwendungsbereich wird vielfach als zu weitgehend angesehen und hat die Diskussion um das Verbot der aktiven Sterbehilfe erneut entfacht[45], die in absehbarer Zeit auch nicht abgeschlossen werden dürfte.

B. Wirksamkeitsvoraussetzungen

Die Gültigkeit einer letztwilligen Verfügung erfordert, dass der Erblas- 216
ser sie **persönlich** und mit **Testierwillen** errichtet. Außerdem muss der

---

[42] BGH, NJW 2003, 1588 (1591).

[43] *Uhlenbruck/Ulsenheimer*, in: Laufs/Uhlenbruck, Handbuch des Arztrechts, 3. Aufl., 2002, § 132 Rdn. 36.

[44] Der Referentenentwurf v. 1.11.2004 wurde nicht veröffentlicht. Vgl. hierzu aber die Pressemitteilung des BMJ vom 5.11.2004, FamRZ 2004, 1941 f., in der die Eckpunkte der beabsichtigten Neuregelung genannt werden.

[45] Vgl. hierzu *Schumacher*, Rheinisches Ärzteblatt, 10 (11); *Landau*, ZRP 2005, 50 (52).

Erklärende **testierfähig** sein. Das Testament hat die gesetzlich vorgeschriebene **Form** zu wahren und darf nicht gegen die **guten Sitten** oder ein **gesetzliches Verbot** verstoßen. Fehlt auch nur eine Wirksamkeitsvoraussetzung, so ist eine letztwillige Verfügung grundsätzlich (insgesamt) nichtig und es tritt die gesetzliche Erbfolge ein.

I. Persönliche Errichtung

217 Das Testament zählt zu den sog. **höchstpersönlichen Rechtsgeschäften.**[46] Hierbei muss man zwischen höchstpersönlicher Errichtung in **formeller** und in **materieller** Hinsicht unterscheiden.

1. Formelle Höchstpersönlichkeit

218 Nach § 2064 kann der Erblasser ein Testament nur persönlich errichten; eine gesetzliche oder rechtsgeschäftliche **Vertretung** ist **ausgeschlossen**:[47] Unzulässig ist demnach die Errichtung eines Testaments durch gesetzliche oder gewillkürte Stellvertreter.[48] Ein Verstoß gegen § 2064 macht die letztwillige Verfügung unheilbar nichtig.

2. Materielle Höchstpersönlichkeit

219 § 2065 verlangt Höchstpersönlichkeit in bezug auf die **inhaltliche Gestaltung** der letztwilligen Verfügung. Nach Abs. 1 kann der Erblasser weder die Gültigkeit einer letztwilligen Verfügung von der Bestimmung durch einen anderen abhängig machen, noch gem. § 2065 Abs. 2 die Person des Bedachten oder den zuzuwendenden Gegenstand der Bestimmung eines anderen überlassen. Die Norm zwingt also dazu, den Inhalt der letztwilligen Verfügung eigenverantwortlich festzulegen. Der Erblasser soll – insbesondere dort, wo eine Abweichung von der gesetzlichen Familienerbfolge vorgenommen wird – die persönliche Verantwortung für die Gestaltung seines letzten Willens tragen. § 2065 bewirkt, dass er sich über alle wesentlichen Teile der Verfügung schlüssig

---

[46] Weitere Bsp. für höchstpersönliche Rechtsgeschäfte bei Palandt/*Heinrichs*, Einf. v. § 164 Rdn. 4.

[47] BGHZ 15, 199 (200); AnwK-BGB/*Beck*, § 2064, Rdn. 4; *Bamberger/Roth*, § 2064 Rn. 2.

[48] *Leipold*, Erbrecht, Rdn. 277.

werden muss.[49] Eine Vertretung des Erblassers im Willen ist demnach ausgeschlossen.[50]

a) Erbrechtliche Zuwendungen unter Potestativbedingungen und deren Vereinbarkeit mit § 2065 Abs. 1

Wie sich aus §§ 2074, 2075 ergibt, kann der Erblasser allerdings eine letztwillige Zuwendung unter einer aufschiebenden oder auflösenden **Bedingung** treffen. Soweit der Eintritt der Bedingung vom Willen des Bedachten oder eines Dritten abhängt (**Potestativbedingung**), stellt sich die Frage der Vereinbarkeit mit § 2065.[51] Ein möglicher Zweifel, dass die §§ 2074f. Potestativbedingungen und nicht nur „echte Bedingungen" i.S.d. § 158 meinen, wird durch § 2075 ausgeräumt: Die Norm spricht gerade den Fall an, dass die Bedingung „in der Willkür" des Bedachten liegt. 220

Beispiel:[52] Erblasser E setzt den A zum Vorerben, § 2100, ein. Nacherbe soll B sein, allerdings unter der Bedingung, dass A nicht zu Lebzeiten oder letztwillig anderweitig verfügt. Wie ist die Rechtslage? 221

Lösung: In dieser vieldiskutierten Fallgruppe[53] hängt der Eintritt der Nacherbfolge vom Willen des Vorerben ab. Eine solche Verfügung verstößt dann gegen das Gebot höchstpersönlicher Entscheidung aus § 2065, wenn der Erblasser selbst **unentschlossen** war und die Bedingung von ihm nur benutzt wurde, um den Entschluss einer anderen Person zu überlassen.[54] Das Gegenteil gilt, wenn der Erblasser selbst für den Fall ihres Eintritts oder Nichteintritts einen bestimmten Willen gehabt hat.[55] Dann kann von einer Vertretung des Erblassers 222

---

[49] Näher zur ratio legis des § 2065 vgl. z. B. *v. Lübtow*, Erbrecht I, S. 139; Krit.: MünchKomm/*Leipold*, § 2065 Rdn. 1.

[50] Kontrovers wird im Rahmen des § 2065 beurteilt, ob der Erblasser die Bestimmung des Bedachten von einem Losentscheid abhängig machen kann. Bejahend RG, SeuffArch 91, Nr. 106; Staudinger/*Otte*, § 2065 Rdn. 12; *Lange/Kuchinke*, Lehrbuch des Erbrechts, §27 I 6d (S. 547). A. A. MünchKomm/*Leipold*, § 2065 Rdn. 23; Soergel/*Loritz*, § 2065 Rdn. 15; *Leipold*, Erbrecht, Rdn. 278.

[51] Vgl. Mot. V, S. 30.

[52] Fall nach RGZ 95, 278; BGHZ 2, 35; OLG Hamm, MDR 1972, 1036; zur Vorerbschaft im Einzelnen vgl. Rdn. 326ff.

[53] Vgl. Staudinger/*Otte*, § 2065 Rdn. 19ff. mit umfangreichen Nachw. aus Rspr. und Schrifttum.

[54] So BGHZ 15, 199 (201).

[55] BGHZ 15, 199 (201f.); Zust. *Kipp/Coing*, Lehrbuch des Erbrechts, § 18 III 3 (S. 123); *Schreiber*, Jura 1996, 360 (363) m. w. N.; Krit. MünchKomm/*Leipold*, § 2065 Rdn. 18.

im Willen deshalb keine Rede sein, weil er die möglichen Rechtsfolgen in seinen Willen aufgenommen hat. Der Erblasser lässt dem Eingesetzten also letztlich die Wahl zwischen Voll- und Vorerbschaft;[56] beides ist von seinem Willen umfasst. Gegen die dargestellte Regelung bestehen damit unter dem Aspekt des § 2065 keine Bedenken.[57] Dafür spricht schließlich, dass auch andere Vorschriften, z. B. die §§ 1942, 2142, den Bedachten entscheiden lassen, ob er das zugewendete Recht erwerben will oder nicht.[58]

b) Mitwirkung Dritter bei der Erbenbestimmung und Vereinbarkeit mit § 2065 Abs. 2

223 Fraglich erscheint weiterhin, ob es mit § 2065 Abs. 2 vereinbar ist, einem **Dritten** die Befugnis zur Auswahl oder Benennung des Erben oder des zuzuwendenden Gegenstandes einzuräumen. Der Wortlaut des § 2065 Abs. 2 spricht auf den ersten Blick dafür, solche Befugnisse auszuschließen. Andererseits kann dafür ein praktisches Bedürfnis bestehen, etwa dann, wenn es für den Erblasser zum Zeitpunkt der Testamentserrichtung noch nicht absehbar ist, welche von mehreren in Betracht kommenden Personen als Nachfolger geeignet erscheint.[59] Eine dahingehende positivrechtliche Ausnahme von § 2065 Abs. 2 enthält § 14 Abs. 3 HöfeO, wonach der Erblasser dem überlebenden Ehegatten durch Verfügung von Todes wegen die Befugnis einräumen kann, unter seinen Abkömmlingen den Hoferben auszuwählen.

224 Außerhalb dieses Sondererbrechts gelten für die Zulässigkeit einer **Auswahlentscheidung durch Dritte** folgende, insbesondere von der Rechtsprechung des RG und des BGH geprägten Grundsätze: § 2065 zeigt, dass die Person des Bedachten und der Gegenstand der Zuwendung zu den wesentlichen Teilen einer letztwilligen Verfügung gehören, über deren Bestimmung sich der Erblasser grundsätzlich selbst Klarheit verschaffen muss. Er braucht allerdings nicht Bedachte individuell bestimmt zu bezeichnen oder den Gegenstand der Zuwendung konkret zu benennen.[60] Soll ein Dritter die Auswahl des oder der Erben vornehmen, so ist dies mit § 2065 vereinbar, wenn ihm nach – vom Erblasser vorgegebenen – objektiven Kriterien lediglich die **Bezeichnung**, nicht je-

---

[56] *Lange/Kuchinke*, Lehrbuch des Erbrechts, § 27 I 7 (S. 547).
[57] BGHZ 2, 35; 59, 220ff.; RGRK-*Johannsen*, § 2065 Rdn. 10.
[58] *Brox*, Erbrecht, Rdn. 96.
[59] *Lange/Kuchinke*, Lehrbuch des Erbrechts, § 27 I 3 (S. 543); *Leipold*, Erbrecht, Rdn. 281.
[60] So BGHZ 15, 199 (201).

doch die eigentliche **Bestimmung** des Erben obliegt.[61] Ein Verstoß gegen § 2065 Abs. 2 liegt also nur dann vor, wenn die Erbeinsetzung in das **freie Ermessen** des Dritten gestellt wird.[62]

Allerdings ist der Übergang zwischen **Bezeichnung** und **Bestimmung** 225
des Erben fließend, der Ausschluss jeglicher subjektiver Wertung durch den Dritten praktisch nicht zu verwirklichen.[63] Dies gilt insbesondere, wenn dem Dritten neben sachlichen Auswahlkriterien ein gewisser Beurteilungsspielraum verbleibt; hier ist die Vereinbarkeit mit § 2065 zweifelhaft.

Beispiel: Erblasser E verfügt in seinem Testament, Erbe und Unternehmens- 226
nachfolger in der väterlichen Firma solle derjenige seiner drei (noch minderjährigen) Söhne werden, der nach seiner durch Ausbildung erworbenen Qualifikation und seinem sonstigen sozialen Engagement am besten zur Führung des Unternehmens geeignet ist. Die Auswahl soll sein langjähriger Prokurist P treffen.[64]

Selbst die Rechtsprechung war dazu uneinheitlich. Während das RG 227
ein dem Dritten eingeräumtes Auswahlermessen unterhalb der Willkürgrenze mit § 2065 vereinbar ansah,[65] hat der BGH restriktiver **jeden** Ermessensspielraum als Verstoß gegen die Norm gewertet.[66]

Das überwiegende **Schrifttum** ist zurecht dem RG gefolgt,[67] weil für 228
die von der Auswahl eines anderen abhängige Erbeinsetzung ein unabweisbares praktisches Bedürfnis besteht.[68] Auch hat der Erblasser den erforderlichen eigenen Willen über die Gestaltung der Erbfolge, so dass von willkürlicher Entscheidung Dritter keine Rede sein kann. Letztlich ist also an der Faustformel festzuhalten, dass es für § 2065 Abs. 2 ausreicht, wenn der Erbe nach bestimmten sachlichen Gesichtspunkten aus einem bezeichneten Kreis von Personen ausgewählt werden soll, so-

61 Vgl. auch *Lange/Kuchinke*, Lehrbuch des Erbrechts, § 27 I 4 (S. 544) und 6 (S. 546).

62 So RGZ 159, 296 (299) im sog. „Rittergutsfall".

63 So auch OLG Köln, OLGZ 1984, 299 (301 f.).

64 Fall in Anlehnung an RGZ 159, 296.

65 RGZ 159, 296 (299f.).

66 BGHZ 15, 199 (202f.).

67 *Soergel/Loritz*, §2065 Rdn. 30; MünchKomm/*Leipold*, § 2065 Rdn. 18; RGRK-*Johannsen* § 2065 Rdn. 16; *Lange/Kuchinke*, Lehrbuch des Erbrechts, § 27 I 4 (S. 544); *Brox*, Erbrecht, Rdn. 97; *Grossfeld*, JZ 1968, 113ff.; vgl. auch OLG Köln, OLGZ 1984, 299 (301f.). Abl. aber *Kipp/Coing*, Lehrbuch des Erbrechts, § 18 III 4b (S. 124).

68 So auch *Leipold*, Erbrecht, Rdn. 282; *Ebenroth*, Erbrecht, Rdn. 186; *Brox*, Erbrecht, Rdn. 97.

fern diese nur „so eng begrenzt (...) und die Gesichtspunkte für die Auswahl so genau festgelegt sind, dass für eine Willkür des Dritten kein Raum bleibt, ...“.[69]

c) Ausnahmen vom Grundsatz der Höchstpersönlichkeit

229 Für andere Verfügungen als Erbeinsetzungen enthält das Gesetz Ausnahmen vom Grundsatz der Höchstpersönlichkeit, so in den §§ 2151–2156 für das Vermächtnis, in § 2193 für die Auflage, in § 2048 S. 2 für die Erbauseinandersetzung sowie in den §§ 2198–2200 für die Bestimmung des Testamentsvollstreckers.

II. Testierwille

230 Das Testament erfordert als einseitiges, nicht empfangsbedürftiges Rechtsgeschäft[70] **Testierwillen.** Darunter versteht man den ernstlichen Willen des Erblassers **rechtsverbindliche Anordnungen** für die Zeit nach dem Tode zu treffen.[71] Somit stellt der Testierwille eine spezielle erbrechtliche Ausprägung des **Erklärungsbewusstseins** dar.[72] Fehlt er, so liegt keine wirksame Verfügung von Todes wegen vor, und es tritt die gesetzliche Erbfolge ein.

231 Ob eine Äußerung des Erblassers rechtsverbindlich gemeint ist, kann zweifelhaft sein, weil ein eigenhändiges Testament gem. § 2247 in einem beliebigen Schriftstück, etwa einer Postkarte,[73] niedergelegt werden darf. Bei bloßen Wünschen, Entwürfen, Ankündigungen oder schriftlichen Mitteilungen über eine bereits existierende letztwillige Verfügung fehlt der erforderliche Testierwille.[74] Man muss also anhand des § 133 prüfen, ob eine Willenserklärung vorliegt, mit der die Vermögensnachfolge nach dem Tod geregelt werden soll, und welchen konkreten Inhalt sie hat. Notwendig ist dafür eine **Gesamtwürdigung** des Verhaltens, das der Erblasser gezeigt hat, einschließlich der Begleitumstände, auch

[69] RGZ 159, 296 (299).
[70] Vgl. oben Rdn. 207, 213.
[71] Soergel/*Mayer*, § 2247 Rdn. 7; ähnlich MünchKomm/*Hagena*, § 2247 Rdn. 5.
[72] Staudinger/*Otte*, Vorbem. zu §§ 2064ff. Rdn. 9.
[73] *Brox*, Erbrecht, Rdn. 119. Vgl. auch BayObLG, Rpfleger 1977, 438 (Gebrauchter Briefumschlag), BayObLG, FamRZ 1992, 226 (Rückseite eines gebrauchten Briefumschlages).
[74] Staudinger/*Otte*, Vorbem. zu §§ 2064ff. Rdn.10.

wenn sie außerhalb der Urkunde liegen, sowie der allgemeinen Lebenserfahrung.[75] Ungewöhnliche Umstände bei der Errichtung der Erklärung sowie die Verwendung atypischer Materialien geben Anlass zu genauer Prüfung des Testamentserrichtungswillens. Die Auslegungsregel des § 2084 findet in diesem Stadium weder direkte noch analoge Anwendung;[76] sie setzt erst an, wenn verschiedene Inhalte einer Verfügung denkbar erscheinen.[77]

Da das Testament Willenserklärung ist, gelten grundsätzlich die **232**
§§ 116ff.[78] Dieser Grundsatz wird jedoch durch zahlreiche Ausnahmen durchbrochen, die ihren Grund zum einen in den Besonderheiten des Testaments, zum anderen in der Existenz erbrechtlicher Sondervorschriften finden. So enthält das fünfte Buch in den §§ 2078–2083 Spezialnormen über die Anfechtung letztwilliger Verfügungen, die in ihrem Anwendungsbereich die §§ 119ff. ausschließen. Wegen § 2064 sind ferner die Regeln über die Stellvertretung, §§ 164ff., sowie die Regeln über Einwilligung und Genehmigung, §§ 182ff., unanwendbar, während die Vorschriften über Bedingung und Zeitbestimmung, §§ 158ff., gelten.[79]

Umstritten, wenn auch wenig praxisrelevant, ist die Frage der Anwendbar- **233**
keit des § 116 auf Testamente. Nach einer Ansicht soll die Vorschrift unanwendbar und ein geheimer Vorbehalt des Erblassers bei der Testamentserrichtung stets beachtlich sein und zur Nichtigkeit führen.[80] Die Unbeachtlichkeit der Mentalreservation gem. § 116 beruhe auf dem Schutz des Erklärungsempfängers bzgl. der Gültigkeit der (Willens-)Erklärung, während bei Testamenten als einseitigen Willenserklärungen ein derartiger Vertrauensschutz nicht gegeben sei.[81]

Nach herrschender und überzeugender Ansicht gilt § 116 S. 1 dagegen auch **234**
für Testamente.[82] Dadurch werden zum einen Missbrauch und Leichtfertigkeit verhindert,[83] zum anderen die Feststellung über den Testierwillen vereinfacht,

[75] BGH, FamRZ 2000, 1251; BayObLG, ZEV 2000, 365f. (mit Anm. von Kroppenberg) MünchKomm/*Hagena*, § 2247 Rdn. 5.

[76] MünchKomm/*Leipold*, § 2084 Rdn. 65; Soergel/*Loritz*, § 2084 Rdn. 3.

[77] Vgl. dazu Rdn. 576ff.

[78] Überbl. bei Staudinger/*Otte*, Vorbem. zu §§ 2064ff. Rdn. 2f.

[79] Zum Ganzen, siehe Staudinger/*Otte*, Vorbem. zu §§ 2064ff. Rdn. 3.

[80] *Lange/Kuchinke*, Lehrbuch des Erbrechts, § 35 I 1b (S. 816); *Brox*, Erbrecht, Rdn. 257; *Schlüter*, Erbrecht, Rdn. 222.

[81] *Brox*, Erbrecht, Rdn. 257; *Ebenroth*, Erbrecht, Rdn. 287.

[82] RGZ 104, 320 (322); BayObLG, FamRZ 1977, 347f.; Staudinger/*Otte*, Vorbem. zu §§ 2064ff. Rdn. 13–15; MünchKomm/*Leipold*, Vorbem. zu §§ 2064ff. Rdn. 3; Palandt/*Edenhofer*, § 1937 Rdn. 15; RGRK-*Johannsen*, § 2078 Rdn. 1; *Kipp/Coing*, Lehrbuch des Erbrechts, § 24 VIII (S. 178).

[83] Vgl. Mot. V, S. 45.

indem man das Problem geheimer Vorbehalte bei der Willensermittlung ausschließt. Dafür spricht nicht zuletzt, dass der Erblasser durch die jederzeitige Widerrufsmöglichkeit gem. § 2253 ausreichende Gelegenheit hat, seinen Willen zur Geltung zu bringen.[84]

235 § 118 ist ebenfalls auf Testamente anwendbar, wenngleich sich dieses Problem in der Praxis noch seltener stellt. Sog. **Scherztestamente**[85] sind also nichtig, wobei eine Schadensersatzpflicht gem. § 122 nach dem Rechtsgedanken des § 2078 Abs. 3 nicht in Betracht kommt.

236 Die §§ 116 S. 2 und 117 hingegen gelten für Testamente nicht, da sie tatbestandlich (eindeutig) das Vorliegen empfangsbedürftiger Willenserklärungen voraussetzen.[86]

III. Testierfähigkeit

1. Begriff und Grundgedanke der Testierfähigkeit

237 Die Wirksamkeit eines Testaments setzt ferner voraus, dass der Erblasser zum Errichtungszeitpunkt[87] **testierfähig** i. S. d. § 2229 war, also die Fähigkeit besaß, ein Testament rechtswirksam zu errichten, abzuändern oder aufzuheben.[88] Sie stellt eine besondere Form der Geschäftsfähigkeit dar,[89] deren Fehlen die letztwillige Verfügung nichtig sein lässt. Eine Möglichkeit späterer Bestätigung, § 141, besteht nicht.[90]

238 Dieses Erfordernis soll sicherstellen, dass der Erblasser über ein Mindestmaß an geistiger Reife, Einsichtsfähigkeit und sittlichem Verantwortungsbewusstsein verfügt, um Bedeutung und Folgen seiner letztwilligen Anordnungen erkennen zu können. Die Testierfähigkeit erfordert daneben, dass der Testierwillige den Testamentsinhalt selbst bestimmen und auszudrücken kann.[91]

---

[84] Staudinger/*Otte*, Vorbem. zu §§ 2064 ff. Rdn. 13; *Schreiber*, Jura 1996, 360 (367).

[85] Zum Begriff vgl. Staudinger/*Otte*, Vorbem. zu §§ 2064 ff. Rdn. 17.

[86] RGZ 104, 320 (322); RGRK-*Johannsen*; § 2078 Rdn. 1.

[87] Ein späterer Wegfall der Testierfähigkeit lässt die Wirksamkeit des Testaments unberührt; vgl. MünchKomm/*Hagena*, § 2229 Rdn. 3 f.

[88] Zum Begriff ausführlich auch BayObLG, FamRZ 2004, 1821 (1822 f.).; Staudinger/*Baumann*, § 2229 Rdn. 10; *Schlüter*, Erbrecht, Rdn. 144.

[89] MünchKomm/*Hagena*, § 2229 Rdn. 2.

[90] *Schlüter*, Erbrecht, Rdn. 145; *Brox*, Erbrecht, Rdn. 90.

[91] BayObLG, FamRZ 1986, 728 (730).

2. Das Alter als Anknüpfungspunkt für die Testierfähigkeit

Maßgebend für die Testierfähigkeit ist zunächst das Alter. Die Testierfähigkeit stimmt für voll geschäftsfähige Personen sowie für Geschäftsunfähige mit der **Geschäftsfähigkeit** gem. §§ 104ff. überein: Erstere, § 2, sind auch unbeschränkt testierfähig, letztere, § 104 Nr. 1, testierunfähig, können ein Testament also weder selbst noch durch Stellvertreter errichten. 239

Für **beschränkt geschäftsfähige Personen** enthält das Testamentsrecht eine von den §§ 106–113 abweichende Sonderregelung: Gem. §2229 Abs. 1 kann ein Minderjähriger, der das sechzehnte Lebensjahr vollendet hat, bereits **selbst** ein Testament errichten, und zwar gem. §2229 Abs. 2 ohne Zustimmung seines gesetzlichen Vertreters. Allerdings ist ihm in § 2247 Abs. 4 ein eigenhändiges Testament verboten und ein öffentliches (notarielles) Testament nur mündlich oder durch Übergabe einer offenen Schrift möglich, §§ 2232, 2233 Abs. 1. Eine entsprechende Vorschrift findet sich auch für das Bürgermeister-Nottestament in §2249 Abs. 1. Hierdurch soll die Mitwirkung einer sachkundigen Beratungsperson sichergestellt werden, um unüberlegte oder übereilte letztwillige Verfügungen des minderjährigen Erblassers zu vermeiden.[92] 240

3. Testierunfähigkeit wegen geistiger oder psychischer Defektzustände

Nach § 2229 Abs. 4 fehlt demjenigen die Fähigkeit zur Errichtung eines Testamentes, der wegen krankhafter Störung der Geistestätigkeit, wegen Geistesschwäche oder wegen Bewusstseinsstörung nicht in der Lage ist, die Bedeutung einer von ihm abgegebenen Willenserklärung einzusehen und nach dieser Einsicht zu handeln.[93] Die Regelung entspricht den beiden allgemeinen Bestimmungen über die Nichtigkeit von Willenserklärungen in den §§ 104 Nr. 2, 105 Abs. 2. 241

Sie hat in der Rechtspraxis große Bedeutung:[94] So kommt es nicht selten zwischen den Hinterbliebenen zu Streit, wenn die letztwillige Verfügung nicht den Erwartungen der Angehörigen des Erblassers entspricht. Man hört den Vorwurf, der – alte oder schwerkranke – Erblasser sei zum Zeitpunkt der Testamentserrichtung **testierunfähig** gewesen. 242

---

92 *Leipold*, Erbrecht, Rdn. 267; *Schreiber*, Jura 1996, 360 (362).
93 Bsp. zu unter § 2247 Abs. 4 fallende Symptome bei Staudinger/*Baumann*, §2229 Rdn. 22 m.w.N.
94 Vgl. dazu *Klingelhöffer*, ZEV 1997, 92ff.

Die Beweislast dafür trägt allerdings derjenige, der sich auf die Nichtigkeit des Testaments beruft.[95]

243 Umgekehrt ist die letztwillige Verfügung eines Geisteskranken wirksam, wenn sie in einem sog. „lichten Augenblick" **(lucidum intervallum)** errichtet wurde.[96] Zu beweisen hat das allerdings im Streitfalle derjenige, der die Wirksamkeit der letztwilligen Verfügung – trotz zuvor festgestellter Testierunfähigkeit – behauptet und daraus Rechte herleiten will.[97]

IV. Faktische Testierunfähigkeit/Betreuung

244 Rein körperliche Gebrechen stehen der wirksamen Errichtung eines Testaments seit der Neufassung der §§ 2232, 2233 im Jahre 2002 nicht mehr entgegen. Die Vorschriften ermöglichen z. B. einer schreib- und sprechunfähigen Person, ihren letzten Willen einem Notar gegenüber durch Kopfnicken auf entsprechende Fragen oder mit Hilfe eines Gebärdensprachendolmetschers zu erklären, § 2232, §§ 24, 27 BeurkG[98].

245 In der Vergangenheit führte das Vorliegen einer solchen Mehrfachbehinderung hingegen zur sog **faktischen Testierunfähigkeit.** Die §§ 2232, 2233, § 31 BeurkG a. F. verlangten nämlich ausdrücklich eine mündliche oder (eigenhändige) schriftliche Erklärung gegenüber dem Notar, so dass ein Stummer, der nicht zu schreiben vermochte (z. B. aufgrund einer Lähmung) von der Errichtung eines Testaments ausgeschlossen war.[99]

In diesem Zusammenhang hatte das Bundesverfassungsgericht bereits im Jahre 1999 klargestellt, dass der **generelle Ausschluss** Schreib- und Sprechunfähiger sowohl gegen die in Art. 14 Abs. 1 GG gewährleistete Testierfreiheit als auch gegen den allgemeinen Gleichheitsgrundsatz aus Art. 3 Abs. 1 GG sowie das Benachteiligungsverbot für Behinderte aus Art. 3 Abs. 3 S. 2 GG verstieß.[100]

---

95 *Jauernig*/Stürner, § 2229 Anm. 7; *Leipold*, Erbrecht, Rdn. 269f. jeweils m. w. N.; vgl. zur möglichen Kollision zwischen postmortaler Schweigepflicht des Arztes und Feststellungsinteresse der Erben *Bartsch*, NJW 2001, 861.

96 BGHZ 30, 294 (296ff.); AnwK-BGB/*Beck*, § 2229, Rdn. 16.

97 BayObLG, FamRZ 1994, 1137 = ZEV 1994, 303; Unzulässig ist es schließlich, bereits zu Lebzeiten die Testierfähigkeit des (künftigen) Erblassers feststellen zu lassen, vgl. dazu OLG Frankfurt a. M., NJW-RR 1997, 581f. Zur Einsichtnahme in die Krankenakte des Erblassers vgl. OLG Düsseldorf, ZEV 2000, 363.

98 Siehe hierzu *Otte*, ZEV 2004, 9 (9f.).

99 Staudinger/*Baumann*, § 2229 Rdn. 14; weitere Fälle bei *Rossak*, ZEV 1995, 236.

100 BVerfG, NJW 1999, 1853 = JuS 2000, 288 = ZEV 1999, 147.

Maßgeblich dafür war, dass es schreib- und sprechunfähige Personen gibt, die trotz ihrer körperlichen Behinderung über die für die Errichtung eines Testaments erforderliche intellektuelle und physische Selbstbestimmungsfähigkeit verfügen. Der Gesetzgeber wurde damals aufgefordert, eine verfassungskonforme Neuregelung zu schaffen.[101]

Zu erwähnen ist schließlich noch die Testierfähigkeit unter **Betreuung**, §§ 1896ff., **stehender Personen**.[102] Sie ist an § 2229 Abs. 4 zu messen, wobei nicht allein aus der Tatsache der Betreuung bereits auf Testierunfähigkeit geschlossen werden darf.[103] Vielmehr besteht zugunsten des Betreuten die Vermutung vorhandener Testierfähigkeit.[104] 246

Die Testamentserrichtung durch den Betreuten kann auch nicht im Wege des Einwilligungsvorbehalts nach § 1903 eingeschränkt werden: § 1903 Abs. 2 nimmt letztwillige Verfügungen ausdrücklich aus dem Anwendungsbereich eines solchen Einwilligungsvorbehalts heraus. 247

V. Gesetzes- und Sittenwidrigkeit gemäß §§ 134, 138

1. Gesetzeswidrigkeit gem. § 134

Verfügungen von Todes wegen unterliegen als Rechtsgeschäfte deren **allgemeinen Wirksamkeitsvoraussetzungen**, somit auch § 134. Für Vermächtnisse und Auflagen wird die Anwendbarkeit der Vorschrift in den §§ 2171 und 2192 sogar ausdrücklich angeordnet. 248

Ein häufig besprochenes Verbotsgesetz liegt in § 14 Abs. 1 **HeimG**.[105]

Diese Vorschrift ist deshalb ein Verbotsgesetz i. S. d. § 134, weil sie bestimmte Rechtsgeschäfte untersagt und selbst keine andere Folge als die Nichtigkeit an- 249

---

[101] BVerfG, NJW 1999, 1853 (1855f.); siehe auch OLG Hamm, NJW 2000, 3362ff. (= MittRhNotK 2000, 343 mit Anm. Lettmann): Die vom BVerfG vorgesehene Regelung muss auch auf Altfälle angewendet werden.

[102] Durch das BetreuungsG vom 12. 9. 1990, BGBl. I 1990, S. 2002, ist zum 1. 1. 1992 das Rechtsinstitut der Betreuung eingeführt worden und hat die frühere Entmündigung, Vormundschaft (über Erwachsene) und Gebrechlichkeitspflegschaft abgelöst, vgl. den Überbl. zu den Änderungen im Zusammenhang mit dem BetreuungsG bei *Zimmermann-Damrau*, NJW 1991, 538ff.; *Schwab*, FamRZ 1990, 681ff. Während der Entmündigte stets testierunfähig war, § 2229 Abs. 3 a. F., führt die Betreuung nach der Neuregelung nicht zum Verlust der Testierfähigkeit.

[103] Palandt/*Edenhofer*, § 2229 Rdn. 5; Soergel/*Mayer*, § 2229 Rdn. 6; *Bamberger/Roth*, § 2229 Rn. 6.

[104] *Schlüter*, Erbrecht, Rdn. 147; *Hahn*, FamRZ 91, 27.

[105] HeimG in der Fassung vom 23. 04. 1990 (BGBl. I 1990 S. 763ff.); § 14 HeimG ist verfassungsgemäß, BVerfG, DNotZ 1999, 56.

ordnet. In Abs. 1 wird dem Träger eines Heims untersagt, „sich (...) Geld oder geldwerte Leistungen über das nach § 4 vereinbarte Entgelt hinaus versprechen oder gewähren zu lassen". Das entsprechende Verbot wird in Abs. 5 auf Beschäftigte oder sonstige Mitarbeiter ausgedehnt. „Geldwerte Leistungen" sind auch testamentarische Zuwendungen. Da man das „Versprechen" nur als Oberbegriff für alle entsprechenden vertraglichen Vereinbarungen ansehen kann, besteht Einigkeit darüber, dass **erbvertragliche Einsetzungen** entsprechender Personen oder Heimträger damit gesetzlich verboten sind.

250 Schwierig ist hingegen die Rechtslage für **Testamente** zu beurteilen. Man könnte die Erbeinsetzung darin als „sich gewähren lassen" i. S. d. Norm verstehen. Da damit aber zumindest (irgend-)eine Form des Einverständnisses des Bedachten verbunden ist, wird die Anwendbarkeit der Vorschrift von den meisten auf ein Testament beschränkt, das dem Bedachten bereits zu Lebzeiten des Erblassers bekannt war.[106] Dieser Betrachtungsweise wird teilweise jedoch mit zwei Gründen widersprochen: Zum einen erfasse der Wortlaut der Norm die testamentarische Einsetzung nicht und müsse sie auch wegen der freien Widerruflichkeit von Testamenten gem. § 2253 nicht erfassen;[107] zum anderen würde eine so weitgehende Einschränkung der Testierfreiheit gegen Art. 14 Abs. 1 GG verstoßen, da sie unverhältnismäßig sei.

251 Letzterem Argument lässt sich allerdings entgegenhalten, dass gem. § 14 Abs. 6 HeimG Einzelfallausnahmen möglich sind.[108] Für eine weite Auslegung des § 14 HeimG spricht im übrigen, dass die gleichmäßige Behandlung aller Heimbewohner unabhängig von der Erwartung finanzieller Zuwendungen in beiden Fällen tangiert sein kann und die Widerrufsmöglichkeit zwar vorhanden ist, den Heimbewohner in einer regelmäßig hilflosen Lage wegen der Furcht vor möglichen Nachteilen u. U. in eine psychische Zwangslage bringt.[109]

2. Sittenwidrigkeit gem. § 138

a) Allgemeines

252 Auf Verfügungen von Todes wegen findet § 138 Abs. 1 ebenso Anwendung wie § 134, so dass eine Verfügung in dem Umfang, in dem Sittenwidrigkeit vorliegt, nichtig ist.[110]

---

106 BayObLG, FamRZ 1991, 1354; 1993, 479; dazu *Rossak*, ZEV 1996, 41 (44).

107 *Brox*, Erbrecht, Rdn. 261.

108 So auch *Michalski*, Erbrecht, Rdn. 405.

109 BayObLGZ 1992, 344 (350); Zur analogen Anwendung der Norm, wenn das Heim als GmbH betrieben und der geschäftsführende Alleingesellschafter von einem Heimbewohner als Erbe eingesetzt wird vgl. BayObLG, NJW 2000, 1875 = JuS 2000, 815; ferner BayObLG, NJW 2000, 1959. Kein Verstoß, wenn Heimträger auflagenbegünstigt wird. Dazu ausf. *Münzel*, NJW 1997, 112.

110 Vgl. näher zur Teilnichtigkeit sittenwidriger Verfügungen: Staudinger/*Otte*, Vorbem. zu §§ 2064ff. Rdn. 184–186.

Die Voraussetzung liegt vor, wenn die Verfügung „gegen das Anstandsgefühl aller billig und gerecht Denkenden verstößt".[111] Den Maßstab hierfür bildet die „in der Gemeinschaft herrschende Rechts- und Sozialmoral", wobei man auf die Anschauungen eines „anständigen Durchschnittsmenschen" abstellt.[112] Auch die Grundrechte haben dafür Bedeutung: Zwar sind sie keine unmittelbar geltenden Verbotsgesetze für Verfügungen von Todes wegen,[113] wohl aber zur Auslegung des Begriffs der „guten Sitten" in § 138 heranzuziehen (sog. mittelbare Drittwirkung). Demnach bleibt etwa eine gegen Art. 3 GG verstoßende „diskriminierende" Verfügung wegen Sittenwidrigkeit nichtig.[114]

Ob eine Verfügung von Todes wegen gegen § 138 Abs. 1 verstößt, 253 richtet sich nach dem aus Inhalt, Beweggrund und Zweck bestehenden **Gesamtcharakter** des Rechtsgeschäfts.[115] Man muss also eine Gesamtwürdigung des Rechtsgeschäfts vornehmen, wobei auch die Auswirkungen der Verfügung in die Betrachtung mit einzubeziehen sind.[116] Für dieses subjektive Erfordernis der Sittenwidrigkeit reicht es aus, wenn der Erblasser die Umstände kannte, aus denen sich die Sittenwidrigkeit ergibt;[117] bewusst sittenwidriges Handeln erfordert das Gesetz dagegen nicht.

Maßgeblicher Zeitpunkt für die Beurteilung könnte **derjenige des Erb-** 254 **falles** sein.[118] Dafür spricht der Zweck des § 138: Die Norm will einen **sittlich missbilligenswerten Rechtserfolg** verhindern, **keine verwerfliche Gesinnung** des Erblassers bestrafen.[119] Die Rechtswirkungen des Testa-

---

[111] Allg. Meinung. Vgl. bereits RGZ 48, 114 (124); 80, 219 (221); Palandt/*Heinrichs*, § 138 Rdn. 2 m.w.N.

[112] BGHZ 10, 229 (232); Palandt/*Heinrichs*, § 138 Rdn. 2.

[113] Vgl. etwa Art. 3 Abs. 2, 3 GG; und dazu Soergel/*Stein*, § 1937 Rdn. 27.

[114] Staudinger/*Otte*, Vorbem. zu §§ 2064ff. Rdn. 147; vgl. auch Soergel/*Stein*, § 1937 Rdn. 29: Diskriminierung ausschließlich wegen der Rasse des gesetzlichen Erben; als nicht diskriminierend hat der BGH eine Bestimmung in einem Testament angesehen, durch die derjenige der Abkömmling von der Allleinnacherbschaft ausgeschlossen sein sollte, der nicht in einer (dem Adel des Erblasseres) ebenbürtigen Ehe lebt oder aus einer solchen stammt, vgl. JR 1999, 504 mit krit. Anm. *Probst*.

[115] BGHZ 53, 369 (375).

[116] *Leipold*, Erbrecht, Rdn. 243ff.

[117] Soergel/*Stein*, § 1937 Rdn. 28; *Brox*, Erbrecht, Rdn. 263.

[118] *Lange*/*Kuchinke*, Lehrbuch des Erbrechts, § 35 IV 9 (S. 835); *Brox*, Erbrecht, Rdn. 263; *Ebenroth*, Erbrecht, Rdn. 292; *Leipold*, Erbrecht, Rdn. 249f.; *Kipp*/*Coing*, Lehrbuch des Erbrechts, § 16 III 1a (S. 112).

[119] Vgl. nur *Brox*, Erbrecht, Rdn. 263 a. E.

mentes treten aber erst mit dem Tod des Erblassers ein. Ferner lässt sich § 2171 S. 1 anführen,[120] der im Hinblick auf die Wirksamkeit des Vermächtnisses ebenfalls auf die Rechtslage zum Zeitpunkt des Erbfalls abstellt. Andere Aspekte, die ein Interesse begründen sollten, einer eventuell vor langer Zeit als sittenwidrig eingeordneten Verfügung von Todes wegen ihre Wirksamkeit zu versagen, sind nicht ersichtlich, insbesondere auch deshalb nicht, weil der Wandel der guten Sitten immer schneller erfolgt.

255 **Beispiel:** E errichtet ein Testament, in dem er seine Geliebte G unter Übergehung seiner Ehefrau als Alleinerbin einsetzt. Später lässt er sich scheiden und heiratet G. Nachdem E verstorben ist, tragen die gesetzlichen Erben des E vor, das seinerzeit errichtete Testament sei sittenwidrig.

Wenn die Verhältnisse zur Zeit des Erbfalles maßgeblich sind, bestehen gegen die Wirksamkeit dieses Testamentes in Folge der späteren Heirat des E keine Bedenken, obwohl es zur Zeit der Errichtung u. U. sittenwidrig war.

256 Rechtsprechung und Teile der Literatur stellen demgegenüber auf die Verhältnisse **zur Zeit der Testamentserrichtung** ab,[121] weil sie die subjektiven Elemente der Sittenwidrigkeit als Grund der Nichtigkeit ansehen, d. h. die im Testament zu Grunde gelegte verwerfliche Gesinnung des Erblassers. Nach dieser Betrachtungsweise muss der Erblasser eine ursprünglich nichtige letztwillige Verfügung neu errichten, wenn sie wirksam sein soll.

256a Ob die Rechtsprechung vor dem Hintergrund der im März 2004 ergangenen „Hohenzollern"-Entscheidung des BVerfG[122] an dieser Sichtweise festhalten wird, bleibt abzuwarten. Das BVerfG hatte sich im Rahmen eines Verfassungsbeschwerdeverfahrens, dem ein Streit über die Erbfolge nach dem 1951 verstorbenen ehemaligen Kronprinzen Wilhelm von Preußen zugrunde lag, mit der Sittenwidrigkeit einer sog. Abstammungs- bzw. Ebenbürtigkeitsklausel zu befassen. Der Beschwerdeführer wandte sich gegen eine Entscheidung des BGH, wonach es von der Testierfreiheit gedeckt sein sollte, wenn die Nacherbeinsetzung in einer Adelsfamilie von einer „ebenbürtigen" Eheschließung abhängig gemacht wurde[123].

---

[120] *Brox*, Erbrecht, Rdn. 263 a. E.

[121] RGZ 166, 395 (399); BGHZ 20, 71 (73 f.); BGH, FamRZ 1969, 323 (325); OLG Celle, NJW 1956, 265; KG, FamRZ 1967, 226 (227); OLG Köln, OLGZ 1968, 489 (490). Zust. etwa *Birk*, FamRZ 1964, 120; Staudinger/*Sack*, § 138 Rdn. 86 ff.; Palandt/*Edenhofer*, § 1937 Rdn. 20.

[122] BVerfG, ZEV 2004, 241 ff. = FamRZ 2004, 765 ff.; dazu *Otte*, ZEV 2004, 393 ff.

[123] BGHZ 140, 118 = NJW 1999, 566.

Auch wenn dem verfassungsgerichtlichen Beschluss keine ausdrückliche Festlegung des maßgeblichen Beurteilungszeitpunktes zu entnehmen ist, weist das BVerfG in seiner Begründung auf die im Vergleich zum Erbvertragsschluss veränderten staatsrechtlichen Verhältnisse hin. Die mittlerweile grundgesetzlich verankerte Abkehr von der Monarchie (Artt. 20 Abs. 1 und 28 Abs. 1 S. 1 GG) laufe der Funktion einer Ebenürtigkeitsklausel, die ursprünglich der Regelung der Thronfolge im Sinne der Familientradition dienen sollte, zuwider. Dieser Aspekt sei bei der Prüfung der Rechtfertigung eines Eingriffs in die Eheschließungsfreiheit zu berücksichtigen[124]. Teilweise wird aus diesen Ausführungen zumindest eine Annäherung an die vorherrschende Literaturansicht, die hinsichtlich der Sittenwidrigkeit auf den Zeitpunkt des Erbfalles abstellt, gefolgert.[125]

b) Fallgruppen der Sittenwidrigkeit

Die Sittenwidrigkeit von letztwilligen Rechtsgeschäften betrifft im wesentlichen drei zentrale Fallgruppen, die der Rechtsprechung wiederholt zu einer Sittenwidrigkeitskontrolle Anlass gegeben haben:[126] 257

aa) Zurücksetzung naher Angehöriger

Verfügungen von Todes wegen, in denen der Erblasser seine **gesetzliche Erben** – 258
insbesondere seinen nächsten Angehörigen – ganz oder teilweise **übergeht**, könnten sittenwidrig sein, weil der gesetzlichen Erbfolge eine allgemeine Gerechtigkeitsüberzeugung[127] bzw. ein akzeptiertes sittliches Prinzip[128] zu Grunde liegt.

Andererseits steht es nach dem Grundsatz der **Testierfreiheit** im Belieben des 259
Erblassers, wem er sein Vermögen zuwendet. Dieses Recht ist durch Art. 14 Abs. 1 S. 1 GG verfassungsrechtlich gewährleistet, so dass der Erblasser grundsätzlich auch seine engsten Angehörigen zugunsten Dritter, selbst familienfremder Personen übergehen darf.[129] Dies folgt zum einen auch aus § 1938, der die Möglichkeit der Enterbung von Verwandten und des Ehegatten ausdrücklich erwähnt, zum anderen aus den Vorschriften über das Pflichtteilsrecht,

---

124 BVerfG, ZEV 2004, 241 (242f.) = FamRZ 2004, 765 (768).

125 Vgl. *Staudinger*, Anm. zu BVerfG, Beschl. v. 22.3.2004 – 1 BvR 2248/01, FamRZ 2004, 768 (771).

126 Zur Sittenwidrigkeit eines Testaments zugunsten eines Betreuers: OLG Braunschweig, FamRZ 2000, 1189f.

127 Vgl. Rdn. 1022.

128 So der BGH, NJW 1983, 674 (675).

129 Vgl. z.B. BayObLG, NJW 1990, 2055 (2056f.) (Einsetzung eines engen Freundes zum Alleinerben unter Übergehung von Frau und Kindern); OLG Hamm, OLGZ 1979, 425 (Einsetzung des nichtehelichen Kindes zum Alleinerben, während Ehefrau und eheliche Kinder leer ausgehen); vgl. auch KG, DR 39, 1389 (Übergehen der Schwester zu Gunsten des Stiefsohnes).

§§ 2303 ff., die gerade voraussetzen, dass der Erblasser seine Abkömmlinge, Eltern oder den Ehegatten durch Verfügung von Todes wegen von der Erbfolge ausgeschlossen hat.

260 Aus den genannten Überlegungen ist also eine Verfügung, die Ehegatten oder (nahe) Angehörige des Erblassers unberücksichtigt lässt, nur bei Hinzutreten weiterer Umstände sittenwidrig,[130] z. B. wenn der Erblasser mit der letztwilligen Zuwendung unredliche, missbilligenswerte Zwecke verfolgt hat.[131] Sittenwidrigkeit ist ferner dann anzunehmen, wenn sich die Enterbung naher Angehöriger, insbesondere der Kinder, als (fortgesetzte) Verletzung elterlicher Pflichten darstellt und diese unversorgt zurückbleiben würden.[132] Schließlich kann die Enterbung einer entfernteren Verwandten, die den Erblasser lange Zeit aufopfernd gepflegt hat, zugunsten einer anderen, dem Erblasser fernstehenden Person, einen Verstoß gegen § 138 Abs. 1 enthalten.[133] Einheitliche Kriterien für die Sittenwidrigkeit letztwilliger Verfügungen wegen Zurücksetzung von Angehörigen und Ehegatten lassen sich schwer aufstellen: Maßgeblich sind die Umstände und Besonderheiten des Einzelfalles; von Bedeutung ist hierbei insbesondere, wie eng die familienrechtliche Beziehung des Zurückgesetzten zum Erblasser war, wie sich die Verfügung wirtschaftlich für ihn auswirkt und schließlich, ob das rechtliche Verhältnis, in das der Enterbte durch die Verfügung zu dem an seiner Stelle Bedachten gerät, für ihn zumutbar erscheint.[134] Insgesamt lässt sich sagen, dass die Beurteilung einer Verfügung von Todes wegen als sittenwidrig durch die Rechtsprechung eher abnimmt, auch und vor allem in den sogleich genannten Fallgruppen.

bb) Das Geliebtentestament („Mätressentestament")

261 Heftig diskutiert wurde insbesondere die Sittenwidrigkeit sog. **Geliebtentestamente** („Mätressentestament"). Darunter verstand/versteht man eine Verfügung von Todes wegen, in der der Erblasser einen außerehelichen Intimpartner – regelmäßig unter vollständiger oder teilweiser Übergehung von Ehegatten und/oder Verwandten – zu seinem Erben beruft. Die Rechtsprechung steht heute auf dem Standpunkt, dass die Einsetzung der Geliebten als Allein- oder

---

[130] BGHZ 111, 36 (40) spricht von „besonders schwerwiegenden Ausnahmefällen". Umfassend zuletzt BGHZ 140, 118 = NJW 1999, 566, der die Zulässigkeit einer „Ebenbürtigkeitsklausel" bejahte; dazu *Muscheler*, ZEV 1999, 151; *Staudinger*, Jura 2000, 467; die Entscheidung des BGH wurde jedoch wegen unzureichender Abwägung der betroffenen grundrechtlichen Positionen durch das BVerfG in der vielbeachteten „Hohenzollern"-Entscheidung aufgehoben und zur erneuten Verhandlung an das LG zurückverwiesen, BVerfG, FamRZ 2004, 765 (768), vgl. Rdn. 256a.

[131] BayObLG, FamRZ 1995, 249.

[132] Näher dazu Staudinger/*Otte*, Vorbem. zu §§ 2064 ff. Rdn. 158 ff.; BayObLG, FamRZ 2002, 915 (917).

[133] BGHZ 53, 369 (377 f.).

[134] BGHZ 53, 369 (377 f.).

Miterbin oder auch die Berücksichtigung mittels eines Vermächtnisses (nur) dann sittenwidrig i. S. d. § 138 Abs. 1 ist, wenn die Zuwendung **ausschließlich** den Zweck hat, geschlechtliche Hingabe zu fördern oder zu belohnen (sog. Entgeltcharakter der Zuwendung),[135] nicht dagegen, wenn ihr daneben auch andere, achtenswerte Motive zugrundegelegen haben.[136]

Insoweit hat sich seit Anfang der 70er-Jahre ein Beurteilungswandel hin zu größerer Liberalität vollzogen: Die ältere Rechtsprechung schloss regelmäßig bereits aus dem Vorliegen außerehelicher sexueller Beziehungen auf die Sittenwidrigkeit einer damit zusammenhängenden letztwilligen Zuwendung.[137] Sie bürdete deshalb dem Bedachten dieser Verfügung die Beweislast für das Vorliegen achtenswerter Motive des Erblassers auf.[138] Die spätere Rechtsprechungsänderung geschah durch einen prozessualen „Kunstgriff": Als sich die Erkenntnis durchsetzte, dass neben den Sexualbeziehungen regelmäßig auch andere, achtbare Beweggründe für letztwillige Verfügungen vorhanden sind, die ihren Grund in den persönlichen Beziehungen von Erblasser und Bedachtem haben, kehrte die Rechtsprechung zu den allgemeinen Beweislastgrundsätzen zurück. Dadurch obliegt es im Streitfalle den übergangenen gesetzlichen Erben, die Voraussetzungen der Sittenwidrigkeit darzulegen und gegebenenfalls zu beweisen,[139] wenn sie sich auf die gesetzliche Erbfolge berufen.

Diese neuere Rechtsprechung verdient Zustimmung, weil sie einerseits die **262**
unzutreffende Annahme aufgibt, die Erbeinsetzung eines Intimpartners sei stets und ausschließlich durch sexuelle Motive bestimmt[140] und zum anderen die Testierfreiheit stärkt. Bei entgegengesetzter Betrachtungsweise bestünde die Gefahr, dass der Richter seine eigenen Gerechtigkeits- und Sittenvorstellungen an die Stelle des Erblasserwillens setzt, so dass die Testierfreiheit weitgehend ausgehöhlt wäre.[141]

---

135 BGHZ 53, 369 (376); 112, 259 (262); KG, FamRZ 1977, 267 (270); BayObLG, FamRZ 2002, 915 (916f.).

136 BGHZ 52, 17 (20); 53, 369 (376); BGH, FamRZ 1983, 53 (54ff.). Vgl. auch BGH, FamRZ 1958, 127: Ein 74-jähriger, unverheirateter und kinderloser Erblasser setzte seine langjährige Haushälterin unter Übergehung von Geschwistern und deren Abkömmlingen zur Alleinerbin ein. Obwohl auch hier sexuelle Beziehungen zwischen Erblasser und der Bedachten bestanden hatten, hielt der BGH das Testament nicht für sittenwidrig, da es dem Erblasser vorrangig darum gegangen war, die Bedachte für die jahrelangen Dienste zu entlohnen.

137 BGH, NJW 1964, 764; NJW 1968, 932 (934).

138 Nachw. zur älteren Rspr. bei Staudinger/*Otte*[12] Vorbem. zu §§ 2064ff. Rdn. 142.

139 BGHZ 53, 369 (379); *Leipold*, Erbrecht, Rdn. 246; Palandt/*Heinrichs*, § 138 Rdn. 50.

140 Krit. Staudinger/*Otte*, Vorbem. zu §§ 2064ff. Rdn. 150; Soergel/*Stein*, § 1937 Rdn. 29.

141 OLG Frankfurt a. M., NJW-RR 1995, 265 (266).

263 Unter Berücksichtigung dieser inzwischen allgemein anerkannten Grundsätze[142] bleibt für die Annahme von Sittenwidrigkeit sog. Geliebtentestamente nur ein eng begrenzter Anwendungsbereich: Sofern die Verfügung nicht den beschriebenen Entgeltcharakter aufweist, kommt es auf eine **Gesamtwürdigung** unter Berücksichtigung der oben genannten Kriterien an.[143]

cc) Die sog. Behindertentestamente

264 Eine neuere Fallgruppe im Zusammenhang mit der Sittenwidrigkeit stellen schließlich die sog. **Behindertentestamente** dar. Es handelt sich um Testamentsgestaltungen, bei denen der Erblasser, dessen behindertes Kind auf Kosten der Sozialhilfe untergebracht ist, sein Vermögen in der Weise an einen anderen Erben weiterleiten will, dass der Sozialhilfeträger keine Möglichkeit hat, wegen der ihm entstehenden Aufwendungen (Unterhaltszahlungen) auf den Nachlass zuzugreifen.[144] Dies geschieht üblicherweise dadurch, dass der Behinderte zu einer den Pflichtteil übersteigenden Erbquote als **Vorerbe**, derjenige, der letztlich begünstigt werden soll, als **Nacherbe** bei Versterben des Behinderten und gleichzeitig als dessen **Dauertestamentsvollstrecker** eingesetzt wird.[145] Ohne die Einzelheiten verschiedener und nicht behandelter erbrechtlicher Probleme vertiefen zu wollen, soll nur kurz die rechtliche Situation erläutert werden: Die Zuwendung oberhalb der Pflichtteilsgrenze führt dazu, dass das behinderte Kind den Pflichtteil wegen der Belastung mit der Nacherbschaft gem. § 2306 Abs. 1 S. 2 nur dann verlangen könnte, wenn es die Erbschaft ausschlägt. Der Träger der Sozialhilfe kann selbst nicht ausschlagen und auch nicht die Ausschlagung des für einen Behinderten bestellten Betreuers, § 1903, erzwingen[146]. Durch die angeordnete Dauertestamentsvollstreckung als sog. Verwaltungsvollstreckung, § 2209, ist es dem Sozialhilfeträger als **lebzeitigem Gläubiger** des Kindes verwehrt, Ansprüche gegen den aus der Vorerbschaft bestehenden **Nachlass** geltend zu machen. Stirbt

---

[142] Das OLG Frankfurt a. M. aaO. wendet diese Grundsätze auch auf den gleichgeschlechtlichen Intimpartner einer homosexuellen außerehelichen Beziehung des Erblassers an und verneint auch dort die Sittenwidrigkeit der Erbeinsetzung.

[143] Vgl. auch BGHZ 53, 369 (377); OLG Hamm, OLGZ 1979, 425 (426).

[144] Grundlegend BGHZ 111, 36 (40f.) = JuS 1990, 937f. (m. Anm. *Hohloch*).

[145] Zur inhaltlichen Ausgestaltung vgl. *Nieder*, NJW 1994, 1264ff.; *Bengel*, ZEV 1994, 29ff.; *van de Loo*, NJW 1990, 2852 (2855); ferner *Krampe*, AcP 191 (1991), 526ff.

[146] Vgl. hierzu OLG Frankfurt, RNotZ 2004, 164ff., das die Geltendmachung eines Pflichtteilsanspruchs, die aufgrund einer Pflichtteilsstrafklausel zum Verlust eines späteren testamentarischen Erbteils führt, einer Ausschlagung gleichstellt, so dass auch diese nicht durch den Sozialhilfeträger erklärt werden kann. Dagegen OLG Karlsruhe, RNotZ 2004, 95ff., wonach die Pflichtteilsstrafklausel dahingehend auszulegen ist, dass eine Enterbung nur bei persönlicher Geltendmachung des Pflichtteils durch das behinderte Kind, nicht jedoch durch den Soziahilfeträger, eintreten soll; krit. hierzu *Bestelmeyer*, FamRZ 2004, 1820 (1821).

das behinderte Kind, so tritt der Nacherbe die Erbschaft nach dem verstorbenen Elternteil an, so dass das behinderte Kind als Vorerbe selbst nichts hinterlässt. Zwar wären die Leistungen des Sozialhilfeträgers jetzt im Verhältnis zu ihm Nachlassverbindlichkeiten, aber mangels eines vorhandenen Nachlasses des behinderten Kindes werden die Forderungen nicht befriedigt.

Insbesondere die betroffenen Sozialhilfeträger erhoben den Vorwurf sittenwidriger Testamentsgestaltung, zum einen wegen der Benachteiligung des Behinderten selbst, zum anderen wegen einer bewussten Umgehung des sozialrechtlichen Nachrangprinzips (Prinzip der Subsidiarität der Sozialhilfe, § 2 BSHG). 265

Nachdem sich einzelne Gerichte dieser Meinung zunächst angeschlossen hatten,[147] hat der BGH die Frage entgegengesetzt entschieden und die geschilderten Testamentsgestaltungen für sittenkonform gehalten. In der Entscheidung, in der ein Verein zur Unterstützung behinderter Kinder testamentarisch begünstigt worden war, wies der BGH darauf hin, dass das Prinzip des Nachrangs der Sozialhilfe gerade bei der Versorgung Behinderter bereits kraft Gesetzes mehrfach durchbrochen sei.[148] Das Prinzip beziehe sich auch nur auf das Vermögen des Kindes und nicht auf dasjenige der Eltern.[149] 266

VI. Formvorschriften für die ordentlichen Testamente

Verfügungen von Todes wegen sind **formbedürftig**.[150] Sie entfalten nur dann Wirksamkeit, wenn die **zwingenden** erbrechtlichen Formerfordernisse gewahrt sind. Fehlen einzelne oder mehrere, so ist die (gesamte) Verfügung gem. § 125 S. 1 **nichtig**; es tritt die gesetzliche Erbfolge ein. Ein mündlich erklärter Erblasserwille vermag also keine Rechtswirkungen zu entfalten. 267

Den erbrechtlichen Formerfordernissen liegen konkrete gesetzliche Regelungszwecke zu Grunde.[151] Zentrales Anliegen ist die Gewährleistung von **Rechtssicherheit**: Der letzte Wille des Erblassers soll feststehen, vollständig und sicher verfügbar sein, zur Kenntnis der Beteiligten gelangen und im Streitfalle auch **beweisbar** sein. Darüber hinaus zielen

[147] Vgl. z. B. LG Flensburg, NJW 1993, 1866f.

[148] BGHZ 111, 36 (42).

[149] So auch BGHZ 123, 368 = JuS 1994, 351 m. Anm. *Hohloch*. Das *Schrifttum* hat sich nahezu ausnahmslos dem BGH angeschlossen; vgl. Palandt/*Edenhofer*, § 1937 Rdn. 20; *Brox*, Erbrecht, Rdn. 263; *Krampe*, AcP 191 (1991), 526 (559f.).

[150] Nach MünchKomm/*Leipold*, § 1937 Rdn. 4 ist die Formgebundenheit begriffswesentliches Merkmal der Verfügungen von Todes wegen.

[151] Zusammenfassend Staudinger/*Baumann*, § 2231 Rdn. 16f.; *Leipold*, Erbrecht, Rdn. 290; vgl. auch BGHZ 80, 246 (251).

die erbrechtlichen Formvorschriften (auch) darauf ab, den Erblasser vor übereilten, unüberlegten letztwilligen Anordnungen zu schützen. Schließlich dienen die Formvorschriften der sicheren Bestimmung der Urheberschaft und gewährleisten damit die Authentizität der letztwilligen Verfügung.

268 Die Formerfordernisse richten sich nach der jeweiligen Testamentsart.[152] Der Grundsatz der Formstrenge ist hierbei in unterschiedlicher Weise durchgeführt: Während das Gesetz für das öffentliche Testament relativ weitgehende Anforderungen aufstellt, kann das eigenhändige/privatschriftliche Testament vom Erblasser selbst und insgesamt leichter errichtet werden. Auch die Nottestamente gem. §§ 2249–2251 sind formgebunden.

269 Der erbrechtliche Formenzwang kann mit dem Prinzip der **Einzelfallgerechtigkeit** in Konflikt geraten.[153] Die bei Formverstößen eintretende Nichtigkeitsfolge, § 125 S. 1, ist für den Erblasser, aber auch für die testamentarisch Bedachten einschneidend. Dieser Umstand muss bei der Auslegung berücksichtigt werden.[154]

1. Das öffentliche Testament, §§ 2231 Nr. 1, 2232

270 Das **öffentliche Testament** wird gem. § 2231 Nr. 1 zwingend zur Niederschrift eines Notars errichtet und deshalb auch als notarielles Testament bezeichnet.[155] Nähere Bestimmungen hierzu enthalten u. a. die

---

[152] Zu den einzelnen Testamentsarten vgl. Rdn. 214f.

[153] So sind z. B. durch die der §§ 2232, 2233 BGB, § 31 BeurkG schreib- und sprechunfähigen Personen generell von der Testierfähigkeit ausgeschlossen, unabhängig davon, ob sie die nötige intellektuelle und physische Selbstbestimmungsfähigkeit besitzen. Nach BVerfG NJW 1999, 1853 verstößt dies gegen die Erbrechtsgarantie, Art. 14 Abs. 1 GG, gegen den Gleichheitsgrundsatz, Art. 3 Abs. 1 GG, und gegen das Benachteiligungsverbot Behinderter, Art. 3 Abs. 3 S. 2 GG. Das BVerfG hat, da die Normen nicht verfassungskonform auszulegen sind, – bis zu einer gesetzlichen Neuregelung – die Verfassungswidrigkeit der gesetzlichen Regelung festgestellt. Für die Übergangszeit hat das BVerfG selbst die Anforderungen an ein Testament schreib- und sprechunfähiger Personen festgelegt.

[154] MünchKomm/*Hagena*, § 2231 Rdn. 1; für eine großzügige Auslegung der Formvorschriften im Sinne eines „favor testamenti" *Grundmann*, AcP 187 (1987), 429ff.; für grds. strenge Anwendung der Formvorschriften dagegen Staudinger/*Baumann*, § 2231 Rdn. 20 und § 2247 Rdn. 12; *Kipp/Coing*, Lehrbuch des Erbrechts, § 19 IV (S. 128); zur Auslegung vgl. ausführl. Rdn. 558ff.

[155] Die Zuständigkeit des Notars zur Beurkundung von Testamenten oder Erbverträgen ist ausschließl.; vgl. § 56 Abs. 4 BeurkG.

§§ 27–35 BeurkG. Die Beurkundung letztwilliger Verfügungen durch den Notar ist eine Tätigkeit der vorsorgenden Rechtspflege und gehört zum Bereich der freiwilligen Gerichtsbarkeit.

Ein öffentliches Testament entsteht im Rahmen einer Verhandlung 271 vor dem Notar auf zweifache Weise: Zum einen kann der Erblasser dem Notar seinen letzten Willen erklären, § 2232 S. 1, 1. Alt. Seit dem 1. August 2002 muss diese Erklärung nicht mehr zwingend **mündlich** erfolgen, sondern kann auch durch bloße Zeichen- oder Gebärdensprache zum Ausdruck gebracht werden.[156]

Zum anderen kann ein öffentliches Testament dadurch errichtet 272 werden, dass der Erblasser dem Notar eine **offene** oder **verschlossene Schrift** übergibt, verbunden mit der Erklärung, dass diese seinen letzten Willen enthalte, § 2232 S. 1, 2. Var. Nach § 2232 S. 2 braucht diese Schrift nicht vom Erblasser selbst geschrieben zu sein. Auch ein handschriftlicher Text ist nicht erforderlich. Die Möglichkeit der Testamentserrichtung durch Übergabe einer **verschlossenen Schrift** hat für den Erblasser zwar den Vorteil, dass er seinen letzten Willen gegenüber dem Notar geheimhalten kann, aber den Nachteil mangelnder Beratung, § 17 BeurkG.

Uneinigkeit besteht hinsichtlich der Frage, ob der Erblasser bei der Testa- 273 mentserrichtung nach § 2232 S. 1, 2. Var. vom Inhalt der Schrift Kenntnis besitzen muss. Manche halten dies unter Berufung auf die Gesetzesmaterialien[157] für verzichtbar.[158] Danach soll es ausreichen, dass der Erblasser die bloße Möglichkeit hat, sich Kenntnis zu verschaffen.[159] Die gegenteilige Auffassung fordert die tatsächliche Kenntnis des Erblassers,[160] und zwar wegen der Verantwortung des Erblassers für die Gestaltung seines letzten Willens, die im Falle der Übergabe

---

[156] Vgl. hierzu Rdn. 244f.; zur alten Rechtslage OLG Hamm, NJW-RR 1994, 593 = JuS 1994, 710 (m. Anm. *Hohloch*); bereits damals wurde jedoch schon für zulässig erachtet, dass der Notar dem Erblasser einen zuvor gefertigten Entwurf abschnittweise vorlas, und dieser auf die Frage nach der Richtigkeit des Verlesenen deutlich mit „Ja" antwortete, vgl. dazu BGHZ 2, 175; 37, 79 (84f.); BayObLG, Rpfleger 1987, 359, OLG Hamm, DNotZ 1989, 584; Erman/*M. Schmidt*, § 2232 Rdn. 3; *Harder*, Grundzüge des Erbrechts, Rdn. 149; nach BayObLG, MittRhNotK 1999, 349 (351) genügt auch ein schwerverständliches „Ja", wenn es von den mitwirkenden Personen noch verstanden wurde.

[157] Mot. V, S. 272.

[158] *v. Lübtow*, Erbrecht I, S. 187; *Schreiber*, Jura 1996, S. 360 (364).

[159] So z.B. *Schreiber*, Jura 1996, S. 360 (363) m.w.N.

[160] AnwK-BGB/*Beck*, § 2232, Rdn. 22; MünchKomm/*Hagena*, § 2232 Rdn. 30; Palandt/*Edenhofer*, § 2232 Rdn. 3; *Brox*, Erbrecht, Rdn. 103.

einer unbekannten Schrift nicht gewährleistet sei.[161] Diese letztgenannte Auffassung verdient den Vorzug. Die Ansicht des historischen Gesetzgebers bildet keine zwingende Auslegungsgrenze.[162] Sie unterliegt einem Wertungswiderspruch: Eine dem Erblasser inhaltlich unbekannte Verfügung von Todes wegen beruht zwangsläufig auf der Entscheidung eines Dritten und ist deshalb gem. § 2065 unzulässig.[163] Bei Übergabe einer verschlossenen Schrift kommt der Problematik allerdings keine besondere praktische Bedeutung zu, da der Notar nicht gegen den Willen des Erblassers von deren Inhalt Kenntnis nehmen darf.[164]

274 In allen genannten Fällen gehört zur Errichtung eines öffentlichen Testaments, dass der Notar eine **Niederschrift** über die Verhandlung fertigt, diese **verliest**, der Erblasser sie **genehmigt** und schließlich alle Beteiligten **unterzeichnen**, §§ 8–13 BeurkG.[165]

275 Zur Formnichtigkeit führende Beurkundungsfehler des Notars können dessen **Haftung** gem. § 19 BNotO begründen.[166] Anspruchsberechtigt sind Personen, die in der formnichtigen Verfügung von Todes wegen bedacht worden waren. Ein gegen § 2232 verstoßendes öffentliches Testament lässt sich allerdings u. U. als privatschriftliches Testament aufrechterhalten, wenn es den Anforderungen des § 2247 genügt.[167]

276 Das notarielle Testament bietet für den Erblasser Vorteile, die es als Testamentsart empfehlenswert erscheinen lassen:[168] Durch die zwingende Beteiligung des Notars wird eine umfassende **Rechtsberatung**, § 17 BeurkG, gewährleistet, so dass der Erblasserwille rechtlich eindeutig und fehlerfrei umgesetzt werden kann.[169] Sie bietet weiterhin Gewähr für die Einhaltung der gesetzlichen Form- und Wirksamkeitsvoraussetzungen. Die amtliche Verwahrung öffentlicher Tes-

---

161 *Brox*, Erbrecht, Rdn. 103.

162 *Larenz/Canaris*, Methodenlehre der Rechtswissenschaft, S. 150.

163 Vgl. dazu Rdn. 219ff.

164 Staudinger/*Baumann*, § 2232 Rdn. 42. Anders bei der offen übergebenen Schrift: Hier soll der Notar von ihrem Inhalt Kenntnis nehmen, um seiner Belehrungspflicht nachzukommen, vgl. § 30 S. 4 BeurkG.

165 Zu den Anforderungen bei einer Blankounterschrift zur Vorbereitung eines notariellen Testaments: OLG Hamm, ZEV 2001, 21f. Näher zum Verfahren vor dem Notar: *Lange/Kuchinke*, Lehrbuch des Erbrechts, § 19 III–V (S. 360ff.).

166 BGH, NJW 81, 1900 (1901); Soergel/*Mayer*, § 2231 Rdn. 1; Palandt/*Edenhofer*, §1937 Rdn. 25; allg. zu den Sorgfaltspflichten des Notars bei der Beurkundung letztwilliger Verfügungen: BGHZ 27, 274.

167 RGRK-*Kregel*, § 2232 Rdn. 5.

168 Zusammenfassend Soergel/*Mayer*, § 2231 Rdn. 6ff.; Staudinger/*Baumann*, § 2231 Rdn. 14.

169 Staudinger/*Baumann*, § 2231 Rdn. 14.

tamente, §§ 2258a, 2258b; 34 Abs. 1 S. 4 BeurkG, schützt vor (nachträglicher) Verfälschung oder Unterdrückung des Testaments durch Dritte. Das öffentliche Testament nach § 2231 Nr. 1 ist eine **öffentliche Urkunde** i.S.d. § 415 ZPO und erbringt im Rechtsverkehr vollen **Beweis** für die Richtigkeit der Beurkundung.[170] Eine weitere Erleichterung im Rechtsverkehr besteht schließlich darin, dass das öffentliche Testament zum **Nachweis der Erbfolge** den Erbschein ersetzen kann, § 35 GBO.

Als nachteilig erscheint, dass der Erblasser bei einem öffentlichen Testament 277
– außer im Falle der Übergabe einer verschlossenen Schrift – gezwungen ist, den Inhalt seines letzten Willens dem Notar gegenüber zu offenbaren. Einen Erblasser, dem an Geheimhaltung seines letzten Willens gelegen ist, mag dies dazu veranlassen, davon abzusehen. Ein Nachteil liegt schließlich in den hohen **Kosten** der Errichtung und Verwahrung des notariellen Testaments Kosten, vgl. §§ 46, 101 KostO, die beim Erblasser selbst anfallen, während beim privatschriftlichen Testament Kosten allein bei der Erteilung des Erbscheins entstehen, § 107 KostO, die den oder die Erben treffen.

Die kurze Gegenüberstellung zeigt jedoch insgesamt, dass die Vorteile des 278
öffentlichen Testaments überwiegen, insbesondere deshalb, weil das notarielle Testament ein Höchstmaß an Rechtssicherheit gewährleistet.

2. Das eigenhändige Testament, §§ 2231 Nr. 2, 2247

Ein Testament kann in ordentlicher Form gem. § 2247 vom Erblasser 279
durch eine **eigenhändig geschriebene und unterschriebene Erklärung** errichtet werden. Obwohl das Gesetz mit diesem sog. Privattestament (oder: **privatschriftlichem Testament**) eine leicht zu errichtende Testamentsart bereitstellt, sind gewisse förmliche Mindestvoraussetzungen zur Gewährleistung der Rechtssicherheit einzuhalten. Formverstöße führen beim eigenhändigen Testament wie beim öffentlichen gem. § 125 S. 1 zur (Gesamt-)Nichtigkeit der letztwilligen Verfügung, selbst wenn sich mit anderen Beweismitteln feststellen lässt, dass der Inhalt der formnichtigen Erklärung dem Willen des Erblassers entspricht.[171]

Gem. § 2247 Abs. 1 muss das privatschriftliche Testament vom Erb- 280
lasser über die Erfordernisse des § 126 hinaus **eigenhändig geschrieben** sein, um die Echtheit der Erklärung – gegebenenfalls im Wege des Schriftvergleichs – sicherzustellen.[172] Eine Niederlegung des Testaments mittels PC, Schreibmaschine oder Tonband genügt dieser Anforderung

---

[170] Vgl. dazu OLG Frankfurt a. M., NJW-RR 1990, 717.

[171] So BayObLG, NJW-RR 2004, 939 (940); Staudinger/*Baumann*, § 2231 Rdn. 21.

[172] Vgl. etwa MünchKomm/*Hagena*, § 2247 Rdn. 14; BGHZ 47, 68 (70ff.); BayObLG, FamRZ 1986, 726f.

nicht.[173] Welcher Schreibgeräte oder Schreibmaterialien der Erblasser sich aber im übrigen bedient, bleibt gleichgültig, solange seine Erklärung lesbar ist.[174] So hat die Rechtsprechung Privattestamente auf Briefumschlägen, Postkarten, amtlichen Formularen, in Büchern, selbst auf Schiefertafeln oder gar Zellenwänden für zulässig erachtet.[175] Ausreichend war auch die Niederlegung eines privatschriftlichen Testaments mittels Durchschriftpapier („Blaupause"), da auch darin die individuellen Merkmale einer Handschrift zum Ausdruck kommen.[176] Schreibhilfe durch Dritte darf der Erblasser nur insoweit in Anspruch nehmen, als die Schriftzeichen noch von seinem Willen geformt werden und nicht von dem die Hand führenden Dritten;[177] letzteres wäre ein Formverstoß.

281 Formgültigkeit des privatschriftlichen Testamentes nach § 2247 Abs. 1 verlangt ferner, dass es vom Erblasser **eigenhändig unterschrieben** wurde. Dem Erfordernis kommt eine doppelte Funktion zu.[178] Zum einen soll der Urheber des Testaments feststehen, um Gewissheit über seine Identität zu haben. Zum anderen soll die Unterschrift den Text abschließen und damit verlautbaren, dass es sich um eine ernstgemeinte, vollständige und abgeschlossene letztwillige Verfügung handelt und nicht um einen Entwurf. Die Unterschrift hat daher am Ende der Erklärung zu stehen und den Text optisch **abzuschließen**.[179] Dieser Voraussetzung genügt es nicht, wenn der Erblasser sich am Beginn oder während des Textes selbst benennt („Ich, Theo Müller, verfüge folgendes als meinen letzten Willen.").[180] Die Namensnennung im Schlusssatz der Verfügung, etwa: „Dies ist der letzte, freigefasste Wille des Herrn Theo Müller, niedergeschrieben am 1. 5. 1999", kann dagegen ausreichen, wenn der Erblasser den Willen hatte, die Erklärung damit im Sinne einer Unterschrift abzuschließen.[181] Ausnahmsweise erfüllt auch

173 *Kipp/Coing*, Lehrbuch des Erbrechts, § 26 I 1 (S. 184).

174 *Leipold*, Erbrecht, Rdn. 307; Soergel/*Mayer*, § 2247 Rdn. 19; kritisch hierzu *Grziwotz*, MDR 2002, 557 (558).

175 Überbl. zur Rspr. bei Staudinger/*Baumann*, § 2247 Rdn. 24 m. w. N.

176 BGHZ 47, 68 ff.

177 BGHZ 31, 136 (142 f.); 47, 68 (71); BayObLG, FamRZ 1985, 1286.

178 *Brox*, Erbrecht, Rdn. 123; *Kipp/Coing*, Lehrbuch des Erbrechts, § 26 I 2 (S. 185); weitergehend Staudinger/*Baumann*, § 2247 Rdn. 88 ff.

179 Zu Ausnahmen vgl. OLG Celle, NJW 1996, 2938; OLG Köln, MDR 2000, 523; Damrau/*Weber*, Erbrecht, § 2247, Rdn. 42 ff.

180 OLG Hamm, FamRZ 1986, 728.

181 Staudinger/*Baumann*, § 2247 Rdn. 93 m. w. N.

eine sog. „Oberschrift" die geforderte Abschlussfunktion, wenn am unteren Rand der Testamentsurkunde ersichtlich nicht genügend Raum bleibt[182]. Das Gleiche gilt für den auf einem verschlossenen Umschlag befindlichen Namenszug, sofern dieser sich nach dem Willen des Erblassers und der Verkehrsauffassung als äußere Fortsetzung und Abschluss der in der Testamentsurkunde verkörperten Erklärung[183] und nicht lediglich als Kennzeichnung des Inhalts des Briefumschlags[184] darstellt. Bei der Niederschrift eines Testaments auf mehreren auch unverbundenen Blättern reicht die Unterschrift auf dem letzten Blatt.[185]

Streichungen oder **Radierungen** im ursprünglichen Testament verlangen keine Unterschrift. Denn hierbei handelt es sich lediglich um einen formlos zulässigen Widerruf der jeweiligen Verfügung (arg. e. § 2255).[186] Etwas anderes gilt jedoch für spätere **Ergänzungen**: Eine neue Unterschrift ist dafür nur dann entbehrlich, wenn der Erblasser erkennbar den Willen hatte, die Änderungen oder Zusätze durch die alte Unterschrift abzudecken, und wenn sie nach der äußeren Erscheinung räumlich auch abgedeckt werden.[187] Fehlt der räumliche Zusammenhang, liegt eine neue, eigenständige Verfügung vor, die gesondert unterschrieben werden muss, oder sie ist ungültig.[188] Mit einer erneuten Unterschrift wird diese Zweifelsfrage ausgeschlossen. 282

Nach § 2247 Abs. 3 S. 1 **soll** die Unterschrift den **Vornamen** und den **Familiennamen** des Erblassers enthalten. Ein Verstoß dagegen hat nicht zwangsläufig die Nichtigkeit des Testaments zur Folge: Eine andersartige Unterschrift – z. B. durch Bezeichnungen wie „Eurer Vater"[189] oder 283

---

[182] Vgl. OLG Celle, NJW 1996, 2938.

[183] So das BayObLG, NJW-RR 1991, 1222.

[184] Hierzu OLG Hamm, ZEV 2002, 152 (153).

[185] Staudinger/*Baumann*, § 2247 Rdn. 53.

[186] *Brox*, Erbrecht, Rdn. 124.

[187] So BGH, NJW 1974, 1083. Vgl. auch BayObLG, FamRZ 1985, 837 (838); OLG Köln, FamRZ 1994, 330. Weitere Zweifelsfälle aus der Rspr.: Nach OLG Hamm, OLGZ 1986, 292, reicht die Unterschrift des Erblasser auf einem das Testament enthaltenen offenen Briefumschlag nicht aus, da es an der erforderlichen festen Verbindung zwischen Verfügung und Unterschrift fehle und eine Verfälschung nicht ausgeschlossen werden könne. Anders bei der Unterschrift auf einem verschlossenen Umschlag; vgl. dazu Palandt/*Edenhofer*, § 2247 Rdn. 16; *Schreiber*, Jura 1996, 360 (364) m. w. N.

[188] BGH, NJW 1974, 1083 (1084); vgl. zur Gesamtnichtigkeit eines gemeinschaftlichen Testaments wegen einer nicht unterschriebenen Zusatzklausel BayObLG, NJW-RR 2004, 939 (940 f.).

[189] BayObLG, MDR 1980, 403.

mit Künstler- oder Kosenamen[190] – reicht nach Abs. 3 S. 2 ebenfalls aus, wenn sich daraus die Urheberschaft und die Ernstlichkeit der Erklärung zweifelsfrei feststellen lassen. Unter den gleichen Voraussetzungen genügt eine Unterschrift durch Verwendung der Initialen.[191]

284 Eine weitere **Sollvorschrift** für das privatschriftliche Testament enthält § 2247 Abs. 2: Danach hat der Erblasser anzugeben, zu welcher **Zeit** (Tag, Monat, Jahr) und an welchem **Ort** er es niedergeschrieben hat. Die Angaben sind von Bedeutung in Fällen späterer Testierunfähigkeit des Erblassers sowie bei Vorliegen mehrerer, inhaltlich widersprüchlicher Verfügungen, vgl. § 2258. Ihr Fehlen bleibt indessen gem. § 2247 Abs. 5 unschädlich, wenn sich die notwendigen Feststellungen – gegebenenfalls auch unter Berücksichtigung außerhalb der Urkunde liegender Umstände[192] – anderweitig treffen lassen.

285 Das privatschriftliche Testament kann auf Verlangen des Erblassers gem. § 2248 in **amtliche Verwahrung** genommen werden. Dies bietet in gleicher Weise wie beim öffentlichen Testament Schutz vor Verfälschungen oder dem Verlust der Urkunde. Anders als beim öffentlichen Testament berührt die Rücknahme aus der Verwahrung gem. § 2256 Abs. 3, 2. HS. nicht die Wirksamkeit des Privattestaments. Für privatschriftliche Testamente, die sich nicht in amtlicher Verwahrung befinden, begründet § 2259 Abs. 1 eine Ablieferungspflicht des Besitzers an das Nachlassgericht. Dort wird es dann eröffnet, § 2260.

286 Das eigenhändige Testament besitzt spezifische Vor- und Nachteile: Einerseits bietet es dem Erblasser den Vorzug, praktisch zu jeder Zeit und an jedem Ort verfügen zu können.[193] Anders als beim öffentlichen Testament entstehen dem Erblasser nahezu keine Kosten und er kann den Inhalt der Verfügung geheim halten.

287 Entscheidender **Nachteil** des Privattestaments ist die **Gefahr von Rechtsunsicherheit** als Folge von Fälschung, unbefugter Vernichtung und Unauffindbarkeit der Urkunde beim Erbfall,[194] die allerdings durch die amtliche Verwahrung verhindert werden kann. Die Möglichkeit, Testamente auf atypischer Grundlage zu errichten (Brief, Postkarte, Bierdeckel), erschwert die Abgrenzung von Vorentwürfen oder Absichtserklärungen.[195] Mangels sachkundiger

---

[190] *Bamberger/Roth*, § 2247 Rdn. 15; Soergel/*Mayer*, § 2247 Rdn. 23 m. w. N.

[191] Str., bejahend z. B. OLG Hamm, OLGZ 1978, 59; *Leipold*, Erbrecht, Rdn. 310; *Schlüter*, Erbrecht, Rdn. 170; a. A. RGRK-*Kregel*, § 2247 Rdn. 17; *Kipp/Coing*, Lehrbuch des Erbrechts, § 26 I 2a (S. 186).

[192] KG, MDR 1953, 51 (52); Soergel/*Mayer*, § 2247 Rdn. 29.

[193] Staudinger/*Baumann*, § 2231 Rdn. 11.

[194] *Leipold*, Erbrecht, Rdn. 305; *Schlüter*, Erbrecht, Rdn. 168.

[195] Zum Testierwillen vgl. bereits Rdn. 230 ff.

Beratung kommt es zudem häufig zu inhaltlichen Unklarheiten: In solchen Fällen sind Privattestamente dann schwierig auszulegen und verursachen Streit unter den Angehörigen des Erblassers oder zwischen diesen und sonstigen Erbanwärtern. Folge sind nicht selten schwierige und langwierige Gerichtsverfahren, die die Justiz belasten.[196]

Die Gesamtschau zeigt damit, dass die Nachteile des eigenhändigen Testaments (deutlich) überwiegen,[197] obwohl es sehr beliebt ist. Insbesondere bei werthaltigen Nachlässen erscheint die Errichtung eines notariellen Testamentes vorzugswürdig.[198] **288**

VII. Besonderheiten der außerordentlichen Testamente

In den §§ 2249ff. trägt das Gesetz dem Umstand Rechnung, dass man verhindert sein kann, ein ordentliches Testament zu errichten. In erster Linie geht es dabei um Notsituationen, §§ 2249, 2250, weshalb man derartige Verfügungen von Todes wegen auch als **„Nottestamente"** bezeichnet. Der Begriff darf aber deshalb nicht verallgemeinert werden, weil für die Errichtung eines **Seetestamentes**, § 2251, oder eines **Konsulattestamentes** gem. § 11 KonsG[199] keine entsprechenden Notsituationen erforderlich sind. **289**

Die Gemeinsamkeiten der außerordentlichen Testamente liegen in der **Befreiung von (Schrift-)Formvorschriften**. In den Rechtsfolgen besteht gem. § 2252 Abs. 1 eine Übereinstimmung insoweit, als alle außerordentlichen Testamente nur **drei Monate** gültig sind. Beginn und Lauf der Frist werden gem. Abs. 2 der Vorschrift allerdings gehemmt, solange der Erblasser kein notarielles Testament errichten kann. **290**

§ 2249 betrifft mit dem sog. **Bürgermeistertestament** den Fall, dass zu befürchten ist, der Erblasser werde sterben, bevor er Gelegenheit hat, ein notarielles Testament zu errichten. Gleichgestellt ist in § 2250 Abs. 1 die Situation der Absperrung des Erblassers infolge außerordentlicher Umstände, z. B. im Krieg oder in Zusammenhang mit Naturkatastrophen. In beiden Fällen besteht die Möglichkeit, das Testament vom Bürgermeister beurkunden zu lassen, der zwei Zeugen hinzuziehen muss, § 2249 Abs. 1 S. 1. **291**

---

[196] So zutr. Staudinger/*Baumann*, § 2231 Rdn. 12.

[197] So auch Staudinger/*Baumann*, § 2231 Rdn. 15; *Ebenroth*, Erbrecht, Rdn. 204.

[198] Zum notariellen Testament vgl. oben Rdn. 214.

[199] § 11 KonsG vom 11. 09. 1974 (BGBl. I 1994, S 2317ff.).

Übersicht: Verfügungen von Todes wegen

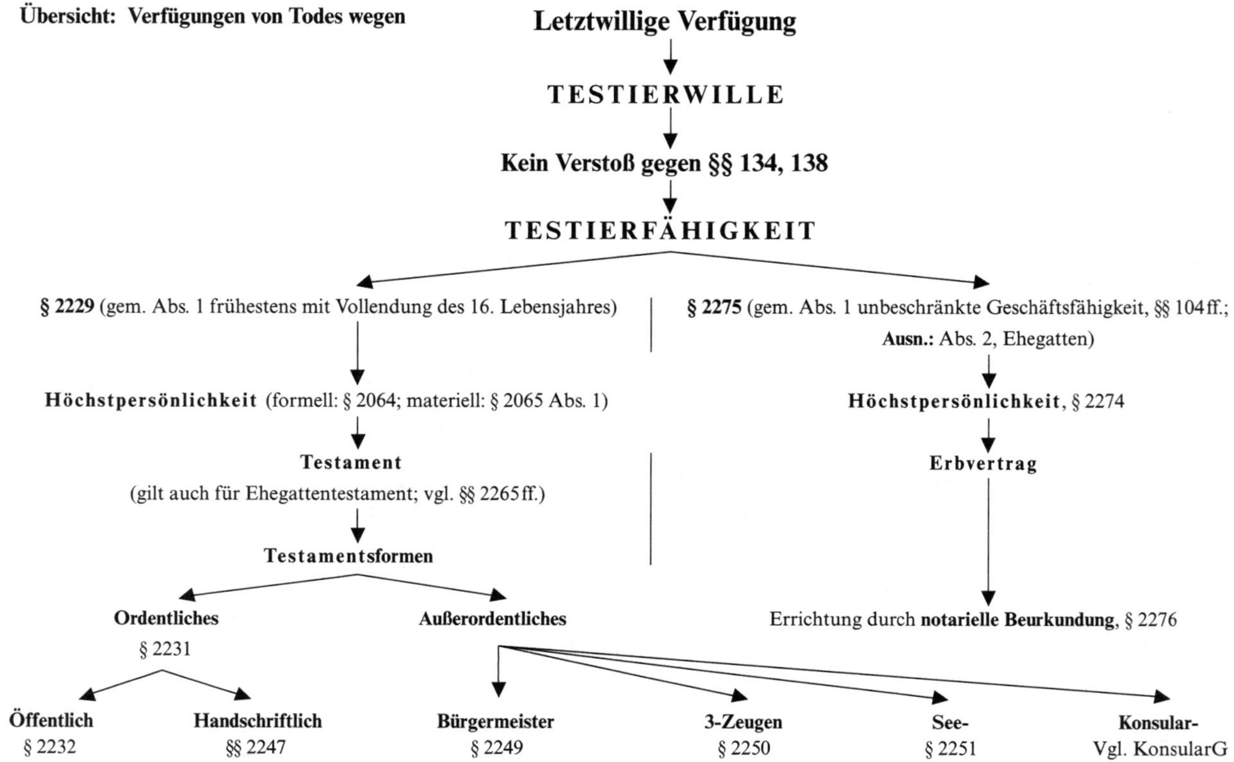

Sollte diese Möglichkeit wegen **akuter Todesgefahr** ausscheiden, so kann ein Testament durch mündliche Erklärung vor **drei Zeugen** errichtet werden, § 2250 Abs. 2, eine Möglichkeit, die gem. § 2251 auch auf Seereisen an Bord eines deutschen Schiffes gewährt wird, sog. **Seetestament**. Die **Konsulartestamente** schließlich erlauben im Ausland lebenden Konsularbeamten, Testamente und Erbverträge gem. § 10 Abs. 1 Nr. 1 und 11 Abs. 1 KonsG von einem Konsul beurkunden zu lassen; diese Urkunden stehen den inländischen notariellen Urkunden gleich, § 10 Abs. 2 KonsG. 292

Im Übrigen ergeben sich die Einzelheiten aus den geschilderten Vorschriften; der Anwendungsbereich der Normen ist in der Praxis eher gering. 293

VIII. Wiederholung und Vertiefung*

1. Fragen

Frage 1
Was ist unter einer Verfügung von Todes wegen zu verstehen?

Frage 2
Worin besteht der Unterschied (die Unterschiede) zwischen einer Verfügung von Todes wegen und einer Verfügung im allgemeinen zivilrechtlichen Sinne?

Frage 3
Welche Arten letztwilliger Verfügungen unterscheidet das fünfte Buch des BGB?

Frage 4
Welche Testamentsarten kennen Sie?

Frage 5
Welche Rechtsposition besitzen die in einem Testament Bedachten vor Eintritt des Erbfalles?

Frage 6
Nennen Sie zusammenfassend die bei Errichtung einer letztwilligen Verfügung zu beachtenden Wirksamkeitsvoraussetzungen!

---

* Antworten im Anhang, siehe S. 452.

Frage 7
Was besagt der Grundsatz der materiellen Höchstpersönlichkeit im Zusammenhang mit der Errichtung einer letztwilligen Verfügung?

Frage 8
Unter welchen Voraussetzungen kann der Erblasser einem Dritten Befugnisse bei der Gestaltung der Erbfolge einräumen?

Frage 9
Was versteht man unter dem Testierwillen?

Frage 10
Wer hat im Streitfalle die Voraussetzungen der Testierunfähigkeit, wer die der Testierfähigkeit in einem „lichten Augenblick" zu beweisen?

Frage 11
Welche Regelungszwecke liegen den erbrechtlichen Formvorschriften zu Grunde?

Frage 12
Wie wird ein notarielles Testament errichtet?

Frage 13
Muss ein privatschriftliches Testament vom Erblasser stets mit vollem Namen (Vor- und Zuname) unterschrieben werden?

Frage 14
Wo muss sich die Unterschrift befinden und warum?

Frage 15
Unter welchen Voraussetzungen ist eine letztwillige Zuwendung an die Geliebte sittenwidrig?

Frage 16
Was versteht man unter einem Behindertentestament?

C. Inhalt der Verfügungen von Todes wegen

294 Die Gestaltungsmöglichkeiten eines Erblassers sind zunächst in den §§ 1937–1940 angesprochen: Neben **Erbeinsetzung** und **Enterbung** werden **Vermächtnis** und **Auflage** genannt.[200] Der folgende Abschnitt behandelt die zentralen Bestandteile letztwilliger Verfügungen insgesamt, beginnend mit der **Enterbung** gem. § 1938. Danach finden Sie neben

[200] Überblick zu weiteren denkbaren Bestimmungen bei *Brox*, Erbrecht, Rdn. 87 f.

Erbeinsetzung, **Vermächtnis** und **Auflage** die **Testamentsvollstreckung**, schließlich einen Überblick über die **Pflichtteilsentziehungen** und **Pflichtteilsbeschränkungen** sowie solche Rechtsgeschäfte, die **erbrechtliche** und **lebzeitige Rechtsgeschäfte** miteinander verbinden.

I. Die Enterbung

1. Allgemeines

Die Enterbung ist im Gesetz nicht definiert. Entgegen der Alltagssprache versteht man darunter nicht den Entzug jeglicher erbrechtlicher Positionen einschließlich der Pflichtteilsansprüche,[201] sondern den **Ausschluss** von der **gesetzlichen Erbfolge durch Verfügung von Todes wegen**. Als Folge der Testierfreiheit kann **jeder** gesetzliche Erbe enterbt werden, mit Ausnahme des Fiskus, den § 1936 als **gesetzlichen Noterben** vorsieht, um herrenlose Nachlässe zu verhindern.[202] **295**

2. Vornahme der Enterbung

Die Enterbung erfolgt auf zwei verschiedene Arten, zunächst gem. §1938, ohne einen anderen Erben einzusetzen, sog. **negatives Testament**. Diese Möglichkeit besteht auch durch einseitige Verfügung in einem Erbvertrag, §§ 2278 Abs. 2, 2299, so dass die Bezeichnung als sog. **negatives Testament** zu eng ist. Von einer solchen Rechtsfolge muss man gem. § 2304 im Zweifel dann ausgehen, wenn ein gesetzlicher Erbe nur mit dem Pflichtteil bedacht wird. Auch die Pflichtteilsentziehung stellt auslegungsweise eine Enterbung dar, wenn sie entweder unwirksam oder der Betroffene gar nicht pflichtteilsberechtigt war.[203] **296**

Den Gegenbegriff bildet das sog. **positive Testament**, also die **gesamte Vergabe des Nachlasses** an andere Personen als die gesetzlichen Erben. Soweit der Nachlasswert allerdings durch **Auflagen und Vermächtnisse** ausgeschöpft wird, ohne dass die letztwillige Verfügung Erben benennt, kann man nicht von einer Enterbung ausgehen; hier tritt gesetzliche Erbfolge ein.[204] **297**

---

201 Dazu OLG Hamm, OLGZ 1973, 83 (85f.); Soergel/*Stein*, § 1938 Rdn. 3.

202 Hk-BGB/*Hoeren*, § 1936, Rdn. 1; *Schlüter*, Erbrecht, Rdn. 386; sowie Rdn. 200ff.

203 BayObLG, NJW-RR 1996, 967 (968); Palandt/*Edenhofer*, § 1938 Rdn. 4.

204 BayObLG, MDR 1979, 847; BayObLG, FamRZ 1992, 986; Staudinger/*Otte*, § 1938 Rdn. 7; *Lange/Kuchinke*, Lehrbuch des Erbrechts, § 27 IX 1b (S. 568).

298 Ein weiteres Auslegungsproblem besteht darin, ob es bei der Enterbung der gesetzlichen Erben bleiben soll, wenn die Einsetzung des/der gewillkürten Erben nichtig ist. Soweit es sich um eine Erbeinsetzung ohne gleichzeitige ausdrückliche Enterbung handelt, wird das zu Recht – gegen die Auslegungsregel des § 2085 – abgelehnt.[205] Das Gleiche gilt mangels anderer Anhaltspunkte aber selbst dann, wenn mit der gewillkürten Erbeinsetzung eine ausdrückliche Enterbung verbunden wurde. Erbeinsetzung und Enterbung sind nämlich regelmäßig untrennbar aufeinander bezogen, und man kann nicht davon ausgehen, dass der Erblasser nun den Staat als gesetzlichen Noterben gem. § 1936 bedenken wollte.[206]

3. Rechtsfolgen

299 Eine Enterbung läßt Pflichtteilsansprüche unberührt. Wer im Falle eines sog. negativen Testamentes erbt, sagt das Gesetz nicht ausdrücklich. Die Situation entspricht jedoch derjenigen bei Erbausschlagung oder Erbunwürdigkeit, so dass derjenige Erbe wird, der es geworden wäre, wenn der Enterbte zum Zeitpunkt des Erbfalles nicht gelebt hätte, §§ 1953 Abs. 2, 2344 Abs. 2 analog.[207]

300 Sofern der Enterbte **vorverstorben** ist, stellt sich das Problem, ob die Enterbung seine Abkömmlinge erfasst. Ohne dahingehenden Erblasserwillen[208] ist davon auszugehen, dass die Abkömmlinge nicht enterbt sind, weil sie aufgrund eines **eigenen Rechtes** zum Zuge kommen.[209]

II. Die Erbeinsetzung

Schrifttum: Otte, Lässt das Erbrecht des BGB eine Erbeinsetzung auf einzelne Gegenstände zu?, NJW 1987, 3164f.; **Schopp**, Anwachsung – Ersatzerbschaft MDR 1978, 10ff.; **Schrader**, Erb- und Nacherbeneinsetzung auf einzelne Nachlassgegenstände, NJW 1987, 117f.

---

205 *Lange/Kuchinke*, Lehrbuch des Erbrechts, § 27 IX 1b (S. 567) m.w.N.

206 So zutr. MünchKomm/*Leipold*, § 1938 Rdn. 6f.; a.A. OLG Karlsruhe, FamRZ 1967, 691 (693); *Brox*, Erbrecht, Rdn. 271.

207 So schon RGZ 61, 14 (16); *Brox*, Erbrecht, Rdn. 272.

208 Z.B. BayObLG, FamRZ 1990, 1265 (LS): Enterbung des Sohnes „mit Anhang“; RGRK-*Kregel*, § 1938, Rdn. 3; *Lange/Kuchinke*, Lehrbuch des Erbrechts, § 27 IX 2, Fn. 137 (S. 568).

209 BayObLG, FamRZ 1989, 1006 und 1232; LG Neubrandenburg, MDR 1995, 1238; AnwK-BGB/J. *Mayer*, § 1938, Rdn. 5; Staudinger/*Otte*, § 1938 Rdn. 10; *Schlüter*, Erbrecht, Rdn. 390.

Unter einer **Erbeinsetzung** i. S. d. § 1937 versteht man eine Verfügung von Todes wegen, durch die eine oder mehrere Personen als **Gesamtrechtsnachfolger** des Erblassers i. S. d. § 1922 Abs. 1 berufen werden. Sie ist vom **Vermächtnis** abzugrenzen, das einen **schuldrechtlichen Anspruch** des Begünstigten gegen den Erben gewährt, § 2174. § 2087 Abs. 1 zeigt, dass nicht die Bezeichnung als „Erbe" entscheidet, sondern eine Erbeinsetzung im Zweifel dann angenommen werden muss, wenn der Erblasser dem Bedachten sein **gesamtes Vermögen** zuwendet, während die Zuwendung **einzelner Gegenstände** gem. Abs. 2 im Zweifel zum Vermächtnis führt, auch wenn der Bedachte als „Erbe" benannt wurde. Bei § 2087 Abs. 1 muss beachtet werden, dass der Grundsatz der Universalsukzession zwingend in den §§ 1937, 1922 normiert ist, so dass der Erblasser nicht mehr darüber verfügen kann, **ob** und inwieweit Gesamtrechtsnachfolge eintritt, sondern nur noch, **wer** Gesamtrechtsnachfolger wird.[210] Eine Vererbung einzelner Gegenstände ist dadurch ausgeschlossen.[211] 301

§ 2087 Abs. 1 enthält eine **gesetzliche Auslegungsregel**[212] und steht demzufolge hinter dem durch Auslegung ermittelten Erblasserwillen zurück.[213] Aus der Zuweisung von Vermögensgruppen können sich die Erbquoten ableiten lassen. Auch ist etwa von einer Erbeinsetzung auszugehen, wenn der Erblasser die damit verbundenen Rechtsfolgen, insbesondere die Nachlasshaftung und die Verwaltungs- und Erhaltungspflichten, wollte.[214] Ein weiteres Indiz ist der Wert der zugedachten Nachlassgegenstände. Eine erhebliche Erschöpfung des Nachlasswertes spricht für eine Erbeinsetzung,[215] selbst wenn es sich dabei um einen einzelnen Gegenstand – meist ein Grundstück – handelt.[216] Maßgeblich für die Beurteilung sind die Umstände zum **Zeitpunkt der Errichtung** 302

---

210 So *Otte*, NJW 1987, 3164 mit Verw. auf die Mot. bei *Mugdan*, Bd. V, S. 3 gegen *Schrader*, NJW 1987, 117 (118).

211 Zu Ausnahmen vgl. Rdn. 89f.

212 BayObLG, FamRZ 1990, 1399; Staudinger/*Otte*, § 2087 Rdn 2; Soergel/*Loritz*, § 2087 Rdn. 3; *Lange/Kuchinke*, Lehrbuch des Erbrechts, § 27 II 2a (S. 550); a. A. *Mayer* ZEV 1995, 247 (248): dispositive Vorschrift.

213 BayObLG, FamRZ 1990, 1399 (1400); OLG Köln, FamRZ 1993, 735; vgl. bereits RGZ 171, 358 (361).

214 BayObLG, FamRZ 1986, 604 (605); BayObLG, FamRZ 1986, 728 (731); OLG Düsseldorf, ZEV 1995, 410 (411).

215 BayObLG, FamRZ 1995, 246 (248); BayObLG, FamRZ 1995, 835 (836).

216 BayObLG, FamRZ 1986, 728 (731); OLG Düsseldorf, ZEV 1995, 410 (411) m. insoweit krit. Anm. *Reimann*.

der Verfügung von Todes wegen, späterer Vermögensanfall bleibt grds. außer Betracht.[217]

1. Die Einsetzung zu Bruchteilen

303 Bei Einsetzung eines oder mehrerer Erben zu **Bruchteilen**, die gemeinsam den Nachlass **nicht ausschöpfen**, enthält das Gesetz in den §§ 2088f. Regelungen über die Verwendung des Restes.

§ 2088 ist anzuwenden, wenn der Erblasser **bewusst** nicht über sein gesamtes Vermögen verfügt hat. Ergibt die Auslegung, dass die von ihm eingesetzten Erben nicht die alleinigen sein sollen, stehen gem. § 2088 gewillkürte und gesetzliche Erbfolge nebeneinander. § 2088 Abs. 2 gilt über den zu engen Wortlaut hinaus auch dann, wenn mehrere Erben auf einen Bruchteil eingesetzt sind.[218] Wurde in einem solchen Fall ein **gesetzlicher Erbe** bedacht, so entsteht das Auslegungsproblem, ob seine Einsetzung **abschließend** sein soll. Ohne entgegenstehende Anhaltspunkte kann man annehmen, dass er am verbleibenden Nachlass nicht mehr beteiligt ist.[219]

304 § 2088 greift nicht ein, wenn der Erblasser **unbewusst** so verfügt hat, dass die vorgesehenen Bruchteile den Nachlass nicht ausschöpfen. § 2089 sieht dann eine **verhältnismäßige**, also **nicht kopfteilige** Erhöhung der Erbquoten vor. Der Grundgedanke, die an sich widersprüchliche Verfügung vor der Unwirksamkeit zu bewahren, findet sich auch in § 2090, der im umgekehrten Fall von einer anteiligen Minderung der Bruchteile ausgeht, sofern diese in ihrer Summe den Nachlass übersteigen.

305 **Beispiel:** E bedenkt A mit 1/2, B, C, D und E je mit 1/6 und verfügt damit versehentlich über 7/6 des Nachlasses. Gem. § 2090 sind die einzelnen Teile im Verhältnis zu kürzen, so dass A 3/7 erhält, B, C, D, E jeweils 1/7.

306 Sind daneben Erben **ohne Bruchteile** eingesetzt, so erhalten sie nach entsprechender Minderung des Nachlasses jeweils so viel wie der Erbe mit dem geringsten Bruchteil, § 2092 Abs. 2.

307 Bei der Einsetzung mehrerer Erben, denen **keine Anteile** am Nachlass zugeordnet werden, geht man nach der Ergänzungsregel des § 2091 von **gleichen Teilen** aus,[220] soweit sich aus den §§ 2066–2069 nichts anderes ergibt. § 2092 Abs. 1 stellt klar, dass entsprechende Grundsätze gelten, wenn nur **für einen Teil** des Nachlasses keine quotenmäßige Bestimmung getroffen wurde.

308 Die §§ 2089–2092 gelten analog, wenn **mehrere Erben** auf **einen** Bruchteil eingesetzt wurden, § 2093, weil sich aus der Verfügung der Wille des Erblassers entnehmen lässt, dass diese Gemeinschaft enger ist als die der übrigen Erben.[221]

---

217 BGH, FamRZ 1972, 561 (563); BayObLG, FamRZ 1986, 835 (837); RGRK-*Johannsen*, § 2087 Rdn. 8 m. w. N.

218 Staudinger/*Otte*, § 2088 Rdn. 2; MünchKomm/*Schlichting*, § 2088 Rdn. 2.

219 BayObLGZ 1965, 166 (177f.); Staudinger/*Otte*, § 2088 Rdn. 10; Soergel/*Loritz* § 2088 Rdn. 13.

220 BayObLG, FamRZ 1990, 1405 (1406); Soergel/*Loritz* § 2091 Rdn. 3.

221 BayObLG, MDR 1976, 933; Staudinger/*Otte*, § 2093 Rdn. 1.

2. Anwachsung

a) Normzweck

Sofern ein Erblasser seinen Nachlass ganz aufteilt, aber ein Erbe seine Erbschaft nicht antritt, wächst dieser gem. § 2094 Abs. 1 den anderen Erben zu. **Anwachsung** bedeutet also für die gewillkürte Erbfolge eine **verhältnismäßige Anhebung** der Erbquote nach Wegfall eines Miterben. Eine parallele Regelung stellt bei **gesetzlicher Erbfolge** die **Erbteilserhöhung** dar, die in § 1935 vorausgesetzt wird.[222] **309**

b) Voraussetzungen der Anwachsung

Der Erblasser muss zunächst die gesetzliche Erbfolge **ausgeschlossen** haben und ein Erbe **weggefallen** sein, sei es **vor** dem Erbfall, etwa durch Vorversterben oder Erbverzicht, § 2352,[223] sei es **nach** dem Tode des Erblassers, z. B. durch Ausschlagung, § 1953, oder aufgrund Erbunwürdigkeit, § 2344. Problematisch ist der Fall, dass die Erbeinsetzung – etwa gem. § 125 S. 1 i.V.m. §§ 7, 27 BeurkG – von vorneherein an einem **Formmangel** scheitert. Das Wortlautargument, ein nicht wirksam eingesetzter Erbe könne auch nicht wegfallen, kann dann nicht entscheiden,[224] sondern nur der Erblasserwille.[225] **310**

Die Anwachsung darf schließlich in der Verfügung von Todes wegen nicht **ausgeschlossen** sein, § 2094 Abs. 3, z. B. auch durch Bestimmung von Ersatzerben, § 2096.[226] Deren Recht geht der Anwachsung nach § 2099 vor. Die Einsetzung zum Ersatzerben muss nicht ausdrücklich geregelt worden sein, sondern kann sich aus § 2069 ergeben.[227] **311**

c) Rechtsfolgen der Anwachsung

Der Erbteil des weggefallenen Erben **erhöht** die übrigen Erbquoten **anteilig**. § 2095 bestimmt, dass der ursprüngliche und der angewachsene Erbteil einen einheitlichen bilden, der auch nur **einheitlich ausgeschlagen** werden kann. Sofern allerdings der angewachsene Teil mit Vermächtnissen, Auflagen oder Ausgleichspflichten beschwert ist, sieht § 2095 eine Privilegierung vor: Insoweit gilt dieser Teil als eigenständig. **312**

---

222 Vgl. dazu *Lange/Kuchinke*, Lehrbuch des Erbrechts, § 27 VIII 1 (S. 564).

223 Insoweit ist die Formulierung des § 2094 Abs.1 missglückt, da der Bedachte in diesen Fällen gar nicht zum Erben wird, darauf weist zutr. *Brox*, Erbrecht, Rdn. 63 für § 1935 hin.

224 So aber Palandt/*Edenhofer*, § 2094 Rdn. 3; *Schlüter*, Erbrecht, Rdn. 440.

225 Staudinger/*Otte*, § 2094 Rdn. 2; Soergel/*Loritz* § 2094 Rdn. 6; *Brox*, Erbrecht, Rdn. 332.

226 Vgl. Rdn. 313ff.

227 Dazu KG, FamRZ 1977, 344 (345); *Schopp*, MDR 1978, 10ff.

3. Ersatzerbschaft, § 2096

a) Normzweck

313 **Ersatzerbe** i. S. d. § 2096 ist, wer aufgrund einer Verfügung von Todes wegen **statt des zunächst Berufenen** – also aufschiebend bedingt – Erbe wird,[228] weil dieser wegfällt. Dem Erblasser eröffnet sich damit – neben dem (Wieder-)Aufleben der gesetzlichen Erbfolge und der Anwachsung – eine dritte Möglichkeit, Vorsorge für den Fall zu treffen, dass ein Erbe seine Erbschaft nicht antritt, unabhängig davon, ob als gewillkürter oder gesetzlicher Erbe.

314 Vom **Nacherben** unterscheidet sich der Ersatzerbe dadurch, dass er **unmittelbarer Rechtsnachfolger** des Erblassers wird.[229] Der Ersatzerbe wird damit **statt** und **nicht nach** dem zunächst Berufenen Erbe. Im Zweifel ist aufgrund der Auslegungsregel des § 2102 Abs. 2 von Ersatzerbschaft auszugehen[230].

315 § 2102 Abs. 1 entscheidet den Fall, dass ein Vorerbe **vor** dem Erbfall wegfällt, insbesondere vorverstirbt. Der **Nacherbe** ist dann als **Ersatzerbe** anzusehen. Für den umgekehrten Fall gilt das indessen nicht;[231] der **Vorerbe** wird **Vollerbe**.

316 Ein weiteres Problem ergibt sich aus dem Verhältnis von Ersatzerbschaft zu § 2069, der Ersatzberufung der Abkömmlinge. Sofern sich auslegungsweise eine Ersatzerbeinsetzung ermitteln lässt, kommt § 2069 nicht mehr zum Zuge.[232]

b) Wegfall des erstberufenen Erben

317 Der erstberufene Erbe muss **weggefallen** sein. Nach Eintritt des Erbfalls kommen nur solche Tatbestände in Betracht, die auf den Erbfall **zurückwirken**. Von § 2096 sind nach allgemeiner Ansicht aber auch die Fälle einer **von Anfang an unwirksamen** Erbeinsetzung erfasst.[233]

c) Einsetzung als Ersatzerbe

318 Ersatzerbfolge erfordert eine **Verfügung von Todes wegen**; es gibt sie nicht kraft Gesetzes.[234] Gem. § 2097 ist es im Zweifel unerheblich, ob der in erster Linie berufene Erbe die Erbschaft nicht annehmen kann oder will.

319 Wenn der Erblasser **mehrere Ersatzerben** einsetzt, gilt grundsätzlich gem. § 2091 eine Einsetzung **zu gleichen Teilen**. § 2098 Abs. 1 regelt den Fall, dass die

---

228 Staudinger/*Otte*, § 2096 Rdn. 1; Soergel/*Loritz*, § 2096 Rdn. 2.

229 *Leipold*, Erbrecht, Rdn. 666.

230 H. M. Staudinger/*Avenarius*, § 2102 Rdn. 9; Palandt/*Edenhofer*, § 2102 Rdn. 4; a. A. *Diederichsen*, NJW 1965, 671 (675): Fiktion.

231 Soergel/*Harder*/*Wegmann*, § 2102 Rdn. 3; *Schlüter*, Erbrecht, Rdn. 434.

232 *Lange*/*Kuchinke*, Lehrbuch des Erbrechts, § 27 VII 2 (S. 562); *Diederichsen*, NJW 1965, 671 (674); *Musielak*, ZEV 1995, 5 (7), a. A. BayObLG, NJW-RR 1994, 460 (461).

233 *Bamberger*/*Roth,* § 2096 Rn. 2; MünchKomm/*Schlichting*, § 2096 Rdn 2.

234 *Diederichsen*, NJW 1965, 671 (672).

Erben **gegenseitig** als Ersatzerben eingesetzt sind oder für einen Miterben die übrigen. Hier geht die Auslegungsregel davon aus, dass der Erblasser eine Erbeinsetzung im Verhältnis der Erbquoten gewollt hat.

d) Rechtsfolgen der Ersatzerbschaft

Der Ersatzerbe ist **direkter Rechtsnachfolger** des Erblassers. Vor dem Erbfall steht ihm **keine** Anwartschaft zu,[235] wohl aber nach h. M. danach, also etwa während der Erbe die Ausschlagung erwägt. Die Anwartschaft ist übertragbar und vererblich.[236] **320**

4. Vor- und Nacherbschaft

Schrifttum: Bestelmayer, „Herrschende Meinungen" im Bereich des Nacherbenrechts, Rpfleger 1994, 189ff.; **Haegele**, Zur Vererblichkeit des Anwartschaftsrechts eines Nacherben, Rpfleger 1976, 161ff.; **Heider**, Die Befugnis des Vorerben zu unentgeltlichen Verfügungen über Nachlassgegenstände, ZEV 1995, 1f.; **Muscheler**, Zum Verhältnis von § 2069 und Ersatzerbeneinsetzung JR 1995, 309ff.; **Musielak**, Zur Vererblichkeit des Anwartschaftsrechts eines Nacherben, ZEV 1995, 5ff.

a) Grundgedanke des Rechtsinstituts

Die **Nacherbeneinsetzung** ermöglicht dem Erblasser, das Schicksal seines Vermögens für die fernere Zukunft festzulegen. Der **Vorerbe** wird für eine **bestimmte Zeit** – in der Regel allerdings auf Lebenszeit, vgl. § 2106 Abs. 1 – Erbe und ist berechtigt, **Nutzungen** aus dem Vermögen zu ziehen. Dem **Nacherben** fällt die Erbschaft erst mit **Eintritt des Nacherbenfalls** an, § 2139. Da es dem Erblasser frei steht zu bestimmen, welches Ereignis Nacherbfall sein soll, kann er auf diese Weise Einfluss auf das Verhalten der Nacherben ausüben.[237] **321**

Als **Nacherbe** definiert § 2100 denjenigen, der erst erbt, nachdem zunächst ein anderer Erbe geworden ist, § 2100. Der Nacherbe beerbt nicht den **Vorerben**, sondern den **Erblasser**. Da Vor- und Nacherbe nacheinander erben, bilden sie keine Miterbengemeinschaft.[238] **322**

---

[235] RGZ 145, 316 (319); BayObLG, MDR 1961, 330.

[236] Soergel/*Loritz*, § 2096 Rdn. 12; MünchKomm/*Schlichting*, § 2096 Rdn. 10.

[237] Einzelne Bsp.: BGHZ 2, 35 (36f.); BGHZ 15, 199 (201ff.); OLG Oldenburg, FamRZ 1991, 862 (863) m.w.N., sowie ausf. *Brox*, FS Bartholomeyczik, S. 41ff.; krit. *Leipold*, Erbrecht, Rdn. 669. Zu den praktisch häufigen sog. Wiederverheiratungsklauseln Staudinger/*Avenarius*, § 2100 Rdn. 33; vgl. Rdn. 474.

[238] Anders z. B. in dem Fall, dass ein Vorerbe auch als Mitnacherbe eingesetzt ist.

b) Einsetzung von Vor- und Nacherben

323 Die Einsetzung von Vor- und Nacherbschaft erfolgt durch letztwillige Verfügung.[239] Im Zusammenhang mit Vor- und Nacherbfolge können verschiedene Auslegungsprobleme auftreten: Die Abgrenzung zum **Nießbrauch** am Nachlass erfolgt danach, ob der Bedachte **dinglich** oder **schuldrechtlich** berechtigt sein soll; ansonsten sind die Rechtsinstitute durchaus vergleichbar.[240] Für die Abgrenzung zur **Ersatzerbschaft** gilt gem. § 2102 Abs. 2 ein Auslegungsvorrang zugunsten der Ersatzerbfolge.[241] Da die Erbeinsetzung einer **noch nicht erzeugten** Person unwirksam wäre, ist im Zweifel von einer **Nacherbeinsetzung** auszugehen, § 2101 Abs. 1. Die Anordnung, die Erbschaft mit dem Eintritt eines **bestimmten Ereignisses** an einen anderen herauszugeben, spricht gem. § 2103 **gegen ein Vermächtnis** und **für eine Nacherbeneinsetzung**.

324 Das Gesetz enthält darüber hinaus **weitere Auslegungsregeln**. So ist nach § 2104 S.1 davon auszugehen, dass bei einer unvollständigen Verfügung diejenigen Nacherben sein sollen, die bei Beendigung der Vorerbschaft **gesetzliche Erben** sind, allerdings mit Ausnahme des Fiskus, § 2104 S. 2. § 2104 S. 1 greift allerdings nicht ein, wenn der Erblasser zwar einen Nacherben bestimmt hat, dessen Einsetzung aber hinfällig ist oder wird.[242] Im Falle der **Ausschlagung** des Nacherben wird der Vorerbe **Vollerbe**, § 2142 Abs. 2. Diesen Rechtsgedanken legt man meist auch in anderen Fällen des Nacherbenwegfalls zu Grunde, etwa bei **Anfechtung** der Nacherbeneinsetzung.[243] § 2105 Abs. 1 trifft die (parallele) Regelung für den umgekehrten Fall, dass **kein Vorerbe** benannt ist und bestimmt die gesetzlichen Erben als Vorerben. § 2107 befasst sich mit der Situation, dass der Erblasser einen **Abkömmling** als Vorerben eingesetzt hat, der – jedenfalls nach Kenntnis des Erblassers – selbst keine Abkömmlinge hat. Die Nacherbeneinsetzung steht insoweit unter einer **auflösenden Bedingung**,[244] mit deren Eintritt der Vorerbe Vollerbe wird.[245]

---

[239] *Schlüter*, Erbrecht, Rdn. 729; *Frank*, Erbrecht, § 9 Rdn. 5.

[240] Vgl. dazu sowie zu den möglichen erbschaftssteuerrechtlichen Vorteilen des Nießbrauchs MünchKomm/*Grunsky*, § 2100 Rdn. 10; *Haegele*, Rpfleger 1971, 121f.

[241] Vgl. dazu Rdn. 313ff.

[242] BGH, NJW 1986, 1812; OLG Hamm, NJW-RR 1995, 1477.

[243] Vgl. insgesamt Staudinger/*Avenarius* § 2104 Rdn. 9f.

[244] Soergel/*Harder*/*Wegmann* § 2107 Rdn. 3; *Kipp*/*Coing*, Lehrbuch des Erbrechts, § 47 III 4 (S. 279).

[245] Das gilt sogar für den Fall, dass die Abkömmlinge ihn gar nicht beerben, zutr. *Muscheler*, JR 1995, 309 (312). Zur Auslegung vgl. BGH, NJW 1981, 2743 (2744); *Schlüter*, Erbrecht, Rdn. 747; zu Auslegungsproblemen im Zusammenhang mit einem sog. Berliner Testament vgl. Rdn. 469ff.

Um eine überlange Bindung des Nachlasses zu verhindern, verbietet das Gesetz eine längere Nacherbeneinsetzung als **dreißig Jahre** grundsätzlich, § 2109 Abs. 1 S. 1. In den Nr. 1 und 2 sind jedoch zwei Ausnahmen enthalten, aufgrund derer diese Frist im Einzelfall länger sein kann. Ist der Zeitpunkt des Nacherbenfalls nicht bestimmt, greift § 2106 ein.[246] 325

c) Rechtsstellung des Vorerben

Vor dem Erbfall ergeben sich keine Besonderheiten;[247] **nach** dem Nacherbfall ist der Vorerbe nicht mehr Erbe, § 2139. Interessant ist der Zeitraum dazwischen; die Besonderheiten der **befreiten Vorerbschaft**, § 2136, werden dabei zunächst ausgeklammert. 326

Mit dem Erbfall ist der Vorerbe **Erbe des Erblassers.** Dem entspricht seine grundsätzlich freie Verfügungsmöglichkeit über Nachlassgegenstände und -rechte gem. § 2112, die die §§ 2113–2115 jedoch stark einschränken: Der (nicht befreite) Vorerbe soll das Vermögen möglichst in seiner Gesamtheit für den Nacherben erhalten; die Erbschaft stellt für ihn also ein **Sondervermögen** dar, das juristisch von seinem eigenen Vermögen getrennt ist. 327

aa) Verfügungsbeschränkungen

Gem. § 2113 Abs. 1 sind Verfügungen über ein zur Erbschaft gehörendes **Grundstück** oder ein **Recht** an einem solchen insoweit unwirksam, als sie das Recht des Nacherben vereiteln oder beeinträchtigen würden. Darunter fallen Übertragung, Belastung, Inhaltsänderung oder Aufgabe eines dinglichen Rechts.[248] Derartige Verfügungen sind bei ihrer Vornahme wirksam; mit dem **Nacherbfall** tritt **absolute Unwirksamkeit** ein,[249] es sei denn, dass der Nacherbe in die Verfügung einwilligt; dann gilt § 185 analog.[250] 328

Probleme können sich ergeben, wenn die Verfügung der **Erfüllung einer Nachlassverbindlichkeit**, also z. B. eines Vermächtnisses, dient. Manche nehmen an, 329

246 Vgl. dazu Rdn. 321.
247 Vgl. Rdn. 213.
248 Soergel/*Harder*/*Wegmann*, § 2113 Rdn. 2; MünchKomm/*Grunsky*, § 2113 Rdn. 7.
249 BGHZ 52, 269 (270); Jauernig/*Stürner*, § 2113 Rdn. 2.
250 Eine direkte Anwendung scheitert daran, dass der Vorerbe als Eigentümer Berechtigter ist, zutr. *Brox*, Erbrecht, Rdn. 362; die Anwendung des § 185 Abs. 2 führt jedoch nicht zu einer Rückwirkung, RGZ 110, 94 (95f.).

insoweit liege entweder keine rechtlich nachteilige Verfügung vor[251] oder jedenfalls sei der Vorerbe insoweit von der Beschränkung des § 2113 Abs. 1 befreit.[252] Aus § 2120 Abs. 1 lässt sich jedoch entnehmen, dass das Gesetz einen **formalen** Schutz des Nacherben bezweckt,[253] so dass auch solche Verfügungen gegen § 2113 Abs. 1 verstoßen.

bb) Unentgeltliche Verfügungen

330 In gleicher Weise werden im Nacherbfall Verfügungen unwirksam, die entweder **unentgeltlich** oder zur **Erfüllung** eines von dem Vorerben erteilten **Schenkungsversprechens** erfolgen, § 2113 Abs. 2 S. 1. Unentgeltlichkeit verlangt neben einer objektiven Vermögensverringerung als subjektive Voraussetzung, dass der Vorerbe diesen Umstand **erkannt hat** oder bei ordnungsgemäßer Verwaltung **hätte erkennen müssen**.[254] § 2113 Abs. 2 gilt auch für den unentgeltlichen Teil **gemischter Schenkungen**,[255] nicht aber gem. § 2113 Abs. 2 S. 2 für sog. Pflicht- und Anstandsschenkungen.

331 § 2115 erklärt sog. **Zwangsverfügungen** gegen den Vorerben ebenfalls für unwirksam. Bis zum Eintritt des Nacherbenfalls darf zwar eine Sicherung erfolgen, etwa in Form der Pfändung, aber keine Verwertung. Die Norm findet im Prozessrecht ihre Entsprechung in § 773 ZPO.[256]

cc) Gutglaubensschutz

332 § 2113 Abs. 3 verweist auf den **Erwerb vom Nichtberechtigten** und ist mit § 161 Abs. 3 vergleichbar. Für Grundstücke gelten die §§ 892, 893 entsprechend. Gutgläubiger Erwerb entfällt jedoch meist, da gem. § 51 GBO von Amts wegen ein **Nacherbenvermerk** in das Grundbuch eingetragen werden muss. Dieser bewirkt zwar keine Grundbuchsperre,[257]

---

251 Staudinger/*Avenarius*, § 2113 Rdn. 54; *Schlüter*, Erbrecht, Rdn. 752.

252 BayObLG, FamRZ 1992, 728 (729); *Kipp/Coing*, Lehrbuch des Erbrechts, § 49 IV 1d, Fn. 32 (S. 292).

253 MünchKomm/*Grunsky*, § 2113 Rdn. 13; *Lange/Kuchinke*, Lehrbuch des Erbrechts, § 28 IV 4, insb., Fn. 82 (S. 583 ff.); *Brox*, Erbrecht, Rdn. 362.

254 St. Rspr. seit RGZ 81, 364 (366); sowie BGHZ 57, 84 (90); BGH, NJW 1991, 842 (842 f.).

255 BGH, NJW 1985, 382 (383); zum parallelen Begriff in § 2205 S. 3 vgl. BGH, NJW 1963, 1613 (1614).

256 Vgl. dazu BGHZ 110, 176 (178).

257 Unstr., vgl. nur BayObLG, Rpfleger 1980, 64 (65).

der Erwerb vom Vorerben scheitert aber regelmäßig an § 892 Abs. 1 S. 2. Für bewegliche Sachen gelten die §§ 932ff., 1032, 1207 entsprechend. Zum einen wird der gute Glaube daran geschützt, dass der Gegenstand **keiner Nacherbfolge** unterliegt, zum anderen, dass **befreite Vorerbschaft** vorliegt, § 2136. Bei unentgeltlichen Verfügungen kommt ein schuldrechtlicher Anspruch des Nacherben gegen den Erwerber gem. § 816 Abs. 1 S. 2 in Betracht. § 2113 Abs. 3 findet keine Anwendung auf Zwangsverfügungen, da ein gutgläubiger Erwerb nur bei Rechtsgeschäften stattfindet.[258]

dd) Verwaltungsrecht und -pflicht des Vorerben

Die Verpflichtung des Vorerben zur **Verwaltung** des Nachlasses ergibt sich mittelbar aus § 2130 Abs. 1, der ihn bei Eintritt des Nacherbfalles zur Herausgabe verpflichtet. Im Übrigen ist der Vorerbe gehalten, **Nachlassverbindlichkeiten** zu begleichen. Hierzu gibt ihm § 2120 S.1 einen Anspruch auf Zustimmung des Nacherben.[259] Für **Verpflichtungsgeschäfte** im Rahmen einer ordnungsgemäßen Verwaltung haftet neben dem Vorerben auch der Nachlass.[260] 333

ee) Der befreite Vorerbe

Gem. § 2136 kann der Erblasser den **Vorerben** von den dort genannten Beschränkungen **befreien**, allerdings nicht vom Verbot unentgeltlicher Verfügungen, § 2113 Abs. 2. Vollstreckungsmaßnahmen gegen den Vorerben sind von der Befreiung nicht betroffen, § 2115, ebenso wenig das Prinzip der dinglichen Surrogation, § 2111. Auslegungsregeln für die Annahme einer befreiten Vorerbschaft finden sich in § 2137 für den Fall, dass der Erblasser den Nacherben „auf den Rest" einsetzt.[261] 334

d) Die Rechtsstellung des Nacherben

Mit Eintritt des **Nacherbenfalls** ist der Nacherbe gem. § 2139 **Gesamtrechtsnachfolger des Erblassers**. Zwischen Vor- und Nacherbfall hat er schon eine unentziehbare Rechtsstellung, die ihm Ansprüche ge- 335

---

[258] MünchKomm/*Grunsky*, § 2115 Rdn. 11; *Brox*, Erbrecht, Rdn. 365.
[259] Vgl. dazu Rdn. 347.
[260] Zu der Frage, unter welchen Umständen eine Kreditaufnahme zulässig ist, BGHZ 110, 176ff.; einzelne Regelungen zur Verwaltung enthalten die §§2116ff.; dazu i. e. *Harder*, DNotZ 1994, 822ff.
[261] Zur Herausgabepflicht des befreiten Vorerben vgl. Rdn. 346.

währt[262] und sein künftiges Erbrecht sichert. Sie stellt einen Vermögenswert dar und lässt sich als erbrechtliche **Anwartschaft** bezeichnen.[263]

aa) Vererblichkeit der Anwartschaft

336 Die **Vererblichkeit** der **Nacherbenanwartschaft** wird von der Auslegungsregel des § 2108 Abs. 2 S. 1. vorausgesetzt, da sie ausgeschlossen werden kann.[264] Sie entfällt im Zweifel bei einer Nacherbeneinsetzung unter einer aufschiebenden Bedingung, §§ 2108 Abs. 2 S. 2, 2074.

337 Ein Auslegungsproblem besteht zwischen **Vererblichkeit der Nacherbenanwartschaft** einerseits und **Ersatzerbschaft** andererseits. Setzt etwa der Erblasser seinen Abkömmling als Nacherben ein und verstirbt dieser vor dem Nacherbfall, so sind zwei Lösungen denkbar: Zum einen kann die Nacherbenanwartschaft auf dessen (auch gewillkürte) Erben übergehen, § 2108 Abs. 2 S. 1, zum anderen können seine Abkömmlinge gem. § 2069 als Ersatznacherben anzusehen sein.[265] In erster Linie entscheidet der Erblasserwille;[266] gegen die Vererblichkeit der Anwartschaft spricht z. B. der erkennbare Wunsch des Erblassers, das Vermögen in der Familie zu halten.[267]

338 Führt die Auslegung zu keinem eindeutigen Ergebnis, so spricht für den Vorrang der Vererblichkeit des Nacherbenanwartschaftsrechtes gegenüber § 2069 neben der historischen Auslegung[268] die Gesetzessystematik: Die Anwendung der allgemeineren Vorschrift des § 2069 würde den spezielleren § 2108 Abs. 2 S.1 in einem zentralen Bereich leer laufen lassen.[269] Die Vererblichkeit der Nacherbenanwartschaft macht aber einen erheblichen Teil ihrer Bedeutung aus.[270] Mit der h.M. ist daher im Zweifel von der Vererblichkeit der Nacherbenanwartschaft auch dann auszugehen, wenn als Nacherbe ein Abkömmling des Erblassers eingesetzt wurde.[271]

---

262 Vgl. Rdn. 327ff., ferner *Brox*, Erbrecht, Rdn. 356.

263 So BGHZ 87, 367 (369); zuvor bereits RGZ 101, 185 (188); 170, 163 (168); BGHZ 37, 319 (325f.); *Haegele*, Rpfleger 1967, 161f.; allg. zu erbrechtlichen Anwartschaften *Coester-Waltjen*, Jura 1996, 24 (27f.).

264 BGH, NJW 1963, 1150 (1151) für den Ausschluss der Vererblichkeit bei einzelnen Nacherben.

265 § 2069 ist auch auf Nacherben anwendbar: BGHZ 33, 60 (61).

266 *Leipold*, Erbrecht, Rdn. 684; *Musielak*, ZEV 1995, 1 (6); vgl. auch BayObLG, NJW-RR 1994, 460f.

267 MünchKomm/*Grunsky*, § 2102 Rdn. 7; *Brox*, Erbrecht, Rdn. 357.

268 Prot. bei *Mugdan*, Bd. V, S. 559, vgl. dazu Soergel/*Loritz*, § 2069 Rdn. 37f.

269 MünchKomm/*Leipold*, § 2069 Rdn. 24; *Musielak*, ZEV 1995, 5 (7).

270 Darauf weist zutr. *Muscheler*, JR 1995, 309 (311) hin.

271 BGH, NJW 1963, 1150 (1151); Staudinger/*Avenarius*, § 2108 Rdn. 16; *Musielak*, ZEV 1995, 5 (7); zurückhaltender OLG Köln, OLGZ 1968, 91 (93); BayObLG, NJW-RR 1994, 460 (461): Ob Ersatzerbfolge oder Vererbung der

Soweit gem. § 2108 Abs. 2 die Nacherbenanwartschaft vererblich ist, scheidet **Anwachsung** aus, wenn einer von mehreren Nacherben verstirbt.[272] Etwas anderes gilt bei **Ausschlagung** eines Nacherben oder bei einem **Erbverzicht**. Dann wird im Zweifel der **Vorerbe** zum **Vollerben**, § 2142 Abs. 2. 339

bb) Die Verfügung über die Anwartschaft

Die **Verfügungsmöglichkeit** über die Anwartschaft analog § 2033[273] ist gewohnheitsrechtlich anerkannt.[274] Sie bedarf der **notariellen Form**, § 2033 Abs. 1 S. 2 analog,[275] während sich die Formbedürftigkeit des zu Grunde liegenden **Verpflichtungsgeschäftes** aus den §§ 2371, 2385 ergibt.[276] Der Erwerber wird zwar nicht zum Nacherben,[277] tritt aber mit Eintritt des Nacherbfalls unmittelbar in dessen Rechtsposition ein. Ferner ist eine Übertragung auf den Vorerben mit der Folge möglich, dass das Anwartschaftsrecht durch **Konsolidation**[278] erlischt, soweit nicht schutzwürdige Belange Dritter entgegenstehen.[279] Der Erblasser kann die Übertragbarkeit der Nacherbenanwartschaft jedoch mit dinglicher Wirkung ausschließen,[280] dagegen ein Ersatznacherbe nicht ihre Veräußerung durch den Nacherben verhindern.[281] 340

Der Verfügungsbefugnis über die Anwartschaft entspricht das Recht eines Nacherbengläubigers, die **Anwartschaft** gem. § 857 Abs. 1 ZPO zu **pfänden**.[282] 341

Anwartschaft vorliegt, muss sogar entschieden werden, wenn als Ersatzerbe oder als Erbe des Nacherben nur eine Person in Betracht kommt, weil sie Bedeutung für die Nachlasshaftung hat, vgl. näher *Schlüter*, Erbrecht, Rdn. 778f.

272 OLG Stuttgart, FamRZ 1994, 1553.

273 *Brox*, Erbrecht, Rdn. 358; *Schlüter*, Erbrecht, Rdn. 782.

274 Staudinger/*Avenarius*, § 2100 Rdn. 58; *Harder*, ZEV 1995, 453.

275 RGZ 170, 163 (168); *Kipp/Coing*, Lehrbuch des Erbrechts, § 50 I 3b (S. 306).

276 MünchKomm/*Grunsky*, § 2100 Rdn. 28.

277 Deshalb ist er auch nicht in den Erbschein aufzunehmen, so zutr. OLG Düsseldorf, MDR 1981, 143; OLG Düsseldorf, OLGZ 1991, 134 (135f.); a. A. *Bestelmayer*, Rpfleger 1994, 189 (193).

278 Vereinigung von Eigentum und dinglichem Recht in einer Person.

279 BGH, ZEV 1995, 453 mit krit. Anm. *Harder*.

280 Soergel/*Harder*/*Wegmann*, § 2108 Rdn. 5 m.w.N.; zur Gegenauffassung MünchKomm/*Grunsky*, § 2100 Rdn. 27.

281 BGHZ 40, 115 (119); *Becher*, NJW 1969, 1463 (1466).

282 Zöller/*Stöber*, § 857 Rdn. 2.

e) Das Innenverhältnis zwischen Vor- und Nacherbe

342 Während der Vorerbe als **Gesamtrechtsnachfolger** im **Außenverhältnis** der Herr ist, ist er im **Innenverhältnis** zum Nacherben „der Knecht“:[283] Dies folgt aus dem Zweck der Vorerbschaft, den Nachlass zwar zu nutzen, aber in seinem Bestand für den Nacherben zu erhalten.[284] Bereits vor dem Nacherbfall hat der Nacherbe wichtige **Informationsmöglichkeiten** über den Zustand des Nachlasses, den er auch durch ein Sachverständigengutachten feststellen lassen kann, § 2122. Ferner stehen ihm ein Anspruch auf ein **Verzeichnis** gem. § 2121 und auf **Auskunft** gegen den Vorerben gem. § 2127 zu[285].

343 Der Nacherbe hat ferner gem. § 2130 Abs. 1 mit **Eintritt des Nacherbfalls** einen **Anspruch auf Herausgabe** der Erbschaft, gem. § 2111 Abs. 1 auch dessen, was der Vorerbe auf Grund eines zur Erbschaft gehörenden Rechts oder als Ersatz für einen Erbschaftsgegenstand oder mit Mitteln der Erbschaft erworben hat **(dingliche Surrogation)**.[286]

344 Aus den §§ 2111 Abs. 1 S. 1, 101, 2133 lässt sich entnehmen, dass dem Vorerben die gewöhnlichen **Nutzungen** der Erbschaft zustehen, wofür er in der Zeit zwischen Vor- und Nacherbfall die **gewöhnlichen Erhaltungskosten** tragen muss, § 2124 Abs. 1.[287] **Außergewöhnliche Aufwendungen** darf der Vorerbe aus der Erbschaft bestreiten oder, wenn er in Vorlage getreten ist, vom Nacherben ersetzt verlangen, § 2124 Abs. 2. Dasselbe gilt für **außergewöhnliche Lasten**, § 2126 S. 2.

345 In Hinblick auf die **Haftung** des Vorerben stellt § 2132 klar, dass er keinen Ersatz für Veränderungen oder Verschlechterungen schuldet, die auf **ordnungsgemäßem Gebrauch** beruhen, was sich auch bereits aus § 2130 ergibt. Für sog. **Übermaßfrüchte** besteht ein Anspruch des Nacherben auf **Wertersatz**, § 2133. Hat der Vorerbe einen Erbschaftsgegenstand für sich verwendet, so hat er gem. § 2134 S. 1 ebenfalls Wertersatz zu leisten; eine weitergehende Haftung auf **Schadensersatz** bleibt davon

---

283 So die plastische Formulierung bei *Lange/Kuchinke*, Lehrbuch des Erbrechts, § 28 V 1 (S. 601).

284 Vgl. dazu BGHZ 109, 214 (217f.).

285 Hierzu ausführlich *Sarres*, ZEV 2004, 56ff.

286 Zur Beweislast, vgl. BGH, NJW 1983, 2874f.; führt der Vorerbe Konten des Erblassers weiter, so wird der Nacherbe nicht kraft Surrogation Kontoinhaber, BGH, NJW 1996, 190 (191) = BGHZ 131, 60 (64) = ZEV 1996, 62 m. insoweit abl. Anm. *Krampe*.

287 Zu diesem Begriff BGH, MDR 1987, 33; BGH, NJW 1993, 3198 (3199).

unberührt, § 2134 S. 2, wobei § 2131 als Haftungsmaßstab die **Sorgfalt in eigenen Angelegenheiten** (diligentia quam in suis) bestimmt, vgl. § 277.

Bei **befreiter Vorerbschaft** beschränkt sich die Herausgabepflicht auf die noch vorhandenen Erbschaftsgegenstände, § 2138 Abs. 1 S. 1. In diesem Umfang entfällt allerdings auch der Anspruch des Vorerben auf Verwendungsersatz, § 2138 Abs. 1 S. 2. **346**

f) Haftung von Vor- und Nacherben im Außenverhältnis

Der Vorerbe haftet **vor Eintritt** der Nacherbfolge nach den allgemeinen Vorschriften, §§ 1967–2017.[288] **Mehrere Vorerben** haften gem. §§ 2058–2063[289] wie **Miterben**; den **Nacherben** trifft vor dem Nacherbfall **keine Haftung**. **347**

Nach Eintritt der Nacherbfolge haftet der Nacherbe allerdings wie ein **Alleinerbe** bzw. **Miterbe**. Da sich der Nachlassbestand während der Dauer der Vorerbschaft regelmäßig ändert, sieht § 2144 Abs. 1 2. HS. vor, dass an die Stelle des Nachlasses dasjenige tritt, was der Nacherbe **aus der Erbschaft erlangt**, einschließlich der gegen den Vorerben bestehenden Ansprüche, vgl. §§ 2130, 2134, 2138 Abs. 2. Die Möglichkeiten zur Haftungsbeschränkung auf den Nachlass bestimmen sich nach den allgemeinen Vorschriften, § 2144 Abs. 1 1. HS. **348**

Der **Vorerbe** haftet nach Eintritt des Nacherbfalls grundsätzlich nicht mehr. Etwas anderes gilt, sofern der Nacherbe nicht haftet, § 2145 Abs. 1 S. 1, so insbesondere, wenn er sich mit Erfolg auf die Beschränkung seiner Haftung aus dem Nachlass berufen kann, und der Nachlass zur Deckung der Schulden nicht genügt. Der Vorerbe haftet ebenfalls weiter, wenn er bereits vor der Nacherbfolge unbeschränkbar haftete.[290] Seine Haftung tritt **neben** die des Nacherben. Dies folgt aus § 2145 Abs. 2, der an die weitere Einstandspflicht des Vorerben anknüpft. **349**

---

[288] Vgl. dazu im Einzelnen Rdn. 327, 861 ff.

[289] Dazu näher Rdn. 1014 ff.

[290] Staudinger/*Avenarius*, § 2145 Rdn. 2; MünchKomm/*Grunsky*, § 2145 Rdn. 2; a. A. *Kipp/Coing*, § 52 vor I (S. 326), demzufolge die Haftung des Vorerben mit der Nacherbfolge endet.

III. Das Vermächtnis

Schrifttum: Coing, Vorausvermächtnis und Teilungsanordnung, JZ 1962, 529ff.; **Eidenmüller**, Vorausvermächtnis und Teilungsanordnung, JA 1991, 150ff.; **Loritz**, Teilungsanordnung und Vorausvermächtnis, NJW 1988, 2697.

1. Begriff

350 Ein **Vermächtnis** ist die durch Testament, §1939, oder Erbvertrag, §1941, erfolgte **Einzelzuwendung eines Vermögensvorteils** von Todes wegen zugunsten eines Erben oder eines Dritten, die weder Erbeinsetzung noch Auflage darstellt. Darüber hinaus versteht man darunter auch den (schuldrechtlichen) **Anspruch des Vermächtnisnehmers** gegen den/die Erben auf den Gegenstand der Zuwendung.[291] Daraus folgt, dass es **keine gesetzlichen Vermächtnisse** gibt. Es ist daher missverständlich, den Voraus gem. § 1932 Abs. 2 und den Dreißigsten gem. § 1969 Abs. 2 wegen der Verweisung auf das Vermächtnisrecht als Vermächtnisse zu bezeichnen.[292]

351 Die Abgrenzung zwischen Erbeinsetzung und Vermächtnis erfolgt mangels ausdrücklicher Anordnung durch **Auslegung** der Verfügung von Todes wegen, gegebenenfalls mit Hilfe des § 2087.[293]

2. Der Beschwerte

352 Als **Beschwerter** kommt nur in Betracht, wem der Erblasser etwas **unmittelbar zuwendet**, und zwar als Erbe oder Vermächtnisnehmer, § 2147 Abs. 1. Im Zweifel ist der **Erbe** gem. S. 2 beschwert. Beschwerte im Sinne der Norm sind auch Ersatz-, Vor- und Nacherben sowie Vermächtnisnehmer, die mit einem Untervermächtnis belastet werden können. Zu diesem Kreis zählt schließlich in entsprechender Anwendung des § 2147 S. 1 der Begünstigte aus einem Vertrag zugunsten Dritter auf den Todesfall gem. § 331, da auch er im Todeszeitpunkt des Zuwendenden unmittelbar begünstigt wird und das Recht zur Zurückweisung gem. § 333 hat.[294]

---

[291] MünchKomm/*Schlichting*, Vor § 2147 Rdn. 1; *Lange/Kuchinke*, Lehrbuch des Erbrechts, § 29 II 2a (S. 624).

[292] So zutr. *Harder*, NJW 1988, 2716f.; vgl. dazu bereits 198f.

[293] Den subsidiären Charakter des § 2087 gegenüber den allgemeinen Auslegungsregeln betonend Damrau/*Stehlin*, Erbrecht, § 2087, Rdn. 1; zu Einzelheiten vgl. Rdn. 301f.; zur Abgrenzung zwischen Vermächtnis und Auflage 370ff.

[294] MünchKomm/*Schlichting*, § 2147 Rdn. 5; *Schlüter*, Erbrecht, Rdn. 891; a. A. Palandt/*Edenhofer*, § 2147 Rdn. 4.

Bei **Wegfall des Beschwerten** ist derjenige Schuldner des Vermächtnisanspruches, dem der Wegfall **unmittelbar zustatten** kommt, § 2161. „Wegfallen" bedeutet, dass das Ereignis auf den Erbfall zurückwirkt, etwa durch Ausschlagung gem. §§ 1953 Abs. 1, 2180. 353

Das Vermächtnis stellt für den beschwerten Erben eine **Nachlassschuld** dar; mehrere Erben haften als **Gesamtschuldner**, §§ 2058, 1967 Abs. 2, auch wenn nur einige mit dem Vermächtnis beschwert sind. § 2148, der die Aufbringung im Innenverhältnis im Zweifel entsprechend den Erbteilen regelt, hat keine Außenwirkung.[295] 354

Die Erben können die **Einrede der beschränkten Erbenhaftung** unabhängig von der Dürftigkeit des Nachlasses erheben, wenn die Überschuldung auf Vermächtnissen oder Auflagen beruht (sog. Überschwerung, § 1992). Damit wird dem vermuteten Erblasserwillen Rechnung getragen, der regelmäßig keine Nachlassinsolvenz will, um die Vermächtnisansprüche zu erfüllen.[296] 355

Der mit einem Untervermächtnis beschwerte Vermächtnisnehmer haftet nicht mit seinem eigenen Vermögen, § 2187 Abs. 1; mehrere Vermächtnisnehmer haften gesamtschuldnerisch. 356

3. Der Vermächtnisnehmer

Jede **rechtsfähige Person** kann Vermächtnisnehmer werden,[297] gem. § 2178 sogar der **noch nicht Erzeugte**. Verstirbt der Bedachte vor dem Erbfall, fällt das Vermächtnis weg, § 2160, es sei denn, es wird ein **Ersatzvermächtnisnehmer** eingesetzt, § 2190. 357

Bei einem sog. **gemeinschaftlichen Vermächtnis** ist gem. § 2157 i.V.m. §§ 2089ff., 741ff. im Zweifel von gleichen Bruchteilen auszugehen; der Wegfall eines Bedachten führt zur **Anwachsung**, sofern nichts anderes bestimmt ist, §§ 2158, 2159. 358

Die **Bestimmung des Vermächtnisnehmers** wird durch §§ 2151f. auch **Dritten** ermöglicht, sofern der in Frage kommende Personenkreis überschaubar ist; die Vorschriften sind im Verhältnis zur Erbeinsetzung gelockert, § 2065 Abs. 2. 359

---

[295] Staudinger/*Otte*, § 2148 Rdn. 4; *Brox*, Erbrecht, Rdn. 455; a. A. für teilbare Leistungen RGRK-*Johannsen*, § 2148 Rdn. 3.

[296] Staudinger/*Marotzke*, § 1992 Rdn. 1.

[297] Da das Vermächtnis nicht dinglich wirkt, kommen auch Gesamthandsgemeinschaften als Bedachte in Frage, *Lange/Kuchinke*, Lehrbuch des Erbrechts, § 29 III 2a (S. 630); *Schlüter*, Erbrecht, Rdn. 894; *Bamberger/Roth*, § 1940 Rn. 8.

360 Sofern ein Erbe mit einem Vermächtnis bedacht wurde, ordnet § 2150 die rechtliche Selbständigkeit eines solchen **Vorausvermächtnisses** an, das somit z. B. gesondert ausgeschlagen werden kann, vgl. § 2180.[298]

361 Ein **Vorausvermächtnis** für einen Miterben muss von einer **Teilungsanordnung** gem. § 2048 S. 1 abgegrenzt werden, da diese zu anderen Rechtsfolgen führt. So kann der Vorausvermächtnisnehmer seinen Anspruch sofort geltend machen, während eine Teilungsanordnung erst im Rahmen der Auseinandersetzung Bedeutung erlangt. Auch eine Ausschlagung kommt nur für das Vorausvermächtnis in Betracht. Schließlich unterfallen nur Vermächtnisse der Bindungswirkung eines Erbvertrages oder einer wechselbezüglichen Verfügung, §§ 2278 Abs. 2, 2270 Abs. 3.[299]

362 Während die Teilungsanordnung der **technischen Durchführung** der Erbauseinandersetzung dient, führt das Vorausvermächtnis zu einer **wertmäßigen Gewichtsverschiebung** zwischen den Miterben. Das maßgebliche Abgrenzungskriterium ist nach der Rechtsprechung des BGH, ob der Erblasser einen Miterben gegenüber den anderen begünstigen wollte.[300] Dann handelt es sich um ein (Voraus-)Vermächtnis, sonst um eine Teilungsanordnung.

363 Diese Abgrenzung führt zu Problemen, wenn einem Miterben zwar ein Gegenstand, meist ein Grundstück, zugewiesen wurde, dessen Wert seine Erbquote übersteigt, sich aber kein Begünstigungswille feststellen lässt, etwa weil der Erblasser die Wertverhältnisse falsch eingeschätzt hatte. Hier kommt die Rechtsprechung zu einer sog. **wertverschiebenden Teilungsanordnung**, deren Wirksamkeit abgelehnt wird, wenn sie nicht mit einer Ausgleichspflicht des Begünstigten verbunden ist.[301]

364 Aufbautechnisch ist entsprechend dem Wortlaut des § 1939 zuerst zu prüfen, ob durch die Verfügung eine objektive Wertverschiebung zwischen den Miterben eintreten würde, und erst danach der Begünstigungswille.[302] Bejaht man ihn, liegt ein Vermächtnis vor, sonst eine Teilungsanordnung, mit der Folge, dass der Begünstigte zu ihrer Wirksamkeit den Vorteil wertmäßig ausgleichen muss.[303]

---

[298] Gem. § 2110 Abs. 2 erstreckt sich das Recht des Nacherben im Zweifel nicht auf das Vorausvermächtnis des Vorerben; vgl. BGHZ 32, 60.

[299] Näher dazu *Loritz*, NJW 1988, 2697 (2699); *Coing*, JZ 1962, 529 (530); zu den Auswirkungen, wenn der Erblasser neu testiert hat, BGH, NJW 1995, 721.

[300] BGHZ 36, 115 (118f.); grds. zust. MünchKomm/*Schlichting*, § 2150 Rdn. 6.

[301] So ausdr. BGH, NJW 1985, 51 (52); ferner BGHZ 82, 274 (279); BGH, FamRZ 1987, 475 (476).

[302] BGH, FamRZ 1985, 62 (63); OLG Braunschweig, ZEV 1996, 69 (70); *Rudolf*, FamRZ 1985, 63 (64). Dagegen insoweit nicht eindeutig BGH, NJW 1995, 721, vgl. auch *Kummer*, ZEV 1996, 47 (49).

[303] *Lange/Kuchinke*, Lehrbuch des Erbrechts, § 29 V 1d δ (2) (S. 640); vgl. auch BGH, ZEV 1996, 70f.; *Siegmann*, ZEV 1996, 49.

4. Der Vermächtnisgegenstand

Gegenstand des Vermächtnisses ist gem. § 1939 in einem weit zu verstehenden Sinne die Zuwendung eines **Vermögensvorteils.**[304] 365

Es gibt verschiedene Arten von Vermächtnissen: Ein **Stückvermächtnis**, bei dem ein bestimmter Gegenstand vermacht wird, ist im Zweifel unwirksam, wenn dieser Gegenstand nicht zur Erbschaft gehört, § 2169 Abs. 1. Der Beschwerte unterliegt nicht dem Gewährleistungsrecht, §§ 2182, 2183e contrario, ggf. aber der Haftung nach allgemeinem Schuldrecht, §§ 280ff. Ob bei Veräußerung durch den Erblasser der Gegenwert vermacht sein soll, muss man durch Auslegung ermitteln; § 2169 Abs. 3 enthält keinen allgemeinen Surrogationsgedanken.[305] 366

Der Gegenstand der Zuwendung kann auch der **Gattung** nach bestimmt sein, wobei gem. § 2155 Abs. 1 – anders als im allgemeinen Schuldrecht gem. § 243 Abs. 1 – ein subjektiver Maßstab gilt. Der Beschwerte haftet dann infolge der Verweisung in §§ 2182f. weitgehend wie ein **Verkäufer**[306]. Der häufige Fall, dass eine **Geldsumme** vermacht wurde, stellt einen Unterfall des **Gattungsvermächtnisses** dar. 367

Auf das **Wahlvermächtnis** gem. § 2154 Abs. 1 sind die Vorschriften über die Wahlschuld, §§ 262ff., anwendbar. Bei einem **Zweckvermächtnis** kann der Erblasser die Bestimmung des Vermächtnisinhalts auf einen Dritten übertragen, § 2156 S. 1, nicht jedoch auf den Bedachten selbst.[307] Hat der Erblasser bewusst einen Gegenstand vermacht, der nicht zum Nachlass gehört, so liegt ein **Verschaffungsvermächtnis** vor, § 2170 Abs.1. Der Beschwerte wird durch Abs. 2 vor unzumutbaren Beschaffungspflichten geschützt. 368

5. Anfall und Ausschlagung des Vermächtnisses

Unter dem **Anfall des Vermächtnisses** ist der **Erwerb der Vermächtnisforderung** zu verstehen, der durch Ausschlagung rückwirkend beseitigt 369

---

304 Auch die bloße Option, einen Gegenstand zu seinem Verkehrswert übernehmen zu können, wurde davon erfasst, vgl. BGHZ 36, 115 (117); MünchKomm/*Schlichting*, § 2150 Rdn. 7; a. A. *Bürger*, MDR 1986, 371 (374); *Eidenmüller*, JA 1991, 150 (153).

305 BGHZ 22, 357 (359).

306 Vgl. hierzu ausführlich *Schlichting*, ZEV 2002, 478 (478f.); zur Begrenzung des Anspruchs lediglich auf Nachlieferung siehe auch *Otte*, ZEV 2004, 9 (12).

307 BGH, NJW 1991, 1885 (1886) auch m.w.N. zur Gegenansicht; ebenso AnwK-BGB/*J. Mayer*, § 2156, Rdn. 10.

werden kann, § 2176, allerdings nicht mehr nach Annahme, § 2180. Er erfolgt mit dem Erbfall, sofern nichts anderes bestimmt ist, z. B. bei einem **aufschiebend bedingten Vermächtnis**, § 2177. Hier ist gem. § 2160 i.V.m. § 2074 die Zuwendung im Zweifel davon abhängig, dass der Bedachte sowohl den Erbfall als auch den Bedingungseintritt erlebt.[308]

IV. Die Auflage

1. Begriff, Inhalt und Anordnung der Auflage

370 Eine Auflage, geregelt in den §§ 2192ff., ist die letztwillig begründete Verpflichtung zu einer Leistung, der **kein Forderungsrecht** eines Begünstigten gegenübersteht, § 1940. Ein weiteres Abgrenzungskriterium zum Vermächtnis folgt daraus, dass nicht einmal ein Begünstigter vorhanden sein muss, etwa bei der häufigen Anordnung der Grabpflege.[309] Gegenstand der Auflage kann jedes **Tun oder Unterlassen** sein; auf einen Vermögenswert kommt es nicht an.

371 Sofern eine Zuwendung vom Verhalten des Bedachten abhängt, stellt sie keine (erzwingbare) Auflage dar, sondern eine aufschiebend bedingte Erbeinsetzung oder ein entsprechendes Vermächtnis.

372 Soll die Auflage dennoch (ausnahmsweise) jemanden begünstigen, kann der Erblasser in den Grenzen des § 2193 dessen Auswahl auf Dritte, insbesondere den Beschwerten, übertragen.[310]

373 Eine Auflage wird gem. §§ 2192, 2171 unwirksam, wenn sie dem Beschwerten eine unmögliche Leistung abverlangt. Die Wirksamkeit der Zuwendung unter der entsprechenden Auflage bleibt davon unberührt, § 2195. Allerdings muss man stets prüfen, ob dem Erblasserwillen nicht besser durch Auslegung zum Erfolg zu verhelfen ist.[311]

374 Der **Wegfall des Beschwerten** hat keine Unwirksamkeit der Auflage zur Folge; vgl. § 2192 i.V.m. § 2161. Wird die Vollziehung nach dem Erbfall schuldhaft unmöglich, so ist der Beschwerte gem. §§ 2196, 818ff. zur Herausgabe verpflichtet. Anderenfalls wird er frei, § 275.

2. Die Vollziehung

375 Da der Auflage **kein Anspruch** gegenübersteht, bestimmt § 2194 S. 1, dass bestimmte Personen **vollziehungsberechtigt** sind. Dies sind der

[308] *Brox*, Erbrecht, Rdn. 447.
[309] Dazu *Lange/Kuchinke*, Lehrbuch des Erbrechts, § 30 I 3 (S. 654).
[310] BGHZ 121, 357 (361).
[311] Vgl. BGHZ 42, 327 (329ff.).

Übersicht: Rechtliche Stellung des Bedachten

Letztwillige Verfügung, § 1938

Erbe

- <u>Grds.:</u> Gesamtrechtsnachfolger gem. § 1922 Abs. 1
- Bei mehreren Erben: Erbengemeinschaft, § 2032 Abs. 1 (*Gesellschaft, deren Zweck auf Auflösung gerichtet ist*); Rechte der Miterben bestimmen sich gem. §§ 2033 ff.

Vollerbe	**Vor- und Nacherbe**	**Ersatzerbe**
Rechtsnachfolger gem. § 1922 Abs. 1	Best. Verfügungsbeschränkungen des Vorerben, § 2113; Befreiungsmöglichkeit gem. § 2136	Vollerbe bei Wegfall des zunächst bestimmten Erben, § 2096

Vermächtnisnehmer

Anspruch aus: § 2174

- Vermächtnis: **Einzelzuwendung** eines Vermögensteils von Todes wegen
- Folge: **Schuldrechtlicher Anspruch** des Berechtigten gegen den/die Erben auf den Gegenstand der Zuwendung
- Keine Mitwirkungsrechte in der Erbengemeinschaft

Vorausvermächtnis	*wichtigste Abgrenzung* ⇔	**Teilungsanordnung**
Einem Erben zugewendetes Vermächtnis, § 2150		Anordnung für die Auseinandersetzung, § 2048

*Daneben besteht die Möglichkeit für Erblasser, **Auflage** gem. §§ 2192 ff. anzuordnen.*

Erbe gegenüber einem beschwerten **Vermächtnisnehmer**, ferner der **Miterbe** und **derjenige**, welchem der Wegfall des mit der Auflage zunächst Beschwerten **unmittelbar zustatten kommt**. Darüber hinaus sind auch der **Testamentsvollstrecker** sowie die zuständige Behörde vollziehungsberechtigt,[312] sofern die Vollziehung im öffentlichen Interesse liegt, § 2194 S. 2. Dem Vollziehungsberechtigten steht ein fremdnütziger klagbarer Anspruch gegen den Beschwerten zu, der mit dem Erbfall entsteht.

V. Wiederholung und Vertiefung*

Fragen

Frage 1
Was versteht man unter Enterbung?

Frage 2
Welche beiden Möglichkeiten hat ein Erblasser, eine Enterbung vorzunehmen?

Frage 3
Nach welchen Kriterien ist zwischen Erbeinsetzung und Vermächtnis abzugrenzen?

Frage 4
Was bedeutet „Anwachsung“ und welchem Zweck dient dieses Institut?

Frage 5
E setzt A als Alleinerben ein, B als Ersatzerben. Bei einem Verkehrsunfall verstirbt A wenige Minuten nach E. B fragt nach seiner Rechtsposition.

Frage 6
Beschreiben Sie die gesetzliche Ausgestaltung des Nacherbenschutzes für den nicht befreiten Vorerben.

Frage 7
Ein Nachlassgläubiger erstreitet ein Urteil gegen einen Vorerben, das vor Eintritt des Nacherbfalls rechtskräftig wird. Ist der Nacherbe daran gebunden? (lies § 326 ZPO).

Frage 8
Worin bestehen Gemeinsamkeiten und Unterschiede von Vermächtnis und Auflage?

---

312 MünchKomm/*Schlichting*, § 2194 Rdn. 4; *Bamberger/Roth,* § 2194 Rn. 3.
* Antworten im Anhang, siehe S. 454.

VI. Testamentsvollstreckung

Schrifttum: Bork, Testamentsvollstreckung durch Banken, WM 1995, 225ff.; **Deckert**, Testamentsvollstreckung, JA 1995, 111ff.; **Lehmann**, Die unbeschränkbare Rechtsmacht des Testamentsvollstreckers, AcP 188 (1988), S 1ff.; **Muscheler**, Testamentsvollstreckung über Erbteile, AcP 195 (1995), S 35ff.; **Schaub**, Testamentsvollstreckung durch Banken, FamRZ 1995, 845ff.; **Ulmer**, Testamentsvollstreckung am Kommanditanteil – Voraussetzungen und Rechtsfolgen, NJW 1990, 73ff.; **Wacke**, Testamentsvollstreckung im deutschen und europäischen Recht, Jura 1989, 577ff.

1. Begriff und Bedeutung

Der Erblasser kann durch Verfügung von Todes wegen bestimmen, 376
dass seine letztwilligen Verfügungen durch einen **Testamentsvollstrecker** ausgeführt werden, § 2203, um Einfluss auf das Schicksal seines Nachlasses zu nehmen.[313] Ein Bedürfnis besteht z. B., wenn bei der Auseinandersetzung einer Miterbengemeinschaft Schwierigkeiten zu befürchten oder die Erben (noch) zu unerfahren sind.[314] Soweit der Nachlass dem Testamentsvollstrecker unterstellt ist, bildet er ein **Sondervermögen**, über das die **Erben** grundsätzlich **nicht verfügen** können.

2. Beginn und Ende der Testamentsvollstreckung

a) Beginn

Voraussetzungen einer Testamentsvollstreckung sind **Anordnung** in 377
einer letztwilligen Verfügung, die **Ernennung** des Testamentsvollstreckers sowie dessen **Amtsannahme**.

Die **Anordnung** einer Testamentsvollstreckung erfolgt allein durch 378
einseitige Verfügung von Todes wegen, entweder durch Testament, §2197, oder als nicht bindende in einem Erbvertrag, §§ 2299 Abs. 1, §2278 Abs. 2.[315] Die Abgrenzung zu anderen letztwilligen Anordnungen ergibt sich durch Auslegung, so dass der Begriff „Testamentsvollstreckung“ nicht zwingend erforderlich ist.[316]

Durch die **Ernennung** wird die Person des Testamentsvollstreckers be- 379
stimmt, entweder durch den Erblasser oder auch durch Dritte, vgl. §2198

[313] Überbl. über andere Möglichkeiten bei MünchKomm/*Zimmermann*, Vor §2197 Rdn. 7ff.

[314] Vgl. z. B. OLG Düsseldorf, NJW 1988, 2615ff.

[315] BayObLG, FamRZ 1997, 905 (907).

[316] BayObLG, FamRZ 1992, 1354 (1355); sowie bereits RGZ 92, 68 (72).

Abs. 1.[317] „Dritter“ in diesem Sinne kann u. a. der **Alleinerbe** sein,[318] aber sogar der **Testamentsvollstrecker** selbst, etwa im Hinblick auf seinen Nachfolger vgl. § 2199. Gem. § 2200 darf die Auswahl auch dem **Nachlassgericht** überlassen werden. Daneben hat der **Erblasser** die Möglichkeit der Benennung eines **Ersatztestamentsvollstreckers**, § 2197 Abs. 2.

380 Die Eigenschaft zum Testamentsvollstrecker hat grundsätzlich jede **geschäftsfähige Person**, für die nicht gem. § 1896 ein Betreuer bestellt wurde, § 2201.[319] Der Alleinerbe kann ebenso wie ein Miterbe einer von mehreren Testamentsvollstreckern sein,[320] hingegen nicht alleiniger Testamentsvollstrecker.[321] Gesetzlich ausgeschlossen sind der **Notar**, der die letztwillige Verfügung beurkundet hat, §§ 7, 27 BeurkG, und der **gesetzliche Vertreter** eines (minderjährigen) Erben. In einem solchen Fall muss zur Vermeidung des Interessenkonflikts ein **Ergänzungspfleger** gem. § 1909 als Testamentsvollstrecker bestellt werden.[322]

381 Ob die ernannte Person Testamentsvollstrecker wird, hängt davon ab, ob sie das Amt annimmt, was gem. § 2202 Abs. 2 **nach Eintritt des Erbfalls** gegenüber dem **Nachlassgericht** erklärt werden muss. Dem Ernannten kann eine Erklärungsfrist gesetzt werden, § 2202 Abs. 3. Da der Testamentsvollstrecker sein Amt jederzeit grundlos kündigen darf, §§ 2226, 671 Abs. 3, besteht keine klagbare Verpflichtung zur Übernahme.[323]

b) Dauer der Testamentsvollstreckung

382 Die **Rechtswirkungen** der Testamentsvollstreckung treten nicht erst mit der Annahme des Amtes, sondern bereits mit dem **Erbfall** ein, sofern der Erblasser nichts anderes bestimmt hat. Dies gilt etwa für das **Verfügungsverbot** der Erben gem. § 2211.[324]

---

[317] Das stellt eine Durchbrechung des Grundsatzes der materiellen Höchstpersönlichkeit, § 2065, dar, vgl. Rdn. 229.

[318] RGZ 92, 68 (72).

[319] Damit auch juristische Personen. Zur Testamentsvollstreckung durch Banken, OLG Karlsruhe, ZEV 1994, 300; OLG Düsseldorf, WM 2002, 806 und 807; *Bork*, WM 1995, 225ff.; *Schaub*, FamRZ 1995, 845ff.

[320] BGHZ 30, 67 (70).

[321] RGZ 77, 177 (178); RGZ 163, 57 (58); *Leipold*, Erbrecht, Rdn. 790; etwas anderes gilt bei Vermächtnisvollstreckung gem. § 2223.

[322] OLG Hamm, FamRZ 1993, 1122.

[323] So MünchKomm/*Zimmermann*, § 2202 Rdn. 2; *Lange/Kuchinke*, Lehrbuch des Erbrechts, § 31 IV 4 (S. 679) je m. w. N.; a. A. *Brox*, Erbrecht, Rdn. 389.

[324] BGHZ 25, 275 (282); BGHZ 48, 214 (220).

Auch bei der **Beendigung** können die Testamentsvollstreckung als solche und das Amt auseinanderfallen, vor allem, wenn gem. § 2197 Abs. 2 ein Ersatztestamentsvollstrecker bestimmt ist. 383

Das Amt erlischt wegen der Vertrauensstellung gem. § 2225 zum einen mit dem **Tod des Testamentsvollstreckers**, zum anderen, wenn ein Umstand eintritt, der bereits die **Ernennung** gem. § 2201 **unwirksam** werden ließe. Daneben tritt die bereits angesprochene **Kündigung**, §2226 S.1. Ferner haben die Beteiligten das Recht, einen Antrag auf **Entlassung** des Testamentsvollstreckers zu stellen, § 2227.[325] Weitere Beendigungsgründe sind **Fristablauf** oder Eintritt einer **auflösenden Bedingung**, sei es, dass der Erblasser eine Frist gesetzt hat oder bei Ablauf der gesetzlichen Frist des § 2210. Schließlich endet die Testamentsvollstreckung, wenn alle **Aufgaben erfüllt** sind,[326] obwohl dies nicht geregelt ist (Zweckerreichung).

3. Funktion und Rechtsstellung des Testamentsvollstreckers

a) Aufgaben des Testamentsvollstreckers

Der Testamentsvollstrecker soll den **Erblasserwillen ausführen**, § 2203. 384
Dem Bestimmungsrecht des Erblassers sind jedoch Grenzen gesetzt, §2216 Abs. 2 S. 2.[327] Die gesetzliche Ausgestaltung des Aufgabenbereichs gem. §§ 2216ff. kommt zum Tragen, soweit der Erblasser keine Regelungen getroffen hat.

Gesetzlicher Regelfall ist die **Abwicklungsvollstreckung**. Der Testamentsvoll- 385
strecker hat zu tun, was sonst den Erben oblegen hätte. Dazu gehören etwa die **Tilgung von Nachlassverbindlichkeiten** sowie die Ausführung von **Vermächtnissen** und **Auflagen**. Im Fall einer **Miterbengemeinschaft setzt** der Testamentsvollstrecker diese **auseinander**, § 2204 Abs. 1, indem er gem. Abs. 2 einen Auseinandersetzungsplan erstellt, zu dem die Erben zu hören sind.[328]

Wie § 2209 Abs. 1 zeigt, kann die Funktion des Testamentsvollstreckers auch 386
in der **Nachlassverwaltung** bestehen, und zwar entweder ausschließlich darin

---

[325] Vgl. BayObLG, Rpfleger 1985, 444; OLG Hamm, FamRZ 1994, 1419 (1420); OLG Düsseldorf, FamRZ 1995, 123 (124); BayObLG, FamRZ 1997, 905 (907ff.); umfassend *Muscheler*, AcP 195 (1995), 35ff.

[326] Allgemein anerkannt: So bereits RGZ 81, 166 (169); BGHZ 41, 23 (25); BayObLG, ZEV 1995, 370 (370f.).

[327] Bei erheblicher Gefährdung des Nachlasses besteht darüber hinaus die Möglichkeit, die Anordnung durch das Nachlassgericht außer Kraft setzen zu lassen, § 2216 Abs. 2 S. 2.

[328] MünchKomm/*Zimmermann*, § 2204 Rdn. 4; *Schlüter*, Erbrecht, Rdn. 832.

oder bei einer sog. **Dauervollstreckung** nach Abwicklung der sonstigen Aufgaben, 2. HS.

387 Daneben gibt es eine auf bestimmte Bereiche **beschränkte Testamentsvollstreckung**, z. B. bzgl. eines Erbteils.[329]

388 Betreiben mehrere Testamentsvollstrecker ihr Amt **gemeinschaftlich**, § 2224 Abs. 1, so können gem. Abs. 2 notwendige Erhaltungsmaßnahmen ggf. von einem Testamentsvollstrecker allein veranlasst werden.

b) Befugnisse des Testamentsvollstreckers

389 Dem Testamentsvollstrecker steht gem. § 2205 S. 1 die **Verwaltung des Nachlasses** zu. Er ist zunächst berechtigt, den Nachlass in **Besitz** zu nehmen. Seine Verfügungsmacht ist nur in zweierlei Hinsicht eingeschränkt: Zum einen gilt das Verbot des **In-sich-Geschäfts**, § 181 analog,[330] zum anderen sind ihm **unentgeltliche Verfügungen** nach § 2205 S. 3 untersagt, sofern sie nicht einer sittlichen Pflicht oder einer auf den Anstand zu nehmenden Rücksicht entsprechen.[331] Er kann mit Wirkung für den Nachlass **Verpflichtungen** eingehen, soweit seine Verfügungsbefugnis reicht, § 2206 Abs. 1 S. 2, im Übrigen, wenn sie zur **ordnungsgemäßen Verwaltung** erforderlich sind, § 2206 Abs. 1 S. 1. Der Erblasser hat die Möglichkeit, diese Befugnisse zu erweitern, § 2207, wovon bei einer **Verwaltungsvollstreckung** im Zweifel auszugehen ist, § 2209 S. 2. Dem Testamentsvollstrecker ist auf Antrag ein **Zeugnis** auszustellen, § 2368 Abs. 1, das die gleichen Wirkungen hat wie ein Erbschein, Abs. 3.[332]

390 Wie sich aus § 2212 ergibt, steht dem Testamentsvollstrecker die ausschließliche **aktive Prozessführungsbefugnis** zu.[333] Eine Klage der Erben ist **unzulässig**. Die Erben sind an die **Rechtskraft** des Urteils gebunden,

329 *Muscheler*, AcP 195 (1995), 35 ff.; *Lehmann*, AcP 188 (1988), 1 ff.; *Lange/Kuchinke*, Lehrbuch des Erbrechts, § 31 V 1 a (S. 682).

330 Staudinger/*Reimann*, § 2205 Rdn. 60; *Kipp/Coing*, Lehrbuch des Erbrechts, § 68 V 2 (S. 391); *Deckert*, JA 1995, 111 (113); zu den Folgen unzulässiger In-Sich-Geschäfte des Testamentsvollstreckers vgl. OLG Frankfurt, JuS 1998, 845.

331 Der Begriff der unentgeltlichen Verfügung wird wie beim Vorerbenrecht verstanden, vgl. BGH, FamRZ 1991, 188 (189); Staudinger/*Reimann*, § 2205 Rdn. 42; zu § 2113 Abs. 2 vgl. Rdn. 330, sowie BGHZ 5, 173 (182); BGHZ 7, 274 (277).

332 Zum Inhalt dieses Zeugnisses *Haegele/Winkler*, Testamentsvollstrecker, Rdn. 691 ff.; *Schlüter*, Erbrecht, Rdn. 879.

333 BGH, NJW 1998, 1313.

§ 327 Abs. 1 ZPO. Dagegen hat der Kläger, der eine **Forderung** gegen den Nachlass geltend machen will, gem. § 2213 Abs. 1 ein **Wahlrecht**: Er kann den Testamentsvollstrecker oder die Erben verklagen, sofern sie die Erbschaft angenommen haben. Im zweiten Fall ist dann auch die Vollstreckung in das **Eigenvermögen** der Erben möglich. § 2213 Abs. 3 eröffnet dem Nachlassgläubiger die Möglichkeit, beide zu verklagen, § 327 ZPO.[334] Die **Zwangsvollstreckung** erfolgt nach Maßgabe des § 748 Abs. 1 ZPO.

c) Rechtsstellung des Testamentsvollstreckers

Die Befugnisse zeigen, dass die Rechtsstellung des Testamentsvoll- **391**
streckers überaus stark ausgestaltet wurde. Ihre Einordnung ist – ähnlich wie die des Insolvenzverwalters – noch nicht abschließend geklärt. Insbesondere aufgrund des Wortlautes verschiedener Normen, vgl. u.a. §§ 2197 Abs. 2, 2201, 2202, nimmt die h. M. an, der Testamentsvollstrecker sei **Träger eines privaten Amtes**,[335] **nicht Vertreter** des Nachlasses oder der Erben. Neben dem dogmatischen Wert besagt diese Einordnung, dass der Testamentsvollstrecker selbst Partei (kraft Amtes) eines Rechtsstreits wird und nicht lediglich den oder die Erben vertritt.

4. Das Verhältnis des Testamentsvollstreckers zu den Erben

a) Das Innenverhältnis

§ 2218 verweist auf das **Auftragsrecht**, und zwar als **Rechtsfolgenver-** **392**
weisung. Zwischen den Beteiligten entsteht also **kein** Auftragsverhältnis mit der Folge der Weisungsgebundenheit des Testamentsvollstreckers,[336] sondern ein weitgehend zwingend ausgestaltetes **gesetzliches Schuldverhältnis**, § 2220: Es begründet die Verpflichtung zur Erstellung eines **Nachlassverzeichnisses**, § 2215, zur **ordnungsgemäßen Verwaltung**, § 2216 Abs. 1 und – durch Verweisung auf § 666 – **Auskunfts- und Rechenschaftspflichten**, vgl. auch § 2118 Abs. 2. Die Verpflichtung zur **Herausgabe** des Nachlasses an die Erben ergibt sich aus §§ 2218 Abs. 1,

---

[334] Urteile gegen die Erben wirken nicht gegen den Testamentsvollstrecker; zu Einzelheiten Staudinger/*Reimann*, § 2213 Rdn. 6.

[335] RGZ 56, 327 (330); BGHZ 13, 203 (205); Staudinger/*Reimann*, § 2197 Rdn. 14; *Lange*/*Kuchinke*, Lehrbuch des Erbrechts, § 31 III (S. 668ff.) m.w.N.; *Bengel*/*Reimann*, Hdb. des Testamentsvollstreckers, Rdn. 11.

[336] BGHZ 30, 67 (73); zum Verhältnis von Erben und Testamentsvollstrecker *Kapp*, BB 1981, 113ff.

667. **Bei Pflichtverletzungen** kommt es zur **Haftung** nach dem Maßstab des § 276 Abs. 1.[337]

393 Im Gegenzug hat der Testamentsvollstrecker einen Anspruch auf **Aufwendungsersatz**, §§ 2218 Abs. 1, 670 sowie auf **angemessene Vergütung**, § 2221.[338]

b) Rechtsstellung der Erben bei Testamentsvollstreckung

394 Die **Verfügungsbefugnis** ist den Erben **entzogen**, soweit die Verfügungsmacht des Testamentsvollstreckers reicht, § 2211 Abs. 1.[339]

395 Allerdings gelten gem. § 2211 Abs. 2 die **Gutglaubensvorschriften**, §§ 932ff., 892, wobei ein gutgläubiger Erwerb von Immobilien regelmäßig am **Testamentsvollstreckervermerk** im Grundbuch scheitert, § 52 GBO.[340]

5. Spannungsfeld zwischen Testamentsvollstreckung und Handels- bzw. Gesellschaftsrecht

a) Einzelkaufmännisches Unternehmen

396 Bei Fortführung eines **einzelkaufmännischen Unternehmens**[341] durch einen Testamentsvollstrecker ergeben sich Kollisionen zwischen **erbrechtlichen** und **handelsrechtlichen** Haftungsgrundsätzen: Der Erbe haftet gem. §§ 27 Abs. 1, 25 HGB bei **Fortführung** der Firma **unbeschränkt**, der Testamentsvollstrecker kann dagegen nur den **Nachlass** verpflichten, § 2206.

397 Dieses Problem lässt sich weder durch einen Testamentsvollstreckungsvermerk im Handelsregister noch dadurch lösen, dass man den Nachlass als vom Testamentsvollstrecker zu verwaltendes Sondervermögen ansieht, auf das sich die Haftung beschränkt (sog. Testamentsvollstreckerlösung).[342] Wenn das Einzelhandelsgeschäft nicht in eine Rechtsform mit beschränkter Haftung umge-

---

[337] Zur Haftung bei Vermögensanlagen *Klumpp*, ZEV 1994, 65ff.; ausf. *Muscheler*, Die Haftungsordnung der Testamentsvollstreckung, Tübingen 1994.

[338] Zur Vergütung *Reimann*, ZEV 1995, 57ff.; ferner OLG Köln, ZEV 1995, 70f.

[339] Dazu BGHZ 48, 214 (220).

[340] Vgl. *Deckert*, JA 1995, 111 (116).

[341] Zur Nachfolge in Unternehmen und Unternehmensbeteiligungen vgl. Rdn. 1238ff.

[342] So aber *Baur*, FS Dölle, Bd. 1, S. 249ff.; zust. *Kipp/Coing*, Lehrbuch des Erbrechts, § 68 III 3a (S. 382); zur Kritik MünchKomm/*Zimmermann*, § 2205 Rdn. 22; zutr. *Deckert* JA 1995, 111 (114): Das Handelsrecht lässt kein Einzelhandelsunternehmen mit beschränkter Haftung zu. Dementsprechend lehnt die ganz h. M. seit RG 132, 138 (141) die Eintragungsfähigkeit der Testamentsvollstreckung im Handelsregister ab.

wandelt wird,[343] bleiben nur folgende Möglichkeiten: Der Testamentsvollstrecker kann zum einen als **Firmeninhaber** in das Handelsregister eingetragen werden und das Geschäft als **Treuhänder** im eigenen Namen führen. Er haftet dann nach außen **persönlich** und **unbeschränkt**, hat aber im Innenverhältnis einen **Freistellungsanspruch** gegen die Erben, §§ 2218, 670 **(Treuhandlösung)**. Zum anderen ist es möglich, dass die **Erben** das Einzelhandelsgeschäft als **Inhaber** weiterbetreiben, mit der Folge, dass sie voll haften, die Geschäftsführung aber vom Testamentsvollstrecker wahrnehmen lassen **(Vollmachtslösung)**.[344] Was der Erblasser wollte, ergibt sich durch Auslegung. Die erforderliche Zustimmungserklärung der Erben lässt sich im Wege der Auflage erreichen.[345]

b) Anteil an einer Personengesellschaft[346]

Wenn der Erblasser Gesellschafter einer **Personen- oder Personenhandelsgesellschaft** war,[347] die durch seinen Tod nicht aufgelöst wird, vgl. § 727, entsprechen die haftungsrechtlichen Probleme denen des Einzelkaufmannes.[348] **398**

Aus gesellschaftsrechtlicher Sicht treten prinzipielle Bedenken gegen die Zulässigkeit der Testamentsvollstreckung an einem Gesellschaftsanteil hinzu. Die Testamentsvollstreckung scheitert zwar nicht daran, dass der Gesellschaftsanteil nicht zum Nachlass gehört, weil er im Wege der Singularsukzession übergeht.[349] Der **höchstpersönliche** Charakter des (personen-)gesellschaftlichen Zusammenschlusses steht aber grundsätzlich der Beteiligung einer Person entgegen, die von den übrigen Mitgliedern nicht ausgesucht wurde.[350] Dies gilt allerdings nicht im vermögensrechtlichen Bereich, so dass der Testamentsvollstrecker eine Forderung der Gesellschaft einziehen kann.[351] Soweit indessen die „Innenseite" der Gesellschaft betroffen ist, d. h. die Ausübung von **Mitglied-** **399**

---

343 Zu dieser Möglichkeit der sog. „Ausgliederung" vgl. § 152 UmwG; *Lange/Kuchinke*, Lehrbuch des Erbrechts, § 31 V 7b (1) (S. 691) zur alten Rechtslage.

344 Dazu BGHZ 12, 100 (103f.); Erman/*M. Schmidt*, § 2205, Rdn. 22.

345 BGHZ 12, 100 (103); weitergehend *Lange/Kuchinke*, Lehrbuch des Erbrechts, § 31 V 7b (4) (S. 693): krit. MünchKomm/*Zimmermann*, § 2205 Rdn. 24ff.

346 Eine Testamentsvollstreckung an Kapitalgesellschaftsanteilen erzeugt die aufgezeigten Probleme nicht. Dazu *Haegele/Winkler*, Testamentsvollstrecker, Rdn. 393ff.; zu Aktien im Nachlass vgl. Palandt/*Edenhofer*, § 2205 Rdn. 24f.

347 Ausf. Rdn. 1245ff.

348 Für eine OHG BGHZ 24, 106 (112f.), vgl. bereits RGZ 170, 392 (394).

349 BGHZ 98, 48 (51); *Haegele/Winkler* Testamentsvollstrecker, Rdn. 342; ausf. *Marotzke* AcP 187 (1987), 223ff.; zum Grundsatz der Singularsukzession bei der Vererbung von Gesellschaftsanteilen vgl. Rdn. 1262ff.

350 BGHZ 91, 132 (137); *Lange/Kuchinke*, Lehrbuch des Erbrechts, § 31 V 7c (S. 694).

351 Palandt/*Edenhofer*, § 2205 Rdn. 14.

schaftsrechten,[352] erfordert eine Testamentsvollstreckung die **Zustimmung sämtlicher Gesellschafter**.

400 Ein Sonderproblem bildet die Testamentsvollstreckung an **Kommanditanteilen**. Ein Kommanditist haftet gem. § 171 Abs. 1, 2. HS. HGB nicht persönlich, soweit er seine Einlage geleistet hat, weshalb der BGH die Testamentsvollstreckung grundsätzlich für zulässig hält.[353] Dies gilt auch, wenn die Einlage (noch) nicht erbracht wurde, sofern der Kommanditist – der gesetzlichen Regelung entsprechend – nicht geschäftsführungs- oder vertretungsbefugt ist, vgl. §§ 164 S. 1 1. HS., 170 HGB.[354] Auch dies gilt unter der Voraussetzung, dass die übrigen Gesellschafter einverstanden sind.[355]

VII. Pflichtteilsentziehung und -beschränkungen

401 Schließlich hat der Erblasser bei der Gestaltung seiner letztwilligen Verfügung die Möglichkeit, **Pflichtteilsansprüche auszuschließen** oder zu **beschränken**.[356]

1. Entziehung des Pflichtteils

402 § 2333 nennt die Erfordernisse, unter denen der Erblasser einem **Abkömmling** den Pflichtteil entziehen kann. Der Ausschließungsgrund der **vorsätzlichen körperlichen Misshandlung**, § 2333 Nr. 2, ist um das ungeschriebene Tatbestandsmerkmal einer **schweren Pietätverletzung** zu ergänzen.[357] Für die Pflichtteilsentziehung gegenüber den **Eltern** verweist § 2334 teilweise auf § 2333; auch die Tatbestände für **Ehegatten**, § 2335, entsprechen weitgehend denen für **Abkömmlinge**.

403 Der **Entziehungsgrund** muss zum **Zeitpunkt der Errichtung** der letztwilligen Verfügung vorliegen und in der Verfügung bezeichnet werden, § 2336.[358] Die Anordnung wird durch **Verzeihung** unwirksam, § 2337 S. 2; im Falle eines ehrlosen und unsittlichen Lebenswandels reicht es,

---

[352] Klarstellend BGHZ 98, 48 (55f.); Staudinger/*Reimann*, § 2205 Rdn. 114; *Marotzke*, AcP 187 (1987), 223 (234).

[353] BGHZ 108, 187 (195).

[354] BGHZ 108, 187 (195ff.); Staudinger/*Reimann*, § 2205 Rdn. 125; a. A. RGZ 172, 199 (203f.).

[355] BGHZ 68, 225 (241); BGHZ 108, 187 (191); Soergel/*Damrau*, § 2205 Rdn. 30, 44; NJW 1990, 73ff.

[356] Zum Pflichtteilsrecht Rdn. 1022ff.

[357] BGHZ 109, 306 (312); krit. *Leipold*, JZ 1990, 700ff.

[358] Zu den Anforderungen i.e. BGHZ 94, 36 (40f.).

dass sich der Abkömmling dauernd davon abgewendet hat, §§ 2336 Abs. 4, 2333 Nr. 5.

2. Pflichtteilsbeschränkung in guter Absicht

Im Gegensatz zur Pflichtteilsentziehung dient die **Pflichtteilsbeschränkung** gem. § 2338 dem pflichtteilsberechtigten Abkömmling gewissermaßen zum Schutz vor sich selbst. Unter den Voraussetzungen dieser Norm kann der Erblasser den Abkömmling den Beschränkungen eines **Vorerben** oder der **Testamentsvollstreckung** unterwerfen. Damit sollen zum einen sein Unterhalt, zum anderen der Erhalt des Nachlasswertes gewährleistet werden.[359] 404

VIII. Nicht-erbrechtliche Anordnungen

1. Familienrechtliche Anordnungen

Lebt ein Erbe im Güterstand der **Gütergemeinschaft**, so besteht für den Erblasser gem. § 1418 Abs. 2 Nr. 2 die Möglichkeit festzulegen, dass die letztwillige Zuwendung[360] nicht in das Gesamtgut fällt, sondern zum **Vorbehaltsgut** gehört, und zwar unabhängig vom Willen des Bedachten. Denkbarer Inhalt der Bestimmung ist ferner, dass Vermögen, welches er einem Kind zuwendet, nicht vom **elterlichen Verwaltungsrecht** und damit auch nicht von der gesetzlichen Vertretung erfasst wird.[361] Insoweit muss ein **Ergänzungspfleger** bestellt werden, § 1909 Abs. 1 S. 2. 405

§ 1509 ermöglicht einem **Ehepartner** die Regelung, dass die Gütergemeinschaft mit seinem Tod endet, gem. S. 2 auch dann, wenn der Ehegatte auf Aufhebung der Ehe zu klagen berechtigt ist und den Antrag gestellt hat.[362] 406

§ 1803 Abs. 1 verschafft dem Erblasser ein Bestimmungsrecht in Bezug auf die Verwaltung der Zuwendung durch den **Vormund**, wenn ein Mündel begünstigt wird, allerdings unter Beachtung der Interessen des Mündels, § 1803 Abs. 2. 407

Schließlich können Eltern durch letztwillige Verfügung einen **Vormund benennen**, sofern ihnen zur Zeit ihres Todes die Sorge für die Person und das Vermögen des Kindes zusteht, § 1777 Abs. 3 i.V.m. Abs. 1. 408

---

[359] *Brox*, Erbrecht, Rdn. 569.

[360] Staudinger/*Thiele*, § 1418 Rdn. 22.

[361] BGHZ 106, 96 (99).

[362] Fraglich ist, ob die Regelung auf den sehr viel häufigeren Fall analog anzuwenden ist, dass ein berechtigter Antrag auf Ehescheidung gestellt wurde; bejahend Soergel/*Gaul*, § 1509 Rdn. 8 m. w. N. zum Streitstand.

Muster

Mein letzter Wille!

Meine Erben sollen zu gleichen Teilen sein:

meine Cousine Johanna Schmidt, geboren am 5.2.1939,
mein Sohn Gustav Hertel, geboren am 10.10.1955,
und mein Enkelsohn Lukas Hertel, geboren am 15.5.1984.

Meinen Schmuck vermache ich meiner Freundin Wilhelmine Stein, geborene Schiffer, geboren am 27.9.1932. Den Siegelring mit dem Familienwappen soll aber mein Bruder Karl-Heinz Schmidt, geboren am 13.8.1935, erhalten.

Mein Sohn Gustav soll mein Grab für die Dauer der Liegezeit ständig gut in Ordnung halten und gärtnerisch pflegen.

Ich ordne für meinen Nachlaß Testamentsvollstreckung an, bis mein Enkelsohn Lukas das 25. Lebensjahr vollendet hat. Zum Testamentsvollstrecker ernenne ich meinen Bruder Karl-Heinz. Sollte dieser vor oder nach der Annahme des Amtes wegfallen, soll das Nachlaßgericht einen Testamentsvollstrecker bestimmen.

Düsseldorf, den 26. September 2000

Maria Hertel, geborene Schmidt

2. Vertragsrechtliche Anordnungen

Hat sich der Versprechende in einem **Vertrag zugunsten Dritter** eine Änderungsbefugnis vorbehalten, so kann er diese ausnahmsweise[363] auch durch Verfügung von Todes wegen ausüben.

Nicht selten ist schließlich, in einer letztwilligen Verfügung **Vollmacht** zu erteilen, mit der Folge, dass die Erben die Vertretenen sind. Der Tod des Vollmachtgebers vor Zugang der Bevollmächtigung ist gemäß § 130 Abs. 2 unerheblich, sofern er alles getan hat, um den Zugang beim Empfänger zu gewährleisten.[364]

IX. Wiederholung und Vertiefung*

1. Fragen

Frage 1
Kann ein Testamentsvollstrecker wirksam unentgeltlich verfügen, wenn alle Erben der Verfügung zustimmen?

Frage 2
Welcher Konflikt entsteht bei der Fortführung eines einzelkaufmännischen Handelsgeschäfts durch einen Testamentsvollstrecker? Welche Auswege sind möglich?

§ 3. Gemeinschaftliches Testament

Schrifttum: Battes, Gemeinschaftliches Testament und Ehegattenerbvertrag als Gestaltungsmittel für die Vermögensordnung der Familie, 1974; **Jünemann**, Rechtsstellung und Bindung des überlebenden Ehegatten bei vereinbarter Wiederverheiratungsklausel im gemeinschaftlichen Testament, ZEV 2000, 81ff.; **Langenfeld**, Freiheit oder Bindung beim gemeinschaftlichen Testament oder Erbvertrag von Ehegatten, NJW 1987, 1577; **Leipold**, Die Wirkungen testamentarischer Wiederverheiratungsklauseln. Dogmatik oder Erblasserwille?, FamRZ 1988, 352; **Mayer**, Der Fortbestand letztwilliger Verfügungen bei Scheitern von Ehe, Verlöbnis und Partnerschaft, ZEV 1997, 280; **Priester**, Vertragsgestaltung: Das private Ehegattentestament, JuS 1987, 394.

---

363 RGZ 168, 177 (186).

364 RGZ 170, 380 (382); OLG Köln, NJW 1950, 702f.; zur postmortalen Vollmacht im Rahmen einer Schenkung auf den Todesfall vgl. Rdn. 1197ff.

* Antworten im Anhang, siehe S. 455.

A. Begriff

409 Das BGB erlaubt nur **Ehegatten** sowie **Lebenspartnerschaften**[365] gemeinschaftliches Testieren, § 2265; Verlobte haben diese Möglichkeit ebensowenig wie Partner nichtehelicher Lebensgemeinschaften.[366] Deren „gemeinschaftliche Testamente“ können allenfalls gem. § 140 in einseitige Verfügungen umgedeutet werden.[367]

410 Obwohl beide Ehegatten in einem gemeinschaftlichen Testament einheitliche Willenserklärungen abgeben, trifft jeder eine **eigene, einseitige** Verfügung von Todes wegen.[368] Das gemeinschaftliche Testament ist **kein vertragliches Rechtsgeschäft** wie der Erbvertrag.[369] Die Besonderheit liegt darin, dass die letztwilligen Verfügungen mehrerer Erblasser **rechtlich zusammengefasst** werden, wodurch eine dem Erbvertrag angenäherte Bindung erreicht wird.[370]

411 Die Vorläufer des gemeinschaftlichen Testaments reichen bis in das Mittelalter zurück.[371] Obwohl auch das gemeine Recht ein solches kannte, ist das gemeinschaftliche Testament in das BGB erst nach Überwindung einiger Widerstände gelangt. Die Vorbehalte waren zunächst so stark, dass sich die erste Kommission dagegen entschloss. Man kritisierte insbesondere dessen unklare Mittelstellung zwischen Erbvertrag und Testament.[372] Die zweite Kommission ließ das gemeinschaftliche Testament mit Rücksicht auf bestehende Rechtsgewohnheiten[373] schließlich zu, beschränkte es aber auf Ehegatten.

412 Das gemeinschaftliche Testament nimmt eine Sonderstellung ein: Es handelt sich um einen besonderen Testamentstyp, der es **Eheleuten** ermöglicht, eine gemeinsame, aufeinander abgestimmte Regelung ihrer erbrechtlichen Verhältnisse zu treffen,[374] aber auch **Dritte** (z. B. gemein-

---

365 Vgl. § 10 Abs. 4 LPartG.

366 Hierin liegt kein Verstoß gegen Art. 3 und 6 GG; vgl. BVerfG, NJW, 1989, 1986.

367 Vgl. dazu näher Hk-BGB/*Hoeren*, § 2265, Rdn. 6; *Ebenroth*, Erbrecht, Rdn. 217 m. w. N; a. A. RGZ 87, 33 (34): nichtig.

368 Vgl. AnwK-BGB/*Radlmayr*, § 2265, Rdn. 3; Palandt/*Edenhofer*, Einf. v. § 2265 Rdn. 1: „doppelte einseitige Verfügung von Todes wegen“.

369 Vgl. Damrau/*Klessinger*, Erbrecht, Vorbem. zu den §§ 2265ff, Rdn. 14; Palandt/*Edenhofer*, Einf. v. § 2265 Rdn. 3; Soergel/*Wolf*, Vor § 2265 Rdn. 3.

370 Deshalb finden einige Regelungen des Erbvertragsrechts entsprechende Anwendung; vgl. z. B. *Schlüter*, Erbrecht, Rdn. 372.

371 Zur Entwicklung vgl. Staudinger/*Kanzleiter*, Vorbem. zu §§ 2265ff. Rdn. 1; ferner *Kipp/Coing*, Lehrbuch des Erbrechts, § 32 II (S. 215).

372 Mot. V, S. 253.

373 Prot. V, S. 426ff.

374 Soergel/*Wolf*, Vor § 2265 Rdn. 2. Nach *Schlüter*, Erbrecht, Rdn. 328 ist das

schaftliche Kinder) in eine Erbfolgeregelung miteinzubeziehen. Zudem können Eheleute die ihnen wichtigen Anordnungen **bindend** gestalten, um spätere Abweichungen auszuschließen. Diese Umstände machen das gemeinschaftliche Testament zum wichtigen Steuerungsinstrument für das Schicksal des Familienvermögens – vor allem für die Zeit nach dem Tode beider Eheleute.[375]

Das Gesetz spiegelt die Besonderheiten des Ehegattentestaments in mehrfacher Hinsicht wider: So gewährt zum einen § 2267 den Eheleuten für die Errichtung eines gemeinschaftlichen Testaments ein **Formprivileg**, zum anderen sind die **wechselbezüglichen Verfügungen** gem. §§ 2270, 2271 in ihrem Bestand derart voneinander abhängig, dass eine Aufhebung – anders als beim einfachen Testament, §§ 2253ff. – nur unter bestimmten Voraussetzungen und nicht ohne Wissen des anderen Ehegatten möglich ist.[376] Die rechtliche Koppelung der beiden Verfügungen der Eheleute (zu einer gemeinschaftlichen) kommt auch in § 2272 zum Ausdruck, wonach ein gemeinschaftliches Testament nur von beiden Ehegatten aus amtlicher Verwahrung zurückgenommen werden kann. Schließlich knüpft § 2268 die Wirksamkeit eines solchen Testaments grundsätzlich an den Bestand der Ehe. Dies verdeutlicht, dass das gemeinschaftliche Testament nach Ansicht des Gesetzgebers in der ehelichen Lebensgemeinschaft verwurzelt ist.[377] 413

In Anbetracht seiner Vorzüge und Gestaltungsmöglichkeiten ist es nicht überraschend, dass sich das gemeinschaftliche Testament in der Praxis großer Beliebtheit erfreut.[378] 414

B. Die Form gemeinschaftlicher Testamente

Die Formen des gemeinschaftlichen Testaments sind grundsätzlich die gleichen wie für einfache Testamente.[379] Es kann daher als **öffentliches gemeinschaftliches Testament**, als **eigenhändiges gemeinschaftliches** sowie als **gemeinschaftliches Nottestament** errichtet werden. 415

---

gemeinschaftliche Testament „Ausdrucksform der ehelichen Lebensgemeinschaft".

375 So zutr. *Hohloch*, JuS 1996, 361.

376 Dazu ausf. Rdn. 723ff.

377 Vgl. dazu ausf. Rdn. 436ff.

378 MünchKomm/*Musielak*, Vor § 2265 Rdn. 20; *Leipold*, AcP 180 (1980), 160 (201).

379 Vgl. Rdn. 214.

I. Das öffentliche gemeinschaftliche Testament

416 Das **öffentliche gemeinschaftliche** Testament wird (regelmäßig) dadurch errichtet, dass beide Ehegatten gemeinschaftlich vor dem Notar erscheinen und ihre letztwillige Verfügung im Rahmen einer gemeinsamen Verhandlung errichten,[380] sei es durch **Erklärung** gegenüber dem Notar, § 2232 S. 1, 1. Var., oder durch **Übergabe** einer **offenen** oder **verschlossenen** Schrift, § 2232 S. 1, 2. Var. mit S. 2.

417 Dabei kann auch etwa ein Ehegatte eine Erklärung abgeben, während der andere dem Notar eine Schrift übergibt. Ist einer von beiden minderjährig, so müssen allerdings **beide** Eheleute eine Erklärung abgeben oder durch Übergabe einer offenen Schrift testieren, § 2233 Abs. 1.[381] Ebenfalls muss dann einheitlich verfahren werden, wenn ein Ehegatte nicht lesen kann, § 2233 Abs. 2. Der Grund liegt darin, dass der Notar nur so seiner Beratungspflicht, § 17 BeurkG, nachzukommen vermag.[382] Im Übrigen gilt für das Verfahren vor dem Notar das oben[383] für das öffentliche Testament Gesagte entsprechend.

II. Das eigenhändige gemeinschaftliche Testament

418 Die Ehegatten können ein gemeinschaftliches Testament auch in **privatschriftlicher Form** errichten. Wegen des Formprivilegs in § 2267 reicht es aus, wenn **einer** der Ehegatten das Testament gem. § 2247 Abs. 1 **eigenhändig errichtet** (schreibt und unterzeichnet), während der andere Ehegatte die Erklärung **eigenhändig mitunterzeichnet**, wobei er Zeit und Ort seiner Unterschrift beifügen soll[384]. Voraussetzung ist jedoch, dass

---

[380] Ferner wird die Errichtung des öffentlichen gemeinschaftlichen Testaments durch zwei getrennte öffentliche Testamente für ausreichend gehalten, sofern der Wille zur gemeinsamen Testamentserrichtung erkennbar ist und gegenüber dem Notar zum Ausdruck gebracht wird, vgl. RGRK-*Johannsen*, § 2265 Rdn. 10; Soergel/*Wolf*, § 2265 Rdn. 10; Palandt/*Edenhofer*, Einf. v. § 2265 Rdn. 5.

[381] *Schlüter*, Erbrecht, Rdn. 334; *Kipp/Coing*, Lehrbuch des Erbrechts, § 33 I 3 (S. 217).

[382] *Schlüter*, Erbrecht, Rdn. 334; *Kipp/Coing*, Lehrbuch des Erbrechts, § 33 I 3 (S. 217).

[383] Vgl. Rdn. 270ff.

[384] Siehe zur Formnichtigkeit eines gemeinschaftlichen Testaments wegen einer nicht unterschriebenen Zusatzklausel BayObLG, NJW-RR 2004, 939 (940f.).

beide Ehegatten volljährig und in der Lage sind, Geschriebenes zu lesen, § 2247 Abs. 4.

Aus dem Wortlaut des § 2267 S. 1 „genügt es" folgt, dass die Ehegatten von der Formerleichterung Gebrauch machen können, ohne dazu gezwungen zu sein. Sofern jeder Ehegatte seine Verfügung gem. § 2247 eigenhändig schreibt und unterzeichnet,[385] fordert die Rechtsnatur eines gemeinschaftlichen Testaments, dass Anhaltspunkte für die gewollte Gemeinschaftlichkeit der Erklärung bestehen (sog. **Errichtungszusammenhang**).[386] Anderenfalls handelt es sich sonst um „einfache", unverbundene Einzeltestamente, die die Rechtsfolgen der §§ 2270, 2271 nicht auslösen. **419**

III. Gemeinschaftliche Nottestamente

Ein gemeinschaftliches Testament kann schließlich als **Nottestament** errichtet werden, §§ 2249, 2250. Gem. § 2266 reicht es aus, dass die dafür notwendigen Voraussetzungen bei **einem** der Ehegatten vorliegen. **420**

IV. Mischformen

Die Formerfordernisse eines gemeinschaftlichen Testamentes sind auch dann erfüllt, wenn ein Ehegatte in öffentlicher Form, §§ 2231 Nr. 1, 2232, der andere in privatschriftlicher Form testiert, § 2247.[387] Erforderlich ist aber wiederum, dass der **gemeinsame Testierwille** erkennbar vorliegt, etwa durch Bezugnahmen auf die Verfügung des jeweils anderen Ehegatten.[388] **421**

---

385 *Brox*, Erbrecht, Rdn. 183.

386 Zum Errichtungszusammenhang siehe Rdn. 423ff.

387 Soergel/*Wolf*, § 2265 Rdn. 12; RGRK-*Johannsen*, § 2265 Rdn. 10; Palandt/*Edenhofer*, Einf. vor § 2265 Rdn. 4; vgl. auch *Schlüter*, Erbrecht, Rdn. 333; a. A. MünchKomm/*Musielak*, § 2267 Rdn. 3.

388 Ausf. dazu Rdn. 435.

C. Besondere Voraussetzungen des gemeinschaftlichen Testaments

422 Beim Ehegattentestament gelten die **allgemeinen Testamentsvorschriften.**[389] Deshalb müssen die Wirksamkeitsvoraussetzungen (Höchstpersönlichkeit, Testierfähigkeit, Testierwille, Formwahrung etc.)[390] erfüllt sein. Das Gesetz verlangt darüber hinaus, dass die Ehegatten ihren letzten Willen **gemeinschaftlich** erklären sowie ferner, dass eine **wirksame Ehe** zwischen ihnen besteht, § 2268.

I. Gemeinschaftlichkeit der Erklärung

423 Aus den §§ 2265 ff. lässt sich nicht entnehmen, unter welchen Voraussetzungen man eine **gemeinschaftliche Erklärung** der Ehegatten annehmen kann. Deshalb haben sich Rechtsprechung und Literatur bemüht, auf der Grundlage dieser Vorschrift Kriterien zu entwickeln, da davon die Anwendbarkeit der wichtigen §§ 2268, 2270 abhängt.

1. Errichtungszusammenhang

424 Unbestrittene Voraussetzung für die Anwendbarkeit der §§ 2265 ff. ist zunächst der sog. **Errichtungszusammenhang**[391] zwischen den Verfügungen der Ehegatten. In **subjektiver Hinsicht** setzt dies voraus, dass beide Ehegatten eine Verfügung von Todes wegen auf Basis eines **gemeinsamen Entschlusses** treffen.[392] Ferner muss jeder Ehegatte die Verfügung des anderen Ehepartners ihrem Inhalt nach **kennen.**[393]

425 Dagegen ist eine **gleichzeitige** Errichtung oder gar **gemeinsames** Handeln der Ehegatten **nicht erforderlich.**[394] Eine sukzessive Errichtung der-

---

[389] *Leipold*, Erbrecht, Rdn. 456.

[390] Zu den allgemeinen Wirksamkeitsvoraussetzungen für die Testamentserrichtung vgl. Rdn. 216 ff.

[391] Vgl. *Battes*, Gemeinschaftliches Testament und Ehegattenerbvertrag als Gestaltungsmittel für die Vermögensordnung der Familie, 1974, S. 282 ff.

[392] *Brox*, Erbrecht, Rdn. 176; *Schlüter*, Erbrecht, Rdn. 338; *Schreiber*, Jura 1996, 409 (413).

[393] *Lange/Kuchinke*, Lehrbuch des Erbrechts, § 24 I 8 b (S. 427); MünchKomm/*Musielak*, Vor § 2265 Rdn. 9. Z. T. wird sogar verlangt, dass die Ehegatten die Erklärung des jeweils anderen (auch inhaltlich) billigen; so z. B. BGH, NJW 1977, 1728 (1729); krit. Soergel/*Wolf*, Vor § 2265 Rdn. 6.

[394] RGRK-*Johannsen*, § 2267 Rdn. 6.

gestalt, dass zunächst ein Ehegatte seine letztwillige Verfügung aufsetzt, sie dem anderen übergibt und sich dieser dann der Verfügung anschließt, reicht vielmehr aus.[395]

2. Äußerliche Erkennbarkeit des Errichtungszusammenhanges

Fraglich ist die Notwendigkeit eines **objektiven Erfordernisses**, d. h., ob und inwieweit die Gemeinschaftlichkeit der Verfügungen in **äußerlicher Weise** hervortreten muss. Dies lässt sich nicht einheitlich beantworten, sondern man muss zwischen den einzelnen Formen des gemeinschaftlichen Testaments differenzieren: **426**

Die Feststellung des Errichtungszusammenhanges bereitet keine Probleme beim **gemeinschaftlichen öffentlichen Testament**: Er folgt aus der Einheitlichkeit der Beurkundung, der Verhandlung vor dem Notar sowie aus dessen Niederschrift, vgl. §§ 8 f. BeurkG.[396] **427**

Beim **privatschriftlichen gemeinschaftlichen** Testament gem. § 2267 ergibt sich der Errichtungszusammenhang aus der **gemeinschaftlichen Unterzeichnung** der von einem Ehegatten angefertigten Testamentsurkunde.[397] **428**

Fraglich erscheint, ob der erforderliche Errichtungszusammenhang auch dann noch vorliegt, wenn die Ehegatten in **getrennten Urkunden**, jeweils in der Form des § 2247 testieren. Das Problem ist sehr umstritten. Die Auffassungen lassen sich jedoch in **drei Betrachtungsweisen** einteilen. **429**

a) Objektive Theorie

Die auf die Rechtsprechung des Reichsgerichts zurückgehende **objektive Theorie** verlangt, dass die Ehegatten ihre Verfügungen in einer **einheitlichen Urkunde** niederlegen, sei es auf einem oder auch auf mehreren Blättern.[398] Der Inhalt der Verfügungen, die Gemeinschaftlichkeit der Errichtung sowie die Absicht der Verfügenden bleiben demgegenüber unbeachtlich.[399] **430**

Obwohl der Wortlaut des 8. Titels „gemeinschaftliches Testament" dafür spricht, konnte sich die objektive Theorie nicht durchsetzen. Zum einen stellt **431**

---

[395] *Brox*, Erbrecht, Rdn. 176.

[396] Palandt/*Edenhofer*, Einf. v. § 2265 Rdn. 5; *Schlüter*, Erbrecht, Rdn. 339; *Brox*, Erbrecht, Rdn. 176.

[397] *Schlüter*, Erbrecht, Rdn. 340; Palandt/*Edenhofer*, Einf. Vor § 2265 Rdn. 10.

[398] So RGZ 72, 204 (205) und bereits RGZ 50, 308 (309), ferner OLG Koblenz, NJW 1954, 1648.

[399] RGZ 72, 204 (206).

der Begriff der „einheitlichen Urkunde" ein unsicheres Abgrenzungskriterium dar,[400] zum anderen begründete die mangelnde Berücksichtigung des Erblasserwillens den Vorwurf des Formalismus.[401]

b) Subjektive Theorie

432 Die sog. **subjektive Theorie** stellt für die Gemeinschaftlichkeit der Erklärungen allein auf den **Willen der Ehegatten** ab, ihre Vermögensverhältnisse für die Zeit nach dem Tode gemeinschaftlich zu regeln.[402] Sie fordert also weder eine einheitliche Urkunde noch bei getrennten Verfügungen ihre Bezugnahme aufeinander. Diese Theorie lässt genügen, dass sich der Wille zum gemeinsamen Testieren aus der Urkunde (den Urkunden) i.V.m. ihrem räumlichen, zeitlichen oder inhaltlichen Zusammenhang nach den Auslegungsregeln der §§ 133, 2084 ergibt.[403]

433 Eine Entscheidung alleine nach dem Erblasserwillen löst sich aber zu weit vom Prinzip des erbrechtlichen Formzwangs. Außerdem belastet die subjektive Theorie die für die Anwendbarkeit der §§ 2268, 2270, 2271 wichtige Frage, ob ein gemeinschaftliches Testament vorliegt, mit erheblichen Rechtsunsicherheiten. Sie ist daher abzulehnen.

c) Die „vermittelnde" Auffassung

434 Die herrschende sog. **vermittelnde Auffassung** stellt den Errichtungszusammenhang sowohl nach subjektiven als auch nach objektiven Kriterien fest. Der Wille zur gemeinsamen Testamentserrichtung muss danach in den beiderseitigen Erklärungen einen förmlichen Ausdruck gefunden haben.[404] Dafür wird auf die Grundsätze der sog. **Andeutungstheorie**[405] zurückgegriffen.[406]

435 Danach kann z. B. auf das Vorliegen einer gemeinschaftlichen Erklärung i. S. d. §§ 2265ff. geschlossen werden, wenn die Eheleute in ihren Verfügungen aufeinander Bezug nehmen („**auch ich** setze meinen Ehemann als Alleinerben

---

[400] BayObLG, FamRZ 1991, 1485 (1486); *Schlüter*, Erbrecht, Rdn. 342 m. w. N.

[401] Vgl. Soergel/*Wolf*, Vor § 2265 Rdn. 6.

[402] OGH (BrZ), NJW 1949, 304 (305f.) = OGHZ 1, 333 (337); OLG Freiburg, NJW 1949, 80; *Brox*, Erbrecht, Rdn. 176; ähnlich *Lange/Kuchinke*, Lehrbuch des Erbrechts, § 24 III 2c (S. 434).

[403] So OGHZ 1, 333 (337).

[404] BGHZ 9, 113 (115); OLG Frankfurt a. M., OLGZ 1978, 267; OLG Hamm, OLGZ 1979, 262; *Coing*, JZ 1952, 611 (613); Soergel/*Wolf*, Vor § 2265 Rdn. 7; MünchKomm/*Musielak*, Vor § 2265 Rdn. 11; Palandt/*Edenhofer*, Einf. vor § 2265 Rdn. 2; *Leipold*, Erbrecht, Rdn. 460.

[405] Zur Andeutungstheorie Rdn. 571ff.

[406] BayObLGZ 1959, 199 (208); BayObLG, FamRZ 1976, 549 (enger noch BGHZ 9, 113ff.); MünchKomm/*Musielak*, Vor § 2265 Rdn. 11; Soergel/*Wolf*, Vor § 2265 Rdn. 7 und § 2265 Rdn. 3. Zum Nachw. der Errichtung eines gemeinschaftlichen Testaments vgl. zuletzt BayObLG, ZEV 1997, 259.

ein"), sich bei Abfassung der Testamente der „Wir-Form" bedienen, wenn sie die Verfügung des anderen jeweils mitunterzeichnet haben, sowie auch dann, wenn die Erklärungen der Eheleute gemeinsam in einem mit „Unser Testament" beschrifteten Briefumschlag aufbewahrt werden.[407] Ein starkes Indiz stellt schließlich die Bezeichnung der Verfügungen als „gemeinschaftliches Testament" dar.[408]

Bei Vorliegen dieser Umstände bleibt aber der Beweis offen, dass die Ehegatten keinen gemeinsamen Testierwillen hatten.[409]

II. Wirksame Ehe

1. Vorliegen einer wirksamen Ehe im Errichtungszeitpunkt

Das gemeinschaftliche Testament kann nur von **Ehegatten** errichtet werden. Besteht die Ehe zum Zeitpunkt der Testamentserrichtung nicht mehr, wurde sie etwa **rechtskräftig geschieden**, § 1564 S. 1, oder **aufgehoben**, § 1313, so ist das gemeinschaftliche Testament **nichtig**.[410] 436

2. Rechtsfolgen nachträglicher Eheauflösung

Ähnliches gilt bei **späterer Auflösung** der Ehe durch **Aufhebungs**- oder **Scheidungsurteil**. Hier greift statt § 2265 allerdings § 2268 ein: Aus der Verweisung auf § 2077 ergibt sich, dass das gemeinschaftliche Testament bei Scheidung der Ehe **unwirksam** wird.[411] Diese Rechtswirkung tritt gem. § 2268 Abs. 1 i.V.m. § 2077 Abs. 1 S. 2 ferner ein, wenn zur Zeit des Todes des Erblassers die **Voraussetzungen der Scheidung** gegeben waren, und der Erblasser die Scheidung **beantragt** oder ihr **zu-** 437

[407] Staudinger/*Kanzleiter*[12], Vorbem. zu §§ 2265ff. Rdn. 21 m.w.Bsp.; Überbl. bei Soergel/*Wolf*, § 2265 Rdn. 3. A.A. für den Fall der Aufbewahrung in einem gemeinsamen Umschlag ist das OLG Köln, OLGZ 1968, 321. Selbst wenn die Ehegatten zwei getrennte Urkunden errichtet haben und jeder seine Verfügung mit „Mein letzter Wille" überschrieben hat, können die Gesamtumstände ergeben, dass trotzdem ein gemeinschaftliches Testament vorliegt, vgl. dazu BayObLG, FamRZ 1995, 1447.

[408] Soergel/*Wolf*, § 2265 Rdn. 3.

[409] Staudinger/*Kanzleiter*, Vorbem. zu §§ 2265ff. Rdn. 23.

[410] In Betracht kommt u.U. eine Umdeutung der nichtigen Verfügung in ein Einzeltestament oder in einen Erbvertrag; vgl. MünchKomm/*Musielak*, § 2268 Rdn. 15.

[411] Es kommt jedoch auch hier die Möglichkeit einer Umdeutung in Einzeltestamente in Betracht, vgl. näher Staudinger/*Kanzleiter*, § 2268 Rdn. 5 m.w.N.; abl. *Lutter*, FamRZ 1959, 273 (274f.).

gestimmt hatte.[412] Dem liegt der Gedanke zu Grunde, dass Ehegatten bei Errichtung eines gemeinschaftlichen Testaments regelmäßig vom Bestand ihrer Ehe ausgehen und in Kenntnis ihrer späteren Auflösung nach allgemeiner Lebenserfahrung nicht gemeinsam testiert hätten.[413] § 2268 geht insoweit über § 2077 Abs.1 hinaus, als nicht nur Verfügungen zugunsten des anderen Ehegatten, sondern grundsätzlich **sämtliche** Verfügungen unwirksam werden.[414]

438 Die geschilderte Rechtsfolge ist jedoch nicht zwingend: Nach der Auslegungsregel des § 2268 Abs. 2 bleiben die Verfügungen insoweit wirksam, als man annehmen kann, dass sie auch für den Fall der Ehescheidung oder -auflösung getroffen sein würden.[415] Die Frage beantwortet sich nach dem Erblasserwillen zum Zeitpunkt der **Errichtung der Verfügung**.[416]

3. Kein Wiederaufleben des gemeinschaftlichen Testaments bei späterer Wiederheirat

439 Heiraten die Ehegatten nach Auflösung ihrer Ehe erneut, so erlangt das gemeinschaftliche Testament dadurch nicht wieder Wirksamkeit,[417] sondern muss neu errichtet werden. Entsprechendes gilt, wenn Verlobte ein gemeinschaftliches Testament errichtet haben und später heiraten: Eine formlose Bestätigung gem. § 144 der nach § 2265 nichtigen Verfügung reicht nicht aus.[418]

---

[412] § 2077 Abs. 1 S. 3 stellt den Fall gleich, dass der Erblasser zur Zeit seines Todes auf Aufhebung der Ehe zu klagen berechtigt war und die Klage erhoben hatte.

[413] Zur ratio legis des § 2268 MünchKomm/*Musielak*, § 2268 Rdn. 1. Zu den Folgen der Eheaufösung für das gemeinschaftliche Testament vgl. zusammenfassend *Muscheler*, DNotZ 1994, 733ff.

[414] Staudinger/*Kanzleiter*, § 2268 Rdn. 1; *Ebenroth*, Erbrecht, Rdn. 218; *Schlüter*, Erbrecht, Rdn. 329.

[415] Ein anschauliches Bsp. für die Weitergeltung eines gemeinschaftlichen Testaments nach § 2268 Abs. 2 ist die Entscheidung BayObLG, NJW 1996, 133f. = JuS 1996, 361 (m. Anm. *Hohloch*); zur Möglichkeit des Widerrufs eines gemeinschaftlichen wechselbezüglichen Testaments in einem solchen Falle siehe Rdn. 724.

[416] BayObLG, FamRZ 1993, 362f.; zu den Anforderungen an die Feststellung eines solchen hypothetischen Willens vgl. auch BayObLG, FamRZ 1995, 1088; ein wirklicher Wille ist vorrangig, Staudinger/*Kanzleiter*, § 2268 Rdn. 10; eingehend *Mayer*, ZEV 1997, 280ff.

[417] KG, FamRZ 1968, 217 (218); MünchKomm/*Musielak*, § 2268 Rdn. 14; Soergel/*Wolf*, § 2268 Rdn. 5.

[418] *Schreiber*, Jura 1996, 409 (414).

D. Arten gemeinschaftlicher Testamente

Üblicherweise werden **drei Arten** gemeinschaftlicher Testamente unterschieden,[419] orientiert an ihrem Inhalt und mit Blick auf die Frage, in welchem Verhältnis die darin enthaltenen Verfügungen zueinander stehen. Die Terminologie ist dabei teilweise uneinheitlich. 440

I. Das gleichzeitige Testament (äußerlich gemeinsames Testament)

Bei einem **gleichzeitigen** Testament treffen beide Ehegatten eine oder (regelmäßig) mehrere Verfügungen, die nur äußerlich in Zusammenhang stehen, also weder gegenseitig noch wechselbezüglich sind. Die Ehegatten machen vielmehr lediglich von dem **Formprivileg** des § 2267 Gebrauch.[420] Man spricht auch von einer schlichten „Testiergemeinschaft".[421] Als Beispiel lässt sich anführen, dass die Ehegatten jeweils ihre Geschwister zu Erben bestimmen. 441

II. Das gegenseitige Testament (reziprokes Testament)

Bei dieser Art des gemeinschaftlichen Testaments setzen sich die Eheleute **gegenseitig zu Erben** ein oder treffen sonstige gegenseitige Zuwendungen, aber ohne dass die Verfügungen hinsichtlich Wirksamkeit und Fortbestand in einem gegenseitigen Abhängigkeitsverhältnis stehen: Die Verfügungen des einen Ehegatten sollen auch dann wirksam bleiben, wenn die des anderen unwirksam sind oder nachträglich geändert werden.[422] Die Abgrenzung zum wechselbezüglichen Testament kann im Einzelfall Probleme bereiten, wenn eine entsprechende ausdrückliche Anordnung fehlt. Hier muss der Wille der Ehegatten durch Auslegung ermittelt werden. 442

---

419 Vgl. Staudinger/*Kanzleiter*, Vorbem. zu §§ 2265ff. Rdn. 36ff.; *Brox*, Erbrecht, Rdn. 186.

420 *Brox*, Erbrecht, Rdn. 186; *Ebenroth*, Erbrecht, Rdn. 222.

421 MünchKomm/*Musielak*, Vor § 2265 Rdn. 15ff.; *Schlüter*, Erbrecht, Rdn. 321.

422 Soergel/*Wolf*, Vor § 2265 Rdn. 9; *Ebenroth*, Erbrecht, Rdn. 223; *Brox*, Erbrecht, Rdn. 186.

III. Das wechselbezügliche (korrespektive) gemeinschaftliche Testament

443 Ein **wechselbezügliches gemeinschaftliches** Testament zeichnet sich dadurch aus, dass die beiderseitigen Verfügungen der Ehegatten mit Rücksicht auf die des jeweils anderen getroffen werden und nach dem Willen der Eheleute in ihrer Wirksamkeit **voneinander abhängig** sind, vgl. § 2270.[423] Einen Sonderfall stellt das sog. **Berliner Testament** dar, § 2269: In ihm setzen sich die Ehegatten gegenseitig und einen Dritten – meist das oder die gemeinsamen Kinder – zum **Erben des Überlebenden** ein.[424]

E. Der Inhalt gemeinschaftlicher Testamente

I. Allgemeines

444 Ein Ehegattentestament kann das gleiche enthalten wie eine einseitige Verfügung von Todes wegen,[425] z. B. Erbeinsetzungen, Vermächtnisse, Auflagen, Anordnung der Testamentsvollstreckung usw.[426] Ferner besteht die Möglichkeit, es mit anderen Rechtsgeschäften zwischen den Ehegatten oder sogar mit einem Dritten zu verbinden, etwa mit einem Erb- oder Pflichtteilsverzicht.[427]

II. Wechselbezügliche Verfügungen der Ehegatten

445 Die Bindungswirkung der sog. **wechselseitigen Verfügungen** stellt eine Einschränkung der Testierfreiheit dar, weil der überlebende Ehegatte gem. § 2271 Abs. 2 S. 1 mit Versterben des Ehepartners das Recht verliert, sich von seiner eigenen Verfügung zu lösen und anderweitig über

---

423 Soergel/*Wolf*, Vor § 2265 Rdn. 10; MünchKomm/*Musielak*, Vor § 2265 Rdn. 18.

424 Zum Berliner Testament vgl. ausf. Rdn. 468ff.

425 Staudinger/*Kanzleiter*, Vorbem. zu §§ 2265ff. Rdn. 39; *Brox*, Erbrecht, Rdn. 185.

426 Zu den möglichen Anordnungen des Erblassers in einer Verfügung von Todes wegen vgl. Rdn. 294ff.

427 Staudinger/*Kanzleiter*, Vorbem. zu §§ 2265 Rdn. 41.

den Nachlass zu verfügen. Diese Beschränkung erscheint gerechtfertigt, weil eine gemeinsame Gestaltung der Erbfolge eine Absicherung durch eine Vertrauensschutzregelung erfordert. Es wäre unbillig, wenn einer der Eheleute seine Anordnungen einseitig und ohne Wissen des anderen aufheben könnte, während der andere weiterhin gebunden bliebe.[428] Dies ist auch der Hintergrund der §§ 2270, 2271.[429]

1. Begriff der wechselbezüglichen Verfügung

Gegenstand wechselbezüglicher Verfügungen sind nach § 2270 Abs. 3 ausschließlich **Erbeinsetzungen**, **Vermächtnisse** oder **Auflagen**. Bei anderen letztwilligen Anordnungen lässt sich eine Abhängigkeit allerdings durch Beifügung von Bedingungen gem. § 158 herstellen. 446

Eine **wechselbezügliche (korrespektive)** Verfügung liegt gem. § 2270 Abs. 1 vor, wenn die Ehegatten Verfügungen getroffen haben, von denen anzunehmen ist, dass die Verfügung des einen Erblassers nicht ohne die des anderen getroffen worden wäre.[430] Sie sollen also miteinander „stehen und fallen".[431] Dies richtet sich nach dem Willen der Erblasser zum **Zeitpunkt der Testamentserrichtung**.[432] Die Eheleute bestimmen, ob und inwieweit ihre letztwilligen Anordnungen wechselbezüglich sein sollen.[433] Die Wechselbezüglichkeit erfasst also nicht automatisch den gesamten Testamentsinhalt, sondern muss für jede Verfügung gesondert geprüft werden.[434] Sie beschränkt sich u. U. sogar auf den **Teil einer Verfügung**.[435] Der allgemeine Sprachgebrauch „wechselbezügliches Testament" ist damit sachlich nicht ganz richtig, aber eingebürgert. 447

Beispiel: Die Eheleute M und F verfassen jeweils eigenhändig ein Schriftstück, wobei M verfügt: „Ich, M, setze meine Frau F zu meiner Alleinerbin ein." Die F erklärt: „Auch ich, F, setze meinen Mann, M, zu meinem Alleinerben 448

---

[428] Vgl. *Grziwotz*, MDR 2000, 988 (990).

[429] Näher zum Grundgedanken der §§ 2270, 2271 Soergel/*Wolf*, § 2270 Rdn. 1.

[430] AnwK-BGB/*Seif*, § 2270, Rdn. 4.

[431] Vgl. Prot. V, S. 450 f.; RGZ 116, 148 (149); Staudinger/*Kanzleiter*, § 2270 Rdn. 4.

[432] Soergel/*Wolf*, § 2270 Rdn. 2 und 6. Zur Feststellung der Wechselbezüglichkeit Rdn. 450 ff.

[433] *Dittmann/Reimann/Bengel*, Testament und Erbvertrag, Kommentarteil, § 2270 Rdn. 6.

[434] BGH, FamRZ 1957, 129 (130); BayObLG, Rpfleger 1985, 240; *Kipp/Coing*, Lehrbuch des Erbrechts, § 35 II 1 (S. 223).

[435] BGH, FamRZ 1957, 129 (130); MünchKomm/*Musielak*, § 2270 Rdn. 4.

ein." Beide Dokumente werden unterzeichnet, verschlossen und in einem gemeinsamen Umschlag mit der Aufschrift „Unser letzter Wille" in der Ehewohnung aufbewahrt.

449 Wechselbezüglichkeit i. S. d. § 2270 Abs. 1 setzt nicht notwendigerweise voraus, dass die Ehegatten sich **gegenseitig bedenken**.[436] Der dafür erforderliche Zusammenhang kann vielmehr auch dann vorliegen, wenn die Eheleute ihre Verfügung mit der entsprechenden Willensrichtung zugunsten desselben Dritten treffen.[437] Auch hier können – wie beim gegenseitigen Ehegattentestament – dann Auslegungsprobleme entstehen, wenn eine solche Regelung nicht ausdrücklich niedergelegt wurde.

2. Feststellung der Wechselbezüglichkeit

450 Ob eine Verfügung wechselbezüglich i. S. d. § 2270 Abs. 1 ist, muss durch **Auslegung** ermittelt werden. Dazu ist zunächst nach den allgemeinen Auslegungsgrundsätzen[438] der Inhalt der Verfügungen zu ermitteln, im Anschluss daran, ob die Verfügungen i. S. d. § 2270 Abs. 1 voneinander abhängig sein sollten.[439] Außerhalb der Urkunde liegende Umstände finden ergänzend Berücksichtigung, etwa die Vermögensverhältnisse der Ehegatten[440] oder Willensäußerungen der Erblasser.[441]

451 Lässt sich auf diese Weise der Wille der Eheleute nicht feststellen, so enthält § 2270 Abs. 2 **gesetzliche Auslegungsregeln**:

452 Gem. § 2270 Abs. 2, 1. Var. ist eine **gegenseitige Abhängigkeit** der Verfügungen **im Zweifel** anzunehmen, wenn sich die Ehegatten **gegenseitig bedenken**.[442]

---

[436] Staudinger/*Kanzleiter*, § 2270 Rdn. 4.

[437] RGZ 88, 332; RGRK-*Johannsen*, § 2270 Rdn. 1. Denkbar ist auch, dass eine Verfügung nur **einseitig** wechselbezüglich errichtet wird, weil nur ein Ehegatte mit Rücksicht auf die Verfügung des anderen testiert, während der andere eine solche Abhängigkeit nicht will. Die h.M. wendet die §§ 2270f. analog an; vgl. Staudinger/*Kanzleiter*, § 2270 Rdn. 5.

[438] Allg. zur Auslegung letztwilliger Verfügungen Rdn. 558ff.

[439] MünchKomm/*Musielak*, § 2270 Rdn. 6 m. w. N.; *Lange/Kuchinke*, Lehrbuch des Erbrechts, § 24 V 2 (S. 449).

[440] RGRK-*Johannsen*, § 2270 Rdn. 7.

[441] RGRK-*Johannsen*, § 2270 Rdn. 7.

[442] Eine Auflage, § 2192ff., reicht dafür nicht aus, weil darin kein „Bedenken" liegt; vgl. Soergel/*Wolf* § 2270 Rdn. 7; Erman/*Schmidt* § 2270 Rdn. 5; RGRK-*Johannsen*, § 2270 Rdn. 14. A. A. *Lange/Kuchinke*, Lehrbuch des Erbrechts, § 24 V 2a 1., Fn. 138 (S. 450); MünchKomm/*Musielak*, § 2270 Rdn. 10.

Dafür reicht es auch aus, dass der eine Ehegatte den anderen als Erben einsetzt, während dieser ihm ein Vermächtnis zuwendet. Der Erbeinsetzung gleichbehandelt wird der Fall, dass die Ehegatten bewusst die gegenseitige gesetzliche Erbfolge des § 1931 anstreben.[443]

Wechselbezüglichkeit der Verfügungen wird **vermutet**, wenn dem einen Ehegatten von dem anderen eine Zuwendung gemacht wird und dafür der Bedachte für den Fall des Überlebens eine Verfügung zugunsten einer Person trifft, die mit dem anderen Ehegatten verwandt ist oder ihm sonst nahe steht, § 2270 Abs. 2, 2. Var. Die **Zuwendung an den Dritten** trägt also gewissermaßen den Charakter einer „Gegenleistung"[444] wie ihn sonst die eigene Erbeinsetzung hat. Über den Wortlaut des § 2270 Abs. 2, 2. Var. hinaus liegt Wechselbezug vor, sofern die Ehegatten sich **gegenseitig** bedenken und zusätzlich anordnen, dass ein Dritter, z. B. ein Verwandter oder ein sonstiger Nahestehender, Erbe des Letztversterbenden werden soll.[445] Verwandtschaft i. S. d. § 2270 Abs. 2, 2.Var. richtet sich nach § 1589.[446] Den häufigsten Anwendungsfall bildet die **Einsetzung gemeinsamer Kinder**.[447] Der BGH[448] hat allerdings in Abkehr von seiner bisherigen Rechtsprechung[449] entschieden, dass die Vermutung des § 2270 Abs. 2, 2. Var. keine Anwendung findet, wenn der ursprünglich bedachte Schlusserbe vorverstorben ist und mangels Ergebnis einer individuellen Auslegung ein Ersatzerbe mithilfe der Auslegungsregel des § 2069 ermittelt worden ist. Der Charakter der Wechselbezüglichkeit kann bzw. muss sich in solchen Fällen aus anderen im oder außerhalb des Testaments liegenden Umständen ergeben, die auf einen entsprechenden Willen der Erblasser schließen lassen. Andernfalls entfällt die (ursprünglich vermutete) Wechselbezüglichkeit und der überlebende Ehegatte kann neu testieren. 453

Schwieriger lässt sich die Gruppe der **„sonst nahestehenden Personen"** i. S. d. Vorschrift beurteilen. Einigkeit besteht darüber, dass man den Begriff eng auszulegen hat, will man dem überlebenden Ehegatten im Hinblick auf § 2271 Abs. 2 S. 1 keine übermäßige Bindung auferlegen.[450] Erforderlich sind persönliche und innere Bindungen, die zumindest dem üblichen Verhältnis zu nahen Verwandten entsprechen.[451] Unter diese Definition i. S. d. § 2270 Abs. 2, 2. Var. 454

---

443 BayObLG, FamRZ 1999, 1978 = NJW-RR 1999, 878; *Grziwotz*, MDR 2000, 988 (990); RGRK-*Johannsen* § 2270 Rdn. 14; Staudinger/*Kanzleiter*, § 2270 Rdn. 27.

444 So RGRK-*Johannsen*, § 2270 Rdn. 17.

445 *Ebenroth*, Erbrecht, Rdn. 224.

446 Hierzu zählen auch die Adoptivkinder des Erblassers, § 1754. Zu § 1589 BGB siehe Rdn. 109f.

447 Staudinger/*Kanzleiter*, § 2270 Rdn. 31.

448 BGH, MDR 2002, 456; krit. hierzu *Steiner*, JuS 2003, 1054ff.

449 BGH, MDR 1983, 206.

450 So Soergel/*Wolf*, § 2270 Rdn. 7; Palandt/*Edenhofer*, § 2270 Rdn. 9 m. w. N.

451 KG, OLGZ 1993, 398; BayObLG, FamRZ 1991, 1232; *Bengel*, DNotZ 1977, 5 (8).

fallen etwa Stief- oder Pflegekinder, enge langjährige Freunde, gegebenenfalls sogar lange beschäftige Angestellte.[452]

455 Die Regel des § 2270 Abs. 2 ist **widerleglich**;[453] die Beweislast für das Fehlen der Wechselbezüglichkeit trägt derjenige, der sich darauf beruft.[454]

Gegen das Vorliegen von **Wechselbezüglichkeit** spricht z. B., dass dem Überlebenden im gemeinschaftlichen Testament die Befugnis eingeräumt wird, nach dem Tod des Erstversterbenden anderweitig über den Nachlass zu verfügen.[455] Damit schließt man die typische Bindungswirkung des wechselbezüglichen Ehegattentestamentes gerade aus, § 2271 Abs. 2 S. 1.[456]

456 Das Verhältnis der beiderseitigen Vermögen kann ebenfalls von Bedeutung sein: Wechselbezüglichkeit liegt i. d. R. nicht vor, wenn nur ein Ehegatte nennenswertes Vermögen hat und es ihm (allein) darauf ankam, den anderen Ehegatten wirtschaftlich abzusichern.[457] Eine derartige Vermögensdifferenz spricht zwar nicht zwingend gegen eine gegenseitige Abhängigkeit,[458] gibt aber zu genauer Prüfung Anlass.[459] Wechselbezügliche Bindung entfällt, wenn der bedachte Ehegatte seinerseits ausschließlich eigene Verwandte oder ihm nahestehende Personen einsetzt[460] sowie dann, wenn ein Ehegatte von dem anderen eine Zuwendung erhält, die hinter seinem gesetzlichen Erbteil oder sogar seinem Pflichtteil zurückbleibt.[461]

3. Rechtsfolgen wechselbezüglicher Verfügungen

457 Wenn man die Rechtsfolgen wechselbezüglicher Verfügungen beurteilt, muss man im Auge behalten, ob sich das Problem **zu Lebzeiten** beider Ehegatten stellt oder **nach dem Tod** des Erstversterbenden.

a) Gesamtwirkung von Nichtigkeit und Widerruf

458 Die **gegenseitige Abhängigkeit** wechselbezüglicher Verfügungen kommt zuerst dadurch zum Ausdruck, dass gem. § 2270 Abs. 1 letzter HS. die Nichtigkeit der einen Verfügung **kraft Gesetzes** die Unwirksamkeit (auch) der anderen zur Folge hat. Dabei kann die Nichtigkeit auf **for-**

---

[452] Palandt/*Edenhofer*, § 2270 Rdn. 9.
[453] Soergel/*Wolf*, § 2270 Rdn. 10.
[454] Näher zum Gegenbeweis Soergel/*Wolf*, § 2270 Rdn. 11.
[455] BGH, FamRZ 1956, 83f.; Staudinger/*Kanzleiter*, § 2270 Rdn. 9.
[456] *Brox*, Erbrecht, Rdn. 192.
[457] So KG, JW 1935, 1442 Nr. 9; vgl. auch *Dittmann/Reimann/Bengel*, § 2270 Rdn. 25.
[458] RG, DR 1940, 723; OLG Saarbrücken, FamRZ 1990, 1285 (1286).
[459] Palandt/*Edenhofer*, § 2270 Rdn. 5.
[460] *Lange/Kuchinke*, Lehrbuch des Erbrechts, § 24 V 2a 2. (S. 450).
[461] KG, DR 1940, 2171; Soergel/*Wolf*, § 2270 Rdn. 10; Palandt/*Edenhofer*, § 2270 Rdn. 6. Überbl. über die Kasuistik bei RGRK-*Johannsen*, § 2270 Rdn. 6ff.

mellen wie auf **sachlichen** Gründen beruhen,[462] etwa auf Formverstößen, Testierunfähigkeit, Sitten- oder Gesetzeswidrigkeit, §§ 134, 138, aber auch auf nachträglicher Anfechtung, §§ 2078ff.[463] Das Schicksal der übrigen Verfügungen ist anhand von § 2085 zu prüfen.[464]

§ 2270 gilt nicht bei **Gegenstandslosigkeit** einer Verfügung, z. B. wegen Ausschlagung, Erbunwürdigkeit oder Vorversterben des Bedachten.[465] Vielmehr muss im Wege der Auslegung entschieden werden, ob die Eheleute die korrespondierende Verfügung dennoch wollten.[466] **459**

Die Wechselbezüglichkeit entfaltet ihre Wirkungen auch im Falle des (formgebundenen) **Widerrufs** einer solchen Verfügung:[467] nach § 2270 Abs. 1 letzter HS. hat der Widerruf der einen Verfügung die Unwirksamkeit der anderen zur Folge. **460**

b) Eintritt der Bindungswirkung beim Tode des ersten Ehegatten

Die geschilderte Rechtslage ändert sich, wenn einer der Ehegatten stirbt: Gem. § 2271 Abs. 2 S. 1 **erlischt** jetzt das **Widerrufsrecht** des anderen Ehegatten, so dass eine **Bindung** des überlebenden Teils an seine **eigenen wechselbezüglichen Verfügungen** eintritt. **461**

Folge davon ist, dass spätere letztwillige Verfügungen des Überlebenden **unwirksam** sind, wenn und soweit sie die wechselbezügliche Verfügung **beeinträchtigen**,[468] weil sie die Stellung des Bedachten zurücksetzen, beschränken oder beschweren.[469] **462**

---

462 Soergel/*Wolf*, § 2270 Rdn. 18.

463 Staudinger/*Kanzleiter*, § 2270, Rdn. 33; Palandt/*Edenhofer*, § 2270, Rdn. 2. Ausf. zur Aufhebung wechselbezüglicher Verfügungen Rdn. 723ff.

464 Palandt/*Edenhofer*, § 2270, Rdn. 2.

465 *Brox*, Erbrecht, Rdn. 193.

466 Soergel/*Wolf*, § 2270, Rdn. 20; Staudinger/*Kanzleiter*, § 2270, Rdn. 37.

467 Zum Widerruf wechselbezüglicher Verfügungen vgl. ausf. Rdn. 723ff.

468 KG, DNotZ 1977, 749 (750); Staudinger/*Kanzleiter*, § 2271, Rdn. 33; *Brox*, Erbrecht, Rdn. 195.

469 Zutr. *Lange*/*Kuchinke*, Lehrbuch des Erbrechts, § 24 VI 4 (S. 456). So kann z. B. der Überlebende nicht statt des wechselbezüglich eingesetzten Schlusserbens einen Dritten zum Alleinerben berufen, den Schlusserben nicht nachträglich zum Vorerben bestimmen oder ihn nachträglich mit einem Vermächtnis beschweren; BGH, FamRZ 1969, 207; NJW 1978, 423. Die spätere abweichende Verfügung wird jedoch wirksam, wenn der Bedachte in der Form des § 2352 auf das ihm Zugewendete verzichtet; vgl. Soergel/*Wolf*, § 2271, Rdn. 17; Staudinger/*Kanzleiter*, § 2271, Rdn. 37 m. w. Bsp. Nicht ausreichend ist, dass der Bedachte der neuen Verfügung formlos zustimmt, BGH, FamRZ 1958, 275 (276); Staudinger/*Kanzleiter*, § 2271, Rdn. 31.

463 Allerdings kann dem überlebenden Ehegatten Abweichendes in dem gemeinschaftlichen Testament erlaubt werden (sog. **Änderungsvorbehalt** oder **Freistellungsklausel**),[470] sofern dann nicht schon die Auslegung ergibt, dass keine Wechselbezüglichkeit gewollt war.[471]

464 Die mit Versterben des ersten Ehegatten eintretende Bindungswirkung führt zu **keiner Einschränkung der lebzeitigen Verfügungsfreiheit**,[472] § 2286 analog. Für den Schutz der hiervon betroffenen Bedachten (Schlusserbe, Vermächtnisnehmer) sorgen die – aus dem Recht des Erbvertrages entsprechend anwendbaren – §§ 2287, 2288.[473] In Ausnahmefällen kommt ferner **Nichtigkeit** einer entsprechenden lebzeitigen Verfügung gem. § 138 in Betracht.[474]

c) Möglichkeiten zur Beseitigung der Bindungswirkung

465 Die gem. § 2271 Abs. 2 S. 1 mit dem Tod des ersten Ehegatten eintretende Bindungswirkung ist nicht lückenlos. Dem länger lebenden Ehegatten verbleiben vielmehr einige Möglichkeiten, die Bindung an seine eigene(n) wechselbezügliche(n) Verfügung(en) zu beseitigen und so seine Testierfreiheit wieder zu erlangen.[475] Er kann zunächst das ihm Zugewendete **ausschlagen**, § 2271 Abs. 2, 2. HS.[476] Die Bindungswirkung kann ferner durch **Anfechtung** beseitigt werden,[477] wobei man zwischen der Anfechtung der wechselbezüglichen Verfügung des Erstverstorbe-

---

470 BGHZ 2, 35 (37); 30, 261 (265); BayObLG, FamRZ 1987, 638 (639); MünchKomm/*Musielak*, § 2271, Rdn. 31.

471 Vgl. Palandt/*Edenhofer*, § 2271, Rdn. 19 m. w. N.

472 *Grziwotz*, MDR 2000, 988 (990); näher Soergel/*Wolf*, § 2271, Rdn. 41; Palandt/*Edenhofer*, § 2271, Rdn. 10.

473 Allg. Meinung. Dafür bereits Prot. V, S. 452ff.; BGHZ 59, 343 (348); 82, 274 (277f.); BGH, NJW-RR 1989, 259; Staudinger/*Kanzleiter*, § 2271, Rdn. 86. Näher zu §§ 2287, 2288 Rdn. 542ff.

474 Vgl. Soergel/*Wolf*, § 2271, Rdn. 44. Zur „Aushöhlungsnichtigkeit" vgl. Rdn. 542ff.

475 Soergel/*Wolf*, § 2271, Rdn. 19; *Ebenroth*, Erbrecht, Rdn. 227. Unterschiedlich wird die Frage beurteilt, ob § 2271 Abs. 2 S. 1 2. HS. entspr. angewendet werden kann, wenn ein Dritter wechselbezüglich eingesetzt worden ist und dieser ausschlägt. Sie ist zu bejahen, *Brox*, Erbrecht, Rdn. 194; *Kipp/Coing*, Erbrecht, § 35 III 3 b (S. 228); Soergel/*Wolf*, § 2271 Rdn. 20; *Ebenroth*, Erbrecht, Rdn. 227. A. A. MünchKomm/*Musielak*, § 2271, Rdn. 23; Palandt/*Edenhofer*, § 2271, Rdn. 17; RGRK/*Johannsen*, § 2271, Rdn. 26.

476 RGZ 95, 214 (218).

477 Staudinger/*Kanzleiter*, § 2271, Rdn. 65.

nen und der Anfechtung der eigenen wechselbezüglichen Verfügung unterscheiden muss.[478]

F. Praktisch wichtige Gestaltungen beim gemeinschaftlichen Testament

Die **inhaltlichen Gestaltungsmöglichkeiten** beim gemeinschaftlichen Testament sind praktisch unbegrenzt[479] und abhängig von den Bedürfnissen und Zielen der Beteiligten, z. B. der Familiensituation (Ehe mit Kindern oder kinderlose Ehe?), Größe und Zusammensetzung des zu vererbenden Vermögens sowie nicht zuletzt von erbschaftssteuerlichen Gesichtspunkten.[480] 466

I. Gegenseitige Erbeinsetzung

Die Ehegatten können sich **ausschließlich gegenseitig zu Alleinerben** einsetzen. Diese – einfachste – Form des Ehegattentestaments wird gegebenenfalls damit kombiniert, dass nach dem Tode des Erstversterbenden Vermächtnisse zugunsten dessen gesetzlicher Erben angeordnet werden. 467

II. Einbeziehung Dritter

Bei der Einbeziehung **Dritter** – insbesondere von **Kindern** – stellt sich zunächst die Frage nach deren Rechtsstellung beim Tod des Erstversterbenden. 468

1. Berliner Testament mit Einheitslösung

Üblicherweise ist Eheleuten daran gelegen, das beiderseitige Vermögen nach Versterben des ersten Partners zunächst dem Längerlebenden und erst nach dessen Tod den (gemeinsamen) Kindern zukommen zu lassen. Dies kann man durch zwei Konstruktionen erreichen: Der Länger- 469

[478] Vgl. dazu ausf. Rdn. 726ff.
[479] So zutr. Staudinger/*Kanzleiter*, Vorbem. zu §§ 2265ff. Rdn. 39ff.
[480] Vgl. *Priester*, JuS 1987, 394 (395ff.).

lebende wird zum **Vollerben** des Erstversterbenden und die Kinder zum **Schlusserben** nach dem Tode des Längstlebenden eingesetzt. Hierbei vereinigen sich die beiderseitigen Vermögen nach dem ersten Erbfall zu einem **einheitlichen Nachlass**, der dann später vom Längerlebenden weitervererbt wird (sog. **Einheitsprinzip**).[481] Über diese einheitliche Vermögensmasse kann der überlebende Ehegatte unter Lebenden frei verfügen; den Kindern fällt (nur) das beim Tode des Längerlebenden vorhandene Vermögen an.

470 Von diesem **Einheitsprinzip** ist nach der Auslegungsregel des § 2269 auszugehen, wenn Ehegatten in einem gemeinschaftlichen Testament, in dem sie sich gegenseitig zu Erben einsetzen, bestimmen, dass nach dem Tode des Überlebenden der beiderseitige Nachlass an einen Dritten fallen soll (sog. **Berliner Testament**).[482] Vor Anwendung der Auslegungsregel des § 2269 ist aber – wie stets – die Willensrichtung der Ehegatten nach allgemeinen Auslegungsgrundsätzen[483] festzustellen.[484]

2. Berliner Testament mit Trennungslösung (Vor- und Nacherbschaft)

471 Die Eheleute können sich demgegenüber auch für die sog. **Trennungslösung** entscheiden und damit eine von der Vermutung des § 2269 abweichende Gestaltung wählen: Dann setzen sie sich gegenseitig zu **Vorerben** des Erstversterbenden ein und die Kinder zu dessen **Nacherben** und zugleich zu **Vollerben des Längerlebenden**. Auf diese Weise kommt es zu einer **Trennung** der beiden **Vermögensmassen** der Eheleute: Die Kinder erhalten beim Tode des zweiten Ehegatten (= Nacherbfall) den Nachlass des Erstverstorbenen als dessen **Nacherben** und den übrigen Nachlass als **Vollerben** des Längerlebenden. Mit Versterben des ersten Ehegatten entsteht für sie ein **Anwartschaftsrecht** an dessen Nachlass.[485]

---

[481] Zum Einheitsprinzip ausf. *Lange/Kuchinke*, Lehrbuch des Erbrechts, § 24 IV 1 (S. 435ff).

[482] Zum Begriff vgl. *Lange/Kuchinke*, Lehrbuch des Erbrechts, § 24 IV 1a, Fn. 91 (S. 436) und *Scheuren-Brandes*, JURA 2002, 734.

[483] Vgl. dazu Rdn. 558ff.

[484] BGHZ 22, 364 (366); Staudinger/*Kanzleiter*, § 2269, Rdn. 6, 26ff.; *Brox*, Erbrecht, Rdn. 189.

[485] Staudinger/*Kanzleiter*, § 2269, Rdn. 21; *Brox*, Erbrecht, Rdn. 188. Anders bei der Einsetzung der Kinder als Schlusserben *(Einheitslösung)*. Hier erlangen diese vor dem zweiten Erbfall nichts; vgl. dazu MünchKomm/*Musielak*, § 2269, Rdn. 32 m.w.N. Zur Nacherbenanwartschaft vgl. Rdn. 335ff.

Da dem Vorerben grundsätzlich lediglich die **Nutzungen**, **nicht** aber die **Substanz** des Nachlasses zusteht,[486] bietet sich diese Gestaltung vor allem bei größeren Vermögen an, bei denen der/die Überlebende von den Erträgen leben kann. Ansonsten besteht auch die Möglichkeit, den überlebenden Ehegatten von den mit der Vorerbenstellung verbundenen Verfügungsbeschränkungen zu **befreien**, § 2136. Die Anordnung von Vor- und Nacherbschaft führt jedoch zu Nachteilen in **erbschaftssteuerlicher Hinsicht**,[487] weil der Nachlass des Erstversterbenden bei Eintritt des Vor- und des Nacherbfalles steuerpflichtig wird. 472

3. Rechtsstellung der Kinder im ersten Erbfall

Die vorgenannten Konstruktionen führen dazu, dass die Kinder (Nacherben) beim ersten Erbfall nichts erhalten, sieht man von dem Anwartschaftsrecht bei der Trennungslösung ab. Für ihre Beteiligung besteht aber u. U. ein Bedürfnis, z. B. wenn sich die wirtschaftliche Situation des Abkömmlings als schwierig darstellt.[488] Die finanzielle Absicherung des Abkömmlings lässt sich z. B. dadurch erreichen, dass er allein zum Erben und der überlebende Ehegatte als Nießbraucher nach Tod des Erstverstorbenen eingesetzt wird.[489] 473

III. Wiederverheiratungsklauseln

1. Inhalt

Gängiges Gestaltungsmittel in gemeinschaftlichen Testamenten bilden auch die sog. **Wiederverheiratungsklauseln**.[490] Darin wird regelmäßig bestimmt, dass der Längerlebende im Falle einer späteren Wiederverheiratung den Nachlass an die gemeinsamen Kinder herauszugeben hat, oder dass gesetzliche Erbfolge eintreten soll.[491] 474

Wiederverheiratungsklauseln stellen also die Erbberechtigung unter eine nur vom Willen des überlebenden Ehegatten abhängende, auflösende Bedingung (sog. **Potestativbedingung**).[492] Darin könnte man eine unzulässige Einfluss- 475

---

486 Vgl. *Priester*, JuS 1987, 394 (397).

487 *Langenfeld*, NJW 1987, 1577.

488 Vgl. dazu *Priester*, JuS 1987, 394 (396).

489 Vgl. *Lange/Kuchinke*, Lehrbuch des Erbrechts, § 24 IV 2b (S. 440); Palandt/*Edenhofer*, § 2269 Rdn. 4.

490 Ausf. *Simshäuser*, FamRZ 1972, 273 ff.; *Wilhelm*, NJW 1990, 2857 ff.; *Dippel*, AcP 177 (1977), 349 ff.; *Leipold*, FamRZ 1988, 352 ff.; *Meier-Kraut*, NJW 1992, 143 ff.

491 MünchKomm/*Musielak*, § 2269 Rdn. 50.

492 Palandt/*Edenhofer*, § 2269 Rdn. 16.

nahme auf höchstpersönliche Entscheidungen des Längerlebenden sehen, die u. U. die Rechtsfolge des § 138 auslöst. Trotz solcher – sonst ernst genommener[493] – Bedenken werden Wiederverheiratungsklauseln jedenfalls dann für wirksam gehalten, wenn sie dazu dienen sollen, den Kindern den gemeinsamen Nachlass vor Schmälerung durch später hinzutretende Pflichtteilsberechtigte (Ehegatten) zu erhalten, ein Bedürfnis, das in der Praxis häufig vorgebracht wird.[494]

2. Rechtsfolgen der Wiederverheiratungsklausel

476 Bezüglich der **Rechtswirkungen** von Wiederverheiratungsklauseln ist zu differenzieren, ob dem gemeinschaftlichen Testament die **Einheits-** oder die **Trennungslösung** zu Grunde liegt[495].

3. Gemeinschaftliches Testament mit Einheitslösung

477 Eine Wiederverheiratungsklausel in einem gemeinschaftlichen Testament mit **Einheitslösung** ist dahingehend auszulegen, dass der Längerlebende im Hinblick auf die spätere Ehe zugleich **auflösend bedingter Vollerbe** und (rückwirkend auf den Erbfall) **aufschiebend bedingter Vorerbe** sein soll.[496] Stirbt der Längerlebende, ohne wieder geheiratet zu haben, wird seine Stellung als Vollerbe endgültig.[497] Heiratet er, treten sowohl die auflösende Bedingung für die Vollerbschaft als auch gleichzeitig der aufschiebend bedingte Nacherbfall ein; die Drittbegünstigten (Kinder) werden – statt Schlusserben – Nacherben, vgl. §§ 2103, 2139.

4. Gemeinschaftliches Testament mit Trennungslösung

478 Haben die Ehegatten Vor- und Nacherbschaft angeordnet, so modifiziert die Wiederverheiratungsklausel lediglich den Nacherbfall i. S. d. § 2106: Dieser tritt nicht erst mit Versterben des Längerlebenden, sondern bereits mit dessen Wiederverheiratung ein.[498]

---

[493] So herrscht Einigkeit darüber, dass Bedingungen in letztwilligen Verfügungen, §§ 2074, 2075, sittenwidrig sind, die auf höchstpersönliche Entscheidungen des Bedachten – etwa über Heirat oder Scheidung, Person oder Eigenschaften eines künftigen Ehepartners – durch unzumutbaren wirtschaftlichen Druck Einfluss nehmen sollen, vgl. die „Hohenzollern"-Entscheidung des BVerfG, ZEV 2004, 241 ff. = FamRZ 2004, 765 ff.; MünchKomm/*Leipold*, § 2074 Rdn. 14 ff.; Palandt/*Edenhofer*, § 2074 Rdn. 4 m. w. N.

[494] BGH, FamRZ 1965, 600 (601); vgl. auch Palandt/*Edenhofer*, § 2269 Rdn. 16; Soergel/*Wolf*, § 2269 Rdn. 18 und 26.

[495] Siehe hierzu ausf. *Jünemann*, ZEV 2000, 81 ff.

[496] BGHZ 96, 198.

[497] BGHZ 96, 198.

[498] MünchKomm/*Musielak*, § 2269 Rdn. 49; *Brox*, Erbrecht, Rdn. 191.

IV. Pflichtteilsklauseln (Schutz vor Pflichtteilsansprüchen)

Bei den vor allem in Berliner Testamenten häufig zu findenden sog. **Pflichtteilsklauseln**[499] handelt es sich um Bestimmungen für den Fall, dass der Letztbedachte nach dem ersten Erbfall wegen seiner Enterbung den Pflichtteil fordert. Dies stört die von den Ehegatten gewollte Erbfolgeregelung u. U. beträchtlich. Da der Pflichtteilsanspruch einen mit dem Erbfall entstehenden sofort fälligen Geldanspruch begründet, § 2317, ergeben sich möglicherweise dort, wo der Nachlass im Wesentlichen aus Immobilien besteht, erhebliche Liquiditätsprobleme für den Erben (Ehegatten).[500] 479

Auch für die Rechtsfolgen der dagegen gerichteten Pflichtteilsklauseln ist danach zu differenzieren, ob dem gemeinschaftlichen Testament die **Trennungs-** oder die **Einheitslösung** zu Grunde liegt.

1. Rechtslage bei der Trennungslösung

Der Drittbegünstigte als **Nacherbe** des Erstversterbenden hat den Pflichtteils- 480
anspruch nur dann, wenn er zum berechtigten Personenkreis zählt, vgl. § 2303. Hierzu muss er die Nacherbschaft **ausschlagen**.[501] Die Möglichkeit, trotz Ausschlagung den Pflichtteilsanspruch zu erhalten, folgt aus § 2306 Abs. 2, Abs.1 S. 2. Dann wächst sein Erbteil den übrigen Nacherben gem. § 2094 Abs. 1 S. 1 an. Die Ausschlagung beeinträchtigt die erbrechtliche Stellung des Pflichtteilsberechtigten beim zweiten Erbfall nicht: Soweit testamentarisch bestimmt, bleibt er Erbe des länger lebenden Ehegatten.[502]

2. Rechtslage bei der Einheitslösung

Die Pflichtteilsproblematik hat praktische Relevanz vor allem bei den **Berliner** 481
Testamenten, in denen der Pflichtteilsberechtigte – in Übereinstimmung mit § 2269 – als **Schlusserbe** des überlebenden Ehegatten eingesetzt wurde. Da er damit nach dem Tode des erstversterbenden Elternteils **enterbt** ist, kann er ohne vorherige Ausschlagung den Pflichtteil beanspruchen; hierin liegt nicht einmal ein Verzicht auf seine Schlusserbeneinsetzung nach dem Tod des letztversterbenden Ehegatten.[503] Daher droht die Konsequenz, dass sich derjenige Abkömmling, der sich dem elterlichen Willen widersetzt,[504] einen ungerechtfertig-

---

499 Gebräuchlich ist auch die Bezeichnung „Pflichtteilsstrafklausel"; vgl. *Ebenroth*, Erbrecht, Rdn. 234.

500 *Priester*, JuS 1987, 394 (399).

501 *Lange/Kuchinke*, Lehrbuch des Erbrechts, § 24 IV 5 (S. 446); *Brox*, Erbrecht, Rdn. 188.

502 MünchKomm/*Musielak*, § 2269 Rdn. 63.

503 Palandt/*Edenhofer*, § 2269 Rdn. 12.

504 Dieser geht beim Berliner Testament dahin, dass die Abkömmlinge erst nach dem Tode des längerlebenden Elternteils in den Genuss des elterlichen Vermögens kommen sollen.

ten Vorteil gegenüber den übrigen Schlusserben, z. B. den Geschwistern, erhält, die sie sich dem Testament fügen.

482 Um einen „widerspenstigen“ Abkömmling davon abzuhalten, wird in Ehegattentestamenten häufig bestimmt, dass ein Abkömmling, der nach dem ersten Erbfall den Pflichtteil verlangt, auch beim Versterben des länger lebenden Elternteils nur den Pflichtteil erhalten soll (sog. **Verwirkungsklausel**).[505] Die Einsetzung als Schlusserbe ist in diesem Fall durch die Geltendmachung des Pflichtteils **auflösend bedingt**.[506]

483 Ungeachtet dessen erhält der pflichtteilsberechtigte Abkömmling den Pflichtteil nach dem Nachlass des Erstversterbenden im Ergebnis u. U. zweimal: Denn dieser befindet sich beim Berliner Testament mit sog. Einheitslösung beim Tode des Längerlebenden wertmäßig noch in dessen Nachlass, wenn auch unbeschadet anderweitiger lebzeitiger Verfügungen.[507] Statt einer Sanktion gegen den ungehorsamen Pflichtteilsberechtigten hat man deshalb ein Modell zur Besserstellung der übrigen Schlusserben in Form der sog. **Jastrow'schen Formel**[508] entwickelt.[509] Es besteht in einer Testamentsgestaltung, die den anderen Abkömmlingen, für den Fall, dass ein Abkömmling nach dem Tod des ersten Ehegatten

[505] Staudinger/*Kanzleiter*, § 2269 Rdn. 56; MünchKomm/*Musielak*, § 2269 Rdn. 65; *Schlüter*, Erbrecht, Rdn. 350, jeweils m. w. N. Zur Frage, ob aus dem *Strafcharakter* einer solchen Verwirkungsklausel folgt, dass dessen Rechtsfolgen nur eintreten, wenn die Geltendmachung des Pflichtteils Ausdruck einer „verwerflichen Auflehnung“ gegen den Erblasserwillen ist, vgl. BayObLGZ 1963, 271 (275); OLG *Stuttgart*, OLGZ 1968, 246 (247); OLG *Braunschweig*, OLGZ 1977, 185 (188); zsf. MünchKomm/*Musielak*, § 2269 Rdn. 65 m. w. N.

[506] *Ebenroth*, Erbrecht, Rdn. 234. Wird der Pflichtteil von einem Abkömmling trotz einer Verwirkungsklausel bereits nach dem ersten Erbfall geltend gemacht, so wird nicht nur dieser, sondern auch dessen gesamter Stamm beim zweiten Erbfall von der Erbfolge ausgeschlossen; vgl. MünchKomm/*Musielak*, § 2269 Rdn. 65; allerdings kann allein aufgrund des Vorliegens einer Pflichtteilsstrafklausel nicht zwingend auf eine Erbeinsetzung der Kinder als Schlusserben des letztversterbenden Ehegattens geschlossen werden, siehe hierzu OLG Hamm, FamRZ 2004, 1998 (2000).

[507] Staudinger/*Kanzleiter*, § 2269 Rdn. 54; Soergel/*Wolf*, § 2269 Rdn. 35; *Schlüter*, Erbrecht, Rdn. 350f.

[508] Nach *Jastrow*, DNotV 1904, 424.

[509] Solche Klauseln lauten etwa: „Für den Fall, dass ein Kind bzw. dessen Abkömmling beim Tode des Erstversterbenden den Pflichtteil verlangen sollte, bestimmen wir folgendes: Die den Pflichtteil nicht fordernden Abkömmlinge erhalten ein beim ersten Erbfall anfallendes, bis zum zweiten Erbfall gestundetes Vermächtnis in Höhe des gesetzlichen Erbteils. Der beim Tode des Erstversterbenden den Pflichtteil fordernde Abkömmling wird auch für den Tod des Letztversterbenden von der Erbfolge ausgeschlossen.“; Vgl. dazu Staudinger/*Kanzleiter*, § 2269 Rdn. 60; Soergel/*Wolf*, § 2269 Rdn. 35; *v. Olshausen*, DNotZ 1979, 707ff.

Übersicht: Das Ehegattentestament, §§ 2265 ff.

Merkmal	Voraussetzung			Wirkung
Ehegattentestament, § 2265	Wirksam geschlossene Ehe (bzw. gem. § 1 LPartG gleichgeschlechtliche Lebensgemeinschaft)			*Möglichkeit Ehegattentestament zu errichten*
Testament	**ein Dokument**		**zwei Dokumente**	
Gemeinschaftlich	**Mitunterzeichnung** des anderen Ehegatten legt Vermutung des gemeinschaftlichen Testierwillens nahe.		**Wille** der Ehegatten gemeinschaftlich zu testieren muss sich aus beiden Urkunden **ergeben** (Andeutungstheorie).	
Form	**Öffentliches Testament** *Keine Besonderheiten, § 2232*	**Privatschriftliches Testament** **Mitunterzeichnung** des anderen Ehegatten ausreichend, § 2267	Voraussetzungen des § 2247 müssen bei beiden erfüllt sein.	Wirksames Testament i.S.v. § 2265
Wechselbezüglichkeit	Letztwillige Verfügungen der Ehegatten wurden nur mit Rücksicht auf die Verfügung des jeweils anderen Ehegatten getroffen (**gegenseitige innere Abhängigkeit**), vgl. § 2270			Bindungswirkung zu Lebzeiten gem. § 2271 Abs. 1 S. 1, 2, Abs. 2 S. 1 1.Hs: Widerruf/ Änderung des Testaments nur unter bestimmten Voraussetzungen möglich.
Berliner Testament, § 2269	Bestimmung, dass sich die Ehegatten **gegenseitig** in ihrer letztwilligen Verfügung bedenken und **nach dem Tod des längerlebenden Ehegatten** ein **Dritter** (zumeist Abkömmlinge) **begünstigt** sein soll.			Sog. **Einheitslösung**: Überlebender Ehegatte wird Vollerbe; Dritter (Abkömmling) wird Schlusserbe und erbt einheitliches Vermögen (**ges. Vermutung** des § 2269 Abs. 1). ………………………… Davon zu unterscheiden: **Trennungslösung** (überlebender Ehegatte wird Vorerbe; Abkömmling wird Nacherbe und erbt zwei separate Vermögen)

seinen Pflichtteil verlangt, Vermächtnisse in Höhe ihrer gesetzlichen Erbteile zuwendet. Diese Vermächtnisse fallen sofort an, der Auszahlungsanspruch wird jedoch erst mit dem Tod des zweiten Ehegatten fällig. Daraus folgt, dass der Nachlass des erstversterbenden Ehegatten zwar belastet, der gegenwärtige Inhaber (= der überlebende Ehegatte) aber nicht „belästigt" wird.[510] Die Jastrow'sche Formel bewirkt somit praktisch die Anwendung der Trennungslösung, da der Nachlass des letztversterbenden Ehegatten erheblich gemindert wird. Der „widerspenstige" Abkömmling erhält den geforderten Pflichtteil nur aus den jeweiligen (unverbundenen) Vermögen.

G. Prozessuale Aspekte

484 Vor dem Tod des Erblassers werden rechtshängige Streitigkeiten durch dessen Rechtsnachfolger (= Vorerbe) gem. § 239 ZPO fortgeführt. Das gilt gem. § 242 ZPO, der auf § 239 ZPO verweist, auch für den Fall, dass während des Rechtsstreits zwischen einem Vorerben und einem Dritten über einen der Nacherbfolge unterliegenden Gegenstand der Nacherbfall eintritt, sofern der Vorerbe berechtigt war, frei über den Gegenstand zu verfügen. Bei Rechtshängigkeit nach Eintritt des Nacherbfalls sind keinerlei prozessuale Besonderheiten zu beachten, da der Nacherbe dann endgültiger Rechtsnachfolger ist.

485 Besondere prozessrechtliche Fragen treten innerhalb der Vor- und Nacherbschaft regelmäßig dann auf, wenn ein **Streit nach dem Tod des Erblassers** und **vor dem Eintritt des Nacherbfalls** rechtshängig und durch Urteil entschieden wird. Da der Vorerbe bis zum Eintritt des Nacherbfalls Rechtsnachfolger des Erblassers ist, wird er Prozesspartei. Demnach ergeht ihm gegenüber auch das Urteil. Wird das Urteil rechtskräftig, so wirkt es gem. § 325 ZPO „inter partes" bzw. für und gegen die Rechtsnachfolger der Prozessparteien. Da der Nacherbe jedoch nicht Rechtsnachfolger des Vorerben ist, regelt § 326 ZPO die **Erstreckung der Rechtskraft** auf den Nacherben. Dabei muss man unterscheiden, ob das Urteil dem Vorerben günstig ist oder nicht:[511]

486 Gem. § 326 Abs. 1 1. und 2. Fall ZPO wirkt ein für den Vorerben **günstiges Urteil**, das vor dem Nacherbfall rechtskräftig wurde, auch für den Nacherben,[512] gleich ob der Vorerbe Kläger oder Beklagter war.

487 Ein für den Vorerben ungünstiges Urteil wirkt gem. § 326 Abs. 2 ZPO nur dann gegen den Nacherben, wenn der Vorerbe ohne Zustimmung des Nacherben über den Streitgegenstand verfügen durfte.[513]

Falls sich die Rechtskraft eines gegenüber dem Vorerben ergangenen Urteils auf den Nacherben erstreckt, so kann gem. § 728 Abs. 1 ZPO eine Vollstreckungsklausel auf ihn umgeschrieben werden, § 727 ZPO.

---

[510] *v. Olshausen,* DNotZ 1979, 707 (715).

[511] *Brox,* Erbrecht, Rdn. 369.

[512] Zöller/*Vollkommer,* ZPO, § 326 Rdn. 2.

[513] Zöller/*Vollkommer*, aaO, § 326 Rdn. 3.

H. Wiederholung und Vertiefung*

Fragen

Frage 1
Definieren Sie den Begriff des gemeinschaftlichen Testaments.

Frage 2
In welchen Formen kann ein solches Testament errichtet werden?

Frage 3
Was macht die Gemeinschaftlichkeit der Erklärungen beim Ehegattentestament aus?

Frage 4
Was geschieht mit einem gemeinschaftlichen Testament, wenn die Ehe vor dem Erbfall geschieden wird?

Frage 5
Was versteht man unter einer wechselbezüglichen Verfügung?

Frage 6
Beschreiben Sie die Bindungswirkung wechselbezüglicher Verfügungen.

Frage 7
Welche Möglichkeiten verbleiben dem länger lebenden Ehegatten, seine Testierfreiheit wieder zu erlangen?

Frage 8
Was versteht man unter einem Berliner Testament? Welche Gestaltungen werden hierbei unterschieden?

Frage 9
Was ist eine Wiederverheiratungsklausel? Welche Rechtswirkungen hat eine solche Regelung?

Frage 10
Wie können sich Ehegatten bei der Abfassung eines gemeinschaftlichen Testaments davor schützen, dass ihre Abkömmlinge vorzeitig Pflichtteilsansprüche geltend machen?

---

* Antworten im Anhang, siehe S. 456.

I. Muster

Urkundenrolle Nr. 173 für 2000

Verhandelt zu Düsseldorf am 10.10.2000

Vor mir, Dr. Susanne Fischer

Notarin in Düsseldorf

erschienen:

Eheleute Herr **Armin Friedrich Müller**, geboren am 15. Mai 1942 in Düsseldorf, und
Frau **Birgit Müller** geborene Schmidt,
geboren am 11. Januar 1944 in Moers,
wohnhaft in Düsseldorf.

Die Erschienenen wiesen sich durch Vorlage ihres Personalausweises aus.

Die Erschienenen erklärten:

Wir schließen nachstehendes

Ehegattentestament

miteinander ab:

Wir sind an der Errichtung des Testamentes durch frühere Verfügungen von Todes wegen nicht gehindert, deutsche Staatsangehörige und verlangen keine Zuziehung von Zeugen.

Der Notar überzeugte sich durch die Verhandlung von der Testierfähigkeit der Erblasser, die ihm sodann mündlich ihren letzten Willen wie folgt zu Protokoll erklärten:

Wir schließen das nachstehende Testament, das unverschlossen in der amtlichen Verwahrung des Notars bleiben soll.

Wir setzen uns gegenseitig, der Erstversterbende den Überlebenden als alleinigen und unbeschränkten Erben ein, und zwar ohne Rücksicht darauf, ob und welche Pflichtteilsberechtigte beim Tode des Erstversterbenden vorhanden sind.

Nach dem Tod des Längstlebenden setzen wir als Erben zu gleichen Teilen unsere Söhne ein, nämlich:

Lars Müller, geboren am 5. August 1967,
Lukas Müller, geboren am 11. April 1970

Stirbt einer der zu Erben Berufenen vor dem Längstlebenden oder wird er aus einem anderen Grunde nicht Erbe des Längstlebenden, so treten an seine Stelle als Ersatzerben untereinander im Verhältnis der gesetzlichen Erbfolge seine Abkömmlinge. Sind solche nicht vorhanden, so wächst sein Erbteil den anderen Erben nach Verhältnis ihrer Erbteile an.

Uns ist bekannt, dass bei Übergehung von pflichtteilsberechtigten Personen, die nach Errichtung dieses Testamentes geboren oder pflichtteilsberechtigt werden – z. B. im Falle der Wiederheirat – einem jeden von uns, auch nach dem Tode des Erstversterbenden, ein gesetzliches Anfechtungsrecht zustehen kann.

Ein jeder von uns verzichtet hiermit unwiderruflich darauf, aus vorstehenden Gründen dieses Testament anzufechten.

Sollte einer unserer Abkömmlinge aus dem Nachlass des Erstversterbenden den Pflichtteil verlangen, so sollen er und seine Abkömmlinge auch aus dem Nachlass des Letztversterbenden nur den Pflichtteil erhalten, sofern der Überlebende nichts anderes bestimmt.

Für den Fall, dass Pflichtteilsansprüche gegen den Nachlass des Erstversterbenden geltend gemacht werden, erhalten die Abkömmlinge, die keinen Pflichtteil geltend gemacht haben, ein Geldvermächtnis in Höhe ihres Pflichtteils aus dem Nachlass des Erstversterbenden, das beim Tode des Längstlebenden zinslos fällig ist.

§ 4. Der Erbvertrag

Schrifttum: Buchholz, Zur bindenden Wirkung des Erbvertrages, FamRZ 1987, 440; **Dilcher**, Die Grenzen erbrechtlicher Bindung zwischen Verfügungsfreiheit und Aushöhlungsnichtigkeit, Jura 1988, 72; **Kapp**, Der Erbvertrag in zivilrechtlicher und erbschaftsteuerrechtlicher Sicht, BB 1980, 845; **Nolting**, Der Erbvertrag, JA 1993, 129; **Stürzebecher**, Zur Anwendbarkeit der §§ 320ff. auf den entgeltlichen Erbvertrag, NJW 1988, 2217; **Veit**, Die Anfechtung von Erbverträgen durch den Erblasser, NJW 1993, 1553.

A. Begriff

488 Der Erbvertrag, §§ 2274–2302, ist eine **vertragliche Verfügung von Todes wegen**,[514] deren Besonderheit in seiner **Doppelnatur** liegt:[515] Einerseits handelt es sich um eine echte **Verfügung von Todes wegen**, § 1941 Abs. 1. Andererseits ist der Erbvertrag ein **wirklicher Vertrag**,[516] der eine **Bindung** des Erblassers an seine **vertragsmäßigen** letztwilligen Verfügungen erzeugt.[517] Diese Bindungswirkung besteht darin, dass der Erblasser solche Verfügungen nicht mehr **widerrufen** kann, § 2289 Abs. 1 S. 2, also in seiner Testierfreiheit[518] eingeschränkt wird. Darin liegt der Unterschied zum gem. § 2253 Abs. 1 jederzeit widerruflichen Testament.

489 Als **Verfügung von Todes** wegen bewirkt der Erbvertrag weder eine Änderung der dinglichen Rechtslage noch begründet er Rechte und Pflichten[519] oder einen Anspruch der Bedachten.[520]

490 Für eine Verfügung von Todes wegen in **Vertragsform** besteht im Rechtsverkehr ein unabweisbares Bedürfnis.[521] Da die Entwicklung der künftigen Vermögensverhältnisse häufig einen wesentlichen Faktor bei der Lebensplanung darstellt, sind Fragen einer möglichst klaren und geordneten Nachfolge regelungsbedürftig. So wird etwa ein Kind oft nur dann bereit sein, ein lukratives berufliches Angebot auszuschlagen, um im elterlichen Unternehmen zu arbeiten, wenn es Gewissheit hat, dieses später einmal zu erben.[522]

491 Ein weiterer Vorzug besteht darin, dass im Gegensatz zum Ehegattentestament **jedermann** einen Erbvertrag errichten kann, also z. B. **Ver-**

---

514 *Brox*, Erbrecht, Rdn. 145; Soergel/*Wolf*, Vor § 2274, Rdn. 3.

515 Hk-BGB/*Hoeren*, Vor §§ 2274–2302, Rdn. 12; MünchKomm/*Musielak*, Vor § 2274, Rdn. 3; Palandt/*Edenhofer*, Überbl. v. § 2274, Rdn. 2; *Ebenroth*, Erbrecht, Rdn. 246. Vgl. auch *Schlüter*, Erbrecht, Rdn. 250, der von einem „Vertrag sui generis" spricht.

516 BGHZ 26, 204 (207).

517 Damrau/*Krüger*, Erbrecht, Vorbem. zu den §§ 2274ff., Rdn. 3; Soergel/*Wolf*, Vor § 2274, Rdn. 5.

518 Saudinger/*Kanzleiter*, Vorbem. zu §§ 2274ff., Rdn. 10; *Kipp/Coing*, Erbrecht, § 36 II (S. 233).

519 BGHZ 8, 23 (30).

520 BGHZ 12, 115 (118); Staudinger/*Kanzleiter*, Vorbem. zu §§ 2274ff., Rdn. 5; *Lange/Kuchinke*, Lehrbuch des Erbrechts, § 25 V 12 (S. 499).

521 Zur geschichtlichen Entwicklung des Erbvertrages Staudinger/*Kanzleiter*, Vorbem. zu §§ 2274ff., Rdn. 1f.; *Kipp/Coing*, Erbrecht, § 36 I 1 (S. 231ff.).

522 W. Bsp. bei *Brox*, Erbrecht, Rdn. 144.

lobte oder Partner **nichtehelicher Lebensgemeinschaften**, aber auch Ehegatten, vgl. § 2276 Abs. 2.

Den Erbvertrag darf man nicht mit sonstigen erbrechtlichen Rechts- 492
geschäften verwechseln. Diese sind zwar ebenfalls vertraglicher Natur, unterscheiden sich aber in Zielsetzung und Ausgestaltung von ihm. Hierunter fallen z. B. der Erbschaftskauf, § 2371, die Schenkung von Todes wegen, § 2301, sowie sonstige lebzeitige Verträge, bei denen die Erfüllung auf die Zeit nach dem Tode einer Vertragspartei verschoben wird.[523] Das Wesen des Erbvertrages als ein Zuwendungsvertrag erfordert schließlich noch seine Trennung vom Erbverzicht, §§ 2346ff.[524]

B. Arten des Erbvertrages

Erbverträge lassen sich einerseits von der **Person des Erblassers** her, an- 493
dererseits danach einteilen, ob sich auch der **Vertragspartner** zu einer Leistung gegenüber dem Erblasser **verpflichtet**, z. B. in Form von Versorgungsleistungen. Bei der Anwendung der jeweiligen erbrechtlichen Vorschrift ist stets darauf zu achten, ob sie für den Erblasser oder auch für den annehmenden Partner gilt.

I. Einseitige und mehrseitige Erbverträge

Ein **einseitiger Erbvertrag** liegt vor, wenn nur der Erblasser eine oder 494
mehrere **vertragsmäßige**, also **bindende** Verfügungen trifft,[525] während der Vertragspartner nur **annimmt**. Das gleiche gilt, wenn der andere Teil lediglich **einseitig** von Todes wegen verfügt oder sich durch ein **lebzeitiges Rechtsgeschäft** zu einer Leistung gegenüber dem Erblasser verpflichtet.[526]

Zweiseitig ist der Erbvertrag dagegen, wenn **beide Teile vertrags-** 495
mäßig verfügen. Dann wird gem. § 2298 vermutet, dass die beidersei-

---

523 *Brox*, Erbrecht, Rdn. 145; ausf. zur Abgrenzung MünchKomm/*Musielak*, Vor § 2274, Rdn. 9ff.

524 Staudinger/*Otte*, § 1941 Rdn. 8.

525 AnwK-BGB/*Kornexl*, Vor §§ 2274–2302, Rdn. 5; Palandt/*Edenhofer*, Überbl. v. § 2274, Rdn. 1; *Schlüter*, Erbrecht, Rdn. 259; *Schreiber*, Jura 1996, 409 (410).

526 MünchKomm/*Musielak*, Vor § 2274, Rdn. 23; *Brox*, Erbrecht, Rdn. 153.

tigen Verfügungen im Verhältnis der **Wechselbezüglichkeit** stehen.[527] Wenden sich die Erblasser gegenseitig etwas zu, spricht man von einem **gegenseitigen** Erbvertrag.[528] Treffen mehr als zwei Personen vertragsmäßige Verfügungen von Todes wegen, was ebenfalls möglich ist, liegt ein sog. **mehrseitiger** Erbvertrag vor.[529]

II. Entgeltliche und unentgeltliche Erbverträge

496 Ein **entgeltlicher** Erbvertrag – in der Praxis die Regel – zeichnet sich dadurch aus, dass der vertragsmäßigen Verfügung des Erblassers eine **Leistung des Vertragspartners** gegenübersteht.[530] Zwischen erbrechtlicher Zuwendung und der Leistung des Vertragspartners besteht dann ein **ursächlicher Zusammenhang**: Der Erblasser verfügt deshalb vertragsgemäß, weil ihm seinerseits eine Leistung versprochen wird oder er eine solche bereits erhalten hat.[531] Ein Beispiel dafür findet sich in § 2295: Dort verpflichtet sich der Bedachte im Gegenzug für die Erbeinsetzung zur Erbringung **wiederkehrender Leistungen**, insbesondere zur Gewährung von Unterhalt bis zu dessen Tode (sog. **Verpfründungsvertrag**).[532]

497 Der entgeltliche Erbvertrag ist kein schuldrechtlicher Verpflichtungsvertrag, insbesondere **kein gegenseitiger Vertrag** i. S. d. § 320 ff.[533] Daraus folgt u. a., dass der Erblasser nicht nach § 323 vorgehen kann, wenn der andere Vertragsteil die ihm obliegende Leistung nicht erbringt.[534] Derartige „Leistungsstörungen“ richten sich ausschließlich nach **erbrechtlichen Sonderregeln**, §§ 2281, 2078, § 2295.[535] Der Erblasser vermag sich allerdings durch Vereinbarung eines Bedingungszusammenhanges i. S. d. § 158 zwischen den beiderseitigen Leistungen vor Schlechterfül-

---

[527] Soergel/*Wolf*, Vor § 2274, Rdn. 12. Zur Wechselbezüglichkeit beim gemeinschaftlichen Testament oben Rdn. 445 ff.

[528] MünchKomm/*Musielak*, Vor § 2274, Rdn. 24.

[529] Palandt/*Edenhofer*, Überbl. v. § 2274, Rdn. 2; *Ebenroth*, Erbrecht, Rdn. 254.

[530] BGHZ 36, 65 (70 f.); Krit. MünchKomm/*Musielak*, Vor § 2274, Rdn. 29.

[531] Soergel/*Wolf*, Vor § 2274, Rdn. 4; *Brox*, Erbrecht, Rdn. 155.

[532] Ausf. MünchKomm/*Musielak*, Vor § 2274, Rdn. 20 m. w. N.

[533] *Kipp*/*Coing*, Erbrecht, § 36 IV 1 (S. 234).

[534] *Brox*, Erbrecht, Rdn. 155; Palandt/*Edenhofer*, § 2295 Rdn. 1; Staudinger/*Kanzleiter*, § 2295 Rdn. 8; a. A. *Stürzebecher*, NJW 1988, 2717; LG *Köln*, DNotZ 1978, 685.

[535] Dazu ausführlicher unten Rdn. 732 ff.

lung, Verzug oder Nichtleistung zu schützen, und zwar auch stillschweigend.[536]

Das Gegenstück zum entgeltlichen Erbvertrag bildet der **unentgeltliche Erbvertrag**, bei dem der Bindung des Erblassers keine irgendwie geartete Gegenleistung gegenüber steht.[537] 498

C. Die Errichtung eines Erbvertrages: Besondere Wirksamkeitsvoraussetzungen

Die §§ 2274–2277 enthalten einige **besondere Wirksamkeitsvoraussetzungen**[538] für die Errichtung eines Erbvertrages. 499

I. Persönliche Errichtung

Wie § 2064 für das Testament, so bestimmt § 2274, dass der Erblasser den Erbvertrag nur **persönlich** errichten darf; Stellvertretung ist ausgeschlossen.[539] Dagegen kann sich der **Vertragspartner** des Erblassers **vertreten lassen**, sofern er nicht selbst letztwillig verfügt (zweiseitiger Erbvertrag).[540] 500

II. Unbeschränkte Geschäftsfähigkeit

Der Abschluss eines Erbvertrages erfordert aufgrund der bereits geschilderten Bindungswirkung abweichend von den allgemeinen Vorschriften über die Testierfähigkeit, §§ 2229, 2247 Abs. 4, die **volle Geschäftsfähigkeit des Vertragserblassers**, § 104ff.[541] 501

Eine Ausnahme von diesem Grundsatz enthält § 2275 Abs. 2, 3: Danach können **Ehegatten** und **Verlobte** als Erblasser einen Erbvertrag mit 502

---

536 Staudinger/*Kanzleiter*, Vorbem. zu §§ 2274ff., Rdn. 8; MünchKomm/*Musielak*, § 2295 Rdn. 5.

537 *Ebenroth*, Erbrecht, Rdn. 255; *Belling*, Jura 1986, 625 (627).

538 Zu den allg. Wirksamkeitsvor. für letztwillige Verfügungen vgl. oben Rdn. 216ff.

539 Soergel/*Wolf*, § 2274 Rdn. 3.

540 MünchKomm/*Musielak*, § 2274 Rdn. 2; *Kipp/Coing* Erbrecht, § 37 I (S. 236).

541 *Brox*, Erbrecht, Rdn. 146.

ihrem Partner auch dann schließen, wenn sie in der **Geschäftsfähigkeit beschränkt** sind. Allerdings ist die Zustimmung des **gesetzlichen Vertreters** erforderlich, die gem. § 182 Abs. 2 formlos erfolgen kann.[542] Da Erbverträge häufig und zweckmäßigerweise mit Eheverträgen verbunden werden, bezweckt die Regelung, beschränkt geschäftsfähigen Personen, die verheiratet oder verlobt sind, den Abschluss eines Erbvertrages zu ermöglichen.[543]

503 Für den **Vertragspartner des Erblassers** gelten mangels Sondervorschriften die allgemeinen Regeln. Ist er nur **beschränkt geschäftsfähig** i. S. d. § 106, muss man differenzieren: Sofern er nur Erklärungen des Erblassers als Zuwendungsempfänger annimmt, begründet der Erbvertrag einen lediglich rechtlichen Vorteil i. S. d. § 107.[544] Das Gleiche gilt, wenn der minderjährige Vertragsgegner lediglich die einen Dritten begünstigende Erklärung des Erblassers entgegennimmt: Dann handelt es sich um ein sog. **neutrales Geschäft**, das der Annahme rechtlicher Vorteilhaftigkeit noch nicht entgegensteht.[545]

504 Sofern der beschränkt Geschäftsfähige aber **selbst** eine **rechtsgeschäftliche Verpflichtung** übernimmt,[546] bedarf er der Zustimmung seines gesetzlichen Vertreters,[547] etwa beim sog. Verpfründungsvertrag. Für den **geschäftsunfähigen** Vertragspartner muss der gesetzliche Vertreter den Erbvertrag abschließen.[548]

505 Rechtsfolge fehlender oder beschränkter Geschäftsfähigkeit des **Vertragserblassers** ist – unbeschadet des § 2275 Abs. 2, 3 – die **Nichtigkeit** des Erbvertrages.[549] An dieser Rechtslage ändern der Eintritt der vollen Geschäftsfähigkeit sowie eine spätere Genehmigung nichts.[550] In Be-

542 *Brox*, Erbrecht, Rdn. 146; krit. Palandt/*Edenhofer*, § 2275 Rdn. 2, der sich für Formpflicht ausspricht.

543 Vgl. dazu Prot. V, S. 374ff.

544 *Lange/Kuchinke*, Lehrbuch des Erbrechts, § 25 II 2 (S. 471).

545 *Lange/Kuchinke*, Lehrbuch des Erbrechts, § 25 II 2 (S. 471); Staudinger/*Knothe*, § 107 Rdn. 20.

546 Bsp. rechtsgeschäftlicher Verpflichtungen bei *Lange/Kuchinke*, Lehrbuch des Erbrechts, § 25 I 1 (S. 467).

547 *Kipp/Coing*, Erbrecht, § 17 III 3 (S. 121); *Ebenroth*, Erbrecht, Rdn. 250.

548 Staudinger/*Kanzleiter*, § 2275 Rdn. 11.

549 BayObLG, Rpfleger 1982, 286; Soergel/*Wolf*, § 2275 Rdn. 3; *Ebenroth*, Erbrecht, Rdn. 250.

550 Staudinger/*Kanzleiter*, § 2275 Rdn. 3; *Dittmann/Reimann/Bengel*, § 2275 Rdn. 4; *Ebenroth*, Erbrecht, Rdn. 250.

tracht kommt dann jedoch eine Umdeutung des nichtigen Erbvertrages gem. § 140 in ein Testament.[551]

III. Form

Der Erbvertrag bedarf zwingend der **notariellen Form**. Gem. § 2276 Abs. 1 kann er nur zur Niederschrift eines Notars bei **gleichzeitiger Anwesenheit beider Teile** geschlossen werden. Die Formvorschrift geht dadurch noch über § 311b Abs. 5 S. 2 hinaus.[552] Das Erfordernis „gleichzeitiger Anwesenheit" schließt nicht aus, dass sich der vertragsschließende Teil – soweit zulässig[553] – vertreten lässt, hindert jedoch eine sukzessive Beurkundung nach § 128.[554] Der **Erblasser** muss stets persönlich anwesend sein, § 2274.[555] 506

Gem. § 2276 Abs. 1 S. 2 gelten für den Erbvertrag die Vorschriften der §§ 2231 Nr. 1, 2232, 2233. Deshalb sind die Formen des **öffentlichen Testaments** zu wahren.[556] § 2276 Abs. 1 S. 2 letzter HS. erstreckt diese Formerfordernisse auch auf den anderen Vertragschließenden.[557] 507

Eine **Formerleichterung** sieht § 2276 Abs. 2 vor: Danach genügt für einen Erbvertrag zwischen **Ehegatten** oder **Verlobten**, der mit einem Ehevertrag in derselben Urkunde verbunden wird, die für den **Ehevertrag** vorgeschriebene Form. Die Vorschrift ist heute aber praktisch bedeutungslos, da § 1410 für Eheverträge ebenfalls notarielle Beurkundung vorschreibt.[558] 508

---

551 Vgl. BayObLG, NJW-RR 1996, 7 (8); MünchKomm/*Musielak*, § 2275 Rdn. 4.

552 Palandt/*Edenhofer*, § 2276 Rdn. 9. Vgl. aber BGHZ 23, 249 zur formlosen Hoferbenbestimmung; krit. Staudinger/*Kanzleiter*, § 2276 Rdn. 16; *Medicus*, Bürgerliches Recht, Rdn. 181, 192.

553 Vgl. oben Rdn. 500.

554 Soergel/*Wolf*, § 2276 Rdn. 5; RGRK/*Kregel*, § 2276 Rdn. 3.

555 MünchKomm/*Musielak*, § 2276 Rdn. 6; Staudinger/*Kanzleiter*, § 2276 Rdn. 3.

556 Vgl. Rdn. 270ff.

557 So *Brox*, Erbrecht, Rdn. 147. Im Übrigen gelten die Vorschriften des Beurkundungsgesetzes, die bei der Errichtung eines öffentlichen Testaments zu beachten sind, für den Erbvertrag entsprechend, MünchKomm/*Musielak*, § 2276 Rdn. 9.

558 *Schlüter*, Erbrecht, Rdn. 254; *Brox*, Erbrecht, Rdn. 147.

IV. Amtliche Verwahrung

509 Gem. § 34 Abs. 1 S. 4 BeurkG soll der Notar die **amtliche Verwahrung** des Erbvertrages veranlassen, vgl. § 2277. Hierin liegt aber **keine Wirksamkeitsvoraussetzung**;[559] die Vertragsparteien können diese Verwahrungsform ausschließen, § 34 Abs. 2 BeurkG.[560] Dann wird der Erbvertrag vom Notar in Verwahrung genommen.[561]

510 Zu erwähnen bleibt, dass die Rücknahme des Erbvertrages aus amtlicher Verwahrung – anders als beim Testament gem. § 2256 – nicht zu dessen Unwirksamkeit führt.[562] Die Aufhebung eines Erbvertrages richtet sich vielmehr allein nach den §§ 2290ff.[563]

D. Der Inhalt von Erbverträgen

I. Allgemeines

511 Der Erbvertrag als Verfügung von Todes wegen steht Testament und Ehegattentestament insoweit gleich, als die Vertragsparteien darin **alle Verfügungen von Todes** wegen vereinbaren können, die ein Erblasser auch in einem Testament anordnen darf, arg. e. § 2299.[564] Bedacht werden können gem. § 1941 Abs. 2 sowohl der **Vertragspartner** als auch ein nicht beteiligter **Dritter**.[565]

512 Die Unterscheidung zwischen **vertragsmäßigen** und **einseitigen** Verfügungen ist bedeutsam, da nur vertragsmäßige Verfügungen, vgl. § 2278 Abs. 1, die erbvertragliche **Bindungswirkung** entfalten, einseitige Verfügungen dagegen jederzeit frei widerrufbar sind, § 2299 Abs. 2 S. 1. Das

---

559 § 2277 stellt eine Ordnungsvorschrift dar; vgl. Staudinger/*Kanzleiter*, § 2277 Rdn. 2.

560 Gelangt der Erbvertrag gem. § 34 Abs. 1 S. 4 BeurkG in amtliche Verwahrung, so ist – abweichend von § 2258b Abs. 3 S. 1 – nach § 2277 nicht nur dem Erblasser, sondern *jedem* der Vertragsschließenden ein Hinterlegungsschein zu erteilen.

561 Soergel/*Wolf*, § 2277 Rdn. 6.

562 MünchKomm/*Musielak*, § 2277 Rdn. 6.

563 Soergel/*Wolf*, § 2277 Rdn. 7; *Brox*, Erbrecht, Rdn. 148.

564 *Leipold*, Erbrecht, Rdn. 502. Zum Inhalt einer Verfügung von Todes wegen vgl. Rdn. 294ff.

565 Eine erbvertragliche Zuwendung an einen Dritten stellt keinen Vertrag zugunsten Dritter i.S.d. § 328 dar; vgl. MünchKomm/*Musielak*, Vor § 2274, Rdn. 8; Palandt/*Edenhofer*, § 1941 Rdn. 1.

Rechtsgeschäft muss wenigstens **eine** vertragsmäßige Verfügung enthalten; andernfalls liegt kein Erbvertrag vor.[566]

II. Vertragsmäßige Verfügungen

Als **vertragsmäßige** Verfügungen kommen gem. § 2278 Abs. 2 nur **Erbeinsetzungen**, **Vermächtnisse** und **Auflagen** in Betracht. Was eine vertragsmäßige Verfügung ausmacht, ergibt sich allerdings nicht unmittelbar aus dem Gesetz. Zweifellos sind Verfügungen nicht bereits deshalb **vertragsmäßig** i. S. d. § 2278, weil sie überhaupt in einem Erbvertrag enthalten sind.[567] Sonst wäre die in § 2299 getroffene Unterscheidung sinnlos. 513

Auszugehen ist vielmehr vom **Wesen** des Erbvertrages, seiner **Bindungswirkung**. Vertragsmäßige Verfügungen i. S. d. § 2278 liegen danach vor, wenn sie die in § 2289 angesprochene Bindungswirkung entfalten sollen. 514

Dies richtet sich nach dem **Willen der Vertragsschließenden**;[568] den man ohne ausdrückliche Regelung durch **Auslegung**[569] gem. §§ 133, 157 ermitteln muss.[570] Anders als in § 2270 Abs. 2 fehlt eine gesetzliche Auslegungsregel. Auch eine (allgemeine) Vermutung dafür, dass eine in einem Erbvertrag enthaltene Verfügung im Zweifel bindend sein soll, besteht nicht.[571] 515

Im Unterschied zum Testament hat sich die Auslegung am Willen und an der Interessenlage **beider Vertragsschließenden** zu orientieren.[572] Dies folgt aus der Vertragsnatur des Erbvertrages und gilt auch dann, wenn der Vertragspartner nur annimmt. Nach der Rechtsprechung ist regelmäßig von einer vertragsmäßigen Verfügung i. S. d. § 2278 auszugehen, wenn der Vertragspartner **selbst Zuwendungsempfänger** ist.[573] 516

---

566 Soergel/*Wolf*, § 2278 Rdn. 3; *Brox*, Erbrecht, Rdn. 151.

567 Palandt/*Edenhofer*, § 2278 Rdn. 3.

568 *Lange/Kuchinke*, Lehrbuch des Erbrechts, § 25 IV 2 (S. 474); MünchKomm/*Musielak*, § 2278 Rdn. 3.

569 Zur Auslegung letztwilliger Verfügungen vgl. Rdn. 558 ff.

570 BGH, NJW 1958, 498; BGHZ 26, 204 (208); BayObLG, FamRZ 1994, 196; Staudinger/*Kanzleiter*, § 2278 Rdn. 7.

571 MünchKomm/*Musielak*, § 2278 Rdn. 3.

572 MünchKomm/*Musielak*, § 2278 Rdn. 3.

573 BGHZ 26, 204; 106, 359; BayObLG, FamRZ 1989, 1353.

517 Wird durch die Verfügung ein **Dritter** begünstigt, so entscheidet über die Vertragsmäßigkeit, ob Erblasser oder Vertragspartner Interesse an einer Bindung haben.[574] Ein moralisches Interesse des Vertragspartners soll hierfür bereits ausreichen.[575] Man muss ferner berücksichtigen, in welchem Verhältnis der Dritte zu den Vertragsschließenden steht.[576]

Die Annahme einer Bindungswirkung ist danach gerechtfertigt, wenn Ehegatten die **gemeinsamen Kinder** in einem Erbvertrag bedenken.[577] Anders hingegen bei Verfügungen des Vertragserblassers zugunsten der **eigenen Verwandten**: Hier fehlt es häufig an einem Bindungswillen des Kontrahenten.[578] Auch im Falle eines Vermächtnisses, welches den Vertragspartner selbst beschwert, wird der Bindungswille regelmäßig zu verneinen sein.[579]

III. Einseitige Verfügungen

518 Während vertragsgemäß nur Erbeinsetzungen, Vermächtnisse und Auflagen angeordnet werden können, ist der Kreis der möglichen **einseitigen Verfügungen** in einem Erbvertrag sachlich unbegrenzt: § 2299 Abs. 1 erlaubt den Vertragsschließenden jede Verfügung, die durch Testament getroffen werden kann, also etwa Enterbung, § 1938, Testamentsvollstreckung, § 2197,[580] Entziehung oder Beschränkung des Pflichtteils, § 2336, 2338, sowie Widerruf einer (früheren) Verfügung, § 2253.

519 Aus dem Nebeneinander von § 2278 und § 2299 folgt, dass Erbverträge sowohl vertragsmäßige als auch einseitige Verfügungen enthalten können.[581] Der Erbvertrag bewirkt insoweit ihre **äußerliche Zusammen-**

---

[574] RGZ 116, 321 (323); BGH, NJW 1961, 120; BayObLG, FamRZ 1994, 190 (191); *Lange/Kuchinke*, Lehrbuch des Erbrechts, § 25 IV 2 (S. 476); *Brox*, Erbrecht, Rdn. 150; *Coing*, NJW 1958, 689 (690).

[575] RGZ 116, 321 (323).

[576] MünchKomm/*Musielak*, § 2278 Rdn. 5; *Ebenroth*, Erbrecht, Rdn. 251.

[577] BayObLG, FamRZ 1989, 1353.

[578] MünchKomm/*Musielak*, § 2278 Rdn. 5; *Brox*, Erbrecht, Rdn. 150; *Ebenroth*, Erbrecht, Rdn. 251; *Buchholz*, FamRZ 1987, 440 (441). Setzen kinderlose Ehegatten sich gegenseitig zu Alleinerben ein und beiderseitige Verwandte zu Erben des überlebenden Ehegatten, so ist davon auszugehen, dass die Zuwendung an die Verwandten des Erstverstorbenen als bindend gewollt war, diejenige an die Verwandten des Überlebenden dagegen einseitig getroffen worden ist; vgl. BGH, NJW 1961, 120.

[579] Staudinger/*Kanzleiter*, § 2278 Rdn. 10 m. w. N.

[580] Vgl. OLG Düsseldorf, FamRZ 1995, 123.

[581] Nicht ausgeschlossen ist es, dass die in § 2278 Abs. 2 genannten Verfügungen

fassung.[582] Die Wirksamkeit einseitiger Verfügungen hängt davon ab, dass der Erbvertrag selbst **wirksam** zustande kommt,[583] da sie „in dem Erbvertrag" getroffen werden, vgl. § 2299 Abs. 1, so dass sie nichtig sind, wenn dieser es ist.[584]

Einseitige Verfügungen nehmen nicht an der Bindungswirkung des Erbvertrages teil.[585] Der Erblasser kann sie also zu Lebzeiten jederzeit einseitig widerrufen, §§ 2299 Abs. 2, 2253 Abs. 1, 2258, oder durch Aufhebungsvertrag mit dem gesamten Erbvertrag gem. § 2290 aufheben.[586] 520

IV. Häufige Gestaltungen beim Erbvertrag

Die vielfältigen Gestaltungsmöglichkeiten beim Erbvertrag richten sich nach den Bedürfnissen und Zielsetzungen der Beteiligten, z. B. sind Familiensituation, Art und Zusammensetzung des zu vererbenden Vermögens, steuerrechtliche Wirkungen sowie sonstige spezielle Anliegen des Erblassers zu berücksichtigen. Einen „typischen" Erbvertrag gibt es nicht. Gleichwohl erfolgt ein kurzer Überblick über einige Gestaltungsmöglichkeiten. 521

1. Erbeinsetzungsverträge

Denkbar ist zunächst ein reiner **Erbeinsetzungsvertrag,**[587] in dem der Erblasser den Vertragspartner oder einen Dritten bindend zum Erben beruft, sei es als Allein-, Mit-, Vor-, Nach- oder Ersatzerben.[588] In gleicher Weise kann der Vertragsgegner Erbeinsetzungen vornehmen. 522

Ein Erbeinsetzungsvertrag liegt zudem vor, wenn der Erblasser gegenüber seinen gesetzlichen Erben **vertragsmäßig** auf das Recht **verzichtet**, die gesetzliche Erbfolge durch Verfügung von Todes wegen abweichend zu regeln.[589] § 2302 steht nach allgemeiner Auffassung nicht entgegen.[590] 523

---

nur einseitig i. S. d. § 2299 errichtet werden, was durch Auslegung zu ermitteln ist; vgl. Soergel/*Stein*, § 2299 Rdn. 2.

582 *Dittmann/Reimann/Bengel*, Vorbem. zu §§ 2274ff., Rdn. 20.

583 MünchKomm/*Musielak*, § 2299 Rdn. 3.

584 *Kipp/Coing*, Erbrecht, § 42 VI (S. 257); RGRK/*Kregel*, § 2299 Rdn. 1. Es kommt eine Umdeutung gem. § 140 in Betracht; Staudinger/*Kanzleiter*, § 2299 Rdn. 2.

585 *Lange/Kuchinke*, Lehrbuch des Erbrechts, § 25 IV 2 (S. 474).

586 Ausf. zur Aufhebung einseitiger erbvertraglicher Verfügungen Rdn. 733ff.

587 *Dittmann/Reimann/Bengel*, § 2278 Rdn. 1.

588 RGRK/*Kregel*, § 2278 Rdn. 4.

589 Dies ist anzunehmen, wenn die Auslegung ergibt, dass dem Verzichtsvertrag der Wille des Erblassers zugrundeliegt, dem Vertragspartner die künftige Erbfolge zu sichern, vgl. Staudinger/*Kanzleiter*, § 2278 Rdn. 20.

590 Vgl. nur Soergel/*Wolf*, § 2302 Rdn. 3.

524 Die vertragliche Erbeinsetzung schafft den unmittelbaren Berufungsgrund für den Bedachten, lässt aber sein Recht unberührt, die Erbschaft auszuschlagen, auch wenn er Vertragspartner ist.[591]

2. Vermächtnisverträge

525 Durch einen **Vermächtnisvertrag** kann gem. §§ 2278, 1941 Abs. 2 dem Vertragspartner oder einem Dritten ein Vermächtnis bindend zugewendet werden. Als Beschwerte kommen sowohl der Vertrags- oder Testamentserbe, der gesetzliche Erbe als auch der vertragsmäßig- oder letztwillig berufene Vermächtnisnehmer, §§ 2279, 2147, in Betracht.[592] Aus § 2150 folgt, dass auch ein Vorausvermächtnis zulässig ist.

526 Gem. § 2279 Abs. 1 finden die allgemeinen Vorschriften über Vermächtnisse entsprechende Anwendung, §§ 2147ff. Vor Eintritt des Erbfalles erlangt der Vermächtnisnehmer noch keine gesicherte Stellung. Deshalb ist auch die Eintragung einer Auflassungsvormerkung im Falle eines erbvertraglichen Grundstücksvermächtnisses vor Eintritt des Erbfalles unzulässig.[593]

3. Auflageverträge

527 Daneben gibt es gem. § 2278 Abs. 2 schließlich den **Auflagevertrag**. Die Vollziehung einer in einem Erbvertrag verfügten Auflage kann nur von einer der in § 2194 genannten Personen verlangt werden, so dass dem Auflagevertrag wenig Bedeutung zukommt.[594]

4. Verbindung des Erbvertrages mit anderen Rechtsgeschäften

528 Die Zulässigkeit der in der Rechtspraxis häufigen Verbindung von Erbverträgen mit anderen Rechtsgeschäften[595] ergibt sich einerseits aus § 2276 Abs. 2, andererseits aus § 34 Abs. 2, 2. HS. BeurkG, der diese Möglichkeit voraussetzt.

529 Als hinzutretendes Geschäft kommen sowohl ein Rechtsgeschäft unter Lebenden als auch ein erbrechtliches in Betracht. Beispielhaft sind die Verbindung eines Erbvertrages mit einem **Ehevertrag**, §§ 1408, 2276 Abs. 2, einem Erbverzicht, § 2346,[596] einem Unterhalts- bzw. Verpfründungsvertrag, § 2295, einem

---

[591] *Staudinger/Kanzleiter*, § 2278 Rdn. 23.
[592] MünchKomm/*Musielak*, § 2278 Rdn. 8.
[593] BGHZ 12, 115 (118ff.); RGRK/*Kregel*, § 2278 Rdn. 7; Staudinger/*Kanzleiter*, § 2278 Rdn. 25; Palandt/*Bassenge*, § 883 Rdn. 19; a. A. OLG Celle, NJW 1953, 27. Anders nach Eintritt des Erbfalles; OLG Hamm, MDR 1984, 402.
[594] Vgl. MünchKomm/*Musielak*, § 2278 Rdn. 9; Staudinger/*Kanzleiter*, § 2278 Rdn. 26.
[595] Staudinger/*Kanzleiter*, Vorbem. zu §§ 2274ff., Rdn. 8 und § 2278 Rdn. 27; *Schlüter*, Erbrecht, Rdn. 261.
[596] Vgl. BGHZ 22, 364.

Erbschaftskauf, § 2371[597] oder einem Stiftungsgeschäft unter Lebenden zu nennen.[598]

Die Verbindung kann, muss aber nicht in Form einer **gemeinschaftlichen Urkunde** erfolgen.[599] Im Grundsatz bleibt jeder Vertrag eigenständig.[600] Der hinzutretende Vertrag bedarf also prinzipiell auch nicht der Form des Erbvertrages.[601] Die beiden Geschäfte können eine **rechtliche Einheit** i. S. d. § 139 bilden,[602] wenn sie nach dem Willen der Vertragsschließenden „miteinander stehen und fallen".[603] Dann erstreckt sich das Formerfordernis des § 2276 auch auf das mit dem Erbvertrag zusammenhängende Geschäft.[604] Weitere Folge einer solchen Geschäftseinheit ist, dass die Nichtigkeit des einen Geschäfts gem. § 139 im Zweifel auch den anderen Vertrag erfasst.[605] **530**

E. Die Bindungswirkung des Erbvertrages

I. Rechtsgrund der Bindungswirkung

Der Erbvertrag erzeugt im Interesse des Vertragspartners eine **rechtliche Bindung** des Erblassers an seine **vertragsmäßig** getroffenen Verfügungen.[606] Sie folgt aus der Vertragsnatur des Erbvertrages und nicht etwa aus § 2289, der lediglich ihre Rechtsfolgen regelt.[607] Anders als beim Ehegattentestament erzeugen vertragsmäßige Verfügungen i. S. d. **531**

---

597 *Lange/Kuchinke*, Lehrbuch des Erbrechts, § 25 I 1 (S. 467).

598 Vgl. BGHZ 70, 313.

599 *Kipp/Coing*, Lehrbuch des Erbrechts, § 34 IV 1 (S. 234); MünchKomm/*Musielak*, Vor § 2274 Rdn. 20.

600 Soergel/*Wolf*, Vor § 2274 Rdn. 13; *Knieper*, DNotZ 1968, 331 (332).

601 BGHZ 36, 65 (70f.); Soergel/*Wolf*, Vor § 2274, Rdn. 13; *Knieper*, DNotZ 1968, 331 (332).

602 Staudinger/*Kanzleiter*, Vorbem. zu §§ 2274ff., Rdn. 8; *Knieper*, DNotZ 1968, 331 (337).

603 So der BGH in st. Rspr.; vgl. etwa BGH, NJW 1976, 1931 (1932); 1987, 2004 (2007). Allgemein zur Feststellung des Einheitlichkeitswillens i. S. d. § 139 BGB *Staudinger/Roth*, § 139 Rdn. 36ff. m. w. N.

604 MünchKomm/*Musielak*, Vor § 2274, Rdn. 20. Bsp. aus der Rspr.: BGHZ 78, 346; 101, 393.

605 MünchKomm/*Musielak*, Vor § 2274, Rdn. 20; Palandt/*Edenhofer*, § 2276 Rdn. 10; *Knieper*, DNotZ 1968, 331 (337). Näher zur Aufhebung und Unwirksamkeit erbvertraglicher Verfügungen unten Rdn. 732ff.

606 Vgl. oben Rdn. 457ff. Für einseitige Verfügungen gelten die §§ 2299 Abs. 2, 2253ff.

607 BGHZ 26, 204 (208); OLG *Köln*, NJW-RR 1994, 651 (652); MünchKomm/*Musielak*, § 2289 Rdn. 2; *Nolting*, JA 1993, 129 (131).

§ 2278 grundsätzlich **bereits zu Lebzeiten** des Erblassers eine Bindung, wogegen erstere gem. § 2271 Abs. 1 zu Lebzeiten der Ehegatten noch frei widerruflich sind.[608]

II. Rechtsfolgen der erbvertraglichen Bindung

532 Gem. § 2289 Abs. 1 haben die im Erbvertrag enthaltenen vertragsmäßigen Verfügungen Vorrang vor **früheren** und **späteren** Verfügungen von Todes wegen.

1. Aufhebung früherer Verfügungen von Todes wegen

533 Gem. § 2289 Abs. 1 S. 1 werden die **früheren letztwilligen Verfügungen** aufgehoben, soweit sie das Recht des vertragsmäßig Bedachten **beeinträchtigen.**[609] Unter einer „**früheren Verfügung**" ist eine solche zu verstehen, die zeitlich **vor dem Erbvertrag** errichtet wurde.[610] Darunter fallen frühere Erbverträge oder ein früheres gemeinschaftliches Testament, sofern die Parteien identisch sind.[611] Allerdings gehen solchen Verfügungen, wenn und soweit sie ihrerseits Bindungswirkung entfalten, dem späteren Erbvertrag vor. § 2289 Abs. 1 S. 1 überwindet also nur nicht bindende frühere Verfügungen.[612]

534 Eine **Beeinträchtigung** i. S. d. § 2289 Abs. 1 liegt vor, wenn die Rechtsstellung des Vertragserben geschmälert wird, weil die anderweitige letztwillige Verfügung die vertragsmäßige Zuwendung gegenstandslos machen, mindern, belasten oder beschränken würde.[613] Hierbei ist ein rein **rechtlicher** Maßstab zugrundezulegen; wirtschaftliche Erwägungen bleiben außer Betracht.[614]

---

608 Vgl. dazu oben Rdn. 457ff.

609 Str. ist, ob das auch dann gilt, wenn der vertragsmäßig Bedachte vor dem Erbfall verstorben ist. Für die Wirksamkeit der früheren Verfügung z. B. OLG Zweibrücken, FamRZ 1999, 1545; a.A. *Keim*, ZEV 1999, 413 (414f.); *Leipold*, JZ 2000, 705 (713).

610 Palandt/*Edenhofer*, § 2289 Rdn. 3.

611 Soergel/*Wolf*, § 2289 Rdn. 2; Staudinger/*Kanzleiter*, § 2289 Rdn. 6; Palandt/*Edenhofer*, § 2289 Rdn. 3.

612 Staudinger/*Kanzleiter*, § 2289 Rdn. 6.

613 OLG *Hamm*, OLGZ 1974, 378; Soergel/*Wolf*, § 2289 Rdn. 3; Palandt/*Edenhofer*, § 2289 Rdn. 2.

614 So BGHZ 26, 204 (213); MünchKomm/*Musielak*, § 2289 Rdn. 10; *Brox*, Erbrecht, Rdn. 157; *Lange*/*Kuchinke*, Lehrbuch des Erbrechts, § 25 VI 2a

2. Unwirksamkeit späterer Verfügungen von Todes wegen

Die Bindungswirkung des Erbvertrages lässt gem. § 2289 Abs. 1 S. 2 auch eine **spätere Verfügung** von Todes wegen unwirksam sein, wenn und soweit sie das Recht des vertraglich Bedachten beeinträchtigen würde. Für den Begriff der **Beeinträchtigung** gilt der gleiche Maßstab wie im Falle des § 2289 Abs. 1 S. 1. Sie ist z. B. zu bejahen bei nachträglicher Einsetzung von Miterben oder durch Anordnung der Testamentsvollstreckung[615] bzw. von Vermächtnissen oder Auflagen.[616] 535

§ 2289 Abs. 1 S. 2 gilt hingegen nicht, wenn die Rechtsstellung des Bedachten **verbessert** wird.[617] Ferner entfällt diese Rechtswirkung, wenn der Erbvertrag nichtig, angefochten oder durch Wegfall des Bedachten gegenstandslos würde.[618] 536

3. Ausnahmen von der Bindungswirkung

Eine (abweichende) spätere Verfügung von Todes wegen kann aber ausnahmsweise gem. § 2289 Abs. 1 S. 2 wirksam sein, wenn die Vertragsschließenden dem Erblasser im Erbvertrag das Recht vorbehalten haben, in gewissem Umfang letztwillige Verfügungen zu treffen, die mit den vertragsmäßig getroffenen sachlich unvereinbar sind.[619] Ein solcher **Änderungsvorbehalt**[620] ist nach dem Grundsatz der Vertragsfreiheit (grundsätzlich) zulässig[621] und hat zur Folge, dass sich die Bindungswirkung nicht auf die betroffenen Verfügungen erstreckt.[622] Der Vorbehalt bedarf der Form des § 2276.[623] 537

Allerdings dürfen Abänderungsvorbehalte nicht so weit gehen, dass dem Erblasser die Abänderung sämtlicher vertragsmäßiger Verfügun- 538

(S. 504); *Nolting*, JA 1993, 129 (132). A. A. Soergel/*Wolf*, § 2289 Rdn. 3; Palandt/*Edenhofer*, § 2289 Rdn. 2; *Hülsmeier*, NJW 1981, 2043.

615 BGH, NJW 1962, 912.

616 MünchKomm/*Musielak*, § 2289 Rdn. 10; Bsp. bei Staudinger/*Kanzleiter*, § 2289 Rdn. 12ff.; Palandt/*Edenhofer*, § 2289 Rdn. 4.

617 MünchKomm/*Musielak*, § 2289 Rdn. 17; *Brox*, Erbrecht, Rdn. 158.

618 Soergel/*Wolf*, § 2289 Rdn.11.

619 BGHZ 26, 204 (208); BGH, NJW 1982, 441; BayObLG, FamRZ 1991, 1359.

620 Zum Begriff vgl. Staudinger/*Kanzleiter*, § 2289 Rdn. 17.

621 Allg. Meinung, MünchKomm/*Musielak*, § 2278 Rdn. 14; *Brox*, Erbrecht, Rdn. 161; Mot.V, S. 332.

622 *Lange*/*Kuchinke*, Lehrbuch des Erbrechts, § 25 VI 4 (S. 506); Zur Abgrenzung vom Rücktrittsvorbehalt BayObLG, FamRZ 1989, 1353.

623 BGHZ 26, 204 (210); OLG Hamm, NJW 1974, 1774 (1775); MünchKomm/*Musielak*, § 2278 Rdn. 25.

gen gestattet wird **(Totalvorbehalt)**,[624] da der Erbvertrag mindestens **eine** vertragsmäßige, also **bindende**, Verfügung voraussetzt.

539 Eine Ausnahme von der Bindungswirkung stellt auch die **Zustimmung** des Bedachten zu einer beeinträchtigenden Verfügung dar, die der notariellen Form bedarf.[625] Denn nach dem Grundsatz „volenti non fit iniuria" besteht kein Grund, § 2289 Abs. 1 S. 2 dann eingreifen zu lassen.[626]

4. Lebzeitige Verfügungsgeschäfte des Erblassers

a) Keine Einschränkung der lebzeitigen Verfügungsfreiheit

540 **Lebzeitige Verfügungen** sind dem Erblasser trotz eines Erbvertrages grundsätzlich nicht verwehrt, § 2286. Der Erbvertrag **beschränkt** also die **Testierfreiheit**, **nicht** jedoch die **lebzeitige Verfügungsfreiheit** des Erblassers.[627]

541 Dies birgt die Gefahr von Interessenkonflikten oder sogar Missbräuchen: Durch lebzeitige Rechtsgeschäfte kann die Substanz des Nachlasses angetastet oder gar aufgezehrt werden, so dass der vertraglich Bedachte möglicherweise nichts oder jedenfalls weit weniger aus dem Nachlass erhält, als ursprünglich beabsichtigt. Sein Interesse richtet sich daher regelmäßig auf die Erhaltung des Nachlasses und damit gegen beeinträchtigende lebzeitige Verfügungen des Erblassers. Dieses Anliegen ist schutzwürdig, weil der vertraglich Bedachte sich häufig zur Erbringung geldwerter Leistungen gegenüber dem Vertragserblasser verpflichtet.[628]

---

[624] BGHZ 26, 204 (208 f.); BGH, NJW 1982, 441 (442f.); OLG Köln, NJW-RR 1994, 651; MünchKomm/*Musielak*, § 2278 Rdn. 17; Palandt/*Edenhofer*, § 2289 Rdn. 9; Erman/*Schmidt* § 2289 Rdn. 6; *Brox*, Erbrecht, Rdn. 161; *Schlüter*, Erbrecht, Rdn. 276; A. A. *Lange/Kuchinke*, Lehrbuch des Erbrechts, § 25 VI 4 (S. 507); *von Lübtow* I, S. 427. Ausf. *Mayer*, DNotZ 1990, 755ff. Vgl. auch *Weiler*, DNotZ 1994, 427.

[625] BGHZ 108, 252; MünchKomm/*Musielak*, § 2289 Rdn. 18. A. A. *Brox*, Erbrecht, Rdn. 162.

[626] *Brox*, Erbrecht, Rdn. 163; Palandt/*Edenhofer*, § 2289 Rdn. 4.

[627] *Brox*, Erbrecht, Rdn. 159; *Lange/Kuchinke*, Lehrbuch des Erbrechts, § 25 V 2 (S. 478).

[628] Zur Verbindung des Erbvertrages mit anderen Rechtsgeschäften siehe oben Rdn. 528ff.

b) Die Rechtsprechung des BGH zur sog. Aushöhlungsnichtigkeit

Die §§ 2287ff. schützen den Bedachten vor bestimmten lebzeitigen Verfügungen des Erblassers, allerdings nur in einem Mindestmaß **(Schutz gegen böswillige Schenkungen)**:[629] § 2287 gewährt ihm einen Bereicherungsanspruch, wenn der Erblasser in der Absicht, den Bedachten zu beeinträchtigen, eine Schenkung vornimmt. Der Anspruch verjährt gem. Abs. 2 in drei Jahren ab dem Anfall der Erbschaft. 542

Erforderlich hierfür ist eine **Schenkung** i. S. d. § 516, also eine **objektiv unentgeltliche** Zuwendung.[630] Auch **gemischte Schenkungen** und sog. **unbenannte Zuwendungen** unter Ehegatten fallen unter den Begriff der Schenkung i. S. d. § 2287.[631] 543

§ 2288 begründet einen Erfüllungs- oder Wertersatzanspruch bei **Vereitelung eines Vermächtnisses**, wobei auch dieser Anspruch **Beeinträchtigungsabsicht** des Erblassers voraussetzt. 544

Diese Beeinträchtigungsabsicht musste nach der älteren BGH-Rechtsprechung zwar nicht die einzige, wohl aber die „treibende" oder „leitende" Kraft des Erblassers gewesen sein,[632] ein Umstand, den der Vertragserbe zu beweisen hatte, aber regelmäßig nicht beweisen konnte. Damit war der Anwendungsbereich der §§ 2287ff. sehr begrenzt. 545

Der BGH hatte deshalb zum Schutz des Bedachten eine andere Lösung entwickelt: Seine ältere Rechtsprechung verstand die Vorschriften, aus denen sich die Bindungswirkung des Erbvertrages ergibt, §§ 2287ff., als **Verbotsgesetze** i. S. d. § 134. Daraus folgte die Nichtigkeit von Verfügungsgeschäften, durch die diese Rechtswirkung umgangen wurde. Diese veräußerten Gegenstände zählten weiterhin zum Nachlass,[633] um seine Aushöhlung zu verhindern. 546

In der Literatur war diese Rechtsprechung teilweise auf Zustimmung,[634] überwiegend jedoch auf Ablehnung[635] gestoßen, weil eine solche Nichtigkeitsfolge mit dem klaren Wortlaut des § 2286 unvereinbar sei. Außerdem wurde angeführt, dass das Gesetz selbst in den Fällen der §§ 2287, 2288, also dort, wo der Erblasser in **Benachteiligungsabsicht** handele, entsprechende Rechtsgeschäfte nicht als unwirksam ansehe, sondern dem Bedachten nur Bereicherungsan- 547

---

629 Dahingehend bereits OGHZ 2, 160 (163); *Brox*, Erbrecht, Rdn. 159; *Dilcher*, Jura 1988, 72 (73).

630 BGHZ 82, 274 (281); 88, 269 (271); Soergel/*Wolf*, § 2287 Rdn. 3.

631 BGH NJW 1992, 564; *Leipold*, Erbrecht, Rdn. 523; *Brox*, Erbrecht, Rdn. 159. Zur gemischten Schenkung im Rahmen des § 2287 BGB vgl. näher Soergel/*Wolf*, § 2287 Rdn. 6. Erfasst wird auch eine sog. „verschleierte" Schenkung, also eine solche, bei der die Unentgeltlichkeit durch eine nicht gewollte Gegenleistung getarnt wird; vgl. dazu BGH, FamRZ 1961, 72 (73).

632 BGH, LM zu § 2287 Nr. 5.

633 Zsfd. *Dilcher*, Jura 1988, 72ff.

634 Vgl. *Kipp/Coing*, Erbrecht, § 38 IV 3d (S. 188); *Teichmann*, MDR 1972, 1ff.

635 *Burkart*, NJW 1956, 1501 (1503); *Lange*, NJW 1963, 1571 (1576); *Bund*, JuS 1968, 268 (271f.). Zsfd. zur Kritik *Dilcher*, Jura 1988, 72 (76).

sprüche gewähre. Schließlich wurde darauf hingewiesen, dass die §§ 2287, 2288 als geschlossenes System anzusehen, darüber hinaus gehende Verfügungsbeschränkungen des Erblassers also ausgeschlossen seien.[636]

548 Unter dem Eindruck dieser teilweise heftigen Kritik änderte der BGH Anfang der 70er-Jahre seine Rechtsprechung und gab das Rechtsinstitut der Aushöhlungsnichtigkeit ausdrücklich auf.[637] Als Ausgleich dafür wurde dem Schutz des vertragsmäßig Bedachten durch eine **Modifizierung der subjektiven Tatbestandsvoraussetzungen** der §§ 2287, 2288 Rechnung getragen. Der BGH stellt jetzt darauf ab, ob dem sog. Zweitgeschäft also der schenkweisen Zuwendung eines Nachlaßgegenstandes trotz bestehender erbvertraglicher Bindung ein **beachtenswertes lebzeitiges Eigeninteresse** des Erblassers zugrundelag.[638] Nur wenn es fehlt, besteht Raum für § 2287, während anderenfalls keine Ausgleichsansprüche in Betracht kommen.

549 Diese Rechtsprechung hat der BGH in der Folgezeit bezüglich des **lebzeitigen Eigeninteresses** konkretisiert.[639] Allerdings bereitet die Grenzziehung zwischen berechtigtem Eigeninteresse und Missbrauch der lebzeitigen Verfügungsfreiheit im Einzelfall Schwierigkeiten. Sie erfordert eine Interessenabwägung, bei der das Interesse des Erblassers an der Wahrnehmung seiner lebzeitigen Verfügungsfreiheit und das Erwerbsinteresse des Vertragserben gegeneinander abzuwägen sind.[640] Dies erfolgt heute mit Hilfe von Fallgruppen:[641] Die Rechtsprechung hat ein entsprechendes Eigeninteresse bei Schenkungen bejaht, die dem Zweck dienen, die (Alters-)Versorgung des Erblassers sicherzustellen,[642] bei Schenkungen zu „ideellen Zwecken oder aus persönlichen Rücksichten“,[643] schließlich bei solchen zum Zwecke der Sicherung nahestehender Angehöriger.[644]

550 Beweisrechtlich gesehen bedeutet die neuere Rechtsprechung des BGH, dass nunmehr der **Beschenkte** das schutzwürdige lebzeitige Eigeninteresse des Erblassers **darzulegen** und zu **beweisen** hat, weil der BGH eine Beeinträchtigungsabsicht vermutet, § 292 ZPO.[645] Damit ist der Schutz des Vertragserben auf prozessualer Ebene deutlich verbessert worden, weil die beweisrechtliche Situation des Beschenkten heute so schwierig ist wie früher diejenige des Vertragserben.

---

636 *Lange*, NJW 1963, 1571 (1576).

637 BGHZ 59, 343.

638 BGHZ 59, 343 (350).

639 Vgl. die Entscheidungen BGH, WM 1973, 680; WM 1977, 876; WM 1979, 442; BGHZ, 66, 8 (15); BGH, FamRZ 1998, 427 (428f.).

640 MünchKomm/*Musielak*, § 2287 Rdn. 13; *Ebenroth*, Erbrecht, Rdn. 273.

641 Überblick bei MünchKomm/*Musielak*, § 2287 Rdn. 14ff. S. auch *Palandt/Edenhofer*, § 2287 Rdn. 6.

642 BGH, FamRZ 1977, 539 (540); BGHZ 66, 8 (16).

643 Vgl. Prot V, S. 393; Staudinger/*Kanzleiter*, § 2287 Rdn. 15; näher Soergel/*Wolf*, § 2287 Rdn. 16.

644 Soergel/*Wolf*, § 2287 Rdn. 14.

645 BGH, NJW 1980, 2307 (2308).

Diese Rechtsprechung hat in der Literatur ein überwiegend positives Echo[646] gefunden und entspricht heute praktisch allgemeiner Auffassung,[647] weil sie sich mit dem klaren Wortlaut des § 2286 vereinbaren lässt und die Interessen des Bedachten gegen Missbrauch schützt.[648] 551

Erforderlich ist weiterhin eine **objektive Beeinträchtigung** des Vertragserben.[649] Die lebzeitige Verfügung des Vertragserblassers muss also zu einer nachteiligen Vermögensminderung im Nachlass geführt haben. Daran fehlt es, wenn die Schenkung dem Erblasser nach dem Erbvertrag gestattet war **(Änderungsvorbehalt)**,[650] oder der Bedachte ihr **zugestimmt** hat.[651] 552

Während § 2287 den **Vertragserben** schützt, dient § 2288 dem Schutz des **vertragsmäßigen Vermächtnisnehmers**. Diese Notwendigkeit folgt aus den §§ 2169 Abs. 1, 2171: Danach ist das Vorhandensein des vermachten Gegenstandes im Nachlass Wirksamkeitsvoraussetzung für das Vermächtnis. Der Vermächtnisnehmer geht also leer aus, wenn sich der Gegenstand aufgrund einer lebzeitigen Verfügung nicht mehr im Erblasservermögen befindet. Deshalb gewährt § 2288 dem Vertragsvermächtnisnehmer einen Wiederbeschaffungs- bzw. Wiederherstellungsanspruch oder einen Wertersatzanspruch, wenn der Erblasser den Gegenstand des Vermächtnisses in Beeinträchtigungsabsicht zerstört, beiseite geschafft oder beschädigt hat, § 2288 Abs. 1. Entsprechendes gilt, wenn der Erblasser den vermachten Gegenstand veräußert oder belastet hat, §§ 2288 Abs. 2, 2170 Abs. 2. Im Einzelnen kann auf das zu § 2287 Gesagte verwiesen werden.[652] 553

§ 2288 geht insoweit über § 2287 hinaus, als die Vorschrift nicht nur **rechtliche**, sondern auch beeinträchtigende **tatsächliche** Handlungen (Zerstörung, Beschädigung) und nicht nur **unentgeltliche**, sondern auch 554

646 Vgl. z. B. *Spellenberg*, FamRZ 1973, 136.

647 Zust. *Lange/Kuchinke*, Lehrbuch des Erbrechts, § 25 V 5c (S. 488); MünchKomm/*Musielak*, § 2287 Rdn. 13.

648 Zum Missbrauchgedanken BGHZ 83, 44 (46); OLG Düsseldorf, NJW-RR 1986, 806f. Aus der Lit. *Brox*, Erbrecht, Rdn. 159; *Spellenberg*, NJW 1986, 2531 ff. Diese Grundsätze gelten im übrigen auch für wechselbezügliche Ehegattentestamente, für die § 2287 entsprechende Anwendung findet, vgl. dazu BGH, NJW 1984, 121 und oben Rdn. 464.

649 BGH, NJW-RR 1989, 259; Soergel/*Wolf*, § 2287 Rdn. 9.

650 BGHZ 82, 274 (278); Staudinger/*Kanzleiter*, § 2287 Rdn. 7; *Ebenroth*, Erbrecht, Rdn. 272.

651 So BGHZ 108, 252 (254); a. A. Soergel/*Wolf*, § 2287 Rdn. 10; Palandt/*Edenhofer*, § 2287 Rdn. 8; *Kanzleiter*, DNotZ 1990, 776; vgl. auch die Streitdarstellung: AnwK-BGB/*Seiler*, § 2287, Rdn. 34f.

652 Vgl. oben Rdn. 542ff.; und zum Vermächtnis BGH, FamRZ 1998, 427f.

Übersicht: Der Erbvertrag, §§ 2274 ff.

	Formelle Voraussetzungen	Materielle Voraussetzungen
Der Erbvertrag	• Errichtung durch **jedermann** möglich; Besonderheiten für Ehegatten gem. § 2276 Abs. 2 • **Kombination** aus **Vertrag** (wg. Bindungswirkung gem. § 2289 Abs. 1 S. 2) + **Verfügung von Todes wegen**, § 1941 Abs. 1 • **Arten** von Erbverträgen: einseitige – mehrseitige entgeltliche – unentgeltliche • **Voraussetzungen** bei der Errichtung: **persönliche** Errichtung, § 2274 Entgegen §§ 2229, 2247 Abs. 4 **unbeschränkte Geschäftsfähigkeit** gem. §§ 104 ff. (wg. Vertragscharakter); Ausn. für Ehegatten und Verlobte: § 2275 Abs. 2, 3 **Notarielle Form** gem. § 2276; gleichzeitige Anwesenheit beider Vertragspartner • **Amtl. Verwahrung** („soll“-Vorschrift) gem. § 2277, § 34 Abs. 1 S. 4 BeurkG	• Inhalt des Erbvertrages können *alle testamentarischen* Verfügungen sein, § 2299 Abs. 1. • Gem. § 1941 Abs. 2 können *auch Dritte* bedacht werden. • *Auslegung* des Erbvertrages erfolgt gem. §§ 133, 157 (wg. Vertragscharakter) • Rechtsfolgen: - *Bindungswirkung* in bezug auf alle *vertragsmäßigen* Verfügungen, § 2278 Abs. 1 - *Vorrang* des Erbvertrages gegenüber *beeinträchtigenden* Verfügungen von Todes wegen, § 2289. - Aber: lebzeitige Verfügungen sind wirksam gem. § 2286 (Allerdings: „Aushöhlungsnichtigkeit“-Rechtsprechung des BGH, §§ 2287 ff.) *Anfechtung* durch Erblasser gem. § 2281 i.V.m. §§ 2078, 2079 möglich; Widerruf gem. § 2253 **nicht** möglich **(Vertrag!)**

entgeltliche Verfügungen erfasst.[653] Der Anspruch richtet sich im Regelfall gegen den **Erben**, im Falle des § 2288 Abs. 2 auch gegen den **Beschenkten**. Die Norm gilt nicht nur für das Stückvermächtnis, sondern auch für das Gattungs- und Geldvermächtnis.[654]

c) Weitergehender Schutz in Ausnahmefällen

Unter bestimmten Voraussetzungen ergibt sich auch aus § 138 ein Schutz des Vertragserben vor lebzeitigen Verfügungen des Erblassers. Allerdings ist ein lebzeitiges Rechtsgeschäft nur bei Vorliegen ganz besonderer Umstände sittenwidrig,[655] so dass Fälle von „Aushöhlungssittenwidrigkeit" keine nennenswerte praktische Bedeutung haben. In Betracht kommt schließlich ein Anspruch des Vertragserben aus § 826.[656] **555**

d) Verfügungsunterlassungsverträge

Zusätzlichen Schutz erlangt der Bedachte schließlich, wenn er mit dem Erblasser einen sog. **Verfügungsunterlassungsvertrag** abschließt. Dieser begründet die schuldrechtliche Verpflichtung des Erblassers, bestimmte Verfügungen unter Lebenden zum Nachteil des Bedachten zu unterlassen.[657] Ein solcher – auch formlos wirksamer – Vertrag wird allgemein für zulässig erachtet.[658] Er wirkt rein schuldrechtlich (arg. e. § 137).[659] Der Begünstigte erwirbt im Falle einer Pflichtverletzung durch den Erblasser einen Anspruch auf Wiederherstellung des früheren Zustandes und, falls dies dem Erblasser unmöglich ist, auf Schadensersatz.[660] **556**

---

[653] Staudinger/*Kanzleiter*, § 2288 Rdn. 1.

[654] BGH, NJW 1990, 2063 (2064); MünchKomm/*Musielak*, § 2288 Rdn. 5. *Dittmann/Reimann/Bengel*, § 2288 Rdn. 12f.

[655] BGHZ 59, 343 (351); MünchKomm/*Musielak*, § 2271 Rdn. 47; vgl. näher Soergel/*Wolf*, § 2286 Rdn. 10; *Dilcher*, Jura 1988, 72 (77); *Nolting*, JA 1993, 129 (134).

[656] Soergel/*Wolf*, § 2287 Rdn. 27; gegen § 826 *Schlüter*, Erbrecht, Rdn. 267. Zu § 826 BGHZ 108, 73.

[657] MünchKomm/*Musielak*, § 2286 Rdn. 11; Staudinger/*Kanzleiter*, § 2286 Rdn. 16.

[658] BGH, FamRZ 1970, 641; Staudinger/*Kanzleiter*, § 2286 Rdn. 16; Soergel/*Wolf*, § 2286 Rdn. 4.

[659] OLG Hamm, DNotZ 1956, 151; Soergel/*Wolf*, § 2286 Rdn. 5.

[660] BGH, NJW 1963, 1604. Ausf. MünchKomm/*Musielak*, § 2286 Rdn. 13.

F. Beseitigung der Bindungswirkung

557 Die Bindungswirkung des Erbvertrages ist nicht lückenlos und unabänderbar. Neben der Möglichkeit, bereits anfänglich Ausnahmen von der erbrechtlichen Bindung zu schaffen (Vorbehalt, Zustimmung des Bedachten), kann sie auch **nachträglich** rechtsgeschäftlich **beseitigt werden**, wobei zwischen Aufhebungsvertrag, Rücktritt und Anfechtung zu unterscheiden ist.[661]

G. Wiederholung und Vertiefung*

Fragen

Frage 1
Definieren Sie den Begriff des Erbvertrages. Worin liegt seine Besonderheit?

Frage 2
Wer kann einen Erbvertrag errichten?

Frage 3
Was ist ein entgeltlicher Erbvertrag?

Frage 4
Was kann der Vertragserblasser unternehmen, wenn der Vertragspartner bei einem entgeltlichen Erbvertrag die ihm obliegende Leistung nicht erbringt?

Frage 5
Gibt es einen privatschriftlichen Erbvertrag?

Frage 6
Worin besteht der Unterschied zwischen vertragsmäßigen und einseitigen Verfügungen in einem Erbvertrag?

Frage 7
Was macht die Bindungswirkung des Erbvertrages aus?

Frage 8
Nennen Sie zwei Beispiele für die – in der Praxis häufige – Verbindung eines Erbvertrages mit anderen Rechtsgeschäften.

Frage 9
Was versteht man unter einem Änderungsvorbehalt?

---

661 Hierzu ausf. unten Rdn. 732 ff.
* Antworten im Anhang, siehe S. 457.

Frage 10
Wie ist der Konflikt zwischen erbrechtlicher Bindung und lebzeitiger Verfügungsfreiheit des Erblassers zu lösen? Welche Lösung hat der BGH hierfür entwickelt?

H. Muster

Urkundenrolle Nr. 174 für 2000

Verhandelt zu Düsseldorf am 11.10 2000

Vor mir, Dr. Susanne Fischer

Notarin in Düsseldorf

erschienen:

I. Eheleute Herr **Armin Friedrich Müller**, geboren am 15. Mai 1942 in Düsseldorf, und
Frau **Birgit Müller** geborene Schmidt,
geboren am 11. Januar 1944 in Moers,
wohnhaft in Düsseldorf.

II. Tochter
der Eheleute: **Karin Mayer** geborene Müller,
geboren am 27. November 1971.

Die Erschienenen wiesen sich durch Vorlage ihres Personalausweises aus.

Die Erschienenen erklärten:

Wir schließen nachstehenden

Erbvertrag

miteinander ab:

Wir sind an der Errichtung des Erbvertrages durch frühere Verfügungen von Todes wegen nicht gehindert, deutsche Staatsangehörige und verlangen keine Zuziehung von Zeugen.

Der Notar überzeugte sich durch die Verhandlung von der Testierfähigkeit der Erblasser, die ihm sodann mündlich ihren letzten Willen wie folgt zu Protokoll erklärten:

Wir schließen den nachstehenden Erbvertrag, der unverschlossen in der amtlichen Verwahrung des Notars bleiben soll:

§ 1
Aufhebung früherer Verfügungen

Wir heben hiermit alle früheren Verfügungen von Todes wegen auf, die wir etwa bisher einzeln oder gemeinsam errichtet haben. Insbesondere heben wir das Ehegattentestament vom 10.10.2000 – Urkundenrolle Nr. 173 für 2000 der Notarin Dr. Fischer – auf.

§ 2
Erbfolge nach dem Erstversterbenden

Wir setzen uns gegenseitig, der Erstversterbende den Überlebenden, als alleinigen und unbeschränkten Erben ein, und zwar ohne Rücksicht darauf, ob und welche Pflichtteilsberechtigten beim Tode des Erstversterbenden vorhanden sind.

§ 3
Erbfolge nach dem Längstlebenden

Der Längstlebende von uns bestimmt – erbvertraglich binden – letztwillig was folgt:

1. Zu meinem alleinigen und unbeschränkten Erben berufe ich, ohne Rücksicht auf Pflichtteilsberechtigte, meine Tochter Karin Mayer, geboren am 27. November 1971.
2. Sollte meine Tochter vor dem Längstlebenden versterben oder aus einem anderen Grund nicht Erbe des Längstlebenden werden, so treten an ihre Stelle als Ersatzerben untereinander im Verhältnis der gesetzlichen Erbfolge ihre Abkömmlinge.

§ 4
Pflegeverpflichtung,
Erbvertragliche Bindung

Nunmehr erklären alle Erschienenen weiter:

1. Die Eheleute haben ihre Tochter zum Erben des Längstlebenden eingesetzt, weil diese sich hiermit verpflichtet, ihren Eltern auf deren Lebzeit bei Krankheit und Gebrechlichkeit sorgsame Pflege und Betreuung zu gewähren. Dies umfasst nicht Leistungen, die nur von geschultem Personal erbracht werden können, wohl aber alle Verrich-

tungen im Ablauf des täglichen Lebens, zu denen der Berechtigte selbst nicht mehr in der Lage ist, insbesondere bei der Körperpflege, Ernährung, Mobilität und hauswirtschaftlichen Versorgung.
Die Pflege durch die Tochter ruht insoweit, als die Pflegeberechtigten Leistungen aus einer Pflegeversicherung beanspruchen können und erhalten. Wenn und soweit der Tochter das Pflegegeld überlassen wird, hat sie auch diese Leistungen, die dem Pflegegeld ihrer Art nach entsprechen, zu erbringen, allerdings nur in dem vorstehend vereinbarten Umfang, also nicht, wenn Leistungen geschultes Personal erfordern.
Bei der Ausgestaltung von Pflege und Betreuung sind die persönlichen und örtlichen Verhältnisse, Bedarf und Leistungsfähigkeit zu berücksichtigen. Zur Pflege gehört auch das Putzen der Wohnung, Reinigen, Flicken und Bügeln der Kleidung und Wäsche und das Zubereiten des Essens. Die Kosten für die Beschaffung der Lebensmittel muss der Berechtigte jedoch selbst tragen.
Die Pflege hat zu erfolgen im Anwesen der Eltern, Im Grund 359, 40474 Düsseldorf.
Außerdem ist die Tochter verpflichtet, dem Längstlebenden ihrer Eltern ein standesgemäßes Begräbnis zu bereiten und das Grab ihrer Eltern für die Dauer der Liegezeit ständig gut in Ordnung zu halten und gärtnerisch zu pflegen.

2. Die gegenseitige Erbeinsetzung der Eheleute und die Berufung ihrer Tochter zum Erben des Überlebenden der Eheleute erfolgen mit erbvertraglich bindender Wirkung, die die Beteiligten hiermit vereinbaren.

Die Notarin hat die Beteiligten über die eingegangene erbvertragliche Bindung belehrt.

3. Die Eheleute bzw. der Längstlebende von ihnen behalten sich ein Rücktrittsrecht von diesem Erbvertrag für den Fall vor, dass die Tochter die Pflegeverpflichtung trotz vorheriger schriftlicher Abmahnung schuldhaft grob vernachlässigt.
Die Berufung der Abkömmlinge der Tochter zu Ersatzerben ist jedoch nur einseitig rein testamentarisch verfügt worden, so dass die Eheleute diese Verfügung jederzeit wieder ändern oder aufheben können.
Den Beteiligten ist bekannt, dass die Rücktrittserklärung notariell zu beurkunden ist und dem anderen Vertragsbeteiligten in Ausfertigung zuzustellen ist.

§ 5
Schlussbestimmungen

Sodann erklärten alle Erschienenen weiter:
Weitere Bestimmungen wünschen die Erschienen nicht zu treffen.
Die mit der Urkunde verbundenen Kosten tragen die Erschienenen zu I.
Die Erschienenen nehmen wechselseitig ihre Erklärungen an.
Diese Niederschrift wurde den Erschienenen von der Notarin vorgelesen, von ihnen genehmigt und von ihnen und der Notarin wie folgt eigenhändig unterschrieben:

§ 5. Die Auslegung einer Verfügung von Todes wegen

Schrifttum: Brox, Der Bundesgerichtshof und die Andeutungstheorie, JA 1984, 549; **Edenfeld**, Auslegungsprobleme bei Wünschen des Erblassers: Erbenbindung oder moralischer Appell?, ZEV 2004, 141; **Flume**, Testamentsauslegung bei Falschbezeichnung, NJW 1983, 2007; **Foerste**, Die Form des Testaments als Grenze seiner Auslegung, DNotZ 1993, 84; **Gerhards**, Ergänzende Testamentsauslegung und Formvorschriften/„Andeutungstheorie", JuS 1994, 642; **Kapp**, Die Auslegung von Testamenten, BB 1984, 2077; **Smid**, Probleme bei der Auslegung letztwilliger Verfügungen, JuS 1987, 283; **Tappmeier**, Die erbrechtlichen Auslegungsvorschriften in der gerichtlichen Praxis, NJW 1988, 2714.

A. Die Testamentsauslegung

I. Auslegungsgründe

558 Die Auslegungsbedürftigkeit letztwilliger Verfügungen beruht auf unterschiedlichen Gründen: Obwohl die z. T. komplizierten erbrechtlichen Regeln Laien regelmäßig nicht oder nur wenig bekannt sind (zum Beispiel das Verbot der Vererbung von Einzelgegenständen), werden letztwillige Verfügungen oft ohne juristische Beratung abgefasst. Unklarheiten entstehen ferner daraus, dass zwischen Errichtung einer letztwilligen Verfügung und Eintritt des Erbfalls häufig ein langer Zeitraum liegt, in dem sich die tatsächlichen Verhältnisse maßgeblich ändern.

559 Die nachfolgenden Auslegungsgrundsätze gelten zunächst für **einseitige** Verfügungen von Todes wegen, aber auch für das **gemeinschaft-**

liche Testament oder den **Erbvertrag**, soweit nicht bei der Behandlung dieser Rechtsinstitute Besonderheiten geschildert werden.

II. Feststellung der äußeren Formwirksamkeit

Bevor ein Testament ausgelegt wird, muss wegen § 125 S. 1 zunächst festgestellt werden, ob es **formwirksam** ist.[662] Danach stellt sich das Problem der Auslegung, wobei man zwischen der **erläuternden** (einfacher) und der **ergänzenden** Auslegung unterscheidet. Bei der **erläuternden Auslegung** enthält das Testament nicht eindeutige Regelungen, bei der **ergänzenden** ist es **lückenhaft**.

III. Ziel der Auslegung

Die Auslegung soll den **rechtlich maßgeblichen Sinn** einer Erklärung ermitteln.[663] Das kann entweder der vom Erklärenden **gewollte** oder der vom Horizont des Empfängers aus **objektiv verstehbare** Sinn sein. Bei **empfangsbedürftigen Willenserklärungen** entscheidet die **objektive Bedeutung** aufgrund des in den §§ 157, 119ff. zum Ausdruck kommenden **Vertrauensschutzes** eines Erklärungsempfängers. 560

Anders verhält es sich bei **einseitigen Testamenten**,[664] da es sich um **nicht empfangsbedürftige Willenserklärungen** handelt, die also ohne Zugang Wirkung entfalten.[665] Da sie dem Bedachten zu Lebzeiten des Erblassers keine gesicherte Rechtsposition verschaffen[666] und keine Gegenleistung erbracht wird, erwirbt der Adressat keinen Vertrauensschutz.[667] Dies folgt ferner aus der jederzeitigen **Widerruflichkeit** des 561

662 *Brox*, Erbrecht, Rdn. 200; *ders.*, JA 1984, 549, 553; *Olzen/Wank*, Zivilrechtliche Klausurenlehre, S. 69; vgl. dazu Rdn. 276ff.

663 BGH, MDR 1980, 831; *Schreiber*, Jura 1996, 360, 365; Staudinger/*Otte*, Vor §§ 2064, Rdn. 23.

664 Zum Vertrauensschutz bei gemeinschaftlichen Testamenten vgl. Rdn. 724f.

665 Staudinger/*Otte*, Vorbem. zu §§ 2064ff., Rdn 4; *Edenfeld*, ZEV 2004, 141 (143); *Leipold*, Erbrecht, Rdn. 362; *Smid*, JuS 1987, 283 (284).

666 *Olzen/Wank*, Zivilrechtliche Klausurenlehre, S. 69; Staudinger/*Otte*, Vorbem. zu §§ 2064ff., Rdn. 5.

667 Hk-BGB/*Hoeren*, Vorbem. zu §§ 2084–2099, Rdn. 3; *Brox*, Erbrecht, Rdn. 198; *Belling*, Jura 1986, 625 (631).

Testamentes gem. §§ 2253, 2258.[668] Daher gilt bei der Testamentsauslegung das sog. **Willensdogma:**[669] Maßgeblich für die Auslegung ist der **Horizont des Erblassers**, alleiniger Auslegungsmaßstab neben erbrechtlichen Sondervorschriften[670] die Regelung des § 133.[671] Danach muss man den **wirklichen Willen des Erblassers** erforschen.

562 Über dessen Ermittlung herrscht allerdings in verschiedener Hinsicht Streit: Vor allem wird unterschiedlich beurteilt, ob die Auslegung den **inneren Willen** des Erblassers ermitteln soll[672] oder den **geäußerten Willen,**[673] einen Willen also, der – wenn auch nur unvollkommen – im Testament **angedeutet** worden ist. Manche messen dem Merkmal der Andeutung überhaupt keine Bedeutung zu, sondern stellen ausschließlich auf den Willen des Erblassers ab.[674] Die Gegenansicht spaltet sich: Z. T. ermittelt man zunächst den **wirklichen Willen** des Erblassers unter Zuhilfenahme **sämtlicher Umstände** auch **außerhalb der Testamentsurkunde** und prüft dann, ob der so ermittelte Wille eine **Andeutung** im Testament gefunden hat.[675] Andere gehen sofort vom **Text des Testaments** aus und prüfen die **dort vorhandenen Regelungen**, allerdings auch unter **Hinzuziehung aller Umstände** außerhalb der Urkunde.[676]

---

[668] *Schreiber*, Jura 1996, 360 (365); *Leipold*, Erbrecht, Rdn. 362; Staudinger/*Otte*, Vorbem. zu §§ 2064ff., Rdn. 5.

[669] *Brox*, Erbrecht, Rdn. 198; *Olzen/Wank*, Zivilrechtliche Klausurenlehre, S. 69.

[670] Vgl. Rdn. 588ff.

[671] BGHZ 80, 246 (249); 86, 41 (45); BGH, FamRZ 1987, 475 (476); BGH, NJW 1993, 256; BayObLG, FamRZ 1989, 786; Rdn. 392; *Belling*, Jura 1986, 625 (631); *Edenfeld*, ZEV 2004, 141 (143).

[672] *Brox*, Erbrecht, Rdn. 197, 200; MünchKomm/*Mayer-Maly*, § 133 Rdn. 15; wohl auch *Ebenroth*, Erbrecht, Rdn. 397; scheinbar auch BGHZ 86, 41 (45f.); 94, 36 (38); vgl. aber Fn. 332.

[673] BGHZ 37, 79 (92); *Leipold*, JZ 1983, 711 (712); *Lange/Kuchinke*, Lehrbuch des Erbrechts, § 34 III 2 a (S. 779); *Schreiber*, Jura 1996, 360 (365); *Belling*, Jura 1986, 625 (631); *Larenz*, Allgemeiner Teil des deutschen Bürgerlichen Rechts, § 19 IIf.; MünchKomm/*Leipold*, § 2084 Rdn. 3; Soergel/*Loritz*, § 2084 Rdn. 2 u. 15; anders scheinbar BGHZ 86, 41 (45), wonach der Eindruck entstand, es sei ein vom Wortlaut der Erklärung losgelöster Wille des Erblassers zu ermitteln; klarstellend BGH, FamRZ 1987, 475 (476).

[674] *Brox*, Erbrecht, Rdn. 200; *ders.*, JA 1984, 549 (552ff.); MünchKomm/*Mayer-Maly*, § 133 Rdn. 49.

[675] BGH, FamRZ 1987, 475 (476); BGH, NJW 1993, 256; so auch BayObLG, FamRZ 1997, 251 (252).

[676] BGHZ 37, 79 (92); *Lange/Kuchinke*, Lehrbuch des Erbrechts, § 34 III 2a (S. 779); Schreiber, Jura 1996, 360 (365f.); MünchKomm/*Leipold*, § 2084 Rdn. 3; anders scheinbar BGHZ 86, 41 (45), wonach der Eindruck entsteht,

Beide Auffassungen führen regelmäßig zu gleichen Ergebnissen,[677] da sie das Erfordernis einer Andeutung des Erblasserwillens im Testament verbindet. Der Unterschied ist dogmatischer Natur:[678] Die letztgenannte Ansicht begrenzt bereits die Feststellung des Erblasserwillens, während die Gegenauffassung den Willen zunächst umfassend ermittelt und dann seine Verwirklichung anhand der Frage der Formwirksamkeit beschränkt.[679] In einer Falllösung ist es daher vom Ergebnis her gleich, ob die Frage der **„Andeutung"** schon bei der **Auslegung** oder erst später bei der **Form** geprüft wird. Anders im Prozess: Es scheint wenig praktikabel, bei formbedürftigen Willenserklärungen erst – u. U. im Wege der Beweisaufnahme – den gesamten tatsächlichen Willen zu ermitteln, um dann festzustellen, dass dieser mangels Andeutung in der Testamentsurkunde keine Geltung erlangt. Deshalb ist für den Zivilprozess davon auszugehen, dass das Formerfordernis bereits der Auslegung Grenzen setzt.[680] Allerdings soll damit noch nicht entschieden sein, ob überhaupt eine Andeutung zu verlangen ist; darauf wird bei den Auslegungsarten näher einzugehen sein. 563

IV. Erläuternde Testamentsauslegung

1. Allgemeines

Bei der **erläuternden Auslegung** bildet der **Wortlaut** der Erklärung den Ausgangspunkt.[681] Der BGH verlangt die Feststellung „was der Erblasser mit seinen Worten sagen wollte".[682] Nachdem die Rechtsprechung zunächst vertreten hatte, der **eindeutige Wortlaut** bilde die **Grenze jeder Auslegung**,[683] wurde diese Einschränkung unter Verweis auf § 133, wo- 564

es sei vom Wortlaut der Erklärung losgelöster Wille des Erblassers zu ermitteln; klarstellend aber dann BGH, FamRZ 1987, 475 (476).

677 *Lange/Kuchinke*, Lehrbuch des Erbrechts, § 34 III 2a (S. 780).

678 Vgl. dazu *Leipold*, JZ 1983, 711 (712); *Kuchinke*, JZ 1985, 748 (749f.), die eine Berücksichtigung der Andeutungsfrage erst bei der Form für dogmatisch unvertretbar halten.

679 Soergel/*Loritz*, § 2084 Rdn. 8f.

680 Staudinger/*Otte*, Vorbem. zu §§ 2064ff., Rdn. 26.

681 *Ebenroth*, Erbrecht, Rdn. 398; *Schreiber*, Jura 1996, 360 (365); *Brox*, JA 1984, 549 (552).

682 BGH, FamRZ 1987, 475 (476); BGH, NJW 1993, 256; so auch BayObLG, FamRZ 1997, 251 (252).

683 Vgl. etwa RGZ 70, 391 (393); 134, 277 (281f.); BGH, LM Nr. 7 zu § 2084 BGB; vgl. die Übersicht bei *Johannsen*, WM 1972, 62ff. u. WM 1977, 273f.

nach der **wirkliche Wille** zu erforschen ist, mittlerweile aufgegeben.[684] Demnach beschränkt sich die Auslegung nie auf die bloße Wortlautanalyse, sondern es sind **alle Umstände** zu berücksichtigen,[685] selbst wenn das Testament – scheinbar – eindeutig ist. Denn auch diese Feststellung beruht letztlich auf Auslegung.[686] Ausgangspunkt ist der **allgemeine Sprachgebrauch**.[687] Lässt sich durch Anhaltspunkte außerhalb der Urkunde feststellen, dass der Erblasser einen davon abweichenden **eigenen Sprachgebrauch** hatte, entscheidet dieser.[688]

565 **Schulbeispiel:** Der Erblasser verfügt: „Mutter soll meine Bibliothek erhalten", meint aber mit „Mutter" seine Ehefrau und nicht die leibliche Mutter. Ist dieser besondere Sprachgebrauch aufgrund äußerer Umstände, z. B. durch Zeugenaussagen, feststellbar, so muss die Verfügung entsprechend dem Erblasserwillen ausgelegt werden.

566 Zu beachten ist, dass **Fachausdrücke** umgangssprachlich oft unscharf oder in mehrfacher Bedeutung verwendet werden.[689]

567 **Beispiel:**[690] Der Erblasser hat im Testament verfügt: „ Mein Vermögen erhalten meine Geschwister, jedes den gleichen Teil. Ist ein Geschwister verstorben, so erhalten vorhandene Kinder den Anteil ihrer Eltern".

Fraglich war, ob mit der Bezeichnung „Kinder" auch die Adoptivtochter eines Bruders bedacht werden sollte. Nach § 1754 Abs. 2 erlangt das Adoptivkind die volle rechtliche Stellung eines ehelichen Kindes des Annehmenden. Daher fällt aus fachsprachlicher Sicht unter den Begriff „Kind" auch das

---

684 BGHZ 86, 41 (45f.); Krit. *Leipold*, JZ 1983, 711 (712); a. A. *Lange/Kuchinke*, Lehrbuch des Erbrechts, § 34 III 2a (S. 779).

685 BGHZ 86, 41 (45); 94, 36 (38); BGH, FamRZ 1987, 475 (476); BGH, NJW 1993, 256; BayObLG, FamRZ 1988, 986; BayObLG, FamRZ 1989, 1118 (1119); nach OLG Brandenburg, FamRZ 2004, 981, (982), kann demnach zur Ermittlung des Erblasserwillens, der aufgrund der politischen Verhältnisse im Testament nicht offen dargelegt werden konnte. auch eine maschinenschriftliche Zusatzerklärung herangezogen werden, sofern die hierin formunwirksam erklärte Absicht im Testament selbst andeutungsweise zum Ausdruck kommt.

686 BGHZ 32, 60 (63); BayObLG, FamRZ 1991, 231 (232); Staudinger/*Otte*, Vorbem. zu §§ 2064ff., Rdn. 55.

687 BGHZ 86, 41 (46); BayObLG, FamRZ 1988, 986; BayObLG, FamRZ 1997, 249 (250); *Leipold*, Erbrecht, Rdn. 363.

688 BayObLG, FamRZ 1997, 249 (250); *Edenfeld*, ZEV 2004, 141 (144f.); *Schreiber*, Jura 1996, 360 (366); *Olzen/Wank*, Zivilrechtliche Klausurenlehre, S. 70; Staudinger/*Otte*, Vorbem. zu §§ 2064ff., Rdn. 33, 57, 61.

689 *Lange/Kuchinke*, Lehrbuch des Erbrechts, § 34 III 4 (S. 784); Staudinger/*Otte*, Vorbem. zu §§ 2064ff., Rdn. 61.

690 Nach BayObLG, FamRZ 1989, 1118f.

Adoptivkind. Ergibt sich aber aus sonstigen Äußerungen des Erblassers, dass er nur die leiblichen Kinder bedenken wollte, erben nur diese.[691]

Ohne ersichtliche Umstände außerhalb der Testamentsurkunde bleibt **568**
es bei einer Wortlautinterpretation.[692] Dann darf davon ausgegangen werden, dass der Erblasser dem üblichen (allgemeinen) Sprachgebrauch gefolgt ist.[693] Für dessen Ermittlung – aber auch nur insoweit – hat die in § 157 erwähnte **Verkehrssitte** Bedeutung.[694] Sofern es sich um ein **öffentliches Testament** handelt, kommt dem Wortlaut – auch bei der Verwendung von Fachausdrücken – besondere Bedeutung zu, weil der Notar gem. § 17 Abs. 1, S. 1 BeurkG über die rechtliche Tragweite eines Rechtsgeschäfts belehren muss.

In **zeitlicher Hinsicht** ist auf die **Errichtung des Testaments** abzustel- **569**
len;[695] spätere Umstände können nur insoweit berücksichtigt werden, als sie einen Rückschluss zulassen.[696] Äußerungen des Erblassers, aus denen deutlich wird, dass er **jetzt** seinem Testament eine andere Bedeutung zumisst als im Errichtungszeitpunkt, sind unbeachtlich. Sonst würde man eine Testamentsänderung oder einen Testamentswiderruf ohne Einhaltung der Formvorschriften akzeptieren.[697] In diesem Falle muss der Erblasser neu testieren.[698]

Bleibt die testamentarische Verfügung **objektiv mehrdeutig**, entschei- **570**
det der **mutmaßliche Erblasserwille**.[699] Es fragt sich, was der Erblasser unter Berücksichtigung aller Umstände und der allgemeinen Lebenserfahrung gewollt haben würde.[700]

---

[691] Vgl. BayObLG, FamRZ 1989, 1118 (1119); BayObLG, NJW 1988, 2742 (2743); MünchKomm/*Leipold*, § 2084 Rdn. 22; Soergel/*Loritz*, § 2084 Rdn. 29.

[692] BGHZ 86, 41 (45); 20, 109 (112); *Ebenroth*, Erbrecht, Rdn. 400.

[693] *Leipold*, Erbrecht, Rdn. 363.

[694] *Leipold*, Erbrecht, Rdn. 363; *Olzen*/*Wank*, Zivilrechtliche Klausurenlehre, S. 69.

[695] MünchKomm/*Leipold*, § 2084 Rdn. 23.

[696] Staudinger/*Otte*, Vorbem. zu §§ 2064ff., Rdn. 78; MünchKomm/*Leipold*, § 2084 Rdn. 23.

[697] Soergel/*Loritz*, § 2084 Rdn. 30; Staudinger/*Otte*, Vorbem. zu §§ 2064ff., Rdn. 77.

[698] MünchKomm/*Leipold*, § 2084 Rdn. 23.

[699] BGHZ 86, 41 (45); BayObLG, NJW-RR 1997, 835 (836); AnwK-BGB/*Fleindl*, § 2084, Rdn. 8; *Schreiber*, Jura 1996, 360 (366).

[700] *Ebenroth*, Erbrecht, Rdn. 401.

2. Erläuternde Auslegung und Andeutungstheorie

571 Gegen die Ansicht, der wirkliche Wille des Erblassers müsse irgendwie im Testament zum Ausdruck gekommen sein **(Andeutungstheorie)**, wird vorgebracht, dass sie den weitschweifigen Erblasser gegenüber dem knapp formulierenden bevorzuge,[701] weil dieser viele Andeutungen in seinem Testament hinterlasse. Ein weiterer Einwand besteht darin, dass sie im Widerspruch zu dem Grundsatz der **„falsa demonstratio non nocet"** stehe,[702] weil ein erkennbarer Erblasserwille nicht verwirklicht werde. Ferner führe sie zu **Rechtsunsicherheit**, da es in der Entscheidung des Richters liege, ob er die Andeutung für ausreichend halte.[703]

572 Demgegenüber ist zunächst darauf hinzuweisen, dass der weitschweifige Erblasser nicht das Problem darstellt. Schwierig sind vielmehr Fälle, in denen die Andeutungstheorie dem Erblasserwillen deshalb entgegensteht, weil dieser eine gewollte Verfügung vergessen hat.[704]

573 Ein Widerspruch zum Grundsatz der falsa demonstratio liegt ebenfalls nicht vor. Die Unschädlichkeit einer Falschbezeichnung beruht auf dem Gedanken, dass sich diese aus dem Empfängerhorizont als „richtige" Bezeichnung darstellt. Bei der Testamentsauslegung ist aber auf den Horizont des Erblassers abzustellen.[705]

574 Dem Vorwurf der Rechtsunsicherheit ist schließlich entgegen zu halten, dass ein Verzicht auf die Andeutung diese Gefahr noch vergrößert. Die Gegner der **Andeutungstheorie** müssten sämtliche Parteibehauptungen im ordentlichen Prozess oder im Erbscheinsverfahren über einen angeblich abweichenden Erblasserwillen als erheblich ansehen, so dass praktisch jede Testamentsurkunde in Zweifel gezogen werden könnte.[706]

575 Entgegen dieser Kritik lässt sich für die Andeutungstheorie anführen, dass sie den **Erblasserwillen respektiert** und dem **Formerfordernis Rechnung trägt**. Soweit die Gegenauffassung vertritt, die Form habe

---

701 *Brox*, Erbrecht, Rdn. 204; *ders.*, JA 1984, 549 (555).

702 *Brox*, JA 1984, 549 (556); *Flume*, AT des Bürgerlichen Rechts, Bd. 2, § 16, 2c und 5; *ders.*, NJW 1983, 2007 (2008f.).

703 *Brox*, Erbrecht, Rdn. 200; *ders.*, JA 1984, 549 (555); *Smid*, JuS 1987, 283 (286f.).

704 Soergel/*Loritz*, § 2084 Rdn. 8.

705 S. o. Rdn. 561; MünchKomm/*Leipold*, § 2084 Rdn. 18; Soergel/*Loritz*, § 2084 Rdn. 19; im Einzelnen ist hier vieles str., vgl. auch Staudinger/*Otte*, Vorbem. zu §§ 2064ff., Rdn. 32ff.

706 *Larenz*, AT des Bürgerlichen Rechts, § 19 IIf.

nur Bedeutung für die Feststellung, **ob** überhaupt ein gültiges Testament vorliege, nicht aber für den Inhalt,[707] werden die Formzwecke verkannt. Der Erblasser soll vor Übereilung geschützt, die Abgrenzung des verbindlich Gewollten von Vorüberlegungen und Entwürfen ermöglicht und die Sicherstellung des Beweises bewirkt werden. Die Eigenhändigkeit bildet zudem zumindest eine gewisse Sicherheit vor Verfälschung des Erblasserwillens.[708] Diese Zwecke würden weitgehend bedeutungslos, wenn sie nur auf den **Bestand** des Testaments, nicht aber auf den **Inhalt**[709] bezogen würden. Diese Betrachtungsweise ließe im Ergebnis formlose letztwillige Verfügungen zu.[710]

V. Ergänzende Auslegung

1. Ziel und Rechtsgrundlage der ergänzenden Auslegung

Bei der ergänzenden Auslegung geht es um die **Lückenschließung** im 576
Testament auf der Grundlage eines **hypothetischen Erblasserwillens.**[711] Die Grenze zwischen erläuternder und ergänzender Auslegung ist allerdings fließend.[712]

Die Zulässigkeit der ergänzenden Testamentsauslegung ist allgemein 577
anerkannt,[713] weil auch im Erbrecht privatautonomer Gestaltung Vorrang vor dem dispositiven Gesetzesrecht zukommt.[714] Die Rechtsgrundlage bildet § 133 gemeinsam mit dem hinter § 2084 und anderen Auslegungsregeln[715] stehenden Zweck, dem Erblasserwillen so weit wie möglich Geltung zu verschaffen **(Willensdogma).**[716]

---

707 *Brox*, JA 1984, 549 (553); *ders.*, Erbrecht, Rdn. 197; *Smid*, JuS 1987, 283 (287f.).

708 BGHZ 80, 242 (246); 80, 246 (251).

709 Staudinger/*Otte*, Vorbem. zu §§ 2064ff., Rdn. 38.

710 *Ebenroth*, Erbrecht, Rdn. 399.

711 BayObLG, NJW 1988, 2744; *Lange/Kuchinke*, Lehrbuch des Erbrechts, § 34 III 5 (S. 785); Staudinger/*Otte*, Vorbem. zu §§ 2064ff., Rdn. 81; MünchKomm/*Leipold*, § 2084 Rdn. 66.

712 *Olzen/Wank*, Zivilrechtliche Klausurenlehre, S. 70.

713 RGZ 99, 82ff.; Staudinger/*Otte*, Vorbem. zu §§ 2064ff. Rdn. 84; *Brox*, Erbrecht, Rdn. 204.

714 Staudinger/*Otte*, Vorbem. zu §§ 2064ff., Rdn. 85; MünchKomm/*Leipold*, § 2084 Rdn. 68.

715 Dazu im Einzelnen Rdn. 588ff.

716 *Leipold*, Erbrecht, Rdn. 391; MünchKomm/*Leipold*, § 2084 Rdn. 77 u. § 2069 Rdn. 1.

2. Voraussetzungen

Die ergänzende Auslegung erfordert eine vom Erblasser nicht vorhergesehene[717] Lücke im Testament, also eine **planwidrige Unvollständigkeit**.[718]

a) Nachträgliche Lücke

578 Sie kann darauf beruhen, dass sich die **tatsächlichen** bzw. **rechtlichen** Verhältnisse zwischen **Testamentserrichtung** und **Erbfall** so verändert haben, dass die ursprüngliche Verfügung undurchführbar oder der verfolgte Zweck unerreichbar wird.[719]

579 Eine nachträgliche Lücke aufgrund tatsächlicher Veränderungen liegt etwa vor, wenn der Bedachte vor dem Erblasser stirbt[720] oder der vermachte Gegenstand vor dem Erbfall veräußert wird.[721] Praktisch wichtig ist ferner der Fall, dass sich die Vermögensverhältnisse nach Testamentserrichtung und vor Erbfall entscheidend verändern.[722] Stets bleibt beachtlich, dass das BGB für bestimmte Fälle ergänzende (Auslegungs-)Regelungen enthält, z. B. §§ 2069, 2169 f., 2173.[723]

580 Änderungen der Rechtslage zwischen Testamentserrichtung und Erbfall können zu einer Lücke führen, sofern eine neue gesetzliche Erbberechtigung in das Gesetz aufgenommen wurde, z. B. in der Vergangenheit durch die Einführung des gesetzlichen Erbrechts eines nichtehelichen Kindes nach seinem Vater durch das NEhelG, vgl. § 1934a a. F.[724] Ein anderes Beispiel ist die Erhöhung der Ehegattenerbquote in der Zugewinngemeinschaft durch das Gleichberechtigungsgesetz, § 1371 Abs. 1[725] oder schließlich in jüngster Zeit das Lebenspartnerschaftsgesetz.

---

717 *Lange/Kuchinke*, Lehrbuch des Erbrechts, § 34 III 4 (S. 738); *Leipold*, Erbrecht, Rdn. 391.

718 MünchKomm/*Leipold*, § 2084 Rdn. 70; Staudinger/*Otte*, Vorbem. zu §§ 2064 ff., Rdn. 81.

719 RGZ 99, 82 ff.; 134, 277 ff.; 142, 171 (175); BGHZ 22, 357 ff.; BGH, LM Nr. 5 zu § 2084 BGB; MünchKomm/*Leipold*, § 2084 Rdn. 71; *Brox*, Erbrecht, Rdn. 202.

720 RGZ 99, 82 ff.; 134, 277 ff.; BayObLG, NJW 1988, 2744; MünchKomm/*Leipold*, § 2084 Rdn. 94 ff.

721 BGHZ 22, 357 (360 ff.); 31, 13 (22); 86, 41 (48); Staudinger/*Otte*, Vor §§ 2064 Rdn. 95 ff.

722 *Lange/Kuchinke*, Lehrbuch des Erbrechts, § 34 III 5 (S. 785); Staudinger/*Otte*, Vorbem. zu §§ 2064 ff., Rdn. 96 u. § 2087 Rdn. 22, 25; MünchKomm/*Leipold*, § 2084 Rdn. 101 f.

723 Vgl. dazu im Einzelnen Rdn. 600.

724 BGH, NJW 1979, 917 f.; Staudinger/*Otte*, Vorbem. zu §§ 2064 ff., Rdn. 98.

725 KG, FamRZ 1961, 447 f.; Staudinger/*Otte*, Vorbem. zu §§ 2064 ff., Rdn. 98.

b) Ursprüngliche Lücken

Ursprüngliche Lücken können darauf beruhen, dass dem Erblasser bei der Abfassung des Testaments bestimmte **tatsächliche** Umstände nicht bekannt waren oder von ihm unrichtig bewertet wurden.[726] Dies gilt jedoch nicht, wenn er lediglich **falsche rechtliche Schlussfolgerungen** zieht.[727] Als Beispiel gilt der Fall, dass die zum Erben eingesetzte Person zum Zeitpunkt der Testamtentserrichtung bereits verstorben war, ohne dass der Erblasser davon wusste. Eine ursprüngliche Lücke aufgrund einer falschen rechtlichen Schlussfolgerung liegt etwa vor, wenn der Erblasser seinen Hund zum „Erben" einsetzt, damit er im Tierheim einen angenehmen Lebensabend habe, obwohl ein Hund nicht erbfähig ist.[728] 581

3. Ermittlung des hypothetischen Willens

Eine Lücke im Testament muss zunächst nach den gesetzlichen (ergänzenden) Auslegungsregeln, z. B. §§ 2069, 2169 geschlossen werden.[729] Eine ergänzende Auslegung kommt nur in Betracht, wenn Anhaltspunkte für eine abweichende Willensrichtung des Erblassers vorhanden sind.[730] Dazu ist der **hypothetische Wille** des Erblassers zu ermitteln. 582

Zunächst stellt sich an Hand der erkennbaren Willensrichtung des Erblassers[731] die Frage, wie er in Kenntnis der wahren Sachlage bzw. der späteren Entwicklung **zum Zeitpunkt der Testamentserrichtung**[732] verfügt hätte.[733] Die Berücksichtigung des späteren Willen verstieße gegen die Formvorschriften über den Testamentswiderruf, §§ 2253ff., 583

---

726 *Lange/Kuchinke*, Lehrbuch des Erbrechts, § 34 III 5, (S. 785); Staudinger/*Otte*, Vorbem. zu §§ 2064ff., Rdn. 91.

727 BGH, NJW 1978, 264ff.; MünchKomm/*Leipold*, § 2084 Rdn. 75.

728 Dazu Rdn. 78ff.

729 Staudinger/*Otte*, Vorbem. zu §§ 2064ff., Rdn. 95.

730 Staudinger/*Otte*, Vorbem. zu §§ 2064ff., Rdn. 95.

731 MünchKomm/*Leipold*, § 2084 Rdn. 77; *Gerhards*, JuS 1994, 642 (644); BayObLG, NJW 1988, 2744.

732 RGZ 99, 82 (85); 134, 277 (280); 142, 171 (175); BayObLG, FamRZ 1988, 986f.; MünchKomm/*Leipold*, § 2084 Rdn. 77; *Brox*, Erbrecht, Rdn. 203; Staudinger/*Otte*, Vorbem. zu §§ 2064ff., Rdn. 93.

733 RGZ 99, 82 (85ff.); 134, 277 (280); BGHZ 22, 357 (360f.); Staudinger/*Otte*, Vorbem. zu §§ 2064ff., Rdn. 93; MünchKomm/*Leipold*, § 2084 Rdn. 77; *Leipold*, Erbrecht, Rdn. 392; *Brox*, Erbrecht, Rdn. 202.

bzw. die Testamentserrichtung, §§ 2232ff.[734] Hier hilft dem Erblasser nur eine neue Verfügung.[735]

584 Andererseits bildet der spätere Wille u.U. ein Indiz für den hypothetischen Willen des Erblassers zur Zeit der Testamentserrichtung.[736] Dies gilt allerdings nur, wenn er sich als Fortsetzung der ursprünglichen Motivation darstellt, nicht, wenn es sich um einen neu gebildeten Willen handelt.[737]

4. Ergänzende Auslegung und Andeutungstheorie

585 Auch die ergänzende Auslegung wird durch die **Andeutungstheorie** begrenzt.[738] Die Rechtsprechung hält sie für zulässig, wenn das Auslegungsergebnis eine hinreichende Grundlage in der Willensrichtung des Erblassers erkennen lässt, wiederum allerdings unter Berücksichtigung von Umständen außerhalb der Testamentsurkunde.[739] Die angedeutete Zielsetzung ist dann auf der Grundlage **allgemeiner Lebenserfahrung** weiterzudenken.[740] Das Ergebnis stellt den **hypothetischen Erblasserwillen** dar, mit dem man die Lücke schließt. Die ergänzende Auslegung darf also nicht zu einer vollkommen neuen Verfügung führen.[741] Der praktisch häufige Fall – der Erblasser hat die Aufnahme einer Verfügung in das Testament vergessen – lässt sich demnach nicht im Wege der ergänzenden Auslegung lösen, da es an einer wirksamen Verfügung fehlt.[742]

---

[734] RGZ 134, 277 (281); Staudinger/*Otte*, Vorbem. zu §§ 2064ff., Rdn. 92f.; *Brox*, Erbrecht, Rdn. 203.

[735] MünchKomm/*Leipold*, § 2084 Rdn. 87.

[736] BGH, FamRZ 1962, 256 (257); *Kipp/Coing*, Lehrbuch des Erbrechts, § 21 IV 3 (S. 145); *Leipold*, Erbrecht, Rdn. 397.

[737] MünchKomm/*Leipold*, § 2084 Rdn. 88.

[738] RGZ 134, 277 (280); 142, 171 (175); BGH, LM Nr. 5 zu § 2084; Nr. 3 zu § 2078; BGH, FamRZ 1983, 380 (382); BGHZ 22, 357 (360ff.); BayObLG, FamRZ 1988, 986 (988); Staudinger/*Otte*, Vorbem. zu §§ 2064ff., Rdn. 87ff.; Palandt/*Edenhofer*, § 2084 Rdn. 9; a. A. *Brox*, Erbrecht, Rdn. 204; *Gerhards*, JuS 1994, 642 (645ff.).

[739] MünchKomm/*Leipold*, § 2084 Rdn. 81; Staudinger/*Otte*, Vorbem. zu §§ 2064ff., Rdn. 87.

[740] BayObLG, NJW 1988, 2744f.; Damrau/*Seiler/Rudolf*, Erbrecht, § 2084, Rdn. 44; *Leipold*, Erbrecht, Rdn. 396.

[741] MünchKomm/*Leipold*, § 2084 Rdn. 85.

[742] *Lange/Kuchinke*, Lehrbuch des Erbrechts, § 34 III 5 (S. 785), Fn. 96; OLG Köln, Rpfleger 1981, 357f.; a. A. *Brox*, Erbrecht, Rdn. 200; *ders.*, JA 1984, 549, 557.

Übersicht: Auslegung letztwilliger Verfügungen

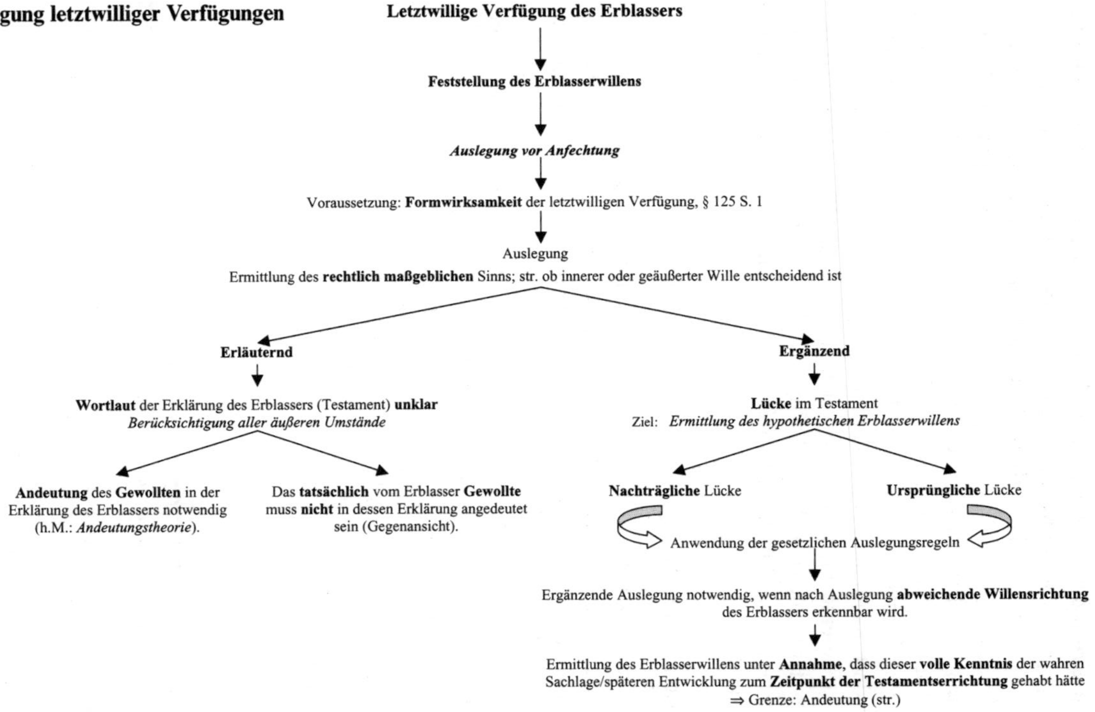

⇒ Ggf. ist eine unwirksame letztwillige Verfügung des Erblassers gem. § 140 umzudeuten! ⇐

586 Die **Kritik der Andeutungstheorie** wirft ihr bei der ergänzenden Auslegung vor, es sei sinnwidrig zu fordern, der hypothetische Erblasserwille müsse im (lückenhaften) Testament angedeutet sein.[743] Vertreter der Andeutungstheorie verlangen aber nur, dass die **allgemeine Willensrichtung** des Erblassers ihren Niederschlag im Testament gefunden haben muss,[744] also z. B. das Vermögen der Familie zu erhalten. Dagegen wird kein Hinweis auf die konkret dafür notwendige Verfügung gefordert. Kann man der Willensrichtung des Erblassers Rechnung tragen, so ist eine entsprechende Verfügung gewollt. Man muss also zwischen der (realen) Willensrichtung und dem zu ermittelnden (irrealen) hypothetischen Willen im Hinblick auf eine bestimmte Verfügung unterscheiden.[745]

5. Vorrang der Auslegung vor der Anfechtung

587 Auch im Testamentsrecht gilt wie in der gesamten Rechtsgeschäftslehre der Grundsatz, dass **Auslegung Vorrang vor Anfechtung** hat.[746] Hierfür sind zwei Überlegungen maßgeblich: Zum einen kann eine Diskrepanz zwischen Wille und Erklärung erst dann festgestellt werden, wenn nach Auslegung der – erklärte oder hypothetische – Willen des Erblassers feststeht. Stimmt dieser mit dem Wortlaut der Verfügung überein oder ist er dort zumindest angedeutet, bleibt für eine Anfechtung kein Raum.[747] Zum anderen gilt es zu beachten, dass das BGB dem Erblasserwillen möglichst zum Erfolg verhelfen will (arg. e. § 2084), was eher durch Auslegung als durch eine vernichtende Anfechtung erreicht werden kann, § 142 Abs. 1.

---

743 *Brox*, Erbrecht, Rdn. 204.

744 Vgl. MünchKomm/*Leipold*, § 2084 Rdn. 80ff.; Staudinger/*Otte*, Vorbem. zu §§ 2064ff., Rdn. 87.

745 Nicht immer eindeutig die Rspr.: etwa BGH, LM Nr. 1 zu § 2108; KG, NJW 1970, 758; KG, OLGZ 1972, 76 (79); Gerhards, JuS 1994, 642 (644).

746 RGZ 70, 391 (393); BGH, LM Nr. 1 zu § 2078 BGB; BGH, LM Nr. 1 zu § 2100 BGB; KG, OLGZ 1972, 76 (79); *Lange/Kuchinke*, Lehrbuch des Erbrechts, § 34 I 3 (S. 773); *Olzen/Wank*, Zivilrechtliche Klausurenlehre, S. 69; *Brox*, Erbrecht, Rdn. 199; *Smid*, JuS 1987, 283 (285); Staudinger/*Otte*, § 2078 Rdn. 6.

747 *Smid*, JuS 1987, 283 (285); *Brox*, Erbrecht, Rdn. 199. Folge einer Anfechtung wäre, dass – soweit diese reicht – die gesetzliche Erbfolge eintreten würde, Soergel/*Loritz*, § 2078 Rdn. 3.

VI. Wiederholung und Vertiefung *

1. Fälle zur erläuternden Auslegung

a) Sachverhalt 1[748]

Der Erblasser verfügte in einem notariellen Testament neben verschiedenen Vermächtnissen, dass gesetzliche Erbfolge gelten solle. Er hinterließ seine Mutter M und die nichteheliche Tochter T. Der Erblasser wollte M als Alleinerbin einsetzen und glaubte, dies mit der Formulierung „gesetzliche Erbfolge" getan zu haben, weil er fälschlich davon ausging, seine nichteheliche Tochter sei nicht erbberechtigt. Der beurkundende Notar hatte ihm zu dieser Formulierung in Unkenntnis der Existenz der T geraten. Wie ist die Rechtslage?

b) Sachverhalt 2[749]

Der Erblasser will seine Nichte Hanni mit einem Vermächtnis bedenken, setzt aber in das Testament versehentlich den Namen seiner anderen Nichte – Nanni – ein.

2. Fälle zur ergänzenden Auslegung

a) Sachverhalt 3[750]

Der kinderlose, verwitwete Erblasser hat seine Nichte N und seinen Neffen N 1 testamentarisch als Erben zu gleichen Teilen eingesetzt; der Neffe N 2 blieb im Testament unerwähnt. N starb vor E und hinterließ zwei Kinder K 1 und K 2. E hatte vor seinem Tod mehrfach erwähnt, dass er die alleinerziehende N mit dem Geld bei der Ausbildung ihrer Kinder unterstützen wolle, weil sie sich immer um ihn gekümmert habe. Letzteres gelte auch für N 1, während N 2 sich nie habe blicken lassen. Wie ist die Rechtslage? (Berücksichtigen Sie die §§ 2069, 2088, 2095, 2096).

b) Sachverhalt 4[751]

Während seiner Ehe verfasst der Erblasser E ein Testament, in dem er seine „geliebte Frau" als Alleinerbin einsetzte. Nach deren Tod heiratet E erneut und verstarb einige Jahre später, ohne sein Testament geändert zu haben. Er hinterließ seine zweite Ehefrau und einen Bruder. Ist die zweite Frau Alleinerbin geworden?

---

* Antworten im Anhang, siehe S. 459.

748 Vereinfacht nach BGHZ 80, 246ff.

749 Nach Staudinger/*Otte*, Vorbem. zu §§ 2064ff., Rdn. 49.

750 In Anlehnung an RGZ 99, 82ff.; BayObLG, NJW 1988, 2744f.

751 In Anlehnung an RGZ 134, 277ff.

VII. Der Grundsatz der wohlwollenden Auslegung, § 2084 (benigna interpretatio)

1. Allgemeines

588 Die Vorschrift setzt zunächst ein wirksames Testament voraus;[752] sonst kommt eine **Umdeutung** gem. § 140 in Betracht.[753] § 2084 beinhaltet folgende **Auslegungsregel**:[754] Wenn der Inhalt eines Testaments verschiedene Deutungen zulässt, ist im Zweifel derjenigen der Vorzug zu geben, bei der die Verfügung Erfolg hat. Führt die Testamentsauslegung bereits zu einem eindeutigen Ergebnis, bleibt dafür also kein Raum.[755] Es bestehen dann keine „Zweifel" mehr,[756] selbst wenn die Verfügung bei dem eindeutigen Auslegungsergebnis unwirksam wäre.[757]

589 Der Zweck des § 2084 liegt darin, dem **Testierwillen** des Erblassers möglichst Geltung zu verschaffen.[758] Dementsprechend bedeutet „Erfolg" i.S.d. Vorschrift das vom Erblasser angestrebte (wirtschaftliche) **Ziel der Verfügung**.[759] Dieses darf allerdings nicht zweifelhaft sein, sondern nur der rechtliche Weg dahin.[760] Verursacht wird dieser Zweifel meist dadurch, dass sich der Erblasser über die rechtlichen Details seiner letztwilligen Verfügung keine genauen Gedanken gemacht hat.[761]

590 Auch im Rahmen der wohlwollenden Auslegung gilt die **Andeutungstheorie**;[762] die nach § 2084 vorzuziehende Auslegungsvariante muss zumindest andeutungsweise Ausdruck im Testament gefunden haben.

---

[752] *Olzen/Wank*, Zivilrechtliche Klausurenlehre, S. 72; *Brox*, Erbrecht, Rdn. 205; Staudinger/*Otte*, § 2084 Rdn. 2.

[753] Vgl. Rdn. 595ff.; *Leipold*, Erbrecht, Rdn. 401.

[754] Staudinger/*Otte*, § 2084 Rdn. 1.

[755] *Brox*, Erbrecht, Rdn. 205; *Olzen/Wank*, Zivilrechtliche Klausurenlehre, S. 72; gegen ein solches „Stufenverhältnis" zwischen der Auslegung nach § 133 und § 2084 MünchKomm/*Leipold*, § 2084 Rdn. 48.

[756] Staudinger/*Otte*, § 2084 Rdn. 16.

[757] BayObLGZ 1953, 195 (199f.); Staudinger/*Otte*, § 2084 Rdn. 16.

[758] BGH, LM Nr. 3 zu § 2084; MünchKomm/*Leipold*, § 2084 Rdn. 47.

[759] MünchKomm/*Leipold*, § 2084 Rdn. 49 u. Fn. 731.

[760] MünchKomm/*Leipold*, § 2084 Rdn. 51.

[761] MünchKomm/*Leipold*, § 2084 Rdn. 51.

[762] Staudinger/*Otte*, § 2084 Rdn. 1.

2. Unmittelbarer Anwendungsbereich

Der Grundsatz der wohlwollenden Auslegung findet dann unmittelbare Anwendung, wenn **kein eindeutiger Erblasserwillen** ermittelt werden kann, sondern **mindestens zwei Auslegungsmöglichkeiten** bestehen, von denen die eine zur Unwirksamkeit der Verfügung führen würde.[763] 591

Beispiel:[764] Der Erblasser E hinterlässt sein Vermögen testamentarisch dem St.-Josef-Hospital in Bochum. Dieses Krankenhaus ist keine juristische Person, Träger vielmehr die Stadt Bochum. Das Testament lässt zwei Auslegungsvarianten zu: Zum einen, dass das Krankenhaus selbst zum Erben eingesetzt wurde, zum anderen, dass der Krankenhausträger Erbe mit der Auflage sein soll, das zugewendete Vermögen für das Krankenhaus zu verwenden. Da nur natürliche und juristische Personen erbfähig sind, das Hospital selbst folglich nicht, würde die erste Auslegungsmöglichkeit zur Unwirksamkeit der Verfügung führen. Aus diesem Grund ist gem. § 2084 die zweite Auslegungsvariante vorzuziehen.[765] 592

§ 2084 ist nach Stimmen in Rechtsprechung und Lehre nicht nur anzuwenden, wenn es um die **Wirksamkeit,** sondern auch um die Auswahl des **praktikableren Ergebnisses** bei mehreren Auslegungsmöglichkeiten geht,[766] etwa weil der vom Erblasser gewollte Erfolg in einer Variante auf einem einfacheren und kostensparenderen Weg erreicht wird.[767] Dagegen kann man unter dem Gesichtspunkt der Willensverwirklichung nichts einwenden. 593

In der Praxis wird § 2084 vielfach **entsprechend** angewendet. So erfordert die direkte Anwendung der Norm eine **letztwillige Verfügung**. Häufig bestehen aber Zweifel darüber, ob eine Willenserklärung ein Rechtsgeschäft unter Lebenden oder eine Verfügung von Todes wegen darstellt. Hätte die Erklärung in einem der beiden Fälle keinen Erfolg, ist analog § 2084 die andere Möglichkeit vorzuziehen,[768] um den Willen des „Erblassers" zur Geltung zu bringen.[769] Hingegen kommt eine ent- 594

---

763 KG, NJW 1970, 758 (759); *Brox*, Erbrecht, Rdn. 205; MünchKomm/*Leipold*, § 2084 Rdn. 54.

764 In Anlehnung an *Brox*, Erbrecht, Rdn. 205.

765 Weiteres Bsp. bei *Lange/Kuchinke*, Lehrbuch des Erbrechts, § 34 III 1 b (S. 779).

766 KG, HRR 1940, 1428; *Brox*, Erbrecht, Rdn. 205; *Kipp/Coing*, Lehrbuch des Erbrechts, § 21 V b (S. 146).

767 KG, HRR 1940, 1428; BayObLG, NJW 1960, 1765 (Erbschaftssteuerersparnis); *Kipp/Coing*, Lehrbuch des Erbrechts, § 21 V b (S. 146); MünchKomm/*Leipold*, § 2084 Rdn. 57.

768 BGH, NJW 1984, 46 (47); BGH, LM Nr. 3 u. Nr. 13 zu § 2084; BGH, NJW 1988, 2731 f.; Staudinger/*Otte*, § 2084 Rdn. 4; Palandt/*Edenhofer*, § 2084 Rdn. 16.

769 *Leipold*, Erbrecht, Rdn. 385.

sprechende Anwendung des § 2084 nicht für die Frage in Betracht, ob **überhaupt** eine rechtsgeschäftliche Erklärung vorliegt oder nur ein Entwurf;[770] dafür gilt allein § 133.

VIII. Umdeutung

595 Auch im Erbrecht kann gem. § 140 eine **nichtige Verfügung von Todes wegen** in eine andere letztwillige Verfügung, gegebenenfalls auch in ein Rechtsgeschäft unter Lebenden,[771] umgedeutet werden oder umgekehrt.[772] Auf diese Weise besteht die Möglichkeit, einen nichtigen Erbvertrag als Testament, ein nichtiges Schenkungsversprechen als Vermächtnis zu erhalten.

596 Die **Zielsetzung der Umdeutung** ähnelt der „wohlwollenden Auslegung“. Beide Regelungen haben den Zweck, dem Willen des Erblassers zum Erfolg zu verhelfen, obwohl sich der von ihm eingeschlagene rechtliche Weg als ungeeignet herausstellt.[773] Die Umdeutung stellt eine Korrektur des erklärten oder durch Auslegung ermittelten, aber zur Unwirksamkeit führenden Erblasserwillens dar, indem die **ungeeignete** Rechtskonstruktion durch eine **geeignete ersetzt** wird.[774] Vor der Anwendung des § 140 sind aber zunächst die §§ 133, 2084 heranzuziehen. Erst wenn alle Auslegungsmöglichkeiten zur Nichtigkeit führen, kommt eine Umdeutung in Betracht.[775]

597 Voraussetzung für die Umdeutung ist zunächst die **Nichtigkeit** des umzudeutenden Rechtsgeschäfts, sei es aufgrund eines Formmangels oder wegen Fehlens persönlicher Voraussetzungen, z. B. der Ehe bei einem gemeinschaftlichen Testament[776] oder der Geschäftsfähigkeit des Erblassers beim Erbvertrag.[777]

598 Hingegen müssen die **Wirksamkeitsvoraussetzungen** des in Betracht kommenden Rechtsgeschäfts erfüllt sein. Ferner darf das Rechtsge-

770 MünchKomm/*Leipold*, § 2084 Rdn. 65.
771 BGH, NJW 1978, 423 f.; *Leipold*, Erbrecht, Rdn. 402.
772 BGHZ 40, 218 (223).
773 BGH, LM Nr. 3 zu § 140 BGB; BGHZ 40, 218 (222); BGH, NJW 1974, 43 (44); siehe auch BayObLG, NJW-RR 2004, 1085 (1086).
774 MünchKomm/*Leipold*, § 2084 Rdn. 114.
775 *Lange/Kuchinke*, Lehrbuch des Erbrechts, § 34 V 1c (S. 797).
776 OLG Zweibrücken, FamRZ 1989, 790.
777 BayObLG, FamRZ 1995, 1449 f.

schäft, in welches umgedeutet werden soll, **wirtschaftlich** gesehen **keine wesentlich anderen oder weiterreichenden Folgen** haben, als das unwirksame Geschäft sie gehabt hätte.[778]

Schließlich muss ein entsprechender **hypothetischer Wille** des Erb- 599
lassers ermittelt werden und zwar zum **Zeitpunkt der Vornahme** des Rechtsgeschäfts.[779]

IX. Weitere gesetzliche Auslegungs- und Ergänzungsregeln

1. Allgemeines

Im BGB finden sich neben § 2084 viele weitere Auslegungs- und Ergän- 600
zungsregeln, die bei den jeweiligen Sachthemen behandelt werden. Begrifflich sind sie wie folgt zu unterscheiden: Eine **Auslegungsregel** bestimmt den maßgebenden Sinn einer **Willenserklärung**, deren **Bedeutung unklar** ist.[780] Sie gilt nur „im Zweifel", findet also keine Anwendung, wenn sich ein eindeutiger Wille des Erblassers im Wege der erläuternden Auslegung feststellen lässt.[781]

Eine **Ergänzungsregel** bestimmt eine Rechtsfolge für den Fall, dass eine bestimmte Frage **nicht** geregelt wurde.[782] Solche Ergänzungsregeln kann man als Auslegungsregeln im weiteren Sinne bezeichnen,[783] weil zur Auslegung auch die ergänzende Auslegung gehört. Ergänzungsregeln gelten ebenfalls nur dann, wenn sich durch (ergänzende) Auslegung kein abweichender (hypothetischer) Erblasserwille feststellen lässt.[784]

2. Beweislast

Aus der Unanwendbarkeit von Auslegungsregeln bei abweichendem Erblasser- 601
willen ist nicht zu schließen, dass die Willensfeststellung durch Auslegung auch immer **verfahrensmäßigen Vorrang** hat. Sonst würde die aus den gesetzlichen

---

778 *Lange/Kuchinke*, Lehrbuch des Erbrechts, § 34 V 1b (S. 797); MünchKomm/*Leipold*, § 2084 Rdn. 125.

779 BGHZ 40, 218 (223); MünchKomm/*Leipold*, § 2084 Rdn. 126.

780 *Lange/Kuchinke*, Lehrbuch des Erbrechts, § 34 VI 1c (S. 801).

781 *Lange/Kuchinke*, Lehrbuch des Erbrechts, § 34 VI 1c (S. 801).

782 *Leipold*, Erbrecht, Rdn. 366, Fn. 20; *Lange/Kuchinke*, Lehrbuch des Erbrechts, § 34 VI 1c (S. 801).

783 So *Brox*, Erbrecht, Rdn. 206.

784 Vgl. etwa MünchKomm/*Leipold*, § 2069 Rdn. 1; *Lange/Kuchinke*, Lehrbuch des Erbrechts, § 34 VI 3a (S. 802).

Auslegungsregeln folgende **Beweislastverteilung** missachtet:[785] Auslegungsregeln beinhalten **allgemeine Erfahrungssätze**.[786] Deshalb trägt derjenige, der einen abweichenden Willen des Erblassers behauptet, für diesen „Ausnahmetatbestand" die Beweislast.[787] Würde der (rechtsgeschäftlichen) Auslegung Vorrang eingeräumt und würden (gesetzliche) Auslegungsregeln erst eingreifen, wenn die Klärung des Erblasserwillens mit allen prozessualen Mitteln erfolglos versucht worden ist,[788] müsste auch derjenige, der sich auf einen der Auslegungs- bzw. Ergänzungsregel **entsprechenden Willen** des Erblassers beruft, diesen notfalls beweisen.[789] Daraus ergibt sich folgende Beweistlasttragung:

602 Ist im **Parteiprozess** eine im Testament angedeutete Willensrichtung des Erblassers **unstreitig**, so gilt dieser Wille.[790] Bei streitigem Erblasserwillen sind zunächst die Anwendbarkeit einer Auslegungsregel und die daraus folgende Beweislastverteilung zu prüfen, d.h. vor der **Ermittlung und Würdigung** von Umständen, die für einen **abweichenden Willen** sprechen.[791] Wer sich darauf beruft, muss beweisen. Im Falle der Beweisfälligkeit gilt die Auslegungsregel.[792]

603 Im **Erbscheinsverfahren** gilt der **Amtsermittlungsgrundsatz**, § 2358 Abs. 1, § 12 FGG. Danach hat das Gericht von sich aus die Umstände für einen von der Auslegungsregel abweichenden Erblasserwillen zu ermitteln.[793]

X. Erbrechtliche Auslegungsverträge

604 Nach dem Tod des Erblassers führen die Erbbeteiligten vielfach Rechtsstreitigkeiten, deren Ursache in einem unklaren Testament liegt. Um sie zu vermeiden, können die Beteiligten einen **Auslegungsvertrag** schließen, soweit die Interessen Dritter nicht berührt werden.[794] Es handelt sich hierbei um eine Vereinbarung über den Inhalt der letzwilligen Verfügung, die allerdings nicht den Willen des Erblassers und damit die Erbfolge festlegen kann,[795] sondern nur bestimmt, dass

---

785 *Tappmeier*, NJW 1988, 2714 (2715); Staudinger/*Otte*, Vorbem. zu §§ 2064ff., Rdn. 126.

786 *Lange/Kuchinke*, Lehrbuch des Erbrechts, § 34 VI 1a (S. 801); *Brox*, Erbrecht, Rdn. 205.

787 *Tappmeier*, NJW 1988, 2714 (2715); *Brox*, Erbrecht, Rdn. 205.

788 So *Lange/Kuchinke*, Lehrbuch des Erbrechts, § 34 VI 2 (S. 801).

789 Staudinger/*Otte*, Vorbem. zu §§ 2064ff., Rdn. 126.

790 *Tappmeier*, NJW 1988, 2714.

791 Staudinger/*Otte*, Vorbem. zu §§ 2064ff., Rdn. 129; Erman/*Schmidt*, § 2084 Rdn. 1.

792 Staudinger/*Otte*, Vorbem. zu §§ 2064ff., Rdn. 127.

793 *Tappmeier*, NJW 1988, 2714 (2716); Staudinger/*Otte*, Vorbem. zu §§ 2064ff., Rdn. 128.

794 Zur grds. Zulässigkeit eines Auslegungsvertrags BGH, NJW 1986, 1812 (1813).

795 BGH, NJW 1986, 1812 (1813) = JR 1986, 373 m. Anm. *Damrau*; BayObLG, FamRZ 1989, 99 (100f.); Soergel/*Loritz*, § 2084 Rdn. 31.

die Beteiligten sich schuldrechtlich verpflichten, die im Auslegungsvertrag vorgesehenen Rechtsfolgen herbeizuführen.[796] Möglich ist die gleichzeitige Vornahme von Übertragungsgeschäften, z. B. eine Erbteilsübertragung gem. § 2033 Abs. 1.[797] In einem solchen Fall bedarf der Auslegungsvertrag gem. §§ 2385, 2371, 2033 der **notariellen Beurkundung.**[798] Verzichten die Beteiligten bewusst auf eine gerichtliche Klärung, indem sie den Streit hinsichtlich der Erbrechtsfolge beseitigen, liegt zugleich ein **Vergleich** i. S. d. § 779 vor.[799]

B. Auslegung eines Erbvertrags

Bei der Auslegung eines Erbvertrags ist zwischen **vertragsmäßigen** und **einseitigen Verfügungen** zu unterscheiden. 605

I. Vertragsmäßige Verfügungen

Vertragsmäßige Verfügungen i. S. d. § 2278 Abs. 1 binden den Erblasser im Interesse des Vertragspartners.[800] Daher muss bei der Auslegung gem. § 157 der **Empfängerhorizont** berücksichtigt werden;[801] sie folgt also den **allgemeinen Grundsätzen** zur Auslegung empfangsbedürftiger Willenserklärungen.[802] Wenn ein übereinstimmender Wille der Erbver- 606

---

796 BGH, NJW 1986, 1812 (1813); Soergel/*Loritz*, § 2084 Rdn. 31.

797 BGH, NJW 1986, 1812 (1813); *Grziwotz*, MDR 2002, 557 (560) m. w. N.; *Leipold*, Erbrecht, Rdn. 364.

798 BGH, NJW 1986, 1812 (1813); Soergel/*Loritz*, § 2084 Rdn. 31.

799 Soergel/*Loritz*, § 2084 Rdn. 31. Eine andere Frage lautet, inwieweit das Gericht im Rahmen eines streitigen oder Erbscheinverfahrens an den Auslegungsvertrag gebunden ist. Sie zu beantworten ist kompliziert und würde den Rahmen dieses Grundrisses sprengen. Interessierte seien daher auf weiterführende Literatur verwiesen: *Lange/Kuchinke*, Lehrbuch des Erbrechts, § 34 IV 3c u. d (S. 794).

800 Vgl. Rdn. 531; *Brox*, Erbrecht, Rdn. 157, 222.

801 H. M.: BayObLG, NJW-RR 1997, 835; *Kipp/Coing*, Lehrbuch des Erbrechts, § 21 VIII (S. 149); MünchKomm/*Leipold*, § 2084 Rdn. 44; Staudinger/*Otte*, Vorbem. zu §§ 2064ff. Rdn. 140; nach a. A. ist für die Frage des Vertrauensschutzes nach entgeltlichem und unentgeltlichem Charakter der vertragsmäßigen Verfügung zu differenzieren, *Brox*, Erbrecht, Rdn. 223f.; ähnlich *Lange/Kuchinke*, Lehrbuch des Erbrechts, § 34 III 8c (S. 792). Maßgebend ist jedoch allein die vertragliche Bindung des Erblassers, *Olzen/Wank*, Zivilrechtliche Klausurenlehre, S. 73.

802 OLG Saarbrücken, NJW-RR 1994, 844 (845); MünchKomm/*Musielak*, Vor § 2274 Rdn. 33.

tragsparteien feststellbar ist, gilt die Verfügung so, wie sie ein sorgfältiger Vertragspartner unter Berücksichtigung aller ihm erkennbaren Umstände verstehen durfte.[803] Dies führt etwa dazu, dass ein spezieller Sprachgebrauch des Erblassers u. U. unberücksichtigt bleibt. Hat der Vertragspartner erkannt (oder hätte er erkennen müssen), was der Erblasser meinte, dann ist der übereinstimmende Wille der Vertragsparteien maßgebend, selbst wenn die Erklärung nach allgemeinem Sprachgebrauch objektiv anders zu verstehen war.[804]

II. Einseitige Verfügungen

607 Ein **Schutz des Vertragspartners** entfällt, wenn es um die Auslegung **einseitiger** Verfügungen geht,[805] da sie nicht von der Bindungswirkung erfasst werden und deshalb wie testamentarische Verfügungen zu behandeln sind, § 2299 Abs. 2 S. 1.[806]

III. Gesetzliche Auslegungsregeln

608 **Gesetzliche Auslegungsregeln** für das Testament[807] finden gem. § 2279 Abs. 1 auch auf die **vertragsmäßigen Verfügungen** im Erbvertrag Anwendung. Sie gelten ohne weiteres für **einseitige Verfügungen** im Erbvertrag.[808]

C. Auslegung von Ehegattentestamenten

609 Für die Auslegung eines gemeinschaftlichen Testaments gem. §§ 2265 ff. ist zwischen **wechselbezüglichen** und **nicht wechselbezüglichen** Verfügungen zu unterscheiden.

---

[803] Staudinger/*Otte*, Vorbem. zu §§ 2064 ff., Rdn. 140; vgl. auch Rdn. 561.
[804] MünchKomm/*Leipold*, § 2084 Rdn. 45; Staudinger/*Otte*, Vorbem. zu §§ 2064 ff., Rdn. 140.
[805] *Brox*, Erbrecht, Rdn. 221; MünchKomm/*Leipold*, Vor § 2274, Rdn. 33.
[806] Vgl. oben Rdn. 494.
[807] Vgl. Rdn. 600 ff.
[808] *Brox*, Erbrecht, Rdn. 225.

I. Wechselbezügliche Verfügungen, § 2270 Abs. 1

Wechselbezügliche Verfügungen sind voneinander abhängig und deshalb – was den Vertrauensschutz betrifft – mit dem **Erbvertrag vergleichbar.**[809] Daher erfolgt die Auslegung gem. §§ 133, 157 unter Berücksichtigung des **Empfängerhorizonts** des anderen Ehegatten. Jeder Ehegatte muss seine Verfügung also so gelten lassen, wie der andere sie bei Anwendung der erforderlichen Sorgfalt verstehen durfte.[810] Lässt sich allerdings ein übereinstimmender Wille der gemeinsam verfügenden Ehegatten feststellen, dann hat er Vorrang vor der objektiven Erklärungsbedeutung.[811] 610

II. Nicht wechselbezügliche Verfügungen

Bei **nicht wechselbezüglichen** Verfügungen fehlt es an einer Abhängigkeit im vorgenannten Sinne, so dass der andere Ehegatte nicht schutzbedürftig ist. Hier sind uneingeschränkt die Grundsätze zur Auslegung einseitiger Testamente anzuwenden.[812] 611

III. Gesetzliche Auslegungsregeln

Die besonderen **gesetzlichen Auslegungsregeln**[813] gelten auch in Bezug auf das gemeinschaftliche Testament, da es sich bei diesem an sich um zwei einfache Testamente handelt.[814] Darüber hinaus gibt es **spezielle Auslegungsregeln** für gemeinschaftliche Testamente, vgl. etwa § 2269 Abs. 1 u. 2. 612

---

809 *Brox*, Erbrecht, Rdn. 226; MünchKomm/*Leipold*, § 2084 Rdn. 46.

810 BGHZ 112, 229 (233); BGH, NJW 1993, 256; *Lange/Kuchinke*, Lehrbuch des Erbrechts, § 34 III 8b (S. 791); *Brox*, Erbrecht, Rdn. 226; MünchKomm/*Leipold*, § 2084 Rdn. 46.

811 BGH, NJW 1993, 256; BayObLG, FamRZ 1997, 251 (252); *Lange/Kuchinke*, Lehrbuch des Erbrechts, § 34 III 8b (S: 791).

812 *Brox*, Erbrecht, Rdn. 227; MünchKomm/*Leipold*, § 2084 Rdn. 46; a. A. *Lange/Kuchinke*, Lehrbuch des Erbrechts, § 34 III 8b, die eine einseitige Verfügung nur dann anders behandeln wollen, wenn diese ohne Bedeutung für den anderen Ehegatten ist.

813 Vgl. Rdn. 600ff.

814 *Olzen/Wank*, Zivilrechtliche Klausurenlehre, S. 73; *Brox*, Erbrecht, Rdn. 228.

§ 6. Die Aufhebung einer Verfügung von Todes wegen

613 Eine Verfügung von Todes wegen entfaltet ihre Rechtswirkungen mit Eintritt des Erbfalls nur dann, wenn sie nicht durch den Erblasser wirksam **widerrufen** oder **angefochten** wurde.

A. Aufhebung testamentarischer Verfügungen

I. Der Widerruf eines Testaments

1. Grundsatz der freien Widerruflichkeit

614 Gem. § 2253 kann der Erblasser sein Testament insgesamt oder einzelne in ihm enthaltene Verfügungen **jederzeit grundlos** widerrufen.[815] Dieses freie Widerrufsrecht als Bestandtei[816] der Testierfreiheit wird durch § 2302 gesichert,[817] wonach man auf das Widerrufsrecht **nicht** durch schuldrechtlichen Vertrag **verzichten** kann. Auch ein Verzicht des Erblassers darauf im Testament widerspräche dem genannten Prinzip und wäre folglich ebenso unwirksam.[818] Der Aufhebung eines Testaments stehen keine schutzwürdigen Interessen Dritter entgegen, da es erst mit dem Tod des Erblassers Wirkung zeigt und dem Bedachten davor kein Recht am Nachlass zusteht.[819] Deshalb bleibt es selbst dann bei der **freien Widerruflichkeit**, wenn der Erblasser dem Bedachten den Inhalt des Testaments mitgeteilt hat.[820] Widerruft der Erblasser in einem solchen Fall, obwohl er und der Bedachte sich einig waren, dass die Begünstigung Gegenleistung für eine Leistung (z. B. Pflege des Erblassers) sein sollte, kann dem Bedachten u.U. ein Anspruch z. B. aus § 611 oder § 812 Abs. 1 S. 2, 2. Var. bzw. § 826 zustehen.[821] Er richtet sich zunächst

815 *Bamberger/Roth,* § 2252 Rn. 1; *Brox*, Erbrecht, Rdn. 138; *Leipold*, Erbrecht, Rdn. 329ff.; *Schreiber*, Jura 1996, 360 (368).

816 AnwK-BGB/*Beck*, § 2253, Rdn. 1; MünchKomm/*Hagena*, § 2253 Rdn. 1; *Leipold*, Erbrecht, Rdn. 329ff.

817 *Schreiber*, Jura 1996, 360 (368).

818 *Lange/Kuchinke*, Lehrbuch des Erbrechts, § 23 I 1 (S. 405), Fn. 6; Staudinger/*Baumann*, § 2253 Rdn. 6.

819 *Brox*, Erbrecht, Rdn. 138.

820 *Leipold*, Erbrecht, Rdn. 329.

821 BGHZ 44, 321ff. (zu § 812 Abs. 1 S. 2, 2. Alt.); *Brox*, Erbrecht, Rdn. 138; *Leipold*, Erbrecht, Rdn. 330.

gegen den Erblasser, nach Eintritt des Erbfalls gegen den oder die Erben, §§ 1967, 2058 ff.[822]

2. Voraussetzungen

Der **Widerruf** des Testaments ist **letztwillige Verfügung**.[823] Daher muss der Erblasser **testierfähig** sein,[824] § 2229, und zwar unabhängig von der Art des Widerrufs, also auch in den Fällen des § 2255[825] oder des § 2256.[826] Diese gleich zu besprechenden Widerrufsarten sind zwar äußerlich keine Verfügung von Todes wegen, wohl aber sachlich.[827] 615

616 Der Erblasser muss den Widerruf **persönlich** erklären,[828] arg. e. § 2064, da es sich um eine letztwillige Verfügung handelt, bei der eine Vertretung im Willen ausgeschlossen ist.[829]

3. Arten des Widerrufs

617 Für den Widerruf stellt das Gesetz verschiedene Arten **abschließend** zur Verfügung:[830]

a) Reines Widerrufstestament, § 2254

618 Der Widerruf kann gem. § 2254 durch ein **Widerrufstestament** erfolgen. Dazu ist nicht erforderlich, dass der Begriff „Widerruf" verwendet wird,[831] sondern es genügt, dass der **Widerrufswille** im Testament – auch durch Auslegung – festgestellt werden kann.[832] Das Widerrufstestament kann über den Widerruf hinaus auch neue letztwillige Verfügungen

822 *Leipold*, Erbrecht, Rdn. 330.
823 *Schreiber*, Jura 1996, 360 (368); Staudinger/*Baumann*, § 2253 Rdn. 8; h. M., vgl. auch *Lange/Kuchinke*, Lehrbuch des Erbrechts, § 23 I 2b (S. 407); Hk-BGB/*Hoeren*, § 2253, Rdn. 6.
824 *Schreiber*, Jura 1996, 360 (368); MünchKomm/*Hagena*, § 2253 Rdn. 7.
825 RGZ 102, 69f.; Staudinger/*Baumann*, § 2255 Rdn. 5.
826 BGHZ 23, 207 (211); *Brox*, Erbrecht, Rdn. 141.
827 RGZ 102, 69f. zu § 2255; BGHZ 23, 207 (211) zu § 2256.
828 *Schreiber*, Jura 1996, 360 (368); Staudinger/*Baumann*, § 2255 Rdn. 16.
829 Staudinger/*Baumann*, § 2255 Rdn. 16.
830 MünchKomm/*Hagena*, § 2253 Rdn. 2.
831 OLG Hamm, MDR 1971, 137; Palandt/*Edenhofer*, § 2254 Rdn. 2.
832 BGH, NJW 1981, 2745; *Schreiber*, Jura 1996, 360 (368); Soergel/*Mayer*, § 2254 Rdn. 3.

enthalten.[833] Reine Widerrufstestamente kommen in der Praxis selten vor.[834]

619 Das Widerrufstestament muss den **Formanforderungen** eines Testaments entsprechen,[835] allerdings nicht der Form, in welcher das zu widerrufende Testament errichtet worden war.[836] So besteht die Möglichkeit, ein **öffentliches** Testament durch ein **eigenhändiges** zu widerrufen und **umgekehrt**.[837]

620 Das widerrufene Testament wird im Zeitpunkt der **Unterschrift** unter das Widerrufstestament **aufgehoben**, letzteres jedoch erst mit dem Erbfall wirksam.[838] Hat der Erblasser nach dem Widerruf keine neue Erbeinsetzung vorgenommen, tritt bei seinem Tod gesetzliche Erbfolge ein.[839]

b) Inhaltlich widersprechendes neues Testament, § 2258 Abs. 1

621 Gem. § 2258 Abs. 1 ist ein früheres Testament auch insoweit widerrufen, als es mit einem späteren **Testament** in **Widerspruch** steht.

aa) Voraussetzungen

622 Dazu muss das spätere Testament dem früheren ganz oder teilweise widersprechen. Anders als im Falle des § 2254 ist **weder** ein **Widerrufswille** noch eine **Widerrufserklärung** des Erblassers erforderlich, da die Aufhebung nicht rechtsgeschäftlich, sondern **kraft Gesetzes** erfolgt.[840] Daher tritt sie sogar dann ein, wenn der Erblasser bei der Errichtung des neuen Testaments nicht mehr an die Existenz des früheren gedacht und es dementsprechend auch gar nicht erwähnt hat.[841]

---

833 *Leipold*, Erbrecht, Rdn. 333; MünchKomm/*Hagena*, § 2254 Rdn. 6; Palandt/*Edenhofer*, § 2254 Rdn. 1.

834 *Lange/Kuchinke*, Lehrbuch des Erbrechts, § 23 II 1b (S. 408); *Brox*, Erbrecht, Rdn. 139.

835 *Leipold*, Erbrecht, Rdn. 333; zu den möglichen Testamentsformen vgl. Rdn. 214.

836 OLG Köln, OLGZ 1968, 324 (325); *Schreiber*, Jura 1996, 360 (368); Soergel/*Mayer*, § 2254 Rdn. 1.

837 OLG Köln, aaO.; BayObLG, FamRZ 1993, 605 (606); Palandt/*Edenhofer*, § 2254 Rdn. 1.

838 MünchKomm/*Hagena*, § 2253 Rdn. 5.

839 *Brox*, Erbrecht, Rdn. 139.

840 BGH, NJW 1981, 2745; *Lange/Kuchinke*, Lehrbuch des Erbrechts, § 23 II 1e (S. 410); *Schreiber*, Jura 1996, 360 (368f.).

841 BGH, LM Nr. 1 zu § 2258 BGB; *Brox*, Erbrecht, Rdn. 139; *Leipold*, Erbrecht, Rdn. 334.

bb) Umfang des inhaltlichen Widerspruchs

Widersprechen die erbrechtlichen Verfügungen in dem **neuen Testament** dem Inhalt des **früheren Testaments insgesamt**, dann ist das frühere Testament **vollständig aufgehoben**. Aber auch dann, wenn die frühere und die spätere testamentarische Anordnung an sich miteinander in Einklang stehen, kann ein Widerspruch i. S. d. § 2258 Abs. 1 vorliegen, wenn die **kumulative Geltung** beider Verfügungen der in dem späteren Testament zum Ausdruck kommenden Absicht des Erblassers zuwider liefe, etwa weil dieser seine Erbfolge ausschließlich in dem späteren Testament bestimmen wollte.[842] 623

Stehen hingegen nur **einige Verfügungen** in Widerspruch zu dem früheren Testament, bleibt dessen nicht berührter Rest gem. § 2258 Abs. 1 („insoweit") grundsätzlich gültig.[843] Die letztwilligen Verfügungen gelten dann nebeneinander.[844] 624

Ein **vollständiger Widerruf** des früheren Testaments kann in einem solchen Fall allerdings angenommen werden, wenn sich aus dem späteren Testament durch Auslegung ermitteln lässt, dass die Erbfolge abschließend und umfassend mit diesem letzteren Testament geregelt werden sollte.[845]

cc) Problemfälle

Testamente mit **demselben Datum**, deren zeitliche Reihenfolge nicht ermittelt werden kann, gelten im Zweifel als **gleichzeitig** errichtet.[846] Soweit sie inhaltlich widersprüchliche Verfügungen enthalten, heben sie sich gegenseitig auf.[847] Bei widersprüchlichen Erbeinsetzungen tritt gesetzliche Erbfolge ein.[848] Die glei- 625

---

842 BGH, NJW 1981, 2745 (2746); BayObLG, FamRZ 1992, 607; 1989, 441 (442).

843 BGH, NJW 1985, 969; *Leipold*, Erbrecht, Rdn. 334.

844 BayObLG, FamRZ 1997, 247 (248).

845 BGH, NJW 1985, 969; *Lange/Kuchinke*, Lehrbuch des Erbrechts, § 23 II 1b (S. 408).

846 *Lange/Kuchinke*, Lehrbuch des Erbrechts, § 23 II 1b (S. 408); *Leipold*, Erbrecht, Rdn. 334.

847 KG, FamRZ 1991, 486; BayObLG, FamRZ 1991, 237 f.; BayObLG, Rpfleger 1979, 123; *Lange/Kuchinke*, Lehrbuch des Erbrechts, § 23 II 1b (S. 408).

848 *Lange/Kuchinke*, Lehrbuch des Erbrechts, § 23 II 1b (S. 408); *Leipold*, Erbrecht, Rdn. 334, Fn. 39, str. Bei Einsetzung von unterschiedlichen Alleinerben soll nach *Schneider*, MDR 1990, 1086 ff. eine Erbeinsetzung je zur Hälfte gelten; nach *Stellwaag*, MDR 1991, 501 und Soergel/*Mayer*, § 2258 Rdn. 5 soll ein Erbrecht des Fiskus vorliegen.

chen Grundsätze gelten bei mehreren Testamenten **ohne Datum**, die sich inhaltlich widersprechen.[849]

626 Liegen sowohl ein **datiertes** als auch ein **undatiertes** Testament vor und kann die zeitliche Reihenfolge nicht geklärt werden, ist das undatierte Testament im Zweifel als das ältere anzusehen,[850] so dass es durch das datierte Testament aufgehoben wird, soweit ein Widerspruch besteht.[851]

c) Vernichtung oder Veränderung der Testamentsurkunde, § 2255

627 Der Widerruf eines Testaments erfolgt gem. § 2255 auch durch **Vernichtung** oder **Veränderung** der Testamentsurkunde (objektiver Tatbestand) in **Aufhebungsabsicht** (subjektiver Tatbestand).

aa) Objektiver Tatbestand

628 **Vernichtung** bedeutet **Zerstörung**, also z. B. Zerreißen, Verbrennen[852] oder Zerschneiden[853] der Urkunde.

629 Eine zur Unwirksamkeit des Testaments oder einzelner darin enthaltener Verfügungen[854] führende **Veränderung** der Urkunde liegt vor, wenn der Wille des Erblassers zum Ausdruck kommt, seine schriftliche Willenserklärung **aufzuheben**, z. B. durch Durchstreichen, Herausschneiden oder Ausradieren einzelner Sätze oder Worte.[855] Auch ein **Entwertungsvermerk** ist als Veränderung und damit als Widerruf zu werten, wenn er erkennen lässt, dass die betroffene letztwillige Verfügung aufgehoben werden soll. Das gilt z. B. für einen Vermerk „ungültig" oder „aufgehoben" am Rand oder quer über den Text geschrieben.[856] Dieser Vermerk muss nicht unterschrieben sein,[857] weil für den **Widerruf** nach § 2255 **keine Testamentsform** vorgeschrieben ist.[858]

---

849 MünchKomm/*Hagena*, § 2258 Rdn. 8.
850 MünchKomm/*Hagena*, § 2258 Rdn. 8.
851 Staudinger/*Baumann*, § 2247 Rdn. 115.
852 MünchKomm/*Hagena*, § 2255 Rdn. 3.
853 *Brox*, Erbrecht, Rdn. 140.
854 Arg. a maiore ad minus, *Schreiber*, Jura 1996, 360 (369).
855 *Brox*, Erbrecht, Rdn. 140; *Leipold*, Erbrecht, Rdn. 336.
856 *Schreiber*, Jura 1996, 360 (369); *Brox*, Erbrecht, Rdn.140.
857 H. M., KG, NJW 1957, 1364f.; Staudinger/*Baumann*, § 2255 Rdn. 13; Palandt/*Edenhofer*, § 2255 Rdn. 6; a. A. *Kipp/Coing*, Lehrbuch des Erbrechts, § 31 II 2, Fn. 7 (S. 209); offengelassen von OLG Stuttgart, NJW-RR 1986, 632.
858 *Leipold*, Erbrecht, Rdn. 336.

Eine ausreichende Veränderung stellt auch das Zerknittern der Testamentsurkunde zu einem Knäuel dar.[859] Da die Veränderung **an** der Testamentsurkunde vorgenommen werden muss, genügt hingegen das Wegwerfen der Testamentsurkunde in den Papierkorb ohne weitere Einwirkung auf die Urkunde selbst nicht dem Tatbestand des § 2255 S. 1.[860] 630

Die Veränderung oder Vernichtung der Testamentsurkunde hat durch den Erblasser **persönlich** zu erfolgen, arg. e. § 2064. Geschieht sie durch **Zufall** oder **eigenmächtig** durch einen **Dritten**, bleibt die letztwillige Verfügung trotz der Veränderung oder Zerstörung der Urkunde wirksam.[861] Dies bedeutet aber nicht, dass der Erblasser die Ausführungshandlung **eigenhändig** vornehmen muss. Vielmehr ist es zulässig, dass die Durchführung von einem Dritten vorgenommen wird,[862] sofern dies allein durch den **Willen des Erblassers** gesteuert wird und zu seinen Lebzeiten geschieht. 631

Die gesetzlich geforderte Ausführungshandlung durch den Erblasser dient dem Zweck, ihn zur Überlegung zu zwingen und vor unüberlegtem Handeln zu schützen.[863] Dieser Zweck würde umgangen, wenn der Erblasser die nicht von ihm veranlasste Vernichtung oder den zufälligen Verlust seines Testaments nachträglich formlos billigen und so widerrufen könnte.[864] Daher bleibt das Testament trotz Billigung wirksam.[865] 632

Lässt sich nicht klären, ob das Testament durch den Erblasser, einen Dritten oder durch Zufall verändert oder zerstört worden ist, bleibt es wirksam.[866] Eine Vermutung, dass ein solches Testament vom Erblasser beseitigt bzw. verändert wurde, existiert nicht.[867] 633

---

859 BayObLGZ 1980, 95 (97); *Leipold*, Erbrecht, Rdn. 336.

860 *Brox*, Erbrecht, Rdn. 140; Soergel/*Mayer*, § 2255 Rdn. 4; a. A. Erman/*Schmidt*, § 2255 Rdn. 2; vgl. auch BGH, NJW 1959, 2113 (2114).

861 *Brox*, Erbrecht, Rdn. 140; *Leipold*, Erbrecht, Rdn. 336.

862 *Schreiber*, Jura 1996, 360 (369); *Brox*, Erbrecht, Rdn. 140; MünchKomm/*Hagena*, § 2255 Rdn. 13.

863 MünchKomm/*Hagena*, § 2255 Rdn. 1.

864 BGH, NJW 1951, 559; *Brox*, Erbrecht, Rdn. 140.

865 Staudinger/*Baumann*, § 2255 Rdn. 17; MünchKomm/*Hagena*, § 2255 Rdn. 13.

866 *Brox*, Erbrecht, Rdn. 140.

867 OLG Hamm, NJW 1974, 1827 (1828); BayObLG, FamRZ 1985, 839 (841); 1989, 1234; OLG Düsseldorf, FamRZ 1994, 1283; MünchKomm/*Hagena*, § 2255 Rdn. 15.

bb) Subjektiver Tatbestand

634 In **subjektiver Hinsicht** setzt § 2255 S. 1 die **Absicht** des Erblassers voraus, das Testament bzw. einzelne Verfügungen daraus aufzuheben. Eine **ungewollte Vernichtung** durch den Erblasser oder einen Dritten macht das Testament daher nicht unwirksam.[868]

635 Da es sich bei der für § 2255 S. 1 notwendigen Absicht um eine **innere Tatsache** handelt, lässt sie sich im Streitfall nur schwer beweisen, zumal der Erblasser, regelmäßig verstorben ist, wenn es auf den Nachweis ankommt. Aus diesem Grund beinhaltet § 2255 S. 2 eine Beweiserleichterung: Steht fest, dass **der Erblasser** die Testamentsurkunde vernichtet oder verändert hat, wird seine **Aufhebungsabsicht vermutet**,[869] allerdings **widerleglich**, § 292 ZPO. Sie kann durch den **Beweis des Gegenteils**[870] – dass der Erblasser nicht in Aufhebungsabsicht gehandelt hat – entkräftet werden.[871]

d) Rücknahme eines öffentlichen Testaments aus amtlicher Verwahrung, § 2256

636 Nach der **unwiderleglichen Vermutung**[872] des § 2256 Abs. 1 S. 1 gilt ein **öffentliches Testament** als **widerrufen**, wenn es auf **Verlangen** des Erblassers, § 2256 Abs. 2 S. 1,[873] also nicht versehentlich,[874] an diesen **persönlich**, § 2256 Abs. 2 S. 2, aus amtlicher Verwahrung **zurückgegeben** wird.

637 Für die Widerrufswirkung des § 2256 Abs. 1 S. 1 ist also zunächst erforderlich, dass es sich um ein **öffentliches Testament** i. S. d. § 2232 handelt. Die Rückgabe eines privatschriftlichen Testaments i. S. d. § 2247, welches gem. § 2248 i. V. m. §§ 2258a, 2258b ebenfalls in amtliche Verwahrung gegeben werden kann, berührt dessen Wirksamkeit nicht, § 2256 Abs. 3.

---

[868] Zu durch Krieg verlorenen Testamente vgl. BGH, NJW 1951, 559; ferner BayObLG, FamRZ 1986, 1044; 1990, 1162 (1163); *Bamberger/Roth,* § 2255 Rn. 8; MünchKomm/*Hagena*, § 2255 Rdn. 4.

[869] Veränderungen an der Durchschrift genügen nicht, KG, ZEV 1995, 107f.

[870] Nach MünchKomm/*Hagena*, § 2255 Rdn. 15 m. w. N. durch den Gegenbeweis, vgl. aber § 292 ZPO.

[871] *Leipold*, Erbrecht, Rdn. 336; BayObLG, NJW-RR 1997, 1302 = JuS 1998, 178 m. Anm. *Hohloch*.

[872] *Schreiber*, Jura 1996, 360 (369); *Leipold*, Erbrecht, Rdn. 340; *Brox*, Erbrecht, Rdn. 141.

[873] *Schreiber*, Jura 1996, 360 (369); *Leipold*, Erbrecht, Rdn. 340.

[874] *Leipold*, Erbrecht, Rdn. 340.

Weil die Testamentsurkunde nur an den Erblasser **persönlich** ausgehändigt werden darf, § 2256 Abs. 2 S. 2, hat die Übergabe an einen bevollmächtigten Vertreter[875] oder eine Übersendung durch die Post[876] keine Widerrufswirkung. 638

Die **Rücknahme** eines Testaments aus amtlicher Verwahrung ist eine **Verfügung von Todes wegen.**[877] Daher muss der Erblasser zur Herbeiführung der Widerrufswirkung nach § 2256 **testierfähig** sein.[878] 639

Hingegen kommt es auf einen **Widerrufswillen** des Erblassers im Zeitpunkt der Rücknahme **nicht** an.[879] 640

Bei einem Erblasser, der die Bedeutung der Rücknahme aus amtlicher Verwahrung nicht kennt, kann es zu einem ungewollten Widerruf der Verfügung kommen, etwa wenn er die Urkunde nur aus der amtlichen Verwahrung fordert, um sie jemandem zu zeigen. Selbst wenn er die Urkunde nach kürzester Zeit wieder in die amtliche Verwahrung zurückgibt, wird der Widerruf nicht beseitigt.[880] Aus diesem Grund soll der Erblasser gem. § 2256 Abs. 1 S. 2 über die Folgen der Rückgabe belehrt werden. Da es sich lediglich um eine Soll-Vorschrift handelt, tritt die Widerrufswirkung allerdings auch bei fehlender Belehrung ein.[881] 641

4. Widerruf des Widerrufs, §§ 2257, 2258 Abs. 2

Ein **Widerruf durch Testament** i.S.d. § 2254, kann seinerseits nach §§ 2254–2256, 2258 **widerrufen** werden. Dann gilt gem. § 2257 im Zweifel wieder die **ursprüngliche Verfügung**. 642

Entsprechendes gilt gem. § 2258 Abs. 2 bei einem Widerruf durch ein widersprechendes späteres Testament i.S.d. § 2258 Abs. 1, sofern der Erblasser dieses spätere Testament widerruft.

In beiden Fällen wird die Wirkung des früheren Testaments aber nur **„im Zweifel"** wiederhergestellt, also dann nicht, wenn sich ein **anderweitiger Wille** des Erblassers ermitteln lässt,[882] etwa die gesetzliche Erbfolge herbeizuführen. 643

---

875 LG Augsburg, Rpfleger 1998, 344; OLG Saarbrücken, NJW-RR 1992, 586f.; *Lange/Kuchinke*, Lehrbuch des Erbrechts, § 23 II 3a, Fn. 54 (S. 414).

876 *Brox*, Erbrecht, Rdn. 141.

877 BGHZ 23, 207 (211); *Lange/Kuchinke*, Lehrbuch des Erbrechts, § 23 II 3a (S. 414); *Brox*, Erbrecht, Rdn. 141.

878 BGHZ 23, 207 (211); *Lange/Kuchinke*, Lehrbuch des Erbrechts, § 23 II 3a (S. 415); *Brox*, Erbrecht, Rdn. 141.

879 Staudinger/*Baumann*, § 2256 Rdn. 10; MünchKomm/*Hagena*, § 2256 Rdn. 6.

880 *Brox*, Erbrecht, Rdn. 141.

881 KG, NJW 1970, 612 (613); *Leipold*, Erbrecht, Rdn. 340.

882 *Lange/Kuchinke*, Lehrbuch des Erbrechts, § 23 III 1b (S. 417); *Brox*, Erbrecht, Rdn. 142.

644 Daraus, dass § 2257 und auch § 2258 Abs. 2 auf einen **Widerruf durch Testament** abstellen, folgt im Umkehrschluss,[883] dass weder der durch **Vernichtung** oder **Veränderung** der Urkunde, § 2255, noch der durch **Rücknahme** eines öffentlichen Testaments aus amtlicher Verwahrung, § 2256, erfolgte Widerruf seinerseits widerrufen werden kann.[884] So ist es bei Veränderung oder Vernichtung einer Testamentsurkunde nicht ausreichend, sie – z. B. durch Zusammenkleben, Streichung des Entwertungsvermerks oder Wegradierung von Durchstreichungen – wiederherzustellen.[885] Auch ein ausdrückliches Widerrufstestament genügt nicht.[886] Der Erblasser muss vielmehr ein neues Testament mit einem der ursprünglichen Verfügung entsprechenden Inhalt errichten.[887] Dazu genügt aber, dass er auf ein verändertes privatschriftliches Testament den eigenhändig geschriebenen und unterschriebenen Vermerk setzt, das Testament solle mit dem ursprünglichen Inhalt gelten.[888] Ein solcher Vermerk ist allerdings auf einem aus amtlicher Verwahrung genommenen öffentlichen, d. h. maschinengeschriebenen Testament nicht ausreichend. Damit wird den Formerfordernissen des § 2247 nicht genügt.[889]

5. Anfechtung des Widerrufs

645 Ein **Widerruf** gem. §§ 2254, 2258 Abs. 1 durch **Testament** kann nach Maßgabe des § 2078 **angefochten** werden.[890]

646 Bei einem Widerruf durch **Einwirkung auf die Testamentsurkunde**, § 2255, oder durch **Rücknahme** aus der **amtlichen Verwahrung**, § 2256, erscheint dies problematisch. Gegen eine Anfechtungsmöglichkeit spricht die Unzulässigkeit eines Widerrufs des Widerrufs in derartigen Fällen[891] ebenso wie das Prinzip der Rechtssicherheit.[892] Andererseits handelt es sich bei einem Widerruf i. S. d. §§ 2255, 2256 um eine **letzt-**

---

[883] *Schreiber*, Jura 1996, 360 (369).

[884] BayObLGZ 1973, 35 (36ff.); BayObLG, FamRZ 1990, 1404 (1405); Soergel/*Harder*, § 2257 Rdn. 2; zweifelnd KG, NJW 1970, 612ff.

[885] BayObLG, NJW-RR 1996, 1094 m. zust. Anm. *Hohloch*, JuS 1997, 172f.; *Leipold*, Erbrecht, Rdn. 342.

[886] *Lange/Kuchinke*, Lehrbuch des Erbrechts, § 23 III 1a (S. 416).

[887] *Schreiber*, Jura 1996, 360 (368); *Brox*, Erbrecht, Rdn. 142.

[888] *Brox*, Erbrecht, Rdn. 142; *Leipold*, Erbrecht, Rdn. 342; BayObLG, MDR 1992, 1156: Eine neue Orts- und Datumsangabe auf dem widerrufenen Testament ohne neue Unterschrift genügten nicht.

[889] BayObLGZ 1973, 35 (39); *Leipold*, Erbrecht, Rdn. 342.

[890] *Lange/Kuchinke*, Lehrbuch des Erbrechts, § 23 III 2a (S. 417); zur Anfechtung Rdn. 648ff.

[891] S. o. Rdn. 642ff.; *Lange/Kuchinke*, Lehrbuch des Erbrechts, § 23 III 2b (S. 417).

[892] *Lange/Kuchinke*, Lehrbuch des Erbrechts, § 23 III 2b (S. 417).

willige Verfügung.[893] Da das Gesetz zwischen den einzelnen Arten der Verfügungen nicht unterscheidet, ist eine Anfechtung deshalb zuzulassen.[894] Im Falle des § 2255 wäre sie also z. B. möglich, wenn der Erblasser den Widerruf zwar wollte, aber durch eine irrige Annahme oder Erwartung dazu bestimmt wurde.[895] Der Widerruf eines Testaments gem. § 2056 kann etwa angefochten werden, wenn die Rücknahme aus amtlicher Verwahrung in der irrtümlichen Annahme erfolgte, ein gültiges neues Testament mit weitgehend gleichem Inhalt errichtet zu haben.[896]

Eine Anfechtungsberechtigung besteht allerdings nicht für den Erb- 647
lasser selbst, sondern nur für die in § 2080 Genannten.

II. Anfechtung letztwilliger Verfügungen

Schrifttum: Leipold, Der vergessliche Erblasser und die Anfechtung, ZEV 1995, 99; **Schubert/Czub**, Die Anfechtung letztwilliger Verfügungen, JA 1980, 257 u. 334; **Veit**, Die Anfechtung von Erbverträgen durch den Erblasser, NJW 1993, 1553.

1. Allgemeines

a) Sinn und Zweck der Anfechtung

Grundsätzlich gilt, dass die Auslegung der Testamentsanfechtung vor- 648
geht.[897]

Der Sinn der **Anfechtung** liegt darin, eine testamentarische Verfügung, die nicht dem Willen des Erblassers entspricht, zu beseitigen. Sie dient – anders als die Anfechtung gem. §§ 119ff. – weniger dem Schutz des Erklärenden, also des Erblassers, vor einer nicht gewollten Er-

[893] S. o. Rdn. 615.

[894] So die Rspr.: RGZ 102, 69 f.; BayObLGZ 1960, 490 (494); BayObLGZ 1980, 95 (99); KG, NJW 1970, 612 (614); BayObLG, FamRZ 1990, 1404f. – und dazu die h. M. in der Lit. – MünchKomm/*Hagena*, § 2256 Rdn. 11, § 2255 Rdn. 18; Soergel/*Mayer*, § 2255 Rdn. 16; § 2256 Rdn. 9; Staudinger/*Baumann*, § 2256 Rdn. 21; *Brox*, Erbrecht, Rdn. 141; *Leipold*, Erbrecht, Rdn. 338; a. A. *Kipp/Coing*, Lehrbuch des Erbrechts, § 31 II 3 zu § 2256 (S. 212). Ausführlich zur Widerrufsanfechtung *Lange/Kuchinke*, Lehrbuch des Erbrechts, § 23 III 2 (S. 417).

[895] OLG Freiburg, Rpfleger 1952, 340f.; BayObLGZ 1980, 95 (99).

[896] Soergel/*Mayer*, § 2256 Rdn. 9.

[897] BGH, LM Nr.1 zu § 2100; Staudinger/*Otte*, § 2078 Rdn. 6; vgl. auch Rdn. 587.

klärung, als vielmehr dem Schutz bestimmter Dritter. Diese müssen eine letztwillige Verfügung, die sie **übergeht** oder sonst **nachteilig betrifft**, nicht gegen sich gelten lassen, wenn sie dem Willen des Erblassers zuwiderläuft.[898]

b) Verhältnis der §§ 2078–2083 zu den §§ 119ff.

649 Die §§ 2078–2083 sind **Spezialvorschriften** für die Anfechtung letztwilliger Verfügungen, gehen also den §§ 119ff. vor.[899]

c) Anfechtung wegen Erbunwürdigkeit

650 Die Anfechtung einer letztwilligen Verfügung wegen **Erbunwürdigkeit** des Erben erfolgt **nicht** durch Anfechtungserklärung (also einfache Willenserklärung) sondern durch Erhebung einer **Anfechtungsklage**, § 2342 Abs. 1 S. 1. Die Anfechtungsgründe sind in § 2339 abschließend aufgeführt, die Anfechtungsberechtigung folgt aus § 2341.

651 Eine Anfechtung wegen **Vermächtnis- oder Pflichtteilsunwürdigkeit** verlangt hingegen eine **Anfechtungserklärung** gegenüber dem Unwürdigen, da § 2345 den § 2342 nicht erwähnt.[900] Die in § 2339 genannten Anfechtungsgründe gelten jedoch auch hier.

2. Gegenstand der Anfechtung

652 **Anfechtungsgegenstand** ist nicht das gesamte Testament, sondern die **einzelne** in ihm enthaltene **Verfügung**.[901]

3. Voraussetzungen der Testamentsanfechtung

a) Anfechtungsgrund

653 Voraussetzung ist zunächst ein **Anfechtungsgrund**. Die in §§ 2078 Abs. 1 u. 2, 2079 aufgeführten Gründe sind **abschließend**.[902] Als Anfechtungsgründe kommen demnach in Betracht:

---

[898] MünchKomm/*Leipold*, § 2078 Rdn. 1.

[899] *Schreiber*, Jura 1996, 360 (369); *Brox*, Erbrecht, Rdn. 230; MünchKomm/*Leipold*, § 2078 Rdn. 11; Damrau/*Seiler*/*Rudolf*, Erbrecht, § 2078, Rdn. 1.

[900] Palandt/*Edenhofer*, § 2345 Rdn. 1.

[901] RGZ 70, 391 (394); BGH, NJW 1985, 2025 (2026); BayObLG, ZEV 1994, 369 (370).

[902] *Leipold*, Erbrecht, Rdn. 420; Staudinger/*Otte*, § 2078 Rdn. 1.

aa) Erklärungs- oder Inhaltsirrtum, § 2078 Abs. 1

Gem. § 2078 Abs. 1 berechtigen sowohl der **Erklärungsirrtum**, § 2078 Abs. 1, 2. Fall als auch der **Inhaltsirrtum**, § 2078 Abs. 1, 1. Fall zur Testamentsanfechtung. Ein Vergleich mit dem Wortlaut des § 119 Abs. 1 zeigt, dass diese Irrtumsarten in beiden Vorschriften gleich zu verstehen sind.[903] **654**

Bei einem **Erklärungsirrtum** erklärt jemand nicht das, was er will, sondern er verspricht, vergreift oder verschreibt sich. Es handelt sich also um einen **Irrtum in der Erklärungshandlung**,[904] z. B. wenn der Erblasser in einem Testament dem A 5 000,– € vermachen will, versehentlich aber 50 000,– € schreibt[905] oder wenn er sich bei der Übergabe einer Schrift an den Notar nach § 2232 vergreift und diesem das falsche Schriftstück überreicht.[906] **655**

Bei einem **Inhaltsirrtum** misst der Erklärende seiner Erklärung einen anderen Sinn zu, als sie in Wirklichkeit nach der Auslegung hat.[907] Der Fehler liegt somit in der **rechtsgeschäftlichen Willensbildung**. Dies ist etwa anzunehmen, wenn der Erblasser verfügt, es solle **gesetzliche Erbfolge** eintreten, in der irrigen Annahme, seine nichteheliche Tochter sei neben seiner Mutter, die er zur Alleinerbin einsetzten wollte, keine gesetzliche Erbin. Auch der Irrtum über die rechtliche Bedeutung der Vor- oder Nacherbenstellung gehört hierher.[908] Häufig sind solche Fälle, wenn der Erblasser einem Rechtsbegriff oder Fremdwort eine falsche Bedeutung beimisst.[909] **656**

Der Erklärungs- oder Inhaltsirrtum muss außerdem für die Verfügung **kausal** gewesen sein. Das folgt aus der Formulierung des § 2078 Abs. 1 a. E. Erforderlich ist danach abweichend von § 119 Abs. 1 allein die **subjektive Erheblichkeit** des Irrtums. Der Verzicht auf die objektive Erheblichkeit beruht auf der hohen Einschätzung der Testierfreiheit.[910] **657**

Die Kausalität muss sich nicht bereits aus der Testamentsurkunde ergeben; vielmehr sind zu ihrer Feststellung **alle Umstände** heranzuzie- **658**

---

903 *Bamberger/Roth,* § 2078 Rn. 3; *Leipold*, Erbrecht, Rdn. 421.
904 *Brox*, Allgemeiner Teil des BGB, Rdn. 365.
905 *Leipold*, Erbrecht, Rdn. 421.
906 *Brox*, Erbrecht, Rdn. 232.
907 *Brox*, Allgemeiner Teil des BGB, Rdn. 366.
908 MünchKomm/*Leipold*, § 2078 Rdn. 20.
909 *Brox*, Erbrecht, Rdn. 232; Staudinger/*Otte*, § 2078 Rdn. 10.
910 *Leipold*, Erbrecht, Rdn. 422; BGHZ 4, 91 (95); BayObLG, ZEV 1994, 369 (370) m. Anm. *Winkler*.

hen, soweit sie einen Schluss auf die **Vorstellungen des Erblassers bei der Testamentserrichtung** zulassen.[911] Ein Indiz für die mangelnde Kausalität liegt u. U. darin, dass der Erblasser seine ursprüngliche Verfügung trotz zwischenzeitlicher Kenntnis des Irrtums nicht verändert.[912]

659 Die **Darlegungs- und Beweislast** hinsichtlich der Kausalität trifft denjenigen, der sich auf den Irrtum beruft, also im Regelfall den Anfechtenden.[913]

bb) Motivirrtum, § 2078 Abs. 2

(a) Allgemeines

660 Nach der weiten Formulierung des § 2078 Abs. 2 berechtigt **jeder Motivirrtum** zur Anfechtung – anders als in § 119 Abs. 2, der nur den Eigenschaftsirrtum anerkennt. Denn bei einer testamentarischen Verfügung ist das Vertrauen anderer Personen, etwa des Bedachten, an der Aufrechterhaltung der Erklärung nicht schutzwürdig.[914] Auch die Rechtssicherheit steht dieser Betrachtungsweise nicht entgegen, da testamentarische Verfügungen ohnehin jederzeit vom Erblasser frei widerrufen werden können.[915]

661 Bei einem **Motivirrtum** besteht keine Diskrepanz zwischen rechtsgeschäftlichem Willen und der Erklärung, vielmehr liegt der Mangel in der **Willensbildung**, die dem Rechtsgeschäft vorangeht.[916] Das zeigt § 2078 Abs. 2, wonach ein Motivirrtum vorliegt, wenn und soweit der Erblasser den Eintritt oder Nichteintritt eines Umstandes irrig angenommen oder erwartet hat.

662 Diese sehr weite Formulierung umfasst auch die Fälle **arglistiger Täuschung**, weshalb im Erbrecht ein § 123 Abs. 1, 1. Var. entsprechender Anfechtungstatbestand fehlt.[917]

---

911 BGH, LM Nr. 10 zu § 2078 BGB, zum Motivirrtum; BGHZ 42, 327 (332); BayObLG, FamRZ 1997, 772 (773); *Leipold*, Erbrecht, Rdn. 314; MünchKomm/*Leipold*, § 2078 Rdn. 38f.; a. A. hinsichtlich des Zeitpunkts offenbar BayObLG, FamRZ 1995, 246 (248), wonach der Wille im Zeitpunkt des Erbfalls ermittelt werden soll.

912 BayObLG, Rpfleger 1971, 253f.; *Leipold*, Erbrecht, Rdn. 422; str. a. A. Staudinger/*Otte*, § 2078 Rdn. 29.

913 *Brox*, Erbrecht, Rdn. 235.

914 Vgl. dazu bereits Rdn. 560f.

915 Vgl. Rdn. 614.

916 *Brox*, AT des BGB, Rdn. 370.

917 *Brox*, Erbrecht, Rdn. 233; Staudinger/*Otte*, § 2078 Rdn. 12; MünchKomm/*Leipold*, § 2078 Rdn. 30.

(b) Objektive Voraussetzungen

Aus dem Wortlaut des § 2078 Abs. 2 folgt weiter, dass der Irrtum sich auf **vergangene**, **gegenwärtige** oder **zukünftige Umstände** beziehen kann **(„irrige Erwartung“)**.[918] Unerheblich ist, ob der Erblasser oder ein Dritter Einfluss auf diese Umstände hat,[919] ebenso, auf welche Weise der Irrtum entstanden ist.[920] 663

In **gegenständlicher Hinsicht** kann sich der Irrtum auf **Umstände jeglicher Art**, also etwa auf Personen, Sachen, politische und wirtschaftliche Verhältnisse sowie auf Rechtsverhältnisse beziehen.[921] 664

Ein **Motivirrtum** i. S. d. § 2078 liegt demnach z. B. vor, wenn sich der Erblasser über das zukünftige Verhalten des Bedachten täuscht[922] oder irrig annimmt, das von seiner Frau erwartete Kind werde lebend geboren.[923] Das gleiche gilt für den Irrtum des Erblassers über das Andauern eines Streits zwischen ihm und seinem Sohn,[924] über die Vermögensverhältnisse des Bedachten oder über den Bestand der Währung.[925] Motivirrtum ist ferner die irrtümliche Annahme des Erblassers, er werde unverheiratet sterben[926] oder der eingesetzte Erbe werde sein Studium als Diplomingenieur abschließen und sich deshalb zur Übernahme der Baufirma besonders eignen.[927] 665

(c) subjektive Voraussetzungen

Eine „**irrige Annahme** oder **Erwartung**“ i. S. d. § 2078 Abs. 2 besteht, wenn der Erblasser sich über die fraglichen Umstände **Gedanken** gemacht hat, um dann zu einer – **objektiv falschen** – **Überzeugung zu gelangen**.[928] 666

---

918 OLG Köln, FamRZ 1990, 1038 (1039); Staudinger/*Otte*, § 2078 Rdn. 13; *Brox*, Erbrecht, Rdn. 233; *Leipold*, Erbrecht, Rdn. 424.

919 RGZ 138, 373 (375); 148, 218 (223f.); *Kipp/Coing*, Lehrbuch des Erbrechts, §24 II 2a (S. 163); *Leipold*, Erbrecht, Rdn. 424; Staudinger/*Otte*, § 2078 Rdn. 15. Eine Anfechtung soll wegen § 242 nur dann unzulässig sein, wenn der Erblasser die Umstände wider Treu und Glauben herbeigeführt hat, BGHZ 4, 91 (96); *Lange/Kuchinke*, Lehrbuch des Erbrechts, § 36 III 2b (S. 845).

920 *Brox*, Erbrecht, Rdn. 233; MünchKomm/*Leipold*, § 2078 Rdn. 30.

921 Staudinger/*Otte*, § 2078 Rdn. 13; MünchKomm/*Leipold*, § 2078 Rdn. 33.

922 BGHZ 4, 91 (95); BGH, NJW 1963, 246.

923 Staudinger/*Otte*, § 2078 Rdn. 14.

924 OLG Köln, FamRZ 1990, 1038 (1039f.).

925 *Brox*, Erbrecht, Rdn. 233.

926 RGZ 148, 218 (223f.).

927 *Leipold*, Erbrecht, Rdn. 424.

928 MünchKomm/*Leipold*, § 2078 Rdn. 22; Staudinger/*Otte*, § 2078 Rdn. 17.

667 Fraglich ist hingegen, ob es ausreicht, wenn sich der Erblasser über bestimmte Umstände **gar keine Gedanken** gemacht hat.[929]

668 Der **Gesetzeswortlaut** scheint eher **dagegen** zu sprechen. Von einer „Annahme" oder „Erwartung" und von einem diesbezüglichen Irrtum lässt sich bei fehlender Vorstellung eigentlich nicht sprechen.[930]

669 Ein **Argument für die Gleichstellung** beider Tatbestände liegt darin, dass ein Erblasser sich vielfach über wichtige Grundlagen seiner Verfügung keine Gedanken macht, weil er sie als selbstverständlich ansieht.[931] So wird ein Erblasser, der seine Ehefrau zur Alleinerbin einsetzt, bei einer intakten Ehe nur selten den Fall der Scheidung mitbedenken.

670 Die **Rechtsprechung** nimmt – nach anfänglichem Schwanken[932] – eine vermittelnde Position ein: Ausgehend davon, dass nur reale Vorstellungen die Anfechtung begründen können, versteht sie hierunter auch solche, die der Erblasser zwar nicht in sein Bewusstsein aufgenommen, aber selbstverständlich seiner Verfügung zu Grunde gelegt hat, sog. **„unbewusste Vorstellungen"**.[933] Gemeint sind damit Umstände, die der Erblasser zwar nicht konkret im Bewusstsein hat, aber **jederzeit abrufen** und in sein **Bewusstsein holen könnte**.[934]

671 Beispielhaft dafür seien – überwiegend aus der Rechtsprechung – die Umstände erwähnt, dass sich der Bedachte als Vertragserbe vertragsmäßig verhalten werde[935] oder dass es in Zukunft nicht zu Streitigkeiten zwischen Erblasser und Bedachten kommen werde;[936] dass der Bedachte sich nicht eines schwerwiegenden Fehlverhaltens gegenüber dem Erblasser schuldig machen werde (Wohlverhaltenserwartung);[937] dass zwischen den Beteiligten Achtung und Rücksichtnahme gewahrt bleibe[938] und dass die Ehe weiterhin harmonisch verlaufen werde.[939]

672 In der **Literatur** wird überwiegend dafür eingetreten, die fehlende Vorstellung der falschen uneingeschränkt gleichzustellen.[940] Es sei im Rahmen des § 2078

---

929 Vgl. Streitdarstellung: AnwK-BGB/*Fleindl*, § 2078, Rdn. 25ff.

930 RGZ 86, 206 (208); BGH, LM Nr. 3 zu § 2078; Staudinger/*Otte*, § 2078 Rdn. 18.

931 MünchKomm/*Leipold*, § 2078 Rdn. 25; Staudinger/*Otte*, § 2078 Rdn. 18.

932 Zur Entwicklung der Rspr. des RG und des BGH zu dieser Frage vgl. MünchKomm/*Leipold*, § 2078 Rdn. 26.

933 BGH, LM Nr. 8 zu § 2078; BayObLG, NJW 1971, 1565 (1566); BGH, FamRZ 1983, 898f.; BayObLG, FamRZ 1984, 1270 (1271); BayObLG, NJW-RR 1990, 200 (201); OLG Hamm, ZEV 1994, 109 (111); Palandt/*Edenhofer*, § 2078 Rdn. 6.

934 BGH, WM 1987, 1019 (1020); vgl. auch BayObLG, FamRZ 1997, 772.

935 BGHZ 4, 91 (94f.).

936 BGH, LM Nr. 8 zu § 2078; BGH, FamRZ 1983, 898f. (zum Erbvertrag).

937 BGH, WM 1971, 1153 (1155).

938 OLG Hamm, ZEV 1994, 109 (111).

939 OLG Köln, OLGZ 1970, 114 (116); BayObLG, FamRZ 1983, 1275 (1277).

940 *Lange/Kuchinke*, Lehrbuch des Erbrechts, § 36 III 2c (S. 846); *Kipp/Coing*, Lehrbuch des Erbrechts, § 24 II 2b; *Leipold*, Erbrecht, Rdn. 427; *Schlüter*,

Abs. 2 i.V.m. Abs. 1 für die Feststellung der Kausalität[941] nach dem **hypothetischen Willen** des Erblassers zu fragen, also danach, ob der Erblasser in Kenntnis der wahren Sachlage die Erklärung abgegeben hätte.[942] Dafür spiele es keine Rolle, ob der Erblasser sich über einen Umstand falsche oder keine Gedanken gemacht habe.[943]

Ob der Rechtsprechung oder der Literatur zu folgen ist, kann meist dahinstehen, da beide Auffassungen in der Regel zu gleichen Ergebnissen gelangen.[944] Für die Literaturauffassung spricht bei allen Schwierigkeiten, die der Wortlaut einer Gleichstellung entgegensetzt, das systematische Argument: § 2079 spricht sowohl bewusste als auch unbewusste Vorstellungen ausdrücklich an.[945] Außerdem vermeidet sie Abgrenzungsschwierigkeiten. Der Befürchtung, auf diese Weise werde die Anfechtbarkeit ausufern, ist schließlich entgegenzuhalten, dass dem durch strenge Anforderungen an die Kausalität begegnet werden kann.[946] 673

Eine wirksame Anfechtung gem. § 2078 Abs. 2 verlangt, dass der Motivirrtum für die Verfügung **kausal** war. Obwohl die Formulierung in Abs. 2, der Erblasser müsse zu der Verfügung **durch den Irrtum bestimmt** worden sein, von derjenigen in Abs. 1 abweicht, muss man auch hier prüfen, ob der Erblasser die Erklärung bei Kenntnis der Sachlage nicht abgegeben hätte. Maßgebend ist die Denk- und Anschauungsweise des Erblassers (**subjektive Erheblichkeit**).[947] Insoweit gilt das zur Kausalität des Erklärungs- und Inhaltsirrtums Gesagte entsprechend.[948] 674

cc) Irrtümliches Übergehen eines Pflichtteilsberechtigten, § 2079

Bei diesem Anfechtungsgrund handelt es sich um einen **Sonderfall des Motivirrtums**,[949] zum einen, weil nach dem Gesetzeswortlaut bereits die bloße **Unkenntnis der Existenz eines Pflichtteilsberechtigten** genügt,[950] zum anderen, weil derjenige, der sich auf die Anfechtung beruft, die 675

Erbrecht, Rdn. 234; *Brox*, Erbrecht, Rdn. 233; Staudinger/*Otte*, § 2078 Rdn. 23.

941 Vgl. Rdn. 657f.

942 *Lange/Kuchinke*, Lehrbuch des Erbrechts, § 36 III 2c (S. 846); *Leipold*, Erbrecht, Rdn. 427.

943 *Leipold*, Erbrecht, Rdn. 427.

944 MünchKomm/*Leipold*, § 2078 Rdn. 29.

945 Vgl. sogleich Rdn. 675ff.

946 MünchKomm/*Leipold*, § 2078 Rdn. 29; Staudinger/*Otte*, § 2078 Rdn. 23.

947 BayObLG, ZEV 1994, 369 (370) m. Anm. *Winkler*.

948 Vgl. Rdn. 657f.

949 *Brox*, Erbrecht, Rdn. 233; *Leipold*, Erbrecht, Rdn. 432 (Spezialfall); Staudinger/*Otte*, § 2079 Rdn. 1.

950 *Leipold*, Erbrecht, Rdn. 432; Staudinger/*Otte*, § 2079 Rdn. 1.

Kausalität des Irrtums ausnahmsweise nicht darlegen und beweisen muss.[951]

676 § 2079 ist erfüllt, wenn ein zur **Zeit des Erbfalls vorhandener Pflichtteilsberechtigter** im Testament **übergangen** wurde und dem **Erblasser** die **Existenz** des Pflichtteilsberechtigten bei Errichtung des Testaments **nicht bekannt** war oder dieser erst **nach** der Errichtung **geboren** oder **pflichtteilsberechtigt** geworden ist.

677 **Pflichtteilsberechtigte** sind die in **§ 2303** genannten Personen.[952] Sie sind zum Zeitpunkt des Erbfalls **vorhanden**, wenn der Erbanfall **möglich erscheint**. Dazu genügt etwa, dass der Pflichtteilsberechtigte zwar noch nicht geboren, aber bereits **gezeugt** ist und später lebend geboren wird.[953]

678 **Übergangen** ist ein solcher Pflichtteilsberechtigter, wenn er im Testament gar **nicht erwähnt** wird, also weder bedacht noch enterbt worden ist.[954] Sofern der Erblasser nur über einen Bruchteil des Nachlasses verfügt hat, wurde der Pflichtteilsberechtigte nicht übergangen, da er als gesetzlicher Erbe über § 2088 zu seinem gesetzlichen Erbteil gelangt.[955]

679 Weiterhin ist für die Anfechtung erforderlich, dass dem Erblasser das **Vorhandensein** des Pflichtteilsberechtigten bei Testamentserrichtung **nicht bekannt** war, also z. B. von der Geburt eines Abkömmlings nichts wusste[956] oder wenn er eines seiner Kinder deshalb nicht berücksichtigte, weil er irrtümlich davon ausging, es sei ums Leben gekommen.[957] Gleiches gilt, wenn der Erblasser zwar von der Existenz des Übergangenen wusste, aber nicht die tatsächlichen Umstände kannte, aus denen sich dessen Pflichtteilsrecht ergab,[958] z. B. die Tatsache, dass es sich um sein Kind handelte.

---

951 *Leipold*, Erbrecht, Rdn. 432; Staudinger/*Otte*, § 2079 Rdn. 1; näher dazu Rdn. 659.

952 MünchKomm/*Leipold*, § 2079 Rdn. 4.

953 MünchKomm/*Leipold*, § 2079 Rdn. 4.

954 RGZ 50, 238 (239f.); 59, 60 (62); BGH, NJW 1971, 1565 (1566); *Leipold*, Erbrecht, Rdn. 431; Staudinger/*Otte*, § 2079 Rdn. 3; MünchKomm/*Leipold*, § 2079 Rdn. 5.

955 Staudinger/*Otte*, § 2079 Rdn. 3; MünchKomm/*Leipold*, § 2079 Rdn. 5; Soergel/*Loritz*, § 2079 Rdn. 3, str.

956 MünchKomm/*Leipold*, § 2079 Rdn. 9.

957 *Leipold*, Erbrecht, Rdn. 431.

958 Str. ist, ob sich bei Kenntnis der Verwandtschaftsbeziehung auch die falsche rechtliche Würdigung im Hinblick auf die Pflichtteilsberechtigung als Unkenntnis i. S. d. § 2079 darstellt. Dafür: Staudinger/*Otte*, § 2079 Rdn. 7; Soergel/*Loritz*, § 2079 Rdn. 4; a. A.: MünchKomm/*Leipold*, § 2079 Rdn. 10.

Sofern der übergangene Pflichtteilsberechtigte erst **nach** der **Testamentserrichtung geboren** oder **pflichtteilsberechtigt** wurde, genügt allein dieser objektive Umstand.[959] Eine **nachträgliche Pflichtteilsberechtigung** entsteht etwa dadurch, dass der im Zeitpunkt der Testamentserrichtung noch lebende, vorgehende gesetzlichen Erbe vor dem Erbfall verstirbt.[960] Weitere Fälle der nachträglichen Entstehung eines Pflichtteilsrechts sind etwa die spätere Heirat des Erblassers,[961] die spätere Annahme als Kind,[962] aber auch eine Gesetzesänderung.[963] 680

Anders als bei § 2078 Abs. 2 muss bei einer Anfechtung nach § 2079 die **Kausalität** des Irrtums (= Unkenntnis) für die Errichtung der testamentarischen Verfügung nicht durch den Anfechtenden dargelegt und bewiesen werden. Das folgt aus § 2079 S. 2, der das Fehlen der Kausalität als **Ausschlussgrund** formuliert.[964] 681

Danach wird **vermutet**, dass ein Erblasser in Kenntnis der Pflichtteilsberechtigung des Übergangenen anders testiert hätte.[965] Diese Vermutung kann vom Anfechtungsgegner gem. § 292 ZPO widerlegt werden.[966] 682

Bei der Ermittlung des hypothetischen Willens ist wiederum allein die **subjektive Sichtweise** des Erblassers maßgebend,[967] sein hypothetischer Wille **zum Zeitpunkt der Testamentserrichtung** entscheidet.[968] 683

dd) Widerrechtliche Drohung, § 2078 Abs. 2

Der Anfechtungsgrund des § 2078 Abs. 2 besteht, wenn der Erblasser zu der letztwilligen Verfügung durch **widerrechtliche Drohung** bestimmt worden ist. Dieser Tatbestand stimmt mit § 123 Abs. 1 überein. 684

Eine **Drohung** ist das Inaussichtstellen eines **zukünftigen Übels**, auf dessen Eintritt der Drohende Einfluss zu haben vorgibt.[969] 685

---

959 MünchKomm/*Leipold*, § 2079 Rdn. 11.

960 *Brox*, Erbrecht, Rdn. 233; MünchKomm/*Leipold*, § 2079 Rdn. 11.

961 BayObLG, FamRZ 1983, 952f.; *Brox*, Erbrecht, Rdn. 233.

962 MünchKomm/*Leipold*, § 2079 Rdn. 12.

963 Z. B. die Einführung eines Erb- und Pflichtteilsrechts des nichtehelichen Kindes nach dem Vater durch das NEhelG v. 1970; vgl. BGHZ 80, 290 (294); MünchKomm/*Leipold*, § 2079 Rdn. 11.

964 Vgl. dazu: BayObLG, FamRZ 2000, 1331f.

965 BayObLG, FamRZ 1983, 952 (953); *Brox*, Erbrecht, Rdn. 235; Staudinger/*Otte*, § 2079 Rdn. 4.

966 *Jung*, AcP 194 (1994), 42 (77).

967 Staudinger/*Otte*, § 2079 Rdn. 10; MünchKomm/*Leipold*, § 2079 Rdn. 16.

968 BGH, LM Nr. 1 zu § 2079; OLG Frankfurt/M., FamRZ 1995, 1522; Staudinger/*Otte*, § 2079 Rdn. 10; MünchKomm/*Leipold*, § 2079 Rdn. 16.

969 BGHZ 2, 287 (295); MünchKomm/*Kramer*, § 123 Rdn. 45.

686 **Widerrechtlichkeit** liegt vor, wenn entweder das **Mittel** (= das angedrohte Übel) oder der **Zweck** (= der angestrebte Erfolg) oder die **Verknüpfung** von eingesetztem Mittel und angestrebtem Zweck (= die Mittel-Zweck-Relation) rechtswidrig war.[970]

687 Der Tatbestand greift z. B. ein, wenn eine Pflegeperson dem hilfsbedürftigen Erblasser die Kündigung in Aussicht stellt, falls er der Bitte nach einer testamentarischen Zuwendung nicht entsprechen sollte.[971]

688 In der Ausnutzung der Todesnot durch moralische oder religiöse Vorhaltungen wie etwa den Appell, Folgen im Jenseits zu bedenken, liegt dagegen keine Drohung, solange der Vorhaltende nicht vorgibt, auf den Eintritt dieser Folgen Einfluss zu haben.[972] Auch der Hinweis auf allgemeine politische Verhältnisse, die der Geltung oder Effektivität einer beabsichtigten Verfügung entgegenstehen, stellt keine Drohung dar.[973]

689 Die **Drohung** muss für die testamentarische **Verfügung** des Erblassers **kausal** sein. Das ergibt sich aus der Formulierung in § 2078 Abs. 2 **„bestimmt"**. Insoweit gilt das zur Kausalität eines Irrtums Gesagte entsprechend.[974] Insbesondere trifft die Darlegungs- und Beweislast für das Vorliegen der Kausalität hier wie dort denjenigen, der sich auf die Anfechtung beruft.[975]

b) Anfechtungsberechtigter, § 2080

aa) Erblasser

690 Der **Erblasser** selbst ist deshalb **nicht zur Anfechtung berechtigt**, weil er sein Testament jederzeit frei **widerrufen** kann.[976]

---

970 *Brox*, Erbrecht, Rdn. 234; MünchKomm/*Leipold*, § 2078 Rdn. 43.

971 RG, JW 1902, Beilage S. 286; *Brox*, Erbrecht, Rdn. 234. Dabei handelt es sich um eine Widerrechtlichkeit der Mittel-Zweck-Relation. Denn weder der Zweck – die (wenn auch aufdringliche) Bitte um eine testamentarische Zuwendung – noch das Mittel – das Gebrauchmachen von einem Kündigungsrecht – ist für sich gesehen rechtswidrig, sondern erst die Verknüpfung zwischen beiden.

972 Staudinger/*Otte*, § 2078 Rdn. 26; MünchKomm/*Leipold*, § 2078 Rdn. 44.

973 Staudinger/*Otte*, § 2078 Rdn. 25. So z. B. die Schwierigkeit für einen Erblasser in der ehemaligen DDR, wegen der damaligen Gesetzeslage einem „Republikflüchtling" dort gelegene Grundstücke zuzuwenden.

974 Vgl. Rdn. 657f., 672.

975 BayObLG, FamRZ 1984, 1270 (1271); 1990, 211 (213); *Lange/Kuchinke*, Lehrbuch des Erbrechts, § 36 IV 2 (S. 855).

976 Vgl. Rdn. 614.

bb) Anfechtungsberechtigte i. S. d. § 2080 Abs. 1

Die Anfechtungsberechtigung steht gem. § 2080 Abs. 1 demjenigen zu, dem die Aufhebung der letztwilligen Verfügung gem. § 142 Abs.1 **unmittelbar zustatten** kommen würde.[977] Es genügt nicht, dass dem Anfechtenden die Aufhebung der Verfügung erst nach Wegfall eines anderen (z. B. eines zur Zeit noch vorgehenden gesetzlichen Erben) zugute kommen könnte.[978] **691**

Anfechtungsberechtigt ist demnach allein, wer ohne die testamentarische Verfügung **gesetzlicher** oder **gewillkürter Erbe aufgrund eines früheren Testaments** wäre.[979] **692**

Ein **Vermächtnis** oder eine **Auflage** kann von dem damit **Beschwerten**, § 2147, angefochten werden,[980] die **Vorerbschaft** vom **Nacherben** und die **Nacherbschaft** vom **Vorerben.**[981]

Das **Anfechtungsrecht** ist **nicht höchstpersönlich**;[982] es ist **vererblich**,[983] jedoch **nicht** unter Lebenden **übertragbar oder pfändbar**.[984] **693**

cc) Mehrere Anfechtungsberechtigte

Käme die Aufhebung einer bestimmten testamentarischen Verfügung **mehreren Personen** zugute, so ist **jede** zur Anfechtung berechtigt.[985] Die Anfechtung durch einen der Berechtigten bewirkt nach ganz h. M.[986] die **absolute Nichtigkeit** der Verfügung, kommt also auch den anderen Anfechtungsberechtigten zugute.[987] **694**

---

977 *Bamberger/Roth,* § 2080 Rn. 2; MünchKomm/*Leipold*, § 2080 Rdn. 3.

978 BGH, NJW 1985, 2025 (2026); Staudinger/*Otte*, § 2080 Rdn. 2.

979 *Leipold*, Erbrecht, Rdn. 433.

980 Staudinger/*Otte*, § 2080 Rdn. 5; MünchKomm/*Leipold*, § 2080 Rdn. 4.

981 *Brox*, Erbrecht, Rdn. 237.

982 Staudinger/*Otte*, § 2080 Rdn. 16; unstr.

983 *Brox*, Erbrecht, Rdn. 237, jedenfalls wenn es auf einer vererblichen Rechtsposition beruht, Staudinger/*Otte*, § 2080 Rdn. 13.

984 *Lange/Kuchinke*, Lehrbuch des Erbrechts, § 36 VI 2 (S. 860); Staudinger/*Otte*, § 2080 Rdn. 14.

985 *Leipold*, Erbrecht, Rdn. 433; Staudinger/*Otte*, § 2080 Rdn. 12; MünchKomm/*Leipold*, § 2080 Rdn. 10; unstr.

986 BGH, LM Nr. 1 zu § 2080 BGB; BGH, NJW 1985, 2025 (2026); *Kipp/Coing*, Lehrbuch des Erbrechts, § 24 IV 1a (S. 172).

987 A. A. MünchKomm/*Leipold*, § 2080 Rdn. 11 für eine teilbare Verfügung. Dagegen zu Recht Staudinger/*Otte*, § 2080 Rdn. 12.

dd) Einschränkung der Anfechtungsberechtigung gem. § 2080 Abs. 2

695 Bezieht sich der **Irrtum** des Erblassers auf eine **bestimmte Person** und ist diese nach Abs. 1 anfechtungsberechtigt oder wäre sie es gewesen, falls sie im Zeitpunkt des Erbfalls (noch) gelebt hätte, so hat gem. § 2080 Abs. 2 nur diese Person ein Recht zur Anfechtung wegen Irrtums.

696 Abs. 2 betrifft Fälle, in denen sich der Erblasser über Eigenschaften oder Verhaltensweisen des durch die Verfügung **Benachteiligten** geirrt hat, da der Begünstigte die Verfügung – unabhängig davon, ob in Bezug auf ihn ein Irrtum vorliegt – ohnehin nicht anfechten kann.[988] Sofern die nach Abs. 2 anfechtungsberechtigte Person **vor** dem Erbfall verstirbt, bleibt die irrtümliche Verfügung unanfechtbar.[989] Bei Versterben **nach** dem Erbfall geht das entstandene Anfechtungsrecht auf deren Erben über.[990]

Die Anfechtungsberechtigung im Falle einer Anfechtung wegen **Drohung** richtet sich allein nach § 2080 Abs. 1.[991]

ee) Anfechtungsberechtigung gem. § 2080 Abs. 3

697 § 2080 Abs. 3 enthält einen Sonderfall zu § 2080 Abs. 2. Danach hat im Falle des § 2079 nur der **übergangene Pflichtteilsberechtigte** ein Anfechtungsrecht, da sich der Irrtum des Erblassers gerade auf dies bezieht.

c) Anfechtungserklärung

aa) Form und Inhalt

698 Die **Anfechtungserklärung**, § 143 Abs. 1, ist an **keine Form** gebunden,[992] in den Fällen des § 2081 Abs. 1 oder 3 erfolgt sie zu **Protokoll der Geschäftsstelle des Nachlassgerichts**, § 11 FGG.[993] Als empfangsbedürftige Willenserklärung wird sie mit **Zugang** beim Anfechtungsgegner[994] wirksam, § 130 Abs. 1, 3.

699 Die **Anfechtungserklärung** muss den Begriff „Anfechtung“ nicht enthalten, sondern nur den **Willen erkennen lassen**, eine bestimmte testa-

---

988 Staudinger/*Otte*, § 2080 Rdn. 18.

989 *Brox*, Erbrecht, Rdn. 238; MünchKomm/*Leipold*, § 2080 Rdn. 7; Staudinger/*Otte*, § 2080 Rdn. 19.

990 *Brox*, Erbrecht, Rdn. 238; MünchKomm/*Leipold*, § 2080 Rdn. 7.

991 MünchKomm/*Leipold*, § 2080 Rdn. 5.

992 Staudinger/*Otte*, § 2081 Rdn. 11.

993 MünchKomm/*Leipold*, § 2081 Rdn. 9.

994 Vgl. dazu Rdn. 700ff.

mentarische Verfügung nicht (mehr) zu wollen.[995] Ferner hat sie – auch auslegungsweise – die **Behauptung eines Willensmangels** des Erblassers zu beinhalten,[996] aber nach h. M. nicht die Angabe eines bestimmten Anfechtungsgrundes.[997] Die Gegenansicht hält die Angabe des die Anfechtung begründenden **Lebenssachverhaltes** in „groben Zügen“ für erforderlich.[998] Dieser Ansicht ist deshalb zu folgen, weil sie einerseits den Anfechtenden nicht besonders belastet und andererseits den von der Anfechtung Betroffenen in die Lage versetzt, die Wirksamkeit der Anfechtung im Hinblick auf den Anfechtungsgrund zu beurteilen.[999]

bb) Anfechtungsadressat

Der **Anfechtungsgegner** bestimmt sich zunächst nach der Spezialrege- **700**
lung des § 2081 Abs. 1, 3, die § 143 Abs. 4 S. 1 verdrängt.[1000]

Gem. § 2081 Abs. 1 sind Verfügungen des dort genannten Inhalts **701**
durch Erklärung gegenüber dem **Nachlassgericht** anzufechten. Die Regelung dient der Rechtssicherheit. Ferner soll dem Anfechtungsberechtigten erspart bleiben, den durch die testamentarische Verfügung Begünstigten, § 143 Abs. 4 S. 1, ausfindig zu machen.[1001] Diesem wird die Anfechtung durch das Nachlassgericht mitgeteilt, § 2081 Abs. 2.

Das Nachlassgericht nimmt die Anfechtungserklärung lediglich entgegen **702**
und prüft seine Zuständigkeit, §§ 72, 73 FGG, nicht jedoch die Einhaltung der Anfechtungsfrist[1002] oder die Begründetheit der Anfechtung.[1003] Darüber wird vielmehr erst im Erbscheinsverfahren vom Nachlassgericht oder in einem Zivilprozess vom Prozessgericht entschieden.[1004]

Gem. § 2081 Abs. 3 ist die Anfechtungserklärung auch dann gegenüber dem **703**
Nachlassgericht abzugeben, wenn eine Verfügung angefochten wird, die kein Recht für einen anderen begründet, also z. B. eine Auflage oder die Entziehung oder Beschränkung des Pflichtteilsrechts, §§ 2336, 2338.[1005]

---

995 *Brox*, Erbrecht, Rdn. 239.
996 BayObLG, FamRZ 1989, 1346 (1347).
997 RGZ 65, 86 (88); BayObLG, FamRZ 1989, 1346 (1347); 1992, 226; Soergel/*Loritz*, § 2081 Rdn. 8.
998 MünchKomm/*Leipold*, § 2081 Rdn. 16; Staudinger/*Otte*, § 2081 Rdn. 12.
999 Staudinger/*Otte*, § 2081 Rdn. 12.
1000 *Brox*, Erbrecht, Rdn. 239.
1001 *Brox*, Erbrecht, Rdn. 239; MünchKomm/*Leipold*, § 2081 Rdn. 1.
1002 *Brox*, Erbrecht, Rdn. 243.
1003 OLG Köln, FamRZ 1993, 1124 (1125); MünchKomm/*Leipold*, § 2081 Rdn. 11.
1004 *Leipold*, Erbrecht, Rdn. 434; *Brox*, Erbrecht, Rdn. 243.
1005 MünchKomm/*Leipold*, § 2081 Rdn. 7.

d) Einhaltung der Anfechtungsfrist, § 2082

aa) Binnen Jahresfrist, § 2082 Abs. 1

704 Unabhängig vom Anfechtungsgrund muss die Anfechtung gem. § 2082 Abs. 1 binnen **Jahresfrist** erfolgen. Die Norm verdrängt die §§ 121, 124. Es handelt sich nicht um eine Verjährungs-, sondern um eine **Ausschlussfrist** mit der Folge, dass das Anfechtungsrecht **nach Fristablauf erlischt**.[1006] Daher ist der Fristablauf im Prozess nicht nur auf Einrede, sondern von Amts wegen zu berücksichtigen.[1007]

705 Die Frist beginnt mit dem Zeitpunkt, in dem der Anfechtungsberechtigte von dem Anfechtungsgrund **Kenntnis erlangt**, § 2082 Abs. 2 S. 1, **frühestens** aber mit dem **Erbfall**, da das Anfechtungsrecht dann erst entsteht.[1008] Grob fahrlässige Unkenntnis vom Anfechtungsgrund schadet dem Anfechtungsberechtigten nicht.[1009] Unabhängig von jeder Kenntnis endet die Anfechtungsfrist gem. § 2082 Abs. 3 **30 Jahre nach dem Erbfall**.

706 Kenntnis vom Anfechtungsgrund bedeutet **Tatsachenkenntnis**,[1010] auch wenn daraus falsche rechtliche Schlüsse gezogen werden,[1011] etwa weil der Berechtigte meint, das unter dem Einfluss einer Drohung errichtete Testament sei nichtig und müsse daher nicht angefochten werden.

707 Die **Beweislast** für Beginn und Ende der Anfechtungsfrist, insbesondere für den Zeitpunkt der Kenntniserlangung, trägt nach h. M. der **Anfechtungsgegner**,[1012] weil der Ablauf der Anfechtungsfrist das Erlöschen des Anfechtungsrechts zur Folge habe und daher als **rechtsvernichtende Tatsache** von dem zu beweisen sei, der sich auf den Fristablauf berufe.[1013] Der Anfechtende behält aber die Beweislast für die **Abgabe** und den **Zeitpunkt des Zugangs** der Anfechtungserklärung.[1014]

1006 MünchKomm/*Leipold*, § 2082 Rdn. 3.

1007 *Brox*, Erbrecht, Rdn. 240; MünchKomm/*Leipold*, § 2082 Rdn. 3.

1008 *Brox*, Erbrecht, Rdn. 240.

1009 *Brox*, Erbrecht, Rdn. 240; Staudinger/*Otte*, § 2082 Rdn. 4.

1010 Staudinger/*Otte*, § 2082 Rdn. 3.

1011 *Brox*, Erbrecht, Rdn. 240; Palandt/*Edenhofer*, § 2082 Rdn. 4; a. A. Staudinger/*Otte*, § 2082 Rdn. 4ff.

1012 BayObLG, NJW 1964, 205 (207); MünchKomm/*Leipold*, § 2082 Rdn. 13; a. A. *Lange*/*Kuchinke*, Lehrbuch des Erbrechts, § 36 VI 5 (S. 863).

1013 MünchKomm/*Leipold*, § 2082 Rdn. 13.

1014 Staudinger/*Otte*, § 2082 Rdn. 18; MünchKomm/*Leipold*, § 2082 Rdn. 13.

bb) Einrede der Anfechtbarkeit, § 2083

Gem. § 2083 kann der Beschwerte, der aufgrund einer testamentarischen Verfügung zu einer Leistung verpflichtet ist, z. B. der Erbe durch Vermächtnis oder Auflage,[1015] die **Anfechtbarkeit** auch nach Ablauf der Frist im Wege der **Einrede** geltend machen.[1016] Dadurch soll der Beschwerte davor geschützt werden, dass ein Gläubiger die Geltendmachung seines Anspruchs hinauszögert, um den Verpflichteten in dem Glauben zu lassen, es bedürfe keiner Anfechtung und sich erst nach Ablauf der Anfechtungsfrist an diesen wendet.[1017] 708

e) Verlust des Anfechtungsrechts durch Bestätigung

Abgesehen vom Fall des Fristablaufes ist die **Anfechtung** auch dann **ausgeschlossen**, wenn die anfechtbare Willenserklärung nach Maßgabe des § 144 **bestätigt** wird. Auf diese allgemeine Norm kann deshalb zurückgegriffen werden, weil das Erbrecht keine spezielle Regelung über die Bestätigung eines anfechtbaren Testaments enthält.[1018] Sie kann **formlos** erfolgen, § 144 Abs. 2, und ist **nicht empfangsbedürftig**.[1019] 709

aa) Bestätigung durch den Erblasser

Gem. § 144 Abs. 1 kommt es auf die Bestätigung durch den **Anfechtungsberechtigten** an. Da der Erblasser kein Anfechtungsrecht hat,[1020] wäre seine formlose Bestätigung demnach unbeachtlich.[1021] Diese reine **Wortlautinterpretation** des § 144 Abs. 1 überzeugt jedoch nicht, wenn man Sinn und **Zweck** der Norm berücksichtigt. Die Bestätigung des Anfechtungsberechtigten führt deshalb zum Verlust des Anfechtungsrechts, weil ihm die Disposition über die Gültigkeit seiner Erklärung zusteht. Der Erblasser kann aber nur deshalb nicht anfechten, weil er sein Testament frei widerrufen darf. Er hat demnach sogar eine gestei- 710

1015 Staudinger/*Otte*, § 2083 Rdn. 2.

1016 Insoweit handelt es sich um ein Leistungsverweigerungsrecht, ähnlich der §§ 478 Abs. 1, 821, 853.

1017 Staudinger/*Otte*, § 2083 Rdn. 1.

1018 MünchKomm/*Leipold*, § 2078 Rdn. 51.

1019 Staudinger/*Otte*, § 2080 Rdn. 23.

1020 Anders nur bei vertragsmäßigen Verfügungen im Erbvertrag und bei wechselbezüglichen Verfügungen im gemeinschaftlichen Testament.

1021 So BayObLG, Rpfleger 1975, 242; *Kipp/Coing*, Lehrbuch des Erbrechts, § 24 VII 1 (S. 178); *Schlüter*, Erbrecht, Rdn. 246; *Brox*, Erbrecht, Rdn. 241.

gerte Herrschaft über seine Willenserklärung, so dass seine Bestätigung **erst recht** die Wirkung des § 144 entfaltet.[1022]

711 Für eine **Bestätigung** genügt jedes spätere, nach Kenntniserlangung liegende Verhalten, aus dem sich der **Wille des Erblassers** ergibt, das Testament trotz des Anfechtungsgrundes bestehen zu lassen.[1023]

712 Der erkennbar gewordene entsprechende Wille stellt u. U. auch schon ein Indiz für das **Fehlen der Kausalität** eines Willensmangels für die Errichtung der Verfügung dar, so dass der Anfechtungsgrund zu verneinen wäre.[1024] Davon kann allerdings dann nicht ausgegangen werden, wenn der Aufrechterhaltungswille auf einer geänderten Wertung des Erblassers beruht, da die Kausalität **zum Zeitpunkt der Testamentserrichtung** beurteilt werden muss.[1025] Deshalb ist in einem solchen Fall von einer Bestätigung gem. § 144 auszugehen.[1026]

713 **Beispiel.:** Der Erblasser E ist von seiner Pflegerin durch die Drohung, ihn in hilfloser Lage zu verlassen, dazu bestimmt worden, sie als Alleinerbin einzusetzen, obwohl seine Eltern noch leben. Später hatte der Erblasser der Pflegerin verziehen und sie geheiratet. Hier hätten die Eltern an sich ein Anfechtungsrecht gem. § 2078 Abs. 2. Jedoch hat der Erblasser durch die Heirat die zunächst anfechtbare Verfügung gem. § 144 bestätigt, so dass die Anfechtung ausgeschlossen ist.

bb) Bestätigung durch den Anfechtungsberechtigten

714 § 144 Abs. 1 geht von einer Bestätigung des **Anfechtungsberechtigten** aus, also desjenigen, dem die Aufhebung der letztwilligen Verfügung **unmittelbar zugute** kommen würde. Da beim Testament **Anfechtungsberechtigter** und **Erklärender** immer personenverschieden sind, greift § 144 daher nicht direkt ein. Wegen der gleichen Interessenlage findet die Norm aber **analoge Anwendung**,[1027] so dass der Anfechtungsberechtigte (formlos) bestätigen kann.

[1022] *Lange/Kuchinke*, Lehrbuch des Erbrechts, § 36 V 2 (S. 856); Staudinger/*Otte*, § 2080 Rdn. 22. Nach OLG Hamm, ZEV 1994, 168 (170) m. Anm. *Langenfeld* genügt zur Ausschließung der Anfechtbarkeit jedenfalls ein in einem späteren Testament zum Ausdruck gebrachter Fortgeltungswille.

[1023] MünchKomm/*Leipold*, § 2078 Rdn. 51.

[1024] Vgl. RGZ 77, 165 (170); *Brox*, Erbrecht, Rdn. 241.

[1025] BGH, LM Nr. 1 zu § 2079 BGB; MünchKomm/*Leipold*, § 2078 Rdn. 51; vgl. auch Rdn. 569.

[1026] *Lange/Kuchinke*, Lehrbuch des Erbrechts, § 36 V 2 (S. 856).

[1027] So ausdr. *Brox*, Erbrecht, Rdn. 241.

4. Anfechtungswirkung

a) Nichtigkeit der angefochtenen Verfügung, § 142 Abs. 1

Eine wirksam angefochtene testamentarische Verfügung ist gem. § 142 Abs. 1 **rückwirkend** auf den Zeitpunkt ihrer Errichtung als **nichtig** anzusehen. Enthält das Testament mehrere Verfügungen, vernichtet die Anfechtung aber nur diejenige, welche von dem Anfechtungsgrund beeinflusst würde.[1028] Die übrigen Verfügungen bleiben gem. § 2085 im Zweifel[1029] wirksam.[1030] 715

Die Anfechtung **eines Teils einer einheitlichen**, **teilbaren Verfügung** betrifft analog § 2085 den übrigen Teil nicht,[1031] weil auf diese Weise dem Willen des Erblassers möglichst weitgehend Rechnung getragen werden kann.[1032] 716

Die Nichtigkeit der angefochtenen Verfügung hat im Regelfall zur Folge, dass **gesetzliche Erbfolge** eintritt oder – wenn ein Widerrufstestament bzw. ein inhaltlich widersprechendes Testament angefochten wurde – die in dem **früheren Testament** angeordnete **gewillkürte Erbfolge**.[1033] 717

Bei einer Anfechtung gem. § 2079 werden die im Testament enthaltenen Verfügungen insoweit vernichtet, als sie dem **Erbrecht des Pflichtteilsberechtigten entgegenstehen**.[1034] Nach a. A. soll im Regelfall sogar das gesamte Testament nichtig sein, sofern sich nicht gem. § 2079 S. 2 feststellen lasse, dass der Erblasser diese Verfügungen auch bei Kenntnis der Pflichtteilsberechtigung getroffen hätte.[1035] Diese Ansicht geht jedoch über den Zweck des § 2079 hinaus, das Erbrecht des Pflichtteils- 718

1028 BGH, NJW 1971, 1565 (1566); 1985, 2025 (2026); BayObLG, ZEV 1994, 369 (370); Staudinger/*Otte* § 2078 Rdn. 32.

1029 *Leipold*, Erbrecht, Rdn. 437.

1030 *Lange/Kuchinke*, Lehrbuch des Erbrechts, § 36 II 1b (S. 841); Palandt/*Edenhofer*, § 2085 Rdn. 1; vgl. ferner BayObLGZ 1960, 490 (499f.).

1031 *Lange/Kuchinke*, Lehrbuch des Erbrechts, § 36 II 1b (S. 841); *Kipp/Coing*, Lehrbuch des Erbrechts, § 21 VI (S. 148); *Leipold*, Erbrecht, Rdn. 437; MünchKomm/*Leipold*, § 2078 Rdn. 49, § 2085 Rdn. 11; str. Nach a. A. gilt § 139, wonach im Zweifel Gesamtnichtigkeit anzunehmen ist, RGZ 63, 23ff.; BGH, NJW 1962, 912.

1032 *Lange/Kuchinke*, Lehrbuch des Erbrechts, §36 II 1b (S. 841); MünchKomm/*Leipold*, § 2085 Rdn. 11.

1033 Staudinger/*Otte*, § 2078 Rdn. 34; MünchKomm/*Leipold*, § 2078 Rdn. 48.

1034 *Leipold*, Erbrecht, Rdn. 437.

1035 BayObLG, NJW 1971, 1565 (1566f.); *Reinicke*, NJW 1971, 1961 (1964).

Übersicht: Aufhebung einer Verfügung von Todes wegen

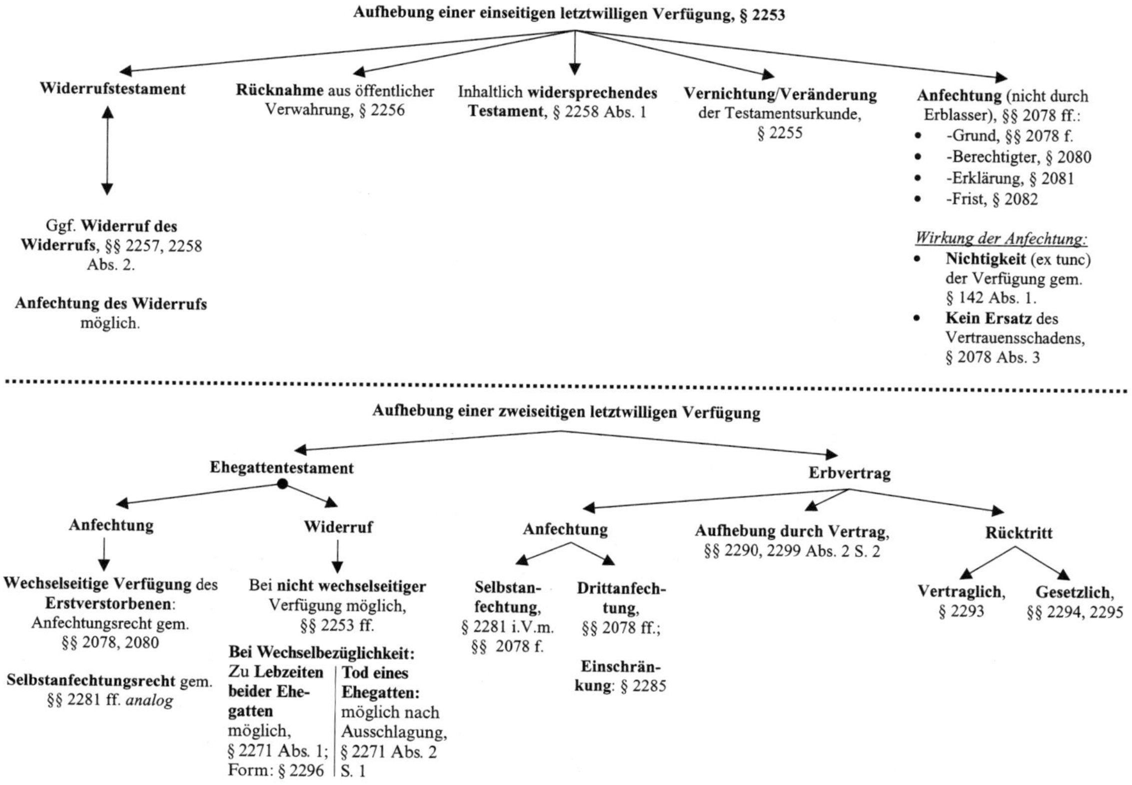

berechtigten vor einer vom Erblasser ungewollten Entziehung zu schützen,[1036] und überzeugt deshalb nicht.[1037] Anders ist die Wirkung der **Anfechtung eines Erbvertrages** oder bindend gewordener **wechselbezüglicher Verfügungen** in einem **gemeinschaftlichen Testament** zu beurteilen. Da sie den Zweck verfolgt, dem Erblasser die Entschließungsfreiheit zurückzugeben, muss man hier im Regelfall von einer **Vernichtung des gesamten Erbvertrages** bzw. des **gemeinschaftlichen Testaments** ausgehen.[1038]

b) Keine Verpflichtung zum Ersatz des Vertrauensschadens, § 2078 Abs. 3

Anders als nach § 122 löst die erbrechtliche Anfechtung keine Scha- 719
densersatzpflicht aus, da § 2078 Abs. 3 § 122 ausdrücklich für unanwendbar erklärt. Diese Regelung gilt jedenfalls für das **Testament**.[1039]

III. Wiederholung und Vertiefung*

1. Sachverhalt

E hinterlässt bei seinem Tod die Ehefrau F und die gemeinsame vierjährige Tochter T. Lange vor der Geburt der T hatte E ein Testament verfasst, in dem er die F als Alleinerbin einsetzte.

Könnte die F das Testament für ihre Tochter T anfechten ?

B. Besonderheiten der Aufhebung von Ehegattentestamenten

I. Grundsätzliches

Besonderheiten ergeben sich bei der Aufhebung **gemeinschaftlicher** 720
Testamente.[1040] Dabei ist zwischen den verschiedenen Arten der Verfügungen zu differenzieren, die in einem Ehegattentestament enthalten sind.

1036 S. Rdn. 675ff.; *Leipold*, Erbrecht, Rdn. 437.
1037 Staudinger/*Otte*, § 2079 Rdn. 12.
1038 MünchKomm/Leipold, § 2079, Rdn. 22.
1039 Zum Erbvertrag s. Rdn. 756.
* Lösungen im Anhang, siehe S. 460.
1040 Vgl. hierzu Rdn. 409ff.

II. Nicht wechselbezügliche Verfügungen

1. Widerruf

721 Der **Widerruf nicht wechselbezüglicher Verfügungen**[1041] ist zu Lebzeiten beider Ehegatten gem. §§ 2253ff. **grundlos** möglich;[1042] insoweit besteht kein Unterschied zu den oben geschilderten Prinzipien.[1043]

2. Anfechtung

722 Eine **Anfechtung**[1044] **nicht wechselbezüglicher Verfügungen** kommt zu Lebzeiten beider Ehegatten dagegen nicht in Betracht, weil jeder Ehegatte während dieser Zeit seine Verfügung **frei widerrufen** kann.[1045] Auch nach dem Versterben eines Ehegatten besteht für den Längerlebenden kein Bedürfnis zur Anfechtung **eigener einseitiger Verfügungen**, da sein Widerrufsrecht fortbesteht. Einseitige Verfügungen des **anderen Ehegatten** können nach dessen Versterben allerdings vom längerlebenden Ehegatten gem. §§ 2078, 2080 angefochten werden.[1046]

III. Wechselbezügliche Verfügungen

723 Komplizierter gestaltet sich die Rechtslage bei den sog. **wechselbezüglichen Verfügungen**[1047] i.S.d. § 2271, da zwischen ihnen ein Verhältnis innerer Abhängigkeit besteht. Hier ist wie folgt zu differenzieren:

1. Widerruf

724 Jeder Ehegatte kann zu Lebzeiten des anderen eine wechselseitige Verfügung gem. § 2271 Abs. 1, 2 **widerrufen**. Der Widerruf muss allerdings

---

[1041] Zur Wechselbezüglichkeit siehe Rdn. 445ff.

[1042] RG, JW 1911, 986; BayObLG, FamRZ 1984, 1154f.; Soergel/*Wolf*, § 2271 Rdn. 3.

[1043] Allg. zum Widerruf testamentarischer Verfügungen Rdn. 614ff.

[1044] Zur Anfechtung allg. s. Rdn. 648ff.

[1045] RGZ 77, 165 (169); 87, 95 (97); MünchKomm/*Musielak*, § 2271 Rdn. 34; Palandt/*Edenhofer*, § 2271 Rdn. 25.

[1046] Soergel/*Wolf*, § 2271 Rdn. 33; Palandt/*Edenhofer*, § 2271 Rdn. 26; *Brox*, Erbrecht, Rdn. 253. Zur Anfechtung einseitiger Verfügungen des Erstverstorbenen durch Dritte: MünchKomm/*Musielak*, § 2271 Rdn. 40.

[1047] Dazu Rdn. 445ff.

aus Vertrauensschutz aufgrund des Verweises auf die Rücktrittsvorschriften des § 2296 **notariell beurkundet** werden, ferner dem anderen Ehegatten noch zu dessen Lebzeiten **zugehen**.[1048] Er soll Kenntnis von der geänderten Rechtslage erlangen, um ggf. anderweitig testieren zu können. Dem entspricht, dass § 2271 Abs. 1 S. 2 die einseitige Aufhebung einer wechselbezüglichen Verfügung durch eine **neue Verfügung von Todes wegen** ausschließt. Diese Einschränkung gilt u. U. sogar dann noch, wenn die Ehegatten bereits geschieden sind. Die Vorschrift des §2268 Abs. 2 bestimmt, dass eine Verfügung in einem gemeinschaftlichen Testament trotz Auflösung der Ehe oder Vorliegen der Voraussetzungen des § 2077 Abs. 1 S. 2 oder 3 ausnahmsweise weiteren Bestand hat, sofern ein dahingehender Wille der Ehegatten ermittelt werden kann. Solange die Wirksamkeit einer Verfügung hiernach zu bejahen ist, bleibt aber auch der Charakter der Wechselbezüglichkeit dieser Verfügung erhalten. Mangels abweichender gesetzlicher Reglung sind demnach selbst nach Beendigung der Ehe die strengen Formvorschriften des § 2271 Abs. 1 im Falle eines Widerrufs zu beachten.[1049]

Mit dem **Tode** eines Ehegatten **erlischt das Widerrufsrecht** dann gänzlich, § 2271 Abs. 2 S. 1, und das Ehegattentestament entfaltet seine charakteristische Bindungswirkung.[1050]

Diese Erwägungen treffen nicht auf den **gemeinsamen Widerruf** 725
wechselbezüglicher Verfügen zu. Da die Aufhebung hier vom Willen beider Eheleute gedeckt ist, sind sämtliche Widerrufsformen zulässig.[1051]

1048 Erforderlich ist Zugang in Urschrift oder Ausfertigung, §§ 47–49 BeurkG, nicht ausreichend eine mündliche Erklärung oder Zugang einer beglaubigten Abschrift; vgl. BGHZ 31, 5; 36, 201; BGH, NJW 1981, 2299 (2300); zuletzt BGH, NJW 1995, 2217f. Krit. Soergel/*Wolf*, § 2271 Rdn. 8. Zum Ganzen MünchKomm/*Musielak*, § 2271 Rdn. 8.

1049 So der BGH, NJW 2004, 3113 (3114f.), der sich damit klar gegen die von *Muscheler*, DNotZ 1994, 733 (742), vertretene Auffassung gewandt hat, dass die Wechselbezüglichkeitswirkung einer Verfügung zwingend gleichzeitig mit der Ehe ende.

1050 Vgl. Rdn. 461ff. Zur Möglichkeit, die Widerrufbarkeit wechselbezüglicher Verfügung über § 2271 Abs. 2 hinaus durch einen sog. Änderungsvorbehalt zu erweitern, vgl. Palandt/*Edenhofer*, § 2271 Rdn. 19.

1051 Vgl. Rdn. 617ff.; im Einzelnen dazu Soergel/*Wolf*, § 2271 Rdn. 5; Palandt/*Edenhofer*, § 2271 Rdn. 2, jeweils m. w. N.

2. Anfechtung

726 Obwohl das Gesetz für das gemeinschaftliche Testament keine eigenen Anfechtungsregeln vorsieht, besteht Einigkeit darüber, dass für eine Anfechtung Raum sein muss, wegen des Widerrufsrechts allerdings frühestens mit dem **Tode eines Ehegatten**. Zu unterscheiden ist zwischen der Anfechtung **wechselbezüglicher Verfügungen** des erstverstorbenen Ehepartners und **der Anfechtung eigener wechselbezüglicher Verfügungen** des Längerlebenden (sog. **Selbstanfechtung**):

727 **Nach dem Tode** eines Ehegatten steht dem **Längerlebenden** bezüglich der wechselbezüglichen Verfügungen des anderen ein **Anfechtungsrecht** unmittelbar aus §§ 2078, 2080 zu.[1052]

728 Darüber hinaus kann der längerlebende Ehegatte nach ganz h.M. seine eigene „wechselbezügliche" Verfügung in **Analogie zu §§ 2281 ff.** anfechten.[1053] Diese Analogie beruht auf der vergleichbaren Interessenlage bei Ehegattentestament und Erbvertrag. Da man nicht annehmen kann, dass der Gesetzgeber beim gemeinschaftlichen Testament eine stärkere Bindung als beim Erbvertrag schaffen wollte, muss die dort vorhandene Anfechtungsmöglichkeit auch für das Ehegattentestament gelten.[1054] Ein praktisch wichtiger Fall liegt vor, wenn der längerlebende Ehegatte sich wiederverheiratet, wodurch zugunsten des zweiten Ehegatten und möglicher Kinder aus dieser Ehe neue Pflichtteilsberechtigungen entstehen, § 2079.

729 **Form und Frist** der Anfechtung richten sich ebenfalls nach den für den Erbvertrag geltenden Regeln der §§ 2282, 2283.[1055]

730 Die Anfechtung führt gem. § 142 Abs. 1 zur **Nichtigkeit** der wechselbezüglichen Verfügung. Darüber hinaus hat ihre Nichtigkeit die Unwirksamkeit der wechselbezüglichen Verfügung des verstorbenen Ehegatten zur Folge, § 2270 Abs. 1.

[1052] AnwK-BGB/*Seif*, § 2271, Rdn. 78; Soergel/*Wolf*, § 2271 Rdn. 33 ff.; Palandt/*Edenhofer*, § 2271 Rdn. 30.

[1053] Allg. Meinung; vgl. BGHZ 37, 331 (333); *Brox*, Erbrecht, Rdn. 251. Zur Anfechtung des Erbvertrages Rdn. 734 ff.; zu den allg. Wirksamkeitsvoraussetzungen der Anfechtung Rdn. 648 ff.

[1054] *Brox*, Erbrecht, Rdn. 251.

[1055] *Leipold*, Erbrecht, Rdn. 475 ff. Hierzu Rdn. 755.

3. Weitere Fälle

Ein Recht zur Aufhebung eigener wechselbezüglicher Verfügungen steht dem Überlebenden ferner gem. § 2271 Abs. 2 S. 2 dann zu, wenn der Bedachte sich einer Verfehlung schuldig gemacht hat, die zur **Pflichtteilsentziehung** berechtigt, §§ 2294, 2336,[1056] oder im Falle des § 2271 Abs. 3 i.V.m. §§ 2289 Abs. 2, 2338 **(Beschränkung in guter Absicht).** 731

C. Besonderheiten der Aufhebung von Erbverträgen

I. Grundsätzliches

Die Aufhebung letzwilliger Verfügungen aus **Erbverträgen** folgt ebenfalls unterschiedlichen Regeln, je nachdem, ob **einseitige** oder **vertragsmäßige** Verfügungen betroffen sind. 732

II. Einseitige Verfügungen

1. Widerruf und Aufhebungsvertrag

Einseitige Verfügungen nehmen nicht an der Bindungswirkung des Erbvertrages teil.[1057] Der Erblasser kann sie jederzeit **widerrufen**, §§ 2299 Abs. 2 i.V.m. 2253, 2258,[1058] aber auch in Übereinstimmung mit dem Vertragspartner durch Vertrag aufheben **(Aufhebungsvertrag)**, §§ 2290 Abs. 1, 2299 Abs. 2 S. 2.[1059] Einseitige Verfügungen können außerdem dadurch außer Kraft gesetzt werden, dass der Erblasser alle vertragsmäßigen Verfügungen oder aber den gesamten Erbvertrag **aufhebt**, § 2299 Abs. 3. 733

2. Anfechtung

Für die Anfechtung **einseitiger Verfügungen** aus Erbverträgen gilt das zum Ehegattentestament Gesagte entsprechend: Wegen der jederzeiti- 734

[1056] Zur Pflichtteilsentziehung Rdn. 1130ff.

[1057] Vgl. Rdn. 520.

[1058] MünchKomm/*Musielak*, § 2299 Rdn. 5.

[1059] Näher Staudinger/*Kanzleiter*, § 2299 Rdn. 9; MünchKomm/*Musielak*, § 2290 Rdn. 2.

gen Widerrufsmöglichkeit besteht kein Bedürfnis für eine Anfechtung durch den Erblasser.[1060]

735 **Dritte** können einseitige erbvertragliche Verfügungen nach dem Tod des Erblassers gem. §§ 2078ff. anfechten.

III. Vertragsmäßige Verfügungen

736 Bei der Aufhebung **vertragsmäßiger Verfügungen** begrenzt das Spannungsverhältnis zwischen der **Bindungswirkung** des Erbvertrages einerseits und der **Testierfreiheit** des Erblassers andererseits die Aufhebung. Sie steht daher nicht mehr in seinem Belieben, sondern kommt nur in folgenden Fällen in Betracht:

1. Aufhebung

737 Der Erbvertrag kann unter den Voraussetzungen des § 2290 durch Vertrag aufgehoben werden.[1061] Gegenstand des **Aufhebungsvertrages** können sowohl der gesamte Erbvertrag als auch einzelne in ihm enthaltene, vertragsmäßige Verfügungen sein,[1062] u. U. zusammen mit einseitigen Verfügungen.[1063] Hierzu enthält der erwähnte § 2299 Abs. 3 eine Auslegungsregel.[1064]

738 Ein wirksamer Aufhebungsvertrag beseitigt die erbvertragliche Bindung: Der Erblasser vermag also wieder abweichend zu testieren. Die Wirkung eines Aufhebungsvertrages kann auch darauf beschränkt werden, dass nicht die gesamte Verfügung, sondern nur die Bindung des Erblassers an sie beseitigt wird. Vertragsmäßige Verfügungen bestehen dann als einseitige fort.[1065]

739 Der Aufhebungsvertrag bedarf gem. § 2290 Abs. 4 der **notariellen Beurkundung** bei gleichzeitiger Anwesenheit beider Teile, § 2276 Abs. 1.

1060 *Brox*, Erbrecht, Rdn. 244; Palandt/*Edenhofer*, § 2281 Rdn. 2.

1061 *Kipp/Coing*, Lehrbuch des Erbrechts, § 39 I (S. 249); *Lange/Kuchinke*, Lehrbuch des Erbrechts, § 25 VII 3a (S. 509).

1062 *Leipold*, Erbrecht, Rdn. 509; *Brox*, Erbrecht, Rdn. 165.

1063 MünchKomm/*Musielak*, § 2299 Rdn. 5.

1064 Staudinger/*Kanzleiter*, § 2290 Rdn. 17; *Brox*, Erbrecht, Rdn. 165.

1065 *Kipp/Coing*, Lehrbuch des Erbrechts, § 39 I 1 mit Fn. 1 S. 249; RGRK/*Kregel*, § 2290 Rdn. 1.

Ehegatten genießen gem. § 2292 ein **Formprivileg**: Ein zwischen ihnen geschlossener Erbvertrag kann auch durch Ehegattentestament in der Form des § 2267 aufgehoben werden.

Der Erblasser muss den Aufhebungsvertrag gem. § 2290 Abs. 2 S. 1 **persönlich** schließen, er bedarf als Minderjähriger zum Abschluss eines reinen Aufhebungsvertrages gem. § 2290 Abs. 2 S. 2 nicht der Zustimmung des gesetzlichen Vertreters. Die Mitwirkung des Vertragspartners, der **nicht** zugleich **Erblasser** ist, richtet sich nach allgemeinen Regeln, §§ 164ff., 107, 108.[1066] **740**

Sofern die Parteien den Aufhebungsvertrag seinerseits aufheben,[1067] sei es durch eine neuerliche vertragliche Einigung[1068] oder durch Anfechtung des Aufhebungsvertrages,[1069] tritt der ursprüngliche Erbvertrag wieder in Kraft.[1070] **741**

Einen Sonderfall der Aufhebung vertragsmäßiger Verfügungen regelt § 2291. Die Norm schafft eine **Formerleichterung**, indem sie die Aufhebung vertragsmäßiger Verfügungen, durch die ein Vermächtnis oder eine Auflage angeordnet wird, durch jedes Testament zulässt. Die erforderliche Zustimmungserklärung des Vertragspartners bedarf allerdings notarieller Beurkundung, § 2291 Abs. 1 S. 2, 1. HS., Abs. 2.[1071] **742**

2. Rücktritt

Die Bindungswirkung des Erbvertrages kann ferner durch **Rücktritt** beseitigt werden.[1072] Zu unterscheiden ist zwischen dem **vertraglich vorbehaltenen**, § 2293, und dem **gesetzlichen Rücktrittsrecht**, §§ 2294, 2295. Durchführung und Rechtsfolgen des Rücktritts richten sich nach **743**

1066 Staudinger/*Kanzleiter*, § 2290 Rdn. 12.

1067 Soergel/*Wolf*, § 2290 Rdn. 10; *Brox*, Erbrecht, Rdn. 165.

1068 MünchKomm/*Musielak*, § 2290 Rdn. 9.

1069 Str. ist, welche Anfechtungsregeln gelten. Für eine ausschließliche Anwendbarkeit der §§ 119ff.: *Brox*, Erbrecht, Rdn. 250; RGRK/*Kregel*, § 2290 Rdn. 9; Soergel/*Wolf*, § 2290 Rdn. 10. A. A. (für Anwendbarkeit der §§ 2078ff., 2281ff.) die wohl h. M.; vgl. z. B. *Lange/Kuchinke*, Lehrbuch des Erbrechts, § 25 VII 3d, Fn. 252 (S. 511); *Schlüter*, Erbrecht, Rdn. 309. Vermittelnd MünchKomm/*Musielak*, § 2290 Rdn. 9.

1070 Soergel/*Wolf*, § 2290 Rdn. 10; *Brox*, Erbrecht, Rdn. 165, 250.

1071 Zum Ganzen Soergel/*Wolf*, § 2291 Rdn. 3ff.

1072 *Lange/Kuchinke*, Lehrbuch des Erbrechts, § 25 VII 4 (S. 512); *Kipp/Coing*, Lehrbuch des Erbrechts, § 40 I (S. 252).

erbrechtlichen Regeln; die §§ 346ff. sind grundsätzlich nicht anwendbar.[1073]

a) Vertraglich vorbehaltener Rücktritt

744 Der vertraglich vorbehaltene Rücktritt erfordert wie der **Änderungsvorbehalt** eine entsprechende Regelung, sei es im Erbvertrag oder in einem späteren, ergänzenden Rechtsgeschäft.[1074]

745 Der Rücktritt kann **einzelne vertragsmäßige** Verfügungen, aber auch den **gesamten Erbvertrag** erfassen.[1075] Die Bestimmung des Umfanges und der Gründe richtet sich nach dem Willen der Vertragsparteien.[1076] Wird das Rücktrittsrecht allerdings an die **Nicht- oder Schlechterfüllung** von Pflichten gegenüber dem Erblasser geknüpft, so ist der Rücktritt nach Treu und Glauben erst nach erfolgloser **Abmahnung** des Vertragspartners zulässig.[1077]

746 Das Rücktrittsrecht gem. § 2293 kann nur dem **Erblasser** vorbehalten werden. Hat der andere Teil Verpflichtungen ihm gegenüber übernommen, § 2295, so richtet sich ein von ihm vorbehaltener Rücktritt nach den §§ 346ff.[1078]

b) Gesetzlicher Rücktritt

747 Die §§ 2294, 2295 gewähren dem Erblasser ein Rücktrittsrecht **kraft Gesetzes**, weil ihm in den dort genannten Fällen eine Fortdauer der erbvertraglichen Bindung **unzumutbar erscheint**.[1079]

[1073] *Leipold*, Erbrecht, Rdn. 514; Soergel/*Wolf*, § 2293 Rdn. 3.
[1074] MünchKomm/*Musielak*, § 2293 Rdn. 4.
[1075] *Dittmann/Reimann/Bengel*, § 2293 Rdn. 13; MünchKomm/*Musielak*, § 2293 Rdn. 2.
[1076] Das Rücktrittsrecht kann nach allgemeiner Ansicht ohne besondere Voraussetzungen vereinbart werden, obwohl der freie Rücktrittsvorbehalt unter dem Aspekt der gewollten Bindungswirkung nicht unproblematisch ist; vgl. *Kipp/Coing* Lehrbuch des Erbrechts, § 40 I 1 (S. 252); Palandt/*Edenhofer*, § 2293 Rdn. 4.
[1077] BGH, NJW 1981, 2299 (2300); OLG Düsseldorf, NJW-RR 1995, 141 (142).
[1078] Soergel/*Wolf*; § 2293 Rdn. 5; RGRK/*Kregel*, § 2293 Rdn. 2; *Schlüter*, Erbrecht, Rdn. 304.
[1079] *Lange/Kuchinke*, Lehrbuch des Erbrechts, § 25 VII 5 (S. 513); MünchKomm/*Musielak*, § 2294 Rdn. 1.

Gem. § 2294 kann der Erblasser zurücktreten, wenn sich der Bedachte nach Abschluss des Erbvertrags[1080] einer **Verfehlung** schuldig gemacht hat, die den Erblasser gem. §§ 2333–2335 zur **Entziehung des Pflichtteils** berechtigen würde.[1081] **Vorherige Verfehlungen** begründen kein Rücktritts-, sondern u. U. ein **Anfechtungsrecht** gem. §§ 2281, 2078.[1082] 748

Das Rücktrittsrecht aus § 2295 greift ein, soweit ein Erbvertrag mit einem sog. **Verpfründungsvertrag** verbunden würde.[1083] Der Erblasser hat hier seine vertragsmäßige Verfügung mit Rücksicht auf die Verpflichtung des Bedachten getroffen, ihm zu Lebzeiten wiederkehrende Leistungen, insbesondere Unterhalt zu gewähren. Das Rücktrittsrecht besteht dann, wenn die Verpflichtung vor dem Tode des Erblassers **aufgehoben** wird. Entgegen dem engen Wortlaut ist nur erforderlich, dass die Pflicht im Rechtssinne **wegfällt**, was neben einer vertraglichen **Aufhebung** etwa durch **Unmöglichkeit**, **Nichtigkeit** oder **Anfechtung** geschehen kann.[1084] **Bloße Nichterfüllung** oder sonstige **Leistungsstörungen** reichen dagegen nicht aus, um das Rücktrittsrecht gem. § 2295 auszulösen.[1085] Sofern in einem derartigen Fall keine auflösende Bedingung vereinbart war oder eine Anfechtung des Erblassers in Betracht kommt, kommt eine Aufhebung des Verpfründungsvertrages über Kündigung gem. §§ 314, 323 Abs. 2 in Betracht, wonach dann die Gegenverpflichtung „weggefallen“ ist.[1086] 749

c) Ausübung und Form

Das Rücktrittsrecht ist durch **empfangsbedürftige Willenserklärung** gegenüber dem Vertragspartner auszuüben, § 2296 Abs. 2 S. 1. Es handelt sich um ein **höchstpersönliches** Recht, arg e § 2296 Abs. 1 S. 1.[1087] 750

1080 Soergel/*Wolf*, § 2294 Rdn. 3; Brox, Erbrecht, Rdn. 169; Schlüter, Erbrecht, Rdn. 298.

1081 Zur Pflichtteilsentziehung vgl. Rdn. 1130ff.

1082 Soergel/*Wolf*, § 2294 Rdn. 3; Palandt/*Edenhofer*, § 2294 Rdn. 1.

1083 Vgl. dazu Rdn. 529.

1084 Soergel/*Wolf*, § 2295 Rdn. 3.

1085 *Kipp/Coing*, Lehrbuch des Erbrechts, § 40 I 2 (S. 253); *Schlüter*, Erbrecht, Rdn. 276; Palandt/*Edenhofer*, § 2295 Rdn. 2; a. A. *Stürzebecher* NJW, 1988, 2717ff.; LG Köln, DNotZ 1978, 685.

1086 Einzelheiten bei MünchKomm/*Musielak*, § 2295 Rdn. 5.

1087 MünchKomm/*Musielak*, § 2296 Rdn. 2.

Als Gestaltungserklärung ist der Rücktritt **bedingungsfeindlich.**[1088] Er bedarf gem. § 2296 Abs. 2 S. 2 der **notariellen Beurkundung.**[1089]

751 **Nach dem Tode** des anderen Vertragschließenden sieht § 2297 eine Änderung der **Rücktrittsform** vor:[1090] Da eine Erklärung an ihn nunmehr unmöglich geworden ist, erfolgt der Rücktritt von diesem Zeitpunkt an durch **Testament.**[1091]

3. Anfechtung

a) Die Selbstanfechtung des Erblassers

752 Anders als beim Testament, vgl. § 2080, kann der **Erblasser** den Erbvertrag gem. § 2281 auf der Grundlage der §§ 2078f. selbst anfechten. Diese **Selbstanfechtung** bezieht sich nur auf vertragsmäßig **bindende** Verfügungen i.S.d. § 2278, weil eine Anfechtung einseitiger Verfügungen wegen deren freier Widerruflichkeit entbehrlich ist.[1092]

753 Aus der Verweisung in § 2281 Abs. 1 auf die §§ 2078, 2079 folgt, dass der Erblasser die Anfechtung auf dieselben **Gründe** stützen kann wie eine Testamentsanfechtung.[1093] Bei der Anfechtung wegen **Übergehung eines Pflichtteilsberechtigten** muss dieser zur Zeit der Anfechtung vorhanden sein, § 2281 Abs. 1, 2. HS.[1094]

754 Als **Motivirrtum** erkennt die Rspr. z.B. an, dass der Erblasser bei der Errichtung der Verfügung von der irrigen Annahme ausging, der Vertragspartner werde ihn pflegen oder sonst betreuen.[1095] Das gleiche gilt, wenn der Erblasser bei Abschluss des Erbvertrages über dessen rechtliche Tragweite, insbesondere über die Bindungswirkung, im Unklaren war.[1096] Schließlich kann auch die **Schlecht**- oder

---

[1088] OLG Stuttgart, OLGZ 1979, 129 (131); Palandt/*Heinrichs*, Überbl. v. § 104 Rdn. 17.

[1089] Der Rücktritt ist nur wirksam, wenn dem anderen Teil die Urschrift oder eine Ausfertigung der Erklärung (vgl. §§ 47ff. BeurkG) zu dessen Lebzeiten zugeht (§§ 130ff.); eine einfache Abschrift genügt nicht; BGHZ 31, 5 (7); 36, 201; 48, 374; BGH, NJW 1981, 2299f; NJW 1995, 51 (52).

[1090] Soergel/*Wolf*, § 2297 Rdn. 1.

[1091] *Lange/Kuchinke*, Lehrbuch des Erbrechts, § 25 VII 6b (S. 515); *Schreiber*, Jura 1996, 409 (412).

[1092] S. Rdn. 733.

[1093] Vgl. Rdn. 653ff.

[1094] Vgl. MünchKomm/*Musielak*, § 2281 Rdn. 11.

[1095] BGH, FamRZ 1973, 539.

[1096] OLG Hamm, OLGZ 1966, 497 (498); BayObLG, NJW-RR 1997, 1027 (1028).

Nichterfüllung einer dem Vertragserblasser gegenüber übernommenen Verpflichtung diesen zur Anfechtung wegen Motivirrtums berechtigen.[1097]

Die Modalitäten der Anfechtung ergeben sich aus §§ 2282, 2283: Danach muss der Erblasser die Anfechtung **persönlich** erklären, § 2282 Abs. 1 S. 2;[1098] sie bedarf gem. § 2282 Abs. 3 der **notariellen Form**. **Anfechtungsgegner** ist der andere **Vertragschließende**, § 143 Abs. 2, dem die Erklärung **zugehen** muss. **Nach dessen Tode** erfolgt die Anfechtung, soweit eine Verfügung zugunsten eines Dritten getroffen worden ist, gegenüber dem **Nachlassgericht**, § 2281 Abs. 2 S. 1. Die Anfechtung muss binnen der **einjährigen Ausschlussfrist**[1099] des § 2283 Abs. 1 erklärt werden. 755

Die wirksame Anfechtung führt zur **Nichtigkeit** der betroffenen Verfügung(en) gem. § 142 Abs. 1.[1100] Beim **gegenseitigen Erbvertrag** zieht die Nichtigkeit vertragsmäßiger Verfügungen gem. § 2298 Abs. 1 im Zweifel die Unwirksamkeit des ganzen Vertrages nach sich. Im Falle der Anfechtung vertragsmäßiger Verfügungen aus **einseitigen Erbverträgen** richtet sich das Schicksal der übrigen Verfügungen nach § 2085.[1101] 756

Streitig ist, ob die Anfechtung die **Schadensersatzpflicht** des § 122 auslöst. Dagegen spricht, dass § 2281 insgesamt auf § 2078 verweist, dessen Abs. 3 § 122 für unanwendbar erklärt.[1102] Andererseits beruht § 2078 Abs. 3 auf der Überlegung, dass ein anfechtungsberechtigter Dritter nicht für den Irrtum des Erblassers haften soll. Da es hier um die Anfechtung durch den Erblasser selbst geht, lässt sich eine Schadensersatzpflicht durchaus nach Sinn und Zweck des § 122 bejahen.[1103]

1097 *Kipp/Coing*, Lehrbuch des Erbrechts, § 40 I 2b (S. 252); Soergel/*Wolf*, § 2281 Rdn. 9.

1098 *Lange/Kuchinke*, Lehrbuch des Erbrechts, § 25 IX 2 (S. 520); *Schlüter*, Erbrecht, Rdn. 289.

1099 MünchKomm/*Musielak*, § 2283 Rdn. 2; *Veit*, NJW 1993, 1553 (1555).

1100 Soergel/*Wolf*, § 2281 Rdn. 6; *Schreiber*, Jura 1996, 409 (412).

1101 Palandt/*Edenhofer*, § 2281 Rdn. 8; MünchKomm/*Musielak*, § 2281 Rdn. 18.

1102 Vgl. Rdn. 719.

1103 Soergel/*Wolf*, § 2281 Rdn. 6; Palandt/*Edenhofer*, § 2281 Rdn. 10; *Mankowski*, ZEV 1998, 46; a. A. *Lange/Kuchinke* Lehrbuch des Erbrechts, § 25 IX 4 (S. 522); *Schlüter*, Erbrecht, Rdn. 293; *Brox*, Erbrecht, Rdn. 249.

b) Anfechtung durch Dritte

757 **Dritte** können **vertragsmäßige Verfügungen** nach dem Tode des Erblassers gem. §§ 2078 ff. anfechten. Eine Einschränkung ergibt sich jedoch insoweit u. U. aus § 2285, der die Anfechtung davon abhängig macht, dass eine entsprechende Berechtigung des Erblassers zum Zeitpunkt des Erbfalls noch nicht erloschen war, sei es durch Fristablauf oder Bestätigung, §§ 2283, 2284.[1104]

Dem **Vertragspartner des Erblassers** steht, soweit er nicht selbst letztwillig verfügt hat, ein Anfechtungsrecht bzgl. seiner eigenen Erklärungen gem. §§ 119 ff. zu. Die Anfechtung kann vor oder nach dem Erbfall erklärt werden.[1105]

[1104] Soergel/*Wolf*, § 2281 Rdn. 4; *Leipold*, Erbrecht, Rdn. 517.
[1105] Staudinger/*Kanzleiter*, § 2281 Rdn. 7; *Brox*, Erbrecht, Rdn. 244.

4. Kapitel. Annahme und Ausschlagung der Erbschaft

§ 1. Der Erbanfall

Der Nachlass geht mit dem Erbfall auf den oder die Erben über, **unmittelbar**, **ungeteilt** und **kraft Gesetzes**, § 1922, 1942 Abs. 1 (**Vonselbsterwerb**). Der Erbe bzw. die Miterbengemeinschaft tritt grundsätzlich in alle Rechte und Pflichten als Erblasser ein, ohne dass es einer (förmlichen) Annahme bedarf, selbst dann, wenn der Erbfall nicht bekannt war. Dies bezeichnet man als **Anfall der Erbschaft**. Der Erwerb der Erbschaft erfordert demnach weder eine behördliche Einweisung noch die Zwischenschaltung eines Treuhänders.[1] Er hängt von folgenden Voraussetzungen ab: Zum Zeitpunkt des Erbfalls muss ein erbrechtlicher **Berufungsgrund** vorliegen, sei es eine gesetzliche Erbenstellung oder eine Verfügung von Todes wegen, der Erbe muss **erbfähig** und **vorhanden** sein und darf **nicht** auf sein Erbrecht **verzichtet** haben. Ein **nachträglicher Wegfall** des Berufungsgrundes folgt u. U. aus einer erfolgreichen **Erbunwürdigkeitsklage** sowie aus der **Anfechtung** einer Verfügung von Todes wegen, wenn nicht an deren Stelle ein gesetzliches Erbrecht tritt. 758

Mit dem Anfall der Erbschaft erlangt der Erbe eine **vorläufige Erbenstellung**, deren Rechtswirkungen im nächsten Kapitel behandelt werden. Da ihm diese Rechtsposition, insbesondere wegen der einschneidenden Folge der Schuldenhaftung, nicht aufgezwungen werden kann, gibt ihm das Gesetz die Möglichkeit, die Erbschaft **auszuschlagen**. 759

Zu diesem Themenkreis werden zunächst die **Erbunwürdigkeit** sowie der **Erbverzicht** behandelt, danach in § 3 die **Ausschlagung**, worauf im 5. Kapitel „Rechtstellung des Erben" die **vorläufige Erbenstellung** folgt. 760

§ 2. Erbunwürdigkeit

Schrifttum: Ferid, Die Bedeutung eines ausländischen Erbunwürdigkeitsurteils, FS für Günther Beitzke (1979), S. 479ff.; **Speckmann**, Erbunwürdigkeit bei Testamentsfälschung im Sinne des Erblasserwillens, JuS 1971, 235ff.; **Müller-**

---

[1] *Muscheler*, Jura 1999, 234 mit Verweis auf das österreichische bzw. auf das angelsächsische Recht.

Freienfels, Tötung des Erblassers durch einen betrunkenen Erben: ein Grund zur Testamentsanfechtung oder zur Erbausschließung?, FS für Gerhard Schiedermair (1976), S. 409ff.

A. Begriff

761 **Erbunwürdig** ist, wer sich als Erbe gegenüber dem Erblasser **schwere sittliche Verfehlungen** hat zuschulden kommen lassen.

762 Die Erbunwürdigkeit ergänzt die Möglichkeit der Enterbung durch den Erblasser gem. § 1938.[2] Soweit er vom Fehlverhalten des Erben nichts wusste oder seine Verfügung aus anderen Gründen nicht mehr ändern konnte, muss der Erbberechtigte in der Lage sein, dem Erblasserwillen Geltung zu verschaffen. Die gilt vor allem deshalb, weil das deutsche Recht **keine allgemeine Erbunfähigkeit** kennt, selbst dann nicht, wenn der Erbe den Erblasser ermordet hätte.[3]

763 Die Erbunwürdigkeit wird durch **Anfechtungsklage** geltend gemacht, § 2342 Abs. 1, weil nur das darauf ergehende Gerichtsurteil dem Bedürfnis nach Rechtsklarheit bezüglich der Erbberechtigungen Rechnung trägt.[4]

B. Erbunwürdigkeitsgründe

764 Die Erbunwürdigkeitsgründe sind in § 2339 Abs. 1 **abschließend** aufgezählt und nicht analogiefähig.[5] Bei den **Straftatbeständen** ist jede Form der Beteiligung ausreichend.[6]

765 § 2339 Abs. 1 Nr. 1 greift zunächst bei **vorsätzlicher Tötung** ein,[7] aber nicht bei Straftaten, die lediglich unbeabsichtigt die Todesfolge nach sich ziehen.[8]

---

2 *Bamberger/Roth,* § 2339 Rdn. 1; Damrau/*Mittenzwei*, Erbrecht, § 2339, Rdn. 1; Staudinger/*Olshausen*, § 2339 Rdn. 6; *Brox*, Erbrecht, Rdn. 274.

3 *Lange/Kuchinke*, Lehrbuch des Erbrechts, § 6 I 2 (S. 154).

4 Staudinger/*Olshausen*, § 2339 Rdn. 9.

5 Hk-BGB/*Hoeren*, § 2339, Rdn. 1; *Brox,* Erbrecht, Rdn. 275.

6 Vgl. AnwK-BGB/*Kroiß*, § 2339, Rdn. 3; Damrau/*Mittenzwei*, Erbrecht, § 1932, Rdn. 7; Staudinger/*Olshausen*, § 2339 Rdn. 26.

7 Vgl. OLG Frankfurt/M., ZEV 1995, 457 m. Anm. *Skibbe* = JuS 1996, 557 m. Anm. *Hohloch*.

8 Z. B. §§ 226, 229 Abs. 2 StGB. Die Tötung auf Verlangen, § 216 StGB, erfüllt als vorsätzliche Tötung dagegen den Tatbestand des § 2339 Abs. 1 Nr. 1 BGB.

Dagegen führt auch eine **versuchte Tötung** zur Erbunwürdigkeit, die aber durch strafbefreienden Rücktritt gem. § 24 StGB beseitigt werden kann.[9] Die Tötung des **Vorerben** durch den **Nacherben** fällt mangels Tötung des Erblassers nicht unter § 2339. Weil das Verhalten jedoch in eklatantem Widerspruch zum Erblasserwillen steht, gilt der Eintritt des Nacherbfalles gem. § 162 Abs. 2 als nicht erfolgt.[10] Demgemäß kommt entweder der Ersatzerbe i.S.d. § 2096 oder der Erbe des Vorerben zum Zuge.[11]

Des Weiteren liegt Erbunwürdigkeit im Sinne von Nr. 1 vor, wenn der Erb- **766** berechtigte den Erblasser in einen **Zustand versetzt**, in dem er körperlich oder geistig **nicht in der Lage** ist, eine **Verfügung von Todes wegen zu errichten** oder aufzuheben, z. B. durch eine langsame Vergiftung. Dagegen reicht z. B. bloßes Einsperren des Erblassers ohne Veränderung seines geistigen oder körperlichen Zustandes[12] nicht aus.

§ 2339 Abs. 1 Nr. 2 bestimmt als Erbunwürdigkeitsgrund, dass der Erblasser **767** **vorsätzlich gehindert** wird, eine **Verfügung von Todes wegen zu errichten** oder aufzuheben, z. B. weil der Erbberechtigte sich bei einem schwer kranken Erblasser weigert, einen Notar zu informieren, und zwar in der Absicht, die Verfügung zu vereiteln.[13] Ebenso fällt die Verursachung eines formungültig errichteten Testaments nach seinem Unrechtsgehalt unter Nr. 2.[14]

Der dritte Unwürdigkeitsgrund in Nr. 3 setzt eine Bestimmung des Erblassers **768** zur Errichtung oder Aufhebung einer Verfügung von Todes wegen durch **arglistige Täuschung** oder **widerrechtliche Drohung** voraus. Beides ist wie in § 123 Abs. 1 auszulegen,[15] so dass eine Täuschung auch bei entsprechender Aufklärungspflicht in einem Unterlassen liegen kann, allerdings nur ausnahmsweise bei treuwidrigem Verhalten.[16] So erfüllt das Verschweigen ehewidriger Beziehungen nur in ganz eng begrenzten Fällen § 2339 Abs. 1 Nr. 3, da anderenfalls ein Erbunwürdigkeitsgrund geschaffen würde, der mit der abschließenden Aufzählung der Norm nicht zu vereinbaren wäre.[17] Auch bestehen Sinn und Zweck der Norm nicht darin, Schutz vor ehelicher Untreue zu gewähren.[18]

---

9 Staudinger/*Olshausen*, § 2339 Rdn. 31.

10 Für eine unmittelbare Anwendung: *Lange/Kuchinke*, Lehrbuch des Erbrechts, § 6 II 1a, Fn. 26 (S. 156); Staudinger/*Olshausen*, § 2339 Rdn. 22; der BGH wendet § 162 Abs. 2 entsprechend an, NJW 1968, 2051 (2052).

11 Staudinger/*Olshausen*, § 2339 Rdn. 22.

12 *Lange/Kuchinke*, Lehrbuch des Erbrechts, § 6 II 1a, Fn. 27 (S. 156).

13 *Brox*, Erbrecht, Rdn. 278.

14 *Kipp/Coing*, Lehrbuch des Erbrechts, § 85 II 2 (S. 473); *Lange/Kuchinke*, Lehrbuch des Erbrechts, § 6 II 1b, Fn. 29 (S. 157).

15 Staudinger/*Olshausen*, § 2339 Rdn. 38.

16 *Brox*, Erbrecht, Rdn. 279; *Ebenroth*, Erbrecht, Rdn. 373; *Schlüter*, Erbrecht, Rdn. 415.

17 *Ebenroth*, Erbrecht, Rdn. 373; MünchKomm/*Helms*, § 2339 Rdn. 25.

18 Staudinger/*Olshausen*, § 2339 Rdn. 39; i. E. auch Damrau/*Mittenzwei*, Erbrecht, § 2339, Rdn. 21.

769 Bei diesem Unwürdigkeitsgrund sind zugleich die Voraussetzungen der Testamentsanfechtung gem. §§ 2078ff.[19] gegeben. Die Geltendmachung der Erbunwürdigkeit hat demgegenüber jedoch Vorteile: Die erfolgreiche Erbunwürdigkeitsklage beseitigt die Erbenstellung des Täters vollständig, die Anfechtung gem. § 2078 nur diejenige Verfügung, für die der Anfechtungsgrund ursächlich war. Die gesetzliche Erbenstellung und der Rest der Verfügung bleiben hingegen unberührt.[20]

770 Der vierte und letzte Erbunwürdigkeitsgrund liegt gem. Nr. 4 vor, wenn der Erbe die **Straftatbestände der §§ 267, 271–274 StGB** verwirklicht, § 2339 Abs. 1 Nr. 4; ein Versuch genügt nicht.[21] Nr. 4 ist also z. B. erfüllt, wenn der Erbunwürdige eine Verfügung von Todes wegen herstellt.[22] Probleme bereitet der Fall, dass das gefälschte Testament mit dem Willen des Erblassers übereinstimmt. Denn allen Erbunwürdigkeitsgründen liegt eine schwerwiegende Verfehlung des Täters gegenüber dem Erblasser zu Grunde,[23] von der nicht auszugehen ist, wenn er dem Willen des Erblassers gerade zur Geltung verhelfen wollte. Deshalb spricht mehr dafür, in solchen Fällen keine Erbunwürdigkeit gem. § 2339 Abs. 1 Nr. 4 zu bejahen.[24]

C. Ausschluss der Erbunwürdigkeit

771 § 2339 Abs. 2 schließt in den Fällen des Abs. 1 Nr. 3 und 4 die Erbunwürdigkeit aus, wenn die Verwirklichung der Tatbestände für die Verfügung von Todes wegen **nicht kausal** war. Die dort genannten Gründe stellen nämlich entscheidend auf den Erfolg der Tat ab,[25] so dass eine Sanktionierung unnötig erscheint, wenn der Grund der Erbunwürdigkeit ihn nicht herbeigeführt hat.[26] Dies gilt unabhängig davon, ob die fragliche Verfügung bereits anfänglich ungültig war oder es nachträg-

[19] *Brox*, Erbrecht, Rdn. 279.

[20] BGH, FamRZ 1968, 152 (155); *Brox*, Erbrecht, Rdn. 279; Staudinger/*Olshausen*, § 2339 Rdn. 36.

[21] *Kipp/Coing*, Lehrbuch des Erbrechts, § 85 II 4 (S. 473); Krit. dazu *Lange/Kuchinke*, Lehrbuch des Erbrechts, § 6 II 2, Fn. 33 (S. 158).

[22] *Brox*, Erbrecht, Rdn. 279.

[23] S. Rdn. 761.

[24] So auch RGZ 72, 207 (208f.); *Brox*, Erbrecht, Rdn. 279; *Speckmann*, JuS 1971, 235 (236f.); a. A. BGH, NJW 1970, 197f.; OLG Stuttgart, ZEV 1999, 187 m. Anm. *Kuchinke*, ZEV 1999, 317; Erman/*Schlüter*, § 2339 Rdn. 6; Palandt/*Edenhofer*, § 2339 Rdn. 8; Staudinger/*Olshausen*, § 2339 Rdn. 51: Jede Fälschung stellt einen unerlaubten Eingriff in den Testiervorgang dar.

[25] Im Gegensatz zu Nr. 1 und 2, bei denen die Einordnung als Unwürdigkeitsgrund bereits aus der Tat folgt.

[26] *Lange/Kuchinke*, Lehrbuch des Erbrechts, § 6 II 2 (S. 158).

lich wurde.[27] So verliert etwa ein Täter seine Erbberechtigung nicht, wenn er ein maschinenschriftliches und damit unwirksames Testament des Erblassers fälscht.[28]

Ein weiterer Ausschlussgrund ist die **Verzeihung**, § 2343. Davon spricht man, wenn der Erblasser durch sein Verhalten nachträglich zu erkennen gibt, dass er aus dem Tun des Erbunwürdigen keine nachteiligen Folgen ziehen will.[29] Diese Erklärung, die keine Willenserklärung darstellt, kann ausdrücklich oder auch konkludent erfolgen.[30] Die Verzeihung setzt jedoch stets voraus, dass der Erblasser Kenntnis von den **tatsächlichen Umständen** hatte, die die Erbunwürdigkeit begründeten,[31] nicht unbedingt der Rechtsfolgen.[32] Obwohl eine Verzeihung begrifflich einen bereits verwirklichten Erbunwürdigkeitsgrund erfordert, liegt sie bei einem ernstlichen, ausdrücklichen Todesverlangen des Erblassers i. S. v. § 216 StGB[33] ebenfalls vor. 772

Als **Ausschlussgründe** sind schließlich noch die **unterlassene** oder **verspätete Geltendmachung** der Erbunwürdigkeit, §§ 2340 Abs. 3, 2082 oder der **Verzicht** darauf zu nennen.[34] 773

D. Erbunwürdigkeitsklage

Die Erbunwürdigkeit wird mittels **Anfechtungsklage** gem. § 2342 Abs. 1 geltend gemacht. Das stattgebende **Gestaltungsurteil** wirkt mit Rechtskraft für und gegen jedermann. Jeder Erbe, dem der Wegfall des Erbunwürdigen, wenn auch nur **mittelbar**, d. h. nach Wegfall eines weiteren Erben, zugute kommt,[35] ist **klagebefugt,** während § 2080 Abs. 1 nur dem 774

---

27 Palandt/*Edenhofer*, § 2339 Rdn. 7; Soergel/*Stein*, § 2339 Rdn. 9; a. A. MünchKomm/*Helms*, § 2339 Rdn. 32; Staudinger/*Olshausen*, § 2339 Rdn. 56.

28 *Brox*, Erbrecht, Rdn. 281.

29 Staudinger/*Olshausen*, § 2343 Rdn. 2.

30 Staudinger/*Olshausen*, § 2343 Rdn. 2 mit Bsp.

31 AnwK-BGB/*Kroiß*, § 2343, Rdn. 3; *Brox*, Erbrecht, Rdn. 282.

32 *Lange*/*Kuchinke*, Lehrbuch des Erbrechts, § 6 II 3 (S. 158).

33 *Lange*/*Kuchinke*, Lehrbuch des Erbrechts, § 6 II 3 (S. 158); Staudinger/*Olshausen*, § 2339 Rdn. 30.

34 Staudinger/*Olshausen*, § 2339 Rdn. 57; str. ist, ob ein einseitiger Verzicht des Anfechtungsberechtigten ausreicht: so MünchKomm/*Helms*, § 2343 Rdn. 2; a. A. Staudinger/*Olshausen*, § 2343 Rdn. 6.

35 Zur Begründung dieser Ausweitung vgl. *Lange*/*Kuchinke*, Lehrbuch des Erbrechts, § 6 III 3a (S. 162); Staudinger/*Olshausen*, § 2341 Rdn. 3; nicht zur Anfechtung berechtigt sind Vermächtnisnehmer oder Auflagenbegünstigter.

mittelbar Berechtigten ein Anfechtungsrecht gewährt. Als persönliches Recht ist die Berechtigung zur Anfechtung unübertragbar und unpfändbar, kann aber vererbt werden.[36]

775 Um unnötige Prozesse zu vermeiden, ist eine Anfechtungsklage grundsätzlich erst **nach** dem tatsächlichen **Erbschaftsanfall** beim als unwürdig zu Erklärenden zulässig, § 2340 Abs. 2 S. 1, 2.[37] Die Ausnahme in Abs. 2 S. 2 bei der Vor- und Nacherbschaft rechtfertigt sich daraus, dass das Urteil den Vorerben von den Beschränkungen der Nacherbschaft befreit.

E. Folgen einer erfolgreichen Anfechtungsklage

776 Der Erbunwürdige scheidet **rückwirkend** aus der **Erbfolge** aus, als wäre die Erbschaft zu keiner Zeit bei ihm angefallen, § 2344 Abs. 1. Probleme ergeben sich, wenn er bereits Rechtsgeschäfte mit Dritten über Erbschaftsgegenstände vorgenommen hatte, und zwar infolge der Rückwirkung als Nichtberechtigter. In solchen Fällen ist aber **kein Abhandenkommen** i.S.d. § 935 Abs. 1 bei dem wahren Erben anzunehmen, weil der Erbunwürdige bis zur Rechtskraft des Gestaltungsurteils vom Gutgläubigen als Erbe anzusehen war.[38] Diesbezüglich findet § 142 Abs. 2 entsprechende Anwendung.[39]

777 Erwähnenswert bleibt schließlich, dass dem jetzigen Erben gegenüber dem Unwürdigen als Erbschaftsbesitzer die Ansprüche aus den §§ 2018ff. zustehen.[40]

---

[36] *Lange/Kuchinke*, Lehrbuch des Erbrechts, § 6 III 3a (S. 162).

[37] Dem Ersatzerbe gegenüber ist erst bei Wegfall des vorrangigen Erben eine Erbunwürdigkeitsanfechtung möglich, *Kipp/Coing*, Lehrbuch des Erbrechts, § 85 III 2 (S. 475).

[38] *Lange/Kuchinke*, Lehrbuch des Erbrechts, § 6 IV 2 (S. 164); Soergel/*Damrau*, § 2344 Rdn. 3.

[39] Vgl. zudem Damrau/*Mittenzwei*, Erbrecht, § 2344, Rdn. 7; MünchKomm/*Helms*, § 2344 Rdn. 2; *Lange/Kuchinke*, Lehrbuch des Erbrechts, § 6 IV 2 (S. 164).

[40] Soergel/*Damrau*, § 2344 Rdn. 2; Staudinger/*Olshausen*, § 2344 Rdn. 19. Zu § 2018ff. vgl. Rdn. 823ff.

F. Vermächtnis- und Pflichtteilsunwürdigkeit

§ 2345 ermöglicht es, den **Vermächtnisnehmer** oder den **Pflichtteilsberechtigten** nach den Regeln der §§ 2339ff. für unwürdig zu erklären. Da sich die dort genannte Anfechtung nur gegen den **schuldrechtlichen Anspruch** des Berechtigten richtet und deshalb kein Bedürfnis besteht, aus Rechtssicherheitsgründen ein Gestaltungsurteil zu verlangen,[41] genügt eine materiell-rechtliche **Anfechtungserklärung** i. S. d. § 143 Abs. 1, 4 gegenüber dem **Vermächtnisnehmer**. Dies folgt daraus, dass § 2345 Abs. 1 den § 2342 nicht in Bezug nimmt,[42] und andererseits § 2345 Abs. 1 S. 2 auf § 2083 verweist. 778

§ 3. Der Erbverzicht

Schrifttum: Edenfeld, Die Stellung weichender Erben beim Erbverzicht, ZEV 1997, 134; **Habermann**, Stillschweigender Erb- und Pflichtteilsverzicht im notariellen gemeinschaftlichen Testament, JuS 1979, 169ff.; **Kuchinke**, Bedarf der dem Erbverzicht zugrunde liegende Verpflichtungsvertrag notarieller Beurkundung?, NJW 1983, 2358ff.; **Schotten**, Die Erstreckung der Wirkung eines Zuwendungsverzichts auf Abkömmlinge des Verzichtenden, ZEV 1997, 1; **ders.**, Das Kausalgeschäft zum Erbverzicht, DNotZ 1998, 163; **Speckmann**, Der Erbverzicht als „Gegenleistung“ in Abfindungsverträgen, NJW 1970, 117ff.

A. Gegenstand des Verzichts und Abschluss des Vertrages

Der in den §§ 2346ff. geregelte **Erbverzicht** befasst sich mit einem vertraglichen Verzicht auf ein **gesetzliches Erbrecht**.[43] Er betrifft also gem. § 2346 Abs. 1 Verwandte und den Ehegatten des Erblassers, gem. LPartG jetzt auch die Lebenspartner einer gleichgeschlechtlichen Gemeinschaft.[44] § 2352 sieht einen vertraglichen Verzicht auf eine **letztwillige Erbeinsetzung** vor. 779

---

[41] *Kipp/Coing*, Lehrbuch des Erbrechts, § 85 VI 2 (S. 476); *Brox*, Erbrecht, Rdn. 289.

[42] *Lange/Kuchinke*, Lehrbuch des Erbrechts, § 6 V 1 (S. 165).

[43] Der genaue Gegenstand des Erbverzichts ist nicht ganz unstr., vgl. *Lange/Kuchinke*, Erbrecht, § 7 IV 1 (S. 170).

[44] § 10 Abs. 7 LPartG.

780 Der Erbverzicht kann nur zu **Lebzeiten des Erblassers** vereinbart werden;[45] es handelt sich um ein **Verfügungsgeschäft**, auf das neben den Sondervorschriften der §§ 2346ff. die allgemeinen Vorschriften anzuwenden sind.[46] Aus seiner speziellen Rechtsnatur ergeben sich Besonderheiten.[47] Wegen des erbrechtlichen Gegenstandes muss der Erblasser grundsätzlich **persönlich handeln**,[48] nicht aber der Verzichtende. Dieser bedarf aber u. U. gem. § 2347 Abs. 1 der Genehmigung des Vormundschaftsgerichts. § 2348 verlangt **notarielle Beurkundung**, allerdings keine gleichzeitige Anwesenheit beider Parteien vor dem Notar.[49]

781 Der Erbverzicht kann auf einen **Bruchteil** des Erbrechts beschränkt werden, aber nicht auf einen einzelnen Gegenstand, da das Erbrecht keine Singularsukzession kennt.[50]

782 § 2350 Abs. 1 gestattet einen Verzicht auch **zugunsten einer anderen Person**, wobei im Zweifel der Vertrag nur wirksam bleibt, wenn die Person den Erbfall erlebt. Dies zeigt, dass der Erbverzichtsvertrag nicht bedingungsfeindlich ist, vgl. § 158 Abs. 1.

783 Die Folge eines wirksamen Erbverzichts besteht darin, dass der **Verzichtende** unmittelbar **aus der** gesetzlichen oder gewillkürten **Erbfolge ausscheidet**, § 2346 Abs. 1 S. 2, § 2352, und zwar gem. § 2349 mit seinem **gesamten Stamm**, ohne dass dafür eine Zustimmung der Abkömmlinge erforderlich wäre.[51] Dies gilt auch, wenn der Verzichtende selbst vor dem Erbfall gestorben ist.[52] Wenn die Parteien den Verzicht allerdings gem. § 2346 Abs. 2 auf den Pflichtteilsanspruch beschränken, so bleibt

---

[45] Nach seinem Tod verbleiben dem Erben die Möglichkeit einer Ausschlagung, eines Erlassvertrages, § 397, oder einer Erbteilsübertragung nach § 2033, vgl. die Hinw. bei Staudinger/*Schotten* § 2346 Rdn. 19.

[46] *Bamberger/Roth,* § 2346 Rn. 3; Staudinger/*Schotten*, Einl. zu §§ 2346ff. Rdn. 21; *Leipold*, Erbrecht, Rdn. 545.

[47] *Brox*, Erbrecht, Rdn. 292.

[48] Eine Ausnahme enthält § 2347 Abs. 2 S. 2 bei Geschäftsunfähigkeit des Erblassers.

[49] *Brox*, Erbrecht, Rdn.297. Inwieweit ein stillschweigender Erbverzicht zulässig sein kann, ist umstritten, vgl. dazu bei *Lange/Kuchinke*, Lehrbuch des Erbrechts, § 7 I 5d (S. 171f.); Staudinger/*Schotten*, § 2346 Rdn. 13ff.

[50] *Kipp/Coing*, Lehrbuch des Erbrechts, § 82 II 1b (S. 456); *Lange/Kuchinke*, Lehrbuch des Erbrechts, § 7 II 2c (S. 174).

[51] *Kipp/Coing*, Lehrbuch des Erbrechts, § 82 II 5 (S. 457); vgl. aber auch OLG Frankfurt, FGPrax 1997, 151f.

[52] *Leipold*, Erbrecht , Rdn. 550 m. w. N.

der Verzichtende **gesetzlicher Erbe**, so dass die Rechtswirkungen nur dann eintreten, wenn der Erblasser den Verzichtenden enterbt.[53]

B. Aufhebung des Verzichts

Ob und nach welchen Regeln eine **Anfechtung des Erbverzichtes** in Betracht kommt, wird unterschiedlich beurteilt. In jedem Fall muss man strikt zwischen einer Anfechtung des **Erbverzichts** als **Verfügungsvertrag** und dem zu Grunde liegenden **Kausalgeschäft** unterscheiden. Wegen der lebzeitigen Rechtsnatur des Erbverzichts sind die §§ 119ff. anwendbar. Während ein **Anfechtungsrecht des Verzichtenden** allgemein anerkannt wird, wendet man gegen ein **Anfechtungsrecht des Erblassers** teilweise ein, er benötige es nicht wegen der Möglichkeit, anderweitig letztwillig zu verfügen.[54] Dieses Argument greift aber nicht ein, sofern er etwa wegen einer Bindung an einen Erbvertrag keine abweichenden Anordnungen mehr treffen kann,[55] so dass auch ihm ein Anfechtungsrecht zuzubilligen ist. 784

Daneben besteht die Möglichkeit des **Aufhebungsvertrages** zwischen den Beteiligten, der gem. §§ 2351, **2348 notarieller Beurkundung** bedarf und zu **Lebzeiten beider** erfolgen muss.[56] Obwohl § 2352 nicht auf § 2351 verweist, kommt eine vertragliche Aufhebung nicht nur beim Verzicht auf ein gesetzliches Erbrecht in Betracht, sondern auch, wenn die erbrechtliche Position auf einer letztwilligen Verfügung beruht.[57] Zwar könnte man auch hier ein Interesse dafür deshalb verneinen, weil der Erblasser neu testieren kann. Dies ist jedoch wiederum bei einer bindenden letztwilligen Verfügung ausgeschlossen und auch nach dem Tode des Verzichtenden nicht mehr möglich, weil die übrigen Pflicht- 785

[53] Wegen der Auswirkungen des Pflichtteilsverzichts auf sonstige Abkömmlinge gem. § 2310 vgl. Rdn. 1034ff.

[54] BGHZ 30, 261 (267); MünchKomm/*Strobel*, § 2346 Rdn. 4; Staudinger/*Schotten*, § 2346 Rdn. 107; a.A. *Kipp/Coing*, Lehrbuch des Erbrechts, § 82 IV (S. 460); Palandt/*Edenhofer*, Überbl. v. § 2346 Rdn. 3.

[55] Staudinger/*Schotten*, § 2346, Rdn. 107.

[56] BGHZ 139, 116 = NJW 1998, 3117; Palandt/*Edenhofer*, § 2351 Rdn. 1; Soergel/*Damrau*, § 2351 Rdn. 5.

[57] *Lange/Kuchinke*, Lehrbuch des Erbrechts, § 7 III 2a (S. 180); Soergel/*Damrau*, § 2351 Rdn. 5; a.A. *Brox*, Erbrecht, Rdn. 298; *Kipp/Coing*, Lehrbuch des Erbrechts, § 82 V 2 (S. 460).

teilsberechtigten davon betroffen wären.[58] Schließlich kommt nach dem Tode des Erblassers eine **Rückgängigmachung** des Erbverzichtes nach den Regeln über den **Wegfall der Geschäftsgrundlage**, § 313, nicht mehr in Betracht.[59] Sonst würde die mangelnde Möglichkeit des Verzichts zu diesem Zeitpunkt umgangen.

C. Abfindungsvertrag

786 Dem Erbverzicht als **Verfügungsgeschäft** liegt ein **Verpflichtungsgeschäft** zu Grunde,[60] das in der Praxis häufig mit einem **Abfindungsversprechen** des Erblassers verbunden wird.

Daraus entsteht das Interesse der Beteiligten, die beiden schuldrechtlichen Abreden miteinander zu verknüpfen, wodurch sich eine Fülle von Rechtsproblemen ergibt. Die einfachste Möglichkeit besteht darin, die Wirksamkeit des Verpflichtungsgeschäftes und des Erbverzichtes bedingungsweise von der Erfüllung der Abfindungsvereinbarung abhängig zu machen, § 158 Abs. 1.[61] Bei der Zusammenfassung beider Geschäfte in einer Urkunde ist auch § 139 zu beachten. Auf die beiden verpflichtenden Elemente der Vertragsgestaltung finden nach heute h. M. die § 320ff. Anwendung,[62] so dass sich die Rechtsfolge der Nicht- oder Schlechterfüllung nach den Regeln über die Leistungsstörungen richtet. Ferner führen unterschiedliche Wertentwicklungen von Nachlass und Abfindung in Anwendung der Grundsätze über den Wegfall der Geschäftsgrundlage u. U. zu einer Anpassung der Abfindung.[63]

787 **Str.** ist schließlich, ob das **Verpflichtungsgeschäft** zum Erbverzicht der **Formvorschrift** des § 2348 unterliegt.[64] Dafür spricht zum einen, dass es die Weichen für das Verfügungsgeschäft stellt und der verzichtenden Partei so die Rechtsfolgen des Kausalgeschäftes am besten vor

---

[58] BGHZ 139, 116; *Leipold*, Erbrecht; Rdn. 553; a. A. *Steiner*, MDR 1998, 1481; *Muscheler*, ZEV 1999, 49 (52).

[59] BGH, NJW 1999, 789 = ZEV 1999, 62 m. Anm. *Skibbe*, ZEV 1999, 106.

[60] *Leipold*, Erbrecht, Rdn. 546; Staudinger/*Schotten*, Einl. zu §§ 2346ff. Rdn. 19.

[61] *Kipp/Coing*, Lehrbuch des Erbrechts, § 82 VI (S. 461); *Schlüter*, Erbrecht, Rdn. 411.

[62] BGHZ 134, 152 = NJW 1997, 653; *Brox*, Erbrecht, Rdn. 299; *Kipp/Coing*, Lehrbuch des Erbrechts, § 82 VId (S. 461).

[63] BGHZ 134, 152 (157); BGH, NJW 1999, 799 m. w. N. Zur Unanwendbarkeit der Regeln über die Geschäftsgrundlage auf den Erbverzicht nach dem Tod des Erblassers vgl. Rdn. 785.

[64] Dafür z. B. LG Bonn, ZEV 1999, 356; MünchKomm/*Strobel*, § 2348 Rdn. 2 m. w. N. in Fn. 3; Palandt/*Edenhofer*, § 2348 Rdn. 2; a. A. aber *Kuchinke*, NJW 1983, 2358ff.; *Lange/Kuchinke*, Lehrbuch des Erbrechts, § 7 I 5b (S. 170).

Augen führt, zum anderen, dass man so den Verzichtenden vor Übereilung schützt.[65] Die gegenteilige Betrachtungsweise würde mit der Zulassung eines formlosen Verpflichtungsgeschäftes diesen Zweck vereiteln.[66]

§ 4. Annahme und Ausschlagung der Erbschaft

Schrifttum: Buchholz, Insichgeschäft und Erbschaftsausschlagung – Überlegungen zu einem Problem des § 1643 Abs. 2 BGB, NJW 1993, 1161 ff.; **Gothe**, Erbschaftsausschlagung und Anfechtung der Erbschaftsannahme, MittRhNotK 1998, 193; **Heldrich**, Schranken der elterlichen Vertretungsmacht bei der Ausschlagung einer Erbschaft, FS für Werner Lorenz (1991), S. 97 ff.; **Mahlitz/Benninghoven**, Erbausschlagung und Rechtsirrtum, ZEV 1998, 415; **Pohl**, Mängel bei der Erbschaftsannahme und -ausschlagung, AcP 177 (1977), 52 ff.

A. Allgemeines

Die **Erbschaft fällt** dem Erben im Zeitpunkt des Erbfalles gem. § 1922 **788**
Abs. 1 **von selbst an**, unbeschadet der vorbezeichneten Ausschlussgründe des Verzichtes oder der rechtskräftigen Erbunwürdigkeit,[67] ohne dass es einer Annahmeerklärung oder einer sonstigen Handlung bedarf, § 1942 Abs. 1. Da mit dem Erbschaftserwerb eine einschneidende Schuldenhaftung verbunden sein kann, hat er als Ausgleich die Möglichkeit, seine Erbenstellung **rückwirkend** auf den Zeitpunkt des Erbschaftsanfalls mittels **Ausschlagung** zu beseitigen, §§ 1942 Abs. 1, 1953 Abs. 1. Im Falle einer erfolgreichen Ausschlagung wird derjenige Erbe, der berufen wäre, wenn der **Ausschlagende** zum Zeitpunkt des Erbfalles **nicht gelebt hätte**, § 1953 Abs. 2.

Da die Ausschlagung andererseits die Rechte der **Nachlassgläubiger** **789**
betrifft, wird sie an strenge Voraussetzungen geknüpft, vor allem an eine kurze **Ausschlagungsfrist**.

---

[65] *Kipp/Coing*, Lehrbuch des Erbrechts, § 82 VId (S. 461).
[66] Vgl. OLG Hamm, OLGZ 1996, 1196.
[67] Vgl. Rdn. 761 ff.

B. Ausschlagungsrecht

790 Das Ausschlagungsrecht steht **jedem Erben** zu, unabhängig vom Berufungsgrund; nur der Fiskus als gesetzlicher Erbe bildet eine Ausnahme, § 1942 Abs. 2. Auch der **Vermächtnisnehmer** kann ausschlagen, §§ 2176, 2180, der **Nacherbe** bereits mit dem Tode des Erblassers, § 2142 Abs. 1. Der Grund liegt darin, dass es nur einen Erbfall gibt, der die Vor- und Nacherbschaft in zeitlich versetzter Reihenfolge auslöst.[68] Dagegen wird der **Schlusserbe** beim **Berliner Testament** erst mit dem Tode des längstlebenden Ehegatten Erbe[69] und kann auch erst dann die Erbschaft ausschlagen.[70] Das Kind im Mutterleib (**nasciturus**) gilt bereits vor der Geburt als Erbe, § 1923 Abs. 2; deshalb haben seine gesetzlichen Vertreter bereits zu dieser Zeit die Möglichkeit, das Ausschlagungsrecht für das Kind auszuüben.[71]

791 Gem. § 1952 Abs. 1 ist das Ausschlagungsrecht trotz seines persönlichen Charakters **vererblich**,[72] aber **nicht übertragbar**.[73]

792 Bis zur Ausschlagung wird der Berufene „**vorläufiger Erbe**".[74] Diese Rechtsposition endet mit seiner ausdrücklichen oder konkludenten **Annahmeerklärung**, einer Willenserklärung, durch die der Erbe erkennen lässt, **endgültig** Erbe werden zu wollen.[75] Sie endet ferner durch **Verstreichenlassen der Ausschlagungsfrist**, die das Gesetz im Wege einer Fiktion der Erbschaftsannahme gleichsetzt, § 1943. Ihr kommt die weitaus größte praktische Bedeutung zu. Bei der Ausschlagung eines Vermächtnisses gibt es keine Ausschlagungsfrist.[76]

---

[68] Vgl. zur Vor- und Nacherbschaft Rdn. 321ff.

[69] Vgl. Rdn. 469.

[70] BGH, WM 1998, 188 (189) = NJW 1998, 543f.; anders die Vorinstanz: OLG Düsseldorf, ZEV 1996, 310 (312).

[71] So auch OLG Stuttgart, NJW 1993, 2250; OLG Oldenburg, NJW-RR 1994, 651; *Lange/Kuchinke*, Lehrbuch des Erbrechts, § 8 III 1b (S. 197); MünchKomm/*Leipold*, § 1923 Rdn. 21; *Peter*, Rpfleger 1988, 107; a. A. AG Recklinghausen, Rpfleger 1988, 106; Palandt/*Edenhofer*, § 1946 Rdn. 2.

[72] Z. B. Hk-BGB/*Hoeren*, § 1952, Rdn. 2; *Ebenroth*, Erbrecht, Rdn. 330; *Schlüter*, Erbrecht, Rdn. 476.

[73] *Lange/Kuchinke*, Lehrbuch des Erbrechts, § 8 V 2 (S. 206); *Brox*, Erbrecht, Rdn. 302; Staudinger/*Otte*, § 1952 Rdn. 1.

[74] Vgl. Rdn. 812ff.

[75] *Lange/Kuchinke*, Lehrbuch des Erbrechts, § 8 II 2 (S. 195), mit Bsp. für konkludente Annahmeerklärungen.

[76] *Ebenroth*, Erbrecht, Rdn. 497; *Kipp/Coing*, Lehrbuch des Erbrechts, § 87 II (S. 482).

Gemäß § 1943, 1. HS. ist die **Annahme der Erbschaft** aus Gründen der Rechtssicherheit **unwiderruflich**. Sie macht den vorläufigen zum endgültigen Erben und beendet das Ausschlagungsrecht. 793

Die **ausdrückliche Annahmeerklärung** erfolgt gegenüber dem **Nachlassgericht**. **Konkludent** ist die Annahme z. B. im Erbscheinsantrag zu sehen.[77] Führt der Erbe Maßnahmen mit Bezug zum Nachlass aus oder schließt er Rechtsgeschäfte über Nachlassgegenstände, so muss im Wege der Auslegung – nicht immer einfach – festgestellt werden, ob dies den Schluss auf eine Erbschaftsannahme zulässt. Verhaltensweisen, die allein der Information über den Nachlass oder der Feststellung seines Umfangs dienen, reichen insoweit nicht aus. Ebenso kann man aus Erhaltungsmaßnahmen keine entsprechenden Rückschlüsse ziehen, z. B. bei der notwendigen Reparatur eines Hauses nach einem Sturm oder im Falle der vorläufigen Fortführung eines kaufmännischen Unternehmens. Etwas anderes gilt hingegen, wenn der vorläufige Erbe einen Nachlassgegenstand zum Verkauf anbietet;[78] dies deutet auf seinen Annahmewillen hin. 794

C. Ausschlagungsform und -frist

Die Ausschlagung erfolgt durch ausdrückliche (Willens-)Erklärung gegenüber dem Nachlassgericht zur **Niederschrift** oder in **öffentlich beglaubigter Form**, §§ 1945 Abs. 1, 2.[79] **Nachlassgericht** ist gem. § 72 FGG das **Amtsgericht**. 795

Aus Gründen der Rechtssicherheit sind Ausschlagung und Annahme **bedingungsfeindlich**, § 1947, und damit wirkungslos, wenn der vorläufige Erbe sie unter der Voraussetzung der Begünstigung eines Dritten erklärt.[80] Denn hierbei handelt es sich um eine echte Bedingung i. S. d. § 158 Abs. 1. 796

---

[77] BayObLG, FamRZ 1979, 1172 (1173).

[78] Vgl. OLG Oldenburg, FamRZ 1995, 574.

[79] Str. ist, ob auch eine Erklärung gegenüber einem unzuständigen Gericht wirksam wird: dafür *Lange/Kuchinke*, Lehrbuch des Erbrechts, § 8 III 3 (S. 201); Staudinger/*Otte*, § 1945 Rdn. 17; differenzierend *Kipp/Coing*, Lehrbuch des Erbrechts, § 87 III 1, Fn. 14 (S. 485); Palandt/*Edenhofer*, § 1945 Rdn. 8.

[80] BayObLG, 1982, 69; *Lange/Kuchinke*, Lehrbuch des Erbrechts, § 8 IV 1, Fn. 71 (S. 202); S. auch *Brox*, Erbrecht, Rdn. 304.

797 § 1945 Abs. 3 S. 1 zeigt, dass **gewillkürte Stellvertretung** bei der Ausschlagung möglich ist. Das gleiche gilt für die Annahme. Sie wird aufgrund ihrer Bedeutsamkeit jedoch an eine **öffentliche Beglaubigung der Vollmacht** geknüpft, die dem Nachlassgericht innerhalb der Ausschlagungsfrist vorgelegt werden muss, § 1945 Abs. 3 S. 2. Für einen geschäftsunfähigen vorläufigen Erben muss stets der gesetzliche Vertreter handeln. Das gleiche gilt aber auch für den **beschränkt Geschäftsfähigen**. Weder Annahme noch Ausschlagung sind ihm **lediglich rechtlich vorteilhaft** i. S. d. § 107:

Bei **Annahme** wird der Erbe endgültig **Schuldner der Nachlassgläubiger**; bei **Ausschlagung verliert er** seine **vorläufige Erbenstellung**.[81] Die **Ausschlagung** der Erbschaft durch den gesetzlichen Vertreter bedarf ferner – anders als die Annahme[82] – gem. §§ 1643 Abs. 2, 1822 Nr. 2, 1897, 1915 wegen der damit verbundenen Nachteile der **Genehmigung des Vormundschaftsgerichtes**.[83] Verzögerungen dieser Genehmigung aus dem Verantwortlichkeitsbereich des Gerichtes stellen für den Betroffenen höhere Gewalt i. S. d. § 206 dar. § 1944 Abs. 2 S. 3 erklärt § 206 entsprechend für anwendbar, so dass die Ausschlagungsfrist gehemmt wird.[84]

798 Gem. § 1944 Abs. 1 beträgt die **Ausschlagungsfrist** grundsätzlich **6 Wochen**. Sie soll dem vorläufigen Erben ermöglichen, Nachforschungen über den Nachlasswert anzustellen, um eine Entscheidungbasis für die Annahme oder Ausschlagung zu erlangen.[85] Die Frist verlängert sich auf 6 Monate, wenn der Erbe zum Zeitpunkt des Erbfalles im Ausland lebte oder der Erblasser dort seinen letzten Wohnsitz hatte, weil Ermittlungen im Ausland regelmäßig mit größeren Schwierigkeiten verbunden sind als im Inland, § 1944 Abs. 3.[86] Zu erwähnen bleibt § 1952 Abs. 2; danach endet beim Tode des vorläufigen Erben dessen

---

[81] *Kipp/Coing*, Lehrbuch des Erbrechts, § 87 IV (S. 486); *Lange/Kuchinke*, Lehrbuch des Erbrechts, § 8 IV 2 (S. 203).

[82] *Kipp/Coing*, Lehrbuch des Erbrechts, § 87 IV (S. 487); *Lange/Kuchinke*, Lehrbuch des Erbrechts, § 8 IV 2 (S. 203). Die Annahme ist regelmäßig vorteilhaft weil die Haftung des Erben auf den Nachlass beschränkt werden kann.

[83] Vgl. *Lange/Kuchinke*, Lehrbuch des Erbrechts, § 8 IV 2 (S. 203), zu dem str. Fall, ob die Eltern von der Vertretung des Kindes ausgeschlossen sind, wenn sie dadurch Erbe werden.

[84] Erman/*Schlüter*, § 1944 Rdn. 8; Palandt/*Edenhofer*, § 1944 Rdn. 9.

[85] S. auch *Kipp/Coing*, Lehrbuch des Erbrechts, § 87 II 1 (S. 482).

[86] Soergel/*Stein*, § 1944 Rdn. 4.

ursprüngliche Ausschlagungsfrist nicht vor derjenigen, die nunmehr für seine Erben gilt.

Die Frist beginnt frühestens mit **Eintritt des Erbfalles**.[87] Voraus- 799
setzung dafür ist gem. § 1944 Abs. 2 S. 1 die **Kenntnis des Erben**[88] vom Erbfall und seinem Berufungsgrund. Sowohl tatsächliche als auch rechtliche Irrtümer schließen sie aus.[89] Bei gesetzlicher Stellvertretung entscheidet die Kenntnis des gesetzlichen Vertreters.[90] Beruht die Erbfolge auf einer Verfügung von Todes wegen, so wird sie auch nicht vor deren Verkündung in Lauf gesetzt, § 1944 Abs. 2 S. 2 und auch dann nur, wenn der Erbe davon weiß.[91]

Eine letzte Ausnahme vom Grundsatz der 6-Wochen-Frist findet sich 800
im Pflichtteilsrecht, § 2306 Abs. 1 S. 2, 2. HS. Für die Ausschlagung, die ein Erbe zum Erhalt des Pflichtteilsanspruches vornehmen muss, beginnt der Fristablauf erst, wenn er zusätzlich zu den genannten Voraussetzungen Kenntnis von den Beschränkungen und Beschwerungen seines Erbteils hatte.

D. Umfang der Annahme bzw. Ausschlagung

§ 1950 verbietet eine **Teilannahme** oder **Teilausschlagung**. § 1948 erlaubt 801
allerdings dem gesetzlichen Erben, der auch durch letztwillige Verfügung begünstigt wird, die letztwillige Verfügung auszuschlagen und als gesetzlicher Erbe anzunehmen. § 1948 Abs. 2 dehnt diese Wahl auf die Erbeinsetzung durch Testament und durch Erbvertrag aus.

§ 1951 enthält Regelungen für den Erben, der zu mehreren Erbteilen berufen 802
ist. Beruht seine Rechtsposition auf verschiedenen erbrechtlichen Berufungsgründen, so kann er den einen Erbteil annehmen und den anderen ausschlagen, § 1951 Abs. 1, z. B., wenn er durch § 1927 oder § 1934 mehrfach begünstigt wird. Diese Möglichkeit besteht nicht, wenn die Berufung auf demselben Grund beruht. Die Wahl entfällt gem. § 1951 Abs. 2 S. 2 auch dann, wenn der Erblasser

---

[87] Zur Ausschlagung durch den Schlusserben vgl. OLG Düsseldorf, ZEV 1996, 310 (312) mit Anm. *Edenfeld*.

[88] BGH, ZEV 2000, 401: Kenntnis setzt ein zuverlässiges Erfahren der maßgeblichen Umstände voraus.

[89] MünchKomm/*Leipold*, § 1944 Rdn. 12; Soergel/*Stein* § 1944 Rdn. 8.

[90] *Kipp/Coing*, Lehrbuch des Erbrechts, § 87 II 2a, Fn. 9 (S. 483); *Lange/Kuchinke*, Lehrbuch des Erbrechts, § 8 IV 2 (S. 203); str. ist die Rechtslage bei gewillkürter Stellvertretung, vgl. MünchKomm/*Leipold*, § 1944 Rdn. 14.

[91] BGHZ 112, 229 (234).

ihn in mehreren Testamenten oder Erbverträgen bedacht hat.[92] Hier wirkt eine Ausschlagung für alle Begünstigungen, § 1951 Abs. 2 S. 1. Wegen der Kompliziertheit der Regelungen sollte der Erblasser von der Möglichkeit in Abs. 3 Gebrauch machen und die Frage in seiner Verfügung regeln.

E. Anfechtung von Annahme oder Ausschlagung

803 Die schwierige persönliche Situation des Erben beim Erbfall, die vielen Fragen, die mit dem Erbschaftsanfall verbunden sind sowie die kurze Ausschlagungsfrist rechtfertigen die Möglichkeit einer **Anfechtung** von **Annahme bzw. Ausschlagung**, da Fehlvorstellungen des Erben nicht selten vorkommen. Diese Anfechtung richtet sich grundsätzlich nach den §§ 119ff.;[93] Sonderregelungen bestehen nur bzgl. **Form und Frist**, 1954ff.

804 Die **Anfechtungserklärung** bedarf der gleichen Form wie die Ausschlagung, d. h. sie ist gegenüber dem Nachlassgericht zur Niederschrift oder öffentlich beglaubigt abzugeben, §§ 1955, 1945 Abs. 1.[94] Über § 1955 S. 2 findet auch die Sonderregelung für die Vollmacht Anwendung, § 1945 Abs. 3. Die **Anfechtungsfrist** entspricht ebenso der einer Ausschlagung, § 1954.[95] Auch sie beträgt grundsätzlich **6 Wochen ab Kenntnis des Anfechtungsgrundes** und ist gem. § 1954 Abs. 4 spätestens 30 Jahre nach Ausschlagung bzw. Annahme verstrichen.

805 Die Fiktion, dass das Verstreichenlassen der Ausschlagungsfrist als **Erbschaftsannahme** gewertet wird, § 1943, führt dazu, dass § 1956 dem Erben auch die **Anfechtung der Fristversäumnis** gestattet. Obwohl also der Fristablauf kein Rechtsgeschäft darstellt, wird er wegen seiner Rechtsfolgen wie ein solches behandelt.[96] Dagegen fehlt eine Möglichkeit, die Versäumung der Anfechtungsfrist selbst anzufechten.[97]

---

[92] Dies gilt auch für die Anwachsung bei Verfügungen von Todes wegen, §§ 2095, 2279 Abs. 1, sowie für eine Aushöhlung des gesetzlichen Erbteils durch Wegfall der Miterben, § 1935, *Kipp/Coing*, Lehrbuch des Erbrechts, § 88 III (S. 490).

[93] AnwK-BGB/*Ivo*, § 1956, Rdn. 1; auch § 122 ist anwendbar, *Brox*, Erbrecht, Rdn. 313; *Lange/Kuchinke*, Lehrbuch des Erbrechts, § 8 VII 2a (S. 215).

[94] Vgl. dazu Rdn. 795.

[95] Ausreichend ist die Kenntnis der Tatsachen, die den Anfechtungsgrund bilden, nicht erforderlich die Kenntnis, dass sich daraus ein Anfechtungsrecht ergibt, OLG Hamm, FamRZ 1985, 1185 (1186).

[96] *Kipp/Coing*, Lehrbuch des Erbrechts, § 89 I (S. 492); *Brox*, Erbrecht, Rdn. 314.

[97] *Leipold*, Erbrecht, Rdn. 617.

Die Anfechtungsgründe ergeben sich aus den §§ 119ff. Demgemäß kann die **Annahme infolge Fristablaufs** z. B. auf Unkenntnis dieser Frist bzw. ihrer Länge gestützt werden, § 119 Abs. 1.[98] Problematisch ist die Behandlung des **Rechtsfolgenirrtums**. Ein Irrtum über die **weiteren Rechtsfolgen der Ausschlagung** berechtigt nicht zur Anfechtung, während ein Irrtum über deren **unmittelbare, wesentlichen Folgen** teilweise anders beurteilt wird.[99] So hat die Rechtsprechung etwa die falsche Vorstellung, wer nach der Ausschlagung Erbe wird, nicht als Anfechtungsgrund angesehen, sofern der Ausschlagende nur wusste, dass er sein Erbrecht verlieren würde.[100] Ebensowenig erkannte sie als Anfechtungsgrund die Unkenntnis an, dass die Ausschlagung auch Pflichtteilsansprüche entfallen lässt.[101] Das gleiche gilt für die irrige Annahme, man könne die Erfüllung eines Vermächtnisses bis zur Höhe des eigenen Pflichtteilsanspruches verweigern.[102] Demgegenüber liegt u. U. ein erheblicher Inhaltsirrtum darin, dass der ausschlagende Erbe glaubt, die Ausschlagung einer gewillkürten Erbeinsetzung würde – unbeschadet § 1948 Abs. 1 – bereits ohne Annahme zum gesetzlichen Erbrecht führen. 806

Da § 2078 nicht gilt, ist der **Motivirrtum** grundsätzlich **kein Anfechtungsgrund**. Eine Ausnahme bildet § 119 Abs. 2. Dabei erscheint problematisch, inwieweit die **Überschuldung** des Nachlasses eine **verkehrswesentliche Eigenschaft** i. S. d. Norm darstellt. Sache i. S. v. § 119 Abs. 2 ist der gesamte Nachlass.[103] Da der Wert der Sache selbst nicht unter den Eigenschaftsbegriff i. S. d. § 119 Abs. 2 fällt, erfüllen falsche Annahmen über den Wert eines einzelnen Nachlassgegenstandes nicht den Tatbestand,[104] wohl aber die Unkenntnis von Nachlassschulden.[105] 807

---

[98] S. auch *Brox*, Erbrecht, Rdn. 314; Palandt/*Edenhofer*, § 1956 Rdn. 1. W. Bsp. für beachtliche Eigenschaften i. S. d. § 119 Abs. 2 bei *Lange/Kuchinke*, Lehrbuch des Erbrechts, § 8 VII 2f. (S. 220).

[99] *Malitz/Benninghoven*, ZEV 1994, 415ff.

[100] OLG Düsseldorf, ZEV 1997, 258; ZEV 1998, 429; vgl. dazu *Malitz/Benninghoven*, ZEV 1998, 418.

[101] BayObLG, NJW-RR 1995, 904 (906).

[102] BayObLG, NJW-RR 1995, 431.

[103] RGZ 158, 50 (53); 149, 235 (238); *Leipold*, Erbrecht, Rdn. 618.

[104] Zu dieser Differenzierung auch *Lange/Kuchinke*, Lehrbuch des Erbrechts, § 8 VII 2d (S. 218); *Leipold*, Erbrecht, Rdn. 613ff.; MünchKomm/*Leipold*, § 1954 Rdn. 11; offengelassen BayObLG, FamRZ 1999, 1172 (1174), vgl. BayObLG, NJW-RR 1998, 779.

[105] Vgl. dazu BGHZ 106, 359ff.; BayObLG, ZEV 1997, 257 (258); OLG Düsseldorf, ZEV 1999, 391.

Ein solcher Irrtum begründet jedenfalls dann die Anfechtung, wenn die unbekannten Nachlassverbindlichkeiten dazu führen, dass kein Reinerlös mehr vorhanden ist.[106] Aber auch die umgekehrte Fehlvorstellung, nämlich die fälschliche Annahme einer Überschuldung des Nachlasses, kann eine Anfechtung der Ausschlagung der Erbschaft rechtfertigen.[107]

808 Daneben müssten allerdings die weiteren Voraussetzungen der Anfechtung gegeben sein. So muss der Irrtum **kausal** gewesen sein für die Annahme der Erbschaft bzw. das Verstreichenlassen der Ausschlagungsfrist.[108]

809 Ein anfechtungsbegründender **Motivirrtum** findet sich auch in § 2308. Danach kann der pflichtteilsberechtigte Erbe, der die Erbschaft wegen ihrer Beschwerung i. S. d. § 2306 ausgeschlagen hat, diese Ausschlagung anfechten, sofern die Beschwerungen im Ausschlagungszeitpunkt nicht mehr vorhanden waren, und er davon keine Kenntnis hatte. Der Erbe hat die Möglichkeit, den Wegfall der Beschwer selbst herbeizuführen, indem er die belastende Verfügung anficht, § 142 Abs. 1.[109]

810 In diesen Zusammenhang gehört schließlich § 1949, obwohl der **Irrtum über den Berufungsgrund** keinen Anfechtungsgrund darstellt.[110] Vielmehr ordnet Abs. 1 die Nichtigkeit einer entsprechenden irrtumsbelasteten Annahme ohne Anfechtung an. Es ist schwer nachzuvollziehen, warum das Gesetz bei einer vergleichsweise unwichtigen Fehlvorstellung eine so einschneidende Rechtsfolge vorsieht, was schlecht in das System der Willensmängel passt. In der Sache liegt ein solcher Irrtum vor, wenn der Erbe z. B. glaubte, kraft Gesetzes berufen zu sein, während ihn in Wirklichkeit eine Verfügung von Todes wegen begünstigt hat.

811 Die **Rechtsfolgen einer Anfechtung** i. S. d. §§ 1954ff. reichen weiter als bis zur Nichtigkeit der angefochtenen Erklärung gem. § 142 Abs. 1. Die Anfechtung der Annahme gilt gleichzeitig als Ausschlagung, diejenige der Ausschlagung als Annahme, § 1957 Abs. 1.

---

[106] BayObLG, NJW-RR 1999, 590 (592).

[107] Vgl. hierzu KG, FamRZ 2004, 1900 (1900f.).

[108] BayObLG, FamRZ 1997, 1174.

[109] BGHZ 112, 229 (238); *Lange/Kuchinke*, Lehrbuch des Erbrechts, § 8 VII 2h (S. 221).

[110] Das wird, da der Wortlaut von § 1949 Abs. 1 lediglich von der Annahme spricht, unmittelbar aus Abs. 2 hergeleitet, *Lange/Kuchinke*, Lehrbuch des Erbrechts, § 8 VII 1e (S. 215).

Übersicht: Annahme und Ausschlagung der Erbschaft

Der **Übergang** des Nachlasses erfolgt gem. §§ 1922, 1942 Abs. 1 **von selbst**.

Voraussetzung für den Anfall der Erbschaft: **Berufungsgrund** (gesetzliche oder gewillkürte Erbfolge)+ **Erbfähigkeit + Vorhandensein des Erben** zum Zeitpunkt des Erbfalls

Folge: **Eintritt** des/der (Mit-)Erben grundsätzlich in **alle Rechte** und **Pflichten** des Erblassers

Keine Erbenstellung

Erbunwürdigkeit *Schwere sittliche Verfehlung*	**Erbverzicht** *Vertraglicher Verzicht auf Erbenstellung*	**Ausschlagung** *Rückwirkende Beseitigung der Erbenstellung*
Abschließende Aufzählung der Gründe in § 2339 Abs. 1 Nr. 1-4	Gem. § 2348 **notariell zu beurkundender Vertrag** zwischen Erblasser und Erben/Vermächtnisnehmer; nur zu **Lebzeiten des Erblassers** (Vertrag!).	**Ausschlagungsrecht** steht jedem **Erben** (§ 1942 Abs. 1) und **Vermächtnisnehmer** (§§ 2176, 2180) zu.
Geltendmachung durch **Anfechtungsklage** gem. § 2342 Abs. 1	**Folge: Ausscheiden** des **gesamten Stammes** aus der **Erbfolge**.	**Grds.:** Alles oder nichts (§ 1950) ***Ausn.:*** § 1951 Abs. 1
Folge: Rückwirkender Wegfall des Erben gem. § 2344 Abs. 1	**Achtung:** Gilt **nur** für **gesetzliches Erbrecht** oder **bereits vorhandene Verfügungen. Spätere Verfügungen** des Erblassers bleiben **unberührt**.	**Frist: Sechs Wochen**, § 1944 Abs. 1 (→Einzelheiten in Abs. 2), danach Fiktion der **unwiderruflichen Annahme** der Erbschaft, § 1943. ***Ausn.:*** § 1944 Abs. 3; § 2306 Abs. 1 S. 2 2. Hs.
	Beschränkung gem. § 2346 Abs. 2 auf den **Pflichtteil** möglich.	**Wirkung: Erbfolge**, als wenn der **Ausschlagende** zum Zeitpunkt des Erbanfalls **nicht gelebt** hätte, § 1953 Abs. 1.
		Anfechtung von **Annahme** und **Ausschlagung** gem. §§ 119 ff.; **Form und Frist** gem. §§ 1954 ff. **Wirkung:** § 1957

§ 5. Wiederholung und Vertiefung *

Sachverhalt

E hat seine Nachbarin N zur Alleinerbin eingesetzt, weil er von ihr lange Zeit betreut worden war. In Kenntnis dieses letzten Willens übernimmt es N, nach dem Tod des E dessen Haus zu versorgen. Dabei entdeckt sie zwei Tage nach Verkündung des Testamentes eine Briefmarkensammlung des E im Wert von € 5000. Da E ihr in dieser Höhe noch Geld schuldet, nimmt sie die Briefmarken und veräußert sie zum Preis von € 5000 an D, der von den näheren Umständen nichts weiß. Vier Wochen nach Eintritt des Erbfalles meldet sich bei der N der K als Sohn des Erblassers, den dieser nie erwähnt hatte. N erfährt, dass E sich zu Lebzeiten nicht um seinen Sohn gekümmert hatte und dieser macht nun als Ausgleich für die Vernachlässigung den Pflichtteil geltend. Empört über die ganzen Umstände, die N auf sich zukommen sieht, erklärt sie 5 Wochen nach der Testamentsverkündung dem Nachlassgericht zur Niederschrift die Ausschlagung der Erbschaft.

Mit Erfolg?

* Lösung im Anhang, siehe S. 461.

5. Kapitel. Die Rechtsstellung des Erben

§ 1. Der vorläufige Erbe

A. Einleitung

Die Erbschaft geht unmittelbar mit dem Erbfall auf den Erben über, § 1942 Abs. 1 (**Vonselbsterwerb**). Bis zu dem Zeitpunkt, in dem er das Ausschlagungsrecht verliert, ist der Begünstigte **vorläufiger Erbe** und als solcher **Rechtsnachfolger des Erblassers** gem. § 1922 Abs. 1. Da aber seine Erbfolge noch nicht endgültig feststeht, bedarf es besonderer Regeln für den Fall späterer Ausschlagung. Dazu enthält § 1959 Vorschriften, die das **Rechtsverhältnis** zwischen dem **Ausschlagenden** und dem **endgültigen Erben** in Abs. 1, die Vornahme **unaufschiebbarer Verfügungen** über Nachlassgegenstände in Abs. 2 sowie **einseitige Rechtsgeschäfte** gegenüber dem vorläufigen Erben in Abs. 3 betreffen. Sie sind nicht zuletzt wegen ihres Verweises auf die **GoA** in Abs. 1 bei der Klausurbearbeitung besonders zu beachten. Daneben sieht § 1960 vor, dass das **Nachlassgericht** während der Schwebephase **Sicherungsmaßnahmen** anordnen kann, falls der Nachlassbestand gefährdet erscheint, etwa die Hinterlegung von Geld, Wertpapieren und Kostbarkeiten. Ferner besteht gem. § 1960 Abs. 2 die Möglichkeit, einen Nachlasspfleger zu bestellen, für dessen Tätigkeit über § 1915 grundsätzlich Vormundschaftsrecht gilt. 812

B. Vornahme von Verpflichtungsgeschäften

Vor Annahme der Erbschaft ist der Erbe zur Verwaltung und Erhaltung 813
des Nachlasses nicht verpflichtet. Nimmt er dennoch entsprechende Rechtsgeschäfte vor, schließt er z. B. einen Werkvertrag, um Renovierungsarbeiten am ererbten Grundstück durchführen zu lassen, bleibt er als Vertragspartner auch nach seiner Ausschlagung berechtigt und verpflichtet. Im Übrigen haftet der vorläufige Erbe auch für **Nachlasserbenschulden** gem. § 1967 Abs. 2, und zwar mit dem Nachlass und seinem Privatvermögen, sofern er die Haftung nicht auf den Nachlass beschränkt hat.[1]

[1] Vgl. dazu Rdn. 867ff.

814 Im **Innenverhältnis** zum **endgültigen Erben** ordnet § 1959 Abs. 1 die Anwendung der §§ 677ff. an. Das bedeutet zugleich, dass der **vorläufige Erbe kein Erbschaftsbesitzer** i. S. d. § 2018 ist,[2] so dass der Erbe die in den §§ 2018ff. geregelten Ansprüche nicht gegen ihn geltend machen kann.[3] Dies darf in der Klausur nicht verwechselt werden.

Die Wendung in § 1959 Abs. 1 „**wie** ein Geschäftsführer" zeigt, dass es im Rahmen der Tatbestandsprüfung des § 677 Besonderheiten gibt. § 1959 Abs. 1 stellt eine **beschränkte Rechtsgrundverweisung** dar. Das vorgenommene Geschäft ist ihm zwar infolge der Rückwirkung der Ausschlagung **fremd**, vgl. § 1953 Abs. 1,[4] aber der vorläufige Erbe meint bis zu seiner Ausschlagung regelmäßig, ein eigenes Geschäft zu führen, und hat demnach **keinen Fremdgeschäftsführungswillen**. Vor dem Entschluss zur Ausschlagung kann der vorläufige Erbe ferner i. S. d. § 683 nicht auf den Willen des endgültigen Erben abstellen und deshalb nur Aufwendungsersatz gem. §§ 683 S. 1, 670 verlangen, wenn das erbschaftliche Geschäft dem **verständigen Willen des endgültigen Erben** entspricht. Dazu ist also ein objektiver Maßstab anzulegen, weil der vorläufige Erbe oft die persönlichen Verhältnisse des späteren Erben nicht kennt.[5] Diesem steht ein Anspruch auf Herausgabe des durch die **Geschäftsführung Erlangten** gem. § 681 S. 2 i. V. m. § 667 zu.

C. Vornahme von Verfügungen

I. Allgemeines

815 Die Beurteilung der Wirksamkeit von **Verfügungen über Nachlassgegenstände** durch den vorläufigen Erben bereitet ebenfalls Probleme. Die **Rückwirkung der Ausschlagung** gem. § 1953 Abs. 1 führt dazu, dass er dabei als **Nichtberechtigter** verfügt hat, sofern nicht in der Verfügung bereits konkludent eine **Annahme der Erbschaft** lag, so dass das Ausschlagungsrecht entfallen ist, § 1943 1. HS. Einen Erwerb vom Berech-

[2] *Bamberger/Roth*, § 1959 Rn. 5; MünchKomm/*Leipold*, § 1959 Rdn. 2; Soergel/*Stein*, § 1959 Rdn. 1; *Kipp/Coing*, Lehrbuch des Erbrechts, § 106 III (S. 581); Zum Erbschaftsbesitzer vgl. Rdn. 826 f.

[3] Vgl. dazu Rdn. 823ff.

[4] Vgl. Rdn. 788.

[5] OLG Celle, MDR 1970, 1012 (1013); Staudinger/*Marotzke*, § 1959 Rdn. 5; *Kipp/Coing*, Lehrbuch des Erbrechts, § 90 III 2 (S. 496) mit Fn. 3.

tigten **fingiert** das Gesetz, wenn die Verfügung **nicht ohne Nachteil** für den Nachlass verschoben werden konnte, § 1959 Abs. 2, z. B. bei Veräußerung verderblicher Waren oder Zahlung fälliger Lohnforderungen.

II. Probleme des gutgläubigen Erwerbs

Sofern der **vorläufige Erbe wirksam ausschlägt**, kann seine Verfügung 816
demgemäß außerhalb des Anwendungsbereichs von § 1959 Abs. 2 nur nach den Vorschriften über den **gutgläubigen Erwerb**, z. B. §§ 932ff., wirksam bleiben. Die Gutgläubigkeit muss sich hier – ähnlich wie bei § 142 Abs. 2 – darauf beziehen, dass dem Veräußerer als vorläufigen Erben das Ausschlagungsrecht nicht mehr zustand.[6] Der regelmäßige Anknüpfungspunkt für den guten Glauben, die Berechtigung des Veräußerers zur Eigentumsübertragung, vgl. § 932 Abs. 2, passt dafür nicht, da der Veräußerer zum Zeitpunkt der Verfügung noch Rechtsinhaber der Nachlassgegenstände war. Sofern der Erwerber also die Möglichkeit zur Ausschlagung kannte oder infolge grober Fahrlässigkeit nicht kannte, § 932 Abs. 2 analog, ist er bösgläubig. Dem berufenen Erben steht gegen ihn ein Herausgabeanspruch zu, § 985. § 2018 entfällt wiederum, weil der rechtsgeschäftliche Erwerber **kein Erbschaftsbesitzer** i. S. d. Norm ist.

Bei **Gutgläubigkeit** des Erwerbers stellt sich die Frage, ob dem Erben 817
der Nachlassgegenstand i. S. d. § 935 Abs. 1 S. 1 **abhanden gekommen** war, weil der vorläufige Erbe mit der Ausschlagung gem. § 1953 Abs. 1 i. V. m. § 857 auch seinen **Erbenbesitz rückwirkend verliert**. Er wird also streng genommen so behandelt, als ob er niemals Besitzer war. Demgegenüber hat der endgültige Erbe im Wege der Fiktion den Erbenbesitz des § 857. Die überwiegende Ansicht stellt aber auf die **tatsächlichen Verhältnisse** zur Zeit der Verfügung ab und verneint eine **verbotene Eigenmacht** des vorläufigen Erben.[7]

---

6 So Staudinger/*Marotzke*, § 1959 Rdn. 13; MünchKomm/*Leipold*, § 1959 Rdn. 7.

7 BGH, NJW 1969, 1349; Staudinger/*Marotzke*, § 1959 Rdn. 14; *Lüke*, JuS 1978, 254 (255); a. A. *Lange/Kuchinke*, Lehrbuch des Erbrechts, § 8 V 2 (S. 206) mit Fn. 107.

III. Erfüllung einer Nachlassverbindlichkeit

818 Eine Leistung des Nachlassschuldners an den vorläufigen Erben hat **keine Erfüllungswirkung** gem. § 362 Abs. 1, da der **endgültige Erbe Gläubiger** der Nachlassforderung ist. Es herrscht jedoch Streit darüber, ob für die **Annahme der Leistung** durch den vorläufigen Erben § 1959 Abs. 2[8] oder Abs. 3[9] gilt. Für eine Anwendung des Abs. 2 spricht, dass darin eine **Verfügung über einen Nachlassgegenstand** (Forderung) liegt. Nur wenn also die Annahme nicht ohne Nachteil für den Nachlass verschoben werden konnte, kommt der Leistung an den vorläufigen Erben auch nach Ausschlagung Erfüllungswirkung zu. Dies ist allerdings bei fälligen Nachlassverbindlichkeiten regelmäßig deshalb zu bejahen, weil eine Annahmeverweigerung Gläubigerverzug, §§ 293ff., bedeuten würde.[10]

D. Vornahme einseitiger Rechtsgeschäfte gegenüber dem vorläufigen Erben

819 **Einseitige Rechtsgeschäfte**, die gegenüber dem Erben vorzunehmen sind, z. B. Kündigung, Rücktritt oder Mahnung, bleiben gem. § 1959 Abs. 3 auch nach der Ausschlagung wirksam, ohne dass es auf die Dringlichkeit des Rechtsgeschäfts ankommt. Selbst die Kenntnis, dass der Empfänger noch ausschlagen kann, schadet dem Erklärenden nicht.

E. Haftung des vorläufigen Erben vor Erbschaftsannahme

820 Der vorläufige Erbe ist davor zu schützen, dass Nachlassgläubiger auf sein Privatvermögen zugreifen. Er haftet deshalb zwar grundsätzlich **unbeschränkt für Nachlassverbindlichkeiten**, § 1967 Abs. 1. Bis zur Annahme der Erbschaft können Nachlassgläubiger ihre Forderungen gegen ihn aber **nicht gerichtlich verfolgen**, § 1958.[11] Eine dennoch erhobene **Klage** ist nach h. M. **unzuläs-**

[8] So die h. M.: AnwK-BGB/*Ivo*, § 1959, Rdn. 9; Staudinger/*Marotzke*, § 1959 Rdn. 11; Erman/*Schlüter*, § 1959 Rdn. 4; *Brox*, Erbrecht, Rdn. 318.

[9] So MünchKomm/*Leipold*, § 1959 Rdn. 10; *Kipp/Coing*, Lehrbuch des Erbrechts, § 90 III 3c (S. 496f.).

[10] Vgl. dazu Staudinger/*Marotzke*, § 1959 Rdn. 11, 19.

[11] Da die Ausschlagungsfrist bis zur mündlichen Verhandlung im Verfahren gegen den vorläufigen Erben meist abgelaufen ist, wirkt sich § 1958 praktisch selten aus.

Übersicht: Die Rechtsstellung des Erben, § 1942 Abs. 1 S. 1

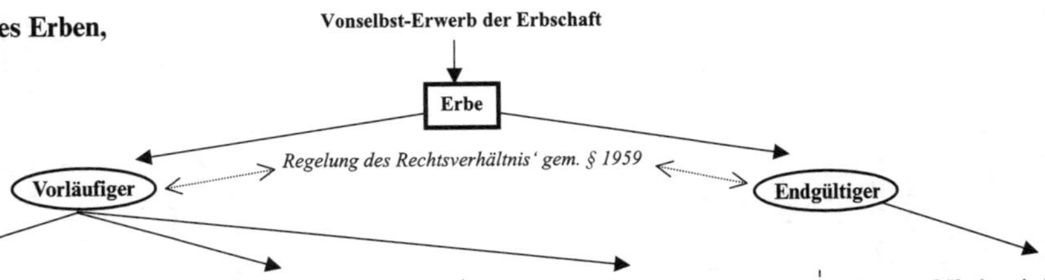

Verpflichtungsgeschäft	Verfügungsgeschäft	Haftung	Innenverhältnis zwischen vorläufigem und endgültigem Erben
Vor der Ausschlagung vorgenommenes **Verpflichtungsgeschäft** bleibt **wirksam**; Ausschlagender ist Vertragspartner	Vor der Ausschlagung vorgenommene **Verfügung** wird infolge **Rückwirkung** gem. § 1953 **unwirksam** (Ausschlagender = Nichtberechtigter) → **gutgläubiger Erwerb** möglich, §§ 932 ff. (**Bösgläubigkeit** bei **Kenntnis** oder **grob fahrlässiger Unkenntnis der Ausschlagungsmöglichkeit**) Trotz § 857 **keine Anwendung** von § 935 (str.) → bei **drohendem Nachteil** für Nachlass: § 1959 Abs. 2 (Fiktion des Erwerbs vom Berechtigten) <u>Achtung:</u> Vornahme des Verfügungsgeschäfts ist ggf. **konkludente Annahme** der Erbschaft.	<u>Grds.:</u> **Unbeschränkte Haftung**, § 1967 <u>Aber:</u> **Gerichtliche Geltendmachung** von Forderungen bis zur Annahme **nur** gegen **Nachlasspfleger**, §§ 1961, 1960 Abs. 3 **Keine Zwangsvollstreckung** in **Privatvermögen** des vorl. Erben → ggf. **Erinnerung**, § 766 ZPO, oder **Drittwiderspruchsklage**, § 771 ZPO. **Zwangsvollstreckung** gegen **Erblasser** wird in Nachlass fortgesetzt, §§ 779, 778 Abs. 1 ZPO	**Beschränkte Rechtsgrundverweisung** auf GoA, §§ 677 ff. Zur **Ermittlung** des „Willens des endgültigen Erben" (§ 683) ist ein **objektiver Maßstab** anzulegen, da vorl. Erbe vor Ausschlagung regelm. Eigengeschäftsführungswillen hat. → **<u>Wichtig:</u>** vorläufiger Erbe ist **nicht Erbschaftsbesitzer i.S.d. § 2018**

- **Einseitige Rechtsgeschäfte gegenüber dem vorläufigen Erben bleiben wirksam**, § 1959 Abs. 3.
- **Leistungen an den vorläufigen Erben** haben **keine Erfüllungswirkung** gem. § 362.

sig.[12] Prozesse gegen den Erblasser werden gem. § 238 Abs. 1 ZPO durch seinen **Tod unterbrochen**. Allerdings haben die Nachlassgläubiger die Möglichkeit, einen **Nachlasspfleger** zu beantragen, gegen den sie ihre Forderungen prozessual geltend machen können, §§ 1961, 1960 Abs. 3.

821 In diesem Zeitraum droht dem vorläufigen Erben auch keine Gefahr für sein Eigenvermögen aus vorhandenen **Vollstreckungstiteln**. Die **Zwangsvollstreckung** gegen den **Erblasser** wird allein in den **Nachlass** fortgesetzt, §§ 779 Abs. 1, 778 Abs. 1 ZPO. Gegen **Vollstreckungen in** sein **Privatvermögen** stehen dem vorläufigen Erben wahlweise **Erinnerung**, § 766 ZPO, oder **Drittwiderspruchsklage**, § 771 ZPO, zu. Sofern mit der Vollstreckung erst **nach dem Erbfall** begonnen werden soll, bedarf es einer **Titelumschreibung**, § 727 ZPO, die vor Annahme der Erbschaft an § 1958 scheitert.

822 Andererseits muss das Gesetz dafür sorgen, dass der Nachlass bis zur Erbschaftsannahme nicht zu Lasten des endgültigen Erben sowie der Nachlassgläubiger durch Zugriffe von Privatgläubigern des vorläufigen Erben geschmälert wird. Deshalb verhindert § 778 Abs. 2 ZPO eine Zwangsvollstreckung in den Nachlass aufgrund von **Eigenverbindlichkeiten des Erben**.

F. Wiederholung und Vertiefung *

Sachverhalt[13]

E hinterlässt als Erben seinen Sohn S. Im Nachlass befindet sich ein Haus, dessen Dach schadhaft ist. S beauftragt den Dachdecker W mit Reparaturarbeiten, die auch alsbald durchgeführt werden.

Außerdem veräußert S an D eine wertvolle Uhr aus dem Nachlass. D weiß nicht, dass die Uhr aus dem Nachlass stammt, sondern geht davon aus, sie sei dem S zum Geburtstag geschenkt worden. Schließlich erfährt S, dass E zu seinen Lebzeiten seine Briefmarkensammlung für € 10000,– an C verkauft hatte und die Kaufpreisforderung noch offen ist. Nach Zahlungsaufforderung zahlt C an S.

Einige Tage später fällt S auf, dass die im Nachlass befindliche Unternehmensbeteiligung entgegen seinen Erwartungen wertlos ist und schlägt die Erbschaft wirksam aus. Nunmehr erbt die T, die Tochter des Erblassers, als Alleinerbin.

Wie ist die Rechtslage?

---

[12] MünchKomm/*Leipold*, § 1958 Rdn. 10; *Thomas/Putzo*, § 305 Rdn. 1; *Ebenroth*, Rdn. 352. Die Gegenansicht hält die Klage wegen fehlender Passivlegitimation für unbegründet, so z. B. RGZ 60, 179 (181); 79, 201 (203).

* Lösung im Anhang, siehe S. 462.

[13] S. dazu auch Fall 37 in *Olzen/Wank*, Zivilrechtliche Klausurenlehre mit Fallrepetitorium, S. 618 ff.

§ 2. Der Erbschaftsanspruch, §§ 2018ff.

Schrifttum: **Olzen**, Der Erbschaftsanspruch, JuS 1989, 374; **Sarres**, Auskunftsansprüche gegen den Erbschaftsbesitzer, ZEV 1998, 298; **Weimar**, Der Erbschaftsanspruch und die Einzelansprüche der Erben, MDR 1976, 728; **Wieling**, Hereditatis petitio und res judicata, JZ 1986, 5.

A. Einleitung

Das Rechtsverhältnis zwischen **Erben** und **Erbschaftsbesitzer** gem. §§ 2018ff. ist im ersten Staatsexamen ein gängiges Prüfungsthema aus dem Erbrecht.[14] Die Vorschriften stehen in enger Verwandtschaft zum **Eigentümer-Besitzer-Verhältnis**.[15] Wichtig ist zunächst, dass die §§ 2018ff. **keine** verdrängenden **Sondernormen** sind. Dies zeigt der Wortlaut des § 2018 („kann") ebenso wie § 2029, der sonst unnötig wäre. Das mögliche Nebeneinander verschiedener Anspruchsgrundlagen zeigt, dass der Gesetzgeber mit den §§ 2018ff. den Erben **privilegieren** wollte.[16] **823**

Der Erbschaftsanspruch ist ein **Gesamtanspruch**,[17] der sich auf den gesamten Nachlass richtet. Je nach Nachlassgegenstand erfasst er die Übereignung beweglicher oder unbeweglicher Sachen oder die Abtretung von Forderungen. Prozessual gehört dazu der **Gerichtsstand der Erbschaft** gem. § 27 Abs. 1 S. 1 ZPO. Dort kann allerdings nicht – wie der Wortlaut des § 2018 vermuten lässt – eine Gesamtklage auf „Herausgabe des Nachlasses" erhoben werden. Wegen des zwingenden Erfordernisses eines **bestimmten Antrages** in § 253 Abs. 2 Nr. 2 ZPO sind die einzelnen Nachlassgegenstände im Klageantrag vielmehr genau zu bezeichnen. Wer einen Nachlass herausverlangt, dessen Bestandteile er nicht kennt, muss deshalb zunächst gem. § 2027 **Auskunft** verlangen[18] und – wenn der Anspruchsgegner sich weigert – beide **824**

---

[14] Vgl. *Olzen/Wank*, Zivilrechtliche Klausurenlehre, S. 607 m.w.N.

[15] Hierzu *Schreiber*, Jura 1992, 356ff.; 533ff.; *Ebenroth*, Erbrecht, Rdn. 1025 spricht vom „Erbschafts-EBV".

[16] *Olzen*, JuS 1989, 374; zur ratio des § 2018 BGB vgl. MünchKomm/*Helms*, § 2018 Rdn. 3; Damrau/*Schmalenbach*, Erbrecht, § 2018, Rdn. 1.

[17] Soergel/*Dieckmann*, Vor § 2018 Rdn. 2; MünchKomm/*Helms*, § 2018 Rdn. 7; Hk-BGB/*Hoeren*, Vorbem. zu §§ 2018–2031, Rdn. 1.

[18] Dazu näher *Sarres*, ZEV 1998, 298ff.

Begehren in einer sog. **Stufenklage** gem. § 254 ZPO[19] miteinander verbinden.[20]

B. Die Anspruchsvoraussetzungen des § 2018

I. Der Erbe als Anspruchsteller

825 Das **Erbrecht des Anspruchstellers** kann sich aus dem **Gesetz**[21] ergeben, §§ 1924ff., oder auf einer **Verfügung von Todes wegen**[22] beruhen, §§ 1937ff. Kein Erbe ist der **Vermächtnisnehmer**, der gem. § 2174 nur einen **schuldrechtlichen Anspruch** gegen den Erben hat. Dagegen sind alle **Rechtsnachfolger** des Erben Berechtigte i. S. d. § 2018, wie z. B. der **Erbschaftskäufer**, § 2374, oder der **Erbe des Erben.** Desgleichen kommt ein **Miterbe** als Anspruchsteller in Betracht, dessen Anspruch aber gem. § 2039 S. 1 nur **gesamthänderisch** auf Leistung an **alle Miterben** gerichtet ist. Für den oder die Erben kann ein Dritter handeln, der den Nachlass verwaltet, z. B. der **Testamentsvollstrecker** gem. § 2205.

II. Erbschaftsbesitzer als Anspruchsgegner

826 Der **Erbschaftsbesitzer** gem. § 2018 ist jemand, der aufgrund eines ihm in **Wirklichkeit nicht zustehenden Erbrechtes** Nachlassgegenstände besitzt. Diese Formulierung enthält ein **objektives Element**, dass dem Erbschaftsbesitzer **kein Erbrecht zustehen darf**, und ein **subjektives**, dass er die Erbschaft oder einen Teil davon unter Berufung auf ein vermeintliches Erbrecht beansprucht, sich also ein **Erbrecht anmaßt.**[23] Die Gut-

---

[19] *Lange/Kuchinke*, Lehrbuch des Erbrechts, 40 III 3f. (1059); *Leipold*, Erbrecht, Rdn. 640. Zur Stufenklage eingehend *Lüke*, JuS 1995, 143ff.

[20] Darin verlangt man vom Erbschaftsbesitzer auf der ersten Stufe *Auskunft* – u. U. mit einer entsprechenden eidesstattlichen Versicherung gem. § 260 – und dann auf der zweiten Stufe *Herausgabe* der darin angegebenen Nachlassgegenstände.

[21] Zur gesetzlichen Erbfolge vgl. *Olzen*, Jura 1998, 135ff.; *Belling*, Jura 1986, 579ff.

[22] Zu den Verfügungen von Todes wegen *Schreiber*, Jura 1996, 360ff. und 409ff.

[23] *Brox*, Erbrecht, Rdn. 575; *Ebenroth*, Erbrecht, Rdn. 1012; Erman/*Schlüter*, § 2018 Rdn. 2.

bzw. Bösgläubigkeit hat dafür keine Bedeutung.[24] Allein die Bezahlung von Erblasserschulden reicht dazu nicht aus, da sie gem. § 267 auch von Dritten vorgenommen werden kann.

Danach ist etwa der **Dieb** eines Nachlassgegenstandes kein Erbschaftsbesitzer,[25] auch nicht derjenige, der sich auf ein vermeintliches **Vermächtnis**[26] oder auf einen **rechtsgeschäftlichen Erwerb** vom Erblasser beruft. Gleiches gilt für den **Testamentsvollstrecker**. Der **vorläufige Erbe**, d. h. ein Erbe bis zur Ausschlagung der Erbschaft gem. § 1953, erfüllt diese Voraussetzung ebenfalls nicht, denn sein Erbrecht besteht bis zur Ausschlagung.[27] Erbschaftsbesitz ist dagegen zu bejahen, wenn die begünstigende letztwillige Verfügung durch Anfechtung rückwirkend beseitigt wird.[28] Für den **Vorerben** gilt ausschließlich § 2130, selbst wenn er den Eintritt der Nacherbfolge bestreitet.[29] Dagegen ist Erbschaftsbesitzer i. S. d. Norm dessen Rechtsnachfolger, z. B. der **Erbschaftskäufer** gem. § 2030 oder auch der **Erbe des Erbschaftsbesitzers**, § 1967.[30] 827

III. „etwas aus der Erbschaft erlangt"

Als letzte Voraussetzung verlangt § 2018, dass der Erbschaftsbesitzer „etwas aus der Erbschaft erlangt hat". Hierunter fallen nicht nur **Sachen**, die im Eigentum des Erblassers standen, sondern auch solche, an denen er nur ein Besitzrecht hatte, z. B. als Mieter. Erlangt sein kann aber auch eine **Forderung**, deren Inhaber der Erbe allerdings bereits nach § 1922 wird. Von der Herausgabepflicht sind dann **Urkunden** und **Beweismittel** zu ihrer Durchsetzung erfasst.[31] Wichtig ist die Vorschrift schließlich noch für unrichtige **Buchpositionen** im Grundbuch[32] oder im Handelsregister.[33] 828

---

24 MünchKomm/*Helms*, § 2018 Rdn. 15; *Brox*, Erbrecht, Rdn. 575.
25 Mot V, S. 578 f.; *Bamberger/Roth*, § 2018 Rn. 11.
26 Palandt/*Edenhofer*, § 2018 Rdn. 5.
27 Vgl. dazu im Einzelnen Rdn. 812 ff.
28 BGH, NJW 1985, 3068 (3069).
29 *Ebenroth*, Erbrecht, Rdn. 1014; *Brox*, Erbrecht, Rdn. 577.
30 Vgl. BGH, NJW 1985, 3068 (3069 f.).
31 MünchKomm/*Helms*, § 2018 Rdn. 23; RGRK/*Kregel*, § 2018 Rdn. 8.
32 Soergel/*Dieckmann*, § 2018 Rdn. 12.
33 W. Bsp. bei Palandt/*Edenhofer*, § 2018 Rdn. 9 f.; MünchKomm/*Frank*, § 2018 Rdn. 23.

Übersicht: Der Erbschaftsanspruch

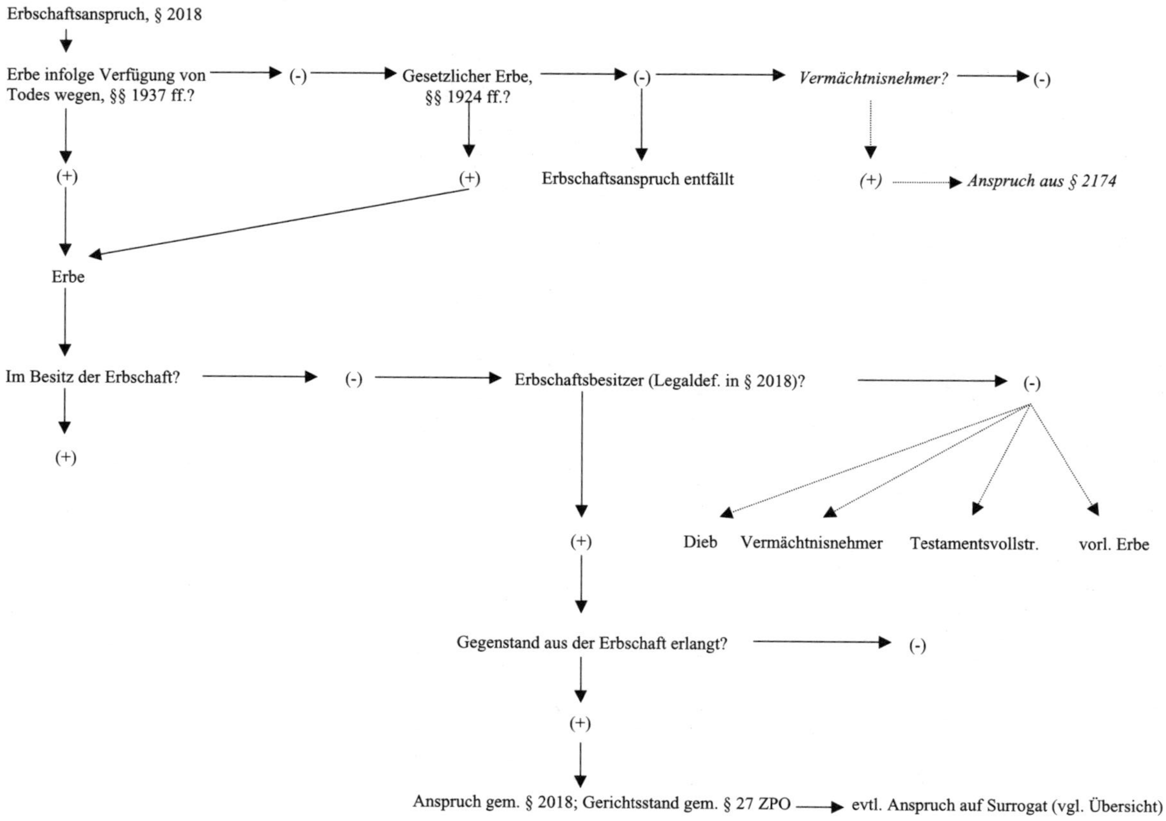

Wichtig: Einzelansprüche des Erben sind zusätzlich zu prüfen, vgl. § 2029.

IV. Konkurrierende Ansprüche des Erben

Soweit der Erbe Herausgabe verlangt, kann neben dem Erbschaftsanspruch **§ 985** zu prüfen sein. Da der Erbe gem. § 857 Besitzer des Nachlasses wird, kommt außerdem ein Herausgabeanspruch gem. **§ 861** in Betracht. Dabei stellt die Inbesitznahme durch den Erbschaftsbesitzer ohne Zustimmung des Erben **verbotene Eigenmacht** i. S. d. § 858 dar.[34] Außerdem ist an **§ 1007** zu denken und an Herausgabe im Wege der Naturalrestitution über den Schadensersatzanspruch gem. **§§ 823 Abs. 1, 249 S. 1.** Ergänzt werden die Herausgabeansprüche des Erben noch durch **§ 812**: Gab der Erbe den Gegenstand in Anerkennung eines vermeintlich bestehenden Erbrechtes an den Erbschaftsbesitzer heraus, so handelt es sich um eine **Leistungskondiktion** gem. § 812 Abs. 1 S. 1 1. Fall. Außerdem ist die Frage zu beantworten, ob die eigenmächtige Ansichnahme eine **Eingriffskondiktion** des Erben gem. § 812 Abs. 1 S. 1 2. Fall begründet. Manche gehen hier von einem Vorrang des § 861 aus.[35] 829

§ 3. Der Surrogationsgrundsatz, § 2019 Abs. 1

A. Allgemeines

Der Herausgabeanspruch aus § 2018 erstreckt sich auch auf dasjenige, was der Erbschaftsbesitzer **„durch Rechtsgeschäft mit Mitteln der Erbschaft erwirbt“**, § 2019 Abs. 1. Es findet eine **dingliche Surrogation** statt,[36] durch die die Ersatzgegenstände unmittelbarer Bestandteil des Nachlasses werden, **ohne** dass es zu einem **Durchgangserwerb** beim Erbschaftsbesitzer kommt. Auf diese Weise bleibt der Nachlass den Nachlassgläubigern erhalten.[37] Die Rechtsfolge tritt unmittelbar **kraft Gesetzes** ein.[38] Der Berechtigungsumfang entspricht dabei dem des weggegebenen Nachlassteils: Wenn z. B. an dem Erbschaftsgegenstand 830

---

[34] Palandt/*Bassenge*, § 857 Rdn. 2.

[35] Palandt/*Bassenge*, § 861 Rdn. 2 m. w. N.

[36] Zum Prinzip der dinglichen Surrogation vgl. *Wolf*, JuS 1975, 643ff.; 710ff.; 1976, 32ff.; 104ff.; *Coester-Waltjen*, Jura 1996, 24ff.; *Strauch*, Mehrheitlicher Rechtsersatz, 1972, S. 24ff.; vgl. auch §§ 2041, 2111.

[37] BGHZ 109, 214 (217); OLG Düsseldorf, FamRZ 1992, 600 (601); *Olzen*, JuS 1989, 374 (377).

[38] Möglich ist auch eine mehrfache Surrogation, also eine erneute Surrogation surrogierter Gegenstände; vgl. hierzu Erman/*Schlüter*, § 2019 Rdn. 1; RGRK/*Kregel*, § 2019 Rdn. 1.

ursprünglich ein Pfandrecht bestand, entsteht auch an dem Ersatzgegenstand ein solches zugunsten des Erben. Der Schutz ist erheblich effektiver als eine lediglich **schuldrechtliche Ersetzung** (z. B. in den §§ 816 Abs. 1, 285), die einen Durchgangserwerb des Handelnden bewirkt und nur einen obligatorischen Herausgabeanspruch begründet.[39]

831 Die Herausgabepflicht aus § 2018 erstreckt sich jedoch nur dann auf die erlangten Surrogate, wenn die folgenden drei Voraussetzungen des § 2019 Abs. 1 erfüllt sind:[40]

B. Die Voraussetzungen der Norm

I. Ersatzgegenstand („was“)

832 Zunächst muss ein **Ersatzgegenstand** in den Nachlass gelangen, z. B. das **Eigentum** an (un-)beweglichen Sachen oder die **Inhaberschaft** einer Forderung, die aus der Veräußerung oder Vermietung eines Nachlassgegenstandes entsteht.[41] Bei **Kreditgeschäften** gibt es die Besonderheit, dass der auf Kreditbasis erworbene Gegenstand erst mit vollständiger Erbringung der dem Erbschaftsbesitzer obliegenden Leistung in den Nachlass fällt. Folglich findet für diesen Fall ausnahmsweise zunächst ein **Durchgangserwerb** in der Person des Erbschaftsbesitzers statt.[42]

833 Ausnahmen bestehen darüber hinaus für **höchstpersönliche Rechtspositionen**, u. a. beschränkte persönliche Dienstbarkeiten oder den Nießbrauch, welche die Surrogation nicht erfasst.[43]

834 Sie tritt auch dann nicht ein, wenn nach dem fraglichen Rechtsgeschäft nichts im Nachlass verbleibt, z. B. weil der Erbschaftsbesitzer mit den Nachlassmitteln eigene Schulden getilgt hat.[44]

---

[39] Vgl. auch *Ebenroth*, Erbrecht, Rdn. 1018.

[40] Bei § 2019 Abs. 1 handelt es sich nicht um eine Anspruchsgrundlage sondern um eine Ergänzung des § 2018.

[41] W. Bsp. bei Erman/*Schlüter*, § 2019 Rdn. 1.

[42] So die h. M., z. B. *Brox*, Erbrecht, Rdn. 606; Staudinger/*Gursky*, § 2019 Rdn. 4; a. A. *Ebenroth*, Erbrecht, Rdn. 1022 m. w. N.

[43] Dazu MünchKomm/*Helms*, § 2019 Rdn. 6; *Olzen*, JuS 1989, 374 (377). In diesem Fall hat der Erbe einen Anspruch auf Herausgabe der Bereicherung nach den §§ 2021, 818 Abs. 2, Abs. 3. Zur Ausnahme bei Erwerb einer Gesellschafterstellung: BGHZ 109, 214 (217f.); OLG Düsseldorf, FamRZ 1992, 600 (601) m. w. N.; Staudinger/*Gursky*, § 2019 Rdn. 9.

[44] Der Erbe hat für diesen Fall u. a. einen Ersatzanspruch nach §§ 2020, 818 Abs. 2.

II. Rechtsgeschäftlicher Erwerb

Der Ersatzgegenstand muss **rechtsgeschäftlich** erworben worden sein. 835
Der Begriff des „Rechtsgeschäftes“ in § 2019 ist im Übrigen weit zu verstehen: So genügt es, wenn das Surrogat (z. B. ein Grundstück) im Rahmen einer Zwangsversteigerung mit Mitteln des Nachlasses erlangt wird.[45] Dabei ist die **Zweckrichtung** des Rechtsgeschäfts mangels Einschränkung im Tatbestand des § 2019 unerheblich; **Nachlassbezogenheit** also nicht zwingend erforderlich.[46] So fallen auch solche Gegenstände unmittelbar in den Nachlass, die der Erbschaftsbesitzer zu seinem persönlichen Gebrauch erwirbt, z. B. eine Brille oder ein Maßanzug.

Streit besteht darüber, ob das Rechtsgeschäft **wirksam** sein muss.[47] 836
Da ein gutgläubiger Erwerb vom nichtberechtigten Erbschaftsbesitzer auf Grund der Erbenbesitzfiktion des § 857 u. U. wegen Abhandenkommens § 935 ausgeschlossen ist, stellt sich das Problem der Unwirksamkeit des **Erfüllungsgeschäfts**[48] häufig.

Folgendes muss man berücksichtigen: Eine Beschränkung auf wirk- 837
same Rechtsgeschäfte hätte eine zu weitgehende Begrenzung des Anwendungsbereiches der dinglichen Surrogation i. S. d. § 2019 Abs. 1 zur Folge, die ihrem Zweck, den Nachlass zumindest seinem wirtschaftlichen Wert nach zu erhalten, zuwiderliefe.[49] Die gegenüber einem solchen weiten Verständnis vorgebrachte Kritik einer doppelten Begünstigung des Erben, der zum einen vom Erwerber Herausgabe nach § 985 verlangen, zum anderen gegenüber dem Erbschaftsbesitzer aus §§ 2018, 2019 Abs. 1 vorgehen kann, wird vermieden, wenn man in dem Herausgabeverlangen bzgl. des Surrogates zugleich die Genehmigung der unwirksamen Verfügung des Erbschaftsbesitzers sieht.[50]

---

[45] Staudinger/*Gursky*, § 2019 Rdn. 18; *Ebenroth*, Erbrecht, Rdn. 1021 m. w. N. in Fn. 33.

[46] Erman/*Schlüter*, § 2019 Rdn. 1; *Ebenroth*, Erbrecht, Rdn. 1021.

[47] Dafür Staudinger/*Gursky*, § 2019 Rdn. 23 m. w. N.; dagegen z. B. *Brox*, Erbrecht, Rdn. 605; *Lange/Kuchinke*, Lehrbuch des Erbrechts, § 41 III 2.c (S. 1072).

[48] Eine Einschränkung gilt aber bei Vorhandensein eines Erbscheins gem. § 2366, da § 935 insoweit keine Anwendung findet, vgl. Soergel/*Dieckmann*, § 2019 Rdn. 8.

[49] Vgl. *Olzen*, JuS 1989, 374 (377).

[50] Palandt/*Edenhofer*, § 2019 Rdn. 2; *Medicus*, Bürgerliches Recht, Rdn. 603b. Str. insoweit nur, ob die Genehmigung aufschiebend bedingt durch die tatsächliche Herausgabe des Surrogates (hierfür z. B. *Brox*, Erbrecht, Rdn. 605;

Übersicht: Der Surrogationsgrundsatz

Herausgabeanspruch gem. § 2018 umfasst **gesamten Nachlass**, gem. **§** 2019 auch **Surrogate**:

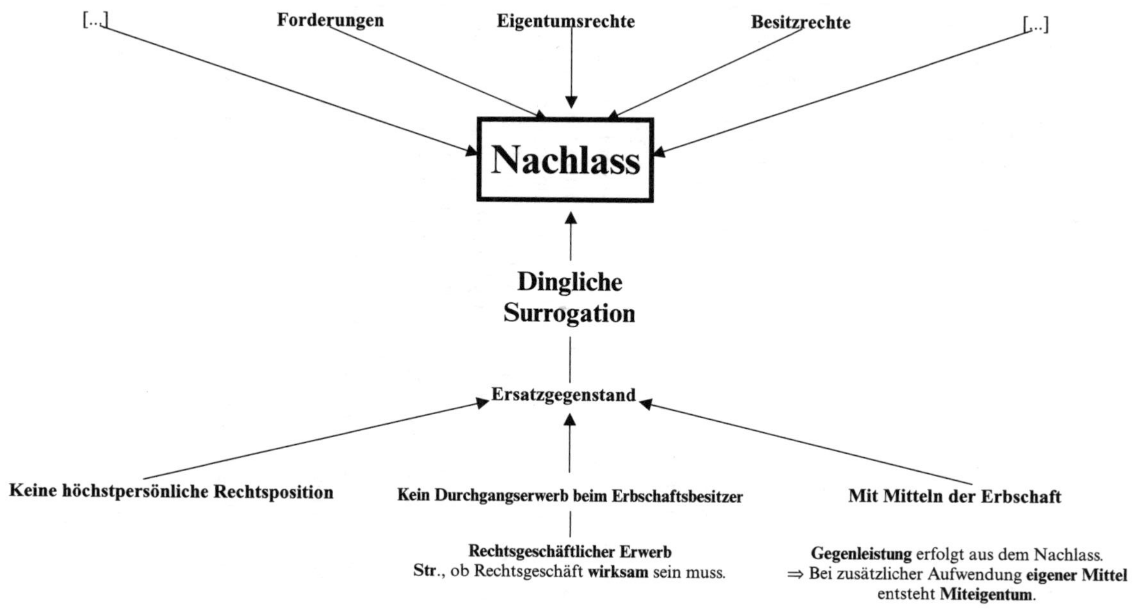

Dass sich § 2019 Abs. 1 im Gegensatz zu den §§ 2041, 2111 auf „rechtsgeschäftlich" erlangte Ersatzgegenstände beschränkt, besagt nicht, dass für diesen Fall **Ersatzleistungen**, die **aufgrund Gesetzes** z. B. § 285 an die Stelle eines Nachlassgegenstandes treten, ausgeschlossen sein sollen. Die Möglichkeit einer solchen (einfachen) Surrogation folgt bereits unmittelbar aus der Eigentümerstellung des Erben bzgl. der Nachlassgegenstände.[51] 838

III. „Mit Mitteln der Erbschaft"

Als dritte und letzte Voraussetzung muss der Erwerb des Gegenstandes mit **Mitteln der Erbschaft** erfolgen.[52] Dies ist regelmäßig dann der Fall, wenn die Gegenleistung aus dem Nachlass erbracht wird. Wendet der Erbschaftsbesitzer teilweise eigene Mittel auf, so tritt auch die Mittelsurrogation nur in Höhe des erbrachten Nachlassteils ein und es entsteht eine gemeinsame Berechtigung von Erbe und Erbschaftsbesitzer, z. B. in Form von Miteigentum, §§ 1008ff.[53] Zur Begründung einer Forderung muss der Erbschaftsbesitzer ebenfalls Mittel aus dem Nachlass aufwenden,[54] während dies für die Einziehung einer Forderung nicht gilt. 839

§ 4. Die Herausgabe der Nutzungen gemäß § 2020

§ 2020 1. HS. gibt dem Erben gegenüber dem Erbschaftsbesitzer einen Anspruch auf Herausgabe der gezogenen **Nutzungen**. Die Beschränkung auf **tatsächlich gezogene** Nutzungen schließt einen Anspruch des 840

MünchKomm/*Helms*, § 2019 Rdn. 10 oder auflösend bedingt durch die Nichtdurchsetzbarkeit des Anspruchs aus §§ 2018, 2019 Abs. 1 (so Staudinger/*Gursky*, § 2019 Rdn. 12) ist.

[51] Dazu *Ebenroth*, Lehrbuch des Erbrechts, Rdn. 1020; *Lange/Kuchinke*, Lehrbuch des Erbrechts, § 41 II 3 (S. 1070); *Olzen*, JuS 1989, 374 (377).

[52] § 2019 Abs. 1 ist damit enger als § 2041, der lediglich einen Bezug zum Nachlass verlangt. Das Merkmal „mit Mitteln der Erbschaft" findet sich ebenfalls in § 2111 Abs. 1.

[53] *Bamberger/Roth*, § 2019 Rn. 7; Erman/*Schlüter*, § 2019 Rdn. 4; Soergel/*Dieckmann*, § 2019 Rdn. 2.

[54] Beachte in diesem Zusammenhang § 2019 Abs. 2, der dem Schutz des Schuldners der Forderung dient.

Erben auf Ersatz für eine unterlassene Fruchtziehung aus.[55] Der **Anspruchsumfang** richtet sich nach § 100. Da Gebrauchsvorteile jedoch nicht gegenständlich herausgegeben werden können, besteht eine Ersatzpflicht zugunsten des Erben gem. den §§ 2021, 818 Abs. 2. Gleiches gilt für nicht mehr vorhandene Nutzungen.[56]

841 Nach dem Wortlaut des § 2020 (im Vergleich zu den §§ 2023 Abs. 2, 2024) sind **alle Nutzungen** herauszugeben, unabhängig davon, ob sie dem Erben oder einem Dritten zustehen.[57] Dies gilt gem. § 2020 2. HS. auch für diejenigen Früchte, an denen der Erbschaftsbesitzer **Eigentum** erworben hat. Daraus folgt, dass die §§ 953ff. Anwendung finden. In Betracht kommt insoweit § 955, nach dem der Erbschaftsbesitzer an Sachfrüchten, § 99 Abs. 1, mit ihrer Trennung von der Muttersache kraft Gesetzes Eigentum erlangt.[58] Für diesen Fall greift § 2020 2. HS. ein und verweist den Erben auf einen **schuldrechtlichen Herausgabeanspruch**.[59] Der dadurch bedingte Ausschluss der dinglichen Surrogationswirkung des § 2019 Abs. 1 beschränkt sich jedoch auf einen Eigentumserwerb von **Sachfrüchten** seitens des Erbschaftsbesitzers und gilt nicht für alle Früchte.[60] Denn nach dem Zweck der §§ 2018ff., insbesondere des § 2019 Abs. 1, der darin besteht, den Nachlass zugunsten des Erben und der Nachlassgläubiger zusammenzuhalten, handelt es sich bei der in § 2020 2. HS. getroffenen Regelung um eine **Ausnahme**, die dem Erben bzw. den Nachlassgläubigern das **Insolvenzrisiko** des Erbschaftsbesitzers aufbürdet.[61] Im Ergebnis entspricht die Herausgabepflicht gem. § 2020 damit einem Anspruch aus § 988,[62] so dass die Norm an sich überflüssig ist.

---

[55] Palandt/*Edenhofer*, § 2020 Rdn. 1.

[56] Die §§ 275ff. werden insoweit verdrängt, vgl. *Olzen*, JuS 1989, 374 (378).

[57] *Olzen*, JuS 1989, 374 (378); vgl. auch Staudinger/*Gursky*, § 2020 Rdn. 11.

[58] *Medicus*, Bürgerliches Recht, Rdn. 603d u. 603h.

[59] Ist § 955 nicht erfüllt, wird der Erbe als Eigentümer der Muttersache Eigentümer der Früchte, § 953, die dann nach § 2018 herauszugeben sind, vgl. *Olzen*, JuS 1989, 374 (378); *Medicus*, Bürgerliches Recht, Rdn. 603d.

[60] Zum Streitstand Staudinger/*Gursky,* § 2020 Rdn. 2.

[61] *Olzen*, JuS 1989, 374 (378); Staudinger/*Gursky*, § 2020 Rdn. 2 m.w.N. auch zur a.A.

[62] *Brox*, Erbrecht, Rdn. 580; *Olzen,* JuS 1989, 374 (378).

§ 5. Sekundäransprüche des Erben

Die §§ 2021, 2023ff. gewähren dem Erben gegen den Erbschaftsbesitzer **Wertersatz-** bzw. **Schadensersatzansprüche**. Dabei zielt das Anspruchssystem entsprechend den §§ 987ff. auf die Privilegierung des **gutgläubigen und unverklagten Erbschaftsbesitzers**,[63] so dass zwischen ihm, dem verklagten, dem bösgläubigen und dem deliktischen Erbschaftsbesitzer zu differenzieren ist. 842

A. Die Haftung des gutgläubigen Erbschaftsbesitzers, § 2021

Der **gutgläubige** Besitzer der Erbschaft haftet **vor Rechtshängigkeit** allein aus § 2021, d. h. nach den §§ 812ff. Es handelt sich dabei um einen **Rechtsfolgenverweis**,[64] der zur Begrenzung des Haftungsumfanges gem. den §§ 818 ff. führt.[65] Folglich gibt § 2021 i.V.m. § 818 Abs. 2 dem Erben einen **Wertersatzanspruch** bei **Unmöglichkeit** der Herausgabe des Erbschaftsgegenstandes, ohne dass es auf ihren Grund ankommt.[66] § 2019 Abs. 1 darf nicht erfüllt sein, da andernfalls bereits eine Herausgabepflicht aus §§ 2018, 2019 Abs. 1 folgt. Damit beschränkt sich der Anwendungsbereich des § 2021 auf den Erwerb von **unübertragbaren Rechten** mit Erbschaftsmitteln, die **Verwendung des gesamten Nachlasses** zur Deckung eigener Schulden sowie den **ersatzlosen Verlust** von Nachlassgegenständen.[67] Dem gutgläubigen Erbschaftsbesitzer steht der **Entreicherungseinwand** gem. § 818 Abs. 3 zu. 843

Es stellt sich die – viel diskutierte – Frage, ob der Entreicherungseinwand auch dann durchgreift, wenn der Erbschaftsbesitzer **eigene Mittel für Luxusausgaben** in der Erwartung verwendet hat, der Nachlass gehöre ihm. Zwar ist in diesem Fall der herauszugebende Nachlass vorhanden, so dass § 818 Abs. 3 seinem Wortlaut nach nicht passt. Einigkeit herrscht aber darin, dass das **Gesamtvermögen des Erbschaftsbesitzers**, bestehend aus Nachlass und Eigen- 844

[63] *Ebenroth*, Lehrbuch des Erbrechts, Rdn. 1025; zur ratio des EBV vgl. *Medicus*, Bürgerliches Recht, Rdn. 574.

[64] AnwK-BGB/*Fleindl*, § 2021, Rdn. 1; Soergel/*Dieckmann*, § 2021 Rdn. 1; Palandt/*Edenhofer*, § 2021 Rdn. 1. Instruktiv zu Verweisungen und Verweisungstechniken im BGB *Budde*, Jura 1984, 578ff.

[65] Z. B. *Ebenroth*, Lehrbuch des Erbrechts, Rdn. 1027 m. w. N.

[66] MünchKomm/*Helms*, § 2021 Rdn. 2, Palandt/*Edenhofer*, § 2021 Rdn. 2.

[67] Vgl. *Olzen*, JuS 1989, 374 (378).

vermögen, in Ansatz gebracht werden muss, so dass auch bei der Weggabe eigener Mittel die Voraussetzungen des § 818 Abs. 3 erfüllt sein können.[68] Dafür spricht die Praktikabilität, da sich beide Vermögensmassen schwer voneinander trennen lassen. Auch hängt es faktisch vom Zufall ab, von welchem Konto man einen Betrag abbucht. Deshalb besteht etwa die herauszugebende Bereicherung des Erbschaftsbesitzers bei Antritt einer Luxusreise, die er mit Mitteln der Erbschaft oder eigenen Mitteln in Erwartung der Erbschaft finanziert hat, lediglich in den Aufwendungen für den eigenen ersparten Lebensunterhalt während dieser Zeit.

Zusammenfassend lässt sich festhalten, dass der gutgläubige Erbschaftsbesitzer dem Erben gem. § 2021 i.V.m. § 818 Abs. 2 Wertersatz zu leisten hat, soweit er nicht gem. § 818 Abs. 3 entreichert ist.

B. Die Haftung des verklagten Erbschaftsbesitzers, § 2023

845 Ab **Rechtshängigkeit**, §§ 253 Abs. 1, Abs. 2 Nr. 2, 261 ZPO, tritt über § 2023 eine **Haftungsverschärfung** für den Erbschaftsbesitzer ein, die sich wie im Eigentümer-Besitzer-Verhältnis dadurch rechtfertigt, dass er nunmehr mit der Herausgabe des Nachlasses zu rechnen hat.[69] Gem. § 2023 Abs. 2 wird die Haftung für schuldhaft nicht gezogene Nutzungen begründet.

846 § 2023 Abs. 1 bezieht sich auf eine „zur Erbschaft gehörende Sache", so dass diese Haftung ausscheidet, wenn lediglich eine schuldrechtliche Verpflichtung des Erblassers zur Herausgabe besteht.[70]

---

[68] *Olzen*, JuS 1989, 374 (379) m.w.N. in Fn. 50; MünchKomm/*Helms*, § 2021 Rdn. 5.

[69] Staudinger/*Gursky*, § 2023 Rdn. 1; *Kipp/Coing*, Lehrbuch des Erbrechts, § 108 Vor I (S. 588).

[70] Z.B. bei einem Anspruch aus §§ 2020 2. H.S., 955. Vgl. hierzu: *Olzen*, JuS 1989, 374 (379); Staudinger/*Gursky*, § 2023 Rdn. 2. In diesem Fall begründen §§ 292 Abs. 1, 2 i.V.m. §§ 987ff. eine entsprechende Verpflichtung. So: Soergel/*Dieckmann*, § 2023 Rdn. 2; *Ebenroth*, Lehrbuch des Erbrechts, Rdn. 1030. Auch auf einen Anspruch aus §§ 2021, 818 Abs. 2 findet § 2023 aus demselben Grund keine Anwendung, jedoch verweist § 818 Abs. 4 für diesen Fall auf die allgemeinen Vorschriften, also auf § 292, so dass wiederum die Regelungen des Eigentümer-Besitzer-Verhältnisses eingreifen, vgl. z.B. *Brox*, Erbrecht, Rdn. 582; Staudinger/*Gursky*, § 2023 Rdn. 14 m.w.N.

C. Die Haftung des bösgläubigen Erbschaftsbesitzers, § 2024

Der bei Erwerb des Erbschaftsbesitzes **Bösgläubige** haftet wie ein verklagter Besitzer, § 2024 S. 1.[71] **Bösgläubigkeit** liegt vor, wenn der Erbschaftsbesitzer bei Besitzbegründung **weiß** bzw. **grob fahrlässig nicht weiß**, dass ihm die Erbberechtigung fehlt, vgl. § 932 Abs. 2. Da bereits grobe Fahrlässigkeit genügt, besteht im Zeitpunkt der Besitzerlangung eine **Prüfungspflicht** bzgl. der Erbberechtigung. Nach Besitzerlangung existiert eine solche Prüfungspflicht nicht mehr, da dem Erbschaftsbesitzer jetzt nur noch **Kenntnis** schadet, § 2024 S. 2. Bösgläubigkeit kann aber zu bejahen sein, wenn sich der Erbschaftsbesitzer bewusst **offenkundigen Tatsachen** verschließt, indem er z. B. einen Blick in ein ihm vorgelegtes Testament verweigert.[72] Eine spätere **Klageerhebung** oder **Mahnung** genügt nur dann, wenn sie bei dem Erbschaftsbesitzer zur Kenntnis seiner mangelnden Erbberechtigung oder einem vorsätzlichen „Verschließen vor den Umständen" führt.[73] Trotz Bösgläubigkeit hinsichtlich der Erbberechtigung kann der Erbschaftsbesitzer gutgläubig hinsichtlich seiner Berechtigung an einzelnen Nachlassgegenständen sein, z. B. wenn er ein vermeintliches Zurückbehaltungsrecht gem. § 1000 annimmt.[74] 847

Darüber hinaus haftet der bösgläubige Erbschaftsbesitzer möglicherweise nach § 2024 S. 3 i. V. m. §§ 280 Abs. 1, 2, 286ff. wegen **Verzuges**.[75] Den Maßstab für das gem. §§ 280 Abs. 1 S. 2, 286 Abs. 4 erforderliche Verschulden bildet § 2024. Folglich tritt die verschärfte Haftung erst bei **grober Fahrlässigkeit** ein. 848

---

[71] Im Gegensatz zum Anspruch aus § 2023, der eine Haftung nur für den dinglichen Erbschaftsteil begründet, bezieht sich § 2024 einheitlich auch auf schuldrechtlichen Ansprüche. Vgl. MünchKomm/*Helms*, § 2024 Rdn. 1; *Olzen*, JuS 1989, 374 (379); Palandt/*Edenhofer*, § 2024 Rdn. 2.

[72] *Brox*, Erbrecht, Rdn. 583 m. w. N.

[73] Vgl. Staudinger/*Gursky*, § 2024 Rdn. 6; *Kipp/Coing*, Lehrbuch des Erbrechts, § 108 II (S. 589): Rechtsgedanke des § 162 BGB.

[74] Voraussetzung ist aber auch hier, dass er den Gegenstand unter Berufung auf ein vermeintliches Erbrecht in Besitz genommen hat, *Olzen*, JuS 1989, 374 (379).

[75] Es handelt sich um eine Rechtsgrundverweisung, vgl. *Olzen*, JuS 1989, 374 (379).

D. Die Haftung des deliktischen Erbschaftsbesitzers, § 2025

849 § 2025 lässt sich unmittelbar mit § 992 vergleichen, der eine deliktische Haftung außerhalb seines Anwendungsbereiches ausschließt. Zwei Besonderheiten sind gegenüber § 992 zu beachten:

850 Zum einen greift eine **deliktische Haftung** nach § 2025 S. 1 1. Fall ein, wenn ein „**Erbschaftsgegenstand**" durch eine **Straftat** erlangt worden ist. Damit beschränkt sich § 2025 S. 1 1. Fall – anders als § 992 – nicht auf bewegliche Sachen, sondern erfasst alle zum Nachlass gehörigen Vermögensbestandteile (Sachen und Rechte).[76]

851 Als **Straftat** kommt z. B. die Fälschung eines Erbscheines oder Testamentes, § 267 StGB, in Betracht, während es bei einem Diebstahl, § 242 StGB, regelmäßig an einer Erbanmaßung und damit an einem Erbschaftsbesitz fehlen wird.[77]

852 Die Gut- oder Bösgläubigkeit des Erbschaftsbesitzers ist nach dem Wortlaut des § 2025 S. 1 1. Fall unbeachtlich, so dass auch derjenige haftet, der die Straftat ausschließlich zur Beweiserleichterung hinsichtlich eines angenommenen Erbrechtes begeht.[78]

853 Daneben sanktioniert § 2025 S. 1 2. Fall die Besitzerlangung einer zur Erbschaft gehörigen **Sache durch verbotene Eigenmacht**, § 858. § 2025 S. 2 macht aber für den gutgläubigen Erbschaftsbesitzer insoweit eine Ausnahme, als er wegen verbotener Eigenmacht nur deliktisch haftet, wenn der Erbe zuvor **tatsächlich** den Besitz an der Sache ergriffen hatte. Andernfalls wäre wegen des fiktiven Erbenbesitzes nach § 857 stets verbotene Eigenmacht seitens des Erbschaftsbesitzers zu bejahen, so dass er auch im Falle der Gutgläubigkeit schon bei leichter Fahrlässigkeit deliktisch haften würde. Als besitzrechtliche Position des Erben genügt jedoch bereits die Erlangung **mittelbaren Besitzes**.[79]

854 Entsprechend § 992 muss die verbotene Eigenmacht i. S. d. § 2025 S. 1 2. Fall zudem **schuldhaft** erfolgt sein, wie ein Vergleich zum ersten Fall („Straftat") nahe legt.[80]

---

[76] *Olzen*, JuS 1989, 374 (379); Soergel/*Dieckmann*, § 2025 Rdn. 2.

[77] Näher *Olzen*, JuS 1989, 374 (380), auch zur Frage, ob die Unterschlagung gem. § 246 StGB erfasst wird; Erman/*Schlüter*, § 2025 Rdn. 2.

[78] *Kipp*/*Coing*, Lehrbuch des Erbrechts, § 108 IV (S. 590); Staudinger/*Gursky*, § 2025 Rdn. 6.

[79] Staudinger/*Gursky*, § 2025 Rdn. 9; Soergel/*Dieckmann*, § 2025 Rdn. 3.

[80] *Brox,* Erbrecht, Rdn. 584 m. w. N.; *Ebenroth*, Erbrecht, Rdn. 1031.

Über die Voraussetzungen des § 2025 S. 1 hinaus sind die Anforderungen der §§ 823ff. beachtlich, da es sich – wie bei § 992 – um eine **Rechtsgrundverweisung**[81] handelt. Im Rahmen der Schadensbestimmung ist das Surrogationsprinzip des § 2019 Abs. 1 zu beachten, demzufolge ein Schaden nur bejaht werden kann, wenn kein Ausgleich durch Ersatzgegenstände erfolgt.[82] 855

Die **Verjährung** richtet sich nach § 199 Abs. 3.[83]

§ 6. Die Verwendungsersatzansprüche des Erbschaftsbesitzers, §§ 2022ff.

A. Gutgläubiger, unverklagter Erbschaftsbesitzer

Der **gutgläubige** Erbschaftsbesitzer erhält **alle** Verwendungen **vor Rechtshängigkeit** ersetzt, unabhängig davon, ob es sich um **notwendige**, **nützliche** oder sogar **überflüssige** Verwendungen handelt.[84] Unerheblich ist auch, ob diese noch wertsteigernd vorhanden sind.[85] Insoweit wird seine Rechtsstellung gegenüber den §§ 994, 996 verbessert, die Ersatz lediglich für notwendige und – unter engen Voraussetzungen – auch für nützliche Verwendungen gewähren. 856

Unter den **Verwendungsbegriff** fallen alle **Aufwendungen** aus dem Vermögen des Erbschaftsbesitzers, die dem **Nachlass zugute kommen sollen**.[86] Darunter sind nach § 2022 Abs. 2 auch diejenigen Aufwendungen zu fassen, die der Berichtigung von Nachlassverbindlichkeiten oder der Beseitigung von Erbschaftslasten dienen. Ein Verwendungsersatzanspruch des Erbschaftsbesitzers setzt lediglich voraus, dass die Aufwendungen aus **eigenen Mittel** getätigt wurden,[87] andernfalls – bei einer 857

[81] *Bamberger/Roth*, § 2025 Rn. 1; MünchKomm/*Helms*, § 2025 Rdn. 1; *Ebenroth*, Erbrecht, Rdn. 1031.

[82] *Brox*, Erbrecht, Rdn. 584.

[83] Staudinger/*Gursky*, § 2025 Rdn. 7; RGRK/*Kregel*, § 2025 Rdn. 4.

[84] Z. B. *Ebenroth,* Erbrecht, Rdn. 1034; *Lange/Kuchinke*, Lehrbuch des Erbrechts, § 40 IV 5 (S. 1062).

[85] *Olzen*, JuS 1989, 374 (380); *Brox*, Erbrecht, Rdn. 585.

[86] Ähnlich Hk-BGB/*Hoeren*, § 2022, Rdn. 3; Palandt/*Edenhofer*, § 2022 Rdn. 2; *Brox*, Erbrecht, Rdn. 585; *Olzen*, JuS 1989, 374 (380).

[87] MünchKomm/*Helms*, § 2022 Rdn. 4.

Begleichung aus Erbschaftsmitteln – erlangen sie nur im Rahmen einer Bereicherungsminderung gem. §§ 2021, 818 Abs. 3 Bedeutung.

858 Darüber hinaus müssen die Verwendungen dem Nachlass **tatsächlich zugute** kommen. Folglich scheidet ein Verwendungsersatzanspruch aus, wenn auf eine **vermeintliche Nachlassverbindlichkeit** geleistet wurde.[88] Dann kann der Erbschaftsbesitzer Rückabwicklung nur vom Zahlungsempfänger nach den §§ 812ff. verlangen.[89] Geht der Erbe in diesem Fall jedoch aus § 2021 vor, besteht für den Erbschaftsbesitzer die Möglichkeit, die Zahlung auf die vermeintliche Nachlassschuld bereicherungsmindernd, § 818 Abs. 3, geltend zu machen, wenn er zugleich seinen Bereicherungsanspruch an den Erben abtritt.[90]

Bei Zahlung auf eine **bestehende Nachlassverbindlichkeit** will der Erbschaftsbesitzer regelmäßig keine fremde Schuld tilgen, sondern auf eine vermeintlich eigene leisten. Er ist deshalb kein Dritter i. S. d. § 267, so dass keine Erfüllung der Verbindlichkeit und damit keine Befreiung beim Erben eintritt. Dem Erbschaftsbesitzer ist aber die Möglichkeit einer nachträglichen Änderung der Tilgungsbestimmung eröffnet.[91] Dadurch kann er wählen, ob er die Leistungskondiktion gegen den Nachlassgläugiger oder die Rückgriffskondiktion gegen den Erben geltend machen will.

859 Die Durchsetzung des erbrechtlichen Verwendungsersatzanspruches richtet sich nach den §§ 2022 Abs. 1 S. 2, 1000–1003. Insbesondere steht dem Erbschaftsbesitzer ein **Zurückbehaltungsrecht**, § 1000, bzgl. **aller** in seinem Besitz befindlichen **Nachlassgegenstände** ebenso wie ein **Wegnahmerecht** entsprechend den §§ 997, 258 zu.[92] § 2022 Abs. 3 ordnet darüber hinaus an, dass bei Verwendungen auf den gesamten Nachlass weitergehende Ansprüche des Erbschaftsbesitzers unberührt bleiben.

B. Verklagter, bösgläubiger bzw. deliktischer Erbschaftsbesitzer

860 Die Verwendungsersatzansprüche des **verklagten** oder **bösgläubigen** Erbschaftsbesitzers richten sich gem. den §§ 2023 Abs. 2, 2024 nach § 994 Abs. 2. Damit können lediglich **notwendige Verwendungen** nach den §§ 677ff., ersetzt verlangt werden.[93]

---

[88] Hierzu MünchKomm/*Helms*, § 2022 Rdn. 5; *Brox*, Erbrecht, Rdn. 585.

[89] In Form der condictio indebiti, vgl. *Olzen*, JuS 1989, 374 (381).

[90] *Brox*, Erbrecht, Rdn. 585; Soergel/*Dieckmann*, § 2022 Rdn. 2.

[91] *Ebenroth,* Erbrecht, Rdn. 1034; *Olzen*, JuS 1989, 374 (381); *Medicus*, Bürgerliches Recht, Rdn. 603j.

[92] Vgl. dazu *Ebenroth*, Erbrecht, Rdn. 1036 m. w. N.

[93] Es handelt sich um eine partielle Rechtsgrundverweisung auf die GoA, da der Erbschaftsbesitzer keinen Fremdgeschäftsführungswillen braucht; vgl. *Eben-*

Übersicht: Sekundäransprüche des Erben und Ansprüche des Erbschaftsbesitzers gegen den Erben

Anspruch auf Nutzungen

Gem. § 2020 Herausgabeanspruch auf **alle Nutzungen;** Anwendung der §§ 953 ff. wegen § 2020 2. HS.

Anspruch auf Wertersatz / Schadensersatzansprüche

Gutgläubiger Besitzer § 2021

Wertersatzanspruch: Rechtsfolgenverweis gem. § 2021 auf §§ 812 ff. bei Unmöglichkeit der Herausgabe (→ wenn keine Surrogation gem. § 2019)

Folge: **Entreicherungseinwand** gem. § 818 Abs. 3 möglich

Verklagter Besitzer § 2023

Voraussetzungen:
1.) **Rechtshängigkeit** gem. §§ 253, 261 ZPO
2.) Herausgabeanspruch auf zur Erbschaft gehörende **Sachen**

Folge: **Schadensersatz**
Haftung des Erbschaftsbesitzers für schuldhaft **nicht gezogene Nutzungen**, § 2023 Abs. 2

Bösgläubiger Besitzer § 2024

Haftung wie **verklagter Besitzer**

Bösgläubigkeit bei Kenntnis/grob fahrlässiger Unkenntnis der **mangelnden Erbberechtigung**

Ggf. Haftung wegen Verzugs gem. §§ 2024 S. 3, 280 Abs. 1, 2, 286ff.

Deliktischer Besitzer § 2025

Haftung für deliktisch erlangte **Erbschaftsgegenstände** (Sachen und Rechte) umfasst **Straftaten** und **verbotene Eigenmacht** **(schuldh. Handeln** ist Voraussetzung wegen Rechtsgrundverweis auf §§ 823 ff.)

→ **Ausnahme** für **gutgläubigen Erbschaftsbesitzer**, da sonst sofort deliktische Haftung; d. h. § 857 gilt nicht

Erbe

Gutgläubiger unverklagter Erbschaftsbesitzer

Anspruch auf Ersatz aller Verwendungen vor Rechtshängigkeit (Besserstellung ggü. §§ 994, 996)

Aufwendungen müssen **aus Vermögen des Erbschaftsbesitzers** stammen und dem **Nachlass tatsächlich zugute kommen**

Durchsetzung gem. § 2022 Abs. 1 S. 2 (ZBR gem. § 1000 in bezug auf alle Nachlassgegenstände; Wegnahmerecht gem. §§ 997, 258)

Verklagter, bösgläubiger / deliktischer Erbschaftsbesitzer

Verklagter, bösgläubiger Besitzer

Nur Ersatz der **notwendigen Verwendungen** gem. §§ 2023 Abs. 2, 2024 → 994 Abs. 2 → 677 ff.

Deliktischer Besitzer

Ersatz der **notwendigen und nützlichen Verwendungen** gem. §§ 2025, 850 i.V.m. §§ 994-1003

Kein ZBR gem. § 1000 S. 2 bei **vorsätzlicher, unerlaubter Handlung**

Gem. §§ 2025, 850 i. V. m. §§ 994–1003 beschränkt sich der Verwendungsersatz des deliktischen Erbschaftsbesitzers auf **notwendige** bzw. **nützliche** Verwendungen. Dies gilt auch bei Gutgläubigkeit im Hinblick auf sein Erbrecht. Außerdem besteht nach § 1000 S. 2 kein Zurückbehaltungsrecht, wenn der Erbschaftsbesitz durch eine vorsätzliche unerlaubte Handlung erlangt wurde.

C. Wiederholung und Vertiefung*

Sachverhalt

E, der einen Sohn S aus erster Ehe hat, lebt seit einigen Jahren mit der F zusammen. Aufgrund wiederholter Äußerungen des E ist F bei seinem Tod überzeugt, dass er sie zu seiner Alleinerbin eingesetzt hat. Als sie das angekündigte Testament jedoch trotz intensiver Bemühungen nicht findet, fälscht sie ein entsprechendes Testament, um zu verhindern, dass S die Nachlassgegenstände, die er mittlerweile in Besitz genommen hat, ohne ihre Einflussnahme veräußert. Auf diese Weise will sie Zeit gewinnen, um das angeblich existierende Testament aufzufinden.

Als F das gefälschte Testament vorlegt und S auffordert, zunächst eine wertvolle Vase des E herauszugeben, entspricht S ihrer Aufforderung. F veräußert und übergibt diese daraufhin am 1. 9. 2000 dem Händler H. Dabei legt sie einen Erbschein vor, der sie als Alleinerbin ausweist und den sie mit Hilfe des gefälschten Testamentes erlangt hat. Vor Zahlung des Kaufpreises entdeckt der H, dass F ihm aus einem früheren Geschäft eine weitaus höhere Summe schuldet. Dementsprechend erklärt er ihr gegenüber am 10. 9. 2000 die Aufrechnung. Da das angebliche Testament unauffindbar bleibt, gesteht die F dem S am 11. 9. 2000 den wahren Sachverhalt.

S fragt nach seinen Ansprüchen.

§ 7. Erbenhaftung

Schrifttum: Börner, Das System der Erbenhaftung, JuS 1968, 53, 108; **Harder/Müller-Freienfels**, Grundzüge der Erbenhaftung, JuS 1980, 876; **Höpfner**, Grundzüge der Erbenhaftung, Jura 1982, 169.

---

roth, Lehrbuch des Erbrechts, Rdn. 1037 mit Fn. 63; vgl. hierzu auch Staudinger/*Gursky*, § 994 Rdn. 10.

* Lösung im Anhang, siehe S. 465.

A. Einleitung

Die Haftung des Erben für **Nachlassverbindlichkeiten** gehört zu den kompliziertesten Materien des Erbrechts und wird deshalb auch in den „Grundzügen des Erbrechtes" der Prüfungsordnungen nicht immer aufgeführt. Die Schwierigkeiten liegen darin begründet, dass das Gesetz gegenläufige Interessen zum Ausgleich bringen muss. Die **Gläubiger des Erblassers** wollen möglichst auf das gesamte Vermögen des Erben, also auf den Nachlass und sein Privatvermögen, zugreifen. Der **Erbe** möchte an sich überhaupt nicht haften, allenfalls aber mit dem ererbten Vermögen. Außerdem geht das Bestreben seiner **Eigengläubiger**, d. h. der Gläubiger, die gegen ihn persönlich vor dem Erbfall Forderungen erworben haben, dahin, aus dem Nachlass als zusätzliche Haftungsmasse Befriedigung zu erlangen. 861

B. Grundsätze der Erbenhaftung

Gem. § 1967 Abs. 1 haftet der Erbe für die **Nachlassverbindlichkeiten**. Angesichts dessen kann dahinstehen, ob die Schulden des Erblassers bereits gem. § 1922 Abs. 1 als Vermögensbestandteile im Wege der Universalsukzession auf ihn übergehen.[94] Mit „**Haftung**" i. S. d. § 1967 Abs. 1 meint das Gesetz nicht nur, dass das Erbenvermögen dem Vollstreckungszugriff der Nachlassgläubiger unterliegt, sondern der Erbe wird vielmehr **persönlicher Schuldner**.[95] Etwas anderes gilt nur, wenn die Verbindlichkeit **unvererblich** ist, sei es **kraft Gesetzes**, wie etwa die Verpflichtung zur Dienstleistung, § 613 Abs. 1, oder zum Unterhalt, § 1615,[96] oder aufgrund ihres **höchstpersönlichen Charakters**, weil die geschuldete Leistung ausschließlich durch den Erblasser erbracht werden kann.[97] 862

Die erbrechtliche Haftungsordnung gem. §§ 1967–2017 orientiert sich am **Alleinerben**. Die §§ 2058–2063 enthalten daneben ergänzende **Sondervorschriften** für die **Miterbenhaftung**. 863

---

[94] Vgl. zu diesem theoretischen Streit MünchKomm/*Leipold*, § 1922 Rdn. 15; *Schlüter*, Erbrecht, Rdn. 40.

[95] Vgl. nur *Ebenroth*, Erbrecht, Rdn. 1087; *Harder/Müller-Freienfels*, JuS 1980, 876.

[96] Vgl. § 1586 b für den Scheidungsunterhalt.

[97] Vgl. BGH, NJW 1985, 3068 (3069) zur Vererblichkeit der Auskunftspflicht des Erbschaftsbesitzers und BGHZ 104, 369, wonach der Anspruch auf Rechnungslegung gem. § 259 Abs. 2 vererblich ist.

864 Aus § 1967 Abs. 1 folgt, dass der Erbe zunächst **unbeschränkt** mit seinem **gesamten Vermögen**, d. h. Nachlass und Eigenvermögen, haftet. Dies ist deshalb gerechtfertigt, weil den Nachlassgläubigern aus der Verschmelzung von Nachlass- und Privatvermögen Gefahren drohen, z. B. durch Verbrauch oder Veräußerung von Nachlassgegenständen. Das Gesetz gestattet dem Erben aber, seine Haftung **vorläufig** oder **endgültig** auf den **Nachlass zu beschränken**. Der Rechtsnachfolger haftet demnach **unbeschränkt**, aber auf den Nachlass **beschränkbar**.

C. Arten der Nachlassverbindlichkeiten

865 Das Gesetz unterscheidet in § 1967 Abs. 2 **zwei Arten** von Nachlassverbindlichkeiten: die „vom Erblasser herrührenden Schulden" (sog. **Erblasserschulden**) sowie die „den Erben als solchen treffenden Verbindlichkeiten" (sog. **Erbfallschulden**). **Erblasserschulden** sind Verbindlichkeiten, die schon gegen den Erblasser entstanden waren oder deren Entstehungstatbestand noch dem Erblasser zuzurechnen ist,[98] z. B. ein Anspruch auf Kaufpreiszahlung aufgrund eines mit dem Erblasser abgeschlossenen Kaufvertrags. Als **Erbfallschulden** bezeichnet man Schulden, die frühestens mit dem Erbfall in der Person des Erben entstehen, z. B. Ansprüche aus Pflichtteilsrechten, Vermächtnissen und Auflagen, § 1967 Abs. 2. Zu nennen sind ferner der Voraus, § 1932, die Beerdigungskosten, § 1968, oder auch der sog. Dreißigste, § 1969.

Unter die Erbfallschulden fallen ferner die sog. **Nachlasskostenschulden**.[99] Diese stellen Verbindlichkeiten dar, die erst nach dem Tod durch die Nachlassabwicklung oder aus Geschäften für den Nachlass entstehen, etwa die Kosten für die Eröffnung einer Verfügung von Todes wegen, §§ 2260, 2300, oder die Kosten der Nachlassverwaltung, § 1981.[100]

866 Eine Sonderstellung nehmen die sog. **Nachlasserbenschulden** ein. Sie entstehen dadurch, dass der Erbe bei der ordnungsgemäßen Nachlass-

[98] Dazu zählen auch Schulden aus aufschiebend bedingten oder befristeten Verpflichtungen des Erblassers, wenn die Bedingung oder der Zeitpunkt der Befristung erst nach dem Erbfall eintritt. Vgl. dazu BGH, BB 1968, 152.

[99] Wobei die Zuordnung und die Terminologie uneinheitlich sind, vgl. dazu ausf. *Ernst*, Haftung des Erben für neue Geschäftsverbindlichkeiten, Diss. Marburg 1994, § 1, II, Fn. 9; *Michalski*, Erbrecht, Rdn. 830; vgl. *Brox*, Erbrecht, Rdn. 657.

[100] AnwK-BGB/*Krug*, § 1967, Rdn. 52.

verwaltung Verbindlichkeiten eingeht, z. B. anlässlich der Reparatur eines Nachlassgegenstandes. Auch sie belasten den Nachlass.[101] Ohne eine Haftungsbeschränkungsabrede[102] mit dem Vertragspartner muss der Erbe dafür auch mit seinem Eigenvermögen eintreten, da er die Verbindlichkeit persönlich eingegangen ist. Er haftet also für Nachlasserbenschulden prinzipiell **unbeschränkbar**.

D. Beschränkung der Haftung auf den Nachlass

I. Vorläufige Haftungsbeschränkung durch Dreimonats- sowie Aufgeboteinrede

Der Erbe kann zunächst innerhalb der ersten **drei Monate nach Annahme** der Erbschaft (**„Dreimonatseinrede"**) sowie für die **Dauer eines Aufgebotsverfahrens („Aufgebotseinrede"**) die Tilgung der Nachlassschulden verweigern, §§ 2014, 2015, es sei denn, er haftet bereits unbeschränkt, § 2016 Abs. 1, z. B. weil er die Frist zur Errichtung eines Nachlassverzeichnisses (Inventar) versäumt hat, § 1994 Abs. 1 S. 2. Der Erbe haftet ferner unbeschränkt, wenn er von einem dinglich gesicherten Gläubiger in Anspruch genommen wird, §§ 2016 Abs. 2, 1971. 867

Mit den **verzögernden Einreden** der §§ 2014, 2015 trägt das Gesetz dem Bedürfnis des Erben Rechnung, sich zunächst Klarheit über die Aktiva und Passiva zu verschaffen, um entscheiden zu können, ob eine Haftungsbeschränkung wegen vorhandener Nachlassverbindlichkeiten notwendig erscheint. Streitig ist, ob die Einreden materiell-rechtliche Wirkung entfalten, so dass dem Erben ein Leistungsverweigerungsrecht zusteht.[103] Dann würde er z. B. bei ihrer Ausübung nicht in Schuldnerverzug geraten. Diese Ansicht[104] lässt jedoch außer Betracht, dass die Einreden den Erben bloß vor einer Verurteilung schützen, nicht aber den Nachlassgläubigern die Nachteile der Nichterfüllung von Nachlassschulden aufbürden wollen. 868

Im Prozess führt die Erhebung der Einrede bei begründeter Klage zu einer Verurteilung des Erben unter dem **Vorbehalt beschränkter Haftung**, § 305 Abs. 1 869

---

[101] RGZ 90, 91 (92 ff.); BGHZ 32, 60 (64f.); 110, 176 (179).

[102] RGZ 146, 343 (345f.).

[103] RGZ 79, 201 (204ff.); MünchKomm/*Siegmann*, § 2014 Rdn. 5; *Lange/Kuchinke*, Lehrbuch des Erbrechts, § 48 III 2 (S. 1219).

[104] Staudinger/*Marotzke*, § 2014 Rdn. 8; *Kipp/Coing*, Lehrbuch des Erbrechts, § 100 IV 1 (S. 565); *Brox*, Erbrecht, Rdn. 706.

ZPO. Zwangsvollstreckungsmaßnahmen kann er jetzt mit der **Vollstreckungsabwehrklage** gem. §§ 782, 785, 767 ZPO entgegentreten und zwar mit dem Ziel, die Vollstreckung für die Dauer der Fristen der §§ 2014, 2015 auf solche Maßregeln zu beschränken, die **zur Vollziehung eines Arrestes** zulässig sind. Hierunter fallen die **Pfändung** beweglicher Sachen und die Eintragung einer **Sicherungshypothek** am Grundstück, §§ 930, 932 ZPO. Erhebt der Erbe die Einrede nicht, wird er vorbehaltlos verurteilt. Anschließende Zwangsvollstreckungen muss er dann hinnehmen.

II. Endgültige Haftungsbeschränkung

870 Der Erbe kann seine Haftung entweder gegenüber **sämtlichen** oder nur gegenüber **einzelnen Nachlassgläubigern** auf den **Nachlass beschränken.**

1. Haftungsbeschränkung gegenüber sämtlichen Nachlassgläubigern

871 Das Gesetz verlangt für die endgültige Haftungsbeschränkung ein **gerichtliches Verfahren**, wodurch das Nachlassvermögen rückwirkend vom Erbeneigenvermögen getrennt wird, um die Nachlassgläubiger daraus zu befriedigen. Nachdem der Gesetzgeber das Nachlassvergleichsverfahren, § 113 VerglO, abgeschafft hat,[105] bleiben dem Erben die Anordnung einer **Nachlassverwaltung**, §§ 1975 ff., und die Eröffnung eines **Nachlassinsolvenzverfahrens**,[106] §§ 315 ff. InsO.

872 Beide entziehen dem Erben die **Verwaltungs- und Verfügungsbefugnis** über den Nachlass, § 1984 Abs. 1, § 80 Abs. 1 InsO, und übertragen sie einem gerichtlich bestellten Nachlassabwickler, § 1985 Abs. 1, § 80 Abs. 1 InsO. Die heute ganz h. M. erblickt in dem **Nachlassverwalter** und **Nachlassinsolvenzverwalter** ein **amtlich bestelltes Organ**, das fremdes Vermögen verwaltet (sog. **Amtstheorie**), nicht einen gesetzlichen Vertreter des Erben oder der Nachlassgläubiger[107] (**Vertretertheorie**).

---

[105] Der Nachlassvergleich bezweckte, einen Nachlasskonkurs zu vermeiden, § 1 VerglO, und dadurch eine wenig Gewinn bringende Versilberung des Nachlasses abzuwenden. Die Eröffnung des Verfahrens erforderte eine Überschuldung des Nachlasses, wobei der Erbe den Nachlassgläubigern aber zumindest eine Befriedigungsquote von 35 % ihrer Ansprüche anbieten musste, § 7 VerglO.

[106] Früher Nachlasskonkurs gem. §§ 214–235 KO a. F.

[107] RGZ 135, 305 (307); RGZ 150, 189 (190). Vgl. auch Staudinger/*Marotzke*, § 1985 Rdn. 2 f.

a) Nachlassverwaltung

aa) Allgemeines

Nachlassverwaltung kommt in Betracht, wenn der Erbe davon ausgehen kann, dass die Aktiva die Nachlassverbindlichkeiten übersteigen, ohne insoweit Gewissheit zu haben. Sie dient dazu, dem Erben die Liquidation des Nachlasses abzunehmen und gleichzeitig sein Eigenvermögen vor den Nachlassgläubigern zu schützen. Gleichzeitig stellt sie diesen ein Mittel zur Verfügung, Vollstreckungen in den Nachlass durch die Erbeneigengläubiger abzuwehren. § 1975 beschreibt deshalb die Nachlassverwaltung als **Nachlasspflegschaft** zum Zwecke der **Befriedigung der Nachlassgläubiger**. 873

Ihre Anordnung erfolgt durch das Amtsgericht als **Nachlassgericht**[108] und zwar auf **Antrag** des **Erben**, § 1981 Abs. 1,[109] oder der **Nachlassgläubiger** im Fall der Gefährdung ihrer Befriedigung aus dem Nachlass, § 1981 Abs. 2. 874

Als weiteres Erfordernis verlangt § 1982 Abs. 2, dass eine den **Verfahrenskosten entsprechende Masse** vorhanden ist und noch **kein Nachlassinsolvenzverfahren** eröffnet wurde, § 1988 Abs. 1. 875

bb) Rechtsfolgen

Mit der Anordnung der Nachlassverwaltung haftet der Erbe nur noch mit dem Nachlass, § 1975. Durch Vereinigung von Recht und Verbindlichkeit (**Konfusion**) oder von Recht und Belastung (**Konsolidation**) erloschene Rechtsverhältnisse leben jetzt wieder auf, § 1976. Sofern z. B. der Erbe Schuldner des Erblassers war, etwa aus einem Darlehen, kann der Nachlassverwalter diese Forderung gegen den Erben geltend machen. 876

Der **Erbe verliert** infolge der Nachlassverwaltung seine **Verwaltungs- und Verfügungsbefugnis**, § 1984 Abs. 1. An seine Stelle tritt der Nachlassverwalter, der den Nachlass in Besitz nimmt,[110] ihn verwaltet und 877

---

108 Sachlich zuständig ist das Amtsgericht, § 72 FGG. Die örtliche Zuständigkeit beurteilt sich nach dem Wohnsitz des Erblassers zur Zeit des Erbfalls, § 73 FGG.

109 Str. ist, ob der Erbe bereits vor Annahme der Erbschaft antragsbefugt ist, so *Brox*, Erbrecht, Rdn. 695. A. A. Staudinger/*Marotzke*, § 1981 Rdn. 11.

110 Verweigert der Erbe die Herausgabe, so benötigt der Nachlassverwalter einen Herausgabetitel. Danach genügt der Anordnungsbeschluss des Nachlassgerichts, MünchKomm/*Siegmann*, § 1985 Rdn. 3; *Ebenroth*, Erbrecht, Rdn. 1138; a. A. Erman/*Schlüter*, § 1985 Rdn. 2.

die Nachlassverbindlichkeiten berichtigt, § 1985 Abs. 1. Er darf sie allerdings erst tilgen, wenn feststeht, dass die Nachlassmasse zur Befriedigung aller Gläubiger genügt.[111] Andernfalls muss er das **Nachlassinsolvenzverfahren** beantragen, §§ 1985 Abs. 2 S. 2, 1980 Abs. 1 S. 1.

878 Der Erbe verliert ferner seine **passive Prozessführungsbefugnis**: Ansprüche, die sich gegen den Nachlass richten, sind ausschließlich gegen den **Nachlassverwalter** geltend zu machen, § 1984 Abs. 1 S. 3. Andererseits kann der Erbe gegen bereits erfolgte Vollstreckungsmaßnahmen der Nachlassgläubiger die **Vollstreckungsgegenklage** erheben, §§ 784 Abs. 1, 785, 767 ZPO.

879 Befriedigt der Erbe vor der gerichtlichen Nachlassabwicklung einen Nachlassgläubiger, so müssen die übrigen Nachlassgläubiger dies gem. § 1979 gegen sich gelten lassen, falls der Erbe annehmen durfte, der Nachlass werde zur Berichtigung sämtlicher Nachlassverbindlichkeiten genügen. Dann steht ihm sogar ein Aufwendungsersatzanspruch gem. § 1978 Abs. 3 zu, falls er sein Eigenvermögen dafür eingesetzt hat.

cc) Rechtsverhältnisse zwischen den Beteiligten

880 Zwischen den Erben und den Nachlassgläubigern bzw. dem Nachlassverwalter entstehen **gesetzliche Schuldverhältnisse**.[112]

881 Der **Erbe haftet** den Nachlassgläubigern für die bisherige **Verwaltung** gem. § 1978 Abs. 1, und zwar für die Zeit zwischen Anfall und Annahme der Erbschaft nach den Vorschriften über die **GoA**, §§ 677ff.,[113] anschließend nach den **Auftragsregeln**, §§ 662ff. Daraus entstandene Ansprüche zählen gem. § 1978 Abs. 2 zum Nachlass und sind deshalb vom Nachlassverwalter geltend zu machen, nicht durch die Nachlassgläubiger.

882 Der **Verwalter haftet** dem Erben für Schäden aus schuldhaften **Pflichtverletzungen**, §§ 1833 Abs. 1, 1915 Abs. 1, 1975, ebenso den Nachlassgläubigern für die Verwaltung des Nachlasses, § 1985 Abs. 2 S. 1. Diesbezügliche Schadensersatzansprüche gelten als zum Nachlass gehörend, §§ 1985 Abs. 2 S. 2, 1978 Abs. 2.

dd) Sonderproblem: Aufrechnung

883 Schwierigkeiten bereiten die Rechtsfolgen einer **Aufrechnung** bei bestehender Nachlassverwaltung. Eine Aufrechnung eines **Nachlassgläubigers** gegen eine Forderung des Erben **vor** Anordnung der Nachlassverwaltung gilt gem. § 1977

---

[111] Vgl. dazu BGH, NJW 1985, 140.

[112] Vgl. für den Nachlassverwalter: RGZ 150, 189 (190).

[113] Dies entspricht der Stellung des vorläufigen Erben, der später von seinem Ausschlagungsrecht Gebrauch macht, § 1959 Abs. 1.

Abs. 1 als nicht erfolgt, sofern der Erbe ihr nicht zugestimmt hatte. Dies schützt den Erben vor einer Befriedigung der Nachlassgläubiger aus seinem Privatvermögen. Einer erst **nach** Anordnung der Nachlassverwaltung erklärten Aufrechnung durch einen Nachlassgläubiger steht § 1984 Abs. 1 S. 3 entgegen.[114]

Hatte ein **Erbeneigengläubiger vor** Anordnung der Nachlassverwaltung gegen eine ihn betreffende Nachlassforderung aufgerechnet, beseitigt § 1977 Abs. 2 die Folgen der Aufrechnung ebenfalls rückwirkend. Damit schützt das Gesetz die Nachlassgläubiger vor einer Verkürzung des ihnen haftenden Nachlasses. Bei einer Aufrechnung **nach** Anordnung der Nachlassverwaltung gilt wiederum § 1984 Abs. 1 S. 3. 884

ee) Beendigung des Verfahrens

Bleibt nach der Tilgung der Nachlassschulden noch Vermögen übrig, hat der Nachlassverwalter dies dem **Erben herauszugeben**, § 1986 Abs. 1. 885

Danach wird das Verfahren aufgehoben, ebenso, wenn kein Überschuss vorhanden ist, § 1988 Abs. 2. Zur Eröffnung des **Nachlassinsolvenzverfahrens**, § 1988 Abs. 1, kommt es dagegen, wenn sich herausstellt, dass sogar eine den Verfahrenskosten entsprechende **Nachlassmasse fehlt**, § 1988 Abs. 2. Auch nach Aufhebung der Nachlassverwaltung bleibt es bei der Haftungsbeschränkung auf den Nachlass. Der Erbe kann analog § 1990 Abs. 1 spätere Nachlassgläubiger auf den Restnachlass verweisen.[115] 886

b) Nachlassinsolvenzverfahren

aa) Voraussetzungen

Im Unterschied zur Nachlassverwaltung setzt die Eröffnung eines **Nachlassinsolvenzverfahrens** (drohende) **Zahlungsunfähigkeit** oder **Überschuldung** des Nachlasses voraus, § 320 InsO. Es bezweckt die **gleichmäßige und anteilige Befriedigung sämtlicher Nachlassgläubiger**. **Antragsberechtigt** sind der **Erbe**, der **Nachlassverwalter**, der **Testamentsvollstrecker** und jeder **Nachlassgläubiger**, § 317 Abs. 1 InsO. Der Erbe ist gehalten, den Antrag auf Verfahrenseröffnung zu stellen, sobald er von der Zahlungsunfähigkeit oder Überschuldung des Nachlasses **Kenntnis** erlangt, um einer Schadensersatzpflicht gegenüber den Nachlassgläubigern zu entgehen, § 1980 Abs. 1. Die Eröffnung des Verfahrens entfällt, wenn keine kostendeckende Insolvenzmasse vorhanden ist, § 26 Abs. 1 InsO. 887

---

114 MünchKomm/*Siegmann*, § 1977 Rdn. 3.

115 H. M.: BGH, NJW 1954, 635 (636); MünchKomm/*Siegmann*, § 1975 Rdn. 9; *Brox*, Erbrecht, Rdn. 694.

bb) Rechtsfolgen

888 Mit der **Eröffnung** des Nachlassinsolvenzverfahrens durch Beschluss gehen die **Verwaltungs-** und **Verfügungsbefugnis** über den Nachlass auf einen vom Gericht bestellten **Insolvenzverwalter** über, § 80 Abs. 1 InsO, der den Nachlass in Besitz und Verwaltung nimmt und dann verwertet, §§ 148 Abs. 1, 159 InsO.

889 Zur **Insolvenzmasse** zählen **alle Nachlassgegenstände**, die der Zwangsvollstreckung unterliegen, §§ 35f. InsO, also **nicht die unpfändbaren Gegenstände** gem. §§ 811ff. ZPO.

890 Nach dem Erbfall unternommene Zwangsvollstreckungsakte in den Nachlass führen nicht mehr zur **abgesonderten Befriedigung**, § 321 InsO. **Aus- und Absonderungsberechtigte**, §§ 47f., 49ff. InsO, müssen ihre Vorrechte geltend machen; andernfalls werden die betreffenden Gegenstände zur Tilgung der Nachlassschulden verwertet.

891 Bei der **Berichtigung der Nachlassverbindlichkeiten** genießen die **Massegläubiger**, deren Forderungen aus Rechtsgeschäften des Insolvenzverwalters herrühren, **Vorrang**, § 53 InsO.[116] **Letztrangig** sind nach § 327 Abs. 1 InsO **Verbindlichkeiten** aus **Pflichtteilsrechten, Vermächtnissen** und **Auflagen**, da diese Ansprüche ohne Einsatz eigenen Vermögens erworben wurden. Reicht der Nachlass zur Befriedigung aller gleichrangigen Gläubiger nicht aus, werden ihre Forderungen **anteilig** erfüllt.

892 Nach **Beendigung des Insolvenzverfahrens**, also Verteilung der Masse und Aufhebungsbeschluss, kann der Erbe den nicht oder nicht vollständig befriedigten Nachlassgläubigern Erfüllung aus seinem Privatvermögen verweigern, § 1975.

c) Dürftigkeitseinrede/Überschwerungseinrede

aa) Voraussetzungen und Rechtsfolgen

893 Wenn der Nachlass nicht einmal die Verfahrenskosten deckt, verzichtet das Gesetz auf eine staatliche Abwicklung und damit auf eine Trennung von Nachlass- und Erbeneigenvermögen als Voraussetzung einer Haftungsbeschränkung. Gem. § 1990 Abs. 1 S. 1 darf der Erbe dann die Befriedigung eines Nachlassgläubigers insoweit verweigern, als der Nachlass nicht genügt (**Dürftigkeitseinrede**). Er unterliegt aber – wie nach Einleitung einer gerichtlichen Liquidation – einer Haftung für die bisherige Nachlassverwaltung, § 1991 Abs. 1 i.V.m. § 1978 Abs. 1.

---

[116] § 324 InsO erweitert ihren Kreis. Vgl. auch § 54f. InsO.

Etwaige Nachlassgläubiger können Schadensersatzansprüche unmittelbar gegen ihn geltend machen.[117]

Sofern sich die Überschuldung eines an sich ausreichenden Nachlasses[118] auf Vermächtnisse und Auflagen gründet, steht dem Erben darüber hinaus die **Überschwerungseinrede** des § 1992 zu. Er kann die Nachlassgläubiger auf den Nachlass verweisen, ohne ein Nachlassinsolvenzverfahren zu beantragen. Daneben besteht für ihn die Möglichkeit, die Herausgabe vorhandener Nachlassgegenstände durch Abfindungszahlungen abzuwenden, § 1992 S. 2. 894

bb) Die Einrede im Prozess

Ein Prozessgericht kann im **Zivilverfahren** auf verschiedene Weise reagieren, wenn der Erbe die Einreden aus §§ 1990, 1992 erhebt: Entweder prüft es die Begründetheit der Einrede und **weist die Klage ab**, falls der Nachlass aufgebraucht ist oder es verurteilt den Erben zur **Duldung der Zwangsvollstreckung** in noch vorhandene Nachlassgegenstände, § 1990 Abs. 1 S. 2. Daneben hat das Gericht die Möglichkeit, die Voraussetzungen der §§ 1990, 1992 nicht im Erkenntnisverfahren zu prüfen, sondern den Erben unter dem **Vorbehalt** der beschränkten Erbenhaftung zu **verurteilen**, § 780 Abs. 1 ZPO. Den Zugriff der Nachlassgläubiger auf das Eigenvermögen muss der Erbe dann mit der **Vollstreckungsgegenklage** gem. §§ 781, 785, 767 ZPO abwehren.[119] 895

2. Haftungsbeschränkung gegenüber einzelnen Nachlassgläubigern

a) Allgemeines

Das Gesetz erlaubt dem Erben auf verschiedene Weise, auch seine Haftung gegenüber **einzelnen Nachlassgläubigern** auf den Nachlass zu beschränken. Neben der Möglichkeit einer vertraglichen Haftungsbegrenzung[120] gibt es das **gerichtliche Aufgebotsverfahren** gem. §§ 946–959, 896

[117] BGH, NJW-RR 1989, 1226.

[118] Vgl. dazu RG, JW 1912, 40; *Lange/Kuchinke*, Lehrbuch des Erbrechts, § 49 VIII 1c (S. 1269); *Brox*, Erbrecht, Rdn. 709. A.A. RGRK/*Johannsen*, § 1992 Rdn. 2; *Kipp/Coing*, Lehrbuch des Erbrechts, § 99 VI 1 (S. 562), die dem Erben die Einrede selbst dann gewähren, wenn der Nachlass auch im Übrigen unzulänglich ist. In dem Fall trifft den Erben aber die Pflicht, gem. § 1980 Abs. 1 S. 1 Antrag auf Eröffnung eines Nachlassinsolvenzverfahrens zu stellen.

[119] In diesem Prozess ist er beweisbelastet dafür, dass die Erfordernisse der §§ 1990, 1992 erfüllt sind.

[120] Vgl. RGZ 146, 343 (345f.).

Übersicht: Die Erbenhaftung

Gem. § 1967 haftet der **Erbe** für die **Nachlassverbindlichkeiten** grds. **persönlich**.
Sondervorschriften für die **Miterbenhaftung** finden sich in §§ 2058-2063.

Nachlassverbindlichkeiten

Erblasserschulden	**Erbfallschulden**		**Nachlasserbenschulden**
Verbindlichkeiten, die **gegen den Erblasser** begründet waren	**Verbindlichkeiten**, die **mit dem Erbfall** in der Person des Erben entstehen	**abzugrenzen**	Verbindlichkeiten, die bei **ordnungsgemäßer Nachlassverwaltung** entstehen

- Falls der **Nachlass** für **Verfahrenskosten unzureichend** ist, hat der Erbe **Dürftigkeitseinrede** gem. **§ 1990 Abs. 1 S. 1**
- Falls der **Nachlass** wegen **Vermächtnissen und Auflagen überschuldet** ist, kann der Erbe die **Überschwerungseinrede** gem. § 1992 erheben.
- Gem. §§ 1993 ff. Möglichkeit der **Inventarerrichtung: Nachlassverzeichnis** (Bestandsaufnahme, § 2001) → **widerlegliche Vermutung** für Nachlassbestand, § 2009 → **Eintritt der unbeschränkten Haftung** bei **Verstreichenlassen** der Frist zur Inventarerrichtung, § 1994 Abs. 1 S. 2 oder **vorsätzlich falschen Angaben** bei Inventarerrichtung, § 2005 Abs. 1 S. 1

Wichtig: Unterscheidung zwischen vorläufiger und endgültiger Haftungsbeschränkung:

Vorläufige Haftungsbeschränkung: **3-Monats-Einrede / Aufgebotseinrede**

- Einrede gem. §§ 2014, 2015: Die Berichtigung von Nachlassverbindlichkeiten kann für drei Monate nach dem Erbfall verweigert werden.
- Ausnahme: § 2016 → unbeschränkte Haftung des Erben (s. o.)
- Prozessuale Wirkung: § 305 Abs. 1 ZPO: Verurteilung mit **Vorbehalt beschränkter Haftung**; **Vollstreckungsabwehrklage** gem. §§ 782, 785, 767 ZPO möglich

Endgültige Haftungsbeschränkung

Wirkung / Maßnahme	Gegenüber einzelnen Gläubigern	Gegenüber allen Gläubigern
Anordnung der Nachlassverwaltung	———	**Anordnung durch Nachlassgericht** auf Antrag des Erben, § 1981 Abs. 1, oder der Nachlassgläubiger, § 1981 Abs. 2 <u>Voraus.:</u> Kein Insolvenzverfahren, Verfahrenskosten gedeckt, §§ 1982 Abs. 2, 1988 Abs. 1. <u>Folge:</u> • **Haftungsbeschränkung** auf Nachlass • **Wiederaufleben** von durch Konfusion/Konsolidation erloschenen Rechtsverhältnissen • **Verlust der Verwaltungs- und Verfügungsbefugnis** des Erben, § 1984 Abs. 1 • **Verlust der Prozessführungsbefugnis** • **Vollstreckungsgegenklage** gegen Vollstreckungsmaßnahmen, §§ 784 Abs. 1, 785, 767 ZPO • **Haftung des Erben** für die bisherige Verwaltung ggü. Nachlassgläubigern gem. § 1978 Abs. 1 • **Haftung des Verwalters** ggü. Erben gem. §§ 1833 Abs. 1, 1915 Abs. 1, 1975 • **Haftung des Verwalters** ggü. Nachlassgläubigern gem. § 1985 Abs. 2 S. 1 <u>Sonderproblem:</u> **Aufrechnung, §§ 1977, 387 ff.** Nach Abschluss ist das **Restvermögen** an die Erben herauszugeben, § 1986 Abs. 1; **ggf. Nachlassinsolvenzverfahren**
Nachlassinsolvenzverfahren, §§ 320 ff. InsO	———	Abschließende Aufzählung der **Antragsberechtigten** in § 317 InsO Voraus. der Verfahrenseröffnung gem. § 320 InsO: (drohende) **Zahlungsunfähigkeit** oder **Überschuldung des Nachlasses** Eröffnung durch Beschluss des Gerichts <u>Folgen:</u> • **Insolvenzverwalter** wird **Berechtigter**, § 80 InsO • Begriff der **Masse**, § 35 InsO • **Keine abgesonderte Befriedigung**, § 321 InsO • **Nachrangigkeit** der in § 327 InsO aufgezählten Verbindlichkeiten (z. B. Pflichtteilsansprüche und Vermächtnisse) ggü. § 39 InsO
Aufgebotsverfahren	**Verfahren** gem. §§ 946-959, 989 ff. ZPO Aufforderung der **Geltendmachung von Forderungen** der Nachlassgläubiger innerhalb von **sechs Monaten**, § 1970 → nach Fristablauf: **Ausschlussurteil** gem. § 952 ZPO <u>Folgen:</u> • **Ausschlusseinrede** ggü. verspätet geltend gemachten Forderungen, § 995 ZPO (**Ausn.**: dinglich gesicherte Gläubiger, §§ 1971, 1972) • Aber: Vorrangige Befriedigung ausgeschlossener Gläubiger ggü. Ansprüchen aus Pflichtteilsrechten, Vermächtnissen und Auflagen, § 1973 Abs. 1 S. 2 • Versäumungseinrede bei Geltendmachung der Forderung nach Ablauf von fünf Jahren nach dem Erbfall, § 1974	———

989ff. ZPO. In diesem lässt der Erbe die Nachlassgläubiger auffordern, ihre Forderungen innerhalb von **sechs Monaten** anzumelden, § 1970. Das Aufgebot wird an der **Gerichtstafel** sowie im **Bundesanzeiger** bekannt gemacht, nach Ermessen des Gerichts daneben in Tageszeitungen, § 948 ZPO. Nach Fristablauf erlässt das Gericht ein **Ausschlussurteil**, § 952 ZPO, gegen das eine **Anfechtungsklage** des ausgeschlossenen Gläubigers statthaft ist, § 957 Abs. 1, 2 ZPO.

b) Rechtsfolgen

897 Das Ausschlussurteil gewährt dem Erben ein Leistungsverweigerungsrecht (**Ausschluss-/Verschreibungseinrede**) gegenüber den im Aufgebotsverfahren ausgeschlossenen Gläubigern.

Das sind diejenigen **Nachlassgläubiger**, die sich nicht rechtzeitig gemeldet haben, § 995 ZPO, es sein denn, dass das Aufgebotsverfahren sie nicht betrifft §§ 1971, 1972, wie etwa die **dinglich gesicherten Gläubiger**. Der Erbe kann die Befriedigung ihrer Forderungen insoweit verweigern, als die Erfüllung der nicht ausgeschlossenen Forderungen den Nachlass aufgebraucht hat oder ihn durch noch bestehende Verpflichtungen aufbrauchen wird (Erschöpfungseirede).[121] Er soll nach Erlass des Ausschlussurteils entscheiden können, ob sich wegen der Nachlassverbindlichkeiten eine gerichtliche Nachlassliquidation lohnt.[122]

898 Etwas anderes gilt, wenn Ansprüche aus **Pflichtteilsrechten**, **Vermächtnissen** und **Auflagen** mit den Forderungen der ausgeschlossenen Gläubiger konkurrieren. Der ausgeschlossene Gläubiger ist dann vorrangig zu befriedigen, sofern er sich nicht erst nach Anspruchserfüllung an den Erben wendet, § 1973 Abs. 1 S. 2. Danach muss dieser nur noch einen etwaigen Überschuss herausgeben, § 1973 Abs. 2 S. 1 i. V. m. §§ 812ff. Er kann jedoch die Herausgabe noch vorhandener Nachlassgegenstände auch durch Zahlung abwenden, § 1973 Abs. 2 S. 2.

899 § 1974 Abs. 1 S. 1 stellt den ausgeschlossenen Gläubigern diejenigen gleich, die ihre Forderungen später als **fünf Jahre** nach dem Erbfall geltend machen, es sei denn, der Erbe kannte die Forderungen oder die Gläubiger hatten sie im Aufgebotsverfahren angemeldet. Dadurch soll der Erbe davor geschützt werden, nach langem Zeitraum noch Nachlassverbindlichkeiten berichtigen zu müssen.[123]

---

[121] Erhebt ein ausgeschlossener Nachlassgläubiger Klage und der Erbe die Einrede aus § 1973 Abs. 1 S. 1, so wird die Klage als *zur Zeit unzulässig* abgewiesen, sofern der Erbe beweist, dass der Nachlass erschöpft ist. Andernfalls wird er unter dem Vorbehalt beschränkter Haftung verurteilt, § 780 Abs. 1 ZPO. Gegen Vollstreckungsakte in sein Eigenvermögen muss er sich durch Vollstreckungsabwehrklage zur Wehr setzen, §§ 781, 785, 767 ZPO.

[122] Mot. V, S. 650f.

[123] Prot. V, S. 795.

E. Inventarerrichtung

Die Errichtung eines **Nachlassverzeichnisses** gem. §§ 1993ff. führt nicht zur Haftungsbeschränkung, sondern ist eine **Bestandsaufnahme** des Nachlasses, § 2001. Sie begründet im Fall rechtzeitiger Inventarisierung aber zum Schutz des Erben die **widerlegliche Vermutung**, dass zur Zeit des Erbfalls keine anderen Nachlassgegenstände als die angegebenen vorhanden waren, § 2009. Nachlassgläubiger können sich auf diese Weise einen Überblick über die Gegenstände verschaffen, die als Haftungs- bzw. Vollstreckungsobjekte in Betracht kommen. 900

Der Erbe büßt außerdem seine Möglichkeiten zur **Haftungsbeschränkung** gegenüber allen Nachlassgläubigern ein, wenn er die auf Antrag eines Nachlassgläubigers durch das Nachlassgericht gesetzte **Frist** zur Inventarerrichtung **verstreichen** lässt, § 1994 Abs. 1 S. 2, oder absichtlich **falsche Angaben** macht, § 2005 Abs. 1 S. 1. Verlangt ein Nachlassgläubiger eine **eidesstattliche Versicherung** der Vollständigkeit des Inventars, so haftet der Erbe ihm auch dann unbeschränkt, wenn er ihre **Abgabe verweigert**, § 2006 Abs. 3. 901

§ 8. Der Erbschein

Schrifttum: Herminghausen, Auswirkungen von einander inhaltlich widersprechenden Erbscheinen, NJW 1986, 571; **Kuchinke**, Grundlagen des Erbscheinsverfahrens und des Verkehrsschutzes bei Verfügungen des Scheinerben über Erbschaftsgegenstände, Jura 1981, 281ff.; **Parodi**, Die Maßgeblichkeit der Kenntnis vom Erbschein für einen gutgläubigen Erwerb einer beweglichen Sache nach § 2366 BGB, AcP 185 (1985), 362ff.; **Weiss**, Der unrichtige Erbschein, Jura 1985, 486ff.; **Wiegand**, Der öffentliche Glaube des Erbscheins, JuS 1975, 283ff.; **Zimmermann**, Das Erbscheinsverfahren und seine Ausgestaltung, ZEV 1995, 275ff.

A. Inhalt und Arten des Erbscheins

Gem. § 2353 bezeugt der **Erbschein** das ihm zu Grunde liegende **Erbrecht** bzw. bei mehreren Miterben die **Höhe des Erbteils** zur Zeit des Erbfalles. Er nützt dem Rechtsverkehr, weil er im Erbfall einen Nachweis über die Rechtsnachfolge gibt, der ähnlich der Grundbucheintragung gem. § 894 **öffentlichen Glauben** hinsichtlich seiner Richtigkeit genießt, § 2365. 902

903 Der zulässige **Inhalt** eines Erbscheins beschränkt sich gem. § 2353 auf Angaben zum **Erbrecht** bzw. der jeweiligen Höhe des Erbteils (in Bruchteilen). Ferner sind die erbrechtlichen **Verfügungsbeschränkungen** anzugeben, also die Anordnung einer Nacherbschaft, § 2363 Abs. 1, oder einer Testamentsvollstreckung, § 2364 Abs. 1. Da letztere lediglich die Beschränkung der Verfügungsmacht des im Erbschein als Erben Ausgewiesenen beweist und nicht dem Testamentsvollstrecker ein Recht zuweisen soll, wird der Name des Testamentsvollstreckers nicht aufgenommen,[124] ebenso wenig wie etwaige ihn treffende Verfügungsbeschränkungen.[125] Darüber hinausgehende Angaben – z. B. über Vermächtnisse oder Auflagen sind nicht zulässig.[126] Sie führen jedoch regelmäßig nicht zur Unwirksamkeit des Erbscheins, sondern vielmehr ist eine **Berichtigung** analog § 319 ZPO durch Streichen der Zusätze, die nicht am öffentlichen Glauben des Erbscheins teilnehmen, möglich.[127] Unzulässig sind ferner Angaben über die Bestandteile des Nachlasses bzw. dessen Wert.[128]

904 Soweit **nachträgliche Veränderungen der tatsächlichen Verhältnisse** seit Errichtung der letztwilligen Verfügung nicht die Erbfolge verändern, haben sie auf die Erteilung des Erbscheins keinen Einfluss.[129]

---

[124] *Brox*, Erbrecht, Rdn. 613; Staudinger/*Schilken*, § 2364 Rdn. 10. Anders dagegen das den Testamentsvollstrecker legitimierende Zeugnis gem. § 2368; vgl. Rdn. 389f.

[125] Erman/*Schlüter*, § 2364 Rdn. 1f.; *Kipp/Coing*, Lehrbuch des Erbrechts, § 128 III 3b (S. 697); Palandt/*Edenhofer*, § 2364 Rdn. 1; a. A. *Deubner*, JuS 1961, 34 (37), Fn. 19; *Lange/Kuchinke*, Lehrbuch des Erbrechts, § 39 V 2 m. w. N. in Fn. 182 (S. 1026).

[126] *Brox*, Erbrecht, Rdn. 613; *Leipold*, Erbrecht, Rdn. 648.

[127] OLG Hamm, OLGZ 1983, 59 (60); BayObLG, FamRZ 1989, 1348 (1349); Palandt/*Edenhofer*, § 2361 Rdn. 2. Eine umfassende Änderung, die die gesetzlich vorgesehenen Inhalte des Erbscheins betrifft, ist demgegenüber nicht zulässig. Dann kommt eine Einziehung gem. § 2361 in Betracht, dazu Rdn. 924.

[128] BayObLG, FamRZ 1998, 1262 (1264); Palandt/*Edenhofer*, § 2353 Rdn. 1. Eine Beschränkung auf bestimmte Nachlassgegenstände ist jedoch gem. § 2369 bei einem sog. *Fremdrechtserbschein* möglich; dazu Rdn. 909.

[129] Z. B. Veräußerung des Erbteils *Brox*, Erbrecht, Rdn. 613; Palandt/*Edenhofer*, § 2353 Rdn. 1; anders aber eine wirksame Ausschlagung bzw. Testamentsanfechtung oder Erbunwürdigkeitserklärung, die auf den Zeitpunkt des Erbfalles zurückwirkt und den erteilten Erbschein nachträglich unrichtig werden lässt, *Lange/Kuchinke*, Lehrbuch des Erbrechts, § 39 V 3 (S. 1026); vgl. Rdn. 788.

Etwas anderes gilt, wenn der Erblasser, die Erbquoten anhand bestimmter Vermögensgruppen, z. B. Immobilien, Gesellschaftsanteile, Aktienpakete usw. festgesetzt hat, und diese Werte zwischen Testamentserrichtung und Erbfall nachhaltig voneinander abweichen, vgl. § 2087.[130] Dies beeinflusst die Erbscheinserteilung. Ebenso ist ein nachträglicher Wegfall von Verfügungsbeschränkungen zu berücksichtigen, den die Beteiligten noch vor der Erbscheinsausstellung erfahren. Andernfalls würde der Erbschein eine unrichtige Rechtslage dokumentieren.[131]

Damit der Erbschein seine Funktion erfüllen kann, muss er aus sich **905**
heraus **verständlich** sein. Die Bezugnahme auf andere Urkunden, die Aufnahme von Empfehlungen verbietet sich von daher.[132]

Neben dem Erbschein, der das Erbrecht eines **Alleinerben** ausweist, **906**
§ 2353 1. Fall, gibt es bei mehreren **Miterben** insbesondere zwei Arten von Erbscheinen: den **Teilerbschein**, § 2353 2. Fall, der die Erbquoten eines **einzelnen Miterben** ausweist und den **gemeinschaftlichen Erbschein**, § 2357, der die einzelnen Erbteile aller **Miterben** ausweist, § 2357 Abs. 2.

Soweit der Bruchteil der (bekannten) Miterben noch nicht feststeht, kann **907**
das Gericht einen sog. **vorläufigen gemeinschaftlichen Erbschein** ausstellen, der die ungewissen Angaben offen lässt. Dabei muss es jedoch den Grund für die Ungewissheit angeben.[133]

Daneben gibt es – gesetzlich nicht ausdrücklich vorgesehen – den **Gruppen-** **908**
erbschein, der mehrere Teilerbscheine in einer Urkunde zusammenfasst, z. B. diejenigen einiger, aber nicht aller Miterben. Zu erwähnen ist ferner der **gemeinschaftliche Teilerbschein**, der etwa bei Beteiligung mehrerer Stämme an der Erbfolge ausgestellt wird, wenn deren Erbberechtigungen noch ungeklärt sind. Schließlich sei noch der **Sammelerbschein** genannt, welcher mehrere für aufeinanderfolgende Erbfälle ausgestellte Erbscheine zusammenfasst.[134]

Einen Sonderfall stellt der sog. **Fremdrechtserbschein** gem. § 2369 Abs. 1 dar, **909**
weil er ausnahmsweise zur Anerkennung eines **gegenständlich beschränkten**

---

130 Vgl. Rdn. 302.

131 H. M., vgl. z. B. Staudinger/*Schilken*, § 2364 Rdn. 13; *Brox*, Erbrecht, Rdn. 613; a. A. *Kipp/Coing*, Lehrbuch des Erbrechts, § 128 III 3c (S. 698) unter Hinweis darauf, dass der Erbschein nur die Rechtslage zum Zeitpunkt des Erbfalls ausweist.

132 *Brox*, Erbrecht, Rdn. 613; Palandt/*Edenhofer*, § 2353 Rdn. 3.

133 *Lange/Kuchinke*, Lehrbuch des Erbrechts, § 39 IV 2 m. w. N. in Fn. 149 (S. 1021).

134 *Bamberger/Roth,* § 2357 Rn. 1; Damrau/*Uricher*, Erbrecht, Vorbem. zu den §§ 2353 ff., Rdn. 3; *Lange/Kuchinke*, Lehrbuch des Erbrechts, § 39 IV 3 und 4 (S. 1022).

Erbscheins führt,[135] während sonst nur Erbquoten am gesamten Nachlass dokumentiert werden. Er gilt für den Teil der Nachlassgegenstände, der sich in Deutschland befindet, wenn sich die Erbfolge nach **ausländischem Recht** richtet, Art. 25 EGBGB. § 2369 Abs. 1 begründet somit eine internationale Zuständigkeit des deutschen Nachlassgerichts, und zwar entgegen dem im Regelfall geltenden **Gleichlaufprinzip** des internationalen Privatrechts, wonach grundsätzlich das Verfahrensrecht des Landes Anwendung findet, dessen materielles Recht eingreift.[136]

B. Erteilungsverfahren

910 Die Voraussetzungen für die Erteilung eines Erbscheins richten sich zunächst nach den §§ 2354ff. Da es sich um ein Verfahren der Freiwilligen Gerichtsbarkeit handelt, gelten darüber hinaus die §§ 1–34, 72ff. FGG.

I. Zuständigkeit

911 Die **sachliche Zuständigkeit** zur Erbscheinserteilung liegt beim **Nachlassgericht**, dessen Aufgaben das **Amtsgericht** wahrnimmt, § 72 FGG.[137] Die **örtliche Zuständigkeit** folgt aus § 73 Abs. 1, 1. HS. FGG und betrifft das **Amtsgericht**, in dessen **Bezirk** der **Erblasser** seinen letzten **Wohnsitz** hatte. Wenn das Erbrecht auf einer Verfügung von Todes wegen beruht bzw. wenn es um einen gegenständlich beschränkten Erbschein gem. § 2369 Abs. 1 geht, ist der Richter gem. § 16 Abs. 1 Nr. 6 RPflG **funktional** zuständig;[138] anderenfalls der **Rechtspfleger**, § 3 Nr. 2c) RPflG.[139]

912 Die **örtliche Unzuständigkeit** begründet zwar nicht die Unwirksamkeit eines eventuell erteilten Erbscheins, § 7 FGG. Er muss jedoch gem.

---

135 Eine analoge Ausdehnung ist unzulässig; vgl. Staudinger/*Schilken*, § 2369 Rdn. 1.

136 Vgl. BayObLG, FamRZ 1994, 330f.

137 Eine Ausnahme gilt für Baden-Württemberg, wo das staatliche Notariat diese Aufgaben wahrnimmt, Art. 147 EGBGB, §§ 38, 1 Abs.1, 2 LFGG Baden-Württemberg; vgl. *Lange/Kuchinke*, Lehrbuch des Erbrechts, § 39 II 2, Fn. 46 (S. 1007).

138 Dies gilt auch für die Erteilung eines Testamentsvollstreckerzeugnisses gem. § 2368.

139 Zur internationalen Zuständigkeit vgl. Rdn. 71ff.

§ 2361 Abs. 1 wegen eines Verfahrensfehlers eingezogen werden.[140] Das Gleiche gilt, sofern anstelle des Richters der Rechtspfleger gehandelt hat.[141]

II. Antrag

Das Erbscheinsverfahren findet ausschließlich auf **Antrag des Berechtigten** statt, § 2353.

Berechtigt ist neben dem Alleinerben ein Miterbe hinsichtlich eines Teilerbscheins, § 2353 2. Fall, bezogen auf sein eigenes Erbrecht, aber auch für das Erbrecht eines anderen Miterben aus derselben Erbengemeinschaft.[142]148 Ebenso kann der gemeinschaftliche Erbschein i. S. d. § 2357 von einem einzelnen Miterben beantragt werden. Er muss jedoch dann die Angabe enthalten, dass die übrigen Erben die Erbschaft angenommen haben, § 2357 Abs. 3 S. 1. Ein Vorerbe hat die Antragsberechtigung für einen Erbschein mit dem Inhalt des § 2363 Abs. 1.[143] 913

Antragsberechtigt sind ferner der Nachlassverwalter, -insolvenzverwalter,[144] der Abwesenheitspfleger, § 1911, und der Testamentsvollstrecker, § 2205,[145] und zwar infolge ihrer Stellung und ihres Aufgabenbereichs.[146] Auch Gläubiger des Erben, die den Erbschein zur Zwangsvollstreckung benötigen, können gem. §§ 792, 896 ZPO den Antrag stellen. 914

Die **inhaltlichen Voraussetzungen des Antrags** finden sich in § 2354 bzw. § 2355, je nachdem, ob es sich um **gesetzliche** oder **gewillkürte** Erbfolge handelt. Der Antragsteller ist verpflichtet, die nach § 2356 für den Nachweis seiner Erbberechtigung erforderlichen **Beweismittel** beizubringen.[147] 915

In dem Antrag auf Erbscheinserteilung liegt zugleich die konkludente **Annahme der Erbschaft** gem. § 1943.[148] Der Antrag kann bis zur endgültigen Erteilung des Erbscheines zurückgenommen werden; 916

---

140 *Lange/Kuchinke*, Lehrbuch des Erbrechts, § 39 II 2, Fn. 48 (S. 1007).

141 Palandt/*Edenhofer*, § 2353 Rdn.17; *Zimmermann*, ZEV 1995, 275 (276f.).

142 Vgl. *Brox*, Erbrecht, Rdn. 614.

143 Der Nacherbe kann den Erbschein erst ab Eintritt des Nacherbfalles erhalten, Palandt/*Edenhofer*, § 2363 Rdn. 10; *Zimmermann*, ZEV 1995, 275 (277).

144 Vgl. Rdn. 888.

145 Vgl. Rdn. 384ff.

146 Dies gilt nicht für den Nachlasspfleger, § 1960, eines unbekannten Erben, *Lange/Kuchinke*, Lehrbuch des Erbrechts, § 39 II 3 (S. 1007).

147 Eine Ausnahme gilt für offenkundige Tatsachen, § 2356 Abs. 3.

148 Vgl. dazu Rdn. 788ff.

danach kommt aus Gründen des Verkehrsschutzes nur noch eine Aufhebung gem. § 2361 in Betracht.[149]

III. Erteilung durch das Nachlassgericht

917 Der Antrag bindet das **Nachlassgericht**[150] bei der Erteilung des Erbscheines.[151] Das Gericht gibt ihm statt, wenn es von der Richtigkeit der vorgebrachten Tatsachen **überzeugt** ist, § 2359. Anderenfalls weist es ihn durch **Beschluss** zurück.

918 Die erforderlichen **Nachforschungen** bzw. **Beweiserhebungen** hat das Gericht **von Amts wegen** vorzunehmen, § 2358 Abs. 1.[152] § 2358 Abs. 2 sieht in diesem Zusammenhang z. B. eine öffentliche Aufforderung zur Anmeldung entgegenstehender Erbrechte vor. Anders als im Zivilprozess ist das Nachlassgericht also hinsichtlich seiner Entscheidung nicht auf das Vorbringen der Beteiligten beschränkt, § 12 FGG. Streiten die (vermeintlichen) Erben bereits im zivilgerichtlichen Verfahren, besteht gem. § 2360 eine Verpflichtung des Gerichtes zur Anhörung des Antragsgegners. Es handelt sich dabei um einen Anwendungsfall des Art. 103 Abs. 1 GG, des Anspruchs auf rechtliches Gehör.

919 Sollten trotz aller möglichen Maßnahmen Zweifel an der Rechts- bzw. Sachlage bleiben, kann das Nachlassgericht einen sog. **Vorbescheid** erlassen, um zu verhindern, dass ein unrichtiger Erbschein in den Verkehr gelangt.[153] Dies ist ein **Beschluss**, in dem der Erlass des beantragten Erbscheines unter Angabe des konkreten Inhaltes **angekündigt wird**, sofern kein Beteiligter innerhalb einer vom Gericht festgesetzten Frist **Beschwerde** einlegt.[154] Da es sich um eine **einfache Beschwerde** handelt, vgl. §§ 19, 22 FGG, kann sie aber auch noch nach Fristablauf eingelegt werden, allerdings nur bis zur Erteilung des Erbscheines.[155] Ein Vorbescheid des Inhaltes, das Gericht wolle den Erbscheinsantrag demnächst zurückweisen, ist unzulässig, da er nicht dem Zweck dient, einen unrichtigen Erbschein zu verhindern.[156]

---

[149] *Lange/Kuchinke*, Lehrbuch des Erbrechts, § 39 II 3 (S. 1007); MünchKomm/*Mayer*, § 2353 Rdn. 67. Zu § 2361 vgl. Rdn. 923ff.

[150] *Kipp/Coing*, Lehrbuch des Erbrechts, § 128 II 4 (S. 695). Es kann jedoch dem Antragsteller im Rahmen einer Zwischenverfügung Gelegenheit geben, den richtigen Antrag zu stellen, *Zimmermann*, ZEV 1995, 272 (279).

[151] Die formale Ausgestaltung richtet sich nach dem jeweiligen Landesrecht, vgl. *Lange/Kuchinke*, Lehrbuch des Erbrechts, § 39 II 7a (S. 1013).

[152] Dazu auch BGH, NJW-RR 1991, 515 (516).

[153] BayObLG, FamRZ 1991, 494ff.

[154] BGHZ 20, 255ff.; BayObLG, FamRZ 1991, 494ff.; *Brox*, Erbrecht, Rdn. 622.

[155] *Zimmermann*, ZEV 1995, 275 (280f.).

[156] OLG Hamm, NJW 1974, 1827f.; OLG Köln, FamRZ 1991, 1356ff. (bzgl. der Entscheidung über eine Vorfrage); *Lange/Kuchinke*, Lehrbuch des Erb-

920 Die Erteilung des Erbscheins ist mit **Aushändigung** bzw. **Zustellung** des Erbscheins oder einer seiner Ausfertigungen an den **Antragsteller** oder einen **ermächtigten Dritten** bewirkt.[157]

C. Rechtsbehelfe gegen die Entscheidung des Nachlassgerichts

I. Zurückweisung des Antrages

921 Die **Zurückweisung** eines Erbscheinsantrags erfolgt durch **Beschluss**, der mit der **einfachen Beschwerde**, § 19 Abs. 1 FGG, bzw. der **einfachen weiteren Beschwerde**, § 27 Abs. 1 FGG, angefochten werden kann, auch wenn der **Rechtspfleger** entschieden hat, § 11 RPflG.

922 Die **Beschwerdeberechtigung** richtet sich nach § 20 FGG. Entgegen dem Wortlaut des § 20 Abs. 2 FGG gewährt die h. M. diese Befugnis **jedem**, der ebenfalls den **Antrag** hätte stellen können, also etwa einem Miterben, vgl. § 2357.[158] Damit dürften zwar die Auslegungsgrenzen wegen des klaren Wortlauts überschritten sein, aber eine Analogie führt zu dem zutreffenden Ergebnis.

II. Einziehung des Erbscheins

923 Gegen die **Erbscheinserteilung** findet keine Beschwerde statt. Sobald der Erbschein existiert, kommt aus Gründen der Rechtssicherheit nur noch eine **Einziehung** bzw. **Kraftloserklärung** in Betracht.[159]

924 Soweit sich der **Erbschein** als **unrichtig** erweist, muss das **Nachlassgericht** ihn gem. § 2361 Abs. 1 S. 1 **von Amts wegen einziehen**. Dies ist zunächst dann der Fall, wenn der Inhalt des Erbscheins die Rechtslage nicht oder nicht mehr zutreffend wiedergibt[160] bzw. die Überzeugung des Gerichts von seiner Richtigkeit erschüttert wurde.[161] Das Gleiche gilt, wenn sich herausstellt, dass das

---

rechts, § 39 II 7a (S. 1013). Gegen die Angreifbarkeit eines solchen unzulässigen Vorbescheides mit der Beschwerde: OLG Hamm, ZEV 1995, 418 (420): es fehle an einer nach § 19 FGG anfechtbaren Verfügung des Nachlassgerichts.

157 *Lange/Kuchinke*, Lehrbuch des Erbrechts, § 39 II 7b m.w.N. in Fn. 112f. (S. 1015); MünchKomm/*Mayer*, § 2353 Rdn. 105; Soergel/*Zimmermann*, § 2353 Rdn. 35; zu den Wirkungen vgl. Rdn. 930ff.

158 KG, FamRZ 1990, 1264f.; *Lange/Kuchinke*, Lehrbuch des Erbrechts, § 39 II 8, Fn. 120 (S. 1016); Staudinger/*Schilken*, § 2353 Rdn. 88 m.w.N.

159 Vgl. *Brox*, Erbrecht, Rdn. 623; *Leipold*, Erbrecht, Rdn. 650.

160 Z. B. bei Testamentsanfechtung oder Eintritt des Nacherbfalles, OLG Frankfurt/M., FamRZ 1998, 1394 (1396).

161 Bloße Zweifel genügen nicht, BGHZ 40, 54 (56); BayObLG, FamRZ 1997, 1370; Staudinger/*Schilken*, § 2361 Rdn. 16.

Gericht Verfahrensvorschriften verletzt hat, so dass es den Erbschein gar nicht hätte erteilen dürfen.[162] Mit Einziehung des Erbscheins bzw. seiner Ausfertigungen wird dieser kraft- und damit wirkungslos, § 2361 Abs. 1 S. 2.

925 Gegen die **Einziehungsanordnung** ist die **einfache Beschwerde** bzw. **einfache weitere Beschwerde** durch alle ursprünglich Antragsberechtigten zulässig.[163] Nach Einziehung kommt jedoch nur noch eine Neuerteilung des Erbscheins in Betracht.[164] Bei **Einziehungsverweigerung** kann nur derjenige Beschwerde einlegen, dessen Rechte durch die Wirkungen des Erbscheins beeinträchtigt werden,[165] z. B. der wirkliche Erbe.

926 Der **Erbe** hat die Möglichkeit, sich gegen einen **unrichtigen Erbschein** zu wehren, indem er beim Nachlassgericht einen Antrag auf **Einziehung** des unrichtigen Erbscheines und **Neuerteilung** zu seinen Gunsten beantragt.[166] Daneben steht ihm ein **Herausgabeanspruch** bezüglich des Erbscheins an das Nachlassgericht gem. § 2362 Abs. 1 zu. Schließlich kommt noch eine **Feststellungsklage** gem. § 256 Abs. 1 ZPO über das streitige Erbrecht in Betracht.[167]

927 Da eine Einziehung nicht sofort umgesetzt werden kann, erklärt das Nachlassgericht den unrichtigen Erbschein gem. § 2361 Abs. 2 S. 1 für **kraftlos**. Der entsprechende Beschluss ist grundsätzlich nicht beschwerdefähig, § 84 S. 1 FGG.[168]

D. Verhältnis zum Zivilprozess

928 **Erbscheinsverfahren** und **Zivilprozess** über das Erbrecht sind **unabhängig voneinander**. Das Erbscheinsverfahren ist in der Regel kostengünstiger und einfacher,[169] trifft aber **keine rechtskräftige Entscheidung** über das Erbrecht und

[162] Z. B. Erbscheinserteilung ohne Antrag oder auf Antrag eines Nichtberechtigten, *Brox*, Erbrecht, Rdn. 624; zur Erteilung durch das örtlich unzuständige Gericht, *Lange/Kuchinke*, Lehrbuch des Erbrechts, § 39 II 2, Fn. 48 (S. 1007).

[163] Vgl. BGHZ 30, 220.

[164] RGZ 61, 273 (277); *Brox*, Erbrecht, Rdn. 624; Staudinger/*Schilken*, § 2361 Rdn. 28.

[165] Oder der Testamentsvollstrecker, vgl. *Lange/Kuchinke*, Lehrbuch des Erbrechts, § 39 VI 2c, Fn. 212 (S. 1030).

[166] Die Einziehung i. S. d. § 2361 Abs. 1 setzt keinen Antrag voraus, ein solcher ist jedoch zulässig, vgl. Palandt/*Edenhofer*, § 2361 Rdn. 7.

[167] Zum Verhältnis Erbscheinsverfahren zum Erbrechtsprozess vgl. Rdn. 928.

[168] Die Rechtsprechung lässt die Beschwerde jedoch zu, soweit die Entscheidung über die Kraftlosigkeitserklärung noch nicht öffentlich bekannt gemacht worden war, BayObLGZ 1958 (58), 364 ff.; *Brox*, Erbrecht, Rdn. 624; Staudinger/*Schilken*, § 2361 Rdn. 40: § 84 S. 1 FGG soll das Vertrauen des Rechtsverkehrs in die öffentliche Bekanntmachung schützen.

[169] Dazu *Lange/Kuchinke*, Lehrbuch des Erbrechts, § 39 III, Fn. 132 (S. 1018).

bindet dementsprechend das Prozessgericht auch nicht.[170] Umgekehrt jedoch entfaltet das Urteil des Prozessgerichtes Bindungswirkungen für das Nachlassgericht, soweit es eine **rechtskräftige Entscheidung** über ein Erbrecht trifft, allerdings nur im Umfang der **Rechtskraft**, §§ 322, 325 Abs. 1 ZPO.[171]

Bei einem **anhängigen Rechtsstreit** über das Erbrecht vor einem ordentlichen 929
Gericht muss der **Gegner** gem. § 2360 vom Nachlassgericht vor Ausstellung des Erbscheines **angehört** werden. Das **Nachlassgericht** kann das **Erbscheinsverfahren aussetzen**, soweit es vom Ausgang des Rechtsstreites Aufklärung erwartet, § 12 FGG, nicht aber das Prozessgericht im umgekehrten Fall, vgl. § 148 ZPO.[172]

E. Wirkungen

Die (zweifachen) Rechtswirkungen des Erbscheins sind denen des 930
Grundbuches, §§ 891 ff., vergleichbar, §§ 2365–2367. Der Erbschein begründet die **Vermutung der Richtigkeit**, § 2365, und genießt **öffentlichen Glauben**, §§ 2366 f. Aus diesem Bereich stammen die meisten Aufgaben in Übungen oder im Staatsexamen, die mit dem Erbschein zusammenhängen.

I. Die Vermutung der Richtigkeit, § 2365

§ 2365 stellt die **Vermutung** auf, dass die im Erbschein ausgewiesene 931
Person Erbe in dem dort angegebenen Umfang ist, und **keine** weiteren als die dort genannten **Beschränkungen** bestehen.[173] Andere Tatsachen nehmen an der Vermutungswirkung nicht teil, z. B. ob der Erblasser Eigentümer der Nachlassgegenstände war bzw. diese überhaupt Nachlassbestandteile sind.[174] Die Erbscheinserteilung an den **Vorerben**, der

---

170 *Lange/Kuchinke*, Lehrbuch des Erbrechts, § 39 III (S. 1018): mangels materieller Rechtskraft von Entscheidungen der freiwilligen Gerichtsbarkeit; *Schlüter*, Erbrecht, Rdn. 581.

171 Vgl. *Kuchinke*, Jura 1981, 281 (283).

172 *Lange/Kuchinke*, Lehrbuch des Erbrechts, § 39 III (S. 1019), die Entscheidung hängt nicht vom Erbscheinsverfahren i. S. d. Norm ab. Ebenso *Zimmermann*, ZEV 1995, 275 (279).

173 Rechtsvermutung deshalb, weil der Bestand des Erbrechts vermutet wird, während § 292 ZPO von Tatsachen spricht.

174 *Bamberger/Roth*, § 2365 Rn. 7; Staudinger/*Schilken*, § 2365 Rdn. 12 f.; *Brox*, Erbrecht, Rdn. 616.

gem. § 2363 Abs. 1 S. 1 den Namen des **Nacherben** enthalten muss, begründet keine Vermutung für die Nacherbenstellung.[175] Im Zusammenhang mit § 857 führt die Vermutung des § 2365 auch zur Annahme, dass der im Erbschein bezeichnete Erbe **Besitzer des Nachlasses** ist.[176]

932 **Negativ** wird ausschließlich das Fehlen von **Testamentsvollstreckung** bzw. **Nacherbschaft** als gesetzlich zulässiger Erbscheinsinhalt vermutet. Dies bezieht sich materiellrechtlich aber nur auf ihre Anordnung, nicht auf den tatsächlichen Bestand bzw. Fortbestand dieser Beschränkung.[177]

933 Die Erbscheinsvermutung besteht gegenüber **jedermann** und wirkt sich damit sowohl zugunsten als auch zu Lasten des Bezeichneten aus, z. B. bei Inanspruchnahme durch Nachlassgläubiger. Es handelt sich um eine **widerlegbare Vermutung**,[178] die derjenige ausräumen muss, der das im Erbschein ausgewiesene Erbrecht bestreitet.[179] Sie wird auch durch Einziehung des Erbscheins widerlegt.[180]

934 Bei einem Erbrechtsstreit ist das Prozessgericht, soweit es um die Auslegung einer letztwilligen Verfügung geht, nicht an § 2365 gebunden.[181] Wenn dort z. B. der Wegfall eines Ehegattenerbrechts gem. §§ 1933, 2077 eine Rolle spielt, werden die allgemeinen Beweislastregeln nicht durch einen erteilten Erbschein modifiziert.[182]

II. Der öffentliche Glaube, §§ 2366 f.

935 § 2366 schützt denjenigen, der **gutgläubig** vom **Erbscheinserben** einen Nachlassgegenstand **rechtsgeschäftlich erwirbt**, ein dingliches Recht daran oder die Befreiung von einer Verbindlichkeit erlangt.

Der **Gutglaubensschutz** erstreckt sich auf den gesetzlich zulässigen **Inhalt des Erbscheins** gem. § 2365.[183] Der öffentliche Glaube des Erbscheins ersetzt nur das **fehlende Erbrecht** oder die betreffenden **Be-**

---

[175] BGHZ 84, 196 (200); *Brox*, Erbrecht, Rdn. 616.

[176] *Lange/Kuchinke*, Lehrbuch des Erbrechts, § 39 VII 2b, Fn. 225 (S. 974); Staudinger/*Schilken*, § 2365 Rdn. 14.

[177] Erman/*Schlüter*, § 2365 Rdn. 3; *Brox*, Erbrecht, Rdn. 616; a. A. Staudinger/*Schilken*, § 2365 Rdn. 11.

[178] § 292 ZPO gilt für diese Rechtsvermutung entsprechend, *Brox*, Erbrecht, Rdn. 616; *Leipold*, Erbrecht, Rdn. 654.

[179] *Leipold*, Erbrecht, Rdn. 654.

[180] Dazu bereits Rdn. 923 ff.

[181] BGH, NJW 1993, 2171 (2172); *Lange/Kuchinke*, Lehrbuch des Erbrechts, § 39 VII 2e (S. 1033).

[182] BGH, NJW 1995, 1082 (1084).

[183] Vgl. Rdn. 903.

schränkungen, nicht die fehlende Eigentümerstellung des Erblassers am betroffenen Nachlassgegenstand, die gem. §§ 932ff., 892f. zu beurteilen ist, so dass in einer Aufgabe unter Umständen der gute Glaube zweimal geprüft werden muss.[184]

1. Voraussetzungen

Es muss sich um eine **rechtsgeschäftliche Verfügung** über einen Nachlassgegenstand handeln. Erwerb kraft Gesetzes oder Vollstreckungshandlungen fallen nicht darunter.[185] **936**

Der Gutglaubensschutz wird auf **jeden Nachlassgegenstand** ausgedehnt,[186] so dass im Rahmen von § 2366 auch der gutgläubige Erwerb einer Nachlassforderung oder eines Geschäftsanteils einer GmbH in Betracht kommt.[187] Außerdem verhindert Abhandenkommen des Gegenstandes beim wahren Erben den gutgläubigen Erwerb gem. § 2366 – entgegen § 935 – nicht.[188] § 935 ist bei einer nachlassfremden Sache also nur im Verhältnis zwischen Eigentümer und Erblasser von Bedeutung.[189] Der Grund liegt darin, dass § 857 den Erbenbesitz fingiert, so dass bei Anwendung des § 935 der öffentliche Glaube des Erbscheins leer laufen würde. **937**

Der Erwerber muss davon ausgehen, dass der Verfügungsgegenstand Nachlassbestandteil ist, aber weder Einsicht in den Erbschein nehmen noch auch nur von ihm wissen.[190] Zusätzlich muss er **gutgläubig** sein. Dies ist nicht der Fall, wenn er **Kenntnis von der Unrichtigkeit** des Erbscheins bzw. vom Rückgabeverlangen des Nachlassgerichts hat, § 2366 a. E.[191] Nicht ausreichend ist entgegen § 932 Abs. 2 grob fahrlässige Unkenntnis, ebenso wenig bloße Kenntnis der die Unrichtigkeit begründenden Tatsachen. Es muss vielmehr der Schluss auf die Unrich- **938**

---

[184] Beispielhaft *Lange/Kuchinke*, Lehrbuch des Erbrechts, § 39 VII 3d m. w. N. in Fn. 250 (S. 1036).

[185] Z. B. Staudinger/*Schilken*, § 2366 Rdn. 14.

[186] *Leipold*, Erbrecht, Rdn. 656.

[187] *Lange/Kuchinke*, Lehrbuch des Erbrechts, § 39 VII 3b (S. 1034).

[188] MünchKomm/*Mayer*, § 2366 Rdn. 40; *Kipp/Coing*, Lehrbuch des Erbrechts, § 103 II 3 (S. 574).

[189] *Ebenroth*, Erbrecht, Rdn. 1069; MünchKomm/*Mayer*, § 2366 Rdn. 40.

[190] BGHZ 33, 314 (317); 40, 54 (60); Mot. V, S. 569; MünchKomm/*Mayer*, § 2366 Rdn. 9ff.; a. A. *Wiegand*, JuS 1978, 145, 149; *Parodi*, AcP 185 (1985), 362 (374).

[191] AnwK-BGB/*Kroiß*, § 2366, Rdn. 5.

tigkeit des Erbscheins hieraus gezogen worden sein, um Bösgläubigkeit bejahen zu können.[192]

939 Der **Kenntnis von der Unrichtigkeit** des Erbscheins entspricht die **Kenntnis von der Anfechtung** der zu Grunde liegenden Verfügung von Todes wegen, § 142 Abs. 2, sowie die **Kenntnis der rechtskräftigen Verurteilung** des Erbscheinserben zur Herausgabe des Erbscheins an das Nachlassgericht, § 2362 Abs. 1.[193]

940 Die **Gutgläubigkeit** muss noch im Zeitpunkt der **Vollendung des Rechtserwerbs** vorliegen. Allerdings findet bei Grundstücken als Nachlassgegenstand § 892 Abs. 2 als spezielle Regelung entsprechende Anwendung, so dass es hier auf den Zeitpunkt der Antragstellung ankommt.[194]

2. Rechtsfolge

941 § 2366 ermöglicht einen **gutgläubigen Erwerb** einzelner Nachlassgegenstände vom Erbscheinserben.[195] Indem er die fehlende Erbenstellung überwindet, rückt der Erbscheinserbe für den gutgläubigen Erwerber in die besitzrechtliche Position des Erblassers nach.[196]

942 Gegenüber dem wirklichen Erben ist seine **Verfügung wirksam**. Diesem stehen Ansprüche auf Herausgabe gem. §§ 2018f. und 816 Abs. 2 zu.[197] Darüber hinaus kommen u. U. Ansprüche gem. §§ 822, 823ff. in Betracht.

3. § 2367

943 § 2367 erweitert den Schutz des § 2366 auf Verfügungsgeschäfte, die nicht bereits unter die letztgenannte Norm fallen.[198] § 2367 1. Fall erfasst vor allem die **Leistung eines Dritten** an den im Erbschein Bezeichneten, z. B. in Erfüllung einer Nachlassverbindlichkeit. Der gutgläubige

---

[192] Prot. V, S. 685; *Brox*, Erbrecht, Rdn. 618.

[193] *Schlüter*, Erbrecht, Rdn. 600. Nicht ausreichend ist dagegen die bloße Kenntnis von der Klageerhebung.

[194] BGHZ 57, 341 (343); *Leipold*, Erbrecht, Rdn. 659: § 892 Abs. 2 BGB analog; a. A. *Lange/Kuchinke*, Lehrbuch des Erbrechts, § 39 VII 3e m. w. N. in Fn. 260f. (S. 1037); Staudinger/*Schilken*, § 2366 Rdn. 8, 24.

[195] Vgl. die Beispiele bei *Ebenroth*, Erbrecht, Rdn. 1068ff.

[196] Z. B. *Hoffmann*, JuS 1968, 228 (229); *Schlüter*, Erbrecht, Rdn. 597.

[197] Vgl. dazu Rdn. 825ff.

[198] Auch einseitige Rechtsgeschäfte mit Verfügungscharakter z. B. Kündigung od. Anfechtung, *Brox*, Erbrecht, Rdn. 619.

Schuldner wird dadurch gegenüber dem wirklichen Erben befreit. Dem tatsächlichen Erben stehen wiederum nur Ansprüche gegen den Erbscheinserben zu, z. B. § 816 Abs. 2. Auch die unter § 2367 2. Fall zu fassenden Fälle müssen **rechtsgeschäftlicher Natur** sein. Dafür kommt es auf das Grundgeschäft an, nicht darauf, ob damit ein gesetzlicher Rechtsübergang verbunden ist, z. B. bei § 426, wenn ein Gesamtschuldner geleistet hat.[199]

III. Widersprüchliche Erbscheine

Es gibt Fälle, in denen **mehrere Nachlassgerichte örtlich zuständig** sind.[200] Der **944**
Umstand, dass ein örtlich unzuständiges Gericht einen Erbschein ausstellt, bedingt nicht dessen Unwirksamkeit,[201] so dass die Gefahr mehrfacher Erbscheinserteilung mit abweichendem Inhalt nicht ausgeschlossen werden kann. Soweit diese Widersprüche reichen, treten die dargestellten Erbscheinswirkungen nicht ein,[202] und zwar unabhängig davon, ob ein Dritter von dem abweichenden Erbschein Kenntnis hatte.[203] Falls einer der beiden widersprüchlichen Erbscheine wegfallen sollte, kann sich ein gutgläubiger Erwerb auf den verbleibenden Erbschein stützen.[204]

---

[199] Z. B. §§ 268, 774, 1143, 1163; vgl. *Brox*, Erbrecht, Rdn. 619.

[200] Z. B. wenn der Erblasser zwei Wohnsitze hat, § 73 FGG. Vgl. *Herminghausen*, NJW 1986, 571 ff.

[201] S. Rdn. 912.

[202] BGHZ 33, 314; 58, 105, 108; BGH, FamRZ 1990, 1111 (1112): Widersprechender Erbschein und Testamentsvollstreckerzeugnis; *Brox*, Erbrecht, Rdn. 617; Palandt/*Edenhofer*, § 2366 Rdn. 4; Staudinger/*Schilken*, § 2366 Rdn. 19; a. A. *Herminghausen*, NJW 1986, 571 (573): Schutz des gutgläubigen Dritten bei Unkenntnis von zweiten Erbschein; *Lange/Kuchinke*, Lehrbuch des Erbrechts, § 39 II 5c, Fn. 96 m. w. N. (S. 1012): Schutz desjenigen, der als erster gestützt auf diese Bestimmung erwirbt; *Parodi*, AcP 185 (1985), 362 (373).

[203] BGH, NJW 1961, 605f.; Soergel/*Zimmermann*, § 2366 Rdn. 4; Staudinger/*Schilken*, § 2366 Rdn. 19.

[204] Auch rückwirkend, da der Erbschein den öffentlichen Glauben unabhängig von der subjektiven Kenntnis hinsichtlich seiner Existenz schützt, MünchKomm/*Mayer*, § 2366 Rdn. 7; Soergel/*Zimmermann*, § 2366 Rdn. 4.

F. Das Testamentsvollstreckerzeugnis, § 2368[205]

945 Das **Testamentsvollstreckerzeugnis** als amtliches Zeugnis über die Rechtsstellung des Testamentsvollstreckers ist dem Erbschein nachgebildet, § 2368 Abs. 3 1. HS. Es enthält Angaben über seine Person und gibt Auskunft über seine Verfügungs- und Verpflichtungsmacht, §§ 2205ff., wenn sie vom gesetzlichen Regelfall abweichen, § 2368 Abs. 1 S. 2. Die Norm, die insoweit die beschränkte Verwaltungsbefugnis und die unbeschränkte Verpflichtungsmöglichkeit nennt, ist nach ihrem Sinn und Zweck nicht abschließend.[206] Bis auf kleinere Abweichungen gilt also das oben Gesagte, z. B. kann auch ein **Vorbescheid** erlassen werden.[207]

946 Den **Antrag** auf Erteilung des Testamentsvollstreckerzeugnisses kann nach Amtsannahme zum einen der **Testamentsvollstrecker** stellen,[208] § 2368 Abs. 1 S. 1, zum anderen aber auch ein **Nachlassgläubiger**, §§ 792, 896 ZPO, sowie der **Erbe**, der als Betroffener zugleich Beteiligter ist und regelmäßig an der Klärung der Rechtsstellung des Testamentsvollstreckers ein Interesse hat.[209]

947 Das **Nachlassgericht** erteilt das **Zeugnis**, und zwar der **Richter**, § 16 Abs. 1 Nr. 6 RPflG. Die Erteilung ist grundsätzlich nur bis zur Amtsbeendigung zulässig, danach noch, wenn für die Feststellung des Beendigungszeitpunkts ein Bedürfnis besteht.[210] Dies wird im Zeugnis vermerkt.[211]

948 Auch das **Testamentsvollstreckerzeugnis** begründet eine **gesetzliche Vermutung**. Gem. § 2365 erstreckt sich die Vermutungswirkung positiv darauf, dass der im Zeugnis Genannte Testamentsvollstrecker ist, negativ, dass keine weiteren als die angegebenen Beschränkungen existie-

---

[205] Vgl. zur Testamentsvollstreckung insgesamt Rdn. 376ff.

[206] *Brox*, Erbrecht, Rdn. 626; *Lange/Kuchinke*, Lehrbuch des Erbrechts, § 39 VIII 2, Fn. 286 (S. 1040); Palandt/*Edenhofer*, § 2368 Rdn. 3.

[207] BayObLG, FamRZ 1991, 111ff.

[208] Spätestens in der Antragsstellung liegt die Annahme des Antrages, Palandt/*Edenhofer* § 2368 Rdn. 5.

[209] So auch *Lange/Kuchinke*, Lehrbuch des Erbrechts, § 39 VIII 2, Fn. 272 (S. 1039); *Brox*, Erbrecht, Rdn. 626; a.A. OLG Hamm, NJW 1974, 505; *Schlüter*, Erbrecht, Rdn. 878; Soergel/*Zimmermann*, § 2368 Rdn. 7, da der Erbe nicht *unmittelbar* an der Erteilung des Testamentsvollstreckerzeugnisses beteiligt sei.

[210] KG, NJW 1964, 1905f.; *Lange/Kuchinke*, Lehrbuch des Erbrechts, § 39 VIII 2 (S. 1038).

[211] KG, NJW 1964, 1905.

Übersicht: Der Erbschein

Arten

Alleinerbschein § 2353 1. Fall	Teilerbschein § 2353 2. Fall	Gruppenerbschein	Gemeinschaftlicher Erbschein, § 2357	Gemeinschaftlicher Teilerbschein	Sammelerbschein	Fremdrechtserbschein § 2369
Bezeugung des Erbrechts + Höhe des Erbteils	Zeugnis der Erbquote bei Teilerbschaft	Zusammenfassung mehrer Teilerbscheine	Ausweis der einzelnen Erbteile aller Miterben	Bei Zweifeln bezüglich der Erbberechtigung mehrerer Stämme	Zusammenfassung mehrerer Erbscheine für aufeinanderfolgende Erbfälle	Ausstellung für in Deutschland befindliche Gegenstände bei Erbfolge nach ausländischem Recht

Inhalt:

Erbrecht	Höhe des Erbteils (Bruchteil)	Verfügungsbeschränkungen	
§ 2353	§ 2353	**(Ggf.) Nacherbschaft, § 2363 Abs. 1**	**(Ggf.) Testamentsvollstreckung, § 2364 Abs. 1**

Formell

Zuständiges Gericht / Erteilung	Antrag	Rechtsbehelf
Sachlich: Nachlassgericht, § 72 FGG (→ grds. Rechtspfleger, § 3 Nr. 2 c RPflG; Richter, § 2369 Abs. 1, § 16 Abs. 1 Nr. 1 RPflG) **Örtlich:** AG am **letzten Wohnsitz des Erblassers**, §§ 72, 73 Abs. 1 1. HS. FGG Erteilung des Erbscheins bei Überzeugung des Gerichts bezüglich des Erbrechts, § 2359 → **Amtsermittlungsgrundsatz**, § 2358 Abs. 1	Erteilung des Erbscheins auf **Antrag**, § 2357 **Berechtigte**: Erbe, §§ 2353, 2357 Vorerbe, § 2363 Verwalter (Nachlass-; Insolvenz-) Pfleger Testamentsvollstrecker, § 2205 Gläubiger, §§ 792, 896 ZPO **Nachweispflicht** in bezug auf Berechtigung, § 2356	**Einfache Beschwerde** gem. § 19 Abs. 1 FGG gegen **Ablehnung** der Erteilung (→ Berechtigung gem. § 20 FGG) **Erteilter Erbschein** kann nur noch **eingezogen** oder **kraftlos** erklärt werden (u. U. Einziehung von Amts wegen), vgl. § 2361. **Einfache Beschwerde** durch alle **Antragsberechtigten**

→ **Erbschein**

Materiell

Vermutung der Richtigkeit gem. § 2365 → **Rechtsfolge** ← **Öffentlicher Glaube gem. § 2366**

- **gutgl. Erwerb** vom Erbscheinserben möglich; Gutgläubigkeit (d. h. keine Kenntnis von der Unwirksamkeit des Erbscheins) bis zur Vollendung des Rechtserwerbs notwendig
- **Keine Anwendung** von § 935 trotz § 857
- § 2367 bei **Leistung an den Erbscheinserben**

ren.[212] Damit besteht ein noch weiter gehender **öffentlicher Glaube** als beim Erbschein. Er betrifft sogar **Verpflichtungsgeschäfte**, die in den Amtsbereich des Testamentsvollstreckers fallen, wie aus § 2368 Abs. 1 S. 2 folgt.[213]

949 Eine weitere Besonderheit gegenüber dem Erbschein besteht nach § 2368 Abs. 3, 2. HS. insoweit, als das Zeugnis bereits mit **Beendigung des Amtes kraftlos** wird, ohne dass es einer förmlichen Einziehung oder Kraftloserklärung bedarf.[214] Das Nachlassgericht muss allerdings zum Schutz des Rechtsverkehrs die Beendigung entweder auf der Urkunde vermerken oder ihre Rückholung veranlassen.[215] Bei inhaltlicher Unrichtigkeit ist das Testamentsvollstreckerzeugnis nach den Grundsätzen des Erbscheinverfahrens einzuziehen, § 2361.[216]

G. Wiederholung und Vertiefung *

Sachverhalt

Nach dem Tod seines Vaters V erwirkt K als gesetzlicher Erbe beim zuständigen Nachlassgericht Anfang des Jahres 2000 einen Erbschein als Alleinerbe. Im März 2000 veräußert er ein ursprünglich dem V gehörendes Bild an den A unter Vorlage des Erbscheines. A hatte sich nach dem Todes des V an K gewandt, weil er davon ausging, dass dieser Erbe des V und somit auch Eigentümer des begehrten Bildes sei, das er schon seit langer Zeit kannte.

Nicht viel später verpfändete K dem D einen Computer aus dem Nachlass, den sich V allerdings von seinem Freund F geliehen hatte. Auch D ging davon aus, dass es sich um einen Nachlassgegenstand handelte. Im Juli desselben Jahres tauchte jedoch ein wirksames Testament des V auf, worin er R, seinen Freund, zum Alleinerben eingesetzt hatte.

Frage 1:
Was kann das zuständige Nachlassgericht unternehmen, wenn es von dem Sachverhalt Kenntnis erlangt?

Frage 2:
Welche Ansprüche stehen R gegen die Beteiligten zu?

---

212 *Lange/Kuchinke*, Lehrbuch des Erbrechts, § 39 VIII 4a (S. 1041); *Brox*, Erbrecht, Rdn. 627.

213 *Lange/Kuchinke*, Lehrbuch des Erbrechts, § 39 VIII 4b (S. 1042).

214 *Lange/Kuchinke*, Lehrbuch des Erbrechts, § 39 VIII 5 (S. 1042). Beispiele bei MünchKomm/*Mayer*, § 2368 Rdn. 23ff.

215 MünchKomm/*Mayer*, § 2368 Rdn. 48; Soergel/*Zimmermann*, § 2368 Rdn. 15.

216 MünchKomm/*Mayer*, § 2368 Rdn. 50; Soergel/*Zimmermann*, § 2368 Rdn. 14.

* Lösungen im Anhang, siehe S. 467.

H. Muster

I. Erbschein

8 VI 17/01

– Erbschein –

Alleinerbin des zwischen dem 20. Februar 2001 und dem 23. Februar 2001 in Düsseldorf, seinem letzten Wohnsitz, verstorbenen

Armin Friedrich Müller

ist

Frau Karin Mayer, geb. Müller, Im Grund 359,
404474 Düsseldorf

40123 Düsseldorf, den 1. März 2001
– Amtsgericht –

(Moersmeier) Richter am Amtsgericht

II. Testamentsvollstreckerzeugnis

8 VI 1234/00

– Testamentsvollstreckerzeugnis –

Zum Testamentsvollstrecker über den Nachlass der am 05. 07. 1921 in Jülich geboren, zuletzt in Düsseldorf wohnhaft gewesenen und dort am 27. September 2000 verstorbenen

Maria Hertel
geborene Schmidt

wird bestellt

Herr Karl-Heinz Schmidt,
Kaufmann
Königsalle 309, 40212 Düsseldorf

Der Testamentsvollstrecker führt das Amt alleine.

40213 Düsseldorf, den 12. Dezember 2000
– Amtsgericht –

(Moersmeier) Richter am Amtsgericht

§ 9. Die Erbengemeinschaft

Schrifttum: Ann, Zum Problem der Vorkaufsberechtigung beim Miterbenvorkaufsrecht nach § 2034 BGB, ZEV 1994, 343ff.; **Bengel**, Zur Rechtsnatur des vom Erblasser verfügten Erbteilungsverbotes, ZEV 1995, 178ff.; **Grunwald**, Die Rechtsfähigkeit der Miterbengemeinschaft AcP 197, 305; **Hoffmann**, Die geschichtliche Entwicklung der Miterbengemeinschaft, Jura 1995, 125ff.; **Meincke**, Zum Verfahren der Miterbenausgleichung, AcP 178 (1978), S. 45ff.; **Muscheler**, Mehrheitsbeschluss der Erbengemeinschaft, ZEV 1997, 169.

A. Einführung

950 Das Gesetz geht vom **Alleinerben** als **Regelfall** aus und behandelt **Miterben** als **Ausnahme**, §§ 1922 Abs. 2, 2032ff. In der Rechtswirklichkeit verhält es sich dagegen umgekehrt: Meist fällt der Nachlass mehreren Erben zu, insbesondere wenn der Erblasser keine Verfügung von Todes wegen hinterlassen hat. Demzufolge haben die Vorschriften über die Miterbengemeinschaft hohe praktische Bedeutung, nicht zuletzt auch deshalb, weil sich Miterbengemeinschaften häufig im Zuge der Auseinandersetzung zerstreiten.

951 Der Gesetzgeber musste in den §§ 2032ff. verschiedene Interessen ausgleichen.[217] Während die Erben meist eine **schnelle Auseinander-**

[217] Ausf. zur wechselhaften Entstehungsgeschichte der heutigen Miterbenregelung MünchKomm/*Heldrich*, Vor § 2032, Rdn. 4.

setzung wollen, kann wirtschaftlich gesehen die **Nachlasserhaltung** auf bestimmte Zeit sinnvoller sein. Vor allem aber dient sie dem **Gläubigerschutz**, den Nachlass nicht unmittelbar mit Eintritt des Erbfalles auf die Erben aufzuteilen.

B. Rechtsnatur der Miterbengemeinschaft und Rechtsstellung der Miterben

Die **Erbengemeinschaft** bildet neben der Gesellschaft bürgerlichen Rechts **952**
(GbR) gem. § 705 und der ehelichen Gütergemeinschaft gem. §§ 1415 ff. die dritte **Gesamthandsgemeinschaft** des BGB und die einzige, die kraft Gesetzes entsteht.

Sie hat **keine eigene Rechtspersönlichkeit**, ist **keine juristische Person.**[218] Daraus ergibt sich, dass ihr nach jedenfalls noch ganz überwiegender Auffassung im Zivilprozess **keine Prozessfähigkeit** gem. § 50 ZPO zukommt.[219] Rechtsträger sind vielmehr die Erben in ihrer gesamthänderischen Verbundenheit. Bestrebungen in der Literatur,[220] der Erbengemeinschaft in Anlehnung an die höchstrichterliche Rechtsprechung zur Außen-GbR[221] ebenfalls Rechts- und Parteifähigkeit zuzusprechen, hat der BGH[222] eine Absage erteilt. Zur Begründung wies er vor allem darauf hin, dass die Erbengemeinschaft anders als die GbR kraft Gesetzes entstehe und nicht auf Dauer angelegt, sondern vielmehr auf Auseinandersetzung ausgerichtet sei.

Die Tatsache, dass den Miterben ein Bruchteil am Nachlass zusteht, bedeutet **kein Bruchteilseigentum** an einzelnen Nachlassgegenständen gem. §§ 741 ff. Die Quote am Gesamthandsvermögen bestimmt nur die Wertverhältnisse bei Anfall der Erbschaft.[223] § 2033 Abs. 2 ordnet an,

---

[218] MünchKomm/*Heldrich*, § 2032 Rdn. 12; *Leipold*, Erbrecht, Rdn. 721; a. A. *Grunwald*, AcP 197 (1997) 305 (315); dagegen *Bork*, Zur Rechtsfähigkeit der Erbengemeinschaft, in: 100 Jahre BGB – 100 Jahre Staudinger, 1999, S. 181 ff.; Hk-BGB/*Hoeren*, § 2032, Rdn. 4.

[219] BGH, NJW 1989, 2133 (2134); Damrau/*Rißmann*, Erbrecht, § 2032, Rdn. 16.

[220] Vgl. *Eberl-Borges*, ZEV 2002, 125 (127 ff.); *Weipert*, ZEV 2002, 300 (301); dagegen *Heil*, ZEV 2002, 296.

[221] BGH, NJW 2001, 1056.

[222] BGH, NJW 2002, 3389 (3390).

[223] Die Teilungsquote bei Auseinandersetzung hängt noch von weiteren Faktoren ab, dazu *Lange/Kuchinke*, Lehrbuch des Erbrechts, § 42 I 4 b (S. 1083 f.); sowie Rdn. 302.

dass der Miterbe über seinen Anteil an einem Nachlassgegenstand nicht verfügen kann. Richtigerweise müsste es heißen, dass ein solcher selbständiger Anteil nicht existiert.[224] Dementsprechend werden etwa Erben eines Nachlasses, in dem sich Grundstücke befinden, als Erbengemeinschaft in das Grundbuch eingetragen, nicht als Bruchteilseigentümer.

I. Der Nachlass als Sondervermögen

953 Zum Nachlass gehören alle Vermögenswerte, die dem Erblasser zustanden, auch solche, die im Wege der **Surrogation** hinzu getreten sind. Der Nachlass bildet ein einheitliches **Sondervermögen** aus Rechten und Pflichten, das – wenn nicht praktisch, so doch juristisch – vom sonstigen Vermögen der Erben getrennt ist. Diese Verselbständigung zeigt das Gesetz etwa in § 2040 Abs. 2: Der Schuldner einer Nachlassforderung darf nicht mit einer Forderung aufrechnen, die ihm gegen einen einzelnen Miterben zusteht. Es fehlt an der für die Aufrechnung erforderlichen **Gegenseitigkeit** gem. § 387.[225]

954 Da die Erben als Personen rechtlich nicht mit der Miterbengemeinschaft als Gesamthandsgemeinschaft gleichzusetzen sind, erlöschen auch Rechte nicht, die zwischen ihnen und dem Erblasser bestanden haben. Zum Schutz der Nachlassgläubiger tritt also weder **Konfusion**[226] noch **Konsolidation**[227] ein.

955 **Beispiel:** So erlischt ein Rückzahlungsanspruch eines Darlehns, das E seinen Söhnen A, B und C gewährt hatte, nicht mit seinem Tode. Das gleiche gilt im umgekehrten Fall, also wenn die Söhne des späteren Erblassers eine Forderung gegenüber diesem hatten.

---

[224] Sog. Theorie der ungeteilten Gesamtberechtigung, MünchKomm/*Heldrich*, § 2032 Rdn. 10; *Leipold*, Erbrecht, Rdn. 723; je etwas anders *Lange/Kuchinke*, Lehrbuch des Erbrechts, § 42 I 4b (S. 1083); *Brox*, Erbrecht, Rdn. 470.

[225] Der Rechtsgedanke der Norm schließt die Geltendmachung von Zurückbehaltungsrechten ebenfalls aus, RGZ 132, 81 (83).

[226] Zusammenfallen von Forderung und Schuld in einer Person; ausf. zur Konfusion Staudinger/*Olzen*, Einf. zu §§ 362ff., Rdn. 25ff.

[227] Zusammenfassung von Eigentum und beschränktem dinglichen Recht in einer Person; MünchKomm/*Heldrich*, § 2032 Rdn. 27.

II. Die Rechtsstellung der Miterben

Da die Vorschriften über die Alleinerbschaft auch auf einen Erbteil Anwendung finden, § 1922 Abs. 2, unterscheidet sich die Rechtsstellung eines Miterben grundsätzlich nicht von derjenigen eines Alleinerben. Der **Nachlass** geht mit dem Erbfall **von selbst** und **ungeteilt** auf die **Miterben** gem. § 2032 Abs. 1 über. Das Grundbuch wird damit unrichtig; die Eintragung zugunsten der Miterbengemeinschaft wirkt nur deklaratorisch. Aus gesamthänderischen Bindungen ergeben sich jedoch einige Besonderheiten. **956**

1. Verfügungsmacht des Miterben

§ 2033 Abs. 1 S. 1 enthält den Grundsatz der **freien Verfügbarkeit** über den **Miterbenanteil**. Damit sollte den Miterben die schnelle Verwertung ermöglicht werden. Wirtschaftlich handelt es sich jedoch nur selten um eine vernünftige Alternative zur Auseinandersetzung der Erbengemeinschaft.[228] **957**

Gegenstand dieser Verfügung ist entweder der **gesamte Miterbenanteil**, also die **ideelle Quote** am **Gesamthandsvermögen**[229] oder ein **Teil dieses Anteils**.[230] Im letztgenannten Fall entsteht eine Bruchteilsgemeinschaft aus den veräußernden Miterben einerseits und dem Erwerber andererseits, die ihrerseits Bestandteil der Gesamthandsgemeinschaft wird.[231] **958**

Dagegen ist es ausgeschlossen den Gesamthandsanteil an einzelnen Nachlassgegenständen zu verwerten, § 2033 Abs. 2,[232] selbst mit Zustimmung aller Miterben. Die Regelung will nämlich nicht sie schützen, sondern zugunsten der Nachlassgläubiger verhindern, dass der Nachlass vor Begleichung aller Verbindlichkeiten ausgehöhlt wird. **959**

Als Verfügung kommen **Übertragung** und **Belastung** des Anteils am Nachlass in Betracht. Dadurch wird der Erwerber **Mitglied der Ge-** **960**

---

228 Vgl. *Lange/Kuchinke*, Lehrbuch des Erbrechts, § 42 II 1 (S. 1087).

229 So AnwK-BGB/*Ann*, § 2033, Rdn. 2; MünchKomm/*Heldrich*, § 2033 Rdn. 7.

230 RGZ 134, 296 (298f.); BGH, NJW 1963, 1610 (1611); BayObLG, NJW-RR 1991, 1030 (1031); Soergel/*Wolf*, § 2033 Rdn. 4.

231 So die herrschende sog. Einheitstheorie Soergel/*Wolf*, § 2033 Rdn. 15; *Schlüter*, Erbrecht, Rdn. 655; *Haegele*, Rpfleger 1968, 173 (177ff.); a. A. *Lange/Kuchinke*, Lehrbuch des Erbrechts, § 42 II 2a (S. 1088).

232 Die Norm ist missverständlich, da ein solcher Anteil selbständig gar nicht existiert, dazu bereits Rdn. 87f.

samthandsgemeinschaft, und zwar mit der Folge, dass ihm die gleichen Rechte und Pflichten wie dem Veräußerer zukommen. Insoweit steht er einem Miterben gleich, so dass ihn auch die Nachlasshaftung trifft, §§ 2382, 2385. Er erwirbt jedoch **nicht die Stellung eines Miterben**, da sich diese nicht durch lebzeitiges Rechtsgeschäft, sondern nur im Erbgang begründen lässt. In den Erbschein ist daher nicht der Erwerber, sondern der Miterbe aufzunehmen.[233]

961 Daneben kommt auch eine **Pfandrechtsbestellung**, § 1273 oder die Einräumung eines **Nießbrauchs**, § 1068 am Miterbenanteil in Betracht, ferner eine Pfändung gem. § 857 ZPO. Gegenstand der Belastung sind wiederum nicht die einzelnen Nachlassgegenstände, sondern der **Nachlassanteil**. Die Rechtsfolge für den Miterben, der die Belastung vornimmt, besteht in einer **Verfügungsbeschränkung** analog §§ 1258, 1066. Als Kreditunterlage liegt eine Vollrechtsübertragung im Wege der Sicherungsübereignung allerdings näher.

962 Für das Verfügungsgeschäft besteht gem. § 2033 Abs. 1 S. 2 das Erfordernis **notarieller Beurkundung**. Weitere Formvorschriften kommen allerdings deshalb nicht zur Anwendung, weil Gegenstand der Verfügung nicht die einzelnen Nachlassgegenstände oder Anteile davon sind, sondern der **Miterbenanteil**. Deshalb ist insbesondere weder eine Auflassung gem. § 925 noch eine Eintragung im Grundbuch erforderlich, wenn sich ein Grundstück im Nachlass befindet.[234]

963 Der **Übertragung des Miterbenanteils** liegt schuldrechtlich meist ein Kauf zu Grunde, für den die Regeln des **Erbschaftskaufes**[235] und damit auch die **Formvorschriften** der §§ 2371, 2385, 1922 Abs. 2 gelten. Aber auch **Tausch** oder **Schenkung** sind als Verpflichtungsgeschäft denkbar.

964 Da die **Verfügung** über den Miterbenanteil und die zu Grunde liegende **Verpflichtung** rechtlich zu trennen sind, die Praxis aber nicht immer dahingehend unterscheidet, muss u. U. im Wege der Auslegung ermittelt werden, ob ein formgerechtes Verfügungsgeschäft das Verpflichtungsgeschäft beinhaltet. Gelangt man zum gegenteiligen Ergebnis, so stellt sich die Frage, ob der **Formmangel** des Grundgeschäftes **heilbar** ist. Die Rechtsprechung verneint eine Heilungsmöglichkeit.[236] Aufgrund der vergleichbaren Interessenlage sollte man dies jedoch mit

[233] RGZ 64, 173 (178); *Schlüter*, Erbrecht, Rdn. 656.

[234] Vgl. auch BGHZ 92, 386 (393) zur Übertragung vinkulierter Gesellschaftsanteile.

[235] Dazu Rdn. 1281 ff.

[236] RGZ 137, 171 (175); BGH, NJW 1967, 1128 (1131).

dem herrschenden Schrifttum analog §§ 311b Abs. 1 S. 2, 518 Abs. 2, 766 S. 3, 2301 Abs. 2 zulassen.[237]

2. Das Vorkaufsrecht, § 2034ff.

Sofern ein Miterbe seinen Anteil an einen Dritten verkauft, besteht für **965**
die übrigen Miterben ein **Vorkaufsrecht**, § 2034 Abs. 1. Während das Recht zur Anteilsveräußerung dem Interesse des einzelnen Miterben dient, schützt das Vorkaufsrecht die übrige Miterbengemeinschaft davor, dass Dritte unerwünscht in diese Gemeinschaft gelangen oder ihre Entscheidungsposition dort durch Zuerwerb ausbauen können.[238]

a) Tatbestand des Vorkaufsrechts

Zunächst muss ein **Miterbe** veräußern bzw. ein Erbe eines Miterben **966**
(Erbeserbe).[239] Dagegen greift die Norm nicht ein, wenn ein **Erwerber** seinen **Anteil** weiterverkauft. Daran zeigt sich, dass der gesetzliche Schutz von Miterben gegen Dritte Lücken aufweist.

Dritter i. S. des § 2034 Abs. 1 ist jede Person außerhalb der Miterben- **967**
gemeinschaft. Da der Anteilserwerber zwar Mitglied der Gesamthandsgemeinschaft, nicht aber Miterbe wird, bleibt er „Dritter". Damit entsteht ein Vorkaufsfall auch bei Zukauf weiterer Nachlassanteile durch jemanden, der sich bereits vorher in die Gemeinschaft hineingekauft hatte,[240] nicht jedoch, wenn ein Miterbe selbst weitere Anteile hinzukauft.[241]

Nach dem Wortlaut des § 2034 löst der **wirksame Verkauf** den Vor- **968**
kaufsfall aus.[242] Bei Formnichtigkeit muss nach der hier vertretenen Ansicht allerdings an eine Heilung gedacht werden.[243] Da die Norm die Vertragsfreiheit einschränkt, ist das Tatbestandsmerkmal restriktiv auszulegen und nicht auf (teilweise) unentgeltliche Verfügungen an-

---

[237] MünchKomm/*Heldrich*, § 2033 Rdn. 23; *Lange/Kuchinke*, Lehrbuch des Erbrechts, § 42 II 4 m. w. N. in Fn. 122 (S. 1094); *Schlüter*, Erbrecht, Rdn. 657.
[238] BGHZ 56, 115 (119).
[239] BGHZ 121, 47 (48); *Ann*, ZEV 1994, 343.
[240] BGHZ 56, 115 (116); 121, 47 (48).
[241] BGH, JZ 1965, 617f.; a. A. Staudinger/*Werner*, § 2034 Rdn. 7; offengelassen BGH, DNotZ 1971, 744 (745).
[242] MünchKomm/*Heldrich*, § 2034 Rdn. 7; zur gemischten Schenkung bereits RGZ 101, 99 (101).
[243] Vgl. Rdn. 964.

zuwenden.[244] Es verlangt außerdem ein Moment der Freiwilligkeit, so dass die Vorschrift Übertragungen im Wege der Zwangsvollstreckung oder durch den Insolvenzverwalter nicht erfasst.[245]

969 **Vorkaufsberechtigt** sind die **Miterben** und **deren Erben**, § 2034 Abs. 2 S. 2,[246] nicht die Anteilserwerber, die als freiwilliges Mitglied der Miterbengemeinschaft minderen Schutz genießen.[247] § 2034 schützt die **Erbengemeinschaft** vor dem Eindringen Dritter, gewährt aber kein Recht auf Rückkehr.[248] Das Vorkaufsrecht steht den Berechtigten gesamthänderisch zu, § 472 S. 1. Bei Nichtausübung durch einen Berechtigten fällt es gem. § 472 S. 2 an die Übrigen.[249]

970 Die **Ausübung** des Vorkaufsrechts erfolgt **formlos** gem. § 464 Abs. 1 S. 2. Vor der Anteilsübertragung trifft den **Verkäufer** die Verpflichtung, danach den **Käufer**, §§ 2035 Abs. 1 S. 2, 464 Abs. 1 S. 1 oder einen **Dritterwerber**, § 2037. Bei einer Weiterveräußerung durch den **Ersterwerber** entsteht kein neues **Vorkaufsrecht**, so dass die Ausübungsfrist von zwei Monaten gem. § 2034 Abs. 2 S. 1 häufig bereits abgelaufen sein wird.

b) Rechtsfolgen des Vorkaufsrechts

971 Als Rechtsfolge der Ausübung entsteht ein **Schuldverhältnis** zwischen Berechtigtem und Verpflichtetem, das **kraft Gesetzes** zustande kommt und sich nach Kaufrecht richtet[250]. Es entspricht inhaltlich der Vereinbarung zwischen Verkäufer und Dritten, § 464 Abs. 2. Die Rechtsbeziehung begründet einen Anspruch auf Anteilsübertragung gem. § 2033 Abs. 1, und zwar auf die Berechtigten als **Gesamthänder** im Verhältnis ihrer Anteile zueinander. Dem entspricht andererseits ein Anspruch auf Kaufpreiszahlung, §§ 464 Abs. 2, 433 Abs. 2, für den die Miterben **gesamtschuldnerisch** gem. § 427 haften. Seine Aufbringung im **Innenverhältnis** bemisst sich nach ihren **Erbquoten**.

---

[244] BGH, NJW 1977, 37 (38).

[245] *Brox*, Erbrecht, Rdn. 481; allg. zum Vorkaufsrecht gem. §§ 504ff. BGHZ 14, 1ff.

[246] Zur Vererbung BGH, NJW 1966, 2207.

[247] BGHZ 56, 115 (118); BGH, NJW 1983, 2142 (2143); krit. *Ann*, ZEV 1994, 343 (344).

[248] BGHZ 121, 47 (50f.); zust. *Leipold*, Erbrecht, Rdn. 726; krit. *Ann*, ZEV 1994, 343 (345f.).

[249] BGH, NJW 1982, 330f.

[250] BGHZ 6, 85ff.

Sofern (bereits) der Käufer aus dem genannten Schuldverhältnis verpflichtet ist, muss er vor doppelter Inanspruchnahme geschützt werden.[251] Dies geschieht dadurch, dass ihn die Anteilsübertragung von der Nachlasshaftung befreit, § 2036 S. 1. 972

C. Die Verwaltung des Nachlasses

Die **Verwaltung** des Nachlasses steht als Folge der gesamthänderischen Bindung nach der Grundregel des § 2038 Abs. 1 S. 1 allen **Miterben gemeinschaftlich** zu. Dabei umfasst der zum Schutz des Miterben weit auszulegende Verwaltungsbegriff alle tatsächlichen oder rechtlichen Maßnahmen, die auf **Erhaltung**, **Nutzung** und **Mehrung** des Nachlassvermögens gerichtet sind.[252] Die umfassende Definition erstreckt sich mangels gesetzlicher Unterscheidung sowohl auf Maßnahmen im **Innen**- als auch im **Außenverhältnis**. Dennoch wiederholt § 2040 Abs. 1 für Verfügungen noch einmal dieses Prinzip. Deshalb stellt das Verhältnis dieser Vorschrift zu § 2038 eines der umstrittensten Probleme der Miterbengemeinschaft dar; es wird im Folgenden noch näher behandelt. 973

I. Das Innenverhältnis

Die Art der Verwaltungsmaßnahme entscheidet darüber, in welchem Umfang einzelne Miterben an der Durchführung teilhaben. Der Grundsatz der Gemeinschaftlichkeit in § 2038 Abs. 1 S. 1 entspricht zwar der gesamthänderischen Bindung, bringt jedoch Schwerfälligkeit in der Entscheidungsfindung mit sich. Deshalb durchbricht das Gesetz das Grundprinzip in abgestufter Weise. 974

Die Miterbengemeinschaft kann Maßnahmen der **ordnungsgemäßen Verwaltung** mit **Stimmenmehrheit** beschließen, §§ 2038 Abs. 2, 745 Abs. 1, 2. Für deren Feststellung ist nicht die Zahl der Miterben, sondern es sind ihre **Anteile am Nachlass** entscheidend, § 745 Abs. 1 S. 2. Wann 975

---

[251] Über die Konstruktion besteht allerdings keine Einigkeit, vgl. dazu *Lange/Kuchinke*, Lehrbuch des Erbrechts, § 42 III 3c (S. 1102); *Brox*, Erbrecht, Rdn. 485.

[252] BGH, FamRZ 1965, 267 (269); *Bamberger/Roth,* § 2038 Rn. 4; MünchKomm/*Heldrich*, § 2038, Rdn. 14; *Schlüter*, Erbrecht, Rdn. 669.

der Tatbestand der ordentlichen Verwaltung vorliegt, bestimmt § 745 Abs. 2: Verwaltung und Benutzung müssen nach billigem Ermessen dem Interesse der Miterben gerecht werden. Die Abgrenzung zu nicht ordnungsgemäßen Maßnahmen bereitet im Einzelfall Schwierigkeiten. Gem. § 745 Abs. 3 fällt jedenfalls eine **wesentliche Umgestaltung** nicht mehr unter den Begriff. Aus der Verweisung auf das Recht der Bruchteilsgemeinschaften ergibt sich aber, dass das Gesetz in § 2038 Abs. 2 dafür auf den Nachlass als **Gesamtheit** abstellt. Deshalb können **einzelne Nachlassgegenstände** aus Gründen der Praktikabilität durchaus mit Mehrheitsbeschluss **umgestaltet** werden.[253]

976 Schließlich begründet § 2038 Abs. 1 S. 2 a. E. die Befugnis jedes Miterben, **notwendige Nachlasserhaltungsmaßnahmen** allein zu treffen. Um das Mehrheitsprinzip nicht zu unterlaufen, ist dieses Tatbestandsmerkmal eng auszulegen. Die entsprechende Handlung muss wirklich **dringlich** sein.[254]

977 Die vorgenannten Grundsätze gelten nur, sofern nichts anderes bestimmt ist, etwa **Testamentsvollstreckung** gem. § 2204 oder eine rechtsgeschäftliche Übertragung des Verwaltungsrechts durch die Gemeinschaft auf einen Miterben.

978 Der **Gebrauch** der **Nachlassgegenstände** steht ebenfalls allen Miterben **gemeinschaftlich** zu. Niemand darf den Mitgebrauch der anderen beeinträchtigen, §§ 2038 Abs. 2, 743 Abs. 2. Eine praktikable Nutzung lässt sich daher meist nur durch Vereinbarung realisieren. **Früchte** fallen in den Nachlass, §§ 2041, 1. Fall, 953, so dass sie einzelnen Miterben erst bei der **Auseinandersetzung** zukommen, § 2038 Abs. 2 S. 2 (vgl. jedoch auch S. 3). Die **Lastentragung** ergibt sich aus dem Verweis auf § 748 und orientiert sich am **Verhältnis der Erbteile**. Die überwiegende Auffassung lehnt die Verpflichtung eines Miterben zur **Vorschussleistung** mangels gesetzlicher Grundlage ab.[255]

979 Ist ein Miterbe in Vorlage getreten, so hat er einen **Aufwendungsersatzanspruch** gem. § 670, sofern sich – ggf. durch Auslegung – ein **Auftrag** der Gemeinschaft begründen lässt. Er kann etwa in einem

---

[253] *Lange/Kuchinke*, Lehrbuch des Erbrechts, § 43 I 3 d (S. 1109); *Brox*, Erbrecht, Rdn. 492; a. A. Soergel/*Wolf*, § 2038 Rdn. 9.

[254] BGHZ 6, 76 (83); Palandt/*Edenhofer*, § 2038 Rdn. 14.

[255] MünchKomm/*Heldrich*, § 2038 Rdn. 66; Erman/*Schlüter*, § 2038, Rdn. 9; a. A. mit beachtlichen Gründen *Brox*, Erbrecht, Rdn. 501. Die Frage ist auch im Rahmen der Bruchteilsgemeinschaft umstritten, vgl. Staudinger/*Langhein*, § 748, Rdn. 20 ff. m. w. N.

Mehrheitsbeschluss liegen. Ansonsten sind die Voraussetzungen der **Geschäftsführung ohne Auftrag** zu prüfen, §§ 677, 683ff.[256] Der **Notgeschäftsführer** kann seine Aufwendungen gem. §§ 2038 Abs. 1 S. 2 a. E., 748 in Ansatz bringen.[257]

Auskunftspflichten zwischen den Miterben sind gesetzlich nicht geregelt und können sich daher nur im Einzelfall aus § 242 ergeben. Die Verbundenheit in der Miterbengemeinschaft allein reicht nicht aus, um eine Sonderbeziehung zu begründen, aus der sich grundsätzlich Auskunftsansprüche herleiten lassen.[258] **980**

II. Das Außenverhältnis

Die Wirkungen rechtlichen Handelns der Gesamthandsgemeinschaft im **Außenverhältnis** sind nicht umfassend, sondern nur in Teilbereichen geregelt, §§ 2039ff. **981**

1. Verpflichtungsgeschäfte

Wenig Probleme bereitet die Situation, dass die Gesamthandsgemeinschaft einem oder mehreren Miterben **Vollmacht** erteilt hat, § 167, evt. auch stillschweigend etwa durch Zuweisung der Verwaltungsbefugnis. **982**

Besteht nur **gesetzliche Vertretungsmacht**, so entspricht diese nach überwiegender Meinung der **Verwaltungsbefugnis**. Nach § 2038 Abs. 1 S. 1 können daher Verpflichtungen grundsätzlich nur mit **Zustimmung aller Gesamthänder** begründet werden. **983**

Handelt es sich hingegen um ein Rechtsgeschäft **ordnungsgemäßer Verwaltung**, so reicht nach zutreffender Auffassung ein **Mehrheitsbeschluss**. Die §§ 2038 Abs. 2 S. 1, 745 wirken also für Verpflichtungsgeschäfte auch im Außenverhältnis;[259] die überstimmten Miterben sind deshalb verpflichtet, den Mehrheitsentscheid anzuerkennen. Andernfalls wäre die Erbengemeinschaft nahezu handlungsunfähig. **984**

Soweit Verpflichtungsgeschäfte erforderlich sind, um **notwendige Maßnahmen** zur Erhaltung des Nachlasses zu treffen, so ergibt sich

---

[256] Vgl. BGH, NJW 1987, 3001f.; *Hohloch*, JuS 1988, 74f.

[257] Dazu *Wernecke*, AcP 193 (1993), 241 (248).

[258] Zutr. BGH, JR 1990, 16 (17) m. Anm. *Wassermann*.

[259] BGHZ 56, 47 (49ff.); *Lange/Kuchinke*, Lehrbuch des Erbrechts, § 43 III 6c (S. 1129); *Brox*, Erbrecht, Rdn. 505; *Hendrich*, JA 1971, 621 (623); a. A. ausf. *Jülicher*, AcP 175 (1975), 143 (147ff.).

die Vertretungsmacht jedes **einzelnen Miterben** aus § 2038 Abs. 1 S. 2 a. E.

2. Verfügungen, § 2040

985 § 2040 Abs. 1 ordnet für die Verfügungen über Nachlassgegenstände **gemeinschaftliches Handeln der Miterben** an. Dies ist nach einhelliger Auffassung nicht im Wortsinne auszulegen, weil nicht die Erbenstellung, sondern die **gesamthänderische Berechtigung** entscheidet, so dass auch der Anteilserwerber von der Norm erfasst wird.[260] Unter einer **Verfügung** im Sinne der Norm versteht man wie im gesamten Privatrecht die Übertragung, Änderung und Aufhebung eines Rechtes.[261] Ein Beispiel hierfür ist die Übereignung einer beweglichen Sache oder eines Grundstückes. Aber auch die Einziehung von Forderungen oder etwa die Kündigung von Darlehens- oder Arbeitsverträgen fallen darunter.

986 Das Verhältnis zwischen § 2038 und § 2040 ist – wie eingangs erwähnt – umstritten. Es geht um die Frage, ob § 2040 eine **Spezialvorschrift** für Verfügungen enthält, die **stets gemeinschaftliches Handeln** der Miterben erfordert. Bei entgegengesetzter Betrachtungsweise würde sich die Verwaltungsbefugnis für die Mehrheit der Miterben im Rahmen ordnungsgemäßer Verwaltung oder die Einzelgeschäftsführungsbefugnis des einzelnen Miterben für Notverwaltungsmaßnahmen auch auf die Verfügungsebene auswirken. Dafür spricht, dass die uneingeschränkte Forderung nach gemeinsamem Handeln der Miterbengemeinschaft in vielen Fällen deren Tätigkeit lähmt. Anders als bei Verpflichtungsgeschäften in § 2038 lässt aber der eindeutige Gesetzeswortlaut in § 2040 keinen Spielraum, die Mehrheitsbefugnis des § 2038 für Maßnahmen ordnungsgemäßer Verwaltung auf die Verfügungsebene auszudehnen; die darin zum Ausdruck gekommene gesetzgeberische Entscheidung darf nicht allein deshalb unbeachtet bleiben, weil man das Ergebnis für unangemessen hält.[262] Allerdings – und dies geschieht in der Praxis auch nicht selten – können übergangene Miterben die ohne ihre Zustimmung schwebend unwirksame Verfügung genehmigen, §§ 182 Abs. 1, 183 S. 1. Dies gilt jedoch nicht für **einseitige Verfügungen** wie

---

[260] Soergel/*Wolf*, § 2040 Rdn. 8.

[261] BGHZ 1, 294 (304f.); *Lange/Kuchinke*, Lehrbuch des Erbrechts, § 43 IV 1a (S. 1130f.).

[262] BGHZ 56, 47 (50); Staudinger/*Werner*, § 2038 Rdn.7; MünchKomm/*Heldrich*, § 2038 Rdn. 53; a. A. *Kipp/Coing*, Lehrbuch des Erbrechts, § 114 IV 2c (S. 614); *Ebenroth*, Erbrecht, Rdn. 765.

z. B. für eine Kündigung, da dabei ein für den Adressaten unerträglicher Schwebezustand entstünde.[263]

Das **Notverwaltungsrecht** hingegen ermächtigt gem. § 2038 Abs. 1 S. 2 a. E. auch zu den **notwendigen Verfügungen**. Zwar bereitet hier der Wortlaut des § 2040 Abs. 1 auch insoweit Schwierigkeiten. Aber der Schaden, der dem Nachlass andernfalls zugefügt werden könnte, steht außer Verhältnis zum Interesse des einzelnen Miterben an der Beteiligung bei dieser Entscheidung. Die Dringlichkeit solcher Maßnahmen lässt es nicht zu, evt. widersprechende Miterben zunächst auf Zustimmung zu verklagen. Deshalb muss hier nach **Sinn und Zweck** des § 2038 Abs. 1 S. 2 a. E. eine Ausnahme im Wege einschränkender Auslegung gemacht werden. 987

3. Geltendmachung von Nachlassansprüchen

§ 2039 begründet in **Durchbrechung des Gemeinschaftlichkeitsprinzips** für jeden Miterben die Befugnis, **Nachlassansprüche** für diesen geltend zu machen. 988

Der Anspruchsbegriff folgt aus § 194 Abs. 1 und die „Geltendmachung" ist weit zu verstehen. Darunter fallen alle **gerichtlichen** und **außergerichtlichen Maßnahmen** die der Anspruchsverwirklichung dienen, einschließlich der Durchsetzung im Wege der **Zwangsvollstreckung**.[264] 989

§ 2039 erfasst nur Rechte, die einen **Anspruch** begründen. Deshalb kann sich ein einzelner Miterbe für die Ausübung von Gestaltungsrechten nicht auf § 2039 berufen. Soweit damit eine Verfügung verbunden ist, greift § 2040 Abs. 1 ein. Sonst bleibt es bei der Grundregel des § 2038 Abs. 1: Man muss dann unterscheiden, ob eine Maßnahme **der ordentlichen Verwaltung** oder eine **Notverwaltung** vorliegt. 990

Im **Zivilprozess** tritt der Miterbe nicht als Vertreter der Gemeinschaft, sondern als **gesetzlicher Prozessstandschafter** auf. Er handelt also im **eigenen Namen** und wird **Partei** des Rechtsstreites. Die **Rechtskraft** eines von ihm erstrittenen Urteils wirkt nicht für und gegen die übrigen Miterben.[265] 991

---

[263] Staudinger/*Werner,* § 2040 Rdn. 14.

[264] Weitere Beispiele mit N. bei *Lange/Kuchinke*, Lehrbuch des Erbrechts, § 43 III 4c (S. 1125).

[265] RGZ 93, 127 (129f.); RGZ 149, 193 (194); Hk-BGB/*Hoeren*, § 2039, Rdn. 6; Soergel/*Wolf*, § 2039 Rdn. 10; *Ebenroth*, Erbrecht, Rdn. 768. Streit besteht darüber, ob und unter welchen Umständen mehrere Miterben notwendige Streitgenossen gem. § 62 ZPO sind. Dies kann nur angenommen werden,

Übersicht: Die Erbengemeinschaft (1)

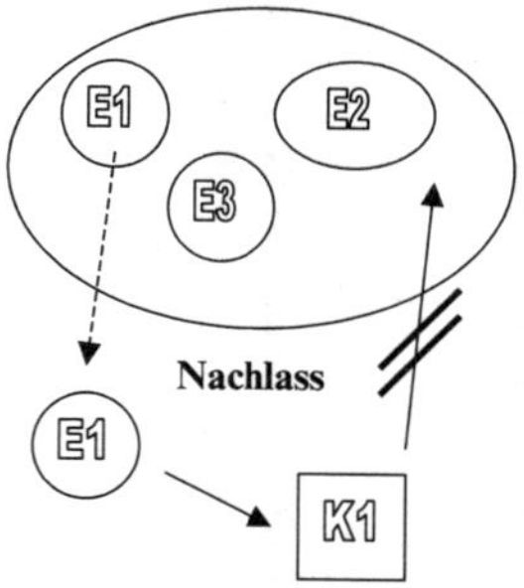

- Auf Auflösung gerichtete **Gesamthandsgemeinschaft**, § 2042.
- Nachlass = **Sondervermögen** der Erben
- Zum Gläubigerschutz tritt **keine Konfusion** (Vereinigung von Gläubiger- und Schuldnereigenschaft) und **keine Konsolidation** (Vereinigung von Recht und Belastung) ein.

- Freie **Verfügungsmacht** der Miterben über **ihren Anteil am Nachlass**, § 2033 Abs. 1 S. 1, nicht über einzelne Nachlassgegenstände.
- **Anteilserwerber** tritt **nicht** in die **Erbenstellung** ein.
- **Notarielle Beurkundung des Verfügungsgeschäfts** notwendig.
- **Vorkaufsrecht** der anderen **Miterben** gem. § 2034 Abs. 1.

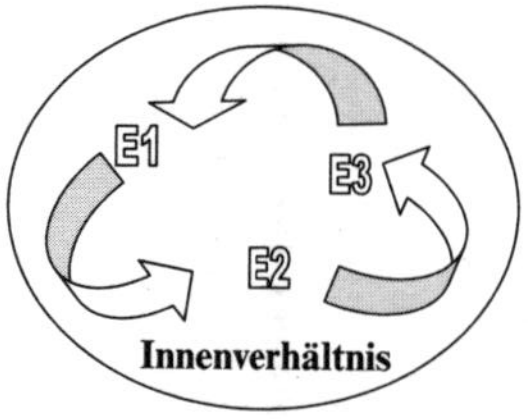

- **Verwaltung** des Nachlasses gem. § 2038 Abs. 1 S. 1 durch **alle Miterben gemeinschaftlich.**
- **Entscheidungsfindung** durch **Stimmenmehrheit auf Basis der Erbquote**, §§ 2038 Abs. 2, 745 Abs. 1, 2 (→ bei **notwendigen Maßnahmen Alleinentscheidungsrecht** gem. § 2038 Abs. 1 S. 2 a. E.).
- **Gemeinschaftl.** Gebrauch der Nachlassgegenstände; **Auskunftspflicht** einzelner Miterben (nur) gem. § 242.

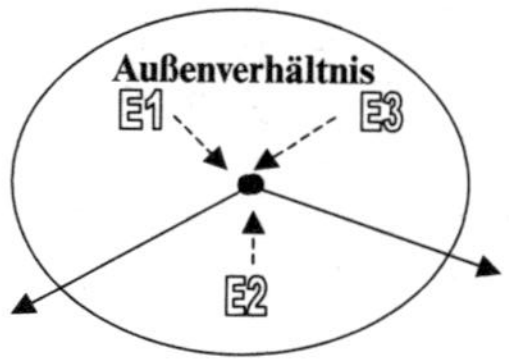

- **Keine abschließende Regelung** bezüglich **Außenverhältnis.**
- **Verpflichtungsgeschäfte** grds. nur mit **Zustimmung aller**, § 2038 Abs. 1 S. 1; **Stimmenmehrheit** genügt.
- **Verfügungsgeschäfte** grds. nur **gemeinschaftlich**, § 2040 Abs. 1; **Problem**: Verhältnis § 2038 ↔ § 2040 unklar.
- **Geltendmachung** von **Nachlassansprüchen** gem. § 2039.

D. Die Auseinandersetzung der Miterbengemeinschaft

Die Miterbengemeinschaft unterscheidet sich von den übrigen Gesamthandsgemeinschaften dadurch, dass sie von Beginn an auf **Auseinandersetzung** gem. § 2042 angelegt ist. Hierzu sind zwei Schritte erforderlich: Zunächst hat die **Abwicklung** zu erfolgen, insbesondere sind alle Nachlassverbindlichkeiten zu tilgen. Danach wird der **Überschuss geteilt**. Viele empfinden die dafür geltenden Regelungen des BGB als wenig flexibel.[266] 992

I. Der Anspruch auf Auseinandersetzung und seine Durchsetzung

Die Miterbengemeinschaft ist auf **Liquidation** ausgerichtet.[267] Dem entspricht ein Anspruch jedes Miterben auf Auseinandersetzung. Eine **Teilauseinandersetzung** gegenüber einem oder einigen Miterben, die die Erbengemeinschaft im Übrigen bestehen lässt, kann z. B. nicht verlangt werden.[268] Sie ist nur einvernehmlich möglich. Dann besteht die Möglichkeit, dass ein Miterbe – ähnlich wie in der BGB-Gesellschaft gem. § 738 Abs. 1 – ausgezahlt wird.[269] Sein Anteil wächst den übrigen Miterben zu, ohne dass es – wie bei § 2033 Abs. 1 S. 2 – eines notariell beurkundeten Vertrages bedarf.[270] 993

Auseinandersetzungsberechtigt sind neben den **Miterben** auch der **Testamentsvollstrecker** anstelle eines Miterben, sofern er für einen Miterbenanteil eingesetzt ist,[271] und der **Anteilserwerber** als Mitglied der Gesamthandsgemeinschaft.[272] Dagegen fehlt die Antragsberechtigung 994

---

wenn alle Miterben klagen oder verklagt werden, da dann das Rechtsverhältnis ihnen gegenüber einheitlich entschieden werden muss; vgl. dazu MünchKomm/*Heldrich*, § 2032 Rdn. 36 m. w. N.

266 *Lange/Kuchinke,* Lehrbuch des Erbrechts, § 44 I 4 (S. 1137f.); *Krenz*, AcP 195 (1995), 361 (366).

267 BGHZ 17, 299 (302); *Krenz*, AcP 195 (1995), 361.

268 BGH, NJW 1985, 51ff.; vgl. Zur Ausnahme bei Rechtsnachfolge in Personengesellschaftsanteile: Rdn. 1262ff.

269 BGH, NJW 1998, 1557f.

270 Krit. *Reimann*, ZEV 1998, 213 (214).

271 RGZ 61, 355 (358).

272 *Bamberger/Roth*, § 2042 Rn. 4 MünchKomm/*Heldrich*, § 2042 Rdn. 5 auch zu weiteren Berechtigten.

einem Miterben, der seinen Anteil an einen Dritten abgetreten hat, weil er damit aus der Gemeinschaft ausgeschieden ist.[273]

995 Das Gesetz sieht keine **zeitliche Begrenzung** für den Auseinandersetzungsanspruch vor. Er kann bereits unmittelbar nach dem Erbfall geltend gemacht werden, und dann solange, bis das allgemeine Rechtsmissbrauchsverbot gem. § 242 entgegensteht.[274]

996 Gem. § 2043 ist die Auseinandersetzung ausgeschlossen, wenn die Erbteile der Miterben aus den dort genannten Gründen noch **unbestimmt** sind. Die größte praktische Relevanz hat jedoch ein **Ausschluss der Auseinandersetzung** aufgrund einer letztwilligen Verfügung des Erblassers, § 2044, die der Erblasser gem. Abs. 2 regelmäßig für längstens **dreißig Jahre** anordnen kann. Solche **Teilungsverbote** erzeugen gem. § 137 S. 1 lediglich **obligatorische Wirkung**; die Verfügungsmacht der Erben bleibt davon unberührt.[275] Eine Verfügung, die zwar dem Teilungsverbot widerspricht, aber dennoch von allen Miterben und ggf. dem Testamentsvollstrecker (pflichtwidrig) vorgenommen wird, ist demnach wirksam.[276] Hier stößt also die Herrschaft des Verstorbenen über seine Erben an ihre Grenze.

997 Jeder Miterbe kann seinen Anspruch auf Auseinandersetzung im Wege der **Leistungsklage** durchsetzen,[277] muss aber die gesetzlichen Auseinandersetzungsregeln in seinem Antrag berücksichtigen. Der **Klageantrag** lautet demgemäß auf **Zustimmung** zu einem vorgelegten **Teilungsplan**. Da ein solches Vorgehen wegen der Bewertungsunsicherheiten einzelner Nachlassgegenstände mit einem hohen Prozessrisiko verbunden ist, sieht das Gesetz auch ein (Antrags-)Verfahren der **freiwilligen Gerichtsbarkeit** vor, §§ 86ff. FGG, in dem das Amtsgericht als Nachlassgericht einen Vorschlag unterbreiten kann. Dabei handelt es sich um ein **gerichtliches Vermittlungsverfahren**, das bereits am Widerspruch oder an der Klageerhebung eines einzelnen Miterben scheitert. Ein Auseinandersetzungsplan, der von der Miterbengemeinschaft angenommen und vom Nachlassgericht bestätigt wird, hat die Wirkung eines **Auseinandersetzungsvertrages**, § 97 Abs. 1 FGG.

---

273 BGH, NJW 1986, 931 (in BGHZ 96, 174ff. insoweit nicht abgedruckt).
274 *Brox*, Erbrecht, Rdn. 513.
275 Soergel/*Wolf*, § 2044 Rdn. 4; *Bengel*, ZEV 1995, 178 (179).
276 BGHZ 56, 275 (278).
277 Vgl. *Steiner*, ZEV 1997, 89ff.

II. Die Durchführung der Auseinandersetzung

Bei der Durchführung der Auseinandersetzung ist zu differenzieren, ob eine **Anordnung** des Erblassers vorliegt oder ob die **gesetzliche Regelung** eingreift. § 2048 eröffnet dem Erblasser die Möglichkeit, **Teilungsanordnungen** zu treffen. Sofern es sich nach der Auslegung nicht nur um bloße Wünsche des Verstorbenen handelt, sondern ein entsprechender Rechtsbindungswille festgestellt werden kann, bereitet die Abgrenzung zu **Vorausvermächtnissen** gem. § 2150 oft erhebliche Schwierigkeiten.[278] Teilungsanordnungen dienen der **Abwicklung** der Auseinandersetzung und sollen die wertmäßige Beteiligung der Miterben am Nachlass nicht verändern.[279] Dies ist bei Vorausvermächtnissen umgekehrt, da sie dem Erben einen **zusätzlichen Anspruch** gegen die Miterbengemeinschaft verschaffen. Für die Annahme eines Vorausvermächtnisses muss also ein entsprechender Begünstigungswille des Erblassers festgestellt werden. Ergibt die Auslegung, dass diese Willensrichtung fehlt, und führt die Anordnung dennoch zu einer Wertverschiebung, so hängt ihre Wirksamkeit davon ab, ob der Begünstigte bereit ist, die Wertdifferenz zu seiner Erbquote auszugleichen.[280] 998

Die **gesetzlichen Auseinandersetzungsregeln** kommen ohne entsprechende Anordnung des Erblassers zum Zuge. Da der Nachlass den Gläubigern ungeschmälert erhalten bleiben muss, erfolgt die Auseinandersetzung nicht vor **Tilgung der Nachlassverbindlichkeiten**, § 2046 Abs. 1 S. 1. Dies gilt auch dann, wenn ein Miterbe selbst Gläubiger der Miterbengemeinschaft ist. Er kann ebenfalls vor der Teilung Befriedigung verlangen.[281] 999

Sofern dafür die Barmittel nicht ausreichen, sind Nachlassgegenstände in Geld umzusetzen, § 2046 Abs. 3. Dafür gelten die Vorschriften über den **Pfandverkauf** bzw. die **Zwangsversteigerung** bei Grundstücken, wie sich aus der Verweisung des § 2042 Abs. 2 auf das Recht der Bruchteilsgemeinschaft ergibt, vgl. § 753. § 2046 Abs. 1 S. 2 verlangt, dass Beträge zur Befriedigung noch nicht fälliger Forderungen zurückbehalten werden. 1000

Die danach durchzuführende Teilung erfolgt grundsätzlich **in Natur**, soweit sich Nachlassgegenstände ohne Wertverlust aufteilen lassen, §§ 2042 Abs. 2, 752.[282] Den Maßstab für die Anteile stellt dabei die **Teilungsquote** dar, die sich 1001

---

278 Dazu ausf. Rdn. 361f.

279 BGH, FamRZ 1985, 61f. m. Anm. *Rudolf*; vgl. auch BGHZ 82, 274 (279); BGH, FamRZ 1987, 475 (476).

280 BGH, NJW 1985, 51 (52f.).

281 RGZ 93, 196 (197f.); Soergel/*Wolf*, § 2046 Rdn. 6.

282 Vgl. dazu BGHZ 96, 174 (180).

aus der **Erbquote** ergibt, allerdings unter Berücksichtigung eventueller **Anrechnungspflichten** gem. §§ 2050ff., die sogleich zu behandeln sind. Dieser Teilungsgrundsatz gilt nicht nur für **körperliche Gegenstände**, sondern ebenso für **Rechte** und **Forderungen**, die der Miterbengemeinschaft zustehen. Soweit eine Teilung in Natur ausgeschlossen ist, wird der Nachlass nach den Regeln des § 753 in Geld umgesetzt und der Erlös den Quoten entsprechend auf die Gesamthänder verteilt, §§ 2042 Abs. 2, 2047 Abs. 1.

III. Ausgleichspflichten

1002 Der an den Erbquoten orientierte Verteilungsschlüssel wird durch mögliche **Ausgleichspflichten** gem. §§ 2050ff. kompliziert, Vorschriften, vor denen Sie dennoch nicht zurückschrecken sollten und die auch noch im Pflichtteilsrecht Bedeutung haben. Der **Normzweck** besteht darin, dem **mutmaßlichen Erblasserwillen** gerecht zu werden, Abkömmlinge möglichst gleichmäßig zu bedenken. Deshalb werden bestimmte **Zuwendungen unter Lebenden** bei der Berechnung der Auseinandersetzungsquoten berücksichtigt, sofern der Erblasser gem. § 2050 Abs. 1 **bei der Zuwendung** nicht mindestens schlüssig zum Ausdruck gebracht hat, den betreffenden Abkömmling bevorzugen zu wollen. Entsprechende **spätere Anordnungen** sind hingegen formlos deshalb nicht mehr möglich, weil sonst die zwingenden erbrechtlichen Formvorschriften unterlaufen würden.[283] Die Ausgleichsverpflichtung begründet ein **gesetzliches Schuldverhältnis** zwischen dem Berechtigten und dem oder den Verpflichteten, aber **keine Nachlassverbindlichkeit**.[284]

1003 Gem. § 2050 Abs. 1 bestehen **Ausgleichspflichten** nur bei **gesetzlicher Erbfolge** oder einer ihr entsprechenden letztwilligen Verfügung, § 2052, und ausschließlich für **Abkömmlinge**. Fällt ein ausgleichsverpflichteter Abkömmling vor oder nach dem Erbfall weg,[285] z. B. durch Vorversterben oder Ausschlagung der Erbschaft gem. § 1953 Abs. 1, so tritt an seine Stelle dessen Abkömmling, evt. auch ein Ersatzerbe, § 2051.

1004 Dagegen entsteht keine Ausgleichspflicht, wenn ein **entfernterer Abkömmling** eine Zuwendung erhalten hat, bevor er die Stellung eines Ausgleichspflichtigen erlangte, § 2053. Das Gesetz geht davon aus, dass es dem Erblasserwillen nicht entspricht, bereits erbrachte Zuwendungen nachträglich noch in die Ausglei-

---

[283] RGZ 90, 419 (422f.).

[284] Staudinger/*Werner*, § 2050 Rdn. 4ff.; MünchKomm/*Heldrich*, § 2050 Rdn. 17.

[285] Vgl. bereits Rdn. 131ff.

chung zu stellen.[286] Die Ausgleichsverpflichtung begünstigt Abkömmlinge, soweit sie ebenfalls Miterben sind.

Allen Tatbeständen, die eine Ausgleichspflicht auslösen, ist gemeinsam, 1005
dass der lebzeitigen Zuwendung des Erblassers an einen Abkömmling keine wirtschaftlich gleichwertige **Gegenleistung** dieses Bedachten gegenüber stehen darf.[287] Sie muss aber deshalb nicht vollständig unentgeltlich gewesen sein,[288] so dass bei **gemischten Schenkungen** der unentgeltliche Teil ausgleichspflichtig ist.

Die in § 2050 Abs. 1 zunächst angesprochene **Ausstattung** wird in 1006
§ 1624 Abs. 1 legal definiert. Es handelt sich um **elterliche Mittel** anlässlich einer **Heirat** oder zur **Existenzgründung** eines Kindes. Ausschlaggebend für ihre Annahme ist die **objektive Zweckrichtung** der Zuwendung, nicht hingegen, ob sie aus Sicht des Bedachten zur Begründung oder Erhaltung der Wirtschaft oder der Lebensstellung notwendig war.[289] Wie sich aus dem Verhältnis zu Abs. 2 ergibt, kommt es nicht darauf an, ob die Ausstattung den Vermögensverhältnissen des Erblassers entspricht. Sie begründet also stets eine Ausgleichungspflicht. Hingegen muss der Begünstigte die dort genannten **Zuschüsse**, die als **Einkünfte** verwendet werden sollten, und **Aufwendungen zur Berufsausbildung** nur ausgleichen, soweit sie **übermäßig** sind. Da unter den Begriff der Ausstattung auch die sog. Aussteuer fällt, auf die nach Wegfall der §§ 1620–1622 a. F. kein Anspruch mehr besteht, hätte dies zur Folge, dass eine Aussteuer immer (für eine Tochter), die Ausbildungskosten (für einen Sohn) nur bei Übermaß ausgeglichen werden müssten. Deshalb nimmt man eine Ausgleichsverpflichtung nur noch an, wenn neben der Aussteuer eine Berufsausbildung finanziert wurde.[290]

Für **alle anderen Zuwendungen** unter Lebenden, die nach dem Willen 1007
des Erblassers Bedeutung für die Erbquoten haben sollen, muss er **bei der Zuwendung** eine Ausgleichung **anordnen**, § 2050 Abs. 3. Diese Anordnung begründet für den Abkömmling keine Verpflichtung, so dass sie ihm auch keinen rechtlichen Nachteil im Sinne des § 107 bringt.[291]

---

286 *Brox*, Erbrecht, Rdn. 529.

287 MünchKomm/*Heldrich*, § 2050 Rdn. 11.

288 RGZ 73, 372 (377); vgl. auch bereits RGZ 67, 306 (308).

289 BGHZ 44, 91 (93).

290 BGH, NJW 1982, 575 (577); *Lange/Kuchinke,* Lehrbuch des Erbrechts, § 15 III 3b (S. 319f.); a. A. Staudinger/*Werner*, § 2050 Rdn. 30.

291 BGHZ 15, 168 (170f.); Staudinger/*Werner*, § 2050 Rdn. 32; krit. *Lange*, NJW 1955, 1339 (1343).

1008 Die **Ausgleichung** wird wie folgt **durchgeführt**:[292] Zunächst sind die Erbteile der nicht an der Ausgleichung beteiligten Personen zu berechnen. Über den Nachlasswert entscheidet der **Zeitpunkt des Erbfalles**, nicht der der Auseinandersetzung.[293] Dem **Restnachlass** wird dann der Wert **sämtlicher Zuwendungen hinzugerechnet**, die einer Ausgleichungspflicht unterliegen, § 2055 Abs. 1 S. 2. Für die **Wertermittlung** entscheidet gem. § 2055 Abs. 2 der **Zeitpunkt der Zuwendung**, nicht der der Auseinandersetzung. Aus diesem (nur rechnerisch) vorhandenen Nachlass werden nunmehr anhand der Erbquoten die **Erbteilswerte errechnet**. In einem letzten Schritt **zieht man** dem **ausgleichspflichtigen Miterben** dann den **Wert der lebzeitigen Zuwendungen** vom errechneten Wert seiner Erbquote ab, § 2055 Abs. 1.

1009 Entsprechend dem mutmaßlichen Erblasserwillen bestimmt § 2056, dass **Mehrbeträge nicht herauszugeben sind**. Hat also ein Abkömmling eine Zuwendung erhalten, die den Wert seiner Erbquote übersteigt, so erhält er zwar nichts mehr,[294] sondern die Teilung erfolgt nur noch zwischen den übrigen Miterben, § 2056 S. 2. Er muss aber weder den Überschuss an die übrigen Miterben herausgeben noch in den Nachlass nachschießen.[295] Etwas anderes kann sich allerdings aus den Vorschriften über den **Pflichtteilsergänzungsanspruch** ergeben, §§ 2325 ff.[296]

1010 Als Gegenstück zu den **Ausgleichspflichten** für lebzeitige Zuwendungen ergibt sich aus § 2057a Abs. 2 S. 1 eine Privilegierung solcher Miterben, die durch **Geldleistung** oder **in sonstiger Weise** das **Vermögen des Erblassers** zu seinen Lebzeiten **vermehrt** haben. Gem. S. 2 sind Abkömmlinge gleichgestellt, die **Pflegetätigkeiten** für den Erblasser erbracht haben, sofern damit ein Verzicht auf berufliches Einkommen verbunden war. Der Zweck der Regelung[297] besteht darin, eine Benachteiligung derer zu vermeiden, die zugunsten des Erblassers besondere Leistungen ohne entsprechenden Ausgleich erbracht haben. Damit entfällt die Ausgleichung, wenn für die Tätigkeit bereits ein angemesse-

---

292 Beispielhaft BGHZ 96, 174 (178 ff.).

293 BGHZ 96, 174 (180 f.); ausf. *Meincke*, AcP 178 (1978), 45 (59 ff.); Soergel/*Wolf*, § 2055 Rdn. 1.

294 Seine Stellung als Miterbe bleibt davon unberührt, MünchKomm/*Heldrich*, § 2056 Rdn. 2.

295 Etwas anderes kann sich allerdings aus den Vorschriften über den Pflichtteilsergänzungsanspruch ergeben, §§ 2325 ff.

296 Vgl. dazu Rdn. 1084 ff.

297 Sie wurde durch das NEhelG vom 19. 08. 1969 eingeführt; vgl. dazu *Weimar*, MDR 1973, 23 ff.

Übersicht: Die Erbengemeinschaft (2)

Auseinandersetzung der Erbengemeinschaft §§ 2042 ff.

- 1.) **Abwicklung**
  - Jeder Miterbe hat **Anspruch auf Auseinandersetzung, § 2042 Abs. 1**
  - keine **Teil-Auseinandersetzung** ggü. Einzelnen (Ausn.: Rechtsnachfolge in Personengesellschaften)
  - **Berechtigte:** Miterben, Testamentsvollstrecker, Anteilserwerber
  - Ggf. **Klage** auf **Zustimmung zum Teilungsplan**
  - **FG-Verfahren**, §§ 86 ff. FGG
- 2.) **Verteilung des Überschusses, § 2047**

Durchführung der Auseinandersetzung
Zunächst **Berichtigung der Nachlassverbindlichkeiten**, § 2046

- **Teilungsanordnung durch Erblasser gem. § 2048**
  - Abzugrenzen gegenüber § 2150 (**Vorausvermächtnis**)
  - → Ausgleichungspflicht im Zweifel gem. §§ 2052, 2050 ff.
  - → **evtl. Ausgleichsverpflichtung gem. §§ 2050 ff.**
- **Gesetzliche Regelung**
  - Verteilung des Nachlasses
  - → **evtl. Ausgleichsverpflichtung gem. §§ 2050 ff.**

evtl. Ausgleichsverpflichtung gem. §§ 2050 ff.

- Trifft **nur Abkömmlinge,** § 2050 Abs. 1
- **Mitarbeit / Pflegetätigkeit**, § 2057a
- **Ausstattung** (→ **Def**. in § 1624) immer; sonstige Ausgleichungspflicht muss **angeordnet** sein, § 2050 Abs. 3
- **Keine Herausgabepflicht** der **Mehrbeträge,** § 2056

nes Entgelt gewährt oder vereinbart wurde oder aus einem anderen Rechtsgrund ein Anspruch besteht, 2057a Abs. 2 S. 1. Die Fassung der Norm zeigt insgesamt, dass nur solche Leistungen für den Erblasser Berücksichtigung finden, die das **übliche Maß übersteigen.**[298]

1011 Die Ausgleichung erfolgt gem. § 2057a Abs. 4 „spiegelbildlich" zu den geschilderten Ausgleichspflichten für Zuwendungen des Erblassers an die Abkömmlinge. Dementsprechend sind die Erbteile der nicht an der Ausgleichung beteiligten **Abkömmlinge** wiederum vorab zu berechnen. Gem. § 2057a Abs. 4 S. 2 zieht man dann vom Restnachlass alle auszugleichenden Posten ab. Aus dem verbleibenden (rechnerischen) Nachlass werden entsprechend den Erbquoten die Erbteilswerte der einzelnen Miterben gebildet und schließlich um die anrechnungsfähigen Beträge zugunsten der Berechtigten erhöht.

1012 **Beispiel:** Erblasser E war selbständiger Handwerker und hinterlässt seine Ehefrau F, seine Söhne A und B sowie die Tochter C. Der Nachlass hat einen Wert von € 1000000,–. E hatte C die Einrichtung einer Arztpraxis mit € 300000,– finanziert und für A zur Hochzeit eine Wohnungseinrichtung im Werte von € 50000,– angeschafft. B hingegen war jahrelang als Geselle im väterlichen Handwerksbetrieb tätig, ohne ein angemessenes Entgelt erhalten zu haben. Der Wert der nicht bezahlten Arbeit beträgt € 150000,–. Wie ist der Nachlass zu verteilen?

1013 Vom Nachlass in Höhe von € 1 Mio. sind zunächst € 500000,– abzuziehen: Die F ist als Ehefrau nicht an der Ausgleichung beteiligt und erbt 1/2 des Nachlasses, d. h. 1/4 gem. § 1931 Abs. 1 und ein 1/4 gem. § 1371 Abs. 1 als pauschalierten Zugewinnausgleich.

Den verbleibenden Nachlass von € 500000,– muss man um die Zuwendungen an A und C in einem Gesamtwert von € 350000,– erhöhen, § 2055 Abs. 1 S. 2, Abs. 2. Außerdem sind die Leistungen des B im Wert von € 150000,– abzuziehen, § 2057a Abs. 1 S. 1, Abs. 4 S. 2. Der rechnerische Nachlass[299] wird nunmehr auf die Miterben A, B und C entsprechend ihrer Quoten gem. § 1924 Abs. 1, 4 verteilt, so dass jedes Kind wertmäßig ca. € 233000,– erhielte (€ 500000,– + € 300000,– + € 50000,– – € 150000,– = € 700000,– ; € 700000,– : 3 ≈ € 233000,–). Da C bereits zu Lebzeiten € 300000,– bekam, bleibt sie jetzt unberücksichtigt, muss aber auch nichts herausgeben, § 2056 S. 1.

§ 2056 S. 2 verlangt nun eine erneute (fiktive) Nachlassberechnung ohne Berücksichtigung der durch C erhaltenen Zuwendung sowie des auf sie entfallenden Erbteils. Dem verbleibenden Betrag von € 500000 werden demnach lediglich die von A erhaltenen € 50000 hinzugerechnet, sodann wird die von B erbrachte Arbeit im Wert von € 150000 abgezogen. Die hierdurch ermittelten

---

[298] MünchKomm/*Heldrich*, § 2057a Rdn. 16; *Lange/Kuchinke*, Lehrbuch des Erbrechts, § 15 III 3c (S. 320).

[299] Von *Brox*, Erbrecht, Rdn. 537 Ausgleichsnachlass genannt.

€ 400000 werden zu gleichen Teilen auf A und B verteilt, so dass sich diesmal ein Anteil von € 200000,– ergibt (€ 500000,– + € 50000,– – € 150000 = € 400000,–; € 400000,– : 2 = € 200 000,–). A hat sich auf seinen Anteil € 50000,– anrechnen zu lassen, § 2055 Abs. 1 S. 1, so dass er wertmäßig € 150000,– erhält. Der Erbquote des B werden die € 150000,– hinzugerechnet, die er durch seine unbezahlte und das normale Maß übersteigende Mitarbeit in das väterliche Vermögen eingebracht hat, § 2057a Abs. 4 S. 1. Er erbt demnach wertmäßig € 350000,–.[300]

E. Die Haftung der Miterben

Ebenso wie die Haftung des Alleinerben ist auch die **Haftung der Mit-** 1014
erben von einem Interessenwiderstreit geprägt. Während den Nachlassgläubigern an einer möglichst breiten Vollstreckungsgrundlage gelegen ist, geht das Bestreben der Miterben mindestens zu einer Beschränkung ihrer Haftung auf den Nachlass. Dazu tritt ein Interesse, nicht in größerem Umfang haften zu müssen, als es der quotalen Beteiligung am Nachlass entspricht. Das Gesetz unterscheidet bei der Konfliktlösung vor allem danach, ob eine Teilung des Nachlasses **bevorsteht** oder bereits **erfolgt** ist,[301] §§ 2059ff.

I. Haftungslage vor Nachlassteilung

Gem. § 2058 haften die **Miterben** für die gemeinschaftlichen[302] **Nachlass-** 1015
verbindlichkeiten als **Gesamtschuldner**, so dass ein Nachlassgläubiger jeden Miterben gem. § 421 in voller Höhe im Wege der **Gesamtschuldklage** in Anspruch nehmen kann.[303] Jedoch gestattet § 2059 Abs. 1 S. 1 dem verklagten Miterben **vor** der Teilung, die Haftung gegenständlich auf **seinen Anteil am Nachlass** zu beschränken, sofern er dieses Recht nicht wegen **Inventarverfehlungen**, vgl. z. B. § 1994 Abs. 1 S. 2, **verwirkt** hat. Sein sonstiges Vermögen muss er also nicht einsetzen. Der Ein-

[300] Vgl. zur Berechnung auch MünchKomm/*Heldrich*, § 2057a Rdn. 40.
[301] Zur Haftungslage vor Annahme der Erbschaft *Lange/Kuchinke*, Lehrbuch des Erbrechts, § 50 III (S. 1283f.).
[302] Zu dem Begriff der gemeinschaftlichen Nachlassverbindlichkeiten vgl. Staudinger/*Marotzke*, § 2058 Rdn. 22ff.
[303] Die Miterben sind bei der Gesamtschuldklage keine notwendigen Streitgenossen sondern einfache Streitgenossen gem. § 59 ZPO.

wand ist vom Miterben gem. § 2059 Abs. 1 S. 1 im Prozess im Wege der **Einrede** zu erheben. Anderenfalls verliert er das Recht, seine Haftung zu beschränken.[304] Sofern er jedoch die Einrede geltend macht, kann er die **Zwangsvollstreckung** aufgrund der im Urteil vorbehaltenen Haftungsbeschänkung in sein nicht ererbtes Eigenvermögen gem. §§ 780ff. ZPO **verhindern**, notfalls im Wege der **Vollstreckungsabwehrklage**. Selbst wenn einem Miterben das Recht zur Beschränkung der Haftung nicht mehr zusteht, haftet er gem. § 2059 Abs. 1 S. 2 nur in Höhe des seinem Erbteil entsprechenden **Anteils** der Verbindlichkeiten **unbeschränkt**.

1016 Daneben bestehen für Miterben grundsätzlich die gleichen Möglichkeiten der **Haftungsbeschränkung** wie für den Alleinerben.[305] Eine Einschränkung enthält § 2062 HS. 1, wonach die Miterben die **Nachlassverwaltung** nur **gemeinschaftlich** beantragen können.

1017 Aufgrund der **beschränkbaren Erbenhaftung** kann es für einen Nachlassgläubiger aussichtsreicher sein, Mitglieder der Miterbengemeinschaft mit dem Ziel gemeinsam zu verklagen, § 2059 Abs. 2, in den ungeteilten Nachlass zu vollstrecken, § 747 ZPO (**Gesamthandsklage**).[306]

II. Haftung nach Nachlassteilung

1. Allgemeines

1018 Die **Teilung des Nachlasses** bildet eine zeitliche Zäsur. Maßgeblich ist dabei der **reale Vollzug**, nicht bereits die Einigung über einen Teilungsplan der Miterben. Man stellt darauf ab, ob bei objektiver Betrachtung ein so erheblicher Teil der Gesamthandsgegenstände durch entsprechende Verfügungen in das Eigenvermögen der einzelnen Miterben übertragen wurde, dass die Erbengemeinschaft aus **wirtschaftlicher Sicht aufgelöst** erscheint.[307] Von diesem Zeitpunkt an tritt eine **schärfere Haftung** ein. Der Grund liegt darin, dass der Nachlass als Zugriffsobjekt den Gläubigern nunmehr fehlt. Gleichzeitig ist damit auch ein Sanktionsgedanke verbunden, da die Miterben ihre Verpflichtung verletzt haben, zunächst die Nachlassverbindlichkeiten zu begleichen.[308]

---

[304] MünchKomm/*Heldrich*, § 2059 Rdn. 13.

[305] Zu Besonderheiten bei Miterben vgl. *Brox*, Erbrecht, Rdn. 727.

[306] Insoweit sind die Miterben notwendige Streitgenossen gem. § 62 ZPO, BGH, NJW 1963, 1611f.

[307] MünchKomm/*Heldrich*, § 2059 Rdn. 4.

[308] *Lange*/*Kuchinke*, Lehrbuch des Erbrechts, § 50 V 1 (S. 1288); vgl. auch BGHZ 71, 180 (188).

2. Rechtsfolgen

Es bleibt bei dem Grundsatz der **gesamtschuldnerischen Haftung**, §§ 2058, 421. Die **Haftungsbeschränkung** auf den Nachlass gem. § 2059 Abs. 1 **entfällt** jedoch, da dieser nicht mehr existiert. Die Miterben können lediglich die allgemeinen erbrechtlichen Haftungsbeschränkungen ergreifen, d. h. den Antrag auf Eröffnung eines **Nachlassinsolvenzverfahrens** stellen, § 316 Abs. 2 InsO, sowie die **Unzulänglichkeitseinreden** gem. §§ 1990, 1992 erheben. **Nachlassverwaltung** ist hingegen **ausgeschlossen**, § 2062 HS. 2. **1019**

Weitere Beschränkungsmöglichkeiten ergeben sich aus den §§ 2060 f. **1020**
Als wichtigste Einwände gegen eine **persönliche Haftung in voller Höhe** sind zu nennen der **Ausschluss** eines Gläubigers im **Aufgebotsverfahren**, § 2060 Nr. 1, die **verspätete Geltendmachung der Forderung** erst fünf Jahre nach dem Erbfall, § 2060 Nr. 2 sowie **die Versäumung der Frist von sechs Monaten** nach einem öffentlichen Aufgebot, § 2061. Die Rechtsfolge besteht in einer **Beschränkung der Haftung** auf einen dem **Erbteil entsprechenden Teil der Nachlassverbindlichkeit**. Diese Beschränkung wird unmittelbar **Urteilsinhalt** und ist nicht erst im Zwangsvollstreckungsverfahren geltend zu machen.

3. Miterbe als Nachlassgläubiger

Ein Sonderproblem entsteht, wenn ein Miterbe zugleich die Stellung **1021**
eines Nachlassgläubigers einnimmt. Hier stellt sich die Frage, ob er gegen die anderen Miterben die Gesamtschuldklage auf den vollen Betrag der Forderung erheben kann. Das Reichsgericht hat sie verneint, da die Miterben im Innenverhältnis lediglich anteilig haften würden.[309] Mit der heute überwiegenden Auffassung[310] ist sie jedoch zu bejahen, da das Gesetz eine solche Schlechterstellung gegenüber anderen Nachlassgläubigern nicht kennt.

309 RGZ 93, 196 (197).
310 Staudinger/*Marotzke*, § 2058 Rdn. 92 ff.

Übersicht: Die Erbengemeinschaft (3)

Miterbenhaftung

Vor der Nachlassteilung

- **Gesamtschuldnerschaft** bzgl. der **Nachlassverbindlichkeiten,** § 2058
- Ausn.: Gem. § 2059 Abs. 1 S. 1 **Beschränkungsmöglichkeit der Haftung** des verklagten Miterben auf **Nachlassanteil** durch **Einrede** im Prozess → §§ 780 ff. ZPO, sofern nicht verwirkt
- Folge: **Haftung** zwar **mit eigenem Vermögen,** aber **max.** bis zur **Höhe des Erbteils**, § 2059 Abs. 1 S. 2

- Im Übrigen: **Haftungsbeschränkung** wie **Alleinerbe** (s. o.) **möglich**, sofern keine unbeschränkte Haftung eingetreten ist.

Nach der Nachlassteilung

Nachlassteilung richtet sich nach realem Vollzug

↓

Wirtschaftliche Auflösung der Erbengemeinschaft

- Folge: **Verschärfte Haftung der Miterben**
- Weiterhin **gesamtschuldnerische Haftung** gem. §§ 2058, 421
- Aber: **keine Haftungsbeschränkung** gem. § 2059 Abs. 1 mangels Nachlass!
- **Keine Nachlassverwaltung**, § 2060 2. Hs.
- Eröffnung des **Insolvenzverfahrens** möglich, § 316 Abs. 2 InsO
- **Unzulänglichkeitseinrede** gem. §§ 1990, 1992

- **Zu weiteren Beschränkungsmöglichkeiten** lies §§ 2060 f.

F. Wiederholung und Vertiefung *

Sachverhalt [311]

A, B und C bilden eine Erbengemeinschaft. In den Nachlass fällt unter anderem ein mit einem Mietshaus bebautes Grundstück. Nach einiger Diskussion beschließen die Miterben, die Balkone des Hauses renovieren zu lassen. Während der Renovierung teilt der Bauunternehmer dem A mit, er halte den Balkon der Wohnung des Mieters M für baufällig – was tatsächlich **nicht** zutrifft – und empfehle den Abriss. Da B und C wegen Urlaubs nicht zu erreichen sind, lässt A den Abriss vornehmen.

Daraufhin klagt M und erstreitet ein Urteil, das die Erben als Gesamtschuldner verpflichtet, den früheren Zustand wieder herzustellen.

Als sich die Miterben längere Zeit nicht auf den Anbau eines neuen Balkons einigen können, lässt B schließlich einen Balkon anbringen, um eine drohende Zwangsvollstreckung durch M abzuwenden.

A und B wollen ihre Kosten anteilig von den anderen Miterben ersetzt haben. Zu Recht?

* Lösung im Anhang, siehe S. 470.

[311] LG Berlin, 14 O 290/63, zit. nach Wernecke, AcP 193 (1993), 240ff.

6. Kapitel. Das Pflichtteilsrecht

§ 1. Bedeutung

1022 Die **Testierfreiheit** ermöglicht es dem Erblasser, selbst nächste Angehörige von der Erbfolge auszuschließen.[1] Dies erscheint ungerechtfertigt, wenn man den moralischen Standpunkt akzeptiert, dass ihn auch über seinen Tod hinaus eine Sorgepflicht für seinen engsten Familienkreis trifft.[2] Deshalb räumt ihnen das Gesetz ein grundsätzlich unentziehbares[3] **Pflichtteilsrecht** als **Mindestbeteiligung am Nachlass** ein. Dessen **Verfassungsmäßigkeit** geriet zunehmend in die Diskussion, wurde aber jetzt durch das Bundesverfassungsgericht bestätigt.[4] Das Gericht hat die Testierfreiheit stets ebenso anerkannt wie die Pflichtteilsvorschriften. Allerdings bleibt das **Verhältnis** der **Testierfreiheit** zum **Pflichtteilsrecht** insbesondere, ob es verfassungsmäßig **geboten** ist, nahen Angehörigen eine Zwangsbeteiligung am Nachlass zu gewähren, ungeklärt.[5] Aber auch sonstige Fragen sind offen. Der **Kreis der Berechtigten** wird ebenso angezweifelt wie seine **Höhe** und seine **Ausgestaltung als Geldanspruch**.[6] Zum Teil stellte man es insgesamt in Frage.[7] Das Problem liegt darin, dass der Erbfall aufgrund gestiegener Lebenserwartung oft so spät eintritt, dass der Versorgung naher Angehöriger durch Vererbung nur noch geringe Bedeutung zukommt. Außerdem ist das Zusammengehörigkeitsgefühl mancher Familien nicht mehr so ausgeprägt wie ausgangs des 19. Jahrhunderts, als das BGB kodifiziert wurde. Vor allem aber führt das Pflichtteilsrecht nicht selten zur **Zerschlagung von Unternehmenseinheiten**, wenn ein Ehegattentestament die Kinder im

---

1 Vgl. dazu auch BGHZ 123, 368 (378).

2 *Brox*, Erbrecht, Rdn. 542; ferner *Strätz*, FamRZ 1998, 1553, (1566); *Haas*, ZEV 2000, 249 (256).

3 Ausn.: Besonders schwerwiegende Vergehen des Pflichtteilsberechtigten, §§ 2333 ff. Näher dazu Rdn. 1130 ff.

4 BVerfG v. 19. 4. 2005 – 1 BvR 1644/00 u. 1 BvR 188/03, vgl. ferner BVerfG, NJW 2001, 141 f.; *Leisner*, NJW 2001, 126 f.

5 BVerfG, aaO.; *Haas*, ZEV 2000, 249 (253 f. und 260 f.: Für Ehegatten und Kinder).

6 Vgl. dazu auch *Strätz*, FamRZ 1998, 1553 (1565 ff.).

7 Krit. Dauner-Lieb, FF 2000, 110 (112 ff.); vgl. ferner *Edenfeld*, ZEV 2001, 457 (459 f.).

ersten Erbfall enterbt und sie deshalb Pflichtteilsansprüche geltend machen.[8] Ob diese Überlegungen eine Gesetzesreform verursachen, lässt sich zur Zeit noch nicht absehen.

Das Pflichtteilsrecht begründet ein **Rechtsverhältnis**, das bereits zu 1023
Lebzeiten des Erblassers Wirkungen entfaltet.[9] Es überdauert seinen Tod und wird dann mit den Erben fortgesetzt.[10] Daraus kann im Erbfall ein **Pflichtteilsanspruch** entstehen, § 2317 Abs. 1, der sich bei voller Enterbung des Berechtigten mit dem Wert des Pflichtteilsrechtes deckt.[11] Man kann also umgekehrt auch pflichtteilsberechtigt sein, ohne einen Pflichtteilsanspruch zu erlangen,[12] weil dem Pflichtteilsberechtigten ein Erbteil zugewendet wurde, der dem Pflichtteil mindestens entspricht.[13]

§ 2. Der pflichtteilsberechtigte Personenkreis

Zum **pflichtteilsberechtigten Personenkreis** gehören gem. § 2303 Abs. 1, 1024
Abs. 2 **Abkömmlinge**, die Eltern des Erblassers sowie der Ehegatte. § 1589 S. 1 definiert als Abkömmlinge diejenigen, die mit dem Erblasser in absteigender gerader Linie verwandt sind, also Kinder, Enkel, Urenkel etc.[14]

Der **Ehegatte** des Erblassers hat kein Pflichtteilsrecht, wenn im Zeit- 1025
punkt des Erbfalls die Ehe, etwa infolge Scheidung, §§ 1564ff.[15] nicht (mehr) bestand oder die Voraussetzungen des § 1933[16] vorlagen. Seit

[8] Vgl. zum Ehegattentestament Rdn. 469ff.
[9] Vgl. etwa §§ 312 Abs. 2 S. 1, 1643 Abs. 2 S. 1, 1822 Nr. 1, 2281 Abs. 1 2. HS., 2346 Abs. 2; dazu BGHZ 28, 177 (178).
[10] BGHZ 28, 177 (178); Anwk-BGB/*Bock*, § 2303, Rdn. 4; MünchKomm/*Lange*, § 2303, Rdn. 5.
[11] Vgl. die Ausf. zu § 2303, Rdn. 1027ff.
[12] MünchKomm/*Lange*, § 2303, Rdn. 5.
[13] MünchKomm/*Lange*, § 2303, Rdn. 5.
[14] MünchKomm/*Lange*, § 2303, Rdn. 6; die frühere Unterscheidung zwischen ehelichen und nichtehelichen Kindern hat bei Erbfällen nach dem 1.4.1998 keine Bedeutung mehr, wenn die Vaterschaft festgestellt und das Kind nicht vor dem 1.7.1949 geboren worden ist, Art. 227 Abs. 1 Nr. 1 EGBGB.
[15] Näher dazu Rdn. 153.
[16] Vgl. dazu Rdn. 154ff.

Inkrafttreten des LPartG steht auch dem **Lebenspartner** des Erblassers ein Pflichtteilsrecht gem. § 10 Abs. 6, S. 1, 2 LPartG[17] zu.

1026 § 2309 schränkt eine an sich gegebene Pflichtteilsberechtigung ein: Entferntere **Abkömmlinge** oder die **Eltern** des Erblassers werden verdrängt, wenn ein näherer Abkömmling, der sie bei gesetzlicher Erbfolge ausschließen würde, vgl. § 1924 Abs. 2 und §§ 1930, 1925 Abs. 1, 1924 Abs. 1, selbst den Pflichtteil verlangen kann oder eine den Pflichtteil deckende letztwillige Zuwendung annimmt. Dadurch schließt das Gesetz Pflichtteilsansprüche mehrerer voneinander abstammender Personen oder Personen verschiedener Ordnungen aus.[18]

§ 3. Der volle Pflichtteilsanspruch gem. § 2303

A. Ausschluss von der gesetzlichen Erbfolge

1027 Der Erblasser muss dem Pflichtteilsberechtigten seinen **gesetzlichen Erbteil völlig entziehen**,[19] damit der uneingeschränkte Pflichtteilsanspruch mit dem Erbfall entsteht, sei es dass er ihn **enterbt** hat oder dass die **Erbschaft vollständig an andere verteilt** wird.[20] Die Enterbung erfolgt nicht stets ausdrücklich, sie ergibt sich häufig aus den Umständen. So spricht die Zuwendung eines Vermächtnisses an den Pflichtteilsberechtigten für dessen Enterbung. Problematisch ist die **ausdrückliche Zuwendung des Pflichtteils** in einer letztwilligen Verfügung. Darin kann entweder eine Enterbung mit gleichzeitiger Zuwendung des Pflichtteils oder auch eine Erbeinsetzung in Höhe der Pflichtteilsquote liegen, schließlich sogar die Zuwendung eines Vermächtnisses in entsprechender Höhe.[21] Dies ist durch Auslegung zu ermitteln.[22] Bleibt sie ohne eindeutiges Ergebnis, entfällt nach der Auslegungsregel des § 2304

---

[17] BGBl. I 2001, S. 268.

[18] *Brox*, Erbrecht, Rdn. 543.

[19] *Lange/Kuchinke*, Lehrbuch des Erbrechts, § 37 V 2 (S. 878); MünchKomm/*Lange*, § 2306, Rdn. 1.

[20] *Lange/Kuchinke*, Lehrbuch des Erbrechts, § 37 V 1 a (S. 877); vgl. auch Damrau/*Riedel/Lenz*, Erbrecht, § 2303, Rdn. 16ff.

[21] Palandt/*Edenhofer*, § 2304, Rdn. 1.

[22] RGZ 113, 234 (236f.); *Brox*, Erbrecht, Rdn. 544.

eine Erbeinsetzung, so dass nur die beiden anderen Varianten in Betracht kommen.[23]

B. Ausschluss durch Verfügung von Todes wegen

Der Verlust des gesetzlichen Erbteils muss auf einer **letztwilligen Verfügung** des Erblassers beruhen. Pflichtteilsrecht und Pflichtteilsanspruch sind dagegen ausgeschlossen, wenn ihnen ein **Erbverzicht** zu Grunde liegt, § 2346 Abs. 1 S. 2, 2. HS.[24] 1028

Das gleiche gilt grundsätzlich bei **Ausschlagung** der Erbschaft.[25] Eine Ausnahme bildet § 2306 Abs. 1 S. 2 1. HS.,[26] wenn ein **beschwerter Erbteil** ausgeschlagen wird oder der Fall des § 2303 Abs. 2 S. 2 i. V. m. § 1371 Abs. 3.[27] Der **überlebende Ehegatte** erlangt nämlich ausnahmsweise trotz Ausschlagung der Erbschaft einen Anspruch auf den **kleinen Pflichtteil**, d. h., denjenigen einer Zugewinngemeinschaft, der nicht über § 1371 Abs. 1 erhöht wurde,[28] daneben noch den **Zugewinnausgleichsanspruch**, § 1371 Abs. 2. Wegen der Wirkung der Ausschlagung gem. § 1953 Abs. 1 bzw. §§ 2176, 2180 Abs. 3, i. V. m. 1953 Abs. 1 gilt die Erb- oder Vermächtniseinsetzung dann als nicht erfolgt. 1029

Der überlebende Ehegatte kann also **wählen**, ob er es bei der Zuwendung belässt oder die Erbschaft ausschlägt. Dazu muss er seinen Ausgleichsanspruch gem. § 1378 Abs. 1[29] errechnen, ferner auch den Wert des Pflichtteils ermitteln, um so die günstigere Lösung zu finden.[30] Zu beachten ist dabei, dass die grundsätzlich gem. § 1371 Abs. 4 bestehenden Ausbildungsansprüche einseitiger Abkömmlinge des Erblassers entfallen, wenn der überlebende Ehegatte den gesetzlichen Erbteil ausschlägt. Er verliert in diesem Falle andererseits den Anspruch auf den **Voraus** gem. § 1932. Schließlich bleibt darauf hinzuweisen, dass Pflichtteils- und Zugewinnausgleichsanspruch schuldrechtlicher Natur sind,[31] 1030

---

[23] *Leipold*, Erbrecht, Rdn. 823.
[24] *Leipold*, Erbrecht, Rdn. 823.
[25] *Leipold*, Erbrecht, Rdn. 826; *Brox*, Erbrecht, Rdn. 545, vgl. zur Ausschlagung Rdn. 788ff., 1070f.
[26] Vgl. dazu Rdn. 1072ff.
[27] Dazu sogleich Rdn. 1056ff.
[28] Zur Pflichtteilsberechnung im Rahmen der Zugewinngemeinschaft im Einzelnen vgl. Rdn. 1065ff.
[29] Zur Berechnung des Zugewinns vgl. Rdn. 182ff. und die familienrechtliche Literatur.
[30] *Leipold*, Erbrecht, Rdn. 176.
[31] Zur Rechtsnatur des Pflichtteilsanspruchs im Einzelnen vgl. Rdn. 1023.

also keine dingliche Beteiligung am Nachlass und keine Entscheidungsfunktion in der Miterbengemeinschaft gewähren.[32] Vieles spricht in der Praxis gegen die Geltendmachung des kleinen Pflichtteils und des Zugewinnausgleichsanspruchs.

C. Inhalt, Entstehung und Übertragbarkeit des Pflichtteilsanspruchs

1031 Der **Pflichtteilsanspruch** als **Geldzahlungsanspruch entsteht mit dem Erbfall**, §§ 2317 Abs. 1, 1922. Es handelt sich um eine **Nachlassverbindlichkeit**, § 1967 Abs. 2.[33] Er ist **vererblich** und **übertragbar**, § 2317 Abs. 2, und folglich gem. §§ 1273ff. auch **verpfändbar**. Der **Pfändung** unterliegt der Anspruch nach dem Wortlaut des § 852 Abs. 1 ZPO nur dann, wenn er durch Vertrag **anerkannt** oder **rechtshängig** geworden ist. Allerdings bezieht der BGH[34] dies nur auf die **Verwertbarkeit** des Anspruchs, lässt also eine vorherige Pfändung zu.[35] Ein Pfändungspfandgläubiger kann sich also einen günstigen Rang des Pfandrechtes verschaffen, da dieser sich nach dem Zeitpunkt der Pfändung richtet.[36]

D. Schuldner des Pflichtteilsanspruchs

1032 **Schuldner** des Pflichtteilsanspruchs ist der **Erbe**. **Miterben** haften grundsätzlich als **Gesamtschuldner**, § 2058.[37]

1033 **Vor der Teilung** bietet § 2059 Abs. 1 S. 1 einem **selbst pflichtteilsberechtigten** Miterben Schutz, indem er seine **Haftung** auf den Nachlass **beschränken kann**.[38] **Nach der Teilung** hat der pflichtteilsberechtigte Miterbe als Schuldner des Anspruchs insoweit ein Leistungsverweige-

---

[32] *Leipold*, Erbrecht, Rdn. 176.

[33] Sie unterliegt teilweise besonderen Vorschriften, z. B. §§ 1972, 1974 Abs. 2, 1991 Abs. 4.

[34] BGHZ 123, 183ff. = JR 1994, 416 m. Anm. *Schubert*; zust. *Kuchinke*, NJW 1994, 1769 (1770).

[35] Gepfändet wird dann der in seiner Verwertbarkeit durch die Erfüllung der Voraussetzungen des § 852 Abs. 1 ZPO aufschiebend bedingte Pflichtteilsanspruch.

[36] BGHZ 123, 183 (190).

[37] Palandt/*Edenhofer*, § 2303, Rdn. 2; zum Innenverhältnis vgl. Rdn. 974ff. u. §§ 2318ff.

[38] Palandt/*Edenhofer*, § 2319, Rdn. 1; *Brox*, Erbrecht, Rdn. 546; sowie ferner Rdn. 1015ff.

rungsrecht, als ihm durch Erfüllung des Pflichtteilsanspruchs ein eigener Pflichtteil genommen würde, § 2319 S. 1. Soweit der in Anspruch genommene Miterbe die Pflichtteilsverbindlichkeit nicht erfüllt, haften die Übrigen gem. § 2319 S. 2.

E. Berechnung des Pflichtteils im Allgemeinen

Die zunächst zu ermittelnde **Pflichtteilsquote** gem. § 2303 Abs. 1 S. 2 beträgt die **Hälfte des gesetzlichen Erbteils**. Dazu ist zu prüfen, welcher **Erbteil** dem Pflichtteilsberechtigten im Falle **gesetzlicher Erbfolge** zugestanden hätte, §§ 1924 ff.[39] Es sind jedoch gem. § 2310 S. 1 diejenigen Personen mitzuzählen, die nicht Erbe geworden sind, weil sie der Erblasser durch letztwillige Verfügung gem. § 1938 **enterbt** hat, die die Erbschaft **ausgeschlagen** haben, § 1943 ff.[40] oder für **erbunwürdig** erklärt wurden, §§ 2339 ff.[41] Nicht eingerechnet werden hingegen diejenigen, die durch **Erbverzicht**, §§ 2346 ff.,[42] von der Erbfolge ausgeschlossen sind, § 2310 S. 2.[43] 1034

Beispiel: Erblasser E hinterlässt seine Ehefrau F sowie seine Kinder K1, K2 und K3. Er hat testamentarisch F, K1 und K2 als Erben zu je 1/3 eingesetzt. F hatte aber auf ihr Erbrecht verzichtet, K1 wird für erbunwürdig erklärt und K2 schlägt die Erbschaft aus. Wie hoch ist die Quote des K3? 1035

Bei der Feststellung des gesetzlichen Erbteils, der K3 zusteht, ist F gem. § 2310 S. 2 nicht mitzuzählen. Wohl aber sind K1 und K2 mit einzubeziehen, § 2310 S. 1. K3 stünde somit gem. § 1924 Abs. 4 neben K1 und K2 ein gesetzlicher Erbteil von 1/3 zu. Seine Pflichtteilsquote beträgt folglich 1/6. 1036

I. Ermittlung des konkreten Pflichtteilsbetrages

Der konkrete **Pflichtteilsbetrag** ergibt sich daraus, dass man die **Pflichtteilsquote** mit dem **Wert des Nachlasses multipliziert**.[44] 1037

---

[39] Vgl. dazu den Abschnitt „Das gesetzliche Erbrecht".
[40] Rdn. 788 ff.
[41] Rdn. 761 ff.
[42] Rdn. 779 ff.
[43] Mitgezählt wird aber derjenige, der lediglich gem. § 2346 Abs. 2 auf seinen *Pflichtteil* verzichtet hat, Staudinger/*Haas*, § 2310, Rdn. 17; Palandt/*Edenhofer*, § 2310, Rdn. 2; *Bamberger/Roth*, § 2310 Rn. 6.
[44] *Leipold*, Erbrecht, Rdn. 834.

1038 **Beispiel**: Betrug im vorgenannten Beispiel der Nachlasswert € 24000, so hat K3 einen Pflichtteilsanspruch i. H. v. 1/6 × 24000, also € 4000.

Maßgeblich für die Wertberechnung ist der **Nachlasswert zum Zeitpunkt des Erbfalls**, § 2311 Abs. 1 S. 1.

1039 Er wird durch **Abzug der Nachlassverbindlichkeiten** von den Aktiva festgestellt,[45] notfalls durch Schätzung, § 2311 Abs. 2 S. 1. Eine **Wertbestimmung** des Erblassers ist regelmäßig nicht maßgeblich, § 2311 Abs. 2 S. 2, außer wenn der Erblasser eine **Landgutübernahme** durch einen oder mehrere Erben anordnet, vgl. § 2312 Abs. 1 S. 2.

1040 Zu den Nachlassverbindlichkeiten gehören die **Erblasserschulden**[46] und die **Erbfallschulden**,[47] auch eine Forderung auf **güterrechtlichen Zugewinnausgleich** gem. § 1371 Abs. 2, 3.[48] Andernfalls würden die übrigen Pflichtteilsberechtigten an dem Zugewinn beteiligt, der gem. § 1371 Abs. 2 ausschließlich dem Ehegatten zukommt.[49]

1041 Dagegen sind Vermächtnisse nicht absetzbar, obwohl es sich ebenfalls um Erbfallschulden[50] handelt. Die einzige Ausnahme gilt gem. § 2311 Abs. 1 S. 2 für den **Voraus** des überlebenden Ehegatten, § 1932. Die Abzugsfähigkeit aufschiebend oder auflösend bedingter sowie sonst ungewisser oder unsicherer Verbindlichkeiten beurteilt sich nach § 2313.

II. Anrechnung und Ausgleichung

1042 **Lebzeitige Zuwendungen** des Erblassers führen zur Verminderung des Pflichtteilsanspruchs, wenn den Pflichtteilsberechtigten eine **Anrechnungs-** oder **Ausgleichungspflicht** trifft, §§ 2315, 2316. Dies soll eine doppelte Beteiligung des Pflichtteilsberechtigten am Vermögen des

---

[45] *Lange/Kuchinke*, Lehrbuch des Erbrechts, § 37 VII 3 a–g (S. 898ff.) zur Bewertung der Nachlassaktiven. Zur Berechnung des Pflichtteilsanspruch bei Rückgabe von Grundstücken in der DDR, BGHZ 123, 76ff.; Krit. zur Berechnungsmethode des BGH *v. Olshausen*, DNotZ 1993, 331 (333f.); *Dieckmann*, ZEV 1994, 198 (200f.); *Rauscher*, JR 1994, 485 (488); *Wasmuth*, Anm. zu BGH, LM Nr. 6 zu § 2313; *Dressler*, NJW 1993, 2519ff.

[46] *Lange/Kuchinke*, Lehrbuch des Erbrechts, § 37 VII 7a (S. 911).

[47] Vgl. dazu im Einzelnen Rdn. 865.

[48] BGHZ 37, 58 (64); Palandt/*Edenhofer* § 2311, Rdn. 5.

[49] *Brox*, Erbrecht, Rdn. 549.

[50] Palandt/*Edenhofer*, § 1967, Rdn. 6; Erbschaftssteuer und die Kosten der entsprechenden Steuererklärung können nicht abgezogen werden, OLG Düsseldorf, FamRZ 1999, 1465.

Erblassers und eine damit verbundene Verkleinerung der übrigen Pflichtteilsansprüche verhindern.[51]

1. Anrechnungspflichten, § 2315

Alle **Pflichtteilsberechtigten**[52] haben sich **unentgeltliche Zuwendungen** 1043
des Erblassers gem. § 2315 Abs. 1 **anrechnen** zu lassen, wenn der Erblasser dies **vor oder bei der Zuwendung** bestimmt hat.[53]

Der Wert der Zuwendung[54] ist gem. § 2315 Abs. 2 S. 1 fiktiv dem Nachlasswert hinzuzurechnen, um dann den Pflichtteil des Anrechnungspflichtigen zu ermitteln.[55] Von dem errechneten Pflichtteilsbetrag wird die Zuwendung abgezogen.[56]

Beispiel: E, der testamentarisch seinen Freund F zum Alleinerben eingesetzt 1044
hat, hinterlässt seine Kinder K1, K2 und K3. Bereits zu Lebzeiten hatte er K1 € 6000 mit einer Anrechnungsbestimmung geschenkt. Der Nachlass hat einen Wert von € 42000. Wie hoch sind die Pflichtteile der Kinder?

Im Falle der gesetzlichen Erbfolge entfiele auf K1–K3 ein Erbteil von je 1/3, 1045
sodass die Pflichtteilsquote für jedes Kind 1/6 beträgt. Für K1 gilt folgendes: Zum Nachlasswert i. H. v. € 42000 ist gem. § 2315 Abs. 2 S. 1 der Wert der Zuwendung mit € 6000 hinzuzurechnen. Dieser fiktive Nachlasswert von € 48000 dient als Grundlage der Pflichtteilsberechnung. K1 erhält $1/6 \times 48000 =$ € 8000. Davon muss man die Zuwendung i. H. v. € 6000 abziehen, sodass K1 einen Pflichtteilsanspruch auf Zahlung von € 2000 hat.

Der Pflichtteil von K2 und K3 beträgt jeweils 1/6 von € 42000, also € 7000.

2. Ausgleichungspflichten, §§ 2316, 2050ff.

Lebzeitige Zuwendungen des Erblassers an einen pflichtteilsberechtig- 1046
ten **Abkömmling** i. S. d. § 2050 Abs. 1[57] sind bei der Pflichtteilsberechnung gem. §§ 2316 Abs. 1, 2050ff. dann auszugleichen, wenn zum Zeitpunkt des Erbfalls noch mindestens ein weiterer **Abkömmling** vorhan-

---

[51] *Brox*, Erbrecht, Rdn. 559.

[52] Also nicht nur Abkömmlinge, Staudinger/*Haas*, § 2315, Rdn. 15.

[53] Nach der Zuwendung kann eine Anrechnung gem. § 2348 nur noch in einem notariell beurkundeten Vertrag bestimmt werden, da sie einen – zumindest teilweisen – Pflichtteilsverzicht i. S. d. § 2346 Abs. 2 darstellt, *Brox*, Erbrecht, Rdn. 560.

[54] Maßgebend für den Wert ist der Zeitpunkt der Zuwendung, § 2315 Abs. 2 S. 2.

[55] Diese Nachlasserhöhung erfolgt nur bei der Berechnung des Pflichtteils des Verpflichteten, *Brox*, Erbrecht, Rdn. 560.

[56] *Lange/Kuchinke*, Lehrbuch des Erbrechts, § 37 VII 9a (S. 913ff.); *Brox*, Erbrecht, Rdn. 560.

[57] Zur Ausgleichung im Einzelnen vgl. Rdn. 1002.

den ist[58] und wenn bei gesetzlicher Erbfolge eine Ausgleichung stattfände. Bei gewillkürter Erbfolge gilt § 2316 Abs. 2.[59] Auf den Pflichtteil des Ehegatten hat die Ausgleichungspflicht keinen Einfluss.[60]

1047 Abweichend von § 2050 Abs. 1 vermag der Erblasser bei Vorhandensein **pflichtteilsberechtigter Abkömmlinge** nicht frei darüber zu entscheiden, ob eine solche Zuwendung eine Ausgleichungspflicht auslösen soll. Das folgt aus § 2316 Abs. 3, wonach der Ausgleich von **Ausstattungen** i. S. d. § 2050 Abs. 1 nicht zum Nachteil eines pflichtteilsberechtigten Abkömmlings ausgeschlossen werden kann.[61] Obwohl § 2316 ausdrücklich nur auf § 2050 Abs. 1 verweist, bezieht sich der Verweis auch auf Abs. 2, da es sich hierbei um eine unselbständige Bestimmung zu Abs. 1 handelt.[62]

1048 Die Berechnung der Pflichtteile von Abkömmlingen findet wie folgt statt:

Dem **Nachlasswert** sind zunächst **sämtliche ausgleichungspflichtigen Zuwendungen**[63] mit dem **Wert hinzuzurechnen**, den sie im **Zeitpunkt der Zuwendung**[64] hatten, § 2316 Abs. 1 S. 1 i.V.m. § 2055 Abs. 1 S. 2 u. Abs. 2.[65] Dies gilt für den Teil des Nachlasses, der den **Abkömmlingen**

---

[58] Insoweit spielt es keine Rolle, ob der Abkömmling auch Pflichtteilsansprüche hat oder Erbe geworden ist; *Brox*, Erbrecht, Rdn. 561, oder ob die Erbschaft ausgeschlagen oder ihm der Pflichtteil entzogen wurde, MünchKomm/*Lange*, § 2316 Rdn. 2. Daher ist § 2316 z. B. auch dann anwendbar, wenn der Erblasser E seinem Sohn zu Lebzeiten eine Geschäftsausstattung zugewendet und ihn testamentarisch zum Alleinerben eingesetzt hat, der Tochter hingegen nur der Pflichtteil zusteht, *Brox*, Erbrecht, Rdn. 536. Nur ein Abkömmling, der auf sein Erbrecht gem. § 2346 Abs. 1 verzichtet hat, wird nicht mitgezählt, § 2316 Abs. 1 S. 2.

[59] Vgl. Rdn. 1052.

[60] *Brox* Erbrecht, Rdn. 561.

[61] Staudinger/*Haas*, § 2316 Rdn. 7.

[62] Staudinger/*Haas*, § 2316 Rdn. 9; MünchKomm/*Lange* BGB, § 2316 Rdn. 6.

[63] Hierzu gehören die Zuwendungen an zu Erben eingesetzte Abkömmlinge, BGH, NJW 1993, 1197f., solche Abkömmlinge, die die Erbschaft ausgeschlagen haben oder für erbunwürdig erklärt wurden, Staudinger/*Haas*, § 2316 Rdn. 24, oder von der gesetzlichen Erbfolge ausgeschlossen sind, *Lange/Kuchinke*, Lehrbuch des Erbrechts, § 37 VII 9b, Fn. 346 (S. 917); nicht hingegen solche an Erben, die auf ihr Erbrecht verzichtet haben, § 2316 Abs. 1 S. 2.

[64] D. h. zum Zeitpunkt der Leistungszeit, MünchKomm/*Lange*, § 2316 Rdn. 9 u. § 2315 Rdn. 15.

[65] Im Rahmen der *Anrechnung* gem. § 2315 Abs. 2 S. 1 („bei Bestimmung des Pflichtteils") hingegen wird der anrechnungspflichtige Betrag dem Nachlass nur bei der Berechnung des Pflichtteils des zur Anrechnung Verpflichteten zugerechnet, s. Rdn. 1043ff. und *Brox*, Erbrecht, Rdn. 561.

im Falle **gesetzlicher Erbfolge** zustünde, § 2055 Abs. 1 S. 2. Der Nachlassteil, der auf den überlebenden Ehegatten entfallen würde, bleibt also außer Betracht.[66] Der von der Ausgleichung betroffene (fiktive) Nachlasswert muss sodann durch die Zahl der Abkömmlinge dividiert werden, um gem. § 1924 Abs. 4 deren **gesetzlichen Erbteil** zu ermitteln.[67] Der Pflichtteil eines **nicht ausgleichungspflichtigen Abkömmlings** errechnet sich, indem der so ermittelte gesetzliche Erbteil halbiert wird, § 2303 Abs. 1 S. 2. Bei der Errechnung des Pflichtteils eines **ausgleichungspflichtigen Abkömmlings** ist dagegen vom Wert des gesetzlichen Erbteils der Ausgleichungsbetrag **abzuziehen**, §§ 2316 Abs. 1 S. 1, 2055 Abs. 1 S. 1 und der Restbetrag zu halbieren.[68] Da der überlebende Ehegatte nicht betroffen ist, legt man für die Berechnung seines Pflichtteils den wirklichen Nachlasswert zu Grunde.[69]

Beispiel: E hinterlässt seine Ehefrau F und die Kinder K1 und K2. Testamentarisch hat er seine Freundin X zur Alleinerbin eingesetzt. K1 hat eine Ausstattung von € 12000 auszugleichen, der Nachlass einen Wert von € 120000. Wie hoch sind die Pflichtteile von F, K1 und K2 ? 1049

Der Pflichtteil der F wird vom nicht erhöhten Nachlasswert, also von € 120000 berechnet. Da sich ihr gesetzlicher Erbteil gem. §§ 1931 Abs. 1 S. 1, 1371 Abs. 1 auf 1/2 des Nachlasses beläuft, beträgt ihre Pflichtteilsquote gem. § 2303 Abs. 1 S. 2 1/4, so dass sie einen Pflichtteilsanspruch i. H. v. (1/4× € 120000 =) € 30000 hat. 1050

Auf die Kinder entfiel im Falle gesetzlicher Erbfolge gem. § 1924 Abs. 1, 4 die Hälfte des Nachlasses, also € 60000. Für die Pflichtteilsberechnung bei K1 ist der um den Wert der Zuwendung erhöhte Nachlasswert zu Grunde zu legen, der auf die Abkömmlinge entfällt, §§ 2316 Abs. 1 S. 1, 2055 Abs. 1 S. 1, also (€ 60000 + € 12000 =) € 72000. Der gesetzliche Erbteil des K1 würde sich gem. § 1924 Abs. 4 auf 1/2 des auf die Kinder entfallenden Nachlasses belaufen, wertmäßig also € 36000 betragen. Davon ist der auszugleichende Betrag i. H. v. € 12000 abzuziehen und von den verbleibenden € 24000 der Pflichtteil zu berechnen, der € 12000 beträgt, § 2303 Abs. 1 S. 2.

Auch der Berechnung des Pflichtteils des K2 ist der erhöhte Nachlasswert von € 72000 zu Grunde zu legen, §§ 2316 Abs. 1 S. 1, 2055 Abs. 1 S. 2. Da K2 keine Ausgleichungspflicht trifft, beläuft sich sein Pflichtteil auf € 18000.

Zeigt die Pflichtteilsberechnung, dass ein Abkömmling durch lebzeitige Zuwendungen des Erblassers **mehr erhalten** hat, **als** ihm nach Pflichtteilsrecht **zusteht**, so ist er zwar **nicht zur Herausgabe des Mehrbetrags** verpflichtet, §§ 2316 Abs. 1 S. 1, 2056 S. 1. Bei der Berechnung 1051

---

66 MünchKomm/*Lange*, § 2316 Rdn. 9.

67 Staudinger/*Haas*, § 2316 Rdn. 27; MünchKomm/*Lange*, § 2316 Rdn. 9.

68 Staudinger/*Ferid*/*Cieslar*, § 2303 Rdn. 77.

69 *Brox*, Erbrecht, Rdn. 561.

der Pflichtteile sonstiger Abkömmlinge bleibt er aber unberücksichtigt, §§ 2316 Abs. 1 S. 1, 2056 S. 2, so als wäre er nicht vorhanden.[70]

1052 § 2316 Abs. 2 betrifft den Fall, dass ein **pflichtteilsberechtigter Abkömmling** durch **letztwillige Verfügung** zum Erben eingesetzt wird. Die fragliche Zuwendung wirkt sich dann nur auf die Pflichtteile der enterbten Abkömmlinge aus.[71] Das kann dazu führen, dass der dem letztwillig Begünstigten hinterlassene Erbteil zwar **quotenmäßig** den **Pflichtteil übersteigt**, aber **wertmäßig** hinter dem Wert des Pflichtteils **zurückbleibt**. Denn die Ermittlung des letztwillig zugewendeten Erbteils erfolgt – anders als die Pflichtteilsberechnung – auf der Grundlage des nicht erhöhten Nachlasswertes.[72] Um zu verhindern, dass ein an sich pflichtteilsberechtigter Abkömmling bei solcher Erbeinsetzung schlechter steht als bei Enterbung, bestimmt § 2316 Abs. 2, dass er von seinen Miterben Ausgleich verlangen kann.

Sofern der hinterlassene Erbteil bereits geringer als die Hälfte des gesetzlichen Erbteils ist, gewährt § 2305 dem Pflichtteilsberechtigten den sog. **Pflichtteilsrestanspruch.**[73]

1053 Für den Fall, dass der Begünstigte eine lebzeitige Zuwendung des Erblassers sowohl gem. § 2316 Abs. 1 **ausgleichen**, als sich auch gem. § 2315 **anrechnen** lassen muss, bestimmt § 2316 Abs. 4, dass der anzurechnende Betrag vom Pflichtteil nur **zur Hälfte** abzuziehen ist.

3. Ausgleichspflichten bei besonderer Mitarbeit oder Pflegetätigkeit eines Abkömmlings, §§ 2316, 2057a

1054 Die **Leistung eines Abkömmlings an den Erblasser** gem. § 2057a[74] ist gem. §§ 2316 Abs. 1 S. 1, 2057a bei der Berechnung seines Pflichtteils auszugleichen, und zwar gem. § 2057a Abs. 4 S. 2 in der Weise, dass der **Ausgleichungsbetrag** vom Wert des Nachlassteils **abgezogen** wird, der auf die Abkömmlinge entfällt. Dieser reduzierte Nachlasswert ist durch die Zahl der Abkömmlinge zu dividieren. Daraus ergibt sich dann der gesetzliche Erbteil bzw. der Pflichtteil der ausgleichungsverpflichteten Abkömmlinge. Um den Pflichtteil des **ausgleichungsberechtigten** Abkömmlings zu ermitteln, ist der Wert seines gesetzlichen Erbteils schließlich um den Ausgleichungsbetrag zu erhöhen, § 2057a Abs. 4 S. 1. Die Hälfte diese Betrages stellt dann seinen Pflichtteil dar.[75]

---

70 *Lange/Kuchinke*, Lehrbuch des Erbrechts, § 37 VII 9b (S. 918); *Brox* Erbrecht, Rdn. 561.

71 MünchKomm/*Lange*, § 2316 Rdn. 19 mit einem Berechnungsbeispiel.

72 *Lange/Kuchinke*, Lehrbuch des Erbrechts, § 37 VII 9b β (S. 917ff.); Staudinger/*Haas*, § 2316 Rdn. 37f.

73 MünchKomm/*Lange*, § 2316 Rdn. 19; vgl. näher dazu Rdn. 1065ff.

74 Vgl. dazu Rdn. 1010.

75 Staudinger/*Haas*, § 2316 Rdn. 44; MünchKomm/*Lange*, § 2316 Rdn. 11.

§ 2316 Abs. 1 i. V. m. § 2057a gilt auch zugunsten eines zum **Alleinerben** eingesetzten Abkömmlings, der zu Lebzeiten des Erblassers eine ausgleichungspflichtige Leistung erbracht hat.[76] Die Pflichtteile der übrigen Abkömmlinge berechnen sich also nach dem um den Ausgleichsbetrag reduzierten Nachlasswert.[77] 1055

F. Berechnung des Pflichtteils im Falle einer Zugewinngemeinschaft

Die Pflichtteilsberechnung in der **Zugewinngemeinschaft** steht u. a. vor dem Problem, ob sich die Quoten der Beteiligten nach dem **nicht erhöhten** Erbteil des Ehegatten i. S. d. § 1931 Abs. 1 oder nach dem **erhöhten** Erbteil i. S. d. § 1371 Abs. 1 richten. Ferner ist von Bedeutung, ob der Erblasser den Ehegatten **völlig** enterbt[78] oder ihm einen (geringeren) **Erbteil bzw. ein Vermächtnis hinterlassen** hat, so dass ihm lediglich ein **Pflichtteilsrestanspruch** gem. § 2305 bzw. § 2307 zusteht.[79] 1056

I. Der Pflichtteil des enterbten Ehegatten

Unstreitig steht dem enterbten Ehegatten gem. § 1371 Abs. 2 ein Anspruch auf den **güterrechtlichen Zugewinnausgleich** gem. § 1371 Abs. 1[80] und daneben der sog. **kleine Pflichtteil** zu, der sich allein auf der Basis der erbrechtlichen Quote gem. § 1931 Abs. 1 berechnet. 1057

Beispiel: E hat den familienfremden X zum Alleinerben eingesetzt. Er hinterlässt seine Ehefrau F und die Kinder K1 und K2. Wie hoch ist die Pflichtteilsquote der F neben ihrem Anspruch auf Zugewinnausgleich? 1058

Der gesetzliche Ehegattenerbteil der F gem. § 1931 Abs. 1 beläuft sich auf 1/4 des Nachlasswertes, der kleine Pflichtteil gem. § 2303 Abs. 1 S. 2 beträgt also 1/8. 1059

[76] BGH, NJW 1993 (1197f.) = LM Nr. 3 zu § 2316 (m. Anm. *Hohloch*); *Leipold* Erbrecht, Rdn. 838, Fn. 19. Denn § 2316 Abs. 1 S. 1 schreibt vor, dass – auch im Falle der Erbeinsetzung eines pflichtteilsberechtigten Abkömmlings – zu unterstellen ist, für alle pflichtteilsberechtigten Abkömmlinge gelte die *gesetzliche* Erbfolge.

[77] BGH, NJW 1993, 1197f.

[78] Dazu sogleich Rdn. 1057ff.

[79] Dazu später Rdn. 1065ff.

[80] Zur Ermittlung des Zugewinns und der Höhe des Ausgleichsanspruchs vgl. Rdn. 182ff., Ehegattenerbrecht.

Da es sich bei dem Zugewinnausgleichsanspruch um eine **Nachlassverbindlichkeit** handelt,[81] ist die Pflichtteilsquote erst nach Abzug zu ermitteln.

1060 Es gibt allerdings unterschiedliche Auffassungen darüber, ob der überlebende **Ehegatte**, der **weder erbt noch Vermächtnisnehmer** wird, nur den kleinen Pflichtteil und den güterrechtlichen Zugewinnausgleich fordern kann,[82] (sog. **Einheitstheorie**),[83] oder ob er statt dessen den sog. **großen Pflichtteil**, berechnet auf der Grundlage der **§§ 1931 Abs. 1 und § 1371 Abs. 1** beanspruchen darf (**Wahltheorie**).[84]

1061 Die Auslegung des § 1371 Abs. 2 ergibt, dass der **Wortlaut** beide Ansichten abdeckt.[85] Aus dem Tatbestand ergibt sich nicht eindeutig, ob sich die Formulierung „**in diesem Fall**" im 2. HS. des Abs. 2 lediglich darauf bezieht, dass der Ehegatte **weder Erbe noch Vermächtnisnehmer** geworden ist (Einheitstheorie), oder ob die Formulierung nur dann zum kleinen Pflichtteil führt, wenn der überlebende Ehegatte den güterrechtlichen Zugewinn **tatsächlich verlangt**, während ihm im umgekehrten Fall der **große Pflichtteil** gebührt (Wahltheorie).

1062 Die Auslegung nach **Sinn und Zweck** der Norm führt zu dem Ergebnis, dass dem völlig enterbten Ehegatten **kein Wahlrecht**, sondern nur der kleine Pflichtteil und der Zugewinnausgleich zustehen. Der Zweck der in § 1371 Abs. 1 getroffenen sog. **erbrechtlichen Lösung**[86] liegt darin, aus Gründen der Vereinfachung den Zugewinnausgleich möglichst zu pauschalisieren, ohne ihn jedoch zwingend vorzuschreiben.[87] Der überlebende Ehegatte kann den güterrechtlichen Zugewinn durch Ausschlagung gem. § 1371 Abs. 3, der Erblasser eben durch Enterbung gem. Abs. 2 herbeiführen. Wenn ein Erblasser einen Ehegatten völlig enterbt hat, zeigt dies seinen Willen, keinen pauschalierten Zugewinnausgleich zu ermöglichen. Könnte der überlebende Ehegatte jedoch zwischen den beiden Varianten wählen, wäre der Erblasser dazu nie in der Lage. Eine

---

[81] *Leipold*, Erbrecht, Rdn. 170; zur Ermittlung des Nachlasswertes allgemein vgl. auch Rdn. 84ff.

[82] Also selbst dann auf den kleinen Pflichtteil beschränkt ist, wenn mangels Zugewinns des verstorbenen Ehegatten gar kein Ausgleichsanspruch besteht.

[83] Begründet von *Reinicke*, NJW 1958, 121ff.

[84] Begründet von *Lange*, NJW 1957, 1381ff.; 1958, 288ff.; 1965, 369ff.

[85] *Lange/Kuchinke* Lehrbuch des Erbrechts, § 37 VI 1c (S. 888f.); MünchKomm/*Lange*, § 2303 Rdn. 27; BGHZ 42, 182 (186ff.), der allerdings bereits wegen des Wortlauts überzeugend darlegt, dass schon mehr für die Einheitstheorie spricht.

[86] Vgl. Rdn. 184ff.

[87] BGHZ 42, 182 (187f.).

solche Einschränkung seiner Testierfreiheit ist jedoch ungerechtfertigt.[88] Damit wird auch einer Rechtsunsicherheit der „Wahltheorie" entgegengewirkt, die deshalb eintritt, weil das Gesetz für ein eventuelles Wahlrecht weder Ausübungsvorschriften noch Fristen kennt.[89]

II. Pflichtteil der Abkömmlinge neben dem Ehegatten

Der auf einen **Abkömmling** entfallende Pflichtteil hängt davon ab, ob bei Ermittlung seiner Quote vom **einfachen gesetzlichen Ehegattenerbrecht** i. S. d. § 1931 Abs. 1 S. 1 (= 1/4) oder von dem über § 1371 Abs. 1 erhöhten (= 1/2) auszugehen ist. Letzteres liegt stets vor, wenn der Ehegatte **gesetzlicher Erbe** wird.[90] Das Gleiche muss aber auch dann gelten, wenn der Erblasser ihn durch **letztwillige Verfügung** begünstigt hat.[91] Dies folgt zunächst daraus, dass § 2303 Abs. 2 S. 2 generell auf § 1371 verweist, also auch auf Abs. 1.[92] Der **Wortlaut** dieser Norm kennt **keine Einschränkung** auf den gesetzlichen Erbteil. Dieser hat auch bei gewillkürter Erbfolge Bedeutung, wie die §§ 2305–2307 zeigen. Der gesetzliche Erbteil dient vor allem gem. § 2303 Abs. 1 S. 2 als Berechnungsgrundlage für den Pflichtteil, und zwar unabhängig davon, warum der Berechtigte von der Erbfolge ausgeschlossen war. Deshalb ist er bei der Berechnung der Pflichtteilsquoten stets zu Grunde zu legen.[93] 1063

Nach dem nicht erhöhten Ehegattenerbteil sind die Pflichtteile demnach nur zu berechnen, wenn der überlebende Ehegatte einen Anspruch auf **güterrechtlichen Zugewinnausgleich** und den **kleinen Pflichtteil** hat, weil er **weder Erbe noch Vermächtnisnehmer** geworden ist, § 1371 Abs. 2, 2. HS., oder eine letztwillige Zuwendung **ausgeschlagen** hat, § 1371 Abs. 3. 1064

[88] *Leipold*, Erbrecht, Rdn. 171.
[89] *Brox*, Erbrecht, Rdn. 552; MünchKomm/*Lange*, § 2303 Rdn. 27.
[90] *Leipold* Erbrecht, Rdn. 833.
[91] BGHZ 37, 58 (60); *Brox*, Erbrecht, Rdn. 551; *Leipold*, Erbrecht, Rdn. 833; str., a. A. *Niederländer* NJW 1960, 1737 (1740ff.); *Bärmann* AcP 157 (1957), 145 (209).
[92] *Brox*, Erbrecht, Rdn. 551.
[93] BGHZ 37, 58 (62f.).

Übersicht: Das Pflichtteilsrecht (1)

Pflichtteilsberechtigte, § 2303

→ **Abkömmlinge** | **Ehegatte** | **Eltern des Erblassers**

Entstehung mit Erbfall, § 2317

↓

Voraussetzungen

- **Entziehung** des **gesetzlichen** Erbteils durch **Verfügung von Todes** wegen, § 2303
- *§ 2304 bei Zuwendungen eines Vermächtnisses i.H.d. gesetzlichen Pflichtteils*
- **Ausschlagung der Erbschaft** (Wahlrecht des Ehegatten; § 1371 Abs. 3)

Folge:

Pflichtteilsanspruch begründet **Nachlassverbindlichkeit**, § 1967 Abs. 2 (→ vererblich, übertragbar, verpfändbar)

↓

Schuldner: **Erbe / Erbengemeinschaft**

↓

Höhe des Pflichtteilsanspruchs gem. § 2303 Abs. 1 S. 2: **1/2 x gesetzlichen Erbteil** Berechnung des Erbteils nach §§ 1924 ff.; beachte § 2310

↓

Ermittlung des **Nachlasswertes** erfolgt im **Zeitpunkt des Erbfalls**, § 2311
→ Wertbestimmung des Erblassers belanglos, § 2311 Abs. 2 S. 1

↓

u.U.

Anrechnungspflicht, § 2315 Lebzeitige Zuwendungen mit Anrechnungsbestimmung	**Ausgleichungspflicht, § 2316** Lebzeitige Zuwendung, wenn mind. 1 weiterer pflichtteilsberechtigter Abkömmling vorhanden ist

§ 4. Der Pflichtteilsrestanspruch, § 2305

Ein Pflichtteilsberechtigter kann ausnahmsweise auch ohne vollständige Enterbung den Pflichtteilsanspruch haben. § 2305 sichert den Anspruch,[94] indem das Gesetz verhindert, dass der Erblasser einerseits den Pflichtteilsanspruch durch Erbeinsetzung ausschließt, andererseits diesen Erbteil aber unterhalb der Pflichtteilsgrenze ansetzt.[95] Der in § 2305 normierte sog. **Pflichtteilsrestanspruch**[96] darf nicht mit dem **Pflichtteilsergänzungsanspruch** gem. §§ 2325 ff. verwechselt werden. 1065

A. Voraussetzungen

Ein **Pflichtteilsrestanspruch** steht dem **Pflichtteilsberechtigten**[97] zu, wenn ihm durch **letztwillige Verfügung** ein **unbeschränkter** und **unbeschwerter**[98] **Erbteil** hinterlassen wurde, der **geringer** ist als die **Hälfte des gesetzlichen Erbteils**. 1066

I. Vergleich des hinterlassenen Erbteils mit der Hälfte des gesetzlichen Erbteils

Dazu vergleicht man die Pflichtteilsquote gem. § 2303 Abs. 1 S. 2 mit dem hinterlassenen **quotenmäßigen** Anteil am Nachlass, nicht den Wert dieser Positionen (sog. **Quotentheorie**).[99] Dafür spricht der **Wortlaut** des § 2305;[100] etwas anderes gilt nach h. M. wegen des Gesetzeszweckes,[101] wenn bei der Pflichtteilsberechnung **Anrechnungs-** und/oder **Ausgleichspflichten** gem. §§ 2315, 2316 zu berücksichtigen sind. Dann entscheiden 1067

94 RGZ 93, 3 (6).
95 *Brox* Erbrecht, Rdn. 555.
96 Auch als Zusatzpflichtteil bezeichnet, AnwK-BGB/Bock, § 2305, Rdn. 2.
97 Vgl. Rdn. 1024 ff.
98 Staudinger/*Haas*, § 2305 Rdn. 2; MünchKomm/*Lange*, § 2305 Rdn. 1; Hk-BGB/*Hoeren*, § 2305, Rdn. 2.
99 RGZ 93, 3 (5 f.); Palandt/*Edenhofer*, § 2306 Rdn. 3; Staudinger/*Haas*, § 2305 Rdn. 9, hält den Streit für unerheblich.
100 RGZ 93, 3 (5).
101 Vgl. Rdn. 1075 ff.

die **Wertverhältnisse** (sog. **Werttheorie**).[102] Für die Frage, ob der Berechtigte weniger als die Hälfte des gesetzlichen Erbteils erhalten hat, wird auf das Hinterlassene der Betrag aufgeschlagen, den er sich entweder gem. § 2315 anrechnen oder den er gem. § 2316 ausgleichen muss. Anderenfalls würde ihm § 2305 nicht nur seinen Pflichtteil erhalten, sondern ihn u. U. sogar besser stellen. Dies wollte der Gesetzgeber nicht.[103]

II. Vergleichsmaßstab im Falle der Zugewinngemeinschaft

1068 Der **Pflichtteilsrestanspruch** gem. § 2305 steht dem **Ehegatten** zu, wenn der Erblasser, mit dem er im Güterstand der Zugewinngemeinschaft gelebt hatte, ihm weniger hinterlässt als die Hälfte des über § 1371 Abs. 1 erhöhten gesetzlichen Erbteils (sog. **großer Pflichtteil**).[104] Dies ist deshalb konsequent, weil ein zum Erbe eingesetzter Ehegatte den güterrechtlichen Zugewinnausgleich gem. § 1371 Abs. 2 nicht neben dem Pflichtteil verlangen kann.[105]

B. Rechtsfolge

1069 Der **Pflichtteilsberechtigte** kann unter den genannten Voraussetzungen von den **Miterben** den **Wert** des an der Hälfte des gesetzlichen Erbteils **fehlenden Teils** verlangen. Bei diesem **Pflichtteilsrestanspruch** gem. § 2305 handelt es sich um einen echten, in begrenzter Höhe bestehenden **Pflichtteilsanspruch**,[106] also um einen Zahlungsanspruch, der eine **Nachlassverbindlichkeit** darstellt.[107] **Schuldner** ist der **Erbe** bzw. sind die **Miterben** als **Gesamtschuldner**.[108]

---

[102] RGZ 93, 3 (7 f.); 113, 45 (48 f.); MünchKomm/*Lange*, § 2306 Rdn. 3.
[103] RGZ 93, 3 (7 ff.).
[104] Ganz h. M.: *Lange/Kuchinke*, Lehrbuch des Erbrechts, § 37 VI 4b (S. 891 f.); Staudinger/*Haas*, § 2305 Rdn. 14; MünchKomm/*Lange*, § 2305 Rdn. 4.
[105] *Leipold,* Erbrecht, Rn. 172; Staudinger/*Haas*, § 2305 Rdn. 14; vgl. Rdn. 189 ff.
[106] RGZ 93, 3 (9); MünchKomm/*Lange*, § 2305 Rdn. 1; Hk-BGB/*Hoeren*, § 2305, Rdn. 4.
[107] Staudinger/*Haas*, § 2305 Rdn. 11 ff.
[108] Vgl. Rdn. 1015 ff.

C. Wirkung der Ausschlagung

Der **Pflichtteilsberechtigte** kann im Falle des § 2305 grundsätzlich nicht den unzureichenden Erbteil ausschlagen und statt dessen den vollen Pflichtteil verlangen.[109] Ihm steht allerdings auch bei Ausschlagung der Anspruch auf den **Pflichtteilsrest** zu, aber eben nur dieser.[110] 1070

Eine abweichende Rechtslage gilt gem. § 2303 Abs. 2 S. 2 i.V.m. § 1371 Abs. 3, wenn der **überlebende Ehegatte** in einer **Zugewinngemeinschaft** ausschlägt. Er hat auch dann Anspruch auf den güterrechtlichen **Zugewinnausgleich**, § 1371 Abs. 2, allerdings bezogen auf den **kleinen Pflichtteil**.[111] 1071

§ 5. Der Pflichtteil bei Zuwendung eines belasteten Erbteils

§ 2306 bezweckt ebenso wie § 2305 den Schutz des Pflichtteilsberechtigten und zwar vor Verfügungen des Erblassers, die ihn begünstigen, aber durch die Anordnung von **Beschränkungen** oder **Beschwerungen** gleichzeitig so stark belasten, dass er weniger erhält als bei Enterbung.[112] 1072

Wird einem Pflichtteilsberechtigten durch Verfügung von Todes wegen ein **beschränkter** oder **beschwerter**[113] Erbteil hinterlassen, der die **Hälfte** des gesetzlichen Erbteils **nicht übersteigt**, sind gem. § 2306 Abs. 1 S. 1 die **Beschränkungen** und **Beschwerungen** zu **streichen**.[114] 1073

---

109 Staudinger/*Haas*, § 2305 Rdn. 11, 17; MünchKomm/*Lange*, § 2305 Rdn. 2. Das ist für Rechtsunkundige gefährlich, da die Ausschlagungserklärung nach h.M. nicht nach § 119 anfechtbar ist, weil der Ausschlagende sich lediglich über die Rechtsfolgen seiner Erklärung geirrt hat, MünchKomm/*Lange*, § 2305 Rdn. 2; Soergel/*Dieckmann*, § 2305 Rdn. 3.

110 RGZ 93, 3 (9); 113, 45 (48); Staudinger/*Haas*, § 2305 Rdn. 17; MünchKomm/*Lange*, § 2305 Rdn. 2.

111 Vgl. Rdn. 190.

112 *Brox*, Erbrecht, Rdn. 555; vgl. allg. zum Problem *Käb*, JA 1999, 956 (957f.).

113 Zu den Beschränkungen und Beschwerungen im Einzelnen vgl. die Aufzählung in § 2306 Abs. 1 S. 1.

114 MünchKomm/*Lange*, § 2306 Rdn. 1; *Bamberger/Roth*, § 2306 Rn. 16.

Sofern der hinterlassene **Erbteil** sogar wertmäßig **hinter** dem Pflichtteil **zurückbleibt**, hat der Pflichtteilsberechtigte daneben einen **Pflichtteilsrestanspruch** gem. § 2305 i. H. d. Differenzbetrages.[115]

1074 Ein **Pflichtteilsberechtigter**, dessen **beschränkter** oder **beschwerter Erbteil größer** ist als die Hälfte des gesetzlichen Erbteils, erhält ein **Wahlrecht** zwischen dem belasteten Erbteil einerseits und dem (vollen)[116] Pflichtteil andererseits,[117] § 2306 Abs. 1 S. 2.

1075 Die Anwendung der Norm setzt – wie bei § 2305 – einen **Vergleich** der **Pflichtteilsquote** mit der **Zuwendungsquote** am Nachlass voraus **(Quotentheorie)**, es sei denn, es müssten Anrechnungs- und/oder Ausgleichspflichten berücksichtigt werden. Dann findet auch hier ein Wertevergleich statt **(Werttheorie)**.[118] Bei dem Vergleich bleiben die Belastungen des hinterlassenen Erbteils in jedem Fall unberücksichtigt.[119]

1076 Um den **vollen Pflichtteil** zu erhalten, muss der Pflichtteilsberechtigte die Erbschaft **ausschlagen**. Für den Beginn der 6wöchigen Ausschlagungsfrist gem. § 1944[120] verlangt § 2306 Abs. 1 S. 2 zusätzlich zu den Voraussetzungen des § 1944 Abs. 2 Satz 1[121] die **Kenntnis des Pflichtteilsberechtigten** von den Beschränkungen und Beschwerungen.[122]

1077 Soweit es in der **Zugewinngemeinschaft** um die Anwendbarkeit des § 2306 Abs. 1 S. 1 bzw. S. 2 geht, gelten für die Frage, ob man vom kleinen oder großen Pflichtteil ausgeht, die gleichen Grundsätze wie für die Pflichtteilsberechnung selbst.[123]

---

[115] RGZ 93, 3 (9f.); Staudinger/*Haasr*, § 2306 Rdn. 55; MünchKomm/*Lange*, § 2306 Rdn. 1.

[116] Staudinger/*Haas*, § 2306 Rdn. 53.

[117] Zur Berechnung des Pflichtteils vgl. Rdn. 1034ff., 1056ff.

[118] Vgl. Rdn. 1067.

[119] MünchKomm/*Lange*, § 2306 Rdn. 2; Palandt/*Edenhofer*, § 2306 Rdn. 4.

[120] Vgl. dazu Rdn. 798.

[121] Kenntnis vom Anfall der Erbschaft und dem Grund der Berufung.

[122] Dazu BGHZ 112, 229 (232f.): die irrige Annahme solcher Beschwerungen genügt nicht; MünchKomm/*Lange*, § 2308, Rdn. 4; ein Pflichtteilsberechtigter, der den Erbteil nach Abs. 1 S. 2 in Unkenntnis der Tatsache, dass die Beschränkung oder Beschwerung zwischen Erbfall und Ausschlagung bereits weggefallen war, ausgeschlagen hat, kann die Ausschlagung nach § 2308 anfechten.

[123] Vgl. Rdn. 1056ff.

§ 6. Der Pflichtteil bei Zuwendung eines Vermächtnisses, § 2307

Auch § 2307 dient dem Schutz des Pflichtteils: Der enterbte Pflichtteilsberechtigte braucht sich nicht mit einem **Vermächtnis** zu begnügen,[124] sondern er kann **ausschlagen** und den **Pflichtteil verlangen**, oder aber es **annehmen** und sich auf den Pflichtteil **anrechnen lassen**. 1078

Die Ausschlagungsmöglichkeit besteht im Unterschied zu § 2306 unabhängig davon, ob das Vermächtnis wertmäßig hinter dem Pflichtteil zurückbleibt; auch Beschränkungen und Beschwerungen sind dabei bedeutungslos. 1079

Die Ausschlagung erfolgt **formlos** durch Erklärung gegenüber dem durch das Vermächtnis **Beschwerten**, § 2180 Abs. 2 S. 1. Dieser kann dem Pflichtteilsberechtigten eine angemessene **Frist** zur Erklärung über die Annahme des Vermächtnisses **setzen**, § 2307 Abs. 2 S. 1, nach deren erfolglosem Ablauf das Vermächtnis als **ausgeschlagen** gilt, § 2307 Abs. 2 S. 2. Damit entsteht der ungekürzte Pflichtteilsanspruch.[125] 1080

Er richtet sich auch im Rahmen einer Zugewinngemeinschaft **für alle Pflichtteilsberechtigten** nach dem **nicht erhöhten Ehegattenerbteil.** Der **Ehegatte** kann also nach Ausschlagung nur den sog. kleinen Pflichtteil und den güterrechtlichen Zugewinnausgleich verlangen, § 1371 Abs. 3, 2.[126] 1081

Nimmt der **Pflichtteilsberechtigte** das **Vermächtnis** an, muss er sich dessen Wert[127] auf seinen Pflichtteil anrechnen lassen und kann nur den **Pflichtteilsrest** beanspruchen. Bei der Wertberechnung bleiben Beschränkungen und Beschwerungen außer Betracht, § 2307 Abs. 2, 2. HS.[128] 1082

Der Pflichtteilsrestanspruch aller Pflichtteilsberechtigten richtet sich bei einer **Zugewinngemeinschaft** nach dem über § 1371 Abs. 1 **erhöhten Ehegattenerbteil**, da bei Zuwendung eines Vermächtnisses, das der Ehegatte nicht ausschlägt, kein Fall des § 1371 Abs. 2 vorliegt. Der An- 1083

---

124 Palandt/*Edenhofer*, § 2307 Rdn. 1; vgl. ferner *Käb*, JA 1999, 956 (958).

125 Palandt/*Edenhofer*, § 2307 Rdn. 1.

126 MünchKomm/*Lange*, § 2307 Rdn. 9; Palandt/*Edenhofer*, § 2307 Rdn. 1.

127 Maßgebender Zeitpunkt für die Wertermittlung ist derjenige des Erbfalls, MünchKomm/*Lange*, § 2307 Rdn. 10.

128 Staudinger/*Haas*, § 2307 Rdn. 32f.

spruch betrifft also die Wertdifferenz zwischen Vermächtnis und großem Pflichtteil.[129]

§ 7. Der Pflichtteilsergänzungsanspruch bei Enterbung, § 2325

1084 Durch den Pflichtteilsergänzungsanspruch soll verhindert werden, dass der Erblasser die Pflichtteilsansprüche durch **lebzeitige Schenkungen** wesentlicher Teile seines Vermögens aushöhlt.[130]

A. Voraussetzungen

I. Schenkung an einen Dritten

1085 Der Erblasser muss zunächst einem Dritten zu Lebzeiten eine **Schenkung** i. S. d. § 516 gemacht haben;[131] es genügt eine sog. **gemischte Schenkung.**[132] **Unbenannte Zuwendungen** unter Ehegatten fallen unter § 2325, obwohl sie **mangels Einigung** über die Unentgeltlichkeit regelmäßig

[129] Palandt/*Edenhofer*, § 2307 Rdn. 1; *Leipold*, Erbrecht, Rdn. 842.

[130] *Haas*, ZEV 2000, 249 (259).

[131] H. M., BGHZ 59, 132 (135); MünchKomm/*Lange*, § 2325 Rdn. 11; Palandt/*Edenhofer*, § 2325 Rdn. 7; vgl. zur Problematik der Schenkung an eine gemeinnützige juristische Person BGH, FamRZ 2004, 453ff. Der BGH hat hier entgegen der Ansicht des OLG Dresden als Vorinstanz (FamRZ 2003, 62ff.) den Schenkungscharakter einer Zuwendung an die Stiftung „Dresdner Frauenkirche" bejaht und ist somit einer möglichen Aushöhlung des Pflichtteilsergänzungsanspruchs durch Abfluss des Erblasservermögens an gemeinnützige Organisationen entgegengetreten.

[132] *Leipold*, Erbrecht, Rdn. 842; Palandt/*Edenhofer*, § 2325 Rdn. 8. Dabei handelt es sich um Zuwendungen, bei denen die Gegenleistung geringer ist als deren Wert, wobei insoweit Einigkeit über die Unentgeltlichkeit besteht. Die Beweislast dafür trifft den Pflichtteilsberechtigten, BGH, NJW-RR 1996, 705 (706). Die Einigung über die Unentgeltlichkeit wird vermutet, wenn Leistung und Gegenleistung im groben Missverhältnis stehen, BGHZ 59, 132 (136) = LM Nr. 7 zu § 2325 (m. Anm. *Johannsen*); der Pflichtteilsberechtigte hat aber weiterhin die Beweislast für den Wert der Zuwendung und der Gegenleistung, BGH, NJW 1981, 2458 (2459).

keine Schenkung darstellen.[133] Der Erblasser darf das Rechtsinstitut nach der Rechtsprechung nicht zum Nachteil der Pflichtteilsberechtigten verwenden, eine Betrachtungsweise, die zwar von der Intention des Gesetzgebers gedeckt, aber u. U. nicht mehr zeitgemäß ist.[134]

Die Schenkung muss vom **Erblasser** stammen. Deshalb kann z. B. im 1086
Falle eines gemeinschaftlichen Testamentes i. S. d. § 2269 (Einheitslösung)[135] nach dem Tod des zweiten Ehegatten kein Pflichtteilsergänzungsanspruch gegen die Erben dieses Ehegatten mit einer Schenkung begründet werden, die der erstverstorbene Ehegatte einem Dritten gemacht hatte.

Beschenkter **Dritter** ist jede Person außer dem Pflichtteilsberechtig- 1087
ten, der den Anspruch aus § 2325 stellt, also auch ein anderer Pflichtteilsberechtigter.[136]

II. Innerhalb der letzten 10 Jahre, § 2325 Abs. 3

Der Erblasser muss die Schenkung höchstens **zehn Jahre vor dem Erb-** 1088
fall vorgenommen haben, § 2325 Abs. 3.[137] Die **Frist beginnt**, wenn er den verschenkten Gegenstand **„geleistet"** hat, Abs. 3, 1. HS. Dazu bedarf es nach Ansicht des BGH[138] mindestens einer wirtschaftlichen Ausgliederung **aus dem Vermögen des Erblassers**. Nach vielfach in der

---

133 BGHZ 116, 167 (169ff.) = JuS 1992, 611 (m. Anm. *Hohloch*) = FamRZ 1992, 300ff. (m. abl. Anm. *Kues*, S. 924ff.); vgl. dazu auch *Draschka*, DNotZ 1993, 100ff.; *Kollhosser*, NJW 1994, 2313ff.; *Langenfeld*, ZEV 1994, 129ff.; *ders.* NJW 1994, 2133ff.

134 BGHZ 116, 167 (175). Keine Schenkung i. S. d. § 2325 stellt demgegenüber im Regelfall der mit der Begründung einer ehelichen Gütergemeinschaft (§§ 1415ff.) verbundene Vermögenszuwachs dar. BGHZ 116, 178 (180f.) = LM Nr. 23 zu § 516 BGB, (m. Anm. *Langenfeld*).

135 Anders im Fall der Trennungslösung.

136 *Leipold*, Erbrecht, Rdn. 842; umgekehrt muss sich der Pflichtteilsberechtigte auch keine Schenkung des erstverstorbenen Ehegatten nach § 2327 auf seinen Ergänzungsanspruch anrechnen lassen, BGHZ 88, 102 (104ff.) = JZ 1984, 93 (m. Anm. *Kuchinke*).

137 MünchKomm/*Lange*, § 2325 Rdn. 11.

138 BGHZ 98, 226 (233) = JR 1987, 240ff. (m. Anm. *Frank*) = JuS 1987, 321 (m. Anm. *Hohloch*) unter Aufgabe der bisherigen Rspr., wonach es für den Fristbeginn genügte, wenn der Erblasser *alles getan* hatte, was von seiner Seite für den Erwerb durch den Beschenkten *erforderlich* war, BGH, NJW 1970, 1638ff.

Literatur vertretener Auffassung soll im Interesse des Pflichtteilsberechtigten allein auf den Eintritt des rechtlichen **Leistungserfolges** abgestellt werden.[139] Im Ergebnis bestehen allerdings keine großen Unterschiede, weil der BGH für seine Betrachtungsweise auf den Eigentumserwerb bei der Sachschenkung abstellt, im Falle einer Grundstücksschenkung also auf die Eintragung im Grundbuch.[140]

1089 Bei einer Ehegattenschenkung beginnt die 10-Jahresfrist gem. § 2325 Abs. 3, 2. HS. nicht vor **Auflösung der Ehe**. Daraus folgt, dass bei Eheauflösung durch Tod Schenkungen an den überlebenden Ehegatten in die Pflichtteilsergänzung gem. § 2325 einzubeziehen sind, die u. U. weit mehr als 10 Jahre zurückliegen.[141] Das BVerfG[142] hat diese Regelung, die verfassungsrechtlich im Hinblick auf Art. 6 Abs. 1 und Art. 3 Abs. 1 GG nicht unbedenklich erscheint,[143] für verfassungsmäßig erklärt, so dass man sich mit ihr abfinden muss.[144] Wurde die Ehe durch Scheidung aufgelöst, so gelten insofern keine Besonderheiten, als jetzt die **Rechtskraft des Scheidungsurteils** über den Fristbeginn entscheidet, § 1564 S. 2.[145]

III. Keine Anstandsschenkung, § 2330

1090 § 2325 Abs. 1 erfasst keine Schenkungen, die in Erfüllung einer **sittlichen** Pflicht oder mit Rücksichtnahme auf den **Anstand** erfolgt sind, § 2330.

1091 Eine Schenkung ist dann aus **sittlicher Pflicht** geboten, wenn ihr Unterlassen dem Erblasser unter Berücksichtigung der Interessen des

---

139 *Reuter*, JuS 1971, 289 (291 ff.); *Rüthers/Henssler*, JuS 1984, 953 (956 f.).

140 BGHZ 102, 289 (291 f.). Hat der Erblasser ein Grundstück mit lebenslang vorbehaltenen Nießbrauch verschenkt, so beginnt die 10-Jahresfrist trotz Eigentumsumschreibung nicht, weil der Erblasser den „Genuss" des geschenkten Gegenstandes nicht aufgegeben hatte, BGHZ 125, 395 = JZ 1994, 1120 ff. (m. Anm. *Leipold*); OLG Düsseldorf FamRZ 1999, 1546; *Draschka*, NJW 1993, 437 ff.; *Mayer*, FamRZ 1994, 739 (745).

141 MünchKomm/*Lange*, § 2325 Rdn. 39.

142 BVerfG, NJW 1991, 217 (Kammerentscheidung).

143 So LG Braunschweig, NJW 1988, 1857 ff.; LG Mönchengladbach, FamRZ 1985, 428 f.

144 So auch MünchKomm/*Lange*, § 2325 Rdn. 39. Wegen der verfassungsrechtlichen Bedenken sollte die Vorschrift aber nicht auf Schenkungen an den späteren Ehegatten vor Eingehung der Ehe ausgedehnt werden, *Dieckmann*, FamRZ 1995, 189 ff.; *v. Olshausen*, FamRZ 1995, 717 ff.; a. A. OLG Zweibrücken FamRZ 1994, 1492 f.

145 MünchKomm/*Lange*, § 2325 Rdn. 39.

Pflichtteilsberechtigten[146] als Verletzung seiner sittlichen Verpflichtungen zur Last fiele.[147] Dies hat man z. B. für die Übertragung von Miteigentum am Familienwohnhaus an eine weitgehend unversorgte Ehefrau bejaht, die im Gewerbebetrieb des Erblassers mitgearbeitet hatte.[148]

Anstandsschenkungen stellen kleinere Zuwendungen dar, also wie üblich **Gelegenheitsgeschenke** zu bestimmten Anlässen, etwa zum Geburtstag.[149]

IV. Anspruchsberechtigung

Zum anspruchsberechtigten Personenkreis gehört **jeder Pflichtteilsberechtigte**, § 2303, selbst wenn er tatsächlich keinen Pflichtteilsanspruch hat.[150] Das folgt aus § 2326, wonach auch der zum Erben eingesetzte Pflichtteilsberechtigte grundsätzlich Pflichtteilsergänzung verlangen kann.[151] 1092

Es besteht Streit darüber, ob die Pflichtteilsberechtigung bereits im **Zeitpunkt der Schenkung** bestanden haben muss.[152] Weder der **Wortlaut** noch der **Zweck** des Gesetzes, der dem Pflichtteilsberechtigten einen Mindestanteil am Nachlass erhalten soll und folglich keine Benachteiligungsabsicht des Erblassers voraussetzt, fordern jedoch diese Einschränkung des § 2325 Abs. 3.[153] 1093

---

146 BGH, NJW 1984, 2939ff.

147 BGH aaO.

148 OLG Karlsruhe, OLGZ 1990, 457ff.

149 BGH, NJW 1981, 111f.

150 BGH, NJW 1973, 995f.; OLG Köln, ZEV 1998, 434; Staudinger/*Haas*, § 2325 Rdn. 70; vgl. auch Rdn. 1024ff.

151 Vgl. im Einzelnen Rdn. 1102f.

152 So BGHZ 59, 210 (214f.); BGH, ZEV 1997, 373ff. (m. abl. Anm. *Otte*); LG Dortmund, FamRZ 1999, 1467 (m. abl. Anm. *Bestelmeyer*); *Leipold* Erbrecht, Rdn. 866.

153 Staudinger/*Haas*, § 2325 Rdn. 3, 6; *Reinicke*, NJW 1973, 597f.

B. Rechtsfolge

I. Inhalt des Ergänzungsanspruchs und Anspruchsgegner

1094 Es handelt sich um einen schuldrechtlichen **Geldzahlungsanspruch**,[154] also um eine **Nachlassverbindlichkeit**,[155] für deren Entstehung, Vererblichkeit und Übertragbarkeit das zum Pflichtteilsanspruch Gesagte gilt.[156]

1095 Anspruchsgegner (Schuldner) ist der **Erbe**, Miterben sind **Gesamtschuldner**. Der **Beschenkte** haftet nur **subsidiär**, § 2329, wenn und soweit der Erbe nicht zur Pflichtteilsergänzung herangezogen werden kann.[157]

II. Berechnung

1096 Zur Berechnung ist dem Nachlass der **Wert der Zuwendung** bzw. bei einer gemischten Schenkung der Wert des unentgeltlichen Teils **hinzuzurechnen** und davon der Pflichtteil zu errechnen.[158] Der Ergänzungsanspruch betrifft die **Differenz** zwischen dem Pflichtteil, der sich einerseits auf der Grundlage des **tatsächlichen Nachlasswertes** und andererseits auf der Grundlage des **fiktiven Nachlasswertes** ergibt.

1097 Maßgebender Zeitpunkt für die Wertermittlung bildet bei verbrauchbaren Sachen, § 92, der **Zeitpunkt der Schenkung**, § 2325 Abs. 2 S. 1, im übrigen grundsätzlich der **Zeitpunkt des Erbfalls**, § 2325 Abs. 2 S. 2, 1. HS., es sei denn, dass der Gegenstand zum Zeitpunkt der Schenkung einen niedrigeren Wert hatte, § 2325 Abs. 2, S. 2, 2. HS. **(Niederstwertprinzip)**. Deshalb muss man bei anderen als verbrauchbaren Sachen den Wert sowohl zur Zeit des Erbfalls als auch zur Zeit der Schenkung[159] ermitteln.[160]

---

[154] BGH, LM Nr. 2 zu § 2325 BGB.

[155] Staudinger/*Haas*, Vor §§ 2325–2330 Rdn. 13.

[156] Vgl. Rdn. 1031.

[157] Etwa wegen § 2328 oder bei beschränkter Erbenhaftung gem. § 1990 wegen Unzulänglichkeit des Nachlasses, BGH, LM Nr. 2 zu § 2325 BGB; MünchKomm/*Lange*, § 2325 Rdn. 10; Einzelheiten zu § 2329 Rdn. 1104ff.

[158] Zur Berechnung des Pflichtteilsanspruchs vgl. Rdn. 1034ff.

[159] Streitig ist der Sonderfall, dass der Erblasser zwischen Schenkungsversprechen und Vollziehung stirbt. Teilweise wird hier zur Wertermittlung weiter auf den Vollzugszeitpunkt abgestellt, MünchKomm/*Lange*, § 2325 Rdn. 21; Soergel/*Dieckmann*, § 2325 Rdn. 50; *Lange/Kuchinke*, Lehrbuch des Erb-

III. Berücksichtigung eines dem Pflichtteilsberechtigten gemachten Geschenks, § 2327

Ein **Geschenk des Erblassers** an den Pflichtteilsberechtigten selbst ist bei der Ermittlung des Ergänzungsanspruchs gem. § 2327 Abs. 1 S. 1 dem Nachlass **hinzuzurechnen** und von dem danach errechneten Ergänzungspflichtteil **abzuziehen**. Übersteigt der Wert des Eigengeschenkes den unter Hinzurechnung aller Eigen- und Fremdgeschenke berechneten Pflichtteilsergänzungsanspruch, so scheidet dieser aus. Der Pflichtteilsberechtigte darf aber den **Überschuss** behalten, wenn ihn nicht andere Pflichtteilsberechtigte gem. § 2329 in Anspruch nehmen.[161] 1098

Aus dem Wortlaut des § 2327 ergibt sich, dass Erblasser und Schenker identisch sein müssen. Deshalb hat sich der Pflichtteilsberechtigte im Falle eines gemeinschaftlichen Testamentes – ein Geschenk des erstverstorbenen Ehegatten – nach dem Tod des anderen Ehegatten nicht auf seinen Pflichtteilsergänzungsanspruch anrechnen zu lassen.[162] 1099

Abweichend von § 2325 Abs. 3 sind **Eigengeschenke ohne zeitliche Begrenzung** bei der Ermittlung des Ergänzungsanspruches zu berücksichtigen, da § 2327 keine entsprechende Einschränkung enthält.[163] Der Pflichtteilsberechtigte muss sich ihren Wert gem. Abs. 1 S. 2 nicht nur auf die Pflichtteilsergänzung, sondern auch auf den **Pflichtteil** anrechnen lassen, sofern der Erblasser ein Geschenk gem. § 2315 für **anrechnungspflichtig** erklärt hat. Dies hat u. U. zur Folge, dass bei einem wertvollen Geschenk nicht nur der Ergänzungsanspruch, sondern sogar der „eigentliche Pflichtteilsanspruch" vermindert werden oder entfallen kann.[164] Die lebzeitige Zuwendung stellt damit fast den einzigen Weg dar, Pflichtteilsansprüche vorwegzunehmen und damit im Erbfall zu verhindern. 1100

---

rechts, § 37 X 5b, Fn. 509 (S. 944). Andere knüpfen dagegen ausnahmsweise an das Schenkungsversprechen als maßgeblichen Zeitpunkt an, BGHZ 85, 274 (285); OLG Brandenburg, FamRZ 1998, 1265 (1266). Offen gelassen in BGH, FamRZ 1993, 1063 (1065).

160 Hat der Erblasser ein Grundstück unter Nießbrauchsvorbehalt verschenkt, bleibt der Nießbrauch für den Wertevergleich unberücksichtigt. Ist danach der Zeitpunkt der Schenkung als Bewertungsstichtag maßgebend, muss man von dem damaligen Grundstückswert (unter Berücksichtigung des Kaufkraftschwundes) den kapitalisierten Nießbrauchswert abziehen. Der so ermittelte Betrag ist dann die Schenkung i. S. d. § 2325 Abs. 1, BGHZ 118, 49ff. = JuS 1993, 164 (m. Anm. *Hohloch*). Str., a. A. *Leipold*, Erbrecht, Rdn. 846, Fn. 32; *ders.* JZ 1994, 1120 (1121ff.); *Reiff,* NJW 1992, 2857 (2860f.); MünchKomm/*Lange*, § 2325 Rdn. 23.

161 MünchKomm/*Lange*, § 2327 Rdn. 1.

162 BGHZ 88, 102 (104ff.) = JZ 1984, 93ff. (m. Anm. *Kuchinke*).

163 BGHZ 108, 393 (399); MünchKomm/*Lange*, § 2327 Rdn. 2.

164 MünchKomm/*Lange*, § 2327 Rn. 8.

IV. Verweigerungsrecht des selbst pflichtteilsberechtigten Erben, § 2328

1101 Der Erbe kann die Erfüllung eines Pflichtteilsergänzungsanspruchs gem. § 2328 insoweit verweigern, als er selbst pflichtteils- und pflichtteilsergänzungsberechtigt ist.[165] Damit will das Gesetz gewährleisten, dass ihm nicht weniger verbleibt als im Falle der Enterbung gem. §§ 2303, 2325.[166]

Wenn und soweit dem Erben ein solches Verweigerungsrecht zusteht erlangt der Pflichtteilsberechtigte gem. § 2329 einen Anspruch **gegen den Beschenkten** auf Herausgabe.[167]

§ 8. Der Pflichtteilsergänzungsanspruch eines Erben, § 2326

1102 Auch der **erbende Pflichtteilsberechtigte**[168] hat gem. § 2326 grundsätzlich einen Anspruch auf Pflichtteilsergänzung, unabhängig davon, ob seine Erbenstellen auf Gesetz oder auf einer letztwilligen Verfügung beruht. Deshalb bestimmt § 2326 S. 1, dass ein Pflichtteilsberechtigter, der höchstens die Hälfte seines gesetzlichen Erbteils erworben hat, neben einem evtl. Pflichtteilsrestanspruch gem. § 2305 auch nach § 2325 Pflichtteilsergänzung beanspruchen kann, regelmäßig gegen die Miterben.[169] Reicht der Nachlass zur Erfüllung des Anspruchs nicht aus, so kann sich der Pflichtteilsberechtigte (Miterbe) analog § 2329 Abs. 1 S. 2 an den Beschenkten wenden.[170]

1103 Ein **Pflichtteilsberechtigter**, dem ein Erbteil hinterlassen wurde, dessen Wert die Hälfte des gesetzlichen Erbteils **übersteigt**, muss sich gem. S. 2 von seinem Ergänzungsanspruch gem. § 2325 den Wert des Hinterlassenen insoweit abziehen lassen, als er über die Hälfte des gesetzlichen

165 Insoweit handelt es sich um eine sog. peremptorische Einrede, AnwK-BGB/*Bock*, § 2328, Rdn. 3; Staudinger/*Olshausen*, § 2328 Rdn. 9.

166 BGHZ 85, 274 (285); *Brox*, Erbrecht, Rdn. 613.

167 Vgl. Rdn. 1104ff.

168 MünchKomm/*Lange*, § 2326 Rdn. 1.

169 MünchKomm/*Lange*, § 2326 Rdn. 2.

170 BGHZ 80, 205 (208).

Erbteils hinausgeht.[171] § 2326 zeigt, dass der Pflichtteilsergänzungsanspruch **keine Enterbung** voraussetzt. Danach kann der Berechtigte in einem solchen Fall auch dann Ergänzung beanspruchen, wenn er die Erbschaft ausschlägt, § 2307 Abs. 1 S. 1.[172]

§ 9. Der Pflichtteilsergänzungsanspruch gegen den Beschenkten, § 2329

Der **Beschenkte haftet subsidiär** für die Ergänzung des Pflichtteils, wenn der Erbe nicht zur Pflichtteilsergänzung verpflichtet ist, z. B., weil er gem. §§ 1975, 1990 für den Ergänzungsanspruch als Nachlassverbindlichkeit[173] nur **beschränkt** haftet und der Nachlass zur Befriedigung nicht ausreicht.[174] Das gleiche gilt unter den Voraussetzungen des § 2328.[175] 1104

Der **beschenkte Erbe** haftet gem. § 2329 auch dann, wenn er zur Pflichtteilsergänzung gem. § 2325 nicht herangezogen werden kann,[176] allerdings analog § 2328 nur so weit, dass ihm selbst der Pflichtteil einschließlich seines eigenen Ergänzungsanspruchs verbleibt.[177] 1105

Der Ergänzungsanspruch eines pflichtteilsberechtigten **Alleinerben**, richtet sich ausschließlich gem. § 2329 Abs. 1 S. 2 gegen den Beschenkten, weil sonst niemand vorhanden ist, der gem. § 2325 in Anspruch genommen werden könnte. 1106

Der Anspruch gem. § 2329 **gegen den Beschenkten**[178] richtet sich auf **Duldung der Zwangsvollstreckung** in den geschenkten Gegenstand.[179] Ein Geldzahlungs- 1107

---

171 *Leipold*, Erbrecht, Rdn. 848.

172 BGH LM Nr. 9 zu § 2325 BGB; MünchKomm/*Lange*, § 2326 Rn. 5.

173 Vgl. Rdn. 865ff.

174 BGH LM Nr. 2 u. 6 zu § 2325 BGB; RGZ 58, 124 (127); MünchKomm/*Lange*, § 2329 Rn. 2.

175 Insoweit ist str., ob der Beschenkte bereits bei Bestehen der Einrede der Verjährung in Anspruch genommen werden kann, so *Kipp/Coing*, Lehrbuch des Erbrechts, § 13 VI 1 (S. 96), oder erst nach ihrer Geltendmachung, so OLG Zweibrücken, NJW 1977, 1825f.; *Lange/Kuchinke*, Lehrbuch des Erbrechts, § 37 X 7a, Fn. 525 (S. 947).

176 MünchKomm/*Lange*, § 2329 Rdn. 4.

177 BGHZ 85, 274 (284).

178 Sind mehrere Beschenkte vorhanden, haftet der zuletzt Beschenkte zuerst, § 2329 Abs. 3.

179 BGHZ 25, 274 (282); 85, 274 (282); *Kipp/Coing*, Lehrbuch des Erbrechts, § 13 VI 3; Palandt/*Edenhofer*, § 2329 Rdn. 6.

anspruch besteht nur bei Geldgeschenken oder soweit Wertersatz geschuldet ist, §§ 818 Abs. 2 u. 4, 819.[180] Der Verpflichtete kann die Zwangsvollstreckung abwenden, indem er den fehlenden Betrag zahlt, § 2329 Abs. 2.

§ 10. Der Auskunfts- und Wertermittlungsanspruch, § 2314

1108 Der Pflichtteilsberechtigte ist oft nicht in der Lage, die Höhe seines Anspruchs zu berechnen, weil er den Nachlasswert nicht kennt und kein Mitglied der Erbengemeinschaft wird. Deshalb gewährt ihm § 2314 Abs. 1 einen **Auskunfts**- und einen **Wertermittlungsanspruch**.

A. Der Auskunftsanspruch gem. § 2314 Abs. 1 S. 1

1109 Der **Auskunftsanspruch** gem. § 2314 Abs. 1 S. 1 steht nur demjenigen Pflichtteilsberechtigten[181] zu, der nicht Erbe ist, also **enterbt** wurde, § 2303, oder die Erbschaft **ausgeschlagen** hat, § 2306 Abs. 1 S. 2, § 1371 Abs. 3. Zum berechtigten Personenkreis gehört ferner der mit einem **Vermächtnis bedachte Pflichtteilsberechtigte**, unabhängig davon, ob er es ausschlägt oder ob es den Pflichtteilswert übersteigt.[182]

1110 Ein **pflichtteilsberechtigter Miterbe** vermag sich bereits aufgrund seiner Rechtstellung in der Erbengemeinschaft selbst die notwendigen Informationen zu beschaffen.[183] Er kann deshalb ausschließlich – wie jeder andere Anspruchsteller auch – einen Auskunftsanspruch nach Treu und Glauben gem. § 242 haben.[184] § 2314 gilt dagegen für ihn weder direkt noch analog.

1111 Der Erbe muss Auskunft über die **Gegenstände** geben, die zur Zeit des Erbfalls zum Nachlass gehörten, aber auch über **Nachlassverbind-**

---

180 MünchKomm/*Lange*, § 2329 Rdn. 9.

181 Pflichtteilsberechtigt ist jeder, der zu dem durch §§ 2303, 2309 abgegrenzten Personenkreis gehört, vgl. im Einzelnen Rdn. 1024ff.

182 BGHZ 28, 177 (181f.); OLG Düsseldorf, FamRZ 1995, 1236 (1237).

183 BGHZ 61, 180 (184f.); *Hohloch*, JuS 1994, 76; *Lange/Kuchinke*, Lehrbuch des Erbrechts, § 37 XII 6a (S. 960); a. A. MünchKomm/*Lange*, § 2314 Rdn. 18.

184 BGHZ 61, 180 (184).

lichkeiten, Zuwendungen des Erblassers gem. §§ 2050ff., die bei der Berechnung des Pflichtteils gem. § 2316 ausgleichungspflichtig sind, und über **Schenkungen des Erblasser** während der letzten zehn Jahre vor dem Erbfall. Dies folgt aus § 2325. Die Auskunft bezieht sich auf alle **Tatsachen** und **Rechtsverhältnisse**, die die Höhe des Pflichtteils einschließlich einer etwaigen Ergänzung beeinflussen.[185] Die Verpflichtung des Erben geht sogar so weit, dass er sich fehlende Kenntnisse zu verschaffen hat.[186]

Der Auskunftsanspruch wird gem. § 260 durch Vorlage eines **Verzeichnisses** erfüllt.[187] Anders als bei sonstigen Auskunftsansprüchen kann der Berechtigte gem. § 2314 Abs. 1 S. 2 die **eigene Zuziehung** bei der Erstellung des Verzeichnisses und Wertermittlung[188] sowie gem. § 2314 Abs. 1 S. 3 die **amtliche Aufnahme** des Verzeichnisses verlangen. **1112**

Der Auskunftsanspruch richtet sich nach dem **Wortlaut** der Norm gegen den **Erben**;[189] mehrere Erben haften als **Gesamtschuldner**.[190] Allerdings hat der BGH[191] in ausdehnender Auslegung des § 2314 Abs. 1 S. 1 auch einen Auskunftsanspruch gegen den **Beschenkten** bejaht, da der Erbe häufig selbst über Schenkungen des Erblassers keine Auskunft geben könne.[192] Diese Betrachtungsweise erscheint schon deshalb gerechtfertigt, weil auch der Beschenkte selbst u. U. für die Pflichtteilsergänzung gem. § 2329 haftet.[193] **1113**

---

185 BGHZ 33, 373 (374).

186 Er muss z. B. einen eigenen Auskunftsanspruch gegen Dritte geltend machen, BGH, NJW 1989, 1601 f.

187 Staudinger/*Haas*, § 2314 Rdn. 36.

188 Vgl. Rdn. 1114ff.

189 Daher scheidet auch ein Auskunftsanspruch des Erben gegen einen beschenkten Pflichtteilsberechtigten aus, OLG Dresden, NJW 1999, 3345 (3346).

190 *Lange/Kuchinke*, Lehrbuch des Erbrechts, § 37 XII 1 (S. 953).

191 BGHZ 107, 200 (203); 55, 378 (380).

192 Dem pflichtteilsberechtigten Mit- oder Alleinerben gewährt der BGH keinen Auskunftsanspruch gegen den Beschenkten gem. § 2314. Nur § 242 kommt in Betracht: BGHZ 108, 393 (395f.); 61, 180 (184f.). So auch *Lange/Kuchinke*, Lehrbuch des Erbrechts, § 37 XII 6a (S. 960). Krit. dazu MünchKomm/*Lange*, § 2314 Rdn. 20.

193 BGHZ 55, 378 (380); MünchKomm/*Lange*, § 2314 Rdn. 20.

B. Der Wertermittlungsanspruch gem. § 2314 Abs. 1 S. 2

1114 Von dem Auskunftsanspruch ist der **Wertermittlungsanspruch** gem. § 2314 Abs. 1 S. 2 zu unterscheiden.[194] Er entsteht, wenn sich herausstellt, dass es Gegenstände gibt, die zu dem für die Pflichtteilsberechnung maßgebenden (realen oder fiktiven) Nachlass gehören. Sofern der Pflichtteilsberechtigte einen Ergänzungsanspruch gem. § 2325 geltend macht, muss also die ergänzungspflichtige Schenkung des Erblassers tatsächlich feststehen, damit der Anspruch zum Zuge kommt.[195] Die **Kosten** der Wertermittlung fallen gem. § 2314 Abs. 2 dem **Nachlass** zur Last.

1115 Anspruchsberechtigung und -verpflichtung sind ebenso wie beim Auskunftsanspruch zu beurteilen. Der Wertermittlungsanspruch des pflichtteilsberechtigten **Nichterben** richtet sich also auch gegen den Beschenkten.[196] Allerdings hat der Antragsteller dann die Kosten selbst zu tragen.[197]

1116 Dem **pflichtteilsberechtigten Erben** steht jedenfalls nach der Rechtsprechung kein Wertermittlungsanspruch gem. § 2314 Abs. 1 S. 2 zu, wohl aber gem. § 242.[198] Allerdings trägt er auch dann die Kosten.[199]

§ 11. Stundung des Pflichtteilsanspruchs, § 2331a

1117 Wird der Pflichtteilsanspruch sofort geltend gemacht, so besteht die Gefahr, dass Nachlasswerte zerschlagen werden müssen, was den Erben unter Umständen sogar die Existenznot bringen kann. Deshalb gewährt § 2331 a den engsten (pflichtteilsberechtigten) Angehörigen des Erblassers[200] das Recht, Stundung zu verlangen.

194 BGHZ 89, 24 (28); 108, 393 (396); Krit. MünchKomm/*Lange*, § 2314 Rdn. 12.

195 BGHZ 89, 24 (28) = NJW 1984, 487 ff. (m. zust. Anm. *Dieckmann* FamRZ 1984, 880 ff.); *Brox* Erbrecht, Rn. 565; die ergänzungspflichtige Schenkung muss im Bestreitensfall also auch bewiesen werden.

196 BGHZ 107, 200 (203 f.).

197 BGHZ 107, 200 (203 f.).

198 BGHZ 108, 393 (395 ff.); BGH, NJW 1993, 2737 f.

199 BGHZ 108, 393 (395 ff.).

200 Also denjenigen, die dem in § 2303 genannten Personenkreis angehören und

Voraussetzung dafür ist zum einen, dass die sofortige Erfüllung des Pflichtteilsanspruchs den Erben wegen der **Art der Nachlassgegenstände ungewöhnlich hart treffen würde**, § 2331 a Abs. 1 S. 1, z. B. weil sie ihn zur Aufgabe der **Familienwohnung** oder zur Veräußerung eines **Wirtschaftsgutes** zwingt, welches für ihn und seine Familie die **wirtschaftliche** Lebensgrundlage bildet. Die Stundung kommt aber zum anderen nur dann in Betracht, wenn und soweit sie dem **Pflichtteilsberechtigten zugemutet** werden kann, § 2331 a Abs. 1 S. 2. Dazu muss man zwischen den Interessen des Erben und denjenigen des Pflichtteilsberechtigten abwägen. **1118**

Für die Entscheidung über die Stundung ist, falls Streit über den Pflichtteilsanspruch besteht, das **Prozessgericht** gem. § 2331 a Abs. 2 S. 2, 1382 Abs. 5 zuständig. Bei unstreitigem Pflichtteilsanspruch entscheidet dagegen gem. § 2331 a Abs. 2 S. 1 das **Nachlassgericht**. **1119**

§ 12. Verjährung des Pflichtteilsanspruchs, § 2332

§ 2332 Abs. 1 berücksichtigt einerseits das berechtigte Interesse der Erben, nicht zu lange über Pflichtteilsansprüche im Unklaren zu bleiben, andererseits dasjenige des Pflichtteilsberechtigten, den Pflichtteilsanspruch nicht ohne Kenntnis maßgeblicher Umstände zu verlieren.[201] Der Gesetzgeber hat den Konflikt so gelöst, dass der Pflichtteilsanspruch zwar grundsätzlich in **drei Jahren** verjährt, die Frist aber erst dann zu laufen beginnt, wenn der Pflichtteilsberechtigte von dem Erbfall und der ihn beeinträchtigenden Verfügung **Kenntnis erlangt** § 2332 Abs. 1 1. HS. Verjährung tritt spätestens **dreißig Jahre** nach dem Erbfall ein, § 2332 Abs. 1 2. HS. **1120**

Diesen Verjährungsregeln gem. Abs. 1 unterliegen der **Pflichtteilsanspruch** gem. § 2303, der **Pflichtteilsrestanspruch** gem. §§ 2305, 2307 Abs. 1 S. 1, der **Vervollständigungsanspruch** gem. § 2316 Abs. 2 und schließlich der **Pflichtteilsergänzungsanspruch** gem. § 2325 f.[202] **1121**

---

nicht durch § 2309 ausgeschlossen sind, vgl. Rdn. 1024 ff.; MünchKomm/*Lange*, § 2331 a Rdn. 2.

[201] *Leipold*, Erbrecht, Rdn. 851; MünchKomm/*Lange*, § 2332 Rdn. 1.

[202] MünchKomm/*Lange*, § 2332 Rdn. 2.

1122 Als **beeinträchtigende Verfügung** i. S. d. § 2332 Abs. 1 kommen sowohl eine **Verfügung von Todes wegen** als auch ein **Rechtsgeschäft unter Lebenden** in Betracht: So fällt darunter für die Pflichtteilsansprüche gem. §§ 2303, 2305–2307 die enterbende oder beschränkende letztwillige Verfügung, für den Pflichtteilsergänzungsanspruch gem. § 2325 die lebzeitige Schenkung des Erblassers.[203]

1123 Der Pflichtteilsberechtigte erlangt **Kenntnis**[204] **vom Erbfall**, wenn er von dem Tod des Erblassers erfährt.[205] Die ebenfalls erforderliche **Kenntnis der beeinträchtigenden Verfügung** bedeutet grundsätzlich, dass der Berechtigte seinen Ausschluss von der gesetzlichen Erbfolge[206] bzw. die ihn beeinträchtigende unentgeltliche Zuwendung[207] kennt; fahrlässige Unkenntnis genügt nicht.[208] Daher reicht es nicht, dass der Pflichtteilsberechtigte zwar von einem Testament weiß, aber ihm der ihn beeinträchtigende Inhalt unbekannt ist, auch wenn er ihn hätte in Erfahrung bringen können.[209] Ebenso fehlt es an der Kenntnis, wenn der Berechtigte aufgrund eines Tatsachen- oder Rechtsirrtums eine ihm bekannte letztwillige Verfügung für unwirksam hält oder sein gesetzliches Erbrecht nicht beeinträchtigt sieht.[210] Selbst berechtigte Zweifel an der Wirksamkeit der letztwilligen Verfügung[211] oder an der Wirksamkeit der lebzeitigen Schenkung[212] begründen noch keine Kenntnis i. S. d. § 2332 Abs. 1.

1124 **Erfährt** ein **Pflichtteilsberechtigter später** von einer weiteren letztwilligen Verfügung des Erblassers, die er als Widerruf der früheren verstehen darf, so verliert eine ursprüngliche Kenntnis ihre Wirkung. Dies hat zur Folge, dass der bereits abgelaufene Teil der Verjährungsfrist als nicht abgelaufen gilt.[213] Die Frist beginnt allerdings neu zu laufen, sobald der Pflichtteilsberechtigte keine Zweifel mehr an der Wirksamkeit der ihn enterbenden Verfügung haben kann.[214] Der Fristbeginn wird schließlich nicht dadurch gehindert, dass der Pflichtteilsberechtigte, der die Wirksamkeit der ihn beeinträchtigenden letztwilligen Verfügung kennt, aufgrund einer unrichtigen Auslegung über deren Ausmaß irrt.[215]

---

203 Palandt/*Edenhofer*, § 2332 Rdn. 3; *Brox* Erbrecht, Rdn. 570.

204 *Bamberger/Roth,* § 2332 Rn. 6; Palandt/*Edenhofer*, § 2332 Rdn. 3.

205 Staudinger/*Olshausen*, § 2332 Rdn. 10; MünchKomm/*Lange*, § 2332 Rdn. 4.

206 RGZ 70, 360 (362); Staudinger/*Olshausen*, § 2332 Rdn. 12ff.

207 BGHZ 103, 333 (335).

208 *Leipold*, Erbrecht, Rdn. 852, Fn. 43.

209 BGH, LM Nr. 1 zu § 2332 BGB.

210 BGH, NJW 2000, 288; OLG Düsseldorf, FamRZ 1998, 1267.

211 RGZ 115, 27 (29ff.); MünchKomm/*Lange*, § 2332 Rdn. 7.

212 BGH, LM Nr. 3 zu § 2332 BGB; *Leipold*, Erbrecht, Rdn. 851.

213 BGHZ 95, 76 (78ff.) (m. Anm. *Dieckmann* FamRZ 1985, 1124 und *Hohloch* JuS 1986, 66f.).

214 *Brox* Erbrecht, Rdn. 570.

215 BGH, NJW 1995, 1157f.; ausf. dazu *Ebenroth/Koos*, ZEV 1995, 233ff.

Der **Pflichtteilsergänzungsanspruch** gem. § 2329 gegen den Beschenkten verjährt gem. § 2332 Abs. 2 in drei Jahren **nach dem Erbfall**, und zwar auch **ohne Kenntnis** des Ergänzungsberechtigten von der Schenkung. Diese für den Beschenkten günstige Regelung gilt ebenfalls, wenn er zugleich Erbe oder Miterbe ist.[216] Denn der Beschenkte möchte wissen, ob er das Geschenk behalten darf. 1125

Da das Gesetz für den **Auskunftsanspruch** gem. § 2314 keine besondere Verjährungsregel trifft, verjährt dieser grundsätzlich in **dreißig Jahren**, § 197 Abs. 1 Nr. 2.[217] Jedoch folgt aus seinem Charakter als Hilfsanspruch, dass er dann nicht mehr erhoben werden kann, wenn ein Informationsbedürfnis gänzlich entfallen ist. Dies ist regelmäßig bei Verjährung des Pflichtteilsanspruchs als Hauptanspruch zu bejahen.[218] 1126

§ 13. Ausschluss des Pflichtteilsrechts

Wenn nach den vorgenannten Regeln ein Pflichtteilsanspruch entstanden ist, können ihm noch Hindernisse entgegenstehen. 1127

A. Verlust des gesetzlichen Erbrechts

Das **Pflichtteilsrecht entfällt**, wenn der Berechtigte das gesetzliche Erbrecht aus Gründen verliert, die in seiner Person liegen,[219] also bei **Erbunwürdigkeit**, § 2345 Abs. 2 i. V. m. § 2339 Abs. 1[220] oder im Falle des **Erbverzichts**, § 2346 Abs. 1 S. 2, 2. HS.,[221] sowie grundsätzlich auch bei **Ausschlagung** der Erbschaft.[222] 1128

216 BGH, NJW 1986, 1610; *Brox*, Erbrecht, Rdn. 569.

217 MünchKomm/*Lange*, § 2314 Rdn. 24.

218 Vgl. *Sarres*, ZEV 2002, 96; ausführlich zu den Auswirkungen der Schuldrechtsmodernisierung auf die erbrechtlichen Verjährungsregeln *Amend*, JuS 2002, 743ff.

219 *Brox* Erbrecht, Rdn. 567.

220 Die Geltendmachung der Pflichtteilsunwürdigkeit erfolgt allerdings grundsätzlich mit der Anfechtungsklage, § 2342; Palandt/*Edenhofer*, § 2345 Rdn. 1.

221 Vgl. Rdn. 779ff.

222 Vgl. Rdn. 788ff.

B. Pflichtteilsverzicht, § 2346 Abs. 2

1129 Das Pflichtteilsrecht entfällt ferner, wenn darauf in einem **notariell beurkundeten** Vertrag verzichtet wurde, §§ 2346 Abs. 2, 2348. Der **Pflichtteilsverzichtsvertrag** kann nur zu Lebzeiten des Erblassers wirksam geschlossen werden. Die Annahme eines entsprechenden Angebotes nach dem Tode des Erblassers gem. § 153 kommt deshalb nicht mehr in Betracht.[223]

C. Die Pflichtteilsentziehung, §§ 2333ff.

1130 Sofern dem Pflichtteilsberechtigten eine besonders **schwere Verfehlung** vorzuwerfen ist, die seine Beteiligung am Erblasservermögen als unzumutbar erscheinen lässt, hat der Erblasser das Recht, dem Pflichtteilsberechtigten den **Pflichtteil zu entziehen**. Die §§ 2333–2335 zählen die Gründe für eine Entziehung abschließend auf.[224]

I. Entziehung des Pflichtteils eines Abkömmlings, § 2333

1131 Der Erblasser kann einem **Abkömmling** den Pflichtteil entziehen, wenn einer der fünf in § 2333 genannten Gründe vorliegt, z. B. gem. Nr. 2, wenn sich dieser einer **vorsätzlichen körperlichen Misshandlung** des Erblassers oder seines Ehegatten schuldig macht, vgl. § 223 StGB.[225] Die Misshandlung muss eine schwere Verletzung der familiären Achtung des Erblassers („schwere Pietätsverletzung") darstellen.[226] Dies folgt aus dem auch im Zivilrecht geltenden **Übermaßverbot**, welches eine Abwägung des Vergehens mit den schwerwiegenden Folgen der Pflichtteilsentziehung erfordert.[227] **Seelische Misshandlungen** sind nur dann ein Grund für die Pflichtteilsentziehung, wenn dadurch vorsätzlich auf die körperliche Gesundheit des Erblassers eingewirkt wird.[228]

1132 Auch ein **ehrloser** oder **unsittlicher Lebenswandel** des Abkömmlings gegen den Willen des Erblassers berechtigt gem. Nr. 5 zur Pflichtteilsentziehung. Aufgrund veränderter Auffassungen in diesem Bereich muss es sich schon um eine

---

223 BGH, JZ 1997, 851ff.

224 BGH, NJW 1974, 1084ff.; *Brox*, Erbrecht, Rdn. 568.

225 MünchKomm/*Lange*, § 2333 Rdn. 8.

226 Ganz h. M. BGHZ 109, 306 (310ff.); OLG Düsseldorf, ZEV 1995, 410 (412); MünchKomm/*Lange*, § 2333 Rdn. 8; krit. *Leipold*, JZ 1990, 697 (700ff.).

227 BGHZ 109, 306 (312f.).

228 MünchKomm/*Lange*, § 2333 Rdn. 9; Staudinger/*Olshausen*, § 2333 Rdn. 9.

sehr schwerwiegende Verfehlung im Hinblick auf die Verletzung der Familienehre des Erblassers handeln.[229] Es geht hier also nicht um eine Verfehlung gegen den Erblasser selbst. Der **ehrlose Lebenswandel** muss bei **objektiver Betrachtungsweise** vorliegen[230] und von einer **gewissen Dauer** sein; Einzelhandlungen genügen nicht.[231] Als Beispiel wird der fortgesetzte Ehebruch[232] oder die unverbesserliche Trunksucht[233] genannt.

Maßgebend sind stets die **aktuellen** Wertvorstellungen, so dass ein Anschau- **1133** ungswandel beachtlich ist.[234] Dementsprechend berechtigt das Zusammenleben Unverheirateter, das früher als Entziehungsgrund angesehen wurde, heute keinesfalls mehr zur Pflichtteilsentziehung.[235]

II. Entziehung des Pflichtteils der Eltern, § 2334, und des Ehegatten, § 2335

Der **Erblasser** darf sowohl den **Eltern** als auch seinem **Ehegatten** den Pflichtteil **1134** nur unter den engen Voraussetzungen des § 2234 bzw. § 2235 entziehen. So verweist § 2334 nicht auf § 2333 Nr. 2. Wenn eine **körperliche Misshandlung** gleichzeitig ein schweres Vergehen darstellt, gründet sich die Entziehung auf die §§ 2334, 2333 Nr. 3.[236]

Da § 2334 auch nicht auf § 2333 Nr. 5 verweist und in § 2335 eine entspre- **1135** chende Erwähnung ebenfalls fehlt, kommt weder dem **unsittlichen Lebenswandel** der Eltern noch des Ehegatten Bedeutung zu. Dies ist jedenfalls im Verhältnis zum Ehegatten deshalb verständlich, weil sich der Erblasser scheiden lassen und so den Pflichtteilsanspruch ausschließen kann.[237]

---

229 *Gotthardt*, FamRZ 1987, 757 (762); *Lange/Kuchinke* Lehrbuch des Erbrechts, § 37 XIII 2a (S. 965f.); Staudinger/*Olshausen* § 2333 Rdn. 19ff.; vgl. auch BGHZ 76, 109 (117f.).

230 *Gotthardt*, FamRZ 1987, 757 (762); MünchKomm/*Lange*, § 2333 Rdn. 14.

231 RGZ 168, 39 (42); MünchKomm/*Lange*, § 2333 Rdn. 15; a. A. wohl *Lange/Kuchinke* Lehrbuch des Erbrechts, § 37 XIII 2a (S. 965), der eine einzelne schwere Verfehlung genügen lassen will.

232 OLG Hamm, NJW 1983, 1067f.

233 OLG Düsseldorf, NJW 1968, 944f.; MünchKomm/*Lange*, § 2333 Rdn. 16; Staudinger/*Olshausen*, § 2333 Rdn. 4f.

234 *Lange/Kuchinke*, Lehrbuch des Erbrechts, § 37 XIII 2a, Fn. 666 (S. 965).

235 MünchKomm/*Lange*, § 2333 Rdn. 16.

236 MünchKomm/*Lange*, § 2334 Rdn. 1.

237 *Leipold*, Erbrecht, Rdn. 856; MünchKomm/*Lange*, § 2335 Rdn. 1.

III. Verzeihung, § 2337 S. 1

1136 Das Recht des Erblassers zur Pflichtteilsentziehung erlischt im Falle der **Verzeihung**, § 2337 S. 1, einem kundgemachten Entschluss des Erblassers, aus den Kränkungen keine Folge herleiten zu wollen.[238] Diese **nicht rechtsgeschäftliche** (empfangsbedürftige) Erklärung[239] kann auch gegenüber Dritten, und sei es auch konkludent, zum Ausdruck gebracht werden.[240]

IV. Entziehung durch letztwillige Verfügung, § 2336 Abs. 1, 2

1137 Die **Entziehung** des Pflichtteils[241] erfolgt durch **letztwillige Verfügung**, § 2336 Abs. 1, in der der **Entziehungsgrund** angegeben sein muss, § 2336 Abs. 2, jedenfalls der Sachverhalt, auf den sich der Erblasser stützt. Es genügt nicht, dass der Erblasser dafür lediglich auf andere, nicht formgerechte Erklärungen verweist.[242] Der Entziehungsgrund muss **bei der Errichtung** bestehen[243]. Die Entziehung wird durch **Verzeihung** unwirksam, § 2337 S. 2, ebenso im Falle des § 2333 Nr. 5 durch **dauernde Aufgabe** des ehrlosen und unsittlichen Lebenswandels, § 2336 Abs. 4.

D. Pflichtteilsbeschränkung in guter Absicht, § 2338

1138 Von der strafähnlichen Pflichtteilsentziehung ist die **Pflichtteilsbeschränkung in guter Absicht** zu unterscheiden. Gem. § 2338 Abs. 1 kann ein Erblasser den Pflichtteil eines Abkömmlings, der in gefährlicher Weise **verschwenderisch lebt** oder sich **hoch verschuldet** hat, z. B. in der Art beschränken, dass er ihn den Verfügungsbeschränkungen eines Vorerben unterwirft, § 2338 Abs. 1 S. 1, oder die Verwaltung des Pflichtteils durch einen **Testamentsvollstrecker** anordnet, § 2338 Abs. 1 S. 2.

1139 Dahingehende Beschränkungen müssen mit den entsprechenden Begründungen in der letztwilligen Verfügung enthalten sein, § 2338 Abs. 2 S. 1 i. V. m.

---

[238] BGH, NJW 1974, 1084 (1085); BGHZ 91, 273 (280).

[239] BGHZ 91, 273 (280).

[240] MünchKomm/*Lange*, § 2337 Rdn. 1.

[241] Die Pflichtteilsentziehung ist gleichzeitig konkludente Enterbung, § 1938; MünchKomm/*Lange*, § 2336 Rdn. 4.

[242] BGHZ 94, 36 (40ff.); MünchKomm/*Lange*, § 2336 Rdn. 7. Dies entspricht der „Andeutungstheorie“, vgl. Rdn. 571ff. A. A. *Brox*, Erbrecht, Rdn. 568; ferner *Schubert*, JR 1986, 24 (26ff.).

[243] Die Beweislast für den Entziehungsgrund trifft denjenigen, der sich darauf beruft, § 2336 Abs. 3.

§ 2336 Abs. 1 u. 2. Sie werden unwirksam, wenn der Abkömmling sich zur Zeit des Erbfalls auf Dauer von seinem verschwenderischen Lebenswandel gelöst hat oder die Überschuldung nicht mehr besteht, § 2338 Abs. 2 S. 2.

§ 14. Die Verteilung der Pflichtteilslast im Innenverhältnis

Für die Pflichtteilslast haftet im **Außenverhältnis**, also gegenüber dem Berechtigten, der **Erbe**. Mehrere Erben haften als **Gesamtschuldner**, § 2058. 1140

Die **Verteilung im Innenverhältnis** zwischen Miterben, Vermächtnisnehmern und Auflagenbegünstigten ist in den §§ 2318f. einerseits sowie in den §§ 2320–2324 andererseits geregelt.

A. Die Haftung der Miterben untereinander

Miterben tragen die Pflichtteilslast grundsätzlich nach dem **Verhältnis ihrer Erbteile** (Erbquoten).[244] Davon abweichend bestimmt jedoch § 2320 Abs. 1, dass derjenige Miterbe, der anstelle des Pflichtteilsberechtigten **gesetzlicher Erbe** wird, die Pflichtteilslast im Innenverhältnis zu den anderen Miterben **allein** zu tragen hat. Sofern z. B. die Erblasserin E die Töchter A und B hinterlässt und B gem. § 1938 enterbt, diese aber eine Tochter C hat, so tritt C als gesetzliche Erbin zu 1/2 an die Stelle ihrer Mutter. Sie muss im Innenverhältnis die Pflichtteilslast allein tragen. Dasselbe gilt im Zweifel für denjenigen, dem der Erblasser durch **letztwillige Verfügung** den Erbteil des Pflichtteilsberechtigten zugewendet hat, § 2320 Abs. 2. Hinterlässt also z. B. ein Erblasser, der im Güterstand der Zugewinngemeinschaft lebte, vier Abkömmlinge, und setzt er seine Ehefrau als Erbin zu 1/2 und zwei seiner Kinder zu je 1/4 ein, so sind die beiden anderen damit enterbt. Im Innenverhältnis haben die beiden als Erben eingesetzten Abkömmlinge die Pflichtteilslast also zu gleichen Teilen zu tragen. 1141

Dementsprechend regelt § 2321 die Verteilung der Pflichtteilslast für den Fall, dass der **Pflichtteilsberechtigte** ein ihm zugewendetes **Vermächtnis ausschlägt**. Wem die Ausschlagung des Vermächtnisses zugute kommt, hat die Pflichtteilslast i. H. d. Vorteils zu tragen.[245] Der im Innenverhältnis verpflichtete Miterbe darf jedoch gem. § 2322 seine Belastung kürzen.[246] 1142

[244] *Brox*, Erbrecht, Rdn. 571; Palandt/*Edenhofer*, § 2058 Rdn. 4.
[245] *Brox*, Erbrecht, Rdn. 571.
[246] Vgl. das Rechenbeipiel bei MünchKomm/*Lange*, § 2322 Rdn. 2.

Übersicht: Das Pflichtteilsrecht (2)

Anspruch	Voraussetzungen	Rechtsfolge(-n)	Besonderheit
Pflichtteilsrestanspruch, § 2305	• **Hinterlassener Erbteil < Pflichtteil**	Begrenzter Pflichtteilsanspruch (Differenz) → **Zahlungsanspruch** (= Nachlassverbindlichkeit)	Ausschlagung des hinterlassenen Erbteils zieht **nicht** Pflichtteilsanspruch **in voller Höhe** nach sich.
Pflichtteil bei Zuwendung eines belasteten Erbteils, § 2306	• **Erbteil**, der (mind.) **Pflichtteilshöhe** hat, aber **Beschränkungen / Beschwerungen enthält**	**Streichung** der **Beschränkungen / Beschwerungen**; ggf. Pflichtteilsrestanspruch in bezug auf die Differenz	**Ausschlagung** mit der Folge des **Pflichtteilsanspruchs** in **voller Höhe** ist **möglich**
Pflichtteil bei Zuwendung eines Vermächtnisses, § 2307	• Pflichtteilsberechtigter wurde mit Vermächtnis bedacht; Annahmeerklärung gem. § 2180 Abs. 2 gegenüber Beschwertem	Anspruch auf Pflichtteil nach Ausschlagung	**Pflichtteilsanspruch** in **voller Höhe** nach Ausschlagung; **Alt.:** Annahme des Vermächtnisses und **Anrechnung** auf den Pflichtteil
Pflichtteilsergänzungsanspruch, § 2325	• **Schenkung des Erblassers** gem. § 516 Abs. 1 (gemischte Schenkung ausreichend) • innerhalb der letzten **10 Jahre**, § 2325 Abs. 3 (Fristbeginn mit Leistung) • **keine Anstandsschenkung**, § 2330 • Ber.: jeder Pflichtteilsberechtigte, § 2303	**Schuldrechtlicher Zahlungsanspruch** (→ Nachlassverbindlichkeit) **gegen** den **Erben** (beachte § 2328) (Miterben=Gesamtschuldner); **subsidiäre Haftung** des **Beschenkten**, § 2329	Ggf. muss sich der **Pflichtteilsberechtigte** den Wert eines vom Erblasser erhaltenen **Geschenks** auf seinen Anspruch **anrechnen** lassen, § 2327 Abs. 1 S. 1.
Pflichtteilsergänzungsanspruch, § 2326	• **Anspruch des Pflichtteilsberechtigten,** dem die Hälfte des gesetzlichen Erbteils hinterlassen wurde.	Ergänzungsanspruch wie § 2325	Ggf. muss sich der **Berechtigte** den **Wert,** um den der ihm **hinterlassene Erbteil** den **Pflichtteil übersteigt**, auf seinen Pflichtteil **anrechnen** lassen, § 2326 S. 2
Pflichtteilsergänzungsanspruch gegen den Beschenkten, § 2329	• **Schenkung des Erblassers** gem. § 516 Abs. 1 zu Lebzeiten an einen Dritten • **Keine Verpflichtung** des Erben zur **Pflichtteilsergänzung**	Duldungspflicht der **Zwangsvollstreckung** in den **geschenkten Gegenstand** oder **Abwendung durch Zahlung**, § 2329 Abs. 2	Subsidiäre Haftung des Beschenkten für Pflichtteilsergänzung Verjährung: 3 Jahre ab Erbfall, § 2332 Abs. 2
Auskunfts- und Wertermittlungsanspruch des Pflichtteilsberechtigten, § 2314	Pflichtteilsberechtigter ≠ Erbe wegen: • Enterbung gem. § 2303 oder • Ausschlagung, §§ 2306 Abs. 1 S. 2, 1371 Abs. 3	**Umfangreiche Auskunftspflicht** des **Erben** (Miterben=Gesamtschuldner); auch der **Beschenkte** kann zu den Auskunftspflichtigen gehören	**Auskunftspflichtiger** hat sich ggf. **notwendige Sonderkenntnisse** zu verschaffen. Vorlagepflicht eines Verzeichnisses gem. § 260.

Verjährung des Pflichtteilsanspruchs: **3 Jahre** ab Kenntnis des Erbfalls (spätestens in 30 Jahren), § 2332

Kein Anspruch auf Pflichtteil bei

→ **Erbunwürdigkeit**, §§ 2345 Abs. 2, 2339 Abs. 1
→ **Verzicht**, § 2346 Abs. 2
→ **Pflichtteilsentziehung** durch letztw. Verfügung, § 2336 (Abkömmling, § 2333; Eltern, § 2334; Ehegatte, § 2335)

B. Verhältnis der Erben, Vermächtnisnehmer und Auflagenbegünstigten zueinander

Gem. § 2318 Abs. 1 ist die **Pflichtteilslast** von den **Erben**, **Vermächtnisnehmern** und **Auflagenbegünstigten anteilig** im Verhältnis ihrer Nachlassbeteiligung **zu tragen**. Der Erbe kann aber entsprechend seinem Anteil an der Pflichtteilslast die Erfüllung von Vermächtnissen oder Auflagen verweigern. Diese Regel greift gem. § 2323 nicht ein, soweit er von der Pflichtteilslast aufgrund der §§ 2320–2322 im Innenverhältnis nicht betroffen ist. 1143

Ein **Erbe**, der **selbst pflichtteilsberechtigt** ist, hat das Recht gem. § 2318 Abs. 3, **Vermächtnisse** und **Auflagen** über die geschilderte anteilige Kürzung gem. Abs. 1 hinaus soweit **zu reduzieren**, dass ihm stets der **eigene Pflichtteil verbleibt**.[247] 1144

Soweit § 2324 nicht entgegensteht, sind die geschilderten Verteilungsregeln durch den Erblasser in einer letztwilligen Verfügung auch abweichend zu regeln. Nur § 2318 Abs. 2 u. 3 sowie der Inhalt des § 2319 stehen nicht zur Disposition.[248] 1145

§ 15. Wiederholung und Vertiefung*

Sachverhalt

E, der am 1. 12. 2000 verstarb, hinterließ seine drei Kinder K1–K3, die er testamentarisch in der Weise zu Erben eingesetzt hatte, dass K1 3/5, K2 und K3 je 1/5 erhalten sollten. Der Wert des Nachlasses beläuft sich auf € 120000. Im Jahre 1992 hatte E seinem Freund F ein Grundstück schenkweise übereignet, welches zu diesem Zeitpunkt einen Wert von € 60000 hatte. Wie ist die Rechtslage?

---

[247] Diese Regelung kann auch bei einer Erbenmehrheit zugunsten eines pflichtteilsberechtigten Miterben eingreifen, vgl. BGHZ 95, 222 (225ff.).

[248] Palandt/*Edenhofer*, § 2324 Rdn. 2; *Bamberger/Roth*, § 2324 Rn. 1.

* Lösung im Anhang, siehe S. 472.

7. Kapitel. Sonderprobleme

§ 1. Rechtsgeschäfte unter Lebenden auf den Todesfall

Schrifttum: Baumann, Grundstücksschenkungen auf den Todesfall, MittRhNotK 1999, 299; **Bork**, Schenkungsvollzug mit Hilfe einer Vollmacht, JZ 1988, 1059; **Brun**, Die „postmortale" Willenserklärung, Jura 1991, 291; **Martinek/Röhrborn**, Der legendäre Bonifatius-Fall – Nachlese zu einer reichsgerichtlichen Fehlentscheidung, JuS 1994, 473; **Olzen**, Die vorweggenommene Erbfolge (1984); **ders.**, Lebzeitige und letztwillige Rechtsgeschäfte, Jura 1987, 16, 116; **Otte**, Der Bonifatiusfall – RGZ 83, 223ff. –, Jura 1993, 643; **Schreiber**, Unentgeltliche Zuwendungen auf den Todesfall, Jura 1995, 159.

A. Einleitung

I. Begriff

1146 Rechtsgeschäfte unter Lebenden auf den Todesfall befinden sich im Grenzbereich zwischen **Rechtsgeschäften unter Lebenden** und **Verfügungen von Todes wegen**, führen also einerseits schon zu Lebzeiten zu einer rechtlichen Bindung der Beteiligten,[1] während die vollen Wirkungen erst mit dem Tod einer Partei eintreten.[2] Der Grund liegt darin, dass der Zuwendende (Erblasser) seine rechtlichen oder wirtschaftlichen Möglichkeiten zu Lebzeiten nicht oder nur gering einschränken will.[3]

1147 Das BGB kennt die Zuwendung unter Lebenden auf den Todesfall nicht als eigenes Rechtsinstitut.[4] Gesetzliche Regelungen finden sich nur vereinzelt, nämlich in § 2301 (**Schenkung von Todes wegen**) und in § 328 i. V. m. § 331 (**Vertrag zugunsten Dritter auf den Todesfall**). Diese Normen zeigen, dass solche Zuwendungen entweder als Rechtsgeschäft unter Lebenden oder als Verfügung von Todes wegen zu behandeln sind.[5]

1148 Wichtig ist zunächst die Unterscheidung zwischen **entgeltlichen** und **unentgeltlichen** Rechtsgeschäften auf den Todesfall.

---

[1] *Schlüter*, Erbrecht, Rdn. 1242.
[2] *Ebenroth*, Erbrecht, Rdn. 516.
[3] *Olzen*, Jura 1987, 16 (18).
[4] Staudinger/*Kanzleiter*, § 2301 Rdn. 3; Erman/*Schmidt*, § 2301 Rdn. 2.
[5] Erman/*Schmidt*, § 2301 Rdn. 2.

Soweit es sich um **vollständig entgeltliche** Geschäfte handelt, finden die Vorschriften über Rechtsgeschäfte unter Lebenden uneingeschränkt Anwendung:[6] Der Wortlaut des § 2301 verlangt eine **Schenkung**. Eine analoge Anwendung der Vorschrift kommt nicht in Betracht, da erbrechtliche Vorschriften regelmäßig von der Unentgeltlichkeit einer Zuwendung ausgehen, so dass es an der erforderlichen Vergleichbarkeit der Sachverhalte fehlt.[7] Deshalb sind hier nur die problematischen **unentgeltlichen** oder **teilentgeltlichen** Zuwendungen auf den Todesfall zu behandeln. 1149

II. Die Motive derartiger Rechtsgeschäfte

Mit einer **unentgeltlichen Zuwendung** unter Lebenden auf den Todesfall verfolgt der Schenker regelmäßig denselben Zweck wie mit einer Verfügung von Todes wegen. Er will seine Rechts- und Vermögensverhältnisse für die Zeit nach seinem Ableben regeln,[8] häufig auch deshalb, um damit **Versorgungs-** und **Pflegedienste** zu belohnen oder zu erlangen, ohne dafür (sofort) zahlen zu müssen.[9] Ferner steht dahinter nicht selten die Absicht, **Pflichtteilsansprüche zu schmälern** oder zu vereiteln. Nicht zuletzt empfindet der Verfügende solche Vermögenszuwendungen mit Hilfe eines Dritten, z. B. einer Bank oder Versicherung, oft als einfacher als eine letztwillige Verfügung, die man meist nur mit einer gewissen Scheu errichtet.[10] 1150

III. Abgrenzung

Bei einer unentgeltlichen Zuwendung auf den Todesfall bestehen Abgrenzungsprobleme dahingehend, ob sie als **Schenkung unter Lebenden** oder als **Verfügung von Todes wegen** einzuordnen ist.[11] Der Unterschei- 1151

6 BGHZ 8, 23 (31); Staudinger/*Kanzleiter*, § 2301 Rdn. 5; Erman/*Schmidt*, § 2301 Rdn. 1.
7 *Brox*, Erbrecht, Rdn. 776.
8 *Brox*, Erbrecht, Rdn. 740.
9 *Olzen*, Jura 1987, 16 (18).
10 *Olzen*, Jura 1987, 16 (18).
11 Ausf. zur Abgrenzung zwischen lebzeitigen und letztwilligen Rechtsgeschäften *Olzen*, Jura 1987, 16 (18ff.).

dung kommt deshalb Bedeutung zu, weil im ersten Fall die **schuldrechtlichen Vorschriften**, §§ 516ff., im zweiten Fall die **erbrechtlichen** zur Anwendung gelangen. Daraus ergeben sich Konsequenzen, etwa im Hinblick auf die **Formvorschriften**, die im Folgenden dargestellt werden. Auch die am Nachlass beteiligten **Erben**, **Pflichtteilsberechtigten** und sonstigen **Nachlassgläubiger** sind davon betroffen.[12]

1152 Das **Erbrecht** weist im Hinblick auf die Abgrenzung **Lücken** auf;[13] es gibt allein § 2301. Der Tatbestand der Norm wurde jedoch zu eng gefasst. Da er nur **Schenkungsversprechen** regelt, die auf den Tod des Schenkers **befristet** und **durch das Überleben des Beschenkten bedingt** sind,[14] gibt es viele vergleichbare Rechtsgeschäfte, die der Wortlaut nicht erfasst,[15] z. B. **teilentgeltliche** oder **unentgeltliche** Zuwendungen ohne eine **Überlebensbedingung**.

1153 Bei der Schließung dieser Gesetzeslücke sind einerseits die Interessen der Nachlassinteressenten zu berücksichtigen,[16] andererseits das Bedürfnis des Erblassers an freier Disposition über sein Vermögen, auch über den Tod hinaus.[17] Möchte man dem Willen des Erblassers Vorrang einräumen, so muss man die Grenzen des § 2301 Abs. 1 weit ziehen,[18] um die Zwänge des Erbrechts gering zu halten.

1154 Der Schutz der Erben, Pflichtteilsberechtigten und sonstigen Nachlassgläubiger[19] spricht dafür, den § 2301 im Wege der Analogie auf vergleichbare Rechtsgeschäfte auszudehnen.[20] Dann hat die Vorschrift die Funktion eines **allgemeinen Ordnungsprinzips** für die Abgrenzung lebzeitiger und letztwilliger Rechtsgeschäfte, so dass es letztlich auf den Vollzug i. S. d. Abs. 2 ankommt, der sogleich im Einzelnen behandelt wird.[21] Dies führt dazu, dass die Parteien grundsätzlich kein unentgeltliches oder teilentgeltliches Rechtsgeschäft, dessen Rechtswirkung nach ihrem Willen erst mit dem Tode des Zuwendenden eintreten soll, in schuldrechtlicher Form abschließen können.[22] Die Frage ist des-

---

[12] *Olzen*, Jura 1987, 16 (18); MünchKomm/*Musielak*, § 2301 Rdn. 1. Zu den Unterschieden im Einzelnen vgl. Rdn. 1157ff.

[13] *Olzen*, Jura 1987, 16 (20ff.); *Brox*, Erbrecht, Rdn. 740; str., a. A. BGHZ 28, 23 (31); Staudinger/*Kanzleiter*, § 2301 Rdn. 42; vgl. dazu Rdn. 1215ff.

[14] Vgl. Rdn. 1166ff.

[15] *Olzen*, Jura 1987, 16 (19f.).

[16] *Olzen*, Jura 1987, 16 (20f., 22); *Brox* Erbrecht, Rdn. 740.

[17] *Schreiber*, Jura 1995, 159 (160).

[18] MünchKomm/*Musielak*, § 2301 Rdn. 3.

[19] Zur Interessenabwägung vgl. *Olzen*, Jura 1987, 16 (20 ff.) und Rdn. 1163ff.

[20] Vgl. Rdn. 1180; a. A. wohl *Lange*/*Kuchinke*, Lehrbuch des Erbrechts, § 33 I 6e (S. 746); Soergel/*Wolf*, § 2301 Rdn. 1.

[21] Vgl. Rdn. 1155.

[22] *Olzen*, Jura 1987, 16 (22 u. 122); str., a. A. (h. M.): BGHZ 28, 23 (31); Staudinger/*Kanzleiter*, § 2301 Rdn. 42.

halb so streitig, weil sie das Grundverständnis über das Verhältnis zwischen Erbrecht und Schuldrecht berührt.

§ 2301 betrifft unmittelbar allein **Schenkungen** i. S. d. § 516 Abs. 1. Sie werden gem. der Norm grundsätzlich dem Erbrecht unterstellt, also als **Verfügung von Todes wegen** behandelt. Etwas anderes gilt nur bei **lebzeitigem Vollzug**. Dann bewertet das Gesetz sie als **Schenkung unter Lebenden**. Die schwierige Vorschrift des § 2301 lässt sich recht gut an Hand eines sehr alten, aber auch sehr bekannten Beispiels darstellen, auf das hier zur Verdeutlichung im Folgenden immer wieder zurückgegriffen wird: Es ist der sog. „Bonifatius-Fall“:[23] 1155

Der schwerkranke katholische Pfarrer P, der mit seinem baldigen Tod rechnete, übergab A Wertpapiere mit der Bitte, sie „gelegentlich“ dem Vorstand des Bonifatius-Vereins auszuhändigen. Die Papiere sollten dem Verein gehören, er habe nichts mehr mit ihnen zu tun. Auf die Frage des A, was mit den Papieren geschehen solle, wenn er sich wieder erhole, antwortete P, er werde nicht mehr gesund. Einen Tag später starb er, die Wertpapiere wurden jedoch erst eine Woche nach seinem Tod von A an den Verein übergeben. Die Erbin des P verlangte vom Bonifatius-Verein ihre Herausgabe. 1156

IV. Auswirkung der Einordnung

Ob eine unentgeltliche Zuwendung, die erst mit dem Tod des Zuwendenden ihre volle Wirkung entfalten soll, als Schenkung unter Lebenden oder als Verfügung von Todes wegen einzuordnen ist, führt zu erheblichen Unterschieden: 1157

1. Formvorschriften

Wie bereits angedeutet, finden unterschiedliche **Formvorschriften** Anwendung. Ein **Schenkungsversprechen unter Lebenden** bedarf gem. §§ 518 Abs. 1 S. 1, 125 S. 1 der **notariellen Beurkundung**. Für ein **Schenkungsversprechen auf den Todesfall** gelten über § 2301 Abs. 1 die **erbrechtlichen Formvorschriften**, sei es für **Erbverträge**, § 2276, oder für **Testamente**, § 2247 bzw. § 2232.[24] 1158

Unterschiede bestehen deshalb auch hinsichtlich der **Heilung** eines Formmangels. Bei einem **Schenkungsversprechen unter Lebenden** kann 1159

[23] RGZ 83, 223ff.

[24] RGZ 83, 223 (227); OLG Celle, MDR 2004, 337; *Lange/Kuchinke*, Lehrbuch des Erbrechts, § 33 II 1 (S. 747ff.); zur Form vgl. Rdn. 267ff., 506ff.

dieser Mangel gem. § 518 Abs. 2 durch die **„Bewirkung“**[25] der schenkweise versprochenen Leistung behoben werden, und zwar auch **nach dem Tod des Schenkers**[26] durch dessen Erben.[27] Demgegenüber ist der Formmangel eines **Schenkungsversprechens von Todes** wegen nur durch **lebzeitigen Vollzug** seitens des Schenkers zu heilen, § 2301 Abs. 2 i. V. m. § 518 Abs. 2.[28] Der **Tod des Erblassers** begründet also eine Zäsur.[29] Danach unterliegt eine Zuwendung uneingeschränkt dem Erbrecht.[30]

2. Die unterschiedlichen Bindungswirkungen

1160 Auch die **Bindungswirkung** des abgegebenen Schenkungsversprechens und die Möglichkeiten des Schenkers, sie zu beseitigen, stellen sich unterschiedlich dar. Ein (formwirksames) **Schenkungsversprechen unter Lebenden bindet** den Schenker grundsätzlich sofort. Er kann zwar rechtlich noch über den Schenkungsgegenstand verfügen, verstößt damit allerdings gegen seine Pflichten aus dem Vertrag.[31]

1161 Bei einem **Schenkungsversprechen auf den Todesfall** muss man **differenzieren**: Entspricht es der **Testamentsform**, so vermag es der Schenker jederzeit frei zu widerrufen.[32] Ein Schenkungsversprechen in Form eines **Erbvertrags** nimmt ihm die Möglichkeit, weitere Verfügungen von Todes wegen zu errichten,[33] soweit er sich nicht durch Anfechtung, §§ 2281 ff., Rücktritt, §§ 2293 ff., oder Abschluss eines Aufhebungsvertrags, § 2290, befreien kann.[34]

1162 Die (nicht vollzogene) **Schenkung auf den Todesfall** gem. § 2301 Abs. 1 verschafft dem Beschenkten schließlich – anders als bei einer Schen-

---

25 Palandt/*Weidenkaff*, § 518 Rdn. 9.

26 BGHZ 99, 97 (100); BGH FamRZ 1985, 693 (695); NJW 1986, 2107 (2108).

27 Oder durch Boten bzw. Stellvertreter vgl.: BGHZ 99, 97 (100); 127, 239 (244 f.); BGH FamRZ 1985, 693 (695); *Schreiber*, Jura 1995, 159 (160). Dabei spielt es keine Rolle, ob der Bevollmächtigte mit dem Versprechensempfänger identisch ist (so in BGH NJW 1986, 2107 f.) oder ob es sich (wie in BGHZ 99, 97 ff.) um eine dritte Person handelt.

28 BGHZ 99, 97 (100); BGH NJW 1986, 2107 (2108); 1988, 2731 (2732).

29 BGHZ 99, 97 (100).

30 Palandt/*Edenhofer*, § 2301 Rdn. 8; *Schreiber*, Jura 1995, 159 (160).

31 *Bork*, JZ 1988, 1059 (1062).

32 Soergel/*Wolf*, § 2301 Rdn. 8; *Schreiber*, Jura 1995, 159 (160).

33 BGH NJW 1959, 2252. Dagegen ist er nicht gehindert, durch Rechtsgeschäft unter Lebenden über den verschenkten Gegenstand zu disponieren, BGH, aaO; *Bork*, JZ 1988, 1059 (1062).

34 MünchKomm/*Musielak*, § 2301 Rdn. 14; *Schreiber*, Jura 1995, 159 (160).

kung unter Lebenden – zu Lebzeiten des Schenkers auch keine gesicherte Rechtsposition, also **keinen Anspruch** und **kein Anwartschaftsrecht**.[35]

3. Situation der Erben und Nachlassgläubiger

Die Einordnung der unentgeltlichen Verfügung betrifft auch die **Erben**, 1163
Pflichtteilsberechtigten und **sonstigen Gläubiger** des Schenkers: Gegenstände einer **Schenkung unter Lebenden fallen nicht in den Nachlass**,[36] reduzieren also die Pflichtteilsansprüche[37] und die Erbteile,[38] da beide nach dem Nachlasswert im **Zeitpunkt des Erbfalls** berechnet werden.[39] Für den Pflichtteil folgt dies aus § 2311, für den Erbteil mittelbar aus § 1922. Ein benachteiligter **Vertragserbe** kann lediglich gem. § 2287 bei einer **beeinträchtigenden Schenkung** Herausgabe des Geschenkes verlangen, aber auch nur nach Bereicherungsrecht.[40] **Pflichtteilsberechtigte** haben gem. §§ 2325ff. nur den Anspruch auf Pflichtteilsergänzung.[41]

Auch die **Gläubiger des Erblassers** sind auf den Nachlass zum Zeit- 1164
punkt des Erbfalls angewiesen. Dementsprechend werden ihnen lebzeitig verschenkte Gegenstände entzogen. Sie haben lediglich die Möglichkeit, die **Schenkung** gem. §§ 3, 4 AnfG oder gem. §§ 130–134 InsO **anzufechten**.[42]

Gegenstände letztwilliger Verfügungen oder entsprechender **Schen-** 1165
kungen auf den Todesfall fallen hingegen zumindest zunächst in den **Nachlass**[43] und finden deshalb sowohl bei der Berechnung des Erb- als auch des Pflichtteils Berücksichtigung. Ebenso dürfen die Gläubiger in sie als Bestandteil des Nachlasses die Zwangsvollstreckung betreiben.[44] Bei der Befriedigung haben sie den Vorrang vor Pflichtteilsberechtigten und Vermächtnisnehmern, § 327 InsO; §§ 1991 Abs. 4, 1973 Abs. 1 S. 2,

---

35 Erman/*Schmidt*, § 2301 Rdn. 6; Palandt/*Edenhofer*, § 2301 Rdn. 6; Hk-BGB/*Hoeren*, § 2301, Rdn. 21.
36 Soergel/*Wolf*, § 2301 Rdn. 9; *Olzen*, Jura 1987, 16 (18 u. 21).
37 Vgl. Rdn. 1043ff.
38 Vgl. Rdn. 1002ff.
39 Vgl. Rdn. 302, 1038.
40 *Schreiber*, Jura 1995, 159 (160); vgl. Rdn. 540ff.
41 Vgl. Rdn. 1084ff.
42 *Brox*, Erbrecht, Rdn. 755; *Olzen*, Jura 1987, 16 (21) zu den praktischen Problemen einer Anfechtungsklage.
43 *Kipp/Coing*, Erbrecht, § 81 III 2b (S. 449).
44 *Schlüter*, Erbrecht, Rdn. 1255.

Übersicht: Rechtsgeschäfte unter Lebenden auf den Todesfall (1)

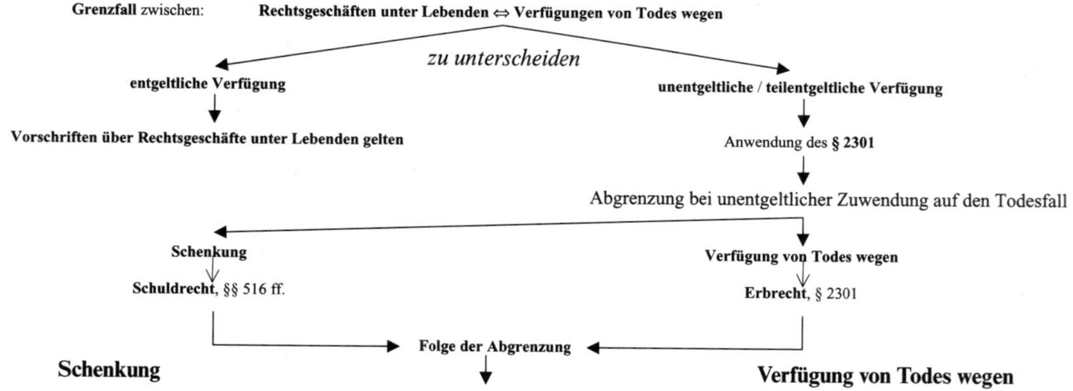

Schenkung		Verfügung von Todes wegen
§§ 518 Abs. 1 S. 1, 125 S. 1 **Bewirkung** (i.S.v. § 362 Abs. 1), **§ 518 Abs. 2**	<------------ **Formvorschriften** *Heilung* --------->	**§ 2301 Abs. 1 S. 1** (str., ob Testaments- oder Erbvertragsform) **lebzeitiger Vollzug** (→ §§ 2301 Abs. 2)
Formwirksames Schenkungsversprechen löst *Bindungswirkung* aus	<------------ **Bindungswirkung** --------->	**Testament** ***frei widerruflich*** — **Erbvertrag** ***Bindungswirkung*** (ggf. Anfechtung/Rücktritt/ Aufhebungsvertrag)
• **Gegenstände fallen nicht in Nachlass** • **Gläubigerzugriff entzogen** (ggf. Anfechtung gem. §§ 3, 4 AnfG; §§ 130–134 InsO) • **Reduzierung** der **Erbteile** (§ 1922) und **Pflichtteilsansprüche** (§ 2311)	<------------ **Erben / Nachlassgläubiger / Pflichtteilsberechtigte** --------->	• **Gegenstände zählen zum Nachlass** (→ Berücksichtigung bei Erb-/Pflichtteilsberechtigung; Ausn.: **Vollzug**) • **Gläubiger haben Zugriff** (ggf. Vorrangstellung gem. § 327 InsO)

1974 Abs. 2, 1989.[45] All dies zeigt, welche Bedeutung der Grenzziehung in § 2301 zwischen lebzeitigen und letztwilligen Rechtsgeschäften zukommt.

B. Begriff und Voraussetzungen der Schenkung von Todes wegen, § 2301 Abs. 1

Um eine Schenkung von Todes wegen handelt es sich entsprechend der Legaldefinition des § 2301 Abs. 1 S. 1, wenn das Wirksamwerden des **Schenkungsversprechens** durch den **Tod des Schenkers befristet** und durch **das Überleben des Beschenkten bedingt** ist. 1166

I. Schenkungsversprechen

Es muss also zunächst um ein **Schenkungsversprechen** i. S. d. § 516 Abs. 1 1167 gehen, nach der Definition der Norm um eine Zuwendung aus dem Vermögen des Schenkers.[46] Der Begriff der Unentgeltlichkeit im Rahmen des § 2301 Abs. 1 entspricht demjenigen der §§ 516ff.:[47] Der Zuwendung darf keine Gegenleistung gegenüberstehen.[48]

Die Auslegung des Begriffs **„Schenkungsversprechen"** in § 2301 Abs. 1 1168 ist umstritten. Die h. M. versteht darunter den **Schenkungsvertrag**, sie lässt also das Angebot allein nicht genügen.[49] Sie verweist zur Begründung auf den Wortlaut des § 518 Abs. 1.[50] Dies überzeugt jedoch deshalb nicht, weil die Vorschrift zwischen dem „Vertrag, durch den eine Leistung versprochen wird" und dem „Versprechen" unterscheidet, mit dem dann nur die **Verpflichtungserklärung** des Schenkers gemeint sein kann.[51] Somit spricht der Wortlaut des § 518 Abs. 1 für die Gegen-

---

45 *Brox*, Erbrecht, Rdn. 774, vgl. zur Erbenhaftung Rdn. 861ff.
46 Staudinger/*Kanzleiter*, § 2301 Rdn. 5; MünchKomm/*Musielak*, § 2301 Rdn. 7.
47 *Ebenroth*, Erbrecht, Rdn. 519.
48 RGZ 125, 380 (383); MünchKomm/*Musielak*, § 2301 Rdn. 7 und MünchKomm/*Kollhosser*, § 516 Rdn. 13.
49 OLG Hamm FamRZ 1989, 669 (673); Staudinger/*Kanzleiter*, § 2301 Rdn. 5; a. A. *Bamberger/Roth*, § 2301 Rn. 3.
50 Staudinger/*Kanzleiter*, § 2301 Rdn. 5.
51 RGZ 98, 124 (127); MünchKomm/*Musielak*, § 2301 Rdn. 5; Palandt/*Weidenkaff*, § 518 Rdn. 2.

ansicht, die ein **Schenkungsangebot** als **ausreichend** erachtet.[52] Der Streit zieht meist keine Konsequenzen nach sich,[53] weil die h. M. das Angebot zum Abschluss eines Schenkungsvertrags von Todes wegen im Wege der **Umdeutung** gem. § 140 als letztwillige Verfügung behandelt, soweit die Form gewahrt ist.[54]

1169 Wie eingangs angedeutet, besteht weiterhin Streit über die analoge Anwendung des § 2301 auf **teilentgeltliche Rechtsgeschäfte** auf den Todesfall, d. h. auf **gemischte Schenkungen** oder **Schenkungen unter Auflage.** Eine **gemischte Schenkung** liegt vor, wenn eine Partei eine wesentlich geringere Leistung als die andere erbringt und sich der Parteiwille auf die schenkweise Zuwendung der Wertdifferenz richtet.[55] Neben der oben dargelegten **Regelungslücke**[56] setzt die Analogie eine **Ähnlichkeit der Sachverhalte** voraus.[57] Sie ist für den **unentgeltlichen Teil** der gemischten Schenkung gegeben. Auch die Interessenlage deckt sich mit den in § 2301 unmittelbar geregelten Fällen. Denn Sinn und Zweck der Norm liegen darin, den Erblasser zu veranlassen, Rechtsgeschäfte, die sein Vermögen zu Lebzeiten nicht belasten, in Form einer letztwilligen Verfügung vorzunehmen. Die so geschützten Nachlassgläubiger und sonstigen Pflichtteilsberechtigten[58] sind von teilweise entgeltlichen Rechtsgeschäften betroffen, soweit es um den unentgeltlichen Teil der gemischten Schenkung geht, der später dem Nachlass fehlt. Daraus folgt, dass § 2301 auf eine gemischte Schenkung von Todes wegen analoge Anwendung findet.[59] Entsprechendes gilt auch für die **Schenkung unter Auflage**, die bereits gem. § 525 vom Gesetz als unentgeltliche Zuwendung behandelt wird.[60]

---

[52] So z. B. *Brox*, Erbrecht, Rdn. 757; MünchKomm/*Musielak*, § 2301 Rdn. 5; Erman/*Schmidt*, § 2301 Rdn. 3.

[53] MünchKomm/*Musielak*, § 2301 Rdn. 5.

[54] Palandt/*Edenhofer*, § 2301 Rdn. 6; *Kipp/Coing*, Erbrecht, § 81 III 2a (S. 448f.). Vgl. z. B. Rdn. 267ff.

[55] RGZ 163, 257 (259); Staudinger/*Cremer*, § 516 Rdn. 42. Zur gemischten Schenkung ausf. MünchKomm/*Kollhosser*, § 516 Rdn. 26ff.

[56] S. Rdn. 1152.

[57] *Larenz/Canaris*, Methodenlehre, S. 202.

[58] *Brox*, Erbrecht, Rdn. 740.

[59] Ausf. dazu *Olzen*, Die vorweggenommene Erbfolge, S. 98. Im Ergebnis auch Erman/*Schmidt*, § 2301 Rdn. 3; *Medicus*, Bürgerliches Recht, Rdn. 399 (gehen wohl sogar von direkter Anwendung aus). Nach a. A. ist bei einer gemischten Schenkung § 2301 nur dann anwendbar, wenn der Schenkungscharakter, also die Unentgeltlichkeit, überwiegt, MünchKomm/*Musielak*, § 2301 Rdn. 7.

[60] *Olzen*, Die vorweggenommene Erbfolge, S. 98.

II. Befristung durch den Tod des Schenkers

§ 2301 Abs. 1 S. 1 verlangt, dass das Schenkungsversprechen auf den **Tod des Schenkers aufschiebend befristet** sein muss, § 163 i.V.m. § 158 Abs. 1.[61] Der Anspruch entsteht dementsprechend nach dem insoweit maßgeblichen Willen des Zuwendenden **erst mit seinem Tod**.[62] **Ohne** eine solche **Befristung** liegt eine **Schenkung unter Lebenden** vor, auf die § 2301 keine unmittelbare[63] Anwendung findet.[64] 1170

Die **Befristung** auf den Tod kann sich durch Auslegung ergeben, §§ 133, 157;[65] 1171 einer ausdrücklichen Erklärung bedarf es nicht.[66] Einen Grenzfall bildet die Abgabe des **Schenkungsversprechens** in der (sicheren) **Erwartung** des baldigen Todes, ohne dass der Zuwendende hierzu einen zwingenden Bezug herstellt wie in dem eingangs geschilderten „Bonifatius-Fall".[67] Das RG[68] und ihm folgend ein Teil der Literatur[69] sind ohne weiteres von einer Befristung auf den Tod ausgegangen. Andere sehen in der entsprechenden Erwartung des P nur das Motiv seiner Zuwendung.[70] Dann handelt es sich um eine lebzeitige Schenkung, auf die § 2301 keine Anwendung findet.[71] Entscheidend muss für die Auslegung sein, ob der Schenker die Zuwendung **nur** für den Fall seines Todes **oder auch** für den Fall seines (wenn auch nicht erwarteten) **Weiterlebens** erbringen will.[72] Bei Einschaltung eines Dritten liegt eine Befristung auf den Tod allein dann vor, wenn der Dritte angewiesen war, die Zuwendung erst **nach dem Tod** des Zuwendenden auszuführen.[73] Im „Bonifatius-Fall" hatte der Schenker dem A jedoch die Entscheidung überlassen. Daraus kann noch nicht abgeleitet werden, dass P die Zuwendung unabhängig von seinem Tod wollte. Allerdings antwortete er

61 *Brox,* Erbrecht, Rdn. 741; Erman/*Schmidt*, § 2301 Rdn. 4; *Martinek/Röhrborn*, JuS 1994, 564 (565). Die Schenkung auf den Todesfall ist durch den Tod aufschiebend befristet, weil der Eintritt des Termins, also das „ob", sicher ist und nur das „wann" unbestimmt bleibt.

62 *Bork*, JZ 1988, 1059 (1062); allgemein zu befristeten Forderungen Staudinger/*Bork*, § 163 Rdn. 1 (2).

63 Zur Möglichkeit einer analogen Anwendung, vgl. Rdn. 1180.

64 *Brox*, Erbrecht, Rdn. 742.

65 *Martinek/Röhrborn*, JuS 1994, 564 (565) m.w.N.

66 BGHZ 99, 97 (100f.).

67 RGZ 83, 223 (225).

68 RGZ 83, 223 (226).

69 Vgl. etwa *Ebenroth*, Erbrecht, Rdn. 527; *Olzen*, Jura 1987, 16, 122 u. 123.

70 Vgl. *Schreiber*, Jura 1995, 159 (160f.); *Martinek/Röhrborn*, JuS 1994, 564 (566).

71 *Schreiber*, Jura 1995, 159 (160); *Martinek/Röhrborn*, JuS 1994, 564 (566); Staudinger/*Kanzleiter*, § 2301 Rdn. 12.

72 *Medicus*, Bürgerliches Recht, Rdn. 393.

73 *Leipold*, Erbrecht, Rdn. 575.

auf die Frage, was mit den Wertpapieren im Falle seines Überlebens geschehen sollte, er werde nicht mehr gesund.[74] Indem er also für diesen Fall trotz Nachfrage keine Regelung traf, zeigt sich, dass er die Wirksamkeit des Schenkungsversprechens ausschließlich mit seinem baldigen Tod in Verbindung brachte. Deshalb ist eine Befristung auf den Tod zu bejahen.[75]

1172 Anders, wenn der Erblasser **„zufällig"** vor Erfüllung seines Schenkungsversprechens verstirbt.[76] Das Schenkungsversprechen wird dann gem. § 130 Abs. 2 wirksam und der Beschenkte kann es gem. § 153 auch noch annehmen. § 2301 greift nicht ein, weil der Schenker eine lebzeitige Schenkung wollte; diese Willensrichtung ist entscheidend.[77] Auch eine analoge Anwendung der Norm kommt nicht in Betracht, weil das Interesse des Zuwendenden sich nicht auf die Umgehung erbrechtlicher Regelungen richtete.

1173 Wegen des engen Zusammenhangs zwischen **Befristung** und **Betagung** stellt sich schließlich die Frage, ob § 2301 für ein „betagtes" Schenkungsversprechen analog gilt. Während bei einer Befristung der Anspruch erst im Tode des Erblassers entsteht, tritt die **Wirkung** bei einem betagten **Schenkungsversprechen sofort** ein, während die **Fälligkeit** auf den Todesfall hinausgeschoben wird.[78] Beide Fälle haben gemeinsam, dass der Begünstigte den Anspruch aus dem Schenkungsvertrag erst mit dem Tod des **Übertragenden** geltend macht. Dies spricht für eine analoge Anwendung des § 2301,[79] selbst wenn solche betagten Schenkungen – wie im Regelfall[80] – nicht durch das Überleben des Bedachten bedingt sind.[81]

---

[74] A. A. *Martinek/Röhrborn*, JuS 1994, 564 (566), die im Bonifatius-Fall eine Befristung auf den Tod verneinen, weil der Schenker sowohl einen lebzeitigen als auch einen letztwilligen Vollzug für möglich gehalten hatte.

[75] Damit ist die für § 2301 notwendige Überlebensbedingung allerdings noch nicht festgestellt, vgl. dazu Rdn. 1174f.

[76] BGH NJW 1959, 2252 (2254); *Olzen*, Jura 1987, 16, 121; *ders.*, JR 1987, 372 (373).

[77] BGH NJW 1959, 2252 (2254).

[78] *Olzen*, Die vorweggenommene Erbfolge, S. 56f. Zur Abgr. von Befristung und Betagung vgl. Palandt/*Heinrichs*, § 163 Rdn. 2.

[79] Ausf. *Olzen*, Die vorweggenommene Erbfolge, S. 99.

[80] Der Fall eines auf den Tod betagten Schenkungsversprechens mit Überlebensbedingung ist insofern kaum denkbar, als der Anspruch wegen der Überlebensbedingung noch nicht sofort mit Abschluss des Schenkungsvertrages entstehen kann. Daher wird die betagte Schenkung vielfach als Schenkung definiert, die nicht durch das Überleben des Bedachten bedingt sei, deren Leistung jedoch erst beim Tod des Zuwendenden fällig werden solle, vgl. *Brox*, Erbrecht, Rdn. 742.

[81] Vgl. zum Fehlen der Überlebensbedingung im Einzelnen vgl. Rdn. 1179. Die wohl h. M. ist a. A.: *Lange/Kuchinke*, Lehrbuch des Erbrechts, § 33 II 1 (S. 747ff.); Staudinger/*Kanzleiter*, § 2301 Rdn. 14.

III. Bedingt durch das Überleben des Beschenkten

Gem. § 2301 Abs. 1 S. 1 muss das Schenkungsversprechen dadurch **aufschiebend bedingt** sein, dass der **Beschenkte den Schenker überlebt**, § 158 Abs. 1.[82] Im Einzelfall besteht auch die Möglichkeit, es durch den Tod des Beschenkten zu Lebzeiten des Schenkers i. S. d. § 158 Abs. 2 **auflösend** zu bedingen.[83] Im „Bonifatius-Fall"[84] bestand hierin kein Problem, weil das „Überleben" des Vereins als juristische Person sicher gestellt war. 1174

Der Schenker muss die **Überlebensbedingung** nicht ausdrücklich erklären,[85] sondern sie ist u. U. auch durch **Auslegung** zu ermitteln, §§ 133, 157.[86] Darüber entscheidet, dass der Gegenstand dem Versprechensempfänger **persönlich** zugewendet werden sollte **(höchstpersönliche Schenkung)**,[87] also besondere Gründe gerade in seiner Person lagen.[88] 1175

Das Gegenteil gilt, wenn die Zuwendung auch **den Erben des Bedachten** – für den Fall dessen Vorversterbens – zustehen soll.[89] 1176

Im Zweifel wendet der **BGH**[90] § 2084 entsprechend an und gibt damit derjenigen Auslegung den Vorzug, die den **Willen des Schenkers** verwirklicht. Diese Betrachtungsweise verhilft der Zuwendung im Zweifel als Schenkung unter Lebenden zum Erfolg. Damit umgeht man den Schutzzweck des § 2301, den erbrechtlicher Formvorschriften Geltung zu verschaffen und den Nachlass im Interesse der Erben, Pflichtteilsberechtigten und sonstigen Nachlassgläubiger zu erhalten.[91] Außerdem lässt sich die Ansicht auch nicht mit der ebenfalls vom BGH[92] aufgestellten These vereinbaren, man dürfe die Vorschriften über die Verfügung von Todes wegen nicht zu weit zurückdrängen. 1177

---

[82] Staudinger/*Kanzleiter*, § 2301 Rdn. 10b.

[83] *Lange*/*Kuchinke*, Lehrbuch des Erbrechts, § 33 II 1 (S. 747ff.); *Martinek*/*Röhrborn*, JuS 1984, 564 (565); Staudinger/*Kanzleiter*, § 2301 Rdn. 10b; a. A. z. B. MünchKomm/*Musielak*, § 2301 Rdn. 9.

[84] RGZ 83, 223 (226).

[85] BGHZ 99, 97 (100f.) = JR 1987, 371 (372) m. Anm. *Olzen* = JZ 1987, 361 (362) m. zust. Anm. *Leipold.*

[86] *Brox*, Erbrecht, Rdn. 741; AnwK-BGB/*Seif*, § 2301, Rdn. 19; Soergel/*Wolf*, § 2301 Rdn. 3.

[87] BGHZ 99, 97 (100 f.) = JZ 1987, 361 (362) m. zust. Anm. *Leipold; Schreiber*, Jura 1995, 159 (160); Erman/*Schmidt*, § 2301 Rdn. 5.

[88] BGHZ 99, 97 (100f.); Erman/*Schmidt*, § 2301 Rdn. 5.

[89] *Ebenroth*, Erbrecht, Rdn. 520; *Brox*, Erbrecht, Rdn. 741.

[90] BGH FamRZ 1985, 693 (695); NJW 1988, 2731 (2732); a. A. *Bork*, JZ 1988, 1059 (1061ff.); *Medicus*, Bügerliches Recht, Rdn. 393.

[91] *Leipold*, JZ 1987, 362 (363).

[92] BGHZ 99, 97 (100f.); BGH NJW 1988, 2731 (2732).

1178 Ebensowenig überzeugt die teilweise vertretene **Gegenansicht**,[93] das Schenkungsversprechen auf den Todesfall regelmäßig i. S. e. Überlebensbedingung auszulegen. Ein entsprechender Wille kann nicht grundsätzlich angenommen werden.[94] Dem Zweck des § 2301 entspricht es am ehesten, **im Zweifel** dann eine Überlebensbedingung als vereinbart anzusehen, wenn das von den Parteien angestrebte Ziel **wirtschaftlich einer Verfügung von Todes wegen entspricht**, die Folgen also nicht den Schenker, sondern den Nachlass treffen.[95]

1179 Bei **fehlender Überlebensbedingung** handelt es sich um eine **Schenkung unter Lebenden**, auch dann, wenn sie aufschiebend auf den Tod des Schenkers befristet war.[96] Dies zeigt der insoweit eindeutige Wortlaut des § 2301 Abs. 1 S. 1.[97]

1180 Es kommt aber eine **analoge Anwendung** des § 2301 Abs. 1, 2 in Betracht.[98] Sinn und Zweck der Norm bestehen im geschilderten Schutz der Nachlassinteressenten. Unentgeltliche Zuwendungen zu ihrem Nachteil ohne lebzeitigen Vollzug und außerhalb erbrechtlicher Formvorschriften sollen vermieden werden, unabhängig davon, ob der Wert der Zuwendung dem Vertragspartner (Beschenkten) oder dessen Erben zufließen soll.[99] Teilt man diese Ansicht, so unterfällt **jedes auf den Tod des Schenkers befristete Schenkungsversprechen** dem Anwendungsbereich des § 2301 Abs. 1.[100]

IV. Formvorschriften und Rechtsfolgen eines nicht vollzogenen Schenkungsversprechens auf den Todesfall

1181 Wegen des generellen Verweises in § 2301 Abs. 1 S. 1 auf die Vorschriften über Verfügungen von Todes wegen streitet man darüber, ob die Form des **Erbvertrages** gem. § 2276 erforderlich ist[101] oder die **Testa-**

---

[93] *Leipold*, JZ 1987, 362 (364); ähnlich *Lange/Kuchinke*, Lehrbuch des Erbrechts, § 33 II 1 a Fn. 50 (S. 748).

[94] Erman/*Schmidt*, § 2301 Rdn. 5; vgl. auch BGH NJW 1988, 2731 (2732).

[95] *Bork*, JZ 1988, 1059 (1063).

[96] BGHZ 8, 23 (31); 99, 97 (100); BGH NJW 1985, 1553 (1554); *Schreiber*, Jura 1995, 159 (160) m. w. N. in Fn. 13; Staudinger/*Kanzleiter*, § 2301 Rdn. 14.

[97] Zweifelnd: *Leipold*, JZ 1987, 362 (364).

[98] Str., a. A. die Rspr. und die h. M. in der Lit., die § 2301 ausschließlich bei Vorhandensein einer Überlebensbedingung anwenden, vgl. z. B. BGHZ 8, 23 (31); 99, 97 (100) = JR 1987, 371 m. Anm. *Olzen* = JZ 1987, 361 m. Anm. *Leipold*; *Brox*, Erbrecht, Rdn. 774 ff.

[99] *Olzen*, Jura 1987, 16 (22); *ders.*, Die vorweggenommene Erbfolge, S. 100f.

[100] *Olzen*, Jura 1987, 16 (22); *Leipold*, JZ 1987, 362 (364); a. A. die Rspr. und h. M. in der Lit. BGHZ 99, 97 (100); *Brox*, Erbrecht, Rdn. 774ff.

[101] So die wohl h. M.: *Medicus*, Bürgerliches Recht, Rdn. 393; Staudinger/*Kanzleiter*, § 2301 Rdn. 3, 4 u. 9; Palandt/*Edenhofer*, § 2301 Rdn. 5.

mentsform genügt, §§ 2247, 2232.[102] Die Befürworter der Erbvertragsform argumentieren mit der **Entstehungsgeschichte** der Norm,[103] ihrer **systematischen Stellung** im Abschnitt „Erbvertrag" und mit der **Vertragsnatur** des von § 2301 Abs. 1 S. 1 vorausgesetzten Schenkungsversprechens.[104] Die Gegner verweisen darauf, dass § 2301 Abs. 1 nicht speziell auf den Erbvertrag, sondern eben **allgemein auf die erbrechtlichen Vorschriften verweise.**[105] Die Bestimmung gehe auch nicht von einem Schenkungsvertrag, sondern nur von einem **Schenkungsversprechen** aus,[106] das gerade im **Testament seine Parallele finde.**[107]

Da die erstgenannte Ansicht eine **Umdeutung** des formnichtigen Schenkungsvertrages gem. § 140 in ein Testament zulässt, sofern dessen Form gewahrt wurde,[108] wirkt sich der Meinungsstreit praktisch nur geringfügig aus,[109] so dass es regelmäßig keiner Entscheidung bedarf. 1182

Die Einhaltung der erbrechtlichen Vorschriften muss durch **Auslegung** unter Beachtung des § 2087 ermittelt werden. Es kann sein, dass das Versprechen als **Vermächtnis** gem. § 2147ff. (Regelfall)[110] oder als **Erbeinsetzung** (Ausnahme)[111] zu behandeln ist.[112] Eine abweichende Auffassung nimmt selbst bei Zuwendung des gesamten Vermögens oder eines Bruchteils immer ein **Vermächtnis** an.[113] Diese Ansicht überzeugt wegen des generellen Verweises auf die Verfügungen von Todes wegen nicht. 1183

Entspricht das **Schenkungsversprechen auf den Todesfall** nicht den erbrechtlichen Formvorschriften, so ist es gem. § 125 S. 1 **formnichtig** 1184

---

102 So z. B. RGZ 83, 223 (227); *Brox*, Erbrecht, Rdn. 758; Erman/*Schmidt*, § 2301 Rdn. 6.

103 Vgl. *Mugdan*, gesammelte Materialien zum Bürgerlichen Gesetzbuch, Berlin 1899 Bd. V, S. 186, 761.

104 So z. B. *Medicus*, Bürgerliches Recht, Rdn. 393; Damrau/*Krüger*, erbrecht, § 2301, Rdn. 1.

105 *Brox,* Erbrecht, Rdn. 758.

106 Vgl. dazu bereits oben, Rdn. 1167ff.

107 MünchKomm/*Musielak*, § 2301 Rdn. 13.

108 *Medicus*, Bürgerliches Recht, Rdn. 393; Staudinger/*Kanzleiter*, § 2301 Rdn. 3 u. 9.

109 *Olzen*, Jura 1987, 16, 117; *Schlüter*, Erbrecht, Rdn. 1254; Staudinger/*Kanzleiter*, § 2301 Rdn. 3.

110 *Leipold*, Erbrecht, Rdn. 570.

111 *Leipold*, Erbrecht, Rdn. 570.

112 H. M.: MünchKomm/*Musielak*, § 2301 Rdn. 14; Palandt/*Edenhofer*, § 2301 Rdn. 6; *Schlüter*, Erbrecht, Rdn. 1255.

113 *Brox*, Erbrecht, Rdn. 759.

und kann nach dem Tod des Schenkers – im Gegensatz zur lebzeitigen Schenkung, § 518 Abs. 2 – nicht mehr geheilt werden.[114] Eine Heilungsmöglichkeit besteht also ausschließlich dann, wenn der Schenker die Schenkung auf den Todesfall bereits zu seinen **Lebzeiten vollzieht**. Dies zeigt § 2301 Abs. 2, der auf die §§ 516ff., und damit auch auf § 518 Abs. 2 verweist. Da die Erbvertrags- oder Testamentsform bei Zuwendungen auf den Todesfall nur selten eingehalten wird, kommt der Frage des Vollzuges große praktische Bedeutung zu.

V. Der lebzeitige Vollzug

1. Die Voraussetzung des Vollzuges

1185 In Rechtsprechung und Lehre besteht Uneinigkeit darüber, unter welchen Voraussetzungen ein Rechtsgeschäft i. S. d. § 2301 Abs. 2 vollzogen ist.

2. Die Entstehungsgeschichte des Gesetzes

1186 Die **Materialien zum BGB** forderten dafür, „dass der Schenker sein Vermögen **sofort und unmittelbar mindert**".[115] Es gibt einen umfangreichen Meinungsstreit darüber, wie diese eher wirtschaftlich gefasste Formulierung in juristische Begriffsmerkmale umgesetzt werden kann. Der Ausgangspunkt ist klar: Der Vollzug muss zwischen der (auf den Todesfall bedingten) **schuldrechtlichen Verpflichtung** einerseits und ihrer **Erfüllung** i. S. d. § 362 Abs. 1, andererseits liegen, da § 2301 Abs. 1 die erste Fallkonstellation und §§ 516, 518 die Letztere erfasst.[116]

1187 Ein **Vollzug** i. S. d. § 2301 Abs. 2 wird zunächst einhellig dann **bejaht**, wenn der Schenker den Gegenstand der Zuwendung **auflösend bedingt** durch das Vorversterben des Beschenkten überträgt **(übereignet/abtritt)**, weil er dann mit Verfügungswirkung aus seinem Vermögen ausscheidet und in das Vermögen des Beschenkten übergeht.[117] Nach über-

---

[114] Vgl. dazu Rdn. 1159; *Medicus*, Bürgerliches Recht, Rdn. 393.

[115] *Mugdan*, a. a. O., S. 186.

[116] Vgl. etwa BGH NJW 1981, 1271 (Übereignung durch Besitzkonstitut, § 930); *Brox*, Erbrecht, Rdn. 744; *Martinek/Röhrborn*, JuS 1994, 564 (567); *Olzen*, Jura 1987, 16, 117; vgl. ferner: Staudinger/*Kanzleiter*, § 2301 Rdn. 23; Ermann/*Schmidt*, § 2301 Rdn. 8; *Martinek/Röhrborn*, JuS 1994, 564 (568).

[117] *Olzen*, Jura 1987, 16, 117; MünchKomm/*Musielak*, § 2301 Rdn. 18; Soergel/*Wolf*, § 2301 Rdn. 13.

wiegender Auffassung liegt ferner ein Vollzug vor, wenn die Beteiligten die entsprechende Vereinbarung durch das Überleben des Beschenkten **aufschiebend bedingt** treffen, sofern alle übrigen Voraussetzungen für den Rechtserwerb erfüllt sind.[118] Denn jetzt erwirbt der Beschenkte gem. §§ 158 Abs. 1, 161 Abs. 1 ein **Anwartschaftsrecht**, das ihn vor einseitiger Entziehung durch den Schenker ebenso wie vor anderweitigen Verfügungen schützt.[119]

Daneben gibt es die Auffassung, der Vollzug sei anzunehmen, wenn 1188
der Schenker – und nicht erst sein Erbe – das **Vermögensopfer** erbringe, die **Vermögensminderung** also beim Erblasser eintritt und nicht den **Nachlass** trifft.[120] Andere sehen das entscheidende Kriterium darin, dass der Schenker noch zu Lebzeiten **alles seinerseits Erforderliche getan habe**, damit der Rechtserwerb sich nach seinem Tod ohne Zutun der Erben von selbst verwirkliche.[121]

Vereinzelt wird diese Auffassung noch **modifiziert** und der Vollzugs- 1189
begriff **subjektiv** verstanden: Der Schenker müsse davon ausgehen, die Zuwendung nicht mehr aufheben zu können und damit rechnen, dass sie jetzt ohne sein Zutun ihren Lauf nehme.[122] Hierzu ist folgendes zu sagen:

a) Der Vollzug bei beweglichen Sachen und Forderungen

Der **Wortlaut** des § 2301 Abs. 2 spricht dafür, die **Tätigkeit des Schenkers** als ent- 1190
scheidend anzusehen, da er auf die Vollziehung „durch den Schenker" abstellt.

Dies entspricht dem **subjektiven Vollzugsbegriff**, der sich allerdings vom Erfordernis eines unmittelbaren Vermögensopfers[123] völlig löst und damit nicht mit dem **Willen des historischen Gesetzgebers** übereinstimmt.[124] Außerdem wirft er das **praktische Problem** auf, nach dem Tod des Erblassers dessen Willen als innere Tatsache klären zu müssen.

Die ebenfalls mit dem Wortlaut vereinbare Ansicht, wonach der **Schenker zu** 1191
Lebzeiten alles Erforderliche für den endgültigen Rechtserwerb nach seinem Tod

---

[118] BGH NJW-RR 1986, 1133 (1134); *Olzen*, Jura 1987, 16, 17; Soergel/*Wolf*, § 2301 Rdn. 14.

[119] *Ebenroth*, Erbrecht, Rdn. 522; MünchKomm/*Musielak*, § 2301 Rdn. 21.

[120] *Brox*, Erbrecht, Rdn. 744 (durch Beschränkung seiner Verfügungsmacht); *Kipp/Coing*, Erbrecht, § 81 III 1c (S. 447f.); *Medicus*, Bürgerliches Recht, Rdn. 393.

[121] BGH NJW 1970, 1638 (1639); FamRZ 1985, 693 (695); *Lange/Kuchinke*, Lehrbuch des Erbrechts, § 33 IV 2 (S. 763); *Schlüter*, Erbrecht, Rdn. 1251.

[122] *Hinz*, JuS 1965, 299 (303) m.w.N.

[123] *Martinek/Röhrborn*, JuS 1994, 564 (568).

[124] Vgl. *Mugdan*, a. a. O., S. 186.

getan haben müsste, führt in anderer Weise zur **Rechtsunsicherheit**, da das Merkmal der Erforderlichkeit unscharf ist und deshalb häufig mit einem Anwartschaftsrecht ausgefüllt wird.[125] Hinzu tritt, dass diese Meinung auf ein lebzeitiges Vermögensopfer verzichtet und insoweit **nicht mit dem Willen des Gesetzgebers**[126] in Einklang steht.[127]

1192 Das Erfordernis **lebzeitiger Vermögensminderung** ist mit dem **Wortlaut** vereinbar und deckt sich mit der **Ansicht des Gesetzgebers.**[128] Allerdings bereitet die Subsumtion Schwierigkeiten, weil das BGB hierfür keine konkrete Hilfe bietet. Man kann nur sagen, dass der Schenker dafür seine Eigentümerstellung zugunsten des Beschenkten einschränken muss, und zwar um einen Bestandteil, der Vermögensqualität hat. Der Inhalt des Eigentums folgt § 903 und ist in rechtlicher Hinsicht durch **Verfügungsfreiheit** und in tatsächlicher Hinsicht durch **Nutzungsmöglichkeit** gekennzeichnet.[129] Eine dieser Befugnisse muss der Eigentümer also aufgeben, damit man eine Vermögensminderung annehmen kann. Räumt er dem Beschenkten ein **Anwartschaftsrecht** ein, besteht daran kein Zweifel, weil dieses als Vorstufe des Eigentums verkehrsfähig und damit Vermögensbestandteil ist. Man könnte darunter auch die Übertragung der **Nutzungsmöglichkeit** verstehen. Allerdings muss die Vollziehung der Schenkung von Todes wegen auf ihre **Erfüllung** gerichtet sein. Dies kann man bei Gewährung eines Nutzungsrechtes deshalb nicht annehmen, weil dadurch eher Gebrauchsüberlassungsverträge realisiert werden, etwa eine Pacht. Daraus folgt, dass ein Vollzug i. S. d. § 2301 Abs. 2 nur bei Übertragung einer **Erwerbsanwartschaft** an den Beschenkten vorliegt, sei es durch **bedingte Übereignung** oder durch **bedingte Abtretung** des Zuwendungsgegenstandes.

1193 Der Vorteil dieser Betrachtungsweise liegt in einer **klaren Abgrenzung** zwischen lebzeitigen und letztwilligen Rechtsgeschäften und dem **Schutz des Erwerbers vor Zwischenverfügungen** gem. § 161. Außerdem kann man in einem solchen Falle sagen, dass der Schenker wirklich etwas getan hat, was an ein lebzeitiges Rechtsgeschäft erinnert und nicht nur versucht, die Erfordernisse einer letztwilligen Verfügung zu umgehen.

b) Der Vollzug bei der Übertragung von Immobilien

1194 Über die Frage nach dem Vollzug einer Schenkung auf den Todesfall, die **unbewegliche Sachen** zum Gegenstand hat, bestehen ebenfalls unterschiedliche Auffassungen. Teilweise sieht man bereits die **Auflassung** gem. § 925 Abs. 1 (bzw. bei sonstigen Grundstücksrechten die bindende Einigung gem. § 873 Abs. 2) als ausreichend an.[130] Überwiegend wird

[125] Vgl. etwa BGH NJW 1970, 941 (942); 1974, 2319 (2320).
[126] Vgl. *Mugdan*, a.a.O., S. 186.
[127] *Brox*, Erbrecht, Rdn. 745.
[128] Vgl. *Mugdan*, a. a. O., S. 186.
[129] Palandt/*Bassenge*, § 903 Rdn. 5.
[130] OLG Düsseldorf NJW 1954, 1041.

jedoch verlangt, dass der Schenker dem Beschenkten darüber hinaus entweder eine **Eintragungsbewilligung** erteilt oder selbst den **Eintragungsantrag** gestellt hat.[131]

Die hier vertretene Ansicht stellt darauf ab, zu welchem Zeitpunkt der 1195
Begünstigte ein **Anwartschaftsrecht** erhält. Auch darüber herrscht Streit.[132] Da es darauf ankommt, dass der Erwerber gegen **Zwischenverfügungen** des Veräußerers gesichert ist, genügt der Eintragungsantrag des Veräußerers noch nicht, da er gem. § 31 GBO jederzeit zurückgenommen werden kann. Der **Erwerber** muss vielmehr **selbst** den Antrag beim Grundbuchamt gestellt haben[133] und das Grundbuchamt darf diesen nicht **zurückgewiesen** haben, da andernfalls die gleiche Rechtslage wie vor dem Antrag entsteht.[134]

Unter diesen Voraussetzungen ist eine auf Grundstücksübertragung ge- 1196
richtete Schenkung auf den Todesfall i. S. d. § 2301 Abs. 2 vollzogen, ebenso, wenn der Anspruch auf Eigentumsübertragung des Beschenkten durch eine **Vormerkung** gesichert wurde.[135]

c) Vollzug durch Erteilung einer Vollmacht an den Begünstigten zur Vornahme der Erfüllungshandlung?

Unabhängig vom Gegenstand der Übertragung stellt sich die Frage, ob 1197
ein Vollzug der Schenkung vorliegt, wenn der Schenker dem Begünstigten eine **Vollmacht** mit dem Inhalt erteilt, nach seinem Tod die notwendigen Erfüllungshandlungen selbst vorzunehmen (sog. **transmortale** oder **postmortale** Vollmacht).[136]

Beispiel: E hat seine Ehefrau F als Alleinerbin eingesetzt. Für sein Bankgut- 1198
haben hatte er seinem Freund und Mitgesellschafter D eine unwiderrufliche Vollmacht erteilt, über das Konto zu verfügen. Die Vollmacht galt über den Tod des E hinaus, da E den D mit dem Geld aus der „gemeinsamen Arbeit“ beschenken wollte, falls dieser ihn überlebe. Nach dem Tod des E stritten sich die Ehefrau und D um das Geld, welches von D zwischenzeitlich abgehoben worden war.[137]

---

131 BGHZ 26, 274 (277); Erman/*Schmidt*, § 2301 Rdn. 10.

132 Vgl. im Einzelnen *Olzen*, Jura 1987, 16, 119.

133 So die h. M., vgl. etwa BGHZ 45, 186 (190); 49, 197 (200) m. w. N.; RGRK/*Augustin*, §§ 925, 925a Rdn. 84; *Baur/Stürner*, Sachenrecht § 19 B I 3 Rdn. 15.

134 BGHZ 45, 186 (191 f.); 49, 197 (201); RGRK/*Augustin*, § 925, 925a Rdn. 84.

135 Vgl. im Einzelnen: *Olzen*, Jura 1987, 16, 119 f.; *Reinicke/Tiedtke*, NJW 1982, 2281 ff; vgl. auch *Baumann*, MittRhNotK 1999, S. 299, 301 ff.

136 Eine transmortale Vollmacht liegt vor, wenn sie schon zu Lebzeiten des Schenkers gilt und ihre Wirksamkeit nach dem Willen der Beteiligten von dessen Tod unberührt bleiben soll. Von einer postmortalen Vollmacht spricht man, wenn die Wirkung der Vollmacht erst nach dem Tod des Vollmachtgebers eintreten soll.

137 Vgl. BGHZ 87, 19 ff.

1199 Nach Auffassung des BGH[138] und der wohl überwiegenden Meinung in der Literatur[139] begründet weder die **einfache** noch die **unwiderrufliche** Vollmacht einen Schenkungsvollzug i. S. d. § 2301 Abs. 2: Beides führe nicht dazu, die rechtliche Zuordnung des Schenkungsgegenstandes zum Vermögen des Schenkers zu ändern.

1200 Stellt man mit der hier vertretenen Auffassung darauf ab, dass der Begünstigte ein **Anwartschaftsrecht** erhalten muss, dann scheidet ein Vollzug bei der einfachen Vollmacht bereits wegen ihrer **freien Widerruflichkeit** aus, § 168 S. 2. Aber auch die Erteilung einer **unwiderruflichen Vollmacht** erfüllt die Voraussetzungen des § 2301 Abs. 2 nicht, da man sie aus **wichtigem Grund widerrufen** kann.[140] Schwerer wiegt aber, dass die Bevollmächtigung dem Begünstigten **keine Rechtsposition** schafft, die derjenigen aus bedingter Übereignung wegen § 161 vergleichbar wäre. Der Schenker und Vollmachtgeber ist nicht an anderweitigen Verfügungen über den Vollmachtsgegenstand gehindert. Für den Beispielsfall folgt daraus, dass die schenkweise Zuwendung des Bankguthabens nicht vollzogen war; der Schenker hätte die Forderung gegen die Bank bedingt abtreten müssen.[141]

d) Vollzug bei Einschaltung Dritter

1201 Die Einbeziehung Dritter in den Abschluss oder die Erfüllung eines Rechtsgeschäfts unter Lebenden auf den Todesfall kann auf unterschiedliche Weise erfolgen. Es besteht die Möglichkeit einen **(Erklärungs-)Boten** zu beauftragen, die notwendigen Willenserklärungen **nach dem Tod** an den Begünstigten weiterzuleiten oder den Dritten als **Stellvertreter** einzusetzen. Schließlich kann der Schenker dem Dritten den Zuwendungsgegenstand **treuhänderisch** übertragen und mit ihm eine Weitergabe an den Begünstigten nach seinem Tod vereinbaren.

aa) Vollzug durch Boten

1202 Als Lehrbeispiel gilt auch insoweit wieder der sog. „Bonifatius-Fall".[142] Bei Einschaltung eines Boten bildet den Augangspunkt der rechtlichen Überlegungen, dass Willenserklärungen, die der Schenker zu Lebzeiten **abgegeben** hat, gem. §§ 130 Abs. 2, 153 auch noch nach seinem Tod **zu-**

---

[138] BGHZ 87, 19 (25f).

[139] *Bork*, JZ 1988, 1059 (1060f.); *Leipold*, JZ 1987, 362 (363); Staudinger/*Kanzleiter*, § 2301 Rdn. 40; Palandt/*Edenhofer*, § 2301 Rdn. 9; a. A. für die unwiderrufliche Vollmacht *Kuchinke*, FamRZ 1984, 109ff.

[140] Palandt/*Heinrichs*, § 168 Rdn. 6 m. w. N.

[141] BGH WM 1986, 786f.; *Ebenroth*, Erbrecht, Rdn. 524.

[142] RGZ 83, 223ff.; zum Sachverhalt s. o. Rdn. 1156.

gehen und vom Erklärungsempfänger **angenommen** werden können.[143] Fraglich erscheint, ob § 130 Abs. 2 nur dann anwendbar ist, wenn der Erklärende – wie im „Bonifatius-Fall" – **zufällig** vor Zugang der Erklärung stirbt,[144] oder auch dann, wenn der Zugang **bewusst** auf die Zeit nach dem Tode verschoben wird,[145] indem man den Boten entsprechend anweist.

Der Wortlaut der Vorschriften verlangt lediglich, dass der Erklärende **1203**
die Willenserklärung vor seinem Tod **abgegeben** hat. Ein subjektives Erfordernis des Inhaltes, dass der Zugang noch zu Lebzeiten des Erklärenden gewollt sein müsse, enthält das Gesetz nicht. Daher sind die §§ 130 Abs. 2, 153 grundsätzlich auch dann anwendbar, wenn der Erklärende den Zugang der Erklärung **absichtlich** bis zu seinem Tod **hinauszögert**.

Damit ist aber noch nicht über den **Vollzug** i. S. d. § 2301 Abs. 2 ent- **1204**
schieden. Nach allen dazu vertretenen Auffassungen wäre er bei Einschaltung eines Boten, der die dingliche Erklärung und den Schenkungsgegenstand erst nach dem Tod des Schenkers überbringt, zu verneinen.

Deshalb stellt sich die Frage, wie sich damit die klare Aussage der **1205**
§§ 130 Abs. 2, 153 in Übereinstimmung bringen lässt. Andernfalls käme man dazu, dass dingliche Erklärungen, die nach dem Tode des Schenkers dem Beschenkten noch zugehen und von diesem angenommen werden können, im Verhältnis zu den Erben des Schenkers dann doch keine Wirkung entfalten, weil die Voraussetzungen des § 2301 Abs. 2 fehlen.

Zur Lösung des Widerspruchs ist vom **Schutzzweck der Norm** aus- **1206**
zugehen, Zuwendungen außerhalb letztwilliger Verfügungen zu verhindern, die den **Erblasser zu Lebzeiten wirtschaftlich nicht treffen**, wohl aber die am **Nachlass beteiligten Personengruppen benachteiligen**.[146]

---

143 Es ist allerdings str., ob durch die Erklärung gegenüber dem Boten das Angebot überhaupt schon *abgegeben* wurde. Das ist mit der h. M. zu bejahen, da der Schenker damit alles Erforderliche getan hat, um die Erklärung auf den Weg zum Empfänger (= der Beschenkte) zu bringen, vgl. *Brox*, Erbrecht, Rdn. 749; a. A. *Lange/Kuchinke*, Lehrbuch des Erbrechts, § 33 III 1b (S. 757).

144 *Brox*, Erbrecht, Rdn. 751; Soergel/*Wolf*, § 2301 Rdn. 18; *Lange/Kuchinke*, Lehrbuch des Erbrechts, § 33 III 1b (S. 757).

145 BGH NJW 1975, 382, 383; *Kipp/Coing*, Erbrecht, § 81 V 2 (S. 452f.); Palandt/*Heinrichs*, § 130 Rdn. 12.

146 *Olzen*, Jura 1987, 16, 121.

1207 Aus diesem Grunde wird die Anwendung der §§ 130 Abs. 2, 153 wegen **Widerspruchs** gegen den **Schutzzweck** des § 2301 teilweise ausgeschlossen,[147] andere verneinen mit dem gleichen Ergebnis einen lebzeitigen Vollzug.[148]

1208 Das erscheint dann richtig, wenn der Schenker den Zugang der Verfügungserklärung **bewusst** auf die Zeit nach seinem Tod hinausschiebt, nicht aber, wenn er nur **zufällig** vor Zugang stirbt. In diesem Falle bleibt es bei der Anwendung der §§ 130 Abs. 2, 153, obwohl zu **Lebzeiten des Schenkers kein Vollzug** eingetreten ist.[149] Dafür spricht aber, dass es sonst von Zufälligkeiten abhängt, ob der Schenker vor Zugang der zu Lebzeiten abgegebenen Willenserklärung stirbt oder nicht.[150]

1209 Das Problem für den Begünstigten liegt allerdings darin, dass die **Erben des Schenkers den Vollzug verhindern können**, indem sie die dingliche Erklärung gem. § 130 Abs. 1 S. 2 bis zu ihrem Zugang widerrufen.[151]

1210 Bezogen auf den „Bonifatius-Fall" bedeutet dies: Aus der Tatsache, dass P mit seinem Tod rechnete, folgt, dass es sich um ein **Schenkungsversprechen auf den Todesfall** i. S. d. § 2301 Abs. 1 handelte,[152] welches dem Verein gem. § 130 Abs. 2 nach dem Tode des P zuging. Es entsprach allerdings nicht **erbrechtlichen Formen**, so dass über seine Wirksamkeit der **lebzeitige Vollzug** i. S. d. § 2301 Abs. 2 entscheidet. Nun hatte P zwar ein Übereignungsangebot abgegeben, alle übrigen Übereignungsvoraussetzungen wurden aber nicht mehr zu seinen Lebzeiten verwirklicht, so dass die Voraussetzungen des § 2301 Abs. 2 fehlen. Ob dieser Umstand hinter der Wertung der §§ 130 Abs. 2, 153 zurücktritt, hängt davon ab, ob P den Vollzug **absichtlich** auf seinen Tod hinausschob oder nicht. Das erscheint deshalb fraglich, weil P, obwohl er mit seinem baldigen Tod rechnete, dem Boten A die Weisung nur zur „gelegentlichen Übergabe" auftrug und ihm damit einen Spielraum einräumte, also nichts tat, um eine Vollziehung der Schenkung vor seinem Tod zu sichern. Daraus kann man aber noch nicht

---

147 Staudinger/*Kanzleiter*, 12. Aufl., § 2301 Rdn. 23; RGZ 83, 223 (227).

148 Erman/*Schmidt*, § 2301 Rdn. 8; i. d. S. auch BGHZ 87, 19 (25f.); BGH NJW 1988, 2731 f. (jeweils für den Bevollmächtigten des Schenkers).

149 So im Ergebnis OLG Düsseldorf ZEV 1996, 423 (425); Staudinger/*Kanzleiter*, § 2301 Rdn. 23; *Schreiber*, Jura 1995, 159 (161); *Martinek/Röhrborn*, JuS 1994, 564 (568f.); a. A. noch *Olzen*, Jura 1987, 16, 121. Die Ansicht wird aufgegeben. Es handelt sich allerdings um einen Grenzfall, weil P seinen Tod erwartete, so dass der Vorgang dadurch stark in die Nähe einer letztwilligen Verfügung gerückt wird.

150 *Martinek/Röhrborn*, JuS 1994, 564 (569); MünchKomm/*Musielak*, § 2301 Rdn. 23.

151 *Brox*, Erbrecht, Rdn. 750.

152 Vgl. Rdn. 1167ff.

auf ein absichtliches Hinausschieben des Zugangs der Übereignungserklärung schließen.[153] Vielmehr hat P ihn dem Zufall überlassen, so dass auch bei dieser Schenkung auf den Todesfall ausnahmsweise ein postmortaler Vollzug ausreichend ist. Der Bonifatius-Verein hat das Angebot angenommen; der Zugang der Annahmeerklärung war gem. § 151 entbehrlich. Schließlich hat A die Wertpapiere auch übergeben, so dass der Bonifatius-Verein gem. § 929 S. 1 Eigentum erworben hat. Dadurch wurde der Formmangel geheilt. Herausgabeansprüche der Erbin gegen den Verein bestehen aufgrund des kondiktionsfesten Erwerbs nicht. Zu erwähnen bleibt, dass es wenig Fälle gibt, die so unterschiedlich gelöst werden wie gerade der „Bonifatius-Fall".[154]

bb) Vollzug durch Bevollmächtigten

Schaltet der Schenker einen Dritten als **Vertreter** ein, so stellt die **Bevollmächtigung** allein noch **keinen lebzeitigen Vollzug** i. S. d. § 2301 Abs. 2 dar, auch nicht eine **unwiderruflich erteilte** (trans- oder postmortale) Vollmacht.[155] Dafür gelten die gleichen Gründe wie bei der Bevollmächtigung des Begünstigten selbst.[156] Man kann sich also nur fragen, ob es für den Vollzug ausreicht, dass der Vertreter die notwendigen Erklärungen und Handlungen nach dem Tode des Schenkers vornimmt. 1211

Diesbezüglich gelten die für die Einschaltung eines **Boten** herausgearbeiteten **Wertungen**: Der Tod des Schenkers führt gem. §§ 168 S. 1, 672 S. 1 nicht zum Erlöschen der Vollmacht bzw. des zugrunde liegenden Auftrags, so dass der Vertreter die zum Vollzug erforderlichen Erklärungen grundsätzlich noch nach dem Tod des Schenkers abgeben kann, sofern die Erben nicht zuvor gem. §§ 168 S. 2, 671 Abs. 1 den Auftrag oder die Vollmacht widerrufen.[157] Insoweit reicht also u. U. aus- 1212

---

[153] Anders im Ergebnis RGZ 83, 223 (227).

[154] Das RG sah die Übereignung davon abweichend als unwirksam an (und damit das Schenkungsversprechen als formnichtig), da E, die im Zeitpunkt der Übergabe Eigentümerin war, den Eigentumsübergang nicht gewollt habe. Dem liegt die Auffassung zu Grunde, dass der Übereignungswille noch bei der Übergabe bestehen müsse. Sie wird heute jedoch kaum noch vertreten (vgl. *Ebenroth*, Erbrecht, Rdn. 527 m. w. N.) und ist auch mit § 130 Abs. 1 S. 2 unvereinbar, wonach eine Willenserklärung nur durch rechtzeitigen Widerruf ihre Wirksamkeit verliert (ausf. *Brox*, Erbrecht, Rdn. 752).

[155] BGHZ 87, 19 (25f.); BGH NJW 1988, 2731f.; *Bork* JZ 1988, 1059 (1060f.); Staudinger/*Kanzleiter*, § 2301 Rdn. 24; a. A. *Schlüter*, Erbrecht, Rdn. 1252 (unwiderrufliche Vollmacht genügt zur Bejahung des Vollzugs), vgl. Rdn. 1197ff.

[156] S. o., Rdn. 1197ff.

[157] BGHZ 127, 239 (244f.). Nach dem Tod des Schenkers als Vollmachtgeber

nahmsweise ein nachträglicher Vollzug im Rahmen des § 2301 Abs. 2,[158] sofern er nicht durch eine entsprechende Weisung an den Bevollmächtigten **bewusst** auf die Zeit nach dem Tod des Schenkers verzögert wird, sondern nur zufällig zu diesem Zeitpunkt eintritt.[159]

cc) Vollzug durch Treuhänder

1213 Schließlich steht noch aus, ob eine **Schenkung auf den Todesfall** dann i. S. d. § 2301 Abs. 2 vollzogen ist, wenn der Schenker den Zuwendungsgegenstand **zu Lebzeiten** auf einen **Treuhänder** überträgt, und zwar mit der **Anweisung**, den Gegenstand **nach seinem Tod** auf den Beschenkten zu übertragen. Es handelt sich um eine sog. **fremdnützige** (Verwaltungs-)Treuhand: Der Treuhänder wird Eigentümer der zugewendeten Sache oder Inhaber der zugewendeten Forderung und damit im Außenverhältnis **Vollrechtsinhaber**, im Innenverhältnis aber gebunden durch die Treuhandabrede.[160] Der Schenker verliert also seine Verfügungsmacht,[161] so dass man den Vollzug annehmen könnte. Dem steht jedoch entgegen, dass er die **Rechtsübertragung** auf der Grundlage der obligatorischen Treuhandabrede jederzeit **rückgängig machen** kann, indem er das Treugut herausverlangt.[162] Ein **Anwartschaftsrecht** ist deshalb **zu verneinen** und deshalb auch der **Vollzug** i. S. d. § 2301 Abs. 2.[163]

---

wirkt die Vollmacht zwar als Vollmacht der Erben. Das bedeutet aber nicht, dass der Vertreter zu seinem Handeln die Zustimmung der Erben einholen müsste. Die Vollmacht endet erst und nur dann, wenn die Erben sie widerrufen, *Kuchinke*, FamRZ 1984, 109 (112); MünchKomm/*Musielak*, § 2301 Rdn. 24.

[158] *Kuchinke*, FamRZ 1984, 109 (112); MünchKomm/*Musielak*, § 2301 Rdn. 24; a. A. BGHZ 87, 19 (25); 99, 97 (100); BGH NJW 1988, 2731 (2732); *Leipold*, JZ 1987, 362f.; *Brun*, Jura 1994, 291 (300f.).

[159] *Brox*, Erbrecht, Rdn. 751; MünchKomm/*Musielak*, § 2301 Rdn. 24.

[160] Palandt/*Bassenge*, § 903 Rdn. 39.

[161] Palandt/*Bassenge*, § 903 Rdn. 34.

[162] BGH FamRZ 1972, 559f.; WM 1972, 882 (883); Palandt/*Bassenge*, § 903 Rdn. 36.

[163] So im Ergebnis auch *Brox*, Erbrecht, Rdn. 744; a. A. Soergel/*Wolf*, § 2301 Rdn. 20. Zu der Frage, ob eine unwiderrufliche Übertragung des Treuguts an den Treuhänder möglich ist und – bejahendenfalls – zum Vollzug genügt, ausf. *Olzen*, Jura 1987, 16, 22f.

Übersicht: Rechtsgeschäfte unter Lebenden auf den Todesfall (2)

Voraussetzungen § 2301 / Ansichten	h.M.	a.A.
Schenkungsversprechen	**Schenkungsvertrag** (ggf. bei Formwahrung **Umdeutung** des Angebots gem. § 140 in letztwillige Verfügung) [analoge Anwendung von § 2301 auf gemischte Schenkung]	**Schenkungsangebot** ausreichend
Befristung durch Tod des Schenkers	**Aufschiebende Befristung** gem. §§ 163, 158 Abs. 1; Grenze: Versprechen in sicherer Erwartung des baldigen Todes (→ Motiv oder Frist? Vgl. „Bonifatius-Fall")	
Bedingung durch Überleben des Beschenkten	Ggf. durch Auslegung zu ermittelnde **Bedingung**, dass **Beschenkter den Schenker überlebt** (Höchstpersönlichkeit der Schenkung)	

Rechtsfolgen bei nicht vollzogenem Schenkungsversprechen

Erbvertrag, §§ 2275, 2276 — **Testament**, §§ 2247, 2232

Formvorschriften

Bei Nichteinhaltung der Formvorschriften: Heilung durch lebzeitigen Vollzug gem. § 2301 Abs. 2?

Anwartschaftsrecht des Beschenkten

Erblasser muss zu seinen Lebzeiten **alles Erforderliche** getan haben (subj./obj. Betrachtungsweise, str.)

Vermögensopfer (=-minderung) beim Erblasser

Vollzug bei Einschaltung Dritter

Bote

Problem: Zugang der Willenserklärungen **nach Tod des Erklärenden**

Gem. §§ 130 Abs. 2, 153 wirksam möglich

Vollzug (-), wenn dingliche Erklärung & Gegenstand erst nach Tod des Schenkers überbracht werden

Lösung dieses **Widerspruchs** über **Schutzzweck der Norm:**

1. Ansicht: keine Anwendung der §§ 130 Abs. 2, 153 wg. Widerspruchs zu § 2301 (Spezialvorschrift)

2. Ansicht: lebzeitiger Vollzug liegt nicht vor

....

Anders, wenn Schenker **zufällig** vor Zugang der Willenserklärungen **verstirbt**: §§ 130 Abs. 2, 153 anwendbar, d.h. wirksame WE

aber: **Widerrufsmöglichkeit** des Erben gem. § 130 Abs. 1 S. 2

Bevollmächtigter

Mit Botenschaft vergleichbare Problemlage

Wegen **Widerrufsmöglichkeit** gem. §§ 168 S. 2, 671 Abs. 2 ist **Bevollmächtigung** des Dritten (auch unwiderruflich) **allein kein Vollzug**.

Treuhänder

Problem: Vollzug bei lebzeitiger Übertragung des Zuwendungsgegenstandes auf Treuhänder?

Da **Treuhandabrede Herausgabeanspruch** begründet, **kein Vollzug** (str.)

VI. Rechtsfolgen einer vollzogenen Schenkung auf den Todesfall

1214 Der lebzeitige Vollzug der Schenkung auf den Todesfall führt dazu, dass sie als **Schenkung unter Lebenden** behandelt wird.[164] Es gelten also die §§ 516ff., insbesondere die Rechtsfolge des § 518 Abs. 2. Der **lebzeitige Vollzug** der Schenkung **heilt den Mangel** der von § 2301 Abs. 1 verlangten erbrechtlichen **Form.**[165]

C. Vertrag zugunsten Dritter auf den Todesfall, §§ 328, 331

1215 Im engen Zusammenhang mit § 2301 steht § 331. In den §§ 328ff. ist der „echte" oder „berechtigende" Vertrag zugunsten Dritter geregelt, allerdings nicht als besonderer Vertragstyp. Vielmehr kann jeder (schuldrechtliche) Vertrag zugunsten eines Dritten geschlossen werden.[166]

1216 Soll der Dritte das Forderungsrecht erst mit dem **Tod des Versprechensempfängers erwerben**, handelt es sich um einen **Vertrag zugunsten Dritter auf den Todesfall**, §§ 328, 331, (330). Beispiele dafür bilden etwa **Lebensversicherungsverträge**, vgl. § 330, in denen ein Dritter benannt wird,[167] oder auch die **Anlage eines Sparkontos** bzw. der Abschluss eines **Bausparvertrages** mit der Vereinbarung, dass ein Dritter die Auszahlungsansprüche nach dem Tod des Sparers erhalten soll.[168]

1217 Ein Problem liegt darin, wie sich der **Vertrag zugunsten Dritter auf den Todesfall** zur **Schenkung auf den Todesfall** i. S. d. § 2301 verhält. Denn § 331 nimmt anders als § 2301 Abs. 1 keinen Bezug auf die erbrechtlichen Formvorschriften, so dass sich die Frage stellt, ob eine

---

164 AnwK-BGB/*Seif*, § 2301, Rdn. 32.

165 *Schlüter*, Erbrecht, Rdn. 1248; Soergel/*Wolf*, § 2301 Rdn. 11.

166 *Brox*, Erbrecht, Rdn. 761; MünchKomm/*Gottwald*, § 328 Rdn. 3.

167 Vgl. Rdn. 1233ff. u. §§ 166f. VVG.

168 BGH NJW 1965, 1913f.; *Leipold*, Erbrecht, Rdn. 577. Ein Vertrag zugunsten Dritter auf den Todesfall liegt auch dann vor, wenn der Versprechensempfänger (= der Zuwendende) ein Sparbuch auf den Namen eines Dritten (= Bedachter) anlegen lässt, sich den Besitz des Sparbuchs zu Lebzeiten aber vorbehält (BGHZ 46, 198ff.; OLG Koblenz MDR 1995, 812f.; OLG Köln MDR 1995, 1027f.) Das gilt jedoch nicht, wenn der Bedachte selbst das Sparkonto errichtet und einem anderen, der einen Betrag auf dieses Konto einzahlte, den Besitz des Sparbuchs bis zu dessen Tod überlassen und Vollmacht eingräumt hat. Der Kontoinhaber hat dann von vornherein ein Recht gegen die Bank auf das Kontoguthaben (BGH NJW 1994, 931f.).

formlose Zuwendung auf den Todesfall in dieser Sonderform des Vertrages zugunsten Dritter möglich ist.

I. Deckungsverhältnis

Die Besonderheit des **Vertrages zugunsten Dritter auf den Todesfall** be- 1218
steht darin, dass der Dritte den Anspruch gem. der Auslegungsregel des § 331 Abs. 1 im Zweifel erst mit dem **Tod des Versprechensempfängers** erwirbt.[169] Die Norm regelt also nur den **Zeitpunkt der Anspruchsentstehung**, nicht aber, ob der Dritte überhaupt eine solche Forderung erhält. Dies ist durch Auslegung des Rechtsgeschäfts unter Berücksichtigung der besonderen Regel in §§ 328 Abs. 2, 330 zu ermitteln.[170] Darüber entscheidet also ausschließlich das **Deckungsverhältnis**,[171] d. h. die Rechtsbeziehung zwischen dem Versprechenden und dem Versprechensempfänger.

Es bedarf der **Form** des jeweiligen Vertragstypes, auf das es sich bezieht, z. B. 1219
derjenigen des § 311 b Abs. 1, wenn der Anspruch aus einem Grundstückskaufvertrag einem Dritten zugewendet werden soll. Weitere Formerfordernisse ergeben sich daraus, dass das Deckungsverhältnis ein Rechtsgeschäft im Valutaverhältnis, d. h. in der Rechtsbeziehung zwischen Versprechensempfänger und Dritten abdeckt,[172] das sich regelmäßig als formbedürftige **Schenkung** darstellt. Die Rechtsbeziehung zwischen Versprechendem und Drittem richtet sich allein nach dem Deckungsverhältnis; das Valutaverhältnis ist für den Versprechenden bedeutungslos.[173]

---

[169] *Olzen*, Jura 1987, 16 (24).

[170] BGHZ 46, 198 (202); BGH NJW 1984, 480 (481); MünchKomm/*Gottwald*, § 331 Rdn. 1.

[171] *Olzen*, Jura 1987, 16 (24).

[172] Vgl. Rdn. 1221 ff.

[173] So im Ergebnis die h. M.: BGHZ 41, 95 (97); 46, 198 (201); 54, 145 (147); BGH WM 1983, 1355; NJW 1984, 480 (481); Staudinger/*Jagmann*, § 331 Rdn. 11; MünchKomm/*Gottwald*, § 331 Rdn. 4; a. A. Staudinger/*Boehmer*, 11. Aufl., Einl. Erbrecht, § 27 Rdn. 13; Hk-BGB/*Hoeren*, § 2301, Rdn. 42.

II. Das Valutaverhältnis

1. Allgemeines

1220 Das **Valutaverhältnis** entscheidet ausschließlich die Frage, ob der Anspruch des Begünstigten mit dem **Tod des Versprechensempfängers entsteht** bzw. ob er die zur Erfüllung bewirkte **Leistung**[174] gegenüber den Erben und sonstigen Nachlassbeteiligten endgültig **behalten darf**.[175] Es bildet also einen **Rechtsgrund zum Behaltendürfen**.[176] Fehlt dieser, dann kann das Zugewendete von den Erben des Versprechensempfängers als **rechtsgrundlose Leistung** gem. §§ 812ff. kondiziert werden.[177]

2. Form und Zustandekommen der Rechtsbeziehung im Valutaverhältnis

1221 Bei dem Rechtsgeschäft zwischen Versprechensempfänger und Drittem handelt es sich meist[178] um eine **Schenkung**. Da aber die erstrebten Ziele und Wirkungen weitgehend einer Verfügung von Todes wegen entsprechen,[179] stellt sich die Frage, ob sie nach den Regeln für **lebzeitige Rechtsgeschäfte**, §§ 516ff., oder als **Schenkung auf den Todesfall**, § 2301, beurteilt wird. Dies erlangt zunächst wegen der unterschiedlichen **Formerfordernisse** an Bedeutung, weil derartige Zuwendungen oft weder der notariellen Form des § 518 Abs. 1 noch der von § 2301 Abs. 1 verlangten erbrechtlichen Form entsprechen.[180] Dann kommt es für die Wirksamkeit darauf an, ob die Schenkung nach dem Tod des Versprechensempfängers durch Bewirkung der Leistung **geheilt** werden kann, § 518 Abs. 2, oder ob ein **lebzeitiger Vollzug** erforderlich ist, § 2301 Abs. 2.

1222 Besonders schwierig stellt sich die Rechtslage dar, wenn der Dritte und der Versprechensempfänger zu dessen Lebzeiten keine Verein-

---

[174] BGH NJW 1984, 480 (481).

[175] BGHZ 91, 288 (290); BGH NJW 1975, 1360; *Olzen*, Jura 1987, 16 (24); Staudinger/*Jagmann*, § 331 Rdn. 15.

[176] Heute wohl allgemeine Meinung, vgl. im Einzelnen Rdn. 1224ff.

[177] BGH NJW 1975, 382 (383); 1993, 2171 (2172); BGHZ 91, 288 (290, 292); *Olzen*, Jura 1987, 16 (24); Staudinger/*Jagmann*, § 331 Rdn. 15.

[178] BGH NJW 1984, 480, 481; Staudinger/*Jagmann*, § 331 Rdn. 20; Soergel/*Wolf*, § 2301 Rdn. 23; Damrau/*Krüger*, Erbrecht, § 2301, Rdn. 8.

[179] Staudinger/*Jagmann*, § 331 Rdn. 16.

[180] *Olzen* Jura 1987, 16 (22).

barung getroffen haben, der Dritte also erst nach dem Tod des Schenkers Kenntnis z. B. von der Kontoerrichtung erhält.[181]

Beispiel: [182] Die Parteien, T und S, sind Geschwister, die ihre 1979 verstorbene Mutter M zu je 1/2 beerbt haben. M hatte bei der B-Bank ein Sparguthaben i. H. v. insgesamt ca. 50000 DM. Im Oktober 1960 schrieb M der Beklagten T (maschinenschriftlich): „Alles habe ich auf Deinen Namen gegeben, wenn ich sterbe, dass Du sofort rankommst". Wenige Wochen später hatte sie bei der Bank ein Sparbuch auf den Namen der T anlegen lassen, dieses aber behalten. Mit der Klage betreibt der S die Auseinandersetzung der Miterbengemeinschaft und verlangt Zustimmung zur Aufteilung des Sparguthabens zu je 1/2. T ist der Ansicht, ihr sei das Konto schenkweise durch Vertrag zugunsten Dritter auf den Todesfall zugewendet worden. 1223

Abw.: Wie oben, M hatte der T aber von dem Sparbuch nichts gesagt. 1224

Zu dieser Problematik werden folgende Auffassungen vertreten:[183] Der BGH[184] und die h. M. in der Literatur[185] beurteilen die Zuwendung der M an T im Valutaverhältnis als eine **Schenkung unter Lebenden**, §§ 516ff., obwohl sie die Voraussetzung einer **Schenkung von Todes wegen** erfüllt und deshalb an sich § 2301 entsprechen müsste. Sie sehen § 331 aus **systematischen Gründen** wegen seiner Stellung im Schuldrecht als Indiz für den **Willen des Gesetzgebers**, Verträge zugunsten Dritter auf den Todesfall insgesamt nicht dem Erbrecht zu unterstellen.[186] § 331 ist danach eine **Sondervorschrift** zu § 2301. Die Wirksamkeit der geschilderten Schenkung richtet sich also allein nach den §§ 516ff., insbesondere nach § 518. Wurde die Formvorschrift des § 518 Abs. 1 nicht beachtet, wie es in der Praxis meist der Fall sein dürfte, so wird dieser Formmangel spätestens mit dem Tod des Versprechensempfän-

---

181 BGHZ 66, 8ff.; 46, 198ff.; 41, 95ff.

182 In Anlehnung an BGH NJW 1984, 480: *Olzen*, Jura 1987, 16 (22).

183 Ausf. *Olzen*, Jura 1987, 16 (22ff.).

184 BGHZ 41, 95ff.; 46, 198ff.; 66, 8 (11ff.); BGH NJW 1984, 480 (481) (spricht nur allgemein von „Schenkung", geht aber aufgrund des sog. „Von-selbst-Erwerbs" sowohl von Vollzug i. S. d. § 2301 Abs. 2 als auch von Heilung i. S. d. § 518 Abs. 2 aus).

185 MünchKomm/*Gottwald*, § 331 Rdn. 4 Fn. 20 m. w. N.

186 BGHZ 66, 8, 12; *Leipold*, Erbrecht, Rdn. 577; der BGH hat diese Rspr. in BGH, JZ 2004, 518ff. noch einmal bestätigt und darüber hinaus klargestellt, dass sich auch die Anfechtung im Valutaverhältnis lediglich nach den allgemeinen Vorschriften der §§ 119ff. und nicht etwa den erbrechtlichen Sonderregeln der §§ 2078ff. richtet. Zur Begründung verwies er auf das schutzwürdige Vertrauen des begünstigten Dritten sowie den unerwünschten Ausschluss eines Schadensersatzanspruchs aus § 122 durch § 2078 Abs. 3. Siehe hierzu auch die Anm. von *Leipold*, ZEV 2004, 121ff.

gers gem. § 518 Abs. 2 geheilt. Der Bedachte erwirbt in diesem Zeitpunkt den Anspruch aus dem Vertrag zugunsten Dritter gegen die Bank. Dies stellt sich als **„bewirken"** der Leistung i. S. d. Norm dar.[187]

1225 Wenn der Schenkungsvertrag – wie in der Abwandlung – im Valutaverhältnis zu Lebzeiten des Schenkers noch nicht zustande gekommen war, kann er nach der Rechtsprechung[188] auch noch nach dessen Tod begründet werden. Der BGH sieht die Erklärung des Versprechensempfängers (M) gegenüber der Bank (B), die der Begründung des Sparvertrages diente, gleichzeitig als Schenkungsversprechen der M im Verhältnis zur begünstigten Dritten (T) an. Dieses Schenkungsversprechen übermittelt die B als Erklärungsbotin der M nach deren Tod. Die Rechtsprechung konstruiert den Vertragsschluss mit Hilfe der §§ 130 Abs. 2, 153, wonach ein Angebot auch noch nach dem Tod des Erklärenden zugehen und angenommen werden kann.[189] Für den Zugang des Schenkungsangebots sei es ausreichend, dass die Bank dem begünstigten Dritten Mitteilung von der Existenz des Kontos bzw. des Sparbuchs mache.[190] Das Auszahlungsverlangen des Begünstigten stelle die erforderliche Annahmeerklärung dar, deren Zugang gem. § 151 entbehrlich sei.[191] Die Formnichtigkeit des Schenkungsversprechens werde dadurch geheilt, dass die Leistung im Zeitpunkt der Annahme bereits bewirkt sei, weil der Beschenkte mit dem Tode des Schenkers den Auszahlungsanspruch gegen die Bank erhalten habe.[192]

1226 Allerdings geht nach dieser Ansicht das Recht des Versprechensempfängers, den der Bank erteilten Auftrag, § 671 bzw. §§ 675, 620, 621 Nr. 5 bzw. das Schenkungsangebot, § 130 Abs. 1 S. 2 zu widerrufen, auf die Erben über,[193] die damit das Zustandekommen des Schenkungsvertrags verhindern können.[194]

1227 Im Ergebnis lassen Rechtsprechung und wohl h. M. in der Literatur damit im Rahmen eines Vertrages zugunsten Dritter auf den Todesfall eine Zuwendung von Todes wegen zu, ohne dass sie den erbrechtlichen Formen entspricht oder dass der Zuwendende dafür ein lebzeitiges

---

[187] BGHZ 41, 95 (97); 66, 8 (13); BGH WM 1976, 1130; NJW 1975, 382 (383); 1984, 480 (481).
[188] BGHZ 41, 95 (97); 46, 198 (203f.); BGH NJW 1984, 480 (481).
[189] Vgl. Rdn. 1227.
[190] BGH NJW 1984, 480 (481).
[191] BGH NJW 1984, 480 (481).
[192] BGHZ 46, 198 (204).
[193] BGH NJW 1975, 382 (383).
[194] BGH NJW 1975, 382 (383f).

Vermögensopfer erbringen muss. Es wird damit eine **„Vererbung außerhalb des Erbrechts“** ermöglicht.[195]

Nach gegenteiliger Auffassung[196] ist auf das Valutaverhältnis § 2301 anzuwenden. Danach wären sowohl im Ausgangsfall als auch in der Abwandlung kein wirksamer Schenkungsvertrag zu Stande gekommen. Das Schenkungsversprechen war in beiden Fällen formunwirksam. Eine Heilung durch lebzeitigen Vollzug i. S. d. § 2301 Abs. 2 kommt nicht in Betracht, da sich die Versprechensempfängerin M als Schenkerin der Verfügung über das Sparbuch zu Lebzeiten nicht begeben hat, also jederzeit selbst Geld abheben konnte. Danach hätte die begünstigte Dritte, die T, die Forderung gegen die Bank B rechtsgrundlos erworben und müsste sie herausgeben.[197] **1228**

Auch nach hier vertretener Ansicht ist eine Schenkung unter Lebenden abzulehnen, da auf diesem Wege **erbrechtliche Vorschriften umgangen** würden.[198] Damit wäre eine **Benachteiligung** der **Nachlassgläubiger** und der **Pflichtteilsberechtigten** verbunden,[199] da die entsprechenden Ansprüche auf Auszahlung eines Bankguthabens oder einer Versicherungssumme nicht in den Nachlass fallen.[200] **1229**

Zudem erscheint die rechtliche **Konstruktion des Schenkungsvertrages zweifelhaft**. Der Versprechende, im vorliegenden Fall B, weiß meist nicht, dass sie als Botin für den Versprechensempfänger, die M, zur Übermittlung des Schenkungsangebots tätig wird.[201] Ein entsprechender Parteiwille ist regelmäßig Fiktion.[202] Ebenso fraglich erscheint, ob das Auftragsverhältnis zwischen Versprechensempfänger und Bank, das auf Kontoführung gerichtet ist, derartige Tätigkeiten noch erfasst.[203] Weiterhin wird der begünstigte Dritte in seinem Auszahlungsverlangen kaum die Annahme eines Schenkungsangebotes sehen, selbst wenn die Bank ihm mitgeteilt hat, dass ein Konto zu seinen Gunsten besteht.[204] Probleme bereitet ferner das mit dem Tod des Versprechensempfängers auf die Erben übergegangene **Widerrufsrecht**.[205] Für den Abschluss eines Schenkungsvertrages kommt es nämlich darauf an, wer schneller ist: Die Bank als Bote mit der Übermittlung des Schenkungsangebots oder der Erbe mit seinem Widerruf. Man hat daher von einem „Wettlauf“ zwischen den Erben **1230**

---

[195] So *Leipold*, Erbrecht, Rdn. 581.

[196] Z. B. *Kipp/Coing*, Erbrecht, § 81 V (S. 451 ff.); *Medicus*, Bürgerliches Recht, Rdn. 396 ff.

[197] *Medicus*, Bürgerliches Recht, Rdn. 394.

[198] *Medicus*, Bürgerliches Recht, Rdn. 396.

[199] *Brox*, Erbrecht, Rdn. 766; *Leipold*, Erbrecht, Rdn. 581; *Medicus*, Bürgerliches Recht, Rdn. 397; Rdn. 1163 ff.

[200] RGZ 80, 175 (177); OLG Schleswig-Holstein ZEV 1995, 415.

[201] *Brox*, Erbrecht, Rdn. 765.

[202] *Olzen*, Jura 1987, 16 (23).

[203] *Olzen*, Jura 1987, 16 (23).

[204] *Olzen*, Jura 1987, 16 (23).

[205] Zum Widerrufsrecht s. o. Rdn. 1226.

und der beauftragten Bank gesprochen, der es letztlich als zufällig erscheinen lässt, wer den Anspruch auf das Bankguthaben erhält.[206] Diese Situation hat schließlich noch einen weiteren negativen Aspekt für die Bank: Da der Erbe in das Auftragsverhältnis zwischen ihr und dem Versprechensempfänger (M) eintritt, wäre sie gegenüber dem Erben an sich gem. § 666 verpflichtet, Nachricht von dem Übermittlungsauftrag bezüglich des Schenkungsangebotes zu erteilen.[207] Die Erfüllung dieser Verpflichtung schadet andererseits dem begünstigten Dritten, dem gegenüber sie zur unverzüglichen Erledigung dieses Übermittlungsauftrags aber gerade verpflichtete ist.[208] Denn der Erbe wird regelmäßig in Kenntnis der Umstände das Schenkungsangebot sofort widerrufen. Damit tritt eine für die Bank schwer zu lösende Pflichtenkollision ein.[209]

1231 Deshalb sollte man folgenden Standpunkt vertreten: Da beim Vertrag zugunsten Dritter auf den Todesfall, wie bei allen sonstigen Verträgen zugunsten Dritter, auch zwischen Deckungs- und Valutaverhältnis unterschieden werden muss, ergibt sich keine Konkurrenz zwischen § 2301 und § 331, weil beide Vorschriften unterschiedliche Rechtsbeziehungen erfassen: § 331 regelt das **Deckungsverhältnis**, § 2301 das **Valutaverhältnis**. Letzteres ist beim Vertrag zugunsten Dritter auf den Todesfall ebenso zu beurteilen wie bei allen sonstigen Verpflichtungsgeschäften. Deshalb trifft auch die Annahme nicht zu, dass die Anwendung des § 2301 auf dieses Rechtsverhältnis den Anwendungsbereich des § 331 besonders einschränke.[210] Damit beantwortet sich nur die Frage, ob der Begünstigte die Leistung nach dem Tod des Versprechensempfängers im Verhältnis zu den Erben behalten darf. Sie ist allerdings oft zu verneinen, da in den meisten Fällen weder die Form des § 2301 Abs. 1 eingehalten wird, noch ein lebzeitiger Vollzug i. S. d. § 2301 Abs. 2 vorliegt. Auf der anderen Seite gelangt man damit aber zu einem einheitlichen System der Abgrenzung lebzeitiger und letztwilliger Rechtsgeschäfte. Man muss jedoch darauf hinweisen, dass sich die gegenteilige Ansicht, die u. a. der BGH vertritt, mittlerweile so verfestigt hat, dass manche bereits von **Gewohnheitsrecht** sprechen.[211] Daher erscheint es jedenfalls für die Praxis unabdingbar, dieser Konzeption zu folgen.[212]

---

206 *Brox*, Erbrecht, Rdn. 765; *Canaris*, Bankvertragsrecht, Rdn. 214. Fälle eines nicht rechtzeitigen Widerrufs des Erben behandeln BGH NJW 1978, 2027; BGH NJW 1995, 953.

207 A. A. BGHZ 127, 239 (243ff.).

208 *Canaris*, Bankvertragsrecht, Rdn. 214.

209 *Canaris*, Bankvertragsrecht, Rdn. 214; *Olzen*, Jura 1987, 16 (23).

210 So aber *Brox*, Erbrecht, Rdn. 766.

211 *Brox*, Erbrecht, Rdn. 768; *Schreiber*, Jura 1995, 159 (162); so schon BGHZ 66, 8 (13) (Vertrauenstatbestand).

212 Staudinger/*Jagmann*, § 331 Rdn. 17ff.

III. Rechtsfolgen eines wirksamen Vertrags zugunsten Dritter auf den Todesfall

Bis zum Tod des **Versprechensempfängers** hat der begünstigte Dritte aus dem Vertrag grundsätzlich weder einen **Anspruch** noch eine **Anwartschaft**.[213] Er erwirbt den Anspruch auf Leistung gegen den Versprechensempfänger **unmittelbar mit dem Eintritt des Todesfalles**, also ohne dass dieser (zunächst) in den Nachlass des Versprechensempfängers fällt.[214] Der Drittbegünstigte darf die Zuwendung im Verhältnis zum Erben (und den sonstigen Nachlassbeteiligten) des Versprechensempfängers jedoch nur behalten, wenn im **Valutaverhältnis ein wirksamer Schenkungsvertrag besteht**.[215] Andernfalls können die **Erben** das **Geleistete** gem. §§ 812ff. als **rechtsgrundlos kondizieren**. Für **Pflichtteilsberechtigten** und **Gläubiger des Schenkers** ergeben sich bei der Annahme einer Schenkung unter Lebenden im Valutaverhältnis die bereits oben dargestellten Folgen.[216] Pflichtteilsberechtigten steht unter den Voraussetzungen der §§ 2325ff. ein **Pflichtteilsergänzungsanspruch** zu, die Gläubiger des Erblassers haben nach Maßgabe der §§ 3, 4 AnfG, 130–134 InsO ein **Anfechtungsrecht**. 1232

IV. Besonderheiten bei der Lebensversicherung

Allgemeine Regelungen über den **Lebensversicherungsvertrag** finden sich in den §§ 328, 330, 331 BGB, spezielle in den §§ 159ff. VVG. Dabei handelt es sich um einen **echten Vertrag zugunsten Dritter auf den Todesfall**, §§ 330, 331, wenn in dem Lebensversicherungsvertrag die Zahlung der Versicherungssumme an einen Dritten nach dem Tod des Versprechensempfängers vereinbart wird. Im Vergleich zu den sonstigen Verträgen zugunsten Dritter auf den Todesfall enthält er einige Besonderheiten: 1233

Die meist **schenkweise Zuwendung** der Versicherungssumme an den begünstigten Dritten im Valutaverhältnis ist regelmäßig nicht zu Lebzeiten vollzogen, da der Versicherungsnehmer seine **Verfügungsmöglichkeit** über den Anspruch gegen den Versicherer **behält**. Das ergibt sich zum einen aus § 166 Abs. 1 VVG, wonach der Versicherungsnehmer bei einer Kapitallebensversicherung im Zweifel auch dann die Bezugsberechtigung neu regeln kann, wenn er zunächst 1234

---

[213] Palandt/*Heinrichs*, § 331 Rdn. 3; *Schreiber*, Jura 1995, 159 (162).

[214] BGH NJW 1975, 382 (383); BGH NJW 1975, 1360; MünchKomm/*Gottwald*, § 331 Rdn. 6.

[215] Vgl. dazu Rdn. 1220.

[216] Vgl. oben Rdn. 1229.

Übersicht: Der Vertrag zugunsten Dritter auf den Todesfall

Vertrag zugunsten Dritter gem. §§ 328, 331; **Dritter** erhält das **Forderungsrecht mit dem Tod des Versprechensempfängers**

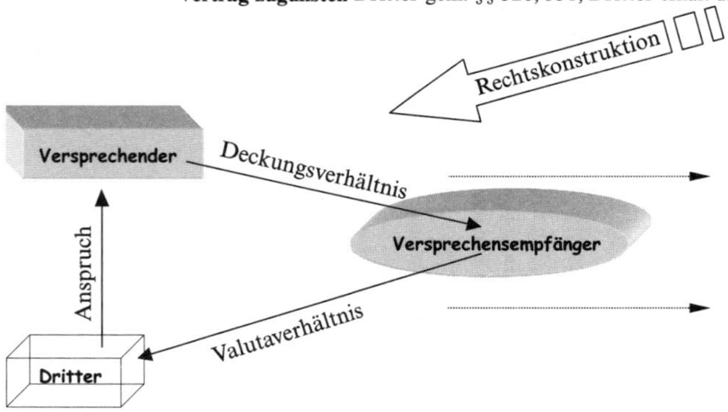

Deckungsverhältnis entscheidet, ob der **Anspruch des Dritten entsteht**. **Formvorschriften** z. B. § 311b Abs. 1 S. 1 **beachten!**

Valutaverhältnis bildet **Rechtsgrund zum Behaltendürfen**

Bei Mangel besteht Anspruch des Erben gegen den Begünstigten aus **ungerechtfertigter Bereicherung** gem. §§ 812 ff.

Str.: Falls **Valutaverhältnis Schenkung**: Anwendung des **§ 2301 (mM.) oder der §§ 516 ff. (h.M.)**? → **Formvorschriften!**

Problem: **Lebzeitig formunwirksames Valutaverhältnis** (Bsp.: Formmangel bei Schenkung, § 518 Abs. 1 S. 1)

BGH / h.M.
- **§ 331** ist **Sondervorschrift** ggü. § 2301 (wg. Stellung des § 331 im Schuldrecht).
- Folge: **Anwendung schuldrechtlicher Vorschriften**
- **Von-Selbst-Erwerb** des Anspruchs mit Tod des Versprechensempfängers gem. § 331 Abs. 1 (= Heilung, § 518 Abs. 2).

a.A.
- (immer) **Anwendung von § 2301**
- Folge: **Keine Heilung** gem. § 518 Abs. 2.
- **Anspruch** entsteht nur bei Einhaltung **erbrechtlicher Formvorschriften**, § 2301 Abs. 1 S. 1, oder lebzeitigen Vollzugs, § 2301 Abs. 2.

Weiteres Problem: **Keine lebzeitige Vereinbarung** zwischen **Versprechensempfänger** und **Drittem**

BGH / h.M.
- **Anwendung** von **§§ 516 ff. (wg. Stellung des § 331 im Schuldrecht)**
- Ggf. sind **§§ 130 Abs. 2, 153** anzuwenden (Folge: Zuwendung ohne lebzeitiges Vermögensopfer)
- Rechtsfolge: Anspruch des Dritten entsteht **unmittelbar mit dem Tod des Versprechensempfängers**

a.A.
- **Anwendung** des **§ 2301** als **allgemeine Grenze** lebz./letztwilliger Rechtsgeschäfte
- **Keine Heilung bei Kenntniserlangung nach Tod** (sonst **Umgehung erbrechtlicher Vorschriften)**

Besonderheiten bei **Lebensversicherungsverträgen** (§§ 328, 330, 331, §§ 159 ff. VVG) (→ echter Vertrag zugunsten Dritter)!

einen Dritten benannt hatte. Zum anderen steht dem Versicherungsnehmer gem. §§ 165, 178 VVG ein **unentziehbares Kündigungsrecht** zu. Das Fehlen lebzeitiger Vollziehung schadet jedoch im Hinblick auf die Wirksamkeit der Schenkung deshalb nicht, weil **§ 2301** Abs. 1 nach einhelliger Auffassung durch die spezielleren §§ 159ff. VVG **verdrängt wird**.[217]

Der **Anspruch** auf die **Versicherungssumme** fällt nicht in den **Nachlass**[218] und ist daher dem **Zugriff** der **Nachlassgläubiger entzogen**.[219] Diese sind auf die geschilderte Anfechtung nach dem AnfG oder der InsO beschränkt. Zweifelhaft erscheint, ob das Anfechtungsrecht sich auf die **Versicherungssumme**[220] oder nur auf die **gezahlten Prämien** bezieht.[221] Dies hängt mit der Einordnung zusammen, was man bei der **Lebensversicherung** als **Schenkungsgegenstand** ansieht. Sofern die Versicherung von vornherein dem Drittbegünstigten zustehen sollte,[222] also Gegenstand einer an ihn gerichteten Schenkung war, kann man nicht die Versicherungssumme, sondern nur den Betrag der bezahlten Prämien als Anfechtungsgegenstand annehmen. Nur darum wird das Vermögen des Versicherungsnehmers verringert, während die Versicherungssumme aus dem Vermögen der Versicherung stammt.[223] Hinzu tritt folgendes: Könnten die Gläubiger auf die Versicherungssumme Zugriff nehmen, dann würde das ihnen haftende Vermögen u. U. größer sein als das Vermögen des Erblassers (= Versicherungsnehmers) zuzüglich der gezahlten Prämien. Eine solche Besserstellung lässt sich aber nicht rechtfertigen.[224] 1235

Die Anfechtung bezieht sich in zeitlicher Hinsicht bei einer Lebensversicherung nach h. M. nur auf die in den letzten Jahren gezahlten Prämien.[225] Dies folgt aus der entsprechenden Begrenzung der Anfechtung in § 4 Abs. 1 AnfG und 134 Abs. 1 InsO. 1236

Ähnliche Erwägungen gelten auch für den **Pflichtteilsergänzungsanspruch** 1237
der Pflichtteilsberechtigten gegen die Erben, § 2325, bzw. gegen den Begünstigten, § 2329. Er besteht also nicht im Hinblick auf die Versicherungssumme,

---

217 Vgl. nur *Medicus*, Bürgerliches Recht, Rdn. 400.

218 Staudinger/*Jagmann*, § 330 Rdn. 23; *Medicus*, Bürgerliches Recht, Rdn. 401.

219 BGHZ 13, 226 (232); 32, 44 (46f.); Staudinger/*Jagmann*, § 330 Rdn. 23.

220 So etwa *G. und D. Reinicke*, NJW 1956, 1053 (1054f.).

221 *Medicus*, Bürgerliches Recht, Rdn. 401; *Brox*, Erbrecht, Rdn. 769; RGZ 128, 187ff.

222 Etwas anderes gilt u. U., wenn dem Dritten das Bezugsrecht erst nachträglich aus einer zunächst zu eigenen Gunsten des Versicherungsnehmers abgeschlossenen Versicherung zugewendet wurde, ausf. Staudinger/*Jagmann*, § 330 Rdn. 25f. m. w. N.; Palandt/*Heinrichs*, § 330 Rdn. 6.

223 Staudinger/*Jagmann*, § 330 Rdn. 23, 48ff.; *Medicus*, Bürgerliches Recht, Rdn. 401.

224 *Brox*, Erbrecht, Rdn. 769; Soergel/*Wolf*, § 2301 Rdn. 27.

225 Staudinger/*Jagmann*, § 330 Rdn. 48; MünchKomm/*Gottwald*, § 330 Rdn. 15, jeweils noch zum alten AnfG bzw. zur KO; str., a. A. *Brox*, Erbrecht, Rdn. 769; Staudinger/*Boehmer*, 11. Aufl., Einl. Erbrecht, § 27 Rdn. 12.

sondern nur für die innerhalb der letzten **zehn Jahre** vor dem Erbfall gezahlten Prämien, § 2325 Abs. 3.[226]

D. Wiederholung und Vertiefung *

Fragen

Frage 1
Was kennzeichnet die Schenkung auf den Todesfall gem. § 2301 Abs. 1?

Frage 2
Gegenüber welchen anderen Normen des Schuldrechts ist § 2301 abzugrenzen?

Frage 3
Welche Formvorschriften sind bei § 2301 ggf. zu wahren?

Frage 4
Wann ist die Schenkung i. S. d. § 2301 Abs. 1 ohne Beachtung der Formvorschriften wirksam?

Frage 5
Wann liegt unstr. „Vollzug" der Schenkung im Sinne von § 2301 Abs. 2 vor?

Frage 6
Welche weiteren Auffassungen werden zum Vollzug vertreten? (nennen Sie 2)

Frage 7
Welche Ansichten werden zum Vollzug vertreten, wenn der Schenker dem Beschenkten eine über seinen Tod hinausgehende Vollmacht erteilt hat.

Frage 8
Wann erwirbt der Dritte bei einem Vertrag zu Gunsten Dritter auf den Todesfall den Anspruch auf den Gegenstand?

Frage 9
Wie heißt das Verhältnis zwischen Versprechendem und Versprechensempfänger im Rahmen des Vertrages zu Gunsten Dritter auf den Todesfall?

Frage 10
Was bestimmt das Valutaverhältnis beim Vertrag zu Gunsten Dritter auf den Todesfall?

---

226 BGHZ 7, 134 (143); MünchKomm/*Gottwald*, § 330 Rdn. 16; gegen die zeitliche Beschränkung *Brox*, Erbrecht, Rdn.769.

* Antworten im Anhang, siehe S. 473.

§ 2. Rechtsnachfolge in Unternehmen und Unternehmensbeteiligungen

Schrifttum: Keller, Fortführung eines in ungeteilter Erbengemeinschaft betriebenen Handelsgeschäfts durch Erbteilserwerber, ZEV 1999, 174; **Ulmer**, Probleme der Vererbung von Personengesellschaftsanteilen, JuS 1986, 856; **Reimann**, Gesellschaftsvertragliche Abfindung und erbrechtlicher Ausgleich, ZEV 1994, 7; **Siegmann**, Zur Fortbildung des Rechts der Anteilsvererbung, NJW 1995, 481; **Proppe**, Die Erbfolge in Beteiligungen an Personengesellschaften, JA 1999, 681; **Westermann**, Die höchstrichterliche Regelung der Erbfolge in Beteiligungen an Personengesellschaften, JuS 1979, 761.

A. Einleitung

Der Tod eines Erblassers, dem ein Unternehmen gehört, hat seit jeher **1238** Rechtsprechung und Literatur beschäftigt, weil er eine Vielzahl rechtlicher Probleme verursacht. Der Grund liegt nicht nur im **fehlenden Unternehmenserbrecht**, sondern vor allem in dem Aufeinandertreffen von **gesellschaftsrechtlichen** und **erbrechtlichen Regeln**, die der Gesetzgeber nicht aufeinander abstimmen konnte. Während das Erbrecht verschiedene Möglichkeiten zur vorläufigen und endgültigen **Haftungsbeschränkung** kennt,[227] basiert das Recht der Personengesellschaft auf dem Grundsatz **persönlicher Haftung** und der engen **Verbundenheit der Gesellschafter**.[228] Weil die Wertungen beider Rechtsgebiete sich somit nicht vollständig entsprechen, kann man weder die eine noch die andere Materie uneingeschränkt zu Grunde legen. Die Aufgabe eines Rechts der Unternehmensnachfolge von Todes wegen besteht daher in erster Linie darin, beide Komplexe möglichst widerspruchsfrei aufeinander abzustimmen.

---

[227] Vgl. Rdn. 867ff.

[228] Zu den entspr. Problemen bei der Testamentsvollstreckung vgl. Rdn. 398ff.

B. Einzelkaufmännisches Handelsgeschäft

I. Das Handelsgeschäft als Teil der Erbschaft

1239 Wenn der Inhaber eines **einzelkaufmännischen Handelsgeschäfts** stirbt, gehört dieses gem. § 1922 Abs. 1 zum Nachlass und kann von dem oder den Erben **fortgeführt** werden. Dies folgt einerseits aus § 22 Abs. 1 HGB, wonach der Erwerber eines Handelsgeschäfts von Todes wegen unter den dort genannten Voraussetzungen die Möglichkeit hat, die bisherige Firma mit oder ohne Nachfolgezusatz fortzuführen, andererseits und aus § 27 Abs. 1 HGB.

II. Haftung des Unternehmens-Erben

1240 Für die **Haftung** des Unternehmens-Erben gelten Besonderheiten. Grundsätzlich gehen alle im Geschäftsbetrieb begründeten Verbindlichkeiten des Erblassers auf den Erben über, falls er die bisherige Firma **fortführt**, §§ 27 Abs. 1, 25 Abs. 1 S. 1 HGB. Diese Haftung tritt **neben die erbrechtliche** gem. §§ 1975ff., 2058ff. Von der **handelsrechtlichen** Haftung kann er sich befreien, wenn er den Geschäftsbetrieb **innerhalb von drei Monaten** seit **Kenntnis vom Anfall der Erbschaft einstellt**, § 27 Abs. 2 S. 1 HGB. Dazu genügt nicht die bloße Änderung der Firmenbezeichnung;[229] vielmehr muss der Erbe den Geschäftsbetrieb selbst aufgeben, da die Gläubiger nur dann von einer Betriebseinstellung ausgehen können.[230]

---

[229] Baumbach/*Hopt*, § 27 Rdn. 5; a. A. *Hueck*, ZHR 108 (1941), 1 (16).

[230] Str. besteht darüber, ob der Erbe über § 25 Abs. 2 HGB analog seine handelsrechtliche Haftung auch dadurch beseitigen kann, dass er seinen Ausschlusswillen in das Handelsregister eintragen und bekanntmachen lässt. Dafür: Baumbach/*Hopt*, § 27, Rdn. 8; *Johannsen*, FamRZ 1980, 1074 (1076); *Hüffer* siehe ZGR 1986, 603 (633). Dagegen: *Reuter*, ZHR 135 (1971), 511. Da § 27 Abs. 1 HGB uneingeschränkt auf § 25 HGB verweist, spricht dies für eine analoge Geltung auch des Abs. 2. Zudem werden schutzwürdige Interessen der Geschäftsgläubiger nicht beeinträchtigt, da mit der Bekanntmachung des Ausschlusswillens ihr Vertrauen auf eine unbeschränkte persönliche Haftung des Erben zerstört wird, und ihnen nach Erbrecht weiterhin das Erblasservermögen als Haftungsmasse zur Verfügung steht.

III. Form der Fortführung

Probleme in der Firmenfortführung entstehen, wenn **mehrere Erben** in das Handelsgeschäft nachfolgen. Erbrechtlich wird es damit **Nachlassbestandteil**, § 2032 Abs. 1, so dass die **Miterben gemeinschaftlich Inhaber** werden. Sie können dementsprechend u. U. eine **oHG gründen** und das Gesellschaftsvermögen darauf übertragen.[231] Dies stellt eine **Teilauseinandersetzung** der Miterbengemeinschaft dar. Sie haben ferner die Möglichkeit, sich insgesamt auseinanderzusetzen und anschließend ihre Erbteile gem. § 2033 Abs. 1 in die vorher gegründete oHG einzubringen. 1241

Nach teilweise vertretener Ansicht tritt mit Ablauf der **Dreimonatsfrist** des § 27 Abs. 2 HGB stets eine **oHG als neuer Rechtsträger** an die Stelle der Erbengemeinschaft.[232] In der Fortsetzung des Handelsgeschäftes liege der konkludente Abschluss eines Gesellschaftsvertrages. Zur Begründung verweist man auf das Prinzip des **numerus clausus der Gesellschaftsformen** sowie darauf, dass eine Erbengemeinschaft wegen des Prinzips gemeinschaftlicher Verwaltung[233] nicht Träger eines Handelsgeschäfts sein könne. 1242

Rechtsprechung und h. L. gehen dagegen zu Recht von der Zulässigkeit der Fortführung eines Handelsgeschäfts in **ungeteilter Erbengemeinschaft** ohne zeitliche Beschränkung aus.[234] Die Erben sind nicht dazu gezwungen, sich bezüglich des Unternehmens vorab teilweise auseinanderzusetzen, wie die §§ 2043 ff. zeigen. Darüber hinaus kann eine Erbengemeinschaft ein Handelsgeschäft fortführen, da sie nicht notwenig auf sofortige Liquidation angelegt ist, vgl. § 2044. 1243

IV. Sonderfall: Nachfolge eines minderjährigen Erben

Besondere Schwierigkeiten ergeben sich auch dann, wenn der Allein- oder Miterbe **minderjährig** ist. Die Frage lautet, ob die gesetzlichen Vertreter, im Regelfall die Eltern, gem. §§ 1626, 1629 den Minderjährigen im Außenverhältnis **unbegrenzt persönlich verpflichten** können. Der BGH hat es abgelehnt, die Fortführung des Handelsgeschäfts analog §§ 1643 Abs. 1, 1822 Nr. 3 zum Schutze des Minderjährigen von einer **familiengerichtlichen Genehmigung** abhängig zu machen.[235] Diese Entscheidung wurde jedoch vom BVerfG wegen Verstoßes 1244

231 Vgl. *Johannsen*, FamRZ 1980, 1074 (1076).

232 *Fischer*, ZHR 144 (1980), 1 (13 f.).

233 Vgl. Rdn. 973.

234 BGHZ 17, 299 (302); 92, 259 (262 ff.) m. w. N; *Ebenroth*, Erbrecht Rdn. 853; *Johannsen*, FamRZ 1980, 1074 (1076); *K. Schmidt*, NJW 1985, 2785 (2787 ff.); *Strothmann*, ZIP 1985, 969; *Wolf*, AcP 181 (1981), 480 ff.

235 BGHZ 92, 259 (266 ff.); BGH NJW 1962, 2196.

gegen das **allgemeine Persönlichkeitsrecht** des Minderjährigen, Art. 2 Abs. 1, 1 Abs. 1 GG, aufgehoben.[236] Der Gesetzgeber hat die vom BVerfG gesetzten Vorgaben durch das **Minderjährigenhaftungsbeschränkungsgesetz** vom 25.08. 1998[237] umgesetzt.[238] Der daraufhin in das BGB eingefügte § 1629a sieht die Möglichkeit vor, die Haftung des Minderjährigen auf den Bestand seines **bei Eintritt der Volljährigkeit vorhandenen Vermögens** zu beschränken. Dazu verweist die Norm auf die **Erbenhaftungsbeschränkung** gem. §§ 1990, 1991.[239] Diese Möglichkeit verliert der Minderjährige gem. § 1629a Abs. 4, wenn er nach Eintritt der Volljährigkeit nicht binnen **drei Monaten** die **Auseinandersetzung des Nachlasses** oder die **Kündigung der Gesellschaft** verlangt.[240]

C. Rechtsnachfolge in Gesellschaftsbeteiligungen

I. Personengesellschaftsbeteiligung

1. Gesetzliche Ausgangslage

1245 Wer sich mit anderen zu einer **Personengesellschaft** zusammenschließt, schenkt ihnen besonderes Vertrauen und hat ein Interesse daran, dass der Gesellschafterbestand jedenfalls nicht ohne seine Zustimmung verändert wird. Der BGH bezeichnet die Personengesellschaft dementsprechend als **persönlichkeitsbezogene Arbeits- und Haftungsgemeinschaft.**[241] Dies wirft die Frage auf, welche Folgen beim Tod eines Gesellschafters eintreten. Die Antwort hängt vom jeweiligen **Gesellschaftstyp** ab.[242]

a) Rechtslage bei der GbR

1246 Bei der **GbR** hat der Tod eines Gesellschafters gem. § 727 Abs. 1 die **Auflösung der Gesellschaft** zur Folge, „sofern nicht aus dem Gesellschaftsvertrag sich ein Anderes ergibt". Die Gesellschaft tritt in **Liquidation**; grundsätzlich sind **alle Gesellschafter Liquidatoren**, § 730 Abs. 2 S. 2. Sie müssen das Gesellschaftsvermögen in Geld umsetzen und nach

---

236 BVerfGE 72, 155ff.
237 BGBl. I 1998, S. 2887.
238 Vgl. *Behnke*, NJW 1998, 3078.
239 Zur Erschöpfungseinrede aus § 1990 vgl. Rdn. 893ff.
240 Näher Palandt/*Diedrichsen*, § 1629a Rdn. 18ff.
241 BGHZ 22, 186 (192); BGH NJW 1981, 749 (750); 1983, 2376 (2377).
242 Überbl. bei Palandt/*Edenhofer*, § 1922 Rdn. 15.

Tilgung der Verbindlichkeiten das Restvermögen entsprechend ihrer Beteiligungsverhältnisse unter sich aufteilen.

Der **Alleinerbe** eines Gesellschafter-Erblassers übernimmt dessen Stellung als **Liquidator**.[243] Seine Haftung für Gesellschaftsverbindlichkeiten, die vor dem Erbfall und während der Liquidation entstanden sind, bestimmt sich nach **erbrechtlichen Grundsätzen**, §§ 1967 ff.[244] 1247

Bei einer **Erbenmehrheit** folgen diese in **ungeteilter Erbengemeinschaft** gem. § 2032 Abs. 1 in den Liquidationsanteil nach.[245] Die Erbengemeinschaft wird Mitglied der Liquidationsgesellschaft. Ihre Haftung bestimmt sich nach Erbrecht, §§ 2058 ff.[246] 1248

b) Die Rechtslage bei der oHG/KG/PartG

Wenn ein **persönlich haftender Gesellschafter** einer **Personenhandels-** (oHG, KG) oder einer **Partnerschaftsgesellschaft** (PartG) stirbt, sieht das Gesetz als Regelfolge den **Fortbestand** der Gesellschaft unter den verbleibenden Gesellschaftern vor, §§ 131 Abs. 3 Nr. 1, 161 Abs. 2 HGB, 9 Abs. 1 PartGG. Diese Rechtslage wurde, abweichend von § 727 Abs. 1 BGB, durch das Handelsrechtsreformgesetz vom 22.06.1998 eingeführt.[247] Es sollte verhindert werden, durch Auflösung und Liquidation u. U. jahrelang funktionierende Unternehmen zu zerschlagen. Gem. § 131 Abs. 3 Nr. 1 HGB n. F. stellt der Tod eines Gesellschafters grundsätzlich nur noch einen **Ausscheidens**-, jedoch keinen **Auflösungsgrund** mehr dar. Als Folge davon **wächst** den verbleibenden Gesellschaftern der **Anteil des Ausscheidenden zu**, § 738 Abs. 1 S. 1 BGB, § 105 Abs. 2 HGB, während für den oder die Erben gem. § 105 Abs. 2 HGB i. V. m. § 738 ein **Abfindungsanspruch** entsteht. 1249

Der **Tod eines Kommanditisten** führt gem. § 177 HGB ebenfalls nicht zur Auflösung der Gesellschaft. Ein Kommanditist ist in erster Linie durch seine Einlage am Unternehmen beteiligt, so dass der persönliche Charakter des Zusammenschlusses im Verhältnis dazu in den Hintergrund tritt. Deshalb treten die Erben an die Stelle des Kommanditisten-Erblassers. Hinterlässt ein Kommanditist mehrere Erben, so gilt nach 1250

---

243 *Ebenroth*, Erbrecht, Rdn. 859.

244 Vgl. Rdn. 862.

245 BGHZ 98, 48 (58); BGH NJW 1982, 170 (171); OLG Düsseldorf NJW-RR 1987, 732 (733); *Marotzke*, AcP 184 (1984), 541 (548).

246 Vgl. Rdn. 1014 ff.

247 BGBl. I 1998, S. 1474; Zu den Neuregelungen zsf. *Bülow/Artz,* JuS 1998, 680 ff.; *K. Schmidt*, NJW 1998, 2161 ff.

h. M. das Prinzip der **Sondernacherbfolge**: Jeder Miterbe wird mit dem Anteil Kommanditist, der seiner **Erbquote** entspricht.[248]

1251 Die genannten Regeln zeigen, dass der Anteil eines **persönlich haftenden Gesellschafters** an einer **Personengesellschaft** grundsätzlich **unvererblich** ist. Etwas anderes gilt für den **Kommanditanteil**, der im Grundsatz **frei vererblich** ist.

2. Vertragliche Regelungen

1252 Im **Gesellschaftsvertrag** kann aber Abweichendes vereinbart werden. Die §§ 727 Abs. 1 i. V. m. 736 Abs. 1 BGB; 131 Abs. 3 S. 1, 177 HGB sind **dispositiv**. Deshalb finden sich in der Praxis häufig Bestimmungen für den Fall des Gesellschaftertodes. Es handelt sich um sog. **Nachfolge- und Eintrittsklauseln**. Diese verschiedenen Arten gesellschaftsvertraglicher Regeln sind voneinander zu unterscheiden, da sie verschiedene Rechtsfolgen auslösen. In Rechtsprechung und Literatur besteht über ihre Voraussetzungen und Folgen bis heute nicht abschließend Klarheit. Die Rechtsprechung hat jedoch mittlerweile einige Grundprinzipien herausgearbeitet.

a) Fortsetzungsklauseln

1253 Als **Fortsetzungsklausel** bezeichnet man die Abrede, wonach die Gesellschaft beim Tode eines Gesellschafters unter den **übrigen Gesellschaftern fortbestehen** soll, § 736. Der Anwendungsbereich solcher Klauseln hat sich allerdings durch die Handelsrechtsreform im Jahre 1998 deutlich verkleinert. Da gem. § 131 Abs. 3 Nr. 1 HGB oHG und KG beim Tod eines persönlich haftenden Gesellschafters regelmäßig fortbestehen, ist die **Fortsetzungsklausel** nur noch für die **GbR** erforderlich, um deren Auflösung zu verhindern, §§ 727 Abs. 1, 736 Abs. 1.

1254 Eine wirksame Fortsetzungsklausel führt dazu, dass die Beteiligung des Erblasser-Gesellschafters den übrigen Gesellschaftern gem. § 738 Abs. 1 S. 1 **zuwächst**. Die ausgeschlossenen Erben erhalten dann Ansprüche gem. § 738 Abs. 1 S. 2 auf ein fiktives **Auseinandersetzungsguthaben**. Es umfasst den **tatsächlichen Anteilswert** einschließlich der stillen Reserven und des „good will“, wobei für die Wertberechnung von der **Fortführung des Unternehmens** ausgegangen wird.[249]

[248] H. M., vgl. BGH NJW 1983, 2376 (2377); Staudinger/*Marotzke*, § 1922 Rdn. 197, a. A. z. B. *Brox*, Erbrecht, Rdn. 795.

[249] BGHZ 17, 130 (136); BGH LM § 138 HGB Nr. 7.

Um Abfindungsansprüche überhaupt erfüllen zu können, werden in Gesellschaftsverträgen häufig sog. **Buchwertklauseln** vereinbart, die den ausscheidenden Gesellschafter und damit auch seine Erben nicht am Unternehmenswert und den stillen Reserven teilhaben lassen.[250] Die Rechtsprechung hält sogar den **völligen Ausschluss** von Abfindungsansprüchen für zulässig,[251] da sonst der Fortbestand der Gesellschaft ernsthaft gefährdet sein könne. 1255

Dieser **Abfindungsausschluss auf den Todesfall** könnte jedoch ein Schenkungsversprechen des Erblasser-Gesellschafters an seine Mitgesellschafter gem. § 2301 Abs. 1 S. 1 darstellen, das meist nicht die Formerfordernisse einer Verfügung von Todes wegen oder eines lebzeitigen Schenkungsversprechens erfüllt. Die h. M. spricht sich aber dagegen aus, wenn die Regelung für sämtliche Gesellschafter gilt.[252] Der mögliche Verlust des Anteilswertes wird dann durch die Chance, die eigene Beteiligung mit dem Tode eines anderen zu vergrößern, ausgeglichen. Damit ist die Zuwendung nicht mehr unentgeltlich. 1256

b) Nachfolgeklausel

Bei einer **Nachfolgeklausel** im Gesellschaftsvertrag sollen die Erben eines **verstorbenen Gesellschafters an seine Stelle treten**, § 736, § 139 Abs. 1 HGB. Der Gesellschaftsanteil geht **unmittelbar** mit dem Erbfall über, ohne dass es einer Annahmeerklärung des oder der Bedachten bedarf. Man unterscheidet zwischen **einfacher** und **qualifizierter Nachfolgeklausel**. Eine **einfache Nachfolgeklausel** liegt vor, wenn **alle Erben** den Gesellschaftsanteil erhalten sollen. Von einer **qualifizierten Nachfolgeklausel** spricht man, wenn nur **einer** oder **einzelne Erben**, etwa der/die Älteste oder ein besonders qualifiziertes Kind des Erblassers, an seine Stelle treten sollen. 1257

aa) Übergang des Gesellschaftsanteils

Es ist seit langem str., wie sich bei einer Nachfolgeklausel der Übergang des Gesellschaftsanteils auf den Begünstigten vollzieht. Manche meinen, die entsprechende Abrede im Gesellschaftsvertrag sei ein **Rechtsgeschäft zugunsten des Nachfolgeberechtigten** i. S. d. §§ 328, 331, der Übergang werde also dort aufschiebend bedingt auf den Todesfall des Gesellschafters vereinbart. Dann ginge die Beteiligung auf **schuldrecht-** 1258

250 Zur grundsätzlichen Zulässigkeit: BGH NJW 1979, 104.

251 BGHZ 22, 186 (194); 50, 316 (318); BGH WM 1971, 1338f.

252 *Brox*, Erbrecht, Rdn. 781; *Lange/Kuchinke*, siehe Lehrbuch des Erbrechts, § 5 VI 3a m.w.N. in Fn. 286 (S. 129).

liche Weise über.[253] Demgegenüber sehen die Rechtsprechung und wohl auch das überwiegende Schrifttum in der Nachfolgeklausel grundsätzlich nur eine Regelung, die die Gesellschaftsbeteiligung überhaupt **vererblich** stellt, während der Übergang auf den oder die Erben gem. § 1922 Abs. 1 erfolgen soll, also auf **erbrechtlichem Wege**.[254] Die Person des Berechtigten ergibt sich bei dieser Betrachtungsweise aus einer **letztwilligen Verfügung** des Erblassers oder nach den Regeln der **gesetzlichen Erbfolge**. **Nachfolgeberechtigt** kann dann immer nur sein, wer auch **erbberechtigt** ist.

1259 Gegen eine **rechtsgeschäftliche Zuwendung** des Gesellschaftsanteils durch Vertrag zugunsten Dritter auf den Todesfall spricht, dass dieses Rechtsgeschäft **nicht nur Rechte**, sondern auch **Pflichten** für den Nachfolgeberechtigten begründet, insbesondere die **persönliche Haftung**. Ein **Vertrag zu Lasten Dritter** ist nach deutschem Recht aber unzulässig.[255] Dagegen wird zwar geltend gemacht, der Berufene erhalte mehr Rechte als Pflichten und sei dadurch geschützt, dass er den Erwerb gem. § 333 zurückweisen könne.[256] Das Gesetz lässt aber für eine solche wirtschaftliche Betrachtungsweise keinen Raum. Ein Vertrag zu Lasten Dritter liegt vielmehr bereits dann vor, wenn überhaupt Pflichten in der Person des Dritten ohne seine Beteiligung entstehen.[257] Darüber hinaus steht einem ausschließlich gesellschaftsvertraglichen Übergang des Geschäftsanteils noch entgegen, dass vor allem die Rechtsprechung **Verfügungen zugunsten Dritter** nicht anerkennt,[258] die gleichzeitig mit dem schuldrechtlichen Vertrag vorgenommen werden müssten, damit der Rechtsübergang unmittelbar beim Tode des Gesellschafters erfolgen kann.

1260 Bejaht man bei der Nachfolgeklausel den Übergang auf **erbrechtlichem Wege**, sind damit solche Fälle nicht zu regeln, in denen der im Gesellschaftsvertrag Begünstigte nicht zu den Erben zählt. Dann hilft nur eine sog. **Eintrittsklausel**,[259] die sogleich besprochen wird.[260]

---

[253] *Brox*, Erbrecht, Rdn. 787; *Lange/Kuchinke*, Lehrbuch des Erbrechts, § 5 VI 4 (S. 132ff.).

[254] BGHZ 68, 225 (229); BGH NJW 1978, 264; 1983, 2376 (2377); MünchKomm/*Leipold*, § 1922 Rdn. 55; *Schlüter*, Erbrecht, Rdn. 1274.

[255] BGHZ 68, 225 (231); *Ebenroth*, Erbrecht, Rdn. 865.

[256] *Brox*, Erbrecht, Rdn. 797.

[257] BGHZ 68, 225 (232).

[258] RGZ 98, 279 (281); 106, 1 (3); BGHZ 41, 95f.; 68, 225 (231).

[259] BGHZ 68, 225 (233); BGH NJW 1978, 264; OLG Frankfurt NJW-RR 1988, 1251 (1252).

[260] Vgl. Rdn. 1273.

Eine **lebzeitige**, auf den Todesfall **aufschiebend bedingte,** also rechtsgeschäftliche **Anteilsübertragung** ist hingegen möglich, wenn der Nachfolger an der Vereinbarung beteiligt wird. Denn dann handelt es sich weder um einen Vertrag zu Lasten Dritter noch um eine Verfügung zugunsten Dritter. Der BGH bezeichnet entsprechende gesellschaftsvertragliche Abreden als **„rechtsgeschäftliche"** im Unterschied zur **„erbrechtlichen" Nachfolgeklausel.**[261] In diesem Fall ist es irrelevant, ob der ausgewählte Nachfolger zu den Erben gehört oder nicht. Allerdings muss sich die Gesellschaft bei dieser Konstruktion schon sehr früh festlegen, so dass entsprechende Vereinbarungen in der Praxis selten vorkommen. 1261

bb) Sonderrechts- und Einzelrechtsnachfolge

Hinterlässt ein Gesellschafter-Erblasser **mehrere Erben**, stellt sich das Problem, ob der Gesellschaftsanteil zunächst gem. § 2032 Abs. 1 in das **gemeinschaftliche Vermögen** der Miterben fällt. Dies hätte zur Folge, dass die **Erbengemeinschaft Mitglied der Gesellschaft** würde und die Gesellschafter-Erben ihre Beteiligung erst im Zuge der **Auseinandersetzung** gem. §§ 2042ff. erhielten. Dagegen spricht, dass dadurch eine unauflösbare Kollision zwischen **erb- und gesellschaftsrechtlicher Haftung** auftritt. Die Miterben würden nämlich bis zur Auseinandersetzung nur auf den **Nachlass beschränkbar** haften, § 2059 Abs. 1 S. 1[262] und könnten durch sonstige Maßnahmen, z.B. **Nachlassverwaltung** und **Nachlassinsolvenz,**[263] weitere Haftungsbeschränkungen herbeiführen. Dies widerspricht dem zwingenden Grundsatz der **unbeschränkbaren Gesellschafterhaftung** gem. § 128 HGB. Zudem benötigt die oHG wegen ihres Prinzips der **Einzelgeschäftsführung** und der **Einzelvertretung** gem. §§ 114, 125 HGB handlungsfähige Personen zu ihrer Leitung. Dazu eignet sich die Erbengemeinschaft mit der gesetzlichen Anordnung **gemeinschaftlicher Verwaltung und Verfügung** nicht, §§ 2038 Abs. 1 S. 1, 2040 Abs. 1. 1262

Auch § 139 Abs. 1 HGB, der jedem Erben ein **Wahlrecht** im Hinblick auf den Verbleib in der Gesellschaft einräumt, geht von einer **eigenen Entscheidung jedes Miterben** aus. Die Rechtsprechung hat daraus geschlossen, dass sich der Gesellschaftsanteil entgegen dem Grundsatz

[261] BGHZ 68, 225 (231).
[262] Rdn. 1014ff.
[263] Vgl. Rdn. 870ff., 887ff.

der **Universalsukzession** gem. § 1922 Abs. 1[264] auf die Gesellschafter-Erben entsprechend ihrer Erbquote aufteilt, also **Sonderrechtsnachfolge** eintritt, die dem BGB an sich fremd ist.[265] Jeder **Miterbe** erwirbt danach mit dem Erbfall eine **Gesellschafterposition**.

1263 Die vorstehenden Grundsätze gelten auch für die Nachfolge einer Erbengemeinschaft in eine **Kommanditbeteiligung**, so dass jeder Miterbe entsprechend seiner Quote Kommanditist wird.[266] Zwar gibt es nach vollständiger Leistung der Einlage seitens des Erblassers nicht mehr die geschilderte haftungsrechtliche Kollision zwischen Erb- und Gesellschaftsrecht, vgl. § 171 Abs. 1 a. E. HGB. Aus Gründen der **Gleichbehandlung** hält man aber auch für diesen Fall am Prinzip der **Sonderrechtsnachfolge** fest.

1264 Besondere Schwierigkeiten bereitet die Nachfolge **eines** oder **einzelner** Miterben. Entsprechende Abreden im Gesellschaftsvertrag nennt man **qualifizierte Nachfolgeklauseln**. Anfänglich vertrat der BGH die Ansicht, der nachfolgeberechtigte Erbe rücke nur in **Höhe seiner Erbquote** unmittelbar in die Gesellschafterstellung des Erblassers ein. Der übrige Teil wachse den übrigen Gesellschaftern zu, und es entstehe für die ausgeschlossenen Miterben ein anteiliger **Abfindungsanspruch** gem. § 738 Abs. 1 S. 2.[267] Soweit dieser im Gesellschaftsvertrag ausgeschlossen war,[268] sollten die Gesellschafter verpflichtet sein, dem Nachfolger den gesamten Geschäftsanteil des Erblassers zu übertragen.

1265 Einige Zeit später wechselte der BGH seine Auffassung: Nach jetziger Rechtsprechung geht die gesamte Erblasserbeteiligung ungeachtet der Erbquoten als Ganzes auf den oder die begünstigten Miterben über. Es handelt sich um eine sog. **Einzelrechtsnachfolge**.[269] Dafür spricht nicht nur die Vereinfachung des Vorgangs, sondern auch die Überlegung, dass andernfalls die **privaten Gläubiger** der sonstigen Gesellschafter für eine Übergangszeit Zugriff auf deren vergrößerte Beteiligung nehmen könnten. Andererseits stünde den **Erblassergläubi-**

---

[264] Vgl. Rdn. 87f.

[265] BGHZ 22, 186 (192); 58, 316 (317); 68, 225 (237); 98, 48 (50f.); BGH NJW 1981, 749 (750); BGH NJW 1983, 2376 (2377); a. A. *Börner*, AcP 166 (1966), 426 (447ff.).

[266] RGZ 171, 328 (330ff.); BGHZ 58, 316 (317); NJW 1983, 2376 (2377); KG WM 1967, 148; a. A. *Brox*, Erbrecht, Rdn. 795; *Knieper/Fromm*, NJW 1980, 2677 (2680f.).

[267] BGHZ 22, 186 (193ff.).

[268] Vgl. Rdn. 1277.

[269] BGHZ 68, 225 (237); BGH NJW 1983, 2376 (2377).

gern nur der quotale Anteil des Erblassers als Haftungsmasse zur Verfügung. Schließlich gewährleistet nur diese Betrachtungsweise den vom Erblasser gewollten kontinuierlichen Übergang seines Anteils auf die Erben.

cc) Rechtsstellung des Gesellschafter-Erben

Der Erbe eines **persönlich haftenden Gesellschafters** kann gem. § 139 Abs. 1 HGB verlangen, dass ihm unter Belassung des bisherigen Gewinnanteils die Stellung eines **Kommanditisten** eingeräumt wird. Dadurch vermag er sich **ohne Ausschlagung der Erbschaft** der persönlichen Haftung gem. §§ 128, 130 Abs. 1 bzw. § 161 Abs. 2 HGB, zu entziehen. Erben mehrere den Gesellschaftsanteil des Erblassers, so hat jeder das Wahlrecht eigenständig.[270] Sofern die Gesellschafter den Antrag des betreffenden Miterben annehmen, **wandelt** sich die bisherige **oHG** in eine **KG** um. Andernfalls hat der Erbe das Recht, sein **Ausscheiden** aus der Gesellschaft zu erklären, § 139 Abs. 2 HGB. Dies hat regelmäßig zur Folge, dass diese unter den übrigen Gesellschaftern fortgesetzt wird und ein **Abfindungsanspruch** für den Ausscheidenden entsteht, §§ 105 Abs. 3, 738 Abs. 1 S. 2, sofern er nicht im Gesellschaftsvertrag ausgeschlossen wurde.[271] 1266

Ein **Ausschluss** der Wahlmöglichkeiten des Erben durch Gesellschaftsvertrag ist **unzulässig**, § 139 Abs. 5 HGB. Allerdings kann geregelt werden, dass sich der Gesellschaftsanteil des Erblassers mit seinem Tode **automatisch** in einen **Kommanditanteil umwandelt**.[272] Da dem Erben dann keine persönliche Haftung droht, gilt § 139 HGB nicht. 1267

dd) Ausgleichsanspruch der weichenden Miterben

Da der Eintritt des oder der Miterben bei **qualifizierter Nachfolgeklausel** sofort und in vollem Umfang in die Gesellschafterstellung des Erblassers erfolgt, wird den übrigen Miterben ein Teil des Nachlasses entzogen. Deshalb bleibt fraglich, ob und ggf. auf welcher Grundlage Begünstigte entsprechend den zurückgesetzten Miterben Wertausgleich leisten müssen. Gegen die Gesellschaft selbst besteht deshalb auch ohne 1268

---

[270] BGH NJW 1971, 1268; KG DNotZ 1955, 418 (420).

[271] *Eisenhardt*, Gesellschaftsrecht, Rdn. 335.

[272] Vgl. zur Umwandlungsklausel: BGHZ 101, 123ff.; BGH WM 1974, 945 (947).

vertraglichen Ausschluss **kein Abfindungsanspruch**, weil die Mitgliedschaft des Erblassers durch den oder die Nachfolger fortgesetzt wird.

1269 **Erbrechtlich** stellt sich die Situation so dar: Die Nachfolge in den Gesellschaftsanteil des Erblassers bewirkt zunächst nur deren gegenständlichen Erwerb durch den oder die ausgewählten Nachfolger. Die **Erbquoten** bleiben aber dafür maßgeblich, was jedem Miterben **wertmäßig** am Gesamtnachlass zukommt.[273] Es besteht nun die Möglichkeit, dass der Erblasser in seiner letztwilligen Verfügung dem oder den Begünstigten ein **Vorausvermächtnis** gem. § 2150 zuwendet,[274] soweit die Gesellschaftsbeteiligung den Wert der Erbquote übersteigt. Andernfalls muss die **Differenz ausgeglichen** werden. Darüber besteht prinzipiell Einigkeit.[275] Die weichenden **Miterben** haben also gegen den oder die Nachfolger in den Gesellschaftsanteil einen **Ausgleichsanspruch**.[276]

1270 Da der Gesetzgeber das Problem aber nicht gesehen hat, bestehen unterschiedliche Meinungen über dessen dogmatische Begründung. Die Rechtsprechung hat sich meist mit dem Hinweis auf **Treu und Glauben** begnügt.[277] Zum Teil werden bei **gesetzlicher Erbfolge** die **§§ 2050ff. analog** herangezogen, die an sich die Anrechnungspflicht **lebzeitiger Zuwendungen** des Erblassers betreffen.[278] Dagegen spricht aber der enge Wortlaut des § 2050 Abs. 3, der von **Zuwendungen unter Lebenden** spricht, während die Nachfolge in den Gesellschaftsanteil erbrechtlich erfolgt. Das Problem einer solchen Lösung zeigt sich auch an Hand des § 2056 S. 1, wonach ein Miterbe nicht zur Zahlung des Mehrbetrages verpflichtet ist, wenn er durch eine Zuwendung einen höheren Wert erhalten hat, als er bei der Auseinandersetzung beanspruchen könnte. Die Vertreter der entsprechenden Ansicht wenden dementsprechend die Vorschrift nicht an. Sie erfasse nur den lebzeitigen Erwerb und wolle verhindern, dass der Ausgleichspflichtige ihn später wider Erwarten bezahlen müsse. Diese Situation sei bei Erwerb eines Gesellschaftsanteils von Todes wegen nicht gegeben.[279]

1271 Andere gewähren den weichenden Miterben einen Ausgleichsanspruch **analog § 1978 Abs. 1**.[280] Dem steht jedoch entgegen, dass es sich um eine **Spezialvorschrift** handelt, die sich allein mit der Frage befasst, wie ein Erbe, der den Nachlass verwaltet hat, nach Anordnung der Nachlassverwaltung oder nach

---

273 BGHZ 68, 225 (238).

274 Vgl. Rdn. 360ff.

275 *Marotzke*, AcP 184 (1984), 541 (553f.); *Ulmer*, ZGR 1972, 324 (327).

276 *Ebenroth*, Erbrecht, Rdn. 870; *Johannsen*, FamRZ 1980, 1074 (1082); *Rüthers*, AcP 168 (1968), 263 (280).

277 BGHZ 22, 186 (197).

278 Staudinger/*Werner*, Vorbem. zu §§ 2032ff. Rdn. 26; *Brox*, Erbrecht, Rdn. 794.

279 *Brox*, Erbrecht, Rdn. 794. Vgl. auch *Johannsen*, FamRZ 1980, 1074, 1082.

280 MünchKomm/*Ulmer*, § 727 Rdn. 35.

Eröffnung des Nachlassinsolvenzverfahrens den Gläubigern haftet. Dies ist kaum verallgemeinerungsfähig.

Deshalb erscheint es überzeugend, die Grundsätze über **Teilungsanordnungen** 1272
des Erblassers in § 2048 heranzuziehen.[281] Da sich der Übergang der Gesellschaftsbeteiligung auf die berechtigten Miterben als **vorweggenommene Teilauseinandersetzung** des Nachlasses darstellt, ist der Anteilswert insgesamt innerhalb der Auseinandersetzung zu berücksichtigen. Liegt der Wert allerdings so hoch, dass ein Ausgleich aus dem Restnachlass nicht erfolgen kann, bleibt wohl nur § 242 als Anspruchsgrundlage.

c) Eintrittsklausel

Eine **Eintrittsklausel** soll bewirken, dass die Gesellschaft nach dem Tod 1273
eines Gesellschafters mit einem oder mehreren **Dritten** fortgesetzt wird. Damit soll die Aufnahme neuer Gesellschafter ermöglicht werden, die erbrechtlich nicht zum Zuge kommen und deshalb über Nachfolgeklauseln nicht aufgenommen werden können. Die Eintrittsklausel stellt einen **echten Vertrag zugunsten Dritter** auf den Todesfall gem. §§ 328 Abs. 1, 331 dar. Sie schafft dem Berechtigten nach dem Erbfall einen **Anspruch auf Abschluss eines Aufnahmevertrages** gegen die restlichen Gesellschafter.[282] Der Rechtsübergang vollzieht sich also außerhalb des Erbrechts auf **gesellschaftsvertraglicher**, d. h. rechtsgeschäftlicher Ebene. Dem Dritten steht es frei, mit den restlichen Gesellschaftern einen Gesellschaftsvertrag abzuschließen. Ausnahmsweise kann die Auslegung ergeben, dass sich sein Eintritt durch **einseitige Willenserklärung** vollziehen soll. Eine solche Klausel stellt ein Angebot zum Abschluss eines Gesellschaftsvertrages mit den verbliebenen Teilhabern dar.[283] Der Begünstigte erhält dann ein **Gestaltungsrecht** (Optionsrecht).[284]

Problematisch ist die Situation der GbR zwischen **Erbfall** und **Ausübung** bzw. 1274
Verfall des **Eintrittsrechts**. Die überwiegende Ansicht spricht sich für eine **Fortsetzung unter den übrigen Gesellschaftern** aus.[285] Andere nehmen an, dass die Gesellschaft in diesem Zeitraum nur als **Liquidationsgemeinschaft** besteht.[286] Dann wären die Erben – wie bis 1998 auch bei der oHG, § 131 Nr. 4 a. F. HGB – zunächst in ungeteilter Erbengemeinschaft an dieser Abwicklungsgesellschaft

---

281 *Rüthers*, AcP 168 (1968), 263 (281); vgl. dazu Rdn. 998.
282 BGHZ 22, 186 (188ff.).
283 *Brox*, Erbrecht, Rdn. 782; *Ulmer*, ZGR 1972, 195 (218).
284 *Brox*, Erbrecht, Rdn. 782.
285 *Ebenroth*, Erbrecht, Rdn. 884.
286 *Liebisch*, ZHR 116 (1954), 128 (129).

beteiligt. Ihre Stellung wäre auflösend bedingt durch die Aufnahme des Eintrittsberechtigten.

1275 Eine dritte Auffassung differenziert wie folgt: Die Gesellschaft trete nur dann in Liquidation, wenn der **Gesellschaftsvertrag** für den Fall des Nichteintritts des Dritten die **Auflösung** vorsehe, während sie im Übrigen unter den verbliebenen Gesellschaftern fortbestehe.[287]

1276 Das eigentliche Problem bei der Eintrittsklausel liegt darin, dass die Gesellschafter regelmäßig dem Eintrittsberechtigten den Wert des Erblasseranteils unter Ausschluss der Erben zukommen lassen wollen.[288] Das Ausscheiden des Gesellschafter-Erblassers löst aber grundsätzlich wegen fehlender direkter Nachfolge des Eintrittsberechtigten einen **Abfindungsanspruch** zugunsten der Erben aus, § 738 Abs. 1 S. 2.

1277 In der Praxis haben sich zur Lösung des Problems mehrere Modelle herausgebildet. So kann der Erblasser einmal seine Erben mit einem **Vermächtnis** gem. § 2174 beschweren, das auf **Abtretung des Abfindungsanspruchs** an den Eintrittsbefugten gerichtet ist. Dieser Anspruch wird von den übrigen Gesellschaftern bei Eintritt mit seiner Einlageverpflichtung verrechnet.[289] Daneben können die restlichen Gesellschafter aber auch den **Abfindungsanspruch ausschließen** und sich zugunsten des Eintrittsberechtigten verpflichten, den Anteil des Erblassers für die Zeit bis zur Eintrittserklärung **treuhänderisch** zu verwalten, um ihn dann auf den Begünstigten zu übertragen.[290]

1278 Weiterhin besteht die Möglichkeit, dass der Erblasser seinen Abfindungsanspruch bereits zu Lebzeiten **aufschiebend bedingt** auf seinen Tod auf den Begünstigten **überträgt**. Dann muss allerdings dessen Person bereits feststehen. Darin liegt eine **Schenkung auf den Todesfall** i. S. d. § 2301 Abs. 1 S. 1, die mit der bedingten Abtretung i. S. d. § 2301 Abs. 2 **vollzogen** ist. Der Erblasser verliert dann jedoch schon zu Lebzeiten seine Verfügungsbefugnis, so dass diese Lösung in der Praxis selten vorkommt.[291]

1279 Die Rechte und Pflichten des Eintrittsbefugten nach seiner Aufnahme in die Gesellschaft bestimmen sich nach dem **Gesellschaftsvertrag**. Er erhält grundsätzlich dieselbe Stellung wie der Erblasser, wenn sich nicht dessen Geschäftsführungs- und Vertretungsrechte auf ein besonderes Vertrauensverhält-

---

[287] *Brox*, Erbrecht, Rdn. 783.

[288] Vgl. zur Problematik MünchKomm/*Ulmer*, § 727 Rdn. 43f.

[289] Sog. „erbrechtliche Lösung“: Vgl. BGH NJW 1978, 264 (265); GroßKommHGB/*Ulmer*, § 139 Anm. 182; *Ulmer*, ZGR 1972, 195, 219.

[290] Sog. „rechtsgeschäftliche Lösung“: Vgl. BGH NJW 1978, 264 (265); *Ebenroth*, Erbrecht, Rdn. 886; GroßKommHGB/*Ulmer*, § 139 Anm. 182; Sie entspricht der früheren Rspr. zur qualifizierten Nachfolgeklausel, vgl. Rdn. 1257ff.

[291] Schließlich wird noch diskutiert, ob dann, wenn der Eintrittsbefugte noch nicht feststeht, über den Abfindungsanspruch lebzeitig zugunsten Dritter *verfügt* werden kann. Einer solchen Vorgehensweise steht aber wiederum entgegen, dass vor allem die Rechtsprechung *Verfügungen zugunsten Dritter* ablehnt, vgl. Staudinger/*Jagmann*, § 328 Rdn. 4ff.

Übersicht: Rechtsnachfolge in Unternehmen

Gesellschafter †

einzelkaufmännisches Handelsgeschäft | **Gesellschaftsbeteiligung**

Haftung	**Fortführung**	Rechtslage **ohne** gesellschaftsvertragliche Regelung		Rechtslage **mit** gesellschaftsvertraglicher Regelung		
		GbR	**oHG/KG/PartG**	**Fortsetzungsklausel**	**Nachfolgeklausel**	
					einfache	**qualifizierte**
• Übergang aller **Verbindlichkeiten**, §§ 27 Abs. 1, 25 Abs. 1 S. 1 HGB • **Erbrechtliche Haftung**, §§ 1967 ff., 2058 ff. • **Befreiung** von handelsrechtl. Haftung möglich, §§ 27 Abs. 1, 25 Abs. 2, 3	<u>Problem:</u> Mehrere Erben = **Erbengemeinschaft** (§ 2032) →**Teilungsauseinandersetzung möglich** (Gründung und Einbringung des Unternehmens in eine oHG etc.)	**Auflösung** gem. § 727 Abs. 1 <u>Folge:</u> **Liquidation** (Erbe / Erbengemeinschaft wird Mitgl. der Liquidationsgesellschaft)	**Fortbestand** gem. §§ 131 Abs. 3 Nr. 1, 161 Abs. 2 HGB; § 9 Abs. 1 PartGG **Gesellschaftsanteil wächst** übrigen Gftern. **zu**	**Fortbestand** der Ges., § 736 **Zuwachsung** des Gesellschaftsanteils an übrige Gfter. Anspruch der Erben auf fiktives Auseinandersetzungsguthaben *(evtl. Buchwertklausel oder auch Ausschluss)*.	**alle Erben** erhalten **gemeinsam** Gesellschaftsanteil	**einzelner Erbe(-n)** erhält/erhalten Gesellschaftsanteil

<u>Problem:</u> **Vollzug des Übergangs des Gesellschaftsanteils**

Rechtsgeschäft zu Gunsten des Nachfolgeberechtigten gem. §§ 328, 331

Anwendung **schuldrechtlicher Regelungen** ← → Anwendung **erbrechtlicher Regelungen**, § 1922 (**h.M./Rspr.**)

<u>Problem:</u> **Sonderrechts- / Einzelrechtsnachfolge**

Mehrere Erben (=Erbengemeinschaft, § 2032 Abs. 1, mit Ziel der Auseinandersetzung gem. § 2042)

erbrechtliche (beschränkbare) Haftung (§ 2059 Abs. 1 S. 1) → ⚡ ← **gesellschaftsrechtliche (unbeschränkte) Haftung** (§ 128 HGB)

<u>Rspr:</u> **Keine Universalsukzession**, sondern **Sonderrechtsnachfolge** jedes Miterben in Gesellschafterposition

- **Gesellschaftsanteil** eines/einzelner (Mit-)Erben ist **nicht auf deren Erbquote beschränkt**.
- **Nicht in Gesellschaftsanteil nachfolgende Erben** haben gegen den **nachfolgenden Erben** einen **Ausgleichanspruch** (str.: Rechtsgrundlage)
- **Erbe** eines **Komplementärs** kann gem. **§ 139 Abs. 1 HGB** die **Einräumung einer Kommanditistenstellung** verlangen.
- Bei Fortsetzung der Gesellschaft mit einem/mehreren **Dritten (Eintrittsklausel)** →**Vertrag zu Gunsten Dritter** gem. §§ 328, 331 (<u>Problem:</u> Zeit zwischen Erbfall und Ausübung/Verfall des Erbrechts: <u>h.M.:</u> **Fortsetzung** der Gesellschaft **unter übrigen Gesellschaftern**

Nachfolge in Kapitalgesellschaftsanteil: wenig Besonderheiten, vgl. §§ 15 Abs. 1, 18 Abs. 1 GmbHG, § 69 Abs. 1 AktG.

nis zu den übrigen Gesellschaftern gründeten.[292] Als Anhaltspunkt dafür dient eine Abweichung des Gesellschaftsvertrages von den gesetzlichen Vorschriften, §§ 114ff. HGB; §§ 709, 714.

II. Kapitalgesellschaftsbeteiligung

1280 Die erbrechtliche Nachfolge in **Kapitalgesellschaftsanteile** bereitet weniger Schwierigkeiten. Sowohl die **Geschäftsanteile an einer GmbH**, vgl. § 15 Abs. 1 GmbHG, als auch **Aktien** sind **vererblich**. Mehrere Erben erhalten sie als Teil des Nachlasses gesamthänderisch gem. § 2032 Abs. 1.[293] Eine „Sondererbfolge" wie bei Personengesellschaften findet also nicht statt. Die Ausübung der Mitgliedschaftsrechte des GmbH-Anteils erfolgt gemeinschaftlich, § 18 Abs. 1 GmbHG. Demgegenüber können mehrere Erben die Rechte aus Aktien vor der Auseinandersetzung nur durch einen gemeinschaftlichen Vertreter ausüben, § 69 Abs. 1 AktG.

D. Wiederholung und Vertiefung *

Fragen

Frage 1
Gehört ein einzelkaufmännisches Unternehmen zum Nachlass?

Frage 2
Welche Möglichkeiten haben Miterben, wenn ein Handelsgeschäft Nachlassbestandteil ist?

Frage 3
Wie weit haftet ein Minderjähriger, der als Erbe in eine Personenhandelsgesellschaft eintritt?

Frage 4
Wird die KG durch den Tod eines Gesellschafters aufgelöst?

Frage 5
Welche vertraglichen Regelungsmöglichkeiten gibt es bezüglich der Nachfolge von Todes wegen in den Geschäftsanteil an einer Personengesellschaft?

---

[292] BGH LM § 139 HGB Nr. 2.
[293] Zur GmbH BGHZ 92, 386 (390ff.); Staudinger/*Marotzke*, § 1922 Rdn. 210.
* Antworten im Anhang, siehe S. 474.

Frage 6
Was versteht man unter einer qualifizierten Nachfolgeklausel?

Frage 7
Welche Möglichkeiten hat ein Erbe eines Komplementär-Gesellschaftsanteils?

§ 3. Der Erbschaftskauf

Schrifttum: Keller, Die Heilung eines formnichtigen Erbteilskaufvertrages oder ähnlichen Vertrages im Sinne von § 2385 Abs. 1 BGB, ZEV 1995, 427ff.; **Schlüter**, Durchbrechung des Abstraktionsprinzips über § 139 BGB und die Heilung eines formnichtigen Erbteilskaufs durch Erfüllung – BGH, NJW 1967, 1128, JuS 1969, 10ff.

A. Gegenstand des Erbschaftskaufs

Der in §§ 2371 ff. geregelte **Erbschaftskauf** hat in der Praxis keine allzu große Bedeutung. Es handelt sich um einen **Kaufvertrag unter Lebenden** i. S. d. §§ 433ff., der gegenüber den allgemeinen Normen in einigen Punkten modifiziert ist. Er verlangt, dass der **Erbfall** zum Zeitpunkt des Vertragsschlusses bereits **eingetreten** ist. Andernfalls tritt **Nichtigkeit** gem. § 311 b Abs. 4 ein.[294] **1281**

Den Gegenstand des Erbschaftskaufes bildet bei einem Alleinerben nicht das Erbrecht als solches, so dass der Käufer auch kein Erbe wird. Der Kaufvertrag bezieht sich vielmehr auf den **Nachlass** oder einen entsprechend bezeichneten **Bruchteil**, also nicht lediglich auf die Summe aller Nachlassgegenstände.[295] Der Verkauf eines einzelnen Nachlassgegenstandes kann die haftungsrechtlichen Folgen des Erbschaftskaufs dann auslösen, wenn er wertmäßig den **Nachlass im Wesentlichen ausschöpft** und der Käufer dieses wusste. Insofern gelten die Grundsätze, die zum § 419 a. F. entwickelt worden sind und teilweise auch für § 1365 **1282**

---

[294] Dazu und zu sog. Erbschaftsverträgen gem. § 312 Abs. 2, vgl. *Leipold*, Erbrecht, Rdn. 877.

[295] AnwK-BGB/*Ullrich*, § 2371, Rdn. 2; MünchKomm/*Musielak*, Vor § 2371 Rdn. 3; *Bamberger/Roth,* Vor § 2371 Rn. 2.

Bedeutung haben.[296] Bei einem **Miterben** bildet der **Erbteil** den Kaufgegenstand, §§ 1922 Abs. 2 i.V.m. 2371. § 2385 Abs. 1 ordnet die Anwendung der Vorschriften über den Erbschaftskauf auf vergleichbare Fälle an.[297]

1283 Der **Vertragsgegenstand** bestimmt sich grundsätzlich nach dem Zeitpunkt des Vertragsschlusses.[298] Vorteile, die sich aus dem Wegfall eines Vermächtnisses, einer Auflage oder aus der Ausgleichspflicht eines Miterben ergeben, kommen dem Käufer zugute, § 2372. Ein Erbteil, der dem Verkäufer durch Nacherbfolge oder Anwachsung anfällt, wurde im Zweifel nicht mitverkauft, § 2373.

B. Das Verhältnis zwischen Erbschaftskäufer und -verkäufer

1284 Im Verhältnis zwischen Erbschaftskäufer und -verkäufer ist – wie sonst auch – das **schuldrechtliche Verpflichtungsgeschäft** vom **Erfüllungsgeschäft** zu trennen.

I. Umfang der Verpflichtung

1285 Der Alleinerbe **verpflichtet** sich zur **Übertragung des Nachlasses**, also etwa zur Übereignung der Sachen, zur Abtretung der Rechte und zur Einräumung des Besitzes. Ein **Miterbe** ist dagegen **gesamthänderisch gebunden** und daher nicht in der Lage, eigenständig über seinen Anteil an den Erbschaftsgegenständen zu verfügen, § 2033 Abs. 2.[299] Seine Verpflichtung richtet sich daher auf die **Übertragung des Miterbenanteils**, so dass sich der Erwerber danach um Auseinandersetzung bemühen muss.[300] Daraus folgt gleichzeitig, dass die folgenden Regeln für den Verkauf von Miterbenanteilen nicht uneingeschränkt angewendet werden können.[301]

---

296 BGHZ 43, 174 (176) (obiter dictum); BGH FamRZ 1965, 267 (268); *Schlüter*, Erbrecht, Rdn. 1225.

297 Ein Überbl. über die in Frage kommenden Konstellationen bei MünchKomm/*Musielak*, § 2385 Rdn. 2.

298 Staudinger/*Olshausen*, § 2372 Rdn. 3.

299 Vgl. Rdn. 959.

300 Vgl. Rdn. 992ff.

301 Soergel/*Zimmermann*, § 2374 Rdn. 1.

Ohne anderweitige Vereinbarung umfasst der Erbschaftskauf **alle Nachlassgegenstände** sowie unter den Voraussetzungen des § 2374 auch **Surrogate**. Daneben treten **Wertersatzansprüche**, wenn der Verkäufer den Nachlass durch sein Verhalten vor Vertragsschluss geschmälert hat, sofern dem Käufer dieser Vorgang unbekannt war, § 2375 Abs. 1. Für entsprechende Verhaltensweisen des Verkäufers vor Vertragsschluss sind diese Ansprüche abschließend, § 2375 Abs. 2. 1286

II. Besonderheiten gegenüber dem allgemeinen Kaufrecht

Der Erbschaftskauf ist zwar ein Kaufvertrag, die erbrechtlichen Regeln weichen jedoch in verschiedener Hinsicht vom allgemeinen Kaufrecht gem. §§ 433ff. ab. Die **Sachmängelgewährleistung** wird durch § 2376 Abs. 2 ganz ausgeschlossen, damit beim Verkauf des gesamten Nachlasses nicht um die Beschaffenheit einzelner Gegenstände gestritten wird. Etwas anderes gilt bei **zugesicherten Eigenschaften** sowie bei **Arglist des Verkäufers**[302]. 1287

Die **Rechtsmängelhaftung** ist ebenfalls speziell geregelt. Sie besteht nicht für die verkauften Gegenstände, sondern nur für den verkauften Nachlass als solchen. Der Verkäufer haftet demnach gem. § 2376 Abs. 1 dafür, dass er nicht durch **Nacherbenrechte** oder **Testamentsvollstreckung** beschränkt ist, ferner darauf, dass keine **Vermächtnisse**, **Auflagen**, **Pflichtteilslasten**, **Ausgleichspflichten** oder **Teilungsanordnungen** bestehen und bei Vertragsabschluss noch keine **unbeschränkte Erbenhaftung** eingetreten war. Außerdem verlagert die Gefahrtragungsregel des § 2380 den maßgeblichen Zeitpunkt von der Übergabe auf den **Vertragsschluss** vor. 1288

III. Das Innenverhältnis

Die Ausgestaltung des **Innenverhältnisses** zwischen Erbschaftsverkäufer und -käufer soll letzteren weitgehend so stellen, als sei er Erbe geworden.[303] Daher hat der **Käufer** regelmäßig die Pflicht, **Nachlassverbindlichkeiten** zu erfüllen, bzw. den Verkäufer freizustellen, sofern dieser bereits geleistet hatte, § 2378. Daneben schuldet er gem. § 2381 Abs. 1 Ersatz für **notwendige Verwendungen vor Vertragsschluss**, für andere 1289

[302] Hierzu *Schlichting*, ZEV 2002, 478 (479).
[303] *Lange/Kuchinke*, Lehrbuch des Erbrechts, § 45 III 2a (S. 1174).

nur, wenn sie noch **wertsteigernd** vorhanden sind, § 2381 Abs. 2.[304] Schließlich wird durch § 2377 S. 1 im Verhältnis zwischen den beiden Vertragsparteien das Weiterbestehen von Rechtsverhältnissen fingiert, die an sich durch Konfusion oder Konsolidation erloschen sind.[305]

IV. Formerfordernisse

1290 Gem. § 2371 bedarf der Erbschaftskaufvertrag **notarieller Beurkundung**. Dadurch soll zum einen der Verkäufer vor Übereilung geschützt, zum anderen Rechtsklarheit geschaffen werden, insbesondere im Hinblick auf die Haftung des Erwerbers.[306]

1291 Bei einem Verstoß gem. § 2371 Abs. 1 tritt **Nichtigkeit** gem. § 125 S. 1 ein.[307] Eine Heilungsmöglichkeit ist anders als bei § 311 b Abs. 1 S. 2 nicht vorgesehen. Eine analoge Anwendung dieser Norm kommt bei dem Verkauf durch einen Alleinerben nicht in Betracht, da regelmäßig für das Erfüllungsgeschäft kein weiterer Formzwang besteht, so dass die geschilderten Schutzzwecke nicht gewahrt wären.[308] Etwas anderes gilt allein bei Grundstücken als Nachlassbestandteile. Den Verkauf eines Miterbenanteils beurteilt die Rechtsprechung ebenso.[309] Dafür spricht, dass § 2033 Abs. 1 S. 2 notarielle Beurkundung der Verfügung erfordert. Dadurch kann man eine analoge Anwendung des § 311 Abs. 1 S. 2 bejahen.

C. Das Verhältnis zu Nachlassgläubigern

1292 Der Erbschaftskauf macht den Käufer nicht zum Erben; dies bleibt der Verkäufer und er haftet auch weiterhin für die **Nachlassverbindlichkeiten**.[310] Mit dem **Abschluss des Erbschaftskaufvertrages** tritt **daneben**

---

[304] Die Regelung ist somit vergleichbar mit der in §§ 994, 996. Die Lastentragung ist in § 2379 geregelt.

[305] Vgl. Rdn. 876, 954.

[306] Staudinger/*Olshausen*, § 2371 Rdn. 4; das Erfordernis notarieller Form ist erst durch die 2. Kommission eingefügt worden, vgl. dazu *Lange/Kuchinke*, Lehrbuch des Erbrechts, § 45 II 1 (S. 1172).

[307] Soergel/*Zimmermann*, § 2371 Rdn. 25; Palandt/*Edenhofer*, § 2371 Rdn. 3; *Bamberger/Roth,* § 2371 Rn. 3.

[308] MünchKomm/*Musielak*, § 2371 Rdn.7 m.w.N. zur überholten Gegenmeinung; *Brox*, Erbrecht, Rdn. 799.

[309] BGH NJW 1967, 1128 (1131); MünchKomm/*Musielak*, § 2371 Rdn. 7; Palandt/*Ebenhofer*, § 2371 Rdn.3; *Leipold*, Erbrecht, Rdn. 873 Fn. 1.

[310] Zur Erbenhaftung vgl. Rdn. 862ff. und BGH NJW 1967, 1128 (1130).

Übersicht: Der Erbschaftskauf

Erbschaftskauf: **Kaufvertrag unter Lebenden** gem. §§ 433 ff., **modifiziert** gem. §§ 2371 ff.

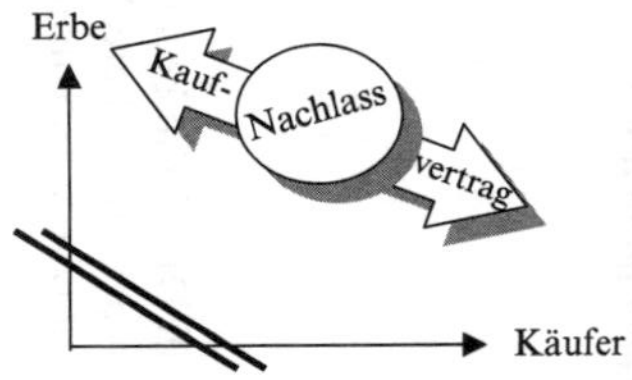

- **Erbfall** muss bei Abschluss des (Erbschafts-)Kaufvertrages bereits **eingetreten** sein; sonst **Nichtigkeit** gem. § 311b Abs. 4 S. 1
- **Gegenstand des Kaufvertrages** ist (bei Alleinerbschaft) der **gesamte Nachlass** oder ein **Bruchteil**; bei einer Erbengemeinschaft der jeweilige **Erbteil des Miterben**
- **Kaufvertrag** muss **notariell beurkundet** werden, § 2371; bei Nichtbeachtung: **Nichtigkeit** gem. § 125 S. 1 (grds. keine Heilung)
- **Käufer** wird **nicht Erbe**.
- **Erbschaftskauf** umfasst **alle Nachlassgegenstände** (inkl. Surrogate + Wertersatzansprüche).
- **Keine** Sachmängelhaftung gem. § 2376 Abs. 2; **Rechtsmängelhaftung** nur für Nachlass als solchen, § 2376 Abs. 1
- **Nach Abschluss des Kaufvertrages** ist der Miterbe zur Übertragung seines Miterbenanteils verpflichtet (Alleinerbe hat Eigentums- und Besitzverschaffungspflichten); Miterbe muss gem. § 2033 Abs. 1 S. 2 not. beurkundet den Miterbenanteil übertragen.

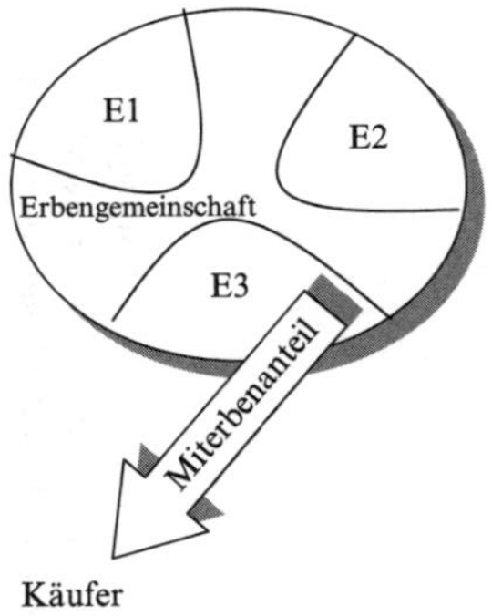

Käufer wird weitgehend **Erben gleichgestellt**, vgl. §§ 2377 ff., aber **kein Miterbenstatus**:
- Freistellungsverpflichtung von Nachlassverbindlichkeiten gem. § 2378
- Verwendungsersatz gem. § 2381 Abs. 1 bzw. 2
- Fiktion des Fortbestehens von Rechtsverhältnissen gem. § 2377 S. 1
- Gesamtschuldnerische Haftung mit Erben, § 2378, Käufer ist jedoch allein leistungsverpflichtet
- Keine Wirksamkeit einer im Innenverhältnis getroffenen Haftungsbeschränkung nach außen, § 2382 Abs. 2

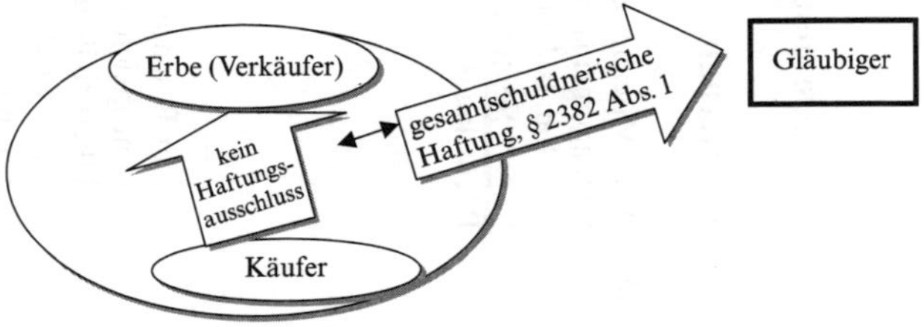

die Haftung des Käufers, § 2382 Abs. 1 S. 1, und zwar **unbeschränkt persönlich**, soweit keine beschränkte Erbenhaftung herbeigeführt wurde, 2383 Abs. 1.[311] Käufer und Verkäufer haften **gesamtschuldnerisch**. Im Innenverhältnis ist regelmäßig der Käufer allein zur Leistung verpflichtet, § 2378. Eine außenwirksame Haftungsbeschränkung kommt nicht in Betracht, § 2382 Abs. 2. Damit der Nachlassgläubiger von seinem neuen Schuldner erfährt, begründet § 2384 eine **Anzeigepflicht** im Hinblick auf den Verkauf der Erbschaft.

D. Die Erfüllung

1293 Erwirbt der Erbschaftskäufer den Nachlass eines Alleinerben, so folgt die Erfüllung den Regeln der **Übertragung**, die für die **einzelnen Nachlassgegenstände** gelten, etwa §§ 929, 925, 398. Für den Erwerb eines Miterbenanteils gilt dies nicht; er muss gem. § 2033 Abs. 1 S. 1 durch eine **notariell beurkundete Verfügung** übertragen werden, solange noch keine Auseinandersetzung stattgefunden hat. Danach richtet sich der Erfüllungsanspruch auf die einzelnen Nachlassgegenstände, die dem Miterben zugewiesen wurden.

E. Wiederholung und Vertiefung *

Sachverhalt

1294 A ist Miterbe. Um sich die lästige Beteiligung an der Auseinandersetzung der Erbengemeinschaft zu ersparen, verkauft er seinen Anteil an B. Der Vertrag wird handschriftlich fixiert, anschließend der Anteil formgerecht auf B übertragen. Später entstehen Zweifel an der Wirksamkeit des Geschäfts. Wie ist die Rechtslage?

---

311 Zur Beschränkung der Erbenhaftung vgl. Rdn. 867 ff. Die Norm beruht auf dem gleichen Gedanken wie früher § 419 a. F., für den die unberechtigte Überprivilegierung des Gläubigers inzwischen erkannt wurde. Er wurde deshalb zwischenzeitlich außer Kraft gesetzt.

* Lösung im Anhang, siehe S. 475.

Anhang

Antworten und Lösungen

2. Kapitel, Lösungen zu § 2 F

1. Lösung Ausgangsfall

1. Als gesetzliche Erben kommen gem. § 1931 Abs. 1 S. 1 die Ehefrau F, gem. § 1924 Abs. 1 u. 3 der Sohn S sowie die Enkel K1 und K2 der vorverstorbenen Tochter T in Betracht. Die Mutter M ist als Verwandte der 2. Ordnung, § 1925 Abs. 1, nicht zur Erbin berufen, § 1930.
2. Bei ausschließlich erbrechtlicher Beurteilung würden die F 1/4, S und T – sofern sie noch lebte – je 3/8 erben, §§ 1931 Abs. 1 S. 1, 1. Var., 1924 Abs. 4. Den Anteil der bereits verstorbenen T erhalten jedoch deren Kinder K1 und K2, § 1924 Abs. 3, die demnach je 3/16 erben.
3. Dieses rein erbrechtliche Ergebnis wird durch das Güterrecht modifiziert. Da die Eheleute nichts anderes vereinbart haben, lebten sie im gesetzlichen Güterstand der Zugewinngemeinschaft, § 1363 Abs. 1. Deshalb wird der gesetzliche Erbteil des überlebenden Ehegatten gem. § 1371 Abs. 1 um 1/4 erhöht. Die Ehefrau F erhält danach 1/2 und Sohn S erbt zu 1/4. Den auf die vorverstorbene Tochter T entfallenden Anteil von 1/4 erhalten K1 und K2 zu je 1/8.

2. Lösung erste Abwandlung

Da nicht mehr als zwei Kinder des Erblassers als gesetzliche Erben berufen sind, greift § 1931 Abs. 4 ein. Diese Vorschrift findet – unter Berücksichtigung des § 1924 Abs. 3 – auch dann Anwendung, wenn eines der erbberechtigten Kinder vorverstorben ist und Abkömmlinge hatte, § 1931 Abs. 4 a. E. Danach erben F und S je 1/3, K1 und K2 je 1/6.

3. Lösung zweite Abwandlung

1. Gesetzliche Erben werden wiederum nur F, S sowie K1 und K2.
2. Im Fall der Gütergemeinschaft verbleibt es bei der erbrechtlich berechneten Erbquote, § 1482 S. 2. In den Nachlass fällt lediglich der Anteil des Erblassers E am Gesamtgut, § 1482 S. 1, sowie etwaiges Sonder- und Vorbehaltsgut. Nach der Auseinandersetzung über das Gesamtgut, §§ 1471 ff., erhält die Ehefrau F gem. § 1476 Abs. 1 als ihren güterrechtlichen Anteil die Hälfte des Überschusses. Die andere Hälfte ist entsprechend der unter F. II. 2. errechneten Erbquoten auf F (diesmal als Erbin), S und K1 und K2 zu verteilen. Wertmäßig würde F also insgesamt 5/8 des Gesamtgutes erhalten. Die Vererbung des Sonder- und Vorbehaltsgutes beurteilt sich ausschließlich nach den Erbquoten.

3. Kapitel, Antworten zu § 2 B VIII

Antwort zu Frage 1:

Verfügungen von Todes wegen sind Rechtsgeschäfte, durch welche der Erblasser Anordnungen über das Schicksal seines Vermögens für die Zeit nach seinem Tode trifft (vgl. Rdn. 207ff.).

Antwort zu Frage 2:

Der Verfügungsbegriff im allgemeinen zivilrechtlichen Sinne bezeichnet Rechtsgeschäfte, durch die auf ein bestehendes Recht **unmittelbar** durch Übertragung, Inhaltsänderung, Belastung oder Aufhebung eingewirkt wird (z. B. Abtretung, Erlass, Verpfändung). Dagegen treten die Rechtswirkungen bei Verfügungen von Todes wegen erst mit dem Tode des Erblassers ein. Häufig besitzen die in einer Verfügung von Todes wegen enthaltenen Anordnungen des Erblassers auch keine unmittelbare dingliche Wirkung, sondern wirken nur schuldrechtlich, etwa bei Anordnung von Vermächtnissen oder Auflagen (vgl. §§ 2174, 2194). Manchmal tritt auch keinerlei Rechtsänderung in Ansehung der Nachlassgegenstände ein, so z. B. bei Anordnung der Testamentsvollstreckung, §§ 2197ff. (vgl. Rdn. 209ff.).

Antwort zu Frage 3:

Unterschieden werden ordentliche und außerordentliche Testamentsarten. Zu den ordentlichen Testamenten zählen das öffentliche („notarielle“) Testament gem. §§ 2231 Nr. 1, 2232 und das eigenhändige („privatschriftliche“) Testament gem. §§ 2231 Nr. 2; 2247. Außerordentliche Testamente sind die sog. Nottestamente gem. §§ 2249, 2250 (Bürgermeister-; Dreizeugentestament) sowie das in § 2251 geregelte Seetestament.

Antwort zu Frage 4:

Das BGB kennt das Testament, §§ 2064ff., ferner das gemeinschaftliche Testament, §§ 2265ff., sowie den Erbvertrag, §§ 2274ff.

Antwort zu Frage 5:

Da das Testament sowie die in ihm enthaltenen einzelnen Verfügungen jederzeit frei widerruflich sind, § 2253, haben die Bedachten bis zum Eintritt des Erbfalls keine Rechtsposition (vgl. Rdn. 213).

Antwort zu Frage 6:

Der testierfähige Erblasser muss die Verfügung von Todes wegen persönlich und mit Testierwillen errichtet haben. Zudem muss die Erklärung den erbrechtlichen Formerfordernissen genügen und darf nicht gegen ein gesetzliches Verbot oder gegen die guten Sitten verstoßen; §§ 134, 138 Abs. 1 (vgl. Rdn. 216ff.).

Antwort zu Frage 7:

Der in § 2065 zum Ausdruck kommende Grundsatz besagt, dass der Erblasser selbst nach eigenem Willen über die Nachfolge in sein Vermögen entscheiden muss. Daher können weder die Gültigkeit einer letztwilligen Verfügung, die Bestimmung des Bedachten oder des zuzuwendenden Gegenstandes der Bestimmung eines anderen überlassen werden (vgl. Rdn. 219ff.).

Antwort zu Frage 8:
Die Mitwirkung eines Dritten bei der Gestaltung der Erbfolge ist dann mit § 2065 vereinbar, wenn diesem nach vom Erblasser vorgegebenen objektiven Kriterien lediglich die **Bezeichnung,** nicht jedoch die eigentliche Bestimmung des oder der Erben obliegt. Ob dem Dritten hierbei auch ein gewisser Spielraum eigener, subjektiver Wertung eingeräumt werden kann, ist umstritten, nach richtiger Ansicht jedoch zu bejahen (vgl. Rdn. 223ff.).

Antwort zu Frage 9:
Unter dem Testierwillen versteht man den ernstlichen Willen des Erblassers, ein Testament zu errichten und darin rechtsverbindliche Anordnungen für die Zeit nach dem Tode zu treffen. Es handelt sich um eine spezielle Ausformung des Erklärungsbewusstseins (vgl. Rdn. 230ff.).

Antwort zu Frage 10:
Die Voraussetzungen der Testierunfähigkeit hat derjenige zu beweisen, der die Nichtigkeit des Testaments geltend macht. „Lichte Intervalle" hat demgegenüber derjenige zu beweisen, der sich auf diese Ausnahme von § 2229 Abs. 4 beruft und daraus Rechte herleiten will (vgl. Rdn. 243).

Antwort zu Frage 11:
Die erbrechtlichen Formvorschriften dienen primär der Gewährleistung von **Rechtssicherheit**. Daneben bezwecken sie aber auch **Schutz vor Übereilung** und dienen **Beweiszwecken**, insbesondere der sicheren Feststellung der Identität des Erklärenden (vgl. dazu Rdn. 267).

Antwort zu Frage 12:
Ein notarielles Testament wird im Rahmen einer Verhandlung vor dem Notar entweder durch **mündliche Erklärung** des Erblassers oder durch **Übergabe** einer offenen oder verschlossenen **Schrift** an die Beurkundungsperson errichtet, § 2232 (vgl. Rdn. 270ff.).

Antwort zu Frage 13:
Nein. § 2247 Abs. 3 S. 1 enthält lediglich eine Soll-Vorschrift. Andersartige Unterschriften sind nach § 2247 Abs. 3 S. 2 ebenfalls möglich, wenn diese zur Feststellung der Urheberschaft des Erblassers und der Ernstlichkeit der Erklärung ausreichen (vgl. Rdn. 283).

Antwort zu Frage 14:
Die Unterschrift des Erblassers muss grundsätzlich am **Schluss** der letztwilligen Verfügung stehen, also unter der letzten Textzeile. Dadurch soll sichergestellt werden, dass es sich um eine abgeschlossene (vollständige) und ernstgemeinte Erklärung handelt, sog. **Abschlussfunktion** (vgl. Rdn. 281).

Antwort zu Frage 15:
Die Erbeinsetzung der Geliebten – wie auch die Zuwendung eines Vermächtnisses an den außerehelichen Intimpartner – stellt einen Verstoß gegen § 138 Abs. 1 dar, wenn sie **ausschließlich** den Zweck hat, geschlechtliche Hingabe zu fördern oder zu belohnen (vgl. Rdn. 261).

Antwort zu Frage 16:
Das sog. **Behindertentestament** bezeichnet Testamentsgestaltungen, bei denen der Erblasser, dessen behindertes Kind auf Kosten der Sozialhilfe untergebracht ist, über sein Vermögen in der Weise letztwillig verfügt, dass der Sozialhilfeträger keine Möglichkeit hat, wegen der ihm entstehenden Aufwendungen auf den Nachlass zuzugreifen (vgl. Rdn. 264ff.).

3. Kapitel, Antworten zu § 2 C V

Antwort zu Frage 1:
Enterbung ist der Ausschluss einer Person von der gesetzlichen Erbfolge durch Verfügung von Todes wegen (vgl. Rdn. 295).

Antwort zu Frage 2:
Eine Enterbung kann durch ein sog. negatives Testament vorgenommen werden, also ohne Einsetzung anderer Erben. Möglich ist auch eine Enterbung durch Verteilung des gesamten Nachlasses auf andere Erben, sog. positives Testament (vgl. Rdn. 296ff.).

Antwort zu Frage 3:
Sofern die Verfügung nicht eindeutig ist, muss der Erblasserwille durch Auslegung ermittelt werden. Ein Indiz für eine Erbeinsetzung stellt der Umstand dar, dass die Zuwendung den Nachlasswert weitgehend erschöpft. Verbleiben Zweifel, so spricht nach der Auslegungsregel des § 2087 eine Einsetzung nach Bruchteilen für eine Erbeinsetzung, eine Zuweisung einzelner Gegenstände für ein Vermächtnis. Nicht entscheidend ist die Bezeichnung als „Erbe" (vgl. Rdn. 302).

Antwort zu Frage 4:
Anwachsung gem. § 2094 bedeutet eine verhältnismäßige Anhebung der Erbquote im Bereich der gewillkürten Erbfolge. Durch sie wird beim Wegfall eines Miterben das Wiederaufleben der gesetzlichen Erbfolge verhindert, das im Zweifel nicht dem mutmaßlichen Erblasserwillen entspricht (vgl. Rdn. 309ff.).

Antwort zu Frage 5:
B sollte Ersatzerbe gem. § 2096 sein. A war aber – wenn auch nur für kurze Zeit – Erbe des E. § 2102 Abs. 1 besagt, dass der Nacherbe im Zweifel Ersatzerbe ist. Die (umgekehrte) Vermutung, dass ein Ersatzerbe im Zweifel Nacherbe wird, besteht nicht. B hat keine erbrechtliche Rechtsposition (vgl. Rdn. 313ff.).

Antwort zu Frage 6:
Der Vorerbe ist zwar Gesamtrechtsnachfolger und damit Vollrechtsinhaber, aber zum Schutz des Nacherben in der Verfügung beschränkt, zum einen bzgl. der Grundstücke, § 2113 Abs. 1, zum anderen im Hinblick auf unentgeltliche Verfügungen, § 2113 Abs. 2. Dagegen verstoßende Verfügungen sind mit Eintritt des Nacherbenfalls absolut unwirksam, auch sog. Zwangsverfügungen

gem. § 2115. Daneben dienen die Surrogation, § 2111, sowie die Verwaltungspflicht des Vorerben, § 2130 Abs. 1, dem Schutz des Nacherben (vgl. Rdn. 326ff.).

Antwort zu Frage 7:
Gem. § 326 ZPO muss man differenzieren: Ist das Urteil für den Nacherben günstig, so kann er sich auf dessen Rechtskraft berufen, § 326 Abs. 1 ZPO. Ein für ihn ungünstiges Urteil bindet den Nacherben dagegen grds. nicht, da er auf die Prozessführung des Vorerben keinen Einfluss hatte. Eine Bindungswirkung tritt in diessem Fall nur ein, wenn der Vorerbe befugt war, ohne Zustimmung des Nacherben über den streitbefangenen der Nacherbfolge unterliegenden Gegenstand zu verfügen, § 326 Abs. 2 ZPO (vgl. Rdn. 486f.).

Antwort zu Frage 8:
Sowohl bei einer Auflage als auch bei einem Vermächtnis ist der Beschwerte zu einer Leistung verpflichtet. Der Hauptunterschied besteht darin, dass dem Vermächtnisnehmer ein Anspruch zusteht, dem Auflagenbegünstigten (sofern ein solcher existiert) dagegen nicht. Darüber hinaus muss ein Vermächtnis im Gegensatz zur Auflage einen Vermögenswert beinhalten (vgl. Rdn. 350ff., 370ff.).

3. Kapitel, Antworten zu § 2 C IX

Antwort zu Frage 1:
Dagegen spricht, dass sie gem. § 2211 Abs. 1 nicht verfügungsberechtigt sind.[1] Sieht man den Schutzzweck der Testamentsvollstreckung darin, den Nachlass für die Erben zu erhalten, so lässt sich auch das Gegenteil begründen,[2] solange keine schutzwürdigen Interessen weiterer Beteiligter (etwa Vermächtnisnehmer) entgegen stehen (vgl. Rdn. 389ff.).

Antwort zu Frage 2:
Gem. § 27 Abs. 1 i.V.m. § 25 HGB haften die Erben, die ein Einzelhandelsgeschäft fortführen, unbeschränkt persönlich; der Testamentsvollstrecker kann hingegen nur den Nachlass verpflichten, § 2206, so dass ein Einzelhandelsgeschäft mit beschränkter Haftung entstehen könnte.

Möglich ist, dass die Erben dem Testamentsvollstrecker Vertretungsmacht erteilen (Vollmachtslösung) oder dass der Testamentsvollstrecker im eigenen Namen handelt und gegen die Erben ggf. Freistellungsansprüche geltend macht (Treuhandlösung) (vgl. Rdn. 396ff.).

---

1 RGZ 105, 246 (249f.); *Schlüter*, Erbrecht, Rdn. 845.

2 BGHZ 57, 84 (92f.); BGH, FamRZ 1991, 188 (189); Soergel/*Damrau*, § 2205 Rdn. 78; ausf. und z. T. abw. *Lehmann*, AcP 188 (1988), 1ff.

3. Kapitel, Antworten zu § 3 H

Antwort zu Frage 1:

Ein gemeinschaftliches Testament liegt vor, wenn zwei Erblasser **gemeinsam** testieren. Es handelt sich um die rechtliche Zusammenfassung der letztwilligen Verfügungen von Eheleuten (vgl. Rdn. 409ff.).

Antwort zu Frage 2:

Es kann als öffentliches, als eigenhändiges sowie als Nottestament errichtet werden (vgl. Rdn. 415ff.).

Antwort zu Frage 3:

Erforderlich ist ein sog. **Errichtungszusammenhang**: Die Eheleute müssen aufgrund eines gemeinsamen Entschlusses und in wechselseitiger Kenntnis der anderen Verfügung ihren letzten Willen niederlegen. In objektiver Hinsicht ist hierbei zu verlangen, dass sich die Gemeinschaftlichkeit wenigstens andeutungsweise aus den Erklärungen selbst ergibt (vgl. Rdn. 424ff.).

Antwort zu Frage 4:

Gem. § 2268 i.V.m. § 2077 Abs. 1 S. 1 wird das gemeinschaftliche Testament in diesem Fall grundsätzlich seinem ganzen Inhalt nach nichtig. Etwas anderes kann sich jedoch aus § 2268 Abs. 2 ergeben (vgl. Rdn. 437).

Antwort zu Frage 5:

Hierunter versteht das Gesetz in § 2270 Abs. 1 Verfügungen in gemeinschaftlichen Testamenten, von denen anzunehmen ist, dass die eine Verfügung nicht ohne die des anderen Ehegatten getroffen sein würde. Solche Verfügungen werden also mit Rücksicht auf die korrespondierende Verfügung des anderen Ehegatten getroffen; sie sollen nach Willen der Erblasser miteinander „stehen und fallen" (vgl. Rdn. 443ff.).

Antwort zu Frage 6:

Zu trennen ist hierfür zwischen der Rechtslage zu Lebzeiten beider Eheleute und der bei Erstversterben eines Ehegatten: Im ersten Fall sind die Verfügungen frei widerruflich, wobei der Widerruf jedoch durch § 2271 Abs. 1 S. 1 formgebunden ist. Erst mit Versterben des anderen Ehegatten entsteht eine Bindung des Überlebenden: Gem. § 2271 Abs. 2 erlischt das Widerrufsrecht. Spätere Verfügungen des überlebenden Ehegatten, die in Widerspruch zu dieser nun bindenden Regelung stehen, sind kraft Gesetzes unwirksam. Die lebzeitige Verfügungsfreiheit bleibt jedoch unberührt, § 2286 analog (vgl. Rdn. 457ff.).

Antwort zu Frage 7:

Der länger lebende Ehegatte kann das ihm Zugewendete **ausschlagen**, § 2271 Abs. 2 S. 1, 2. HS oder die eigene(n) Verfügung(en), aber auch die des vorverstorbenen Ehegatten **anfechten**, §§ 2281 analog, 2080 i.V.m. §§ 2078, 2079. Ein Recht zur Aufhebung der eigenen Verfügung besteht ferner nach § 2271 Abs. 2 S. 2 sowie nach § 2271 Abs. 3 i.V.m. § 2289 Abs. 2, 2338 (vgl. Rdn. 723ff.).

Antwort zu Frage 8:
Ein **Berliner Testament** ist eine Testamentsgestaltung, in der Eheleute sich gegenseitig zu Erben einsetzen und gleichzeitig bestimmen, dass nach dem Tode des Längerlebenden der beiderseitige Nachlass an einen Dritten fallen soll, § 2269. Unterschieden werden hierbei **Einheits-** und **Trennungsprinzip**: Im ersten Fall wird der überlebende Ehegatte Vollerbe des Erstverstorbenen und der (oder die) Dritte(n) Schlusserben nach dem Letztverstorbenen. Im zweiten Fall wird der länger lebende Ehegatte Vorerbe des Erstverstorbenen, der Dritte dessen Nacherbe und zugleich Vollerbe des Letztversterbenden (vgl. Rdn. 468ff.).

Antwort zu Frage 9:
Es handelt sich um eine Regelung in einem gemeinschaftlichen Testament, die die erbrechtliche Stellung des länger lebenden Ehegatten im Fall einer Wiederheirat – zumeist nachteilig – abändert. Häufig wird bestimmt, dass sich dieser dann mit den Kindern oder anderen Verwandten nach Maßgabe der gesetzlichen Erbfolge auseinandersetzen soll. Soll der Längerlebende bei Wiederverheiratung den Nachlass des Erstverstorbenen an die gemeinsamen Kinder herausgeben, so ist dies beim gemeinschaftlichen Testament mit Einheitslösung dahingehend auszulegen, dass der überlebende Ehegatte zugleich **auflösend bedingter Vollerbe** und **aufschiebend bedingter Vorerbe** sei (vgl. Rdn. 474ff.).

Antwort zu Frage 10:
Dies geschieht durch sog. **Verwirkungsklauseln**, wonach ein Abkömmling, der beim ersten Erbfall den Pflichtteil verlangt, auch beim Versterben des Längerlebenden Elternteils nur den Pflichtteil erhalten soll. Das Problem des „doppelten Pflichtteils" kann man anhand der **Jastrow'schen Formel** entschärfen (vgl. Rdn. 482ff.).

3. Kapitel, Antworten zu § 4 G

Antwort zu Frage 1:
Der Erbvertrag ist eine **vertragliche Verfügung von Todes** wegen, hat also eine Doppelnatur: Er ist Verfügung von Todes wegen, trifft also erbrechtliche Regelungen (Erbeinsetzungen, Vermächtnisse, Auflagen etc.) und ist gleichzeitig echter Vertrag, der Bindungswirkung erzeugt (vgl. Rdn. 488ff.).

Antwort zu Frage 2:
Ein Erbvertrag kann von **jedermann** errichtet werden. Sein Anwendungsbereich ist nicht, wie beim gemeinschaftlichen Testament, § 2265, eingeschränkt (vgl. Rdn. 491).

Antwort zu Frage 3:
Ein solcher liegt vor, wenn der vertragsmäßigen Verfügung des Erblassers eine Leistung des Vertragspartners gegenübersteht. Ein Beispiel hierfür findet sich in § 2295 (sog. Verpfründungsvertrag) (vgl. Rdn. 496f.).

Antwort zu Frage 4:
Da die beiderseitigen Leistungen in einem entgeltlichen Erbvertrag nicht im Verhältnis von Leistung und Gegenleistung i. S. d. §§ 320ff. stehen (der Erbvertrag ist kein Austauschvertrag!), scheidet § 323 aus. Der Erblasser ist bei derartigen „Leistungsstörungen" auf erbrechtliche Sonderregeln beschränkt, wie z. B. auf einen Rücktritt nach § 2295 oder eine Anfechtung des Erbvertrages gem. § 2281, 2078 (vgl. Rdn. 497).

Antwort zu Frage 5:
Nein. Der Erbvertrag bedarf gem. § 2276 Abs. 1 zwingend notarieller Form (vgl. Rdn. 506).

Antwort zu Frage 6:
Vertragsmäßige Verfügungen, vgl. § 2278, sind solche, die nach dem Willen der Vertragsschließenden mit bindender Kraft getroffen werden. Dagegen sind einseitige Verfügungen nicht bindend und können jederzeit frei widerrufen werden, §§ 2253ff. (vgl. Rdn. 512).

Antwort zu Frage 7:
Die Bindungswirkung besteht darin, dass der Vertragserblasser nicht mehr abweichend testieren kann: Gem. § 2289 Abs. 1 S. 1 wird eine **frühere** letztwillige Verfügung des Erblassers aufgehoben, soweit sie das Recht des vertragsmäßig Bedachten beeinträchtigen würde. Gleiches gilt gem. § 2289 Abs. 1 S. 2 für **spätere** Verfügungen. Der Erblasser ist zudem grundsätzlich bereits **zu Lebzeiten gebunden**: Ein Widerrufsrecht besteht – anders als im Falle des § 2271 Abs. 1 – bei vertragsmäßigen Verfügungen nicht (vgl. Rdn. 532ff.).

Antwort zu Frage 8:
Bekannte Beispiele hierfür sind die Verbindungen zwischen Erbvertrag und Ehevertrag, vgl. § 2276 Abs. 2, sowie zwischen Erbvertrag und Unterhaltsvertrag (Verpfründungsvertrag) (vgl. Rdn. 528ff.).

Antwort zu Frage 9:
Hierunter versteht man eine Vereinbarung in Erbverträgen, wonach dem Vertragserblasser das Recht zusteht, in gewissem Umfang letztwillige Verfügungen zu treffen, die zu den vertragsmäßig getroffenen in Widerspruch stehen. Folge davon ist, dass die betroffenen Verfügungen nicht bindend sind (vgl. Rdn. 552).

Antwort zu Frage 10:
Vor lebzeitigen Verfügungen des Vertragserblassers, die zu einer wesentlichen Schmälerung der Erbmasse führen, ist der vertraglich Bedachte durch die §§ 2287, 2288 geschützt. Ansprüche ergeben sich, wenn der Verfügung **kein beachtliches Eigeninteresse** des Vertragserblassers zugrundegelegen hat. Die frühere Rechtsprechung des BGH, wonach beeinträchtigende lebzeitige Verfügungen unter bestimmten Voraussetzungen nichtig sein sollten (**Aushöhlungsnichtigkeit**), wurde aufgegeben (vgl. Rdn. 542ff.)

3. Kapitel, Lösungen zu § 5 A VI

Lösung Fall 1

Nach dem Testamentswortlaut „gesetzliche Erbfolge“ wurde T gem. §§ 1924, 1925 Abs. 1, 1930 Alleinerbin, damals noch unter Berücksichtigung der Sondervorschriften für nichteheliche Kinder in den §§ 1934aff. Eine Erbeinsetzung der M ist durch diese Formulierung im Testament nicht angedeutet, so dass der Erblasserwille nicht im Wege der erläuternden Auslegung verwirklicht werden kann.[3]

Lösung Fall 2

Es handelt sich um eine **Falschbezeichnung**, die auf einem Erklärungsirrtum beruht. Auf der Basis der Andeutungstheorie kann dem Willen des Erblassers mangels Andeutung wiederum nicht durch Auslegung zum Erfolg verholfen werden. Die Gegenansicht, die allein auf seinen wirklichen Willen abstellt, kommt dagegen zu dem Ergebnis, dass ein Vermächtnis für Hanni vorliegt.

Lösung Fall 3

E hat N und N1 testamentarisch als Miterben zu 1/2 eingesetzt. Es fehlt eine Regelung für das Vorversterben der N. Die ergänzende Auslegungsregel des § 2069 greift deshalb nicht ein, weil die Nichte kein Abkömmling des Erblassers ist. Denkbar wären deshalb **gesetzliche Erbfolge**, § 2088 Abs. 1, **Anwachsung** zugunsten des N1, § 2094, oder eine Einsetzung von K1 und K2 als **Ersatzerben** gem. § 2096. Da nach den gesetzlichen Auslegungsregeln verschiedene Lösungen in Betracht kommen, ist nach den Regeln der ergänzenden Testamentsauslegung vorzugehen. Zur Schließung der Lücke muss man den hypothetischen Willen des E ermitteln und zwar an Hand der im Testament angedeuteten allgemeinen Willensrichtung des Erblassers.

Aus seinen Äußerungen ergibt sich zum einen, dass N2 auf keinen Fall erben sollte, zum anderen, dass er nicht nur N1 persönlich, sondern auch deren Kinder begünstigen und N selbst nur als erste ihres Stammes einsetzen wollte. Die erforderliche Andeutung ist in der Einsetzung der N und des N1 als ausschließliche Erben zu sehen.[4] Darin kommt zum Ausdruck, dass E nur diese Verwandten und mittelbar ihre Familien bedenken wollte.[5] Dies folgt auch aus dem Rechtsgedanken des § 2069.[6] Die im Testament angedeutete Willensrich-

---

3 A. A. *Brox*, JA 1984, 549 (557); *Flume*, NJW 1983, 2007 (2008).

4 Ist die Willensrichtung des Erblassers nicht bereits aus anderen Umständen bekannt, so kann allein von der Erbeinsetzung eines nahen Verwandten auf den Willen (die Motivation) geschlossen werden, den Eingesetzten als 1. seines Stammes zu bedenken, es sei denn, Umstände sprechen dagegen, RG, JW 1911, 544f.; BayObLG, NJW 1988, 2744f.; Staudinger/*Otte*, Vorbem. zu §§ 2064ff., Rdn. 89.

5 *Leipold*, Erbrecht, Rdn. 399.

6 BayObLG, NJW 1988, 2744f.; MünchKomm/*Leipold*, § 2084 Rdn. 53.

tung des Erblassers erlaubt also den Schluss, dass E K1 und K2 zu Ersatzerben an Stelle seiner Nichte eingesetzt hätte, wenn er sich über deren Vorversterben im Klaren gewesen wäre. K1 und K2 sind soweit als Ersatzerben zu 1/4 neben dem zu 1/2 erbenden N 1 anzusehen.

Lösung Fall 4

Mit dem Tod der ersten Ehefrau ist eine nachträgliche, planwidrige Lücke im Testament entstanden. F2 wäre im Wege ergänzender Auslegung Alleinerbin, wenn die jeweilige Ehefrau als (Ersatz-)Erbin eingesetzt sein sollte. Das ist jedoch in aller Regel zu verneinen, weil sich ein Erblasser im Zeitpunkt der Testamentserrichtung noch nicht festlegen will, bis er weiß, ob und mit wem er eine neue Ehe eingehen wird.[7] Von einer pauschalen Motivation zugunsten des jeweiligen Ehegatten kann also nicht ausgegangen werden. Deshalb ist die testamentarische Verfügung mit dem Tod der ersten Ehegattin wegen Eheauflösung gem. § 2077 Abs. 1 S. 1 unwirksam geworden. Es tritt gesetzliche Erbfolge ein. Danach erbt die zweite Ehefrau gem. §§ 1931 Abs. 1 S. 1, 2. Fall, 1925 Abs. 1, 1371 Abs. 1 einen Nachlassanteil von 3/4 und der Bruder von 1/4.

3. Kapitel, Lösung zu § 6 A III

Zunächst ist zu prüfen, ob T ein Anfechtungsrecht hat, danach, ob es von der F ausgeübt werden kann.

1. Ein **Anfechtungsgrund** könnte sich aus § 2079 ergeben. T ist gem. § 2303 Abs. 1 als Abkömmling pflichtteilsberechtigt, war zum Zeitpunkt des Erbfalls i. S. d. Norm „vorhanden", wurde vom Erblasser mangels Erwähnung im Testament übergangen und erst nach Errichtung des Testaments geboren, so dass die Voraussetzungen des Anfechtungsgrundes des § 2079 S. 1 erfüllt sind.

   Gem. S. 2 wird die **Kausalität** der irrtümlichen Übergehung für die testamentarische Verfügung grundsätzlich vermutet. Man muss sie jedoch gem. S. 2 dann verneinen, wenn festgestellt werden kann, dass der Erblasser die Verfügung auch bei Kenntnis der Pflichtteilsberechtigung im Zeitpunkt der Testamentserrichtung getroffen hätte. Indiz dafür könnte der Umstand sein, dass E sein Testament nach der Geburt der T unverändert bestehen ließ. Hierin könnte ein absichtliches[8] Weiterbestehenlassen der testamentarischen Verfügung zu sehen sein.[9]

   Dagegen spricht, dass schlichter Untätigkeit grundsätzlich kein konkreter Erklärungswert beizumessen ist. Hinzu kommt, dass der hypothetische Wille **im Zeitpunkt der Testamentserrichtung** ermittelt werden muss. Zöge man aus einem **späteren** Untätigbleiben einen Schluss nach S. 2, bestünde die Gefahr,

[7] RGZ 134, 277 (281); MünchKomm/*Leipold*, § 2084 Rdn. 54.
[8] OLG Frankfurt/M., FamRZ 1995, 1522.
[9] BGH, LM Nr. 1 zu § 2079 BGB; RGZ 77, 165 (170).

dass der spätere (reale) Wille des Erblassers an die Stelle des ursprünglichen (hypothetischen) Willens gesetzt, also eine formlose Erklärung zugelassen würde.[10] Aus den gleichen Gründen kommt auch keine Bestätigung i. S. d. § 144 in Betracht.

Deshalb ist die Anfechtung wegen Übergehung eines Pflichtteilsberechtigten nicht mangels Kausalität ausgeschlossen.

2. Ferner müsste die T **anfechtungsberechtigt** sein.

   Gem. § 2080 Abs. 1 ist derjenige berechtigt, welchem die Aufhebung der letztwilligen Verfügung unmittelbar zustatten käme. Mit dem Wegfall der F als Alleinerbin begünstigenden Verfügung fiele T ihr gesetzlicher Erbteil (1/2) zu, §§ 1924 Abs. 1, 1931 Abs. 1, 3. Folglich ist T anfechtungsberechtigt.

3. Fraglich erscheint aber, ob F als gesetzliche Vertreterin der T, §§ 1626 Abs. 1, 1629 Abs. 1, die Anfechtung für sie erklären kann. Es ist nämlich im Hinblick auf ihre eigene Erbenstellung § 181 zu beachten, §§ 1629 Abs. 2 S. 1, 1795 Abs. 2.[11] Obwohl die Testamentsanfechtung gegenüber dem Nachlassgericht erklärt werden muss, § 2081 Abs. 1, bleibt sachlicher Gegner derjenige, dessen Position durch die Anfechtung betroffen wird. Der Umstand, dass die Anfechtungserklärung gegenüber dem Nachlassgericht erfolgt, beruht auf Gründen der Rechtssicherheit und auf Zweckmäßigkeitserwägungen. Dem Anfechtenden soll keine Erbenermittlungspflicht obliegen, der er nur schwerlich entsprechen könnte. Somit liegt ein Anwendungsfall des § 181 vor, wenn der gesetzliche Vertreter einerseits als Testamentserbe Anfechtungsgegner ist und andererseits für den Vertretenen die Anfechtungserklärung abgeben will. Eine teleologische Reduktion der Norm[12] unter Berücksichtigung des § 107 kommt deshalb nicht in Betracht, weil die erfolgreiche Anfechtung zur Miterbenhaftung der T gem. §§ 2058 ff. führen würde.

   Folglich kann die F das Testament nicht als gesetzliche Vertreterin der T anfechten. Es müsste gem. §§ 1909 Abs. 1 S. 1, 1630 Abs. 1, 1629 Abs. 2 S. 1, 1795 Abs. 2 ein Ergänzungspfleger für T bestellt werden.

4. Kapitel, Lösung zu § 5

I. Wirksame Ausschlagung

Voraussetzung dafür ist eine form- und fristgerechte Ausschlagung durch N. Das Formerfordernis ist erfüllt, § 1945 Abs. 1, 2. Auch die 6-wöchige Ausschlagungsfrist, § 1944 Abs. 1, die bei Testamenten mit Verkündigung in Gegenwart des Berechtigten zu laufen beginnt, § 1944 Abs. 2 S. 2, wurde von N eingehalten. Weitere Bedenken an der Wirksamkeit der Ausschlagung bestehen zunächst nicht.

---

[10] MünchKomm/*Leipold*, § 2079 Rdn. 14; Staudinger/*Otte*, § 2080 Rdn. 22.

[11] Staudinger/*Otte*, § 2080 Rdn. 16.

[12] Staudinger/*Gursky*, § 181 Rdn. 30 ff.

II. Verlust des Ausschlagungsrechts durch Annahme

N dürfte aber die Erbschaft nicht angenommen haben. Gem. § 1943, 1. H. S. ist die Annahme einer Erbschaft unwiderruflich und führt zum Verlust des Ausschlagungsrechtes.

Eine ausdrückliche Annahmeerklärung der N fehlt. Fraglich ist aber, ob eine konkludente Annahme vorliegt. Die Versorgung des Hauses durch N lässt diesen Schluss noch nicht zu.

Eine konkludente Annahme ist jedoch u. U. in der Veräußerung der Briefmarken zu sehen. Die Verfügung über einen Nachlassgegenstand deutet auf die Anerkennung der eigenen Erbenstellung, die ihrerseits eine Annahme voraussetzt, hin. Eine Ausnahme gilt bei notwendigen Erhaltungsmaßnahmen i. S. d. § 1959 Abs. 2. Die dafür erforderliche unaufschiebbare Notwendigkeit der Veräußerung dieser Briefmarken ist jedoch nicht ersichtlich. Somit liegt eine konkludente Annahme der Erbschaft vor, die die Ausschlagung ausschließt.

III. Anfechtung der Annahme

Diese Annahmeerklärung könnte N jedoch durch Anfechtung beseitigt haben, deren grundsätzliche Zulässigkeit sich aus den §§ 1954ff. ergibt. Für die Anfechtung der Annahme gelten die §§ 119ff.; lediglich Form und Frist sind in den §§ 1954f. spezialgesetzlich geregelt. Die Anfechtung ist danach wie die Ausschlagung gegenüber dem Nachlassgericht innerhalb von sechs Wochen ab Kenntnis des Anfechtungsgrundes zu erklären.

Die von N erklärte Ausschlagung der Erbschaft, die frist- und formgerecht erfolgte, könnte zugleich die Anfechtung der Annahmeerklärung beinhalten, §§ 133, 1957. Eine ausdrückliche Benutzung des Wortes „Anfechtung" ist nicht notwendig, sondern es reicht der erkennbare Wille, die Erklärung nicht mehr gelten lassen zu wollen. Ihn hat N zum Ausdruck gebracht.

Anfechtungsgrund könnte ein Inhaltsirrtum i. S. d. § 119 Abs. 1 S. 1 sein. N war sich nicht darüber im klaren, dass die Veräußerung des Nachlassgegenstandes unter Verrechnung auf eine Forderung gegen E als Erbschaftsannahme ausgelegt werden könnte. Gewolltes und Erklärtes fallen demnach auseinander, so dass der Anfechtungsgrund des § 119 Abs. 1 zu bejahen ist.

Damit entfällt die Annahme rückwirkend, § 142 Abs. 1. Gem. § 1957 Abs. 1 führt dies gleichzeitig zur Ausschlagung der Erbschaft. Die Erbenstellung der N ist damit beseitigt, § 1953 Abs. 1; K tritt als gesetzlicher Erbe an ihre Stelle, § 1924 Abs. 1.

5. Kapitel, Lösung zu § 1 F

1. Ansprüche wegen der Dachreparatur

a) Anspruch des W gegen S aus § 631 Abs. 1

W könnte gegen S ein Anspruch auf Zahlung des Werklohns nach § 631 Abs. 1 zustehen. Zwischen den Parteien ist ein Werkvertrag zustande gekommen.

Es stellt sich die Frage, ob die wirksame Ausschlagung der Erbschaft durch S dazu führt, dass sich nunmehr der Werklohnanspruch gegen T als endgültige Erbin richtet. Gem. § 1967 Abs. 1 haftet der Erbe für die Nachlassverbindlichkeiten.[1] Dazu zählen gem. § 1967 Abs. 2 auch die den Erben als solchen treffenden Verbindlichkeiten, die sog. Nachlasserbenschulden.[2] Dazu gehören Verbindlichkeiten aus der Nachlassverwaltung. Bei der Ausbesserung eines schadhaften Daches handelt es sich um eine Maßnahme ordnungsgemäßer Nachlassverwaltung, so dass eine Nachlassschuld i. S. d. § 1967 Abs. 2 begründet wurde. Es gibt keine Vorschrift, die die vom vorläufigen Erben eingegangenen Verbindlichkeiten auf den endgültigen Erben überleitet. § 1959 Abs. 3 greift nicht ein, da der Abschluss des Werkvertrags kein Rechtsgeschäft darstellt, das gegenüber dem Erben als solchem vorgenommen werden muss. S ist demnach auch nach Ausschlagung der Erbschaft Schuldner des Werklohnanspruchs geblieben.

b) Regressansprüche des S gegen T

aa) S könnte gegen T einen Aufwendungsersatzanspruch gem. §§ 677, 683 S. 1, 670 geltend machen.

Er hat mit der Beauftragung des W zum Zweck der Dachreparatur ein erbschaftliches Geschäft vor der Ausschlagung und damit ein fremdes Geschäft i. S. d. § 677 besorgt. Zwar hatte S zur Zeit des Vertragsabschlusses nicht den Willen, ein Geschäft für T zu tätigen, weshalb eine unmittelbare Anwendung der Vorschriften über die GoA mangels Fremdgeschäftsführungswillen ausscheidet.

Eine entsprechende Anwendung der Normen folgt aber aus § 1959 Abs. 1. S entsprach mit seinem Handeln dem verständigen Willen und dem Interesse der T als endgültiger Erbin, § 683 S. 1. Ihm steht somit ein Aufwendungsersatzanspruch zu.

bb) Weitere Ansprüche des S kommen nicht in Betracht. Ein Verwendungsersatzanspruch gem. § 2022 Abs. 1 S. 1 scheitert daran, dass der vorläufige Erbe nicht Erbschaftsbesitzer ist; ein Verwendungsersatzanspruch aus § 994 Abs. 1 S. 1 entfällt, weil er die Nachlassgegenstände bis zur Ausschlagung der Erbschaft rechtmäßig in Besitz hatte, so dass kein Eigentümer-Besitzer-Verhältnis zum Zeitpunkt der Verwendung vorlag.

2. Ansprüche wegen der Uhr

a) Anspruch auf Herausgabe aus § 985

T könnte gegen D ein Anspruch auf Herausgabe der Uhr nach § 985 zustehen, sofern sie Eigentümerin der Uhr und D unberechtigter Besitzer ist. S erlangte mit dem Erbfall gem. § 1922 Abs. 1 Eigentum an der Uhr, das er gem. § 929 S. 1 wirksam auf D übertragen haben könnte. Fraglich erscheint, ob S berechtigt

---

[1] Zur Erbenhaftung im Einzelnen s. Rdn. 861 ff.

[2] Vgl. dazu auch Rdn. 865 f. (betr. Erbenhaftung).

i. S. d. Norm war. Mit der Ausschlagung der Erbschaft gilt ihr Anfall nach § 1953 Abs. 1 als nicht erfolgt; die Erbschaft fiel rückwirkend auf den Zeitpunkt des Erbfalls der T an, § 1953 Abs. 2. S verlor somit nachträglich seine Berechtigung zur Eigentumsübertragung. Da es sich bei der Veräußerung der Uhr nicht um eine unaufschiebbare Verfügung handelte, tritt auch keine Wirksamkeit gegenüber der endgültigen Erbin gem. § 1959 Abs. 2 ein.

Jedoch könnte D die Uhr gutgläubig gem. § 932 Abs. 1 S. 1, Abs. 2 erworben haben. Dabei ist entsprechend dem Rechtsgedanken des § 142 Abs. 2 darauf abzustellen, ob der Erwerber die Möglichkeit des vorläufigen Erben zur Ausschlagung der Erbschaft kannte oder grob fahrlässig nicht kannte. D hielt die Uhr aber für ein ehemaliges Geburtstagsgeschenk des S, so dass er gutgläubig war.

Zweifelhaft ist jedoch, ob der T die Uhr nicht gem. § 935 Abs. 1 S. 1 abhanden gekommen ist. Dafür spricht die Rückwirkungsfiktion des § 1953 Abs. 1 i. V. m. § 857. Dies würde aber die tatsächlichen Verhältnisse beim Anfall der Erbschaft außer Acht lassen. Da S zu diesem Zeitpunkt Erbe war, beging er keine verbotene Eigenmacht i. S. d. § 858, als er die Uhr veräußerte. T ist diese also nicht abhanden gekommen. Ihr steht kein Herausgabeanspruch gem. § 985 zu.

b) Sonstige Ansprüche

Auch auf andere Anspruchsgrundlagen kann T ihr Herausgabebegehren nicht stützen. Einem Anspruch wegen Besitzentziehung gem. § 861 Abs. 1 steht ebenfalls entgegen, dass S ihr gegenüber keine verbotene Eigenmacht verübt hat. Ebenso scheidet ein Herausgabeanspruch aus § 1007 Abs. 1, 2 aus. D war zur Zeit des Besitzerwerbs gutgläubig i.S.d. Abs. 1 und erwarb gem. §§ 929 S. 1, 932 Abs. 1 S. 1 Eigentum an der Uhr, Abs. 2. Schließlich kommt auch ein Bereicherungsanspruch gem. § 812 Abs. 1 S. 1 2. Var. in Form einer Eingriffskondiktion nicht in Betracht. Insoweit ist die Leistungsbeziehung zwischen S und D vorrangig.

3. Ansprüche wegen der Briefmarkensammlung

a) Anspruch der T gegen C auf Zahlung von € 10000,–

T kann von C (nochmalige) Zahlung der € 10000,– verlangen, da sie den Kaufpreisanspruch des E aus § 433 Abs. 2 nach § 1922 Abs. 1 infolge der Erbschaftsausschlagung erworben hat.

Der Anspruch könnte aber durch zwischenzeitliche Erfüllung gegenüber dem vorläufigen Erben gem. § 362 Abs. 1 erloschen sein. Mit der Ausschlagung wurde T Gläubigerin der Forderung, so dass C die geschuldete Leistung an sich nicht an den Gläubiger bewirkt hat. Erfüllungswirkung ist jedoch u. U. gem. § 1959 Abs. 2 oder Abs. 3 eingetreten. Erblickt man in der Entgegennahme der Leistung eine Verfügung über die Forderung, so greift § 1959 Abs. 2 ein. Dann kommt es darauf an, ob die Leistungsannahme nicht ohne Nachteil für den Nachlass verschoben werden konnte. Da eine Annahmeverweigerung Gläubigerverzug gem. §§ 293ff. ausgelöst hätte, war die Verfügung dringlich. Demnach tritt gegenüber der endgültigen Erbin Erfüllung i. S. d. § 362 Abs. 1 ein. Zieht man § 1959 Abs. 3 heran, so hat C ebenfalls mit Wirkung gegenüber T erfüllt.

Dort wird nur verlangt, dass das Rechtsgeschäft gegenüber dem Erben als solchem vorgenommen werden musste. Deshalb bedarf es keiner Entscheidung, ob § 1959 Abs. 2 oder Abs. 3 anwendbar ist. Das Schuldverhältnis ist durch Leistung des C an S erloschen, so dass T nicht nochmalige Zahlung der € 10000,– verlangen kann.

b) Anspruch der T gegen S auf Zahlung von € 10000,–

Hingegen steht T ein Anspruch aus §§ 681 S. 2, 667 i.V.m. § 1959 Abs. 1 auf Herausgabe der € 10000,– gegenüber S zu. Bei der Entgegennahme des Betrages zum Zwecke der Erfüllung einer Nachlassforderung handelt es sich um ein erbschaftliches Geschäft.

Daneben kann T keinen Anspruch aus § 816 Abs. 2 geltend machen, da C mit befreiender Wirkung an S geleistet und S demnach den Betrag nicht als Nichtberechtigter erhalten hat.

5. Kapitel, Lösung zu § 6 C

Hinweis: Zunächst sollte man mit der Prüfung der Ansprüche des Erben gegen den Dritten beginnen, da davon die Rechtsbeziehungen zum Erbschaftsbesitzer abhängen, z. B. hinsichtlich des Umfangs der Herausgabepflicht.

1. Anspruch des S gegenüber H

S könnte gegenüber H ein Anspruch auf Herausgabe der Vase aus § 985 zustehen. Dann müsste S zunächst Eigentümer der Vase sein. Ursprünglich war E Eigentümer, so dass S gem. § 1922 Abs. 1 mit dem Erbfall als gesetzlicher Erbe, § 1924 Abs. 1, Eigentümer geworden ist. Sein Eigentum könnte er jedoch durch die Übereignung der F an H verloren haben. Mangels Berechtigung der F scheidet eine Übereignung nach § 929 S. 1 aus. Da jedoch ein Erbschaftsgegenstand rechtsgeschäftlich unter Vorlage eines Erbscheines übertragen wurde, stellt § 2366 den Erwerber so, als hätte er vom wahren Erben erworben.[3] Demgemäß hindert die fehlende Erbenstellung der F die Übereignung nicht, so dass H Eigentümer der Vase geworden ist.[4] Folglich steht dem S gegenüber H kein Anspruch aus § 985 zu.

2. Ansprüche des S gegenüber F

Gegenüber F könnte dem S ein Anspruch aus §§ 2025 S. 1, 823 Abs. 1 bzw. § 823 Abs. 2 i.V.m. 267 StGB auf Schadensersatz zustehen.[5]

---

[3] Vgl. dazu Rdn. 935ff.

[4] Eines zusätzlichen Rückgriffs auf § 932 Abs. 1 S. 1 bedarf es nicht, da der Erblasser E tatsächlich Eigentümer der Vase war. Anders wäre dies, wenn es sich um einen vermeintlichen Nachlassgegenstand handelte.

[5] Dieser Anspruch ist vorrangig vor einem solchen aus §§ 2021, 818 Abs. 2 zu prüfen, der nur für den gutgläubigen, unverklagten Erbschaftsbesitzer eingreift.

Gem. § 2025 S. 1 muss dafür zunächst ein Erbschaftsgegenstand durch eine Straftat (1. Fall) bzw. durch verbotene Eigenmacht (2. Fall) erlangt worden sein. Durch die Fälschung des Testamentes, mit dessen Hilfe sie die Herausgabe der Vase als Nachlassbestandteil erwirkt hat, beging F eine Urkundenfälschung, § 267 StGB, so dass die erste Variante des § 2025 S. 1 eingreift.[6] Aufgrund der freiwilligen Übergabe der Vase an F scheidet dagegen eine Erlangung durch verbotene Eigenmacht, § 858 Abs. 1 aus. Gem. § 2025 S. 1 1. Fall ist folglich der Anwendungsbereich der §§ 823ff. eröffnet. In Betracht kommt zunächst ein Anspruch aus § 823 Abs. 1. Durch die Übereignung der F an H hat sie das Eigentum des S rechtswidrig und schuldhaft verletzt. Fraglich bleibt lediglich, ob auf diese Weise ein Schaden verursacht wurde. Ein Schaden scheidet zumindest dann aus, wenn infolge der Veräußerung ein Ersatzgegenstand als Surrogat in den Nachlass gefallen ist, § 2019 Abs. 1. Dann wird der Erbe Eigentümer des Surrogates.

Mangels sofortiger Zahlung des Kaufpreises durch H entstand zunächst eine Forderung der F gegen H, die durch die Veräußerung der Vase als Nachlassgegenstand auch mit Mitteln der Erbschaft bewirkt wurde. Dabei handelt es sich um ein Surrogat i. S. d. § 2019 Abs. 1, so dass es an einem Schaden des S fehlen könnte.

Jedoch erklärte H am 10. 9. 2000 die Aufrechnung mit einer ihm gegenüber der F zustehenden persönlichen Forderung. Dies könnte dazu führen, dass kein Gegenwert in den Nachlass gefallen ist. Die Forderung erlischt gem. § 389, wenn H als Schuldner gegenüber der F als Erbschaftsbesitzerin wirksam aufgerechnet hat. Gem. § 2019 Abs. 2 2. HS. i. V. m. § 407 Abs. 1 ist eine Aufrechnung zwischen Schuldner und ursprünglichem Gläubiger zum Schutz des Schuldners wirksam, wenn er im Zeitpunkt der Aufrechnung keine Kenntnis davon hatte, dass die Forderung dem wahren Erben (hier dem S) zustand. Da S sich erstmals am 11. 9. 2000, also einen Tag nach der Aufrechnung, an H wendete, liegt im Zeitpunkt der Aufrechnung keine Kenntnis von der Sachlage seitens des H vor. Folglich ist die mit Mitteln des Nachlasses zunächst erworbene Forderung im Rahmen der Tilgung eigener Verbindlichkeiten der F erloschen. Es existiert kein Surrogat, das herauszugeben wäre. Infolgedessen ist ein Schaden des S zu bejahen, so dass die Voraussetzungen des § 823 Abs. 1 erfüllt sind.

Demgegenüber fehlt es für einen Anspruch aus § 823 Abs. 2 an der Verletzung eines Schutzgesetzes, da der von F verwirklichte Straftatbestand der Urkundenfälschung, § 267 StGB, lediglich ein Rechtsgut der Allgemeinheit – die Sicherheit und Zuverlässigkeit des Rechtsverkehrs – schützt, jedoch keinen Individualschutz des S gewährleistet.

3. Ergebnis

S hat nur gegen F einen Anspruch auf Schadensersatz aus §§ 2025 S. 1 1. Fall, 823 Abs. 1.

---

[6] Dagegen scheidet ein Betrug gem. § 263 StGB aus, da es der F am Vorsatz bzgl. einer rechtswidrigen Bereicherung fehlt (Tatbestandsirrtum).

5. Kapitel, Lösung zu § 8 G

Lösung Frage 1

Das Nachlassgericht muss den Erbschein von Amts wegen einziehen bzw. für kraftlos erklären, § 2361, falls aufgrund der neuen Sachlage die Überzeugung des Gerichts in die Richtigkeit des Erbscheins erschüttert wird.

Dies ist der Fall, weil das Erbrecht des Ausgewiesenen nicht (mehr) die tatsächliche Rechtslage darstellt. Aufgrund des formgültigen Testaments des V wurde R sein Alleinerbe. Dem widerspricht der Erbschein, der K als Alleinerben ausweist.

Wenn R einen entsprechenden Antrag stellt, kann ihm seinerseits ein Erbschein zu seinen Gunsten ausgestellt werden.

Lösung Frage 2

1. Ansprüche des R gegen A

a) Anspruch aus § 861

R könnte gegen A einen Anspruch auf Herausgabe des Bildes gem. § 861 haben.

Aufgrund der wirksamen Verfügung von Todes wegen ist R Erbe des V geworden und damit (mittelbarer) Besitzer aufgrund der Fiktion des § 857. Da K ohne Willen des R Besitz von dem Bild ergriffen hat, liegt verbotene Eigenmacht i. S. v. § 858 Abs. 1 vor. A als Besitznachfolger des K müsste jedoch gem. § 858 Abs. 2 Kenntnis von der Fehlerhaftigkeit des Besitzes gehabt haben. Diesbezüglich fehlen jedoch Anhaltspunkte, da A den K für den Erben gehalten hat.

Folglich scheidet ein Anspruch gem. § 861 aus.

b) Anspruch aus § 985

Dem R könnte aber ein Herausgabeanspruch gem. § 985 zustehen. Dann müsste R Eigentümer und A Besitzer ohne Besitzrecht sein, § 986 Abs. 1.

Infolge des Erbfalles ist R aufgrund der Verfügung von Todes wegen Eigentümer des dem V gehörenden Bildes geworden, § 1922 Abs. 1.

Er könnte das Eigentum jedoch durch die Übereignung des Bildes von K an A gem. § 929 S. 1 verloren haben. Einigung und Übergabe sind erfolgt. Mangels Erbenstellung handelte K aber als Nichtberechtigter, so dass ein Erwerb gem. § 929 S. 1 ausscheidet.

In Betracht kommt ein gutgläubiger Erwerb gem. § 2366, da der Nichterbe im Erbschein als Berechtigter ausgewiesen war. Außerdem muss der Erwerber A gutgläubig gewesen sein.

Das Bild, das im Eigentum des V stand, wurde mit seinem Tod Nachlassbestandteil, wovon A auch ausging. Die Veräußerung durch den im Erbschein als Alleinerben ausgewiesenen K an A stellt ein rechtsgeschäftliches Verfügungsgeschäft i. S. v. § 2366 dar. A, der keine Kenntnis von der Unrichtigkeit des Erbscheines hatte, war auch gutgläubig i. S. d. Norm, so dass die Voraussetzungen für einen gutgläubigen Erwerb erfüllt sind. Dies gilt unabhängig davon, ob der Nachlassgegenstand dem wahren Erben gem. § 935 abhanden gekommen war, weil die Vorschrift im Rahmen des § 2366 keine Anwendung findet.

R hat somit seine Eigentümerstellung verloren und der Anspruch aus § 985 ist nicht begründet.

c) Anspruch gem. § 1007 Abs. 2 S. 1

R war seit Eintritt des Erbfalles Besitzer des Bildes, § 857, das ihm durch die Inbesitznahme des K auch i. S. d. § 1007 Abs. 2 abhanden gekommen war. Obwohl dem jetzigen unmittelbaren Besitzer A keine Bösgläubigkeit bezüglich des Besitzrechtes vorzuwerfen ist, könnte er also Herausgabe verlangen. Allerdings hat A Eigentum am Bild erworben, so dass der Anspruch gem. § 1007 Abs. 2 S. 1 wegen des vorrangigen Besitzrechts des A ausscheidet.

R kann also auch gem. § 1007 Abs. 2 S. 1, 1. HS. nicht die Herausgabe des Bildes verlangen.

2. Ansprüche des R gegen D

a) Anspruch aus § 861

Ein Anspruch des R gegen D auf Herausgabe des Computers gem. § 861 scheitert aus den gleichen Erwägungen wie oben.

b) Anspruch aus § 1007 Abs. 2 S. 1

R könnte gegen D jedoch ein Anspruch auf Herausgabe des Computers gem. § 1007 Abs. 2 S. 1 haben.

D war gutgläubig, hat aber in dieser Fallvariante kein Eigentum erworben. Dem Herausgabeverlangen des R könnte jedoch gem. § 1007 Abs. 3 S. 2 i. V. m. § 986 Abs. 1 als Besitzrecht des D das Pfandrecht entgegenstehen. Mangels Eigentum des K konnte D ein Pfandrecht nicht vom Berechtigten erwerben, § 1205, sondern nur gutgläubig gem. § 2366.

Die Verpfändung stellt eine rechtsgeschäftliche Verfügung über einen Nachlassgegenstand dar. D kannte den Bezug zum Nachlass. Jedoch wird durch § 2366 allein die fehlende Erbenstellung des Erbscheinserben überwunden. Bezüglich des Computers fehlt es aber daneben auch an der Eigentümerstellung des Erblassers V, so dass nur ein gutgläubiger Erwerb gem. §§ 1207, 932 in B etracht kommt, um diesen Mangel zu überwinden.

K und D haben sich über die Pfandrechtsbestellung geeinigt, die Übergabe erfolgte. D ging auch gutgläubig davon aus, dass der im Erbschein ausgewiesene K Eigentümer des Computers und damit zur Pfandrechtseinräumung berechtigt war. Anhaltspunkte für grobe Fahrlässigkeit i. S. d. § 932 Abs. 2 liegen nicht vor.

Dem wahren Erben R war die Sache jedoch i. S. d. § 935 Abs. 1 abhanden gekommen, so dass ein gutgläubiger Erwerb des D an sich zu verneinen wäre. Dem steht jedoch der Schutzzweck des § 2366 entgegen, der den Erwerber nachlassfremder Sachen vom Erbscheinserben so stellen will, als habe er vom wahren Erben erworben. § 857 entfaltet also keine Rechtswirkung zugunsten des wahren Erben.[7] Auf ein Abhandenkommen beim Erben kommt es nicht an, sondern nur darauf, ob die Sache dem wahren Eigentümer abhanden gekommen war.[8]

F als Eigentümer des PC hatte dem V diesen zu dessen Lebzeiten geliehen, so dass die Voraussetzungen des § 935 zu verneinen sind.

D hat damit das Pfandrecht gutgläubig erworben, und der Herausgabeanspruch gem. § 1007 Abs. 2 S. 1 ist nicht begründet.

c) Zwischenergebnis

R hat keinen Herausgabeanspruch gegen D bzgl. des Computers.

3. Ansprüche des R gegen K

a) Anspruch aus § 2362 Abs. 1

R als Erbe hat gegen den im Erbschein als Alleinerben ausgewiesenen K einen Anspruch auf Herausgabe des unrichtigen Erbscheins an das Nachlassgericht.

b) Anspruch aus § 2018

Der Erbe R kann von K, der den Nachlass aufgrund eines ihm nicht zustehenden Erbrechtes in Besitz genommen hat, als Erbschaftsbesitzer Herausgabe verlangen, ebenso evt. erlangte Surrogate gem. § 2019.[9] Davon wird auch der Veräußerungserlös, den K für das Bild von A erhalten hat, erfasst.

c) Anspruch aus § 816 Abs. 1 S. 1

K hat als Nichtberechtigter das Bild an A übereignet und demnach eine Verfügung vorgenommen, die wegen § 2366 gegenüber R wirksam wurde. Folglich muss K an R den von A erlangten Kaufpreis des Bildes gem. § 816 Abs. 1 S. 1 herausgeben.

d) Anspruch aus §§ 2023 Abs. 1, 2024 S.1 i.V.m. § 989

Eine Haftung wegen der Verpfändung gem. §§ 2023 Abs. 1, 2024 S. 1 i.V.m. § 989 scheitert an der Gutgläubigkeit des K zum Zeitpunkt der Pfandrechtsbestellung.

---

[7] So z. B. *Hoffmann*, JuS 1968, 228 (229); *Kuchinke*, Jura 1981, 281 (286); *Schlüter*, Erbrecht, Rdn. 597; Staudinger/*Schilken*, § 2365 Rdn. 14.

[8] *Ebenroth*, Erbrecht, Rdn. 1069; MünchKomm/*Promberger*, § 2366 Rdn. 45.

[9] Vgl. dazu im Einzelnen Rdn. 830ff.

5. Kapitel, Lösung zu § 9 F

1. Ansprüche des A

a) Aufwendungsersatzanspruch gem. § 2038 Abs. 1 S. 2, 2. HS. i. V. m. §§ 2038 Abs. 2, 748

A könnte ein Aufwendungsersatzanspruch gem. § 2038 Abs. 1 S. 2, 2. HS. i. V. m. § 748 zustehen, wenn es sich bei dem Abriss um eine zur Erhaltung des Nachlasses notwendige Maßnahme ordnungsgemäßer Verwaltung handelte. Hinzutreten muss dann noch die Dringlichkeit der Maßnahme.

Ordnungsgemäße Verwaltung liegt vor, wenn die Maßnahme zumindest der Erhaltung der Nachlassgegenstände und dem objektiv verstandenen Interesse aller Miterben dient. Im vorliegenden Fall ließ A den Balkon des M abreißen, obwohl er noch tragfähig war. Also stellt der Abriss eine Verschlechterung des Nachlassgegenstandes dar. Es lag zwar eine Fehleinschätzung des A vor, deren Risiko der handelnde Erbe aber selbst trägt.

Somit ist der Abriss des Balkons nicht als ordnungsgemäße Verwaltungsmaßnahme einzustufen. A hat keinen Aufwendungsersatzanspruch aus § 2038 Abs. 1 S. 2, 2. HS. i. V. m. § 748.

b) Aufwendungsersatzanspruch gem. §§ 662, 670 i. V. m. § 2038 Abs. 1 S. 1

A könnte einen Aufwendungsersatzanspruch gem. §§ 662, 670 i. V. m. § 2038 Abs. 1 S. 1 zustehen, wenn er einen Auftrag der Erbengemeinschaft zum Abriss des Balkons erhalten hätte.

Ein Auftrag der Erbengemeinschaft kann grundsätzlich in einem entsprechenden Beschluss gesehen werden. Im vorliegenden Fall hatte die Erbengemeinschaft jedoch beschlossen, die Balkone in Stand setzen zu lassen. Eine Änderung der Tatsachenlage ist nicht eingetreten; die Balkone befanden sich noch immer in dem selben Zustand wie zum Zeitpunkt der Beschlussfassung. Folglich war der Beschluss noch gültig und hätte von A vorrangig beachtet werden müssen. A hat nicht nur ohne, sondern sogar gegen den Beschluss gehandelt.

Ein Anspruch nach §§ 662, 670 i. V. m. 2038 Abs. 1 S. 1 scheidet aus.

c) Aufwendungsersatzanspruch gem. §§ 683 S. 1, 670, 677

In Betracht kommt ferner ein Anspruch auf Aufwendungsersatz aus §§ 683 S. 1, 670, 677

Fraglich ist zunächst die Anwendbarkeit der Vorschriften über die GoA, die durch die §§ 2038 ff. verdrängt sein könnten. Jedoch gewähren die §§ 2038 ff. i. V. m. Gemeinschaftsrecht oder Auftragsrecht einen Aufwendungsersatzanspruch nur in den Fällen, in denen entweder die **Zustimmung** der Miterben erteilt wurde oder die **Voraussetzungen** der Notverwaltung vorliegen. Zur Schließung der dadurch entstehenden Lücken sind die Regeln der GoA heranzuziehen.

Ein Anspruch gem. §§ 683 S. 1, 670, 677 setzt zunächst eine **Geschäftsbesorgung** voraus, die in der Durchführung der Reparatur zu sehen ist.

A hatte **Fremdgeschäftsführungswillen**, da er nicht für sich, sondern für die Erbengemeinschaft handeln wollte.

Ein **Auftrag** wurde nicht erteilt, wie bereits oben dargelegt wurde.

Gem. § 683 S. 1 müsste die Geschäftsbesorgung auch dem **Willen** und dem **Interesse** des Geschäftsherrn, d. h. der Miterbengemeinschaft, entsprechen. Der ausdrückliche Renovierungsbeschluss der Miterben zeigt jedoch einen anderweitigen Willen. Da keine Baufälligkeit gegeben war, wurde mit der Maßnahme auch nicht dem Interesse der Erbengemeinschaft entsprochen.

Ein Aufwendungsersatzanspruch des A aus GoA entfällt deshalb.

d) Ansprüche aus §§ 684, 812

Ein Verwendungsersatzanspruch des A nach §§ 684 S. 1, 812 scheidet aus, weil die Erbengemeinschaft als Geschäftsherr durch die Geschäftsführung nichts erlangt hat.

e) Ergebnis

Der A hat keinen Anspruch auf Aufwendungsersatz.

2. Ansprüche des B

a) Aufwendungsersatzanspruch gem. § 2038 Abs. 1 S. 2, 2. HS. i. V. m. §§ 2038 Abs. 2, 748

B könnte ein Aufwendungsersatzanspruch gem. § 2038 Abs. 1 S. 2, 2. HS. zustehen, wenn der Wiederanbau des Balkons eine notwendige Erhaltungsmaßnahme darstellte.

Dies setzt zunächst voraus, dass die Wiederanbringung des Balkons eine **ordnungsgemäße Verwaltung** i. S. d. obigen Definition darstellt.

Vorliegend hat der B einen Balkon an ein Mietshaus anbringen lassen. Hierin liegt eine objektive Verbesserung des Mietshauses vor, die dem Nachlass dient. Damit ist diese Voraussetzung erfüllt.

Die Maßnahme müsste notwendiger Erhaltung gedient haben.

Notwendig ist eine Maßnahme ordnungsgemäßer Verwaltung, wenn ohne sie der Nachlass oder einzelne Nachlassgegenstände Schäden erleiden würden.

Ein möglicher Schaden liegt hier in der drohenden Zwangsvollstreckung mit den daraus folgenden Kosten, §§ 887, 788 Abs. 1 ZPO. Die Maßnahme des B hat den Zugriff des M auf den Nachlass auf diesem Wege abgewendet. Somit stellt das Anbringen des Balkons eine notwendige Maßnahme dar.

Weiterhin müsste besondere Dringlichkeit vorgelegen haben.

Diese Voraussetzung liegt vor, wenn aus der Sicht eines wirtschaftlich und vernünftig denkenden Betrachters eine Zustimmung der übrigen Miterben nicht mehr eingeholt werden kann.

B hatte zwar an sich die Möglichkeit, mit A und C über eine Wiederanbringung des Balkons abzustimmen. Das Urteil war aber längere Zeit von den Miterben nicht befolgt worden. Wegen der drohenden Zwangsvollstreckung konnte B auch nicht damit rechnen, eine Zustimmung von A und C noch vor Schadenseintritt zu erreichen. Damit war aber die Notverwaltungsmaßnahme des B auch dringlich.

b) Ergebnis

Dem B steht ein Anspruch auf anteiligen Aufwendungsersatz gem. §§ 2038 Abs. 1 S. 2, 2. HS. i. V. m. §§ 2038 Abs. 2 S. 1, 748 gegen A und C zu.

6. Kapitel, Lösung zu § 15

I. Höhe der Erbteile:

K1 erhält einen Anteil am Nachlass von 3/5, also einen Betrag i. H. v. (3/5 × € 120000 =) € 72000 –. K2 und K3 steht ein Anteil i. H. v. je 1/5 zu. Sie erhalten also jeweils einen Betrag i. H. v. (1/5 × € 120000 =) € 24000 –.

II. Pflichtteilsrestanspruch von K2 und K3 gegen K1 aus § 2305?

K2 und K3, die als Abkömmlinge gem. § 2303 Abs. 1 zum Kreis der Pflichtteilsberechtigten gehören, steht jeweils ein Pflichtteilsrestanspruch gegen K1 aus § 2305 zu, wenn der ihnen hinterlassene Erbteil geringer ist als die Hälfte des gesetzlichen Erbteils. Da Anrechnungs- und Ausgleichungspflichten gem. §§ 2315, 2316 hier nicht in Betracht kommen, muss die Erbquote mit der Pflichtteilsquote, § 2303 Abs. 1 S. 2 verglichen werden (sog. Quotentheorie). Der K2 und K3 hinterlassene Bruchteil beläuft sich auf je 1/5. Die Pflichtteilsquote besteht gem. §§ 2303 Abs. 1 S. 2, 1924 Abs. 4 in der Hälfte von 1/3, beläuft sich also auf 1/6. Somit haben K2 und K3 testamentarisch mehr erhalten als die Hälfte des gesetzlichen Erbteils. Ein Pflichtteilsrestanspruch gem. § 2305 steht ihnen nicht zu.

III. Pflichtteilsergänzungsansprüche von K1, K2 und K3 gem. §§ 2325, 2326

Die Kinder des Erblassers könnten einen Anspruch aus § 2325 haben, weil sie pflichtteilsberechtigt sind, und zwar gem. § 2326 selbst dann, wenn sie testamentarisch zu Erben eingesetzt wurden.

Der Anspruch setzt voraus, dass der Erblasser einem Dritten innerhalb der letzten 10 Jahre vor dem Erbfall, § 2325 Abs. 3, eine Schenkung gemacht hat. Vorliegend hat der Erblasser das Grundstück 8 Jahre vor seinem Tod i. S. d. § 516 verschenkt und auch übereignet.

Danach können K1, K2 und K3 grundsätzlich den Differenzbetrag zwischen dem Pflichtteil verlangen, der sich aus einem Vergleich des fiktiven mit dem wirklichen Nachlasswert errechnet. Zur Berechnung ist zunächst der Wert des verschenkten Gegenstandes dem tatsächlich vorhandenen Nachlasswert hinzuzurechnen. Das Grundstück kommt gem. § 2325 Abs. 2, S. 2, 2. Var. mit dem Wert zum Zeitpunkt der Schenkung, also mit € 60000 zum Ansatz. Der erhöhte Nachlasswert beträgt somit € 180000. Der Pflichtteil würde somit für K1, K2 und K3 gem. §§ 2303 Abs. 1 S. 2, 1924 Abs. Abs. 4 jeweils 1/6 × € 120000, also

€ 30000 betragen. Der von dem tatsächlichen Nachlasswert berechnete Pflichtteil beläuft sich demgegenüber auf 1/6 × € 120000, also auf € 20000. Folglich beträgt der Pflichtteilsergänzungsanspruch jedes der drei Kinder grundsätzlich € 10000. Davon ist gem. § 2326 S. 2 noch abzuziehen, was ihnen über die Hälfte des gesetzlichen Erbteils, also über € 20000 hinaus, hinterlassen worden ist.

Danach hat K1 keinen Pflichtteilsergänzungsanspruch (€ 10000–€ 52000). K2 und K3 steht jeweils ein Pflichtteilsergänzungsanspruch i. H. v. (€ 10000–4000 =) € 6000 zu.

IV. Anspruchsschuldner

Schuldner des Pflichtteilsergänzungsanspruchs ist grundsätzlich der Erbe, bei anspruchsberechtigten Miterben der andere Miterbe, also hier der K1. Allerdings hat er gem. § 2328 das Recht, die Zahlung insoweit zu verweigern, dass ihm mindestens das verbleibt, was ihm als Pflichtteilsanspruch einschließlich der Pflichtteilsergänzung zustehen würde, da er selbst Pflichtteilsberechtigter ist. Vorliegend stünde K1 ein ergänzter Pflichtteil i. H. v. (€ 20000 + € 10000 =) € 30000 zu. Die Pflichtteilsergänzungsansprüche von K2 und K3 belaufen sich insgesamt auf € 12000 –. K1 verbleibt also nach Erfüllung der Pflichtteilsergänzungsansprüche noch ein Betrag von € 60000 und damit mehr, als ihm pflichtteilsrechtlich zustehen würde. Somit hat K1 kein Verweigerungsrecht nach § 2328.

Folglich haben K2 und K3 jeweils einen Pflichtteilsergänzungsanspruch i. H. v. € 6000 gegen K1 aus §§ 2325, 2326.

7. Kapitel, Antworten zu § 1 D

Antwort zu Frage 1
Die Schenkung auf den Todesfall gem. § 2301 Abs. 1 ist eine Schenkung unter der Bedingung, dass der Beschenkte den Schenker überlebt, befristet auf den Tod des Schenkers (vgl. Rdn. 1152).

Antwort zu Frage 2
Einerseits ist § 2301 gegenüber den §§ 328, 331 (Vertrag zugunsten Dritter auf den Todesfall) abzugrenzen, andererseits gegenüber den Schenkungen unter Lebenden gem. §§ 516ff., und zwar wegen der unterschiedlichen Formvorschriften, die die Anwendung der jeweiligen Normen nach sich zieht (vgl. Rdn. 1158ff., 1215ff.).

Antwort zu Frage 3
Je nach der zu treffenden Regelung sind entweder die Formvorschriften des Erbvertrages gem. § 2276 zu wahren oder diejenigen für Testamente gem. §§ 2247, 2232 (vgl. Rdn. 1158ff., 1181).

Antwort zu Frage 4
Wenn die Schenkung i. S. d. § 2301 Abs. 2 „vollzogen“ wurde.

Antwort zu Frage 5
Unstr. Vollzug der Schenkung liegt vor, wenn der Gegenstand der Zuwendung zu Lebzeiten des Schenkers bedingt übereignet/abgetreten wurde. Dann erhält der Erwerber ein Anwartschaftsrecht (vgl. Rdn. 1187).

Antwort zu Frage 6
Einerseits liege Vollzug vor, wenn der Schenker alles seinerseits Erforderliche getan hat und davon ausgeht, dass die Zuwendung unaufhebbar ist. Andererseits liege Vollzug vor, wenn eine lebzeitige Vermögensminderung beim Schenker eintritt (vgl. Rdn. 1188f.).

Antwort zu Frage 7
Der BGH und die h. L. verneinen den Vollzug der Schenkung, da der Schenkungsgegenstand weiterhin im Vermögen des Schenkers verbleibt. Auch eine andere Ansicht, die ein Anwartschaftsrecht verlangt, verneint in diesem Fall den Vollzug, da lediglich durch Erteilung einer Vollmacht kein Anwartschaftsrecht begründet wurde (vgl. Rdn. 1197ff.).

Antwort zu Frage 8
Gem. § 331 Abs. 1 erwirbt der Dritte den Anspruch auf den Gegenstand mit dem Tod des Versprechensempfängers (vgl. Rdn. 1218).

Antwort zu Frage 9
Das ist das sog. Deckungsverhältnis (vgl. Rdn. 1218f.).

Antwort zu Frage 10
Das Valutaverhältnis, also das Verhältnis zwischen Versprechensempfänger und Drittem, stellt den Rechtsgrund zum Behaltendürfen für den Dritten dar. Falls das Valutaverhältnis unwirksam ist, sieht sich der Dritte den Kondiktionsansprüchen der Erben gem. §§ 812ff. ausgesetzt (vgl. Rdn. 1220ff.).

7. Kapitel, Antworten zu § 2 D

Antwort zu Frage 1
Ja. Das folgt aus § 1922 und aus § 22 Abs. 1 HGB. Ebenso wird dies in § 27 Abs. 1 HGB angedeutet (vgl. Rdn. 1239).

Antwort zu Frage 2
Die Miterben bilden eine Erbengemeinschaft gem. § 2032 Abs. 1, die Inhaber des Handelsgeschäfts wird. Ziel der Erbengemeinschaft ist die Auflösung des Unternehmens im Wege der sog. Teilungsauseinandersetzung. Die Erbengemeinschaft kann das Handelsgeschäft dazu auf eine von ihnen gegründete oHG übertragen. Die Alternative besteht darin, dass die Miterben die Auseinandersetzung betreiben und im Anschluss daran ihre Anteile in eine oHG einbringen, vgl. § 2033 Abs. 1, (vgl. Rdn. 1241ff.).

Antwort zu Frage 3
Gem. § 1629a kann die Haftung des Minderjährigen auf den Bestand seines bei Eintritt der Volljährigkeit vorhandenen Vermögens beschränkt werden (vgl. Rdn. 1244).

Antwort zu Frage 4
Gem. §§ 161 Abs. 2, 131 Abs. 3 Nr. 1; 177 HGB führt weder der Tod eines Komplementärs noch der eines Kommanditisten zur Auflösung der Gesellschaft (vgl. Rdn. 1249ff.).

Antwort zu Frage 5
Die Gesellschafter können zum einen eine **Fortsetzungsklausel** vereinbaren, wonach die Gesellschaft beim Tode eines Gesellschafters unter den übrigen Gesellschaftern fortgeführt werden soll, § 736, zum anderen eine sog. **Nachfolgeklausel** aufnehmen. Darin wird vereinbart, dass der Erbe oder die Erben eines Gesellschafters an dessen Stelle treten sollen, § 736, § 139 Abs. 1 HGB. Im Falle einer **Eintrittsklausel** wird die Gesellschaft nach dem Tod eines Gesellschafters mit einem oder mehreren Dritten fortgesetzt, so dass Außenstehende, d. h. nicht Erbberechtigte, in die Gesellschaft aufgenommen werden können. Sie ist ein echter Vertrag zu Gunsten Dritter gem. §§ 328 Abs. 1, 331 (vgl. Rdn. 1252ff.).

Antwort zu Frage 6
Eine qualifizierte Nachfolgeklausel sieht den Eintritt eines bestimmten oder mehrerer bestimmter Erben anstelle des verstorbenen Gesellschafters in dessen Gesellschaftsanteil vor. Davon zu unterscheiden ist die einfache Nachfolgeklausel, wobei alle Erben gemeinschaftlich an die Stelle des Erblassers treten (vgl. Rdn. 1257).

Antwort zu Frage 7
Grundsätzlich ist es dem Erben unbenommen, die Erbschaft auszuschlagen, §§ 1942ff. Zur Vermeidung der unbeschränkten Haftung kann der Erbe eines Komplementär-Gesellschaftsanteils gem. § 139 Abs. 1 HGB auch die Einräumung einer Kommanditisten-Stellung verlangen oder uneingeschränkt in die Komplementärposition nachrücken (vgl. Rdn. 1266f.).

7. Kapitel, Lösung zu § 3 E

Ein Miterbenanteil kann Gegenstand eines Erbschaftskaufs sein. Allerdings haben die Parteien die Form des § 2371 nicht eingehalten, da der Vertrag nur handschriftlich festgehalten wurde. Damit tritt grundsätzlich Nichtigkeit gem. § 125 Abs. 1 ein.

Es stellt sich die Frage der Heilung durch Vollzug des Erfüllungsgeschäfts. Eine ausdrückliche Regelung trifft das Gesetz nicht. In Betracht kommt eine analoge Anwendung des § 311b Abs. 1 S. 2. Diese wird bei einem Alleinerben einhellig abgelehnt. Die Rechtsprechung beurteilt das Problem auch beim Verkauf eines Miterbenanteils nicht anders.[1] Allerdings besteht ein Unterschied

---

[1] BGH NJW 1967, 1128 (1130); sowie MünchKomm/*Musielak*, § 2371 Rdn.7; *Kipp/Coing*, Lehrbuch des Erbrechts, §111 II (S. 598); Palandt/*Edenhofer*, §2371 Rdn. 3.

zwischen den beiden Fallgestaltungen, der eine unterschiedliche Behandlung rechtfertigt: Während das Erfüllungsgeschäft bei einem Alleinerben regelmäßig formfrei möglich ist (sofern es sich nicht um eine Grundstücksübereignung handelt, §§ 925, 873), erfordert die Übertragung eines Miterbenanteils stets die notarielle Form, § 2033 Abs. 1 S. 2. Damit sind die Schutzzwecke des Formzwangs gewahrt, so dass eine vergleichbare Situation wie bei § 311 b Abs. 1 S. 2 besteht. Eine analoge Anwendung ist daher zu befürworten.[2] Der Vertrag zwischen A und B wurde somit durch Erfüllung geheilt und daher wirksam.

[2] *Lange/Kuchinke*, Lehrbuch des Erbrechts, § 45 II 2 (S. 1110f.); *Schlüter*, JuS 1969, 10 (15f.); umfassend zuletzt *Keller*, ZEV 1995, 427 (433). Auch nach der Gegenmeinung ist jedoch stets zu prüfen, ob die Form evtl. gewahrt ist, wenn beide Geschäfte in einer Urkunde verbunden sind, oder ob eine Umdeutung in Betracht kommt, § 140,vgl. dazu MünchKomm/*Musielak*, § 2171 Rdn. 8.

Literaturverzeichnis

Lehrbücher

Brox, Hans, Erbrecht, 21. Auflage, Köln 2004.
Ebenroth, Carsten, Erbrecht, München 1992.
Harder, Manfred, Grundzüge des Erbrechts, 5. Auflage, Berlin 2002.
Frank, Rainer, Erbrecht, 2. Auflage, München 2003.
Kipp, Theodor/*Coing*, Helmut, Erbrecht. Ein Lehrbuch, 14. Bearbeitung, Tübingen 1990.
Lange, Heinrich/*Kuchinke*, Kurt, Erbrecht, 5. Auflage, München 2001.
Leipold, Dieter, Erbrecht, 15. Auflage, Tübingen 2004.
von Lübtow, Ulrich, Erbrecht. Eine systematische Darstellung. 1. u. 2. Halbband, Berlin 1971.
Michalski, Lutz, BGB – Erbrecht, 2. Auflage, Heidelberg 2001.
Schlüter, Wilfried, Erbrecht, 15. Auflage, München 2004.

Kommentare

Anwaltkommentar, Dauner-Lieb, Barbara; Heidel, Thomas; Ring, Gerhard (Gesamthrsg.): BGB, Bd. 5 Erbrecht, Bonn 2004.
Bamberger/Roth, Bamberger, Heinz Georg; Roth, Herbert (Hrsg.): Kommentar zum Bürgerlichen Gesetzbuch, Bd. 3 §§ 1297–2385, EGBGB, CISG, München 2003.
BGB Handkommentar, Dörner, Heinrich; Schulze, Reiner (Red.): Bürgerliches Gesetzbuch – Handkommentar, 4. Auflage, Baden-Baden 2005.
BGB-RGRK, Mitglieder des Bundesgerichtshofes (Hrsg.): Das Bürgerliche Gesetzbuch; Bd. V, 12. Auflage, Berlin, 1. Teil 1974, 2. Teil 1975.
Damrau, Damrau, Jürgen (Hrsg.): Praxiskommentar Erbrecht, Angelbachtal 2004.
Erman, Erman, Walter (Hrsg.): Handkommentar zum Bürgerlichen Gesetzbuch, 2. Band, 11. Auflage, Münster 2004.
Jauernig, Jauernig, Othmar (Hrsg.): Bürgerliches Gesetzbuch, 11. Auflage, München 2004.
Münchener Kommentar, Rebmann, Kurt; Säcker, Franz-Jürgen (Hrsg.): Kommentar zum Bürgerlichen Gesetzbuch, Bd. 1 Allgemeiner Teil, 4. Auflage 2001, Bd. 7 Familienrecht I, 4. Auflage 2000; Bd. 8 Familienrecht II, 4. Auflage 2002; Bd. 9 Erbrecht, 4. Auflage, München 2004.
Palandt, Palandt, Otto (Begr.): Bürgerliches Gesetzbuch, 64. Auflage, München 2005.
Soergel, Soergel, Theodor (Begr.): Bürgerliches Gesetzbuch, Bd. 9, Erbrecht, 12. Auflage, Stuttgart 1992.
Staudinger, Staudinger, Julius v. (Begr.): Kommentar zum Bürgerlichen Gesetzbuch; §§ 1922ff., Neubearbeitung, Berlin 2000.

Sachverzeichnis

Die Zahlen verweisen auf die Randnummern; die wichtigste Fundstelle ist fett gedruckt.